讲名医学中医

总主编　谭同来
副总编　肖　凡　符逢春　朱跃芳
策　划　赵志春
编　委　王海波　田清青　田双喜　朱跃芳
李飞艳　刘　彬　肖　凡　罗晓娟
杨先国　张咏梅　袁锦波　符逢春
熊丽平　谭同来
学术秘书　田双喜　王海波　罗晓娟

山西出版传媒集团
山西科学技术出版社

图书在版编目（CIP）数据

讲名医学中医/谭同来总主编．—太原：山西科学技术出版社，2018.1

ISBN 978－7－5377－5540－5

Ⅰ.①讲… Ⅱ.①谭… Ⅲ.①中医学—医学家—生平事迹—中国—通俗读物Ⅳ.①K826.2－49

中国版本图书馆 CIP 数据核字（2017）第 266327 号

讲名医学中医

出 版 人：赵建伟
总 主 编：谭同来
责任编辑：赵志春
责任发行：阎文凯
封面设计：杨宇光

出版发行：山西出版传媒集团·山西科学技术出版社
地址：太原市建设南路 21 号 邮编：030012
编辑部电话：0351－4922073
发行电话：0351－4922121
经　　销：各地新华书店
印　　刷：太原康全印刷有限公司
网　　址：www.sxkxjscbs.com
微　　信：sxkjcbs
QQ 邮 箱：568758452

开　　本：890mm×1240mm　1/32　印张：13.75
字　　数：350 千字
版　　次：2018 年 1 月第 1 版　2018 年 1 月第 1 次印刷

书　　号：ISBN 978－7－5377－5540－5
定　　价：30.00 元

本社常年法律顾问：王葆柯

序

鲁迅先生曾经在文章中写道：“吾广漠美丽最可爱之中国，实世界之天府，文明之鼻祖”。而历史悠久的中医学，是中华传统文化中最有价值、最具代表性的精华内容之一，是中华文化软实力的重要组成部分。

在坚信文化自信，弘扬中华文明的今天，山西科学技术出版社为引导青年朋友做中医文化的笃信者、传承者、躬行者，2016年特意策划了《讲名医学中医》。此书以故事为载体，以文献史料为依据，寓学于趣，寓学于用。回望中医的星空，穿越历史的长河，娓娓讲述一个个鲜活生动、寓意深长的故事。突出通俗性、趣味性、知识性、实用性，是一部亲和力和普适性强的可读之书。

“千里之行，始于足下。”如果你是一个有识之士，留神医药，不妨追寻这些古今名医成长的足迹，读读养生保健，防病治病的故事，通晓一些中医知识，它能充实你的生活，焕发你的精神，受益无穷。

谭同来

丁酉季春于湘江之滨

目　录

一、医祖——扁鹊

扁鹊，不姓扁，名也不叫鹊。姬姓，秦氏，名缓，字越人。据近人考证，周威烈王十九年（公元前407年）生于渤海郑州（一说今河北任丘县，一说今山东长清县），卒于周赧王五年（公元前310年），活了97岁。为战国时期卓越的民间医生，著名的医药学家，是中国传统医药学的奠基者之一。

链接：元代李敬斋说，扁鹊“轩辕时已有此号。今为越人之艺独冠当代，故亦以此号之”。清代陆以湉说：“战国时，秦越人慕上古扁鹊学，因称扁鹊。”日本人腾惟寅说：“周秦间，凡称良医皆谓之扁鹊。”近人赵玉青、孔淑贞说：“扁鹊是秦越人在赵行医时的绰号。”

扁鹊年轻时，干过多年舍长的活，那时的舍长，略同于今天的招待所主管。当时，有一位很有经验的民间老医生长桑君，长住于此。他为老百姓治病，每天早出晚归。扁鹊见到这位白发苍苍的老人，无儿无女，勤勤恳恳，觉得很不平凡，就非常恭敬地款待他。长桑君见小伙子诚恳正直，热情有礼，虚心好学，也觉得他不是一般人。终于有一天，长桑君叫扁鹊坐在身旁，悄悄地对他说：“我掌握一些秘方、验方，现在我已年老，想把这些医术及秘方传授给你，你要保守秘密，不可外传。”扁鹊恭敬地承诺了，当即拜长桑君为师。长桑君从怀里取出药给他说，用未沾地面的水，连服此药30日，你就会感到它的灵验，视力增强，能见到别人所见不到的东西。继之，把所有的秘方书都拿出来传给了扁鹊。扁鹊抬头望时，他的恩师已不知去向，从此再未见到。

扁鹊继承了长桑君医术，行医中不断摸索，在总结前人经验的基础上创造出望、闻、问、切四诊法诊断疾病，那时称为望色（看气色）、听声（听声音）、写形（问病情）和切脉（按脉搏），采用“针”“石”“熨”等医疗器械治病，并辅以汤药调理。

有一次，扁鹊到了晋国（今山西、河北、河南一带），正碰上晋国卿相赵简子由于治理国事，用脑过度，突然昏倒，已5天不省人事了。朝中上下都十分害怕，急忙召扁鹊诊治，扁鹊看了以后，发现病人心脏还在微微跳动，再触摸各部位的脉也有微弱的搏动，从房里出来，有人尾随着探问病情，显得很焦急。扁鹊沉静地对他说：“病人的脉搏照常跳动，你不必大惊小怪！不超过三日，他就会苏醒的。”果然过了两天半，赵简子就醒过来了，后来经过一番调理而愈。

链接：准确地用切脉诊病是扁鹊的首创。著名历史学家司马迁高度赞扬说：“至今天下言脉者，由扁鹊也。”近代历史学家范文澜也说，扁鹊“是切脉治病的创始人”。

又有一次，扁鹊路过齐国都城临淄的时候，见到了齐国的国君齐桓侯田午。他看齐桓侯田午的气色不好，就断定他已经生病了，便直言不讳地对他说：“你有病在肤表，如不快治，就会加重。”桓侯听了不以为然，说：我没病。扁鹊见他不听劝告就走了。这时，桓侯对左右的人说：凡是医生都是贪图名利的。他们没有本事，就把没有病的人当有病的人来治，以显示本领，窃取功利。过了5天，扁鹊又来见齐桓侯，作了一番观察之后，对齐桓侯说：你的病到了血脉，不治会加重的。桓侯听了很不高兴，根本没有把扁鹊的话放在心上。再过5天，扁鹊又来见齐桓侯，经过细致的观察，严肃地对他说：你的病进入肠胃之间，再不治，就没救了！齐桓侯听了很生气，当然也没有理睬扁鹊的话。等到扁鹊第四次见桓侯，他只瞥了一眼，就慌忙跑开了。齐桓侯发现扁鹊不理睬自己，就派人询问。扁鹊说：病在肤表，用汤熨可以治好；病进入血脉，用针灸可以治好；病到了肠胃，用酒剂也能治愈。如今齐桓侯的病已经深入骨髓，再也没有办法治了，我只好躲开。又过了5天，齐桓侯果然病重，派人请扁鹊来治。可是扁鹊已取道魏国，跑到秦国去了。桓侯终因病深，医治无效而死去。

扁鹊不仅善于切脉和望诊，而且善于运用针灸、按摩、熨贴、砭石、手术和汤药等多种方法治疗各种病症。有一次，他和弟子子阳、子豹等人路过虢国（今河南郑州西北），看见全国上下都在举行祈祷，一打听，方知是虢太子死了。扁鹊找到太子的侍从官中庶子问道："太子患什么病？"中庶子答道："太子中邪。邪气发泄不出去，突然昏倒就死了！"扁鹊进一步了解了太子发病

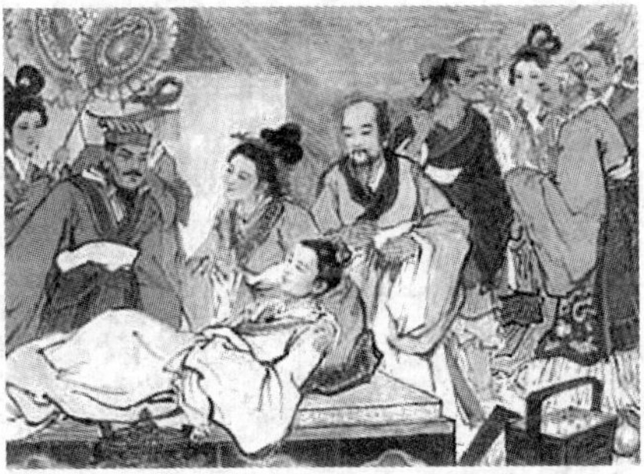

的各种情况，就信心百倍地对中庶子说：“你进去通报虢君，就说我能救活太子!”但中庶子不信扁鹊能“起死回生”，不肯去通报，而且嘲讽扁鹊说：“你无上古名医俞跗的本事，却说你能救活太子，就是不懂事的婴儿也会知道你是骗人的!”扁鹊气愤地说：“你这是从竹管里望天。老实告诉你，秦越人不等切脉、望色、听声、审察病人形态，就能说出病的部位。不信，你试去看看太子，他此刻耳朵该会鸣响，鼻翼该会煽动，从其大腿摸到阴部也该是温热的。”听到这里，中庶子不禁目瞪口呆。因为扁鹊没有见过太子，但通过多次询问，对太子的病情已了如指掌，说得头头是道，说明他有本事，不可小看。中庶子只得进去通报了。虢君得知消息，吃了一惊，赶快出来接见扁鹊，说：“我久慕先生大名，只是无缘拜见，先生路过我这个小国，幸亏主动来救助，这实在是寡人的幸运！有先生救助，我儿就能活命；没有先生救助，就只有把他的尸体埋在山沟罢了。”说着，一把眼泪一把鼻涕，哭得好悲切。扁鹊告诉虢君，太子患的是“尸厥”（类似今天的休克或假死）。于是，扁鹊叫弟子子阳磨制针石，在太子头顶中央凹陷的百会穴扎了一针。过了一会儿，太子就苏醒过来。接着又叫弟子子豹在太子两胁下做药熨疗法。不久，太子就能坐起来。再服二十天的汤药，太子就完全恢复了健康。从此以后，天下人都知道扁鹊有“起死回生”之术。而扁鹊却实事求是地说：“并非我能把死去的人救活，而是病人根本就没有真正死去，我只不过用了适当的治疗方法，把太子从垂死中挽救过来而已。”

链接：早在两千四百多年前，扁鹊就能从齐桓侯的气色中，看出病之所在和病情的发展；入虢国推断太子是假死，这是很不简单的。汉代医学家张仲景在《伤寒论》自序中赞叹说：“余每览越人入虢之诊，望齐侯之色，未尝不慨然叹其才秀也。”

扁鹊是一位能兼治各科疾病的多面手，几十年间，行医于赵、齐、魏、秦等国。他能根据当地的需要，随俗为变地开展医疗活动。他到赵国都城邯郸，看到当地妇女患病较多，就在妇科方面下功夫，当了“带下医”，治好了许多妇女的多年疾病；他到东周都城洛阳，看见当地许多老年人患了视听力衰退的疾病，就着眼于五官科疾病的研究，当了“耳目痹医”，治好了许多老人的五官疾病，使不少老人从耳聋眼花中恢复了健康；他到秦国首都咸阳，看到当地儿童的发病率很高，就研究儿童发病原因，当了“小儿医”，治好了许多儿童的多发病。此外，在《列子·汤问篇》还记载了扁鹊可做心脏互换术，当过“外科医生”。鲁国的公扈、赵国的齐婴两个人生了病，同时到扁鹊处求治，经过扁鹊的精心诊治，二人不久就好了，扁鹊对他们说：“你们所得的病都是由于邪气从外影响脏腑所造成的，用药物或针石就能治好，现在你们身上还有一种与生俱来的疾病，它随着你们的成长而越来越明显，不如现在就给你们治疗，你们看怎么样？”二人都非常诧异，忙询问道：“我们还有什么病，希望您能先说说这种病的情况和症状。”扁鹊对他们说：“公扈，你的志气强，身体却很弱，有计谋却并不果断；齐婴你的志气弱，身体却很好，没有谋虑却过于执著。如果把你们的心脏互换，那你们两个人都将成为完美的人。”二人听后觉得有理。于是，扁鹊让二人喝了药酒，他们昏迷了3天，剖开他们的前胸找到了心脏，将它们互换放置好，然后给他们敷上神药，等他们醒来后调养数日，就恢复到原来的模样。二人便辞别神医扁鹊各自回家。但由于二人交换了心脏，思维产生了错位，结果是公扈回到了齐婴家，与齐婴的老婆孩子同居，而齐婴的老婆孩子并不认识他；齐婴却回到了公扈的家，与公扈的老婆孩子生活，而公扈的家人也同样不认识他，于是两家人因此打起了官司，闹上了公堂，并要求神医扁鹊辩解证明。扁鹊讲清了事情的缘由，至此这场官司才得以平息。

战国时代，巫、医已经开始分业。扁鹊在医学研究道路上完全不走巫医那条死胡同，而自觉地迈入科学的殿堂。这突出地表现在脉诊的创造上。我们知道，巫医诊断疾病，全凭主观想象，或谓“受命于天”，或谓“作祟于鬼神”，分别予以“祈之”“禳之”。扁鹊与之相反，他一不问天，二不问鬼神，只着眼于人体五脏的变化。他认为，疾病表现在五脏，而五脏的病变反映在血脉。血脉与五脏在生理、病理上都有密切关系。因此，切脉便能诊断疾病。扁鹊的“五脏见证说”是一种朴素的唯物的科学理论。这种理论正是挣脱巫术的羁绊后才产生出来的。扁鹊曾明确宣告“信巫不信医”是“六不治”之一。

扁鹊之死叫人扼腕。话说秦武王与武士们举行举鼎比赛，不幸伤了腰部，疼痛难忍，吃了太医李醯的许多药方，皆不见好转，并且更加严重。有人将神医扁鹊已来到秦国的事告诉了武王，武王传令扁鹊入宫。扁鹊看了武王的神态，按了按他的脉搏，用力在他的腰间推拿了几下，又让武王自己活动几下，武王立刻感觉好了许多。接着又给武王服了一剂汤药，其病状就完全消失。武王大喜，想封扁鹊为太医令。李醯知道后，担心扁鹊日后超过他，便在武王面前极力阻挠，称扁鹊不过是“草莽游医”，武王半信半疑，但没有打消重用扁鹊的念头。李醯自知技不如扁鹊，就产生了妒忌之心，决定除掉扁鹊这个心腹之患，派了两个刺客，想刺杀扁鹊，却被扁鹊的弟子发觉，暂时躲过一劫。扁鹊只得离开秦国，他们沿着骊山北面的小路走，李醯派杀手扮成猎户的样子，半路上劫杀了扁鹊。这位“名闻天下”的神医就这样消失了。

扁鹊一生行医中，在师承长桑君所授予的《禁方书》等前人学术遗产的基础上，汲取全国各地极其丰富的临证医疗经验，"采摘英华，抄撮精要"，与其弟子撰辑了24种医籍，计：《黄帝脉书》《扁鹊脉书》《上经》《下经》《五色诊》《奇咳术》《揆度》《阴阳》《外变》《药论》《石神》《接阴阳禁书》《方法阴阳》《传语法》《经脉上》《经脉下》《奇络奇》《论俞所居》《气当上下出入邪正顺逆》《案法》《论药法》《定五味》《和齐汤法》《四时阴阳重》，分别由公乘阳庆、公孙光和"数师"等所获和收藏。被称为"古先道遗传"的战国时期的古代医籍，传授于淳于意。淳于意又分别传授于宋邑、高期、王禹、冯信、杜信、唐安和宦者平等十余人。在汉景帝"有其书无有?"的诏问下，淳于意书抄而贡献于景帝，遂被藏于西汉皇室藏书库府"金匮石室"，为西汉太史令司马谈、司马迁父子所掌握和亲见，载入司马迁所撰《史记·扁鹊仓公列传》。今之中医经典著作《难经》，并非扁鹊所撰，托名秦越人所著，以示书的重要性，并将精于四诊的医术概括为"望而知之谓之神，闻而知之谓之圣，问而知之谓之工，切脉而知之谓之巧"。表明了精于四诊的扁鹊在人们心目中的地位。

链接：扁鹊与弟子撰辑的24种医籍。成帝河平（公元前28～公元前25年）年间，在刘向、刘歆父子的领导下校正和整理，汇集和编纂成为《黄帝内经》《黄帝外经》《扁鹊内经》《扁鹊外经》《白氏内经》《白氏外经》《房篇》等4家7种175卷医经，即医学基础理论丛书和类书，提供了基本文献和素材。因此，医学界历来把扁鹊尊为我国古代医学的祖师，说他是"古代医学的奠基者"。范文澜在《中国通史简编》中称他是"总结经验的第一人"。

二、医圣——张仲景

张仲景，名机，字仲景，据传当过长沙太守，故有张长沙之称。东汉南阳（今河南省邓州市穰东镇张寨村）人，约生于东汉和平元年（公元150年），卒于建安二十四年（公元219年），活了69岁。东汉末年著名医学家，我国临床医学的奠基人，以其在中医学上的卓越贡献，被后人尊为“医圣”。

链接：20世纪70年代末，在南阳医圣祠内发现了一块墓碑，上刻“汉长沙太守医圣张仲景墓”，碑座上有晋成帝“咸和五年”的年号，书系真体，仍存隶意。引发了张机何时任长沙太守的研讨。一说是张羡即机，郭象升引《英雄传》曰：“张羡，南阳人，先作零陵、桂阳长，甚得江湘间心……”籍则南阳，官则长沙太守，年则建安，其为仲景何疑？夫羡之为言，慕也；而景也训慕，字仲景而名羡，于义允协。一说是张羡非张机，应在灵帝中平四年（公元187年）孙坚之前至中平三年（公元186年）这段时间，可能是史书漏载。

张仲景出生在没落的官僚家庭，其父亲张宗汉是个读书人，在朝廷做官。由于家庭的特殊条件，使他从小有机会接触到许多典籍。他笃实好学，博览群书，并且酷爱医学。他从史书上看到扁鹊望诊齐桓侯的故事，对扁鹊高超的医术非常钦佩，从此对医学发生了浓厚的兴趣。10 岁左右，拜同郡医生张伯祖为师，学习医术。张伯祖是当时一位有名的医家，性格沉稳，生活简朴，对医学刻苦钻研。每次给病人看病、开方，都十分精心，深思熟虑。经他治疗过的病人，十有八九都能痊愈，很受百姓尊重。张仲景跟他学医非常用心，无论是外出诊病、抄方抓药，还是上山采药、回家炮制，从不怕苦怕累。张伯祖非常喜欢这个好学的后生，把自己毕生行医积累的丰富经验，毫无保留地传授给他。比张仲景年长的一个同乡何颙对他颇为了解，曾说："张仲景才思过人，善思好学，聪明稳重，但他没有做官的气质和风采，只要专心学医，将来一定能成为有名的医家。"

有一天，张伯祖接诊了一位唇焦口燥、高热不退、精神萎靡的病人，经诊属"热邪伤津，体虚便秘"所致，需用泻药解出干结的大便，但病人体质极虚，用强烈的泻药身体受不了。张伯祖沉思半晌，一时竟没了主张。这时站在一旁的张仲景来到师傅身前，俯首帖耳献上一策，张伯祖听后，紧锁的眉头渐渐舒开了，点头同意。只见张仲景取一勺黄橙橙的蜂蜜，微火煎熬成黏稠的团块，稍冷后便捏成细细的长条，制成"药锭"，慢慢地塞进病人的肛门。"药锭"进入肠道后，很快溶化，干结的大便被化开，一会儿就排了下来。大便畅通，热邪排出体外，病人的病情立刻有了好转。这就是我国医学史上最早使用的肛门栓剂通便法。这种方法和原理至今还被临床采用，并拓展到其他一些疾病的治疗。

还有一次，张仲景外出，见许多人围着一个躺在地上的人叹息，有几个妇女在悲惨地啼哭。他一打听，知道那人因家里穷得活不下去就上吊自杀，被人们发现，救下来时已经不能动弹了。张仲景得知距上吊的时间不太长，便赶紧吩咐把那人放在床板上，拉过棉被为他保暖。同时叫了两个身强力壮的年轻人，蹲在那人的旁边，一面按摩胸部，一面拿起双臂，一起一落地进行活动。张仲景自己则叉开双脚，蹲在床板上，用手掌抵住那人的腰部和腹部，随着手臂一起一落的动作，一松一压。不到半个时辰，那人竟然有了微弱的呼吸。张仲景关照大家不要停止动作，继续做下去。又过了一会儿，那人终于清醒过来。这就是现在在急救中广泛使用的人工呼吸。

张仲景的医术超群。他行医到过很多城市，接触过许多政治家和文学家，这些人对张仲景都很敬重。建安年间有一位很有名气的诗人王仲宣，与张仲景有较深的交往。张仲景与他接触几次后，就辨出他身上潜伏着一种名叫"病疾"（麻风病）的病原。张仲景对他说："你身上有一种病，得早点医治，要不然到 40 岁时会脱眉毛，脱眉至半年，将会有生命危险。我劝你还是先服几剂我的五石汤。"随后从药箱取出五石汤给了他。当时王仲宣才二十几岁。患有"病疾"在那时是非常危险的，也被认为是很丢脸的事。所以张仲景不说出病名，只说出症状。王仲宣听懂了他的意思，但以为是吓唬自己，便没有听张仲景的劝告。不久二人再次相见，张仲景问王仲宣："你服过五石汤了吗?"王仲宣有些反感地说："服过了。"张仲景仔细观察了他的气色说："不像，看你的气色，肯定没有服过。为什么你不听从医生的劝告，而轻视自己的生命呢？我劝你还是赶快服些吧，不然就麻烦啦！"可王仲宣还是不信，未按张仲景说的做。果然 20 年后，王仲宣开始脱眉，脱眉到第 187 天，便不治身亡。

链接：王仲宣，名粲。山阳郡高平县（今山东微山两城镇）人。东汉末年文学家，“建安七子”之一。少有才名，为著名学者蔡邕所赏识。初平二年（公元192年），因关中骚乱，前往荆州依靠刘表，客居荆州十余年，有志不伸，心怀郁郁。建安十三年（公元208年），曹操南征荆州，不久，刘表病逝，其子刘琮举州投降，王粲也归曹操，深得曹氏父子信赖，赐爵关内侯。建安十八年（公元213年），魏王国建立，王粲任侍中。建安二十二年（公元217年），王粲随曹操南征孙权，于北还途中病逝，终年四十一岁。

“青出于蓝而胜于蓝”，张仲景勤奋好学，很快超过了他的老师。当时的人称赞说“其识用精过其师”。

尽管张仲景从小就厌恶官场，轻视仕途，但由于父亲曾在朝廷做过官，对谋得一官半职很是看重，古人以不忠不孝为最大耻辱，张仲景也不愿违背父命，落一个不孝之子的名声。在汉代，“举孝廉”作为选拔官员的一项科目，规定每二十万户中每年要推举孝廉一人，由朝廷任命官职。被举之学子，除博学多才外，更须孝顺父母，行为清廉。东汉末期多举世家子弟，仲景承袭家门，在灵帝时（约公元168～188年），被州郡举为孝廉，进入官场。建安年间（公元196～219年），还被朝廷派到长沙做太守（类似现在的湖南省省长）。但他仍用自己的医术，为百姓解除病痛。在封建时代，做官的不能随便进入民宅，接近百姓。可是不接触百姓，就不能为他们治疗，自己的医术也就不能长进。于是张仲景想了一个办法，择定每月初一和十五两天，大开衙门，不问政事，让有病的百姓进来，他端端正正地坐在大堂上，挨个地仔细为群众诊治。他让衙役贴出安民告示，告诉老百姓这一消息。他的举动在当地产生了强烈的震动，老百姓无不拍手称快，对张仲景更加拥戴。时间久了便形成了惯例。每逢农历初一和十五的日子，他的衙门前便聚集了来自各方求医看病的群众，甚至有些人带着行李远道而来。后来人们就把坐在药铺里给人看病的医生，通称为“坐堂医生”，用来纪念张仲景。

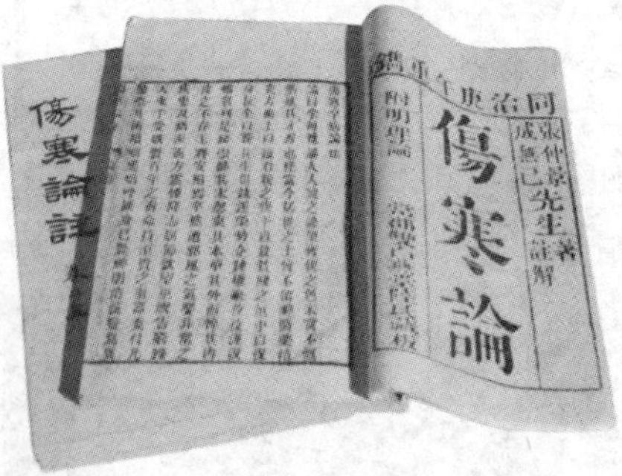

张仲景生活于“生灵涂炭，横尸遍野”的东汉末年，当时战乱频繁，兵祸绵延，人心涣散，朝政不安。黎民百姓饱受战乱之灾，加上疫病流行，很多人死于非命。张仲景的家族，原来有200多人，自汉献帝建安元年（公元196年）以来，在不到10年的时间里，就死了三分之二，其中有十分之七是死于伤寒病。一些庸医便趁火打劫，不给病人认真诊脉，“按寸不及尺，握手不及足”，和病人相对片刻，便开方抓药，只知道赚昧心钱。更多的人，虽师承名医，却不思进取，因循守旧，不精心研究医方、医术，以解救百姓的病痛，而是竞相追逐权势荣耀，忘记了自己的本分。张仲景对这些人非常气愤，痛加斥责，他决心要控制瘟疫的流行，根治伤寒病。从此他“勤求古训，博采众方”，刻苦研读《素问》《灵枢》《八十一难》《阴阳大论》《胎胪药录》等古代医书，继承《内经》等古典医籍的基本理论，广泛借鉴其他医家的治疗方法，结合个人临床诊断经验，研究治疗伤寒杂病的方法，建安八年至九年（公元203～204年），完成了巨著《伤寒杂病论》的撰写。

链接：《伤寒杂病论》早已失传；西晋王叔和根据自己搜寻到《伤寒杂病论》的伤寒部分的轶文整理成《伤寒论》，全书10卷，共22篇，397条，列方113首，应用药物82种；北宋王洙、林亿、孙奇等人在偶然的机会发现《伤寒杂病论》残简，将关于杂病的部分整理成册，更名为《金匮要略》，全书分上、中、下3卷，共25篇，系统论述了以内科为主兼及外科、妇科等各科40多种疾病的辨证和治疗，列方262首，一直传至如今。此外，据史书记载，张氏的著作还有《疗伤寒身验方》《评病要方》《黄素要方》《张仲景方》《五脏论》《疗黄经》《口齿论》《张仲景疗妇人方》。惜大都已亡佚。

《伤寒杂病论》的贡献，首先在于发展并确立了中医辨证论治的基本法则。张仲景把疾病发生、发展过程中所出现的各种症状，根据病邪入侵经络、脏腑的深浅程度，患者体质的强弱，正气的盛衰，以及病势的进退缓急和有无宿疾（其他旧病）等情况，加以综合分析，寻找发病的规律，以便确定不同情况下的治疗原则。他创造性地把外感热性病的所有症状，归纳为六个证候群（即六个层次）和八个辨证纲领，以六经（太阳、少阳、阳明、太阴、少阴、厥阴）来分析归纳疾病在发展过程中的演变和转归，以八纲（阴阳、表里、寒热、虚实）来辨别疾病的属性、病位、邪正消长和病态表现。为诊疗一切外感热病提出了纲领性的法则，同时也给中医临床各科找出了诊疗的规律，成为指导后世医家临床实践的基本准绳。

张仲景还提出了“观其脉证，知犯何逆，随证治之”的舍脉从证和舍证从脉的诊断方法，注重诊治的灵活性。即辨证必须在望、闻、问、切四诊合参的前提下，如果出现脉、证不符的情况，就应该根据病情实际，认真分析，摒除假象或次要矛盾，以抓住证情本质，或舍脉从证，或舍证从脉。阳证见阴脉、表证见沉脉和证实脉虚，其实质都是证有余而脉不足，即当舍证从脉而救里；而阴证见阳脉，提示病邪有向表趋势，里证见浮脉，多提示表证未尽解；证虚脉实，则宜舍脉从证。脉、证取舍的要点是从“虚”字着眼，即证实脉虚从脉，证虚脉实从证。这无疑为医者理清临床上乱麻一般的复杂症情，提供了可供遵循的纲要性条例。

链接：《伤寒杂病论》的体例是以六经统病证，运用四诊八纲，对伤寒各阶段的辨脉、审证、论治、立方、用药规律等，以条文的形式作了较全面的阐述。对伤寒六经病各立主证治法，如“太阳伤寒”用麻黄汤；“太阳中风”用桂枝汤；阳明经证用白虎汤；阳明腑证用承气汤；少阳病用小柴胡汤……归纳总结了不同的病程阶段和症候类型的证治经验，论析主次分明，条理清晰，能有机地将理、法、方、药加以融会，示人以证治要领。

对于治则和方药，《伤寒杂病论》的贡献也十分突出。书中提出的治则以整体观念为指导，调整阴阳，扶正祛邪，包含有汗、吐、下、和、温、清、消、补诸法，并在此基础上创立了一系列卓有成效的方剂。据统计，《伤寒论》载方 113 个，《金匮要略》载方 262 个，除去重复，两书实收方剂 269 个。这些方剂均有严密而精妙的配伍，例如桂枝与芍药配伍，若用量相同（各三两），即为桂枝汤；若加桂枝三两，则可治奔豚气上冲，若倍芍药，即成治疗腹中急痛的小建中汤。若桂枝汤加附子、葛根、人参、大黄、茯苓等则可衍化出几十个方剂。其变化之妙，疗效之佳，令人叹服。尤其是该书对于后世方剂学的发展，诸如药物配伍及加减变化的原则等都有着深远影响，而且一直为后世医家所遵循。其中许多著名方剂在现代人民卫生保健中仍然发挥着巨大作用，例如：治疗乙型脑炎的白虎汤，治疗肺炎的麻黄杏仁石膏甘草汤，治疗急、慢性阑尾炎的大黄牡丹皮汤，治疗胆道蛔虫的乌梅丸，治疗痢疾的白头翁汤，治疗急性黄疸型肝炎的茵陈蒿汤，治疗心律不齐的炙甘草汤，治疗冠心病心绞痛的瓜蒌薤白白酒汤等，都是临床中常用的良方。另在剂型上此书也勇于创新，其种类之多，已大大超过了汉代以前的各种方书。计有汤剂、丸剂、散剂、膏剂、酒剂、洗剂、浴剂、熏剂、滴耳剂、灌鼻剂、吹鼻剂、灌肠剂、阴道栓剂、肛门栓剂等。此外，对各种剂型的制法记载甚详，对汤剂的煎法、服法也交代颇细。所以后世称张仲景的《伤寒杂病论》为“方书之祖”，称该书所列方剂为“经方”。

《伤寒杂病论》对针刺、灸烙、温熨、药摩、吹耳等治疗方法也有许多阐述。另对许多急救方法也有收集，如对自缢、食物中毒等的救治就颇有特色。其中对自缢的解救，很近似现代的人工呼吸法。这些都是祖国医学中的宝贵资料。

《伤寒杂病论》奠定了张仲景在中医史上的重要地位，并且随着时间的推移，这部专著的科学价值越来越显露出来，成为后世从医者人人必读的重要医籍。张仲景也因对医学的杰出贡献被后人称为“医圣”。清代医家张志聪说过：“不明四书者不可以为儒，不明本论（《伤寒论》）者不可以为医。”后该书流传海外，亦颇受国外医学界推崇，成为研读的重要典籍。据不完全统计，由晋代至今，整理、注释、研究《伤寒杂病论》的中外学者已逾千人。邻国日本自康平年间（相当于我国宋朝）以来，研究《伤寒论》的学者也有近二百人。此外，朝鲜、越南、印尼、新加坡、蒙古等国的医学发展也都不同程度地受到其影响及推动。《伤寒论》和《金匮要略》仍是我国中医院校开设的主要基础课程之一。

三、神医——华佗

华佗，又名旉，字元化，沛国谯（今安徽亳县）人。据近人考证，约生于汉安帝刘祜永初四年（公元110年），卒于汉献帝刘协建安十二年（公元208年），活了97岁。是东汉末年著名的医学家，通晓内、外、妇、儿、针灸、养生，尤精于外科及针灸。是世界上真正实施剖腹手术的第一人，被后人奉为“外科鼻祖”。

华佗生在东汉末年沛国，为周朝宋国的贵族后裔。自幼喜欢读书，曾在徐州地区漫游求学，通晓经史。目睹军阀混战，水旱成灾，疫病流行，人民处于水深火热之中，志趣横移，不求名利，不慕富贵，集中精力致力于医药研究，广泛涉猎医书，上下求索，为人民解脱疾苦。

华佗行医并无师传，一是不断地自学和借鉴前人的医学经验。春秋时期，中国的医学已经有了辉煌的成就，扁鹊与弟子撰辑的24种医籍，在刘向、刘歆父子的领导下校正和整理，汇集和编纂成为《黄帝内经》《黄帝外经》《扁鹊内经》《扁鹊外经》《白氏内经》《白氏外经》《房篇》等7部，阐述了天人相应、阴阳五行、养生防病、生理病理、脏腑经络等内容。他学习过《黄帝内经》，从华佗创脏腑辨证之八纲“虚实寒热生死顺逆”就可以佐证；他学习过同时代张仲景的《伤寒杂病论》，当时高兴地说：“此真活人书也”（《襄阳府志》），他发现体外心脏按压法和口对口呼吸法等，都与继承前人的学术成果，总结前人的经验有关。

二是重视和应用民间的医疗经验。他一生游历了不少地方，到处采集草药，向群众学习医药知识。相传有个砍柴的人在深山里迷了路，肚子饿，看见有个隐士在采青黏（黏，即黄精），他也采了几块，吃了果然耐饿。回家后告诉了华佗，华佗十分重视，当即上山采集。经过实验，证明青黏有很高的营养价值。华佗就用它配成了一个滋补身体的药方，叫做“漆叶青黏散”（由漆叶、黄精组成），此方的功效“久服去三虫，利五脏，轻体，使人头不白”。据说华佗的学生樊阿向老师要了这个方子，坚持服食，活了一百余岁。

有一次，华佗采药归来，遇到一位挖野菜的中年农夫，面目浮肿，肌肤发黄，拄拐而行，步履蹒跚，华佗上前问道：“你身患如此严重的病，为何不请医用药？”农夫叹气说：“你瞧瞧俺这一筐野菜草头，连吃的都没有，哪来钱看病呢？”华佗十分同情，为他号脉，推断为不治之症，数月必死，安慰了几句，就取道回家。不巧，过了几个月，又遇农夫，重病已康复了，问他吃了什么药，农夫答道，吃了一种绿生生的野草。华佗一看，竟是青蒿，便到地里采集了一些，给其他病人试服，试了几次，均无效。只好登门求教，农夫告之，三月里的蒿子才有疗效。第二年春天，华佗又采集了许多三月间的青蒿，给黄痨病人服用，果然吃一个好一个，但过了三月，青蒿又没有功效了。第三年，华佗又对青蒿的根、茎、叶进行分类试验，得出只有幼嫩的茎叶可以入药治病，并取名为“茵陈”，他还编歌谣供后人借鉴：“三月茵陈四月蒿，传于后世切记牢，三月茵陈能治病，五月六月当柴烧”。

华佗在向民间寻药的同时，还从民间搜集了不少单方，经常用这些单方来治病。如：以温汤热敷，治疗蝎子蜇痛；用青苔炼膏，治疗马蜂蜇后的肿痛；用蒜苗大酢治虫病；用紫苏治食鱼蟹中毒；用白前治咳嗽。如此等等，既简便易行，又收效神速。

华佗精通医方药物，他治病时，配制汤药不过用几味药，心里掌握着药物的分量、比例，用不着再称量，把药煮热，就让病人服饮，同时告诉服药的禁忌或注意事项，等到华佗一离开，病人也就好了。如果需要灸疗，也不过一两个穴位，每个穴位不过烧灸七八根艾条，病痛也就应手消除。如果需要针疗，也不过扎一两个穴位，下针时对病人说：“针刺感应应当延伸到某处，如果到了，请告诉我。”当病人说“已经到了”，随即起针，病痛很快就痊愈了。如果病患集结郁积在体内，扎针吃药的疗效都不能奏效，应须剖开割除的，就饮服他配制的“麻沸散”，一会儿病人就如醉死一样，毫无知觉，于是就开刀切除患处，取出结积物。病患如果在肠中，就割除肠子病变部分，洗净伤口和易感染部分，然后缝好腹部刀口，用药膏敷上，四五天后，病就好了，不再疼痛。开刀时，病人自己并不感到疼痛，一个月之内，伤口便愈合复原了。

链接： 据日本外科学家华冈青州的考证，麻沸散的组成为曼陀罗花一升，生草乌、全当归、香白芷、川芎各四钱，炒南星一钱。而他自己于公元 1805 年使用曼陀罗花为主的药物作为手术麻醉剂，被奉为世界外科学麻醉史上的首创。实际上，他比华佗至少晚了 1500 多年。

在《三国演义》中记载过“华佗为关公刮骨疗毒”的故事。蜀国大将关羽与魏军作战时，右臂中了有毒的流箭，满臂红肿，将士们取出箭头一看，毒已渗入骨头，非常危险。关羽派人请华佗来治。华佗看了伤口后，决定施以手术。他建议关羽先用酒冲服麻沸散，待麻醉后才开刀。关羽认为不必如此。华佗就把关羽的手臂用绳索缚在柱子上，然后，用刀割开腐烂的皮肉。见到骨头中毒发青，刀子在关公手臂的骨头上来回刮，还发出悉悉的声音，流出的血也几乎注满了一整盆。将士哪里见过这情境，都掩面失色，唯独关公仍继续下棋吃喝，面不改色。华佗手法娴熟，很快刮尽了腐肉和受损的骨膜，敷药缝合。关公大笑而起，对众将士说：“此臂伸舒如故，并无痛矣。先生真神医也!”

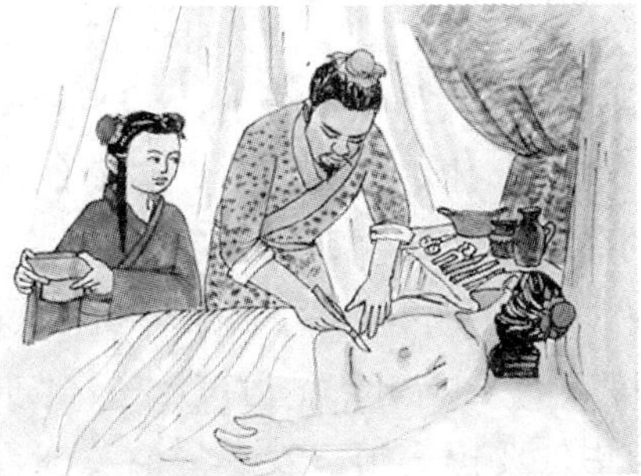

府中官吏倪寻、李延同时来就诊，都头痛发烧，病痛的症状相同。华佗却说：“倪寻应该把病邪泻下来，李延应当发汗驱病。”有人对这两种不同疗法提出疑问。华佗回答说：“倪寻是外实症，李延是内实症，所以治疗他们也应当用不同的方法。”立即分别给两人服药，等第二天一早两人一同病好起床了。广陵郡太守陈登得了病，心中烦躁郁闷，脸色发红，不想吃饭。华佗为他切脉说：“您胃中有好几升虫，将在腹内形成毒疮，是吃生腥鱼、肉造成的。”马上做了二升药汤，先喝一升，一会儿把药全部喝了，过了一顿饭的工夫，陈登吐出了约摸三升小虫，小虫赤红色的头都会动，病痛也就好了。华佗说："这种病三年后该会复发，碰到良医才可以救活。"按照预计的时间果然旧病复发，当时华佗不在，正如华佗预言的那样，陈登终于死了。

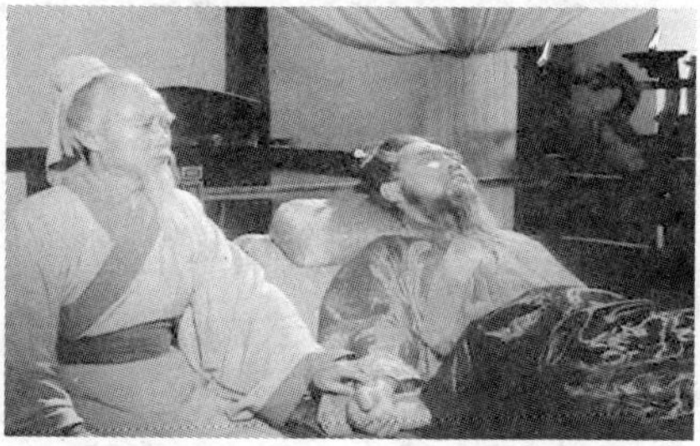

曹操听说华佗善治病，就把他召去，让他治疗神经性头痛。此病每当发作，精神烦乱，眼睛昏花。华佗只要针刺膈俞穴，应手而愈。曹操怕自己的病再发，就强要华佗留在许昌做自己的侍医（即私人医生），供他个人使唤。华佗说："这病近乎难以治好，不断地进行治疗，可以延长一些寿命。"华佗长期远离家乡，想回去看看，就对曹操说："刚才收到家中来信，正想短时回家一趟呢。"到家后，以妻子有病为借口来推托，多次请求延长假期不肯回来。曹操几次用书信召他，又命令郡县派人遣送华佗返回。华佗自恃有才能，厌恶吃侍候人的饭，还是不上路。曹操很生气，派人前往查看：如果他妻子确实生病，就赐赠四十斛小豆，放宽假期；如果他虚假欺骗，就逮捕押送他回来治罪。不久，华佗被抓到许昌，曹操仍旧请他治病。华佗诊断之后说："丞相的病已经很严重，不是针灸可以奏效的了。我想还是给你服麻沸散，然后剖开头颅，施行手术，这才能除去病根。"曹操一听，勃然大怒，指着华佗厉声斥道："头剖开了，人还能活吗？"他以为华佗要谋害他，就把华佗关到牢里去，准备杀掉。曹操的谋士荀彧求情说："华佗的医术确实高明，关系着人的生命安危，应该宽容赦免他。"曹操说："不用担心，天下会没有这种无能鼠辈吗？"终于判决了华佗死罪。华佗临死前，拿出一卷医书给守狱的牢头，说："这书可以用来救活人。"没想到，这个牢头害怕，不敢接受，华佗只好忍痛，"索火烧之"。

华佗一生潜心医道，其验如神，医术高超，远近斐名。其主要著作有：《华佗内事》五卷，佚；《华佗尤候》佚；《青囊方》佚；《华佗观形察色并三部脉经》一卷，佚；《华氏中藏经》一卷；《华佗药方》十卷；《玄门脉诀内照图》一卷等存。华佗对祖国医学的贡献有三：

1. 创“虚实寒热生死逆顺”脏腑辨证之八纲，以寒热辨阴阳之盛衰，以形证脉色断生死逆顺，对虚脱、发绀、神志不清、呼吸困难、浮肿、营养不良、苍白、僵直等都有详细的观察和判断。强调“识脏腑，断生死”。

2. 擅长外科手术，首创麻沸散。华佗是我国历史上明确记载的第一个施行开腹手术的外科医生。在公元二世纪就进行过断肠、湔洗、缝腹、膏摩的肠部分切除吻合术，腹腔抽割积聚之肿瘤切除术，脾部分切除术等，并将当时手术的适应证、手术步骤、手术方法和麻醉要求、术后护理等步骤一一列述；从醉酒得到启发，发明了全身麻醉剂——酒服麻沸散。

3. 吸取了先秦导引术的精华，创造了五禽之戏。华佗曾对弟子吴普说：“人体欲得劳动，但不当使极耳，动摇则俗气得消，血脉流通，病不得生，户枢不朽也。”华佗继承和发展了前人“圣人不治已病，治未病”的预防理论，为年老体弱者编排了一套模仿猿、鹿、熊、虎、鸟等五种禽兽姿态的健身操——“五禽戏”。一叫虎戏，二叫鹿戏，三叫熊戏，四叫猿戏，五叫鸟戏，五禽戏的动作是模仿虎的扑动前肢、鹿的伸转头颈、熊的伏倒站起、猿的脚尖纵跳、鸟的展翅飞翔等。相传华佗在许昌时，天天指导许多瘦弱的人在旷地上做这个体操。说："大家可以经常运动，用以除疾，兼利蹄足，以当导引。体有不快，起作一禽之戏，怡而汗出，因以着粉，身体轻便而欲食。"

四、针灸之祖——皇甫谧

皇甫谧

皇甫谧，字士安，小时名静，晚年自称玄晏先生。西晋安定朝那（今甘肃省平凉市灵台县朝那镇）人。生于汉献帝建安十九年（公元214年），卒于西晋太康三年（公元282年），活了68岁。是魏晋之际一位博学多才的文学家、历史学家与医学家。撰写的《针灸甲乙经》，为我国第一部针灸学专著。在针灸学史上，占有很高的学术地位。

链接： 皇甫谧身处乱世，毕生著述，除《针灸甲乙经》外，传世之作尚有《帝王世纪》《年历》《高士传》《逸士传》《烈女传》《玄晏春秋》并重于世。不仅是一位伟大的医学家，同时也是一位卓著的文学家和史学家。

皇甫谧为汉朝太尉皇甫嵩之曾孙，后来家境衰落，生后就丧母，小时候过继给叔父，15岁时随叔父迁居新安（今渑池），在战乱中度过了他的童年和少年。17岁仍贪玩不求上进，跟村童编荆为盾，执杖为

矛，分阵相刺，嬉游习兵。20岁仍游荡无度，犹不好学，甚至有人认为他天生痴傻，叔母任氏对皇甫谧如此调皮捣蛋非常气愤，恨铁不成钢，常常为他的前途而忧虑。一天，她把贪玩的皇甫谧赶出家门，想要教训他。谁知皇甫谧摘回了许多野生瓜果，洋洋自得地呈献给叔母。以为如此“孝顺”一番，便可平息叔母的盛怒，谁知叔母更加气愤，接过瓜果，狠狠地摔在地上，流着泪对他说：“如果你不好好学习，没有半点本事，就算是用上好的酒肉来孝敬我，也是不孝的。今年你已经20岁了，不读书，不上进，我心里就得不到安慰。我只希望你有上好的才学，可你总是不能明白长辈的心意。提高修养，学习知识都是对你自己有益的事，难道还能对我们有什么好处吗？”皇甫谧听了这番话，心中十分不安。顿悟自己原来已经虚度了20年的光阴，实在羞愧难当，便立志努力学习，浪子回头，不敢再有丝毫懈怠。

链接： 皇甫谧出身于东汉名门世族，六世祖皇甫棱为度辽将军，五世祖皇甫旗为扶风都尉，四世祖皇甫节为雁门太守。曾祖皇甫嵩因镇压黄巾起义有功，官拜征西将军、太尉。后来，皇甫氏族渐趋没落，但朝中仍不乏做官之人，皇甫谧的祖父皇甫叔献，当过霸陵令，父亲皇甫叔侯，仅举孝廉。

皇甫谧改弦易辙，矢志发奋读书。在学术上想要有所造就，并非是轻而易举的事。除了拜同乡席坦为师习儒外，他还必须克服家境贫穷的困难、功名利禄的引诱、身患疾病的折磨等。他的治学精神，为后人留下了许多佳话。

1. 带经而农。因为当时叔父家境贫寒，无钱买书，他便到处借书抄阅，不怕路途遥远。参加农业生产，不论种地、砍柴或放牧，都带着书本，常常“带经而农”，边耕边读。他读书的用功程度，绝非一般人所能企及，手不释卷，几乎已沉迷于书中，到

了“忘寝与食”“不觉日夕”的地步。乃至《晋书》也引用了当时人们对皇甫谧的评价，谓之“书淫”。他不仅酷爱读书，也善于读书，不仅“博宗典籍百家之言”，学得满腹文章，而且为人处世、做人的志向也有了根本转变。《晋书》说这期间他“沉潜寡欲，始有高尚之志，以著述为务”。

2. 隐居不仕。由于皇甫谧精勤苦读，他成了一个很有学问的人，这就给当时的统治者看中了。他们三番五次要皇甫谧出来做官。他以各种理由推托，一一谢绝。魏朝的地方官举他为孝廉，他不答应；46 岁，大将军司马昭亲自征召皇甫谧 37 人出来做官，他也不干；48 岁，晋武帝屡次下诏敦逼不止，他也婉辞。49 岁，武帝又要举他为贤良方正，他又拒绝了；61 岁，又要他做太子庶子，他又以有病而推辞，同年又征为议郎，继之又诏补著作郎，

他始终不答应。皇甫谧之所以隐居不仕，一方面由于他对当时极端黑暗的政治反感，不愿与统治者同流合污；另一方面是因为他有安贫乐道的高尚情操。这是封建士大夫的可贵之处。

3. 罹病习医。皇甫谧体质孱弱，一生均受到病魔的纠缠，34 岁时即患半身不遂，右脚偏小；42 岁时，得了风痹疾，耳聋百余天；

46 岁时因服寒食散，身体更差，引起内热燔灼，隆冬时节，他要裸胸露体，口嚼冰块；大暑酷热，又烦闷苦咳；有时像患温疟，有时似患伤寒，浮气流肿，四肢酸重，困顿瘦弱，气力不支，再加上耳聋，简直成了一个残废无用的人。

链接：寒食散又称五石散，其药方托始于汉人，由魏人何晏首先服用。关于寒食散中的“五石”，葛洪所述为“丹砂、雄黄、白矾、曾青、磁石也”，隋代名医巢元方则认为是“钟乳、硫黄、白石英、紫石英、赤石”。服此药后，必须冷食、饮温酒、冷浴、散步、穿薄垢旧衣，如不散发，则须用药发之，故称寒食散。尽管“五石”配方各不相同，但其药性皆燥烈，服后使人全身发热，并产生一种迷惑人心的短期效应，实际上是一种慢性中毒。传说何晏耽声好色，服了五石散后，顿觉神明开朗，体力增强。在他的带动下，五石散广为流传。然而，许多长期服食者都因中毒而丧命，唐代孙思邈呼吁世人“遇此方，即须焚之，勿久留也”。

皇甫谧曾一度受不了这种疾病的折磨，想操刀自杀，幸好被叔母劝住了。因为自己得了重病，深深感到，虽“有八尺之躯”“不精通医道”“也无济于事”，从此，他在抱病期间，自读了神农、黄帝、岐伯、伊尹、华佗、张仲景等诸书，“内考五脏六腑，外综经络气血色候，参之天地，验之人物，本性命，穷神极变”，他发现以前的针灸书籍深奥难懂而又错误百出，

十分不便于学习和阅读。在《灵枢》《素问》和《名堂孔穴针灸治要》等书的基础上，加以综合比较，“删其浮辞，除其重复，论其精要”，并结合自己的临证经验，对针灸穴位进行了科学的归类整理，终于写出了一部为后世针灸学树立了规范的巨著——《黄帝三部针灸甲乙经》，也称《针灸甲乙经》，简称《甲乙经》。

《针灸甲乙经》，共10卷，128篇。内容包括脏腑、经络、腧穴、病机、诊断、治疗等。书中介绍了内科、外科、妇科、儿科、五官科等上百种病症及针灸治疗经验，并对五脏与五官关系、脏腑与体表器官关系、津液运行、病有标本、虚实补泻、天人相应、脏腑阴阳配合、望色察病，精神状态、音乐对内脏器官的影响等问题都作了探讨和理论上的阐述，校正了当时腧穴总数的穴位654个（包括单穴48个），记述了各部穴位的适应证和禁忌，说明了各种操作方法。这是我国现存最早的一部理论联系实际，有重大价值的针灸学专著，被人们称作“中医针灸学之祖”，一向被列为学医必读的古典医书之一。唐代医家王焘评价它“是医人之秘宝，后之学者，宜遵用之”。此书问世后，唐代医署就开始设立针灸科，并把它作为医生必修的教材。晋以后的许多针灸学专著，大都是在参考此书的基础上加以发挥而写出来的，也都没有超出它的范围。直到如今，我国的针灸疗法，虽然在穴名上略有变动，但在原则上均本于它。1600多年来，它为针灸医生提供了临床治疗的具体指导和理论根据。此书也传到国外，受到各国，特别是日本和朝鲜的重视。公元701年，在日本法令《大宝律令》中明确规定《针灸甲乙经》列为必读的参考书之一；公元 1136 年，朝鲜政府正式规定以中国医书《针灸甲乙经》等作为学习针灸的必修课程。现在，国际针灸学会也把《针灸甲乙经》列为必读的参考书之一。足见，皇甫谧的《针灸甲乙经》影响之深远。

皇甫谧给我们留下了哪些学术经验呢？

1. 重视医籍，善于精研贯通。皇甫谧在医学上可谓大器晚成。由于他并无直接师承，乃由儒而自学成医，这显然是因自身患病的动因。他认为医道均由古圣先贤所创立，“其论至妙”是医学的根本，是习医者必须精研细读的典籍。他学习过《神农本草经》《素问》《针经》及扁鹊、华佗、张仲景等诸书，认为“其论皆经理识本，非徒诊病而已”。从医方而言，《神农本草》是医方的基础，伊尹以亚圣之才作《汤液》，尔后才有复方的形成，“仲景论广伊尹《汤液》为十数卷，皆可施用”“用之多验”。在钻研医籍中，他发现了五个问题。一是辗转传抄，历经数世，已“有所亡佚”，影响阅读；二是“其义深奥，不易览也”，不便于医道的推广与发展；三是“称述多而切事少”，不便于临床诊疗实践；四是“有不编次”，未能分类编撰，笼统论述，眉目不清，难于抓住要领；五是“文多重复，错互非一”，不利于医者学习。要使读书人“精通医道”，就必须要有一部分类编排，而又文义浅，易阅读，具有系统医学知识的专著，才能达到上述目的。

2. 厘定俞穴，切合临床实用。皇甫谧在编撰《针灸甲乙经》时，注重科学编排，取《素问》论述人体生理病理理论于前，取《针经》有关经脉穴位等理论于次，取《明堂孔穴针灸治要》中的临床各科疾病的治疗于后，形成了医学基础理论——针灸专科基础——针灸临床各科的体系。《针灸甲乙经》一书厘定俞穴 349 个，其中单穴 49 个，双穴 300 个。对头部穴、背部穴、面部穴、耳前后穴、颈部穴、肩部穴、胸部穴、腋胁穴、腹部穴，手足穴位按经脉分布列述；头背腹部穴位分布按经脉自上而下排列；四肢的手足十二经脉穴位则分别经脉自指（趾）端向近心方向排列，便于记忆，便于对比，是一种科学的穴位排列方法。

3. 结合临床，制定针灸准则。《针灸甲乙经》极为重视针灸施术的操作规程和手法，被誉为俞穴主治和针灸疗法之大成。可概括为：①针刺之法，先本于神，以治（神）、守（神）、养（神）三者并举。②审察形气，因人制宜，知调阴阳合形与气。③谨察病端，以时相应，以存其根保其本。④审知阴阳，以另刚柔，谨言终始调其平复。⑤针刺之理，经络为始，审其虚实寒热而调之。⑥五脏六腑，内外相参，调虚实应五变针其原。⑦察色按脉，知内知外，治病则必求其因。⑧病有寒热虚实，痛痒间甚，深浅标本，应辨证施治为要。⑨避免意外损伤，严格确定针灸禁忌，对神庭、脐中、鸠尾等为“禁不可刺”之穴；上关、人迎禁不可刺深；复溜、然谷、颅息等“刺不可多血”；对头维、承光等 24 穴则列为不可灸之穴位。

五、养生家——葛洪

葛洪

葛洪，字稚川，自号抱朴子，人称“葛仙翁”，丹阳句容（今江苏省句容县）人，生于晋武帝太康四年（公元283年），卒于晋康帝建元二年（公元343年），活了61岁。晋代著名道教思想家，炼丹家，医药养生学家。

葛洪出生在一个家道中落的官僚贵族家庭，从小受到父亲的娇宠，13岁时父亲去世，全家住在荒僻的山村，过着“衣不避寒”“食不充虚”的生活，家里篱笆坏得不像样子也没人修理，出门、进屋都要拨开杂乱的草木。好在他自幼勤奋学习，家境的贫寒并没有使他放弃学习。此后他家又屡遭失火，收藏的典籍都被焚坏了，他就背着书篓，沿路一家一家去借，终于借到了他所需的书；因为家穷，没钱买纸笔，他就上山砍柴，把买柴得来的钱，换回纸笔，纸笔仍不够用，就在田园处，“用柴火写书”，或者在一张纸上一遍一遍地正反面反复地写。他白天出去劳动，晚上抄书、读书，很晚才睡觉。读书的时候，尽管外面有人玩“掷瓦”“斗鸡”“搏戏”，十分热闹，但他目不斜视，从不分心，即使有人硬把他拉去看，也不入神，他性格内向，不善交游，只闭门读书，涉猎甚广，简直就是个“书呆子”。

> **链接：** 葛洪出身于江南贵族，其祖葛玄在三国吴时，历任御史中丞、吏部尚书等要职，封寿县侯。其父悌，继续仕吴。吴亡以后，初以故官仕晋，最后迁邵陵太守，卒于官。

16 岁时拜郑隐为师，开始读《孝经》《论语》《诗》《易》等儒家经典，尤喜“神仙导养之法”、炼丹技术，深得郑隐器重。他经常背起书篓步行，不怕路远和险阻，每收集到奇文轶事，自己就偷着乐，即使别人耻笑也不在乎。郑隐有徒弟 50 人，只有葛洪被传授金丹之经及《三皇内文》《枕中五行记》，其余人连这些书的书名都看不到。

> **链接：** 郑隐，字思远，西晋儒生，精通《礼记》《尚书》，对九宫、三奇、河洛、谶记亦有涉猎。后拜葛玄为师，受《正一法文》《九鼎丹经》《金液丹经》《太清丹经》，精于烧炼金丹。年逾八十，体力充沛，健步如飞。收藏极富，举凡经、记、符、图、文、篆、律、仪、法、言等，共一千二百九十八卷。晋惠帝太安元年（公元 302 年），预知将有兵祸，率弟子数人隐居霍山（在今安徽省霍山县），不知所终。

西晋司马睿任丞相时，葛洪为其下属。公元 303 年，20 岁的葛洪参加平息扬州农民起义有功，被任命为“伏波将军”。事平之后，葛洪辞官往洛阳，想广泛搜寻炼丹制药之书。又因陈敏盘踞江东作乱，归途断绝，正在为难之际，恰逢故友嵇含（竹林七贤之一嵇康的侄孙）为广州刺史，上表请他为参军，并担任先遣。葛洪以为可以借此避乱于南方，于是欣然前往。到了广东，他又拜南海太守鲍靓为师。鲍靓精于医药和炼丹技术，见葛洪虚心好学，年轻有为，很是器重，不但毫无保留地传授给他技术，而且把精于灸术的女儿鲍姑也嫁给他。不久嵇含被仇人郭励所杀，葛洪深感世事难料，荣华富贵、地位荣耀就好像是暂时寄居的旅客，虽显赫一时，但就像春天的花朵很快会凋落。公元314年，31岁的葛洪携妻返回家乡，绝弃世务，锐意于松乔之道，服食养性，修习玄静，隐逸求仙。

东晋开国，司马睿作为开国皇帝，念葛洪过去有功，赐爵关内侯，食句容二百邑。太宁三年（公元325），友人干宝力荐他任散骑常侍领国史，坚持不去上任。干宝又荐为散骑常侍，领大著作，葛洪都坚决推辞不就。咸和（公元326年~334年）初，司徒王导召补他为州主簿，转司徒掾，迁咨议参军。后因生活所迫，再出任咨议参军等职。及闻交趾（今属越南）产丹砂，就向朝廷请求出任句漏县令，得到任命后，带领子侄一路同行。途经广州，会晤刺史邓岳。邓岳告诉葛洪：其辖地的罗浮山有神仙洞府之称，相传秦代安期生在此山服食九节菖蒲，羽化升天。邓岳表示愿供他原料在此炼丹，葛洪由是决定中止赴任的行程，从此隐居于罗浮山。其间，邓岳拟任葛洪为东莞太守，葛洪推辞不就。他在朱明洞前建南庵，修行炼丹，著书讲学。因从学者日众，又增建东西北三庵（东庵九天观、西庵黄龙观、北庵酥醪观）。抛弃和杜绝人世间一切繁杂事务，一心一意地追求长生不老之道，直到去世。

葛洪一生著述颇丰，《抱朴子》是其代表作。该书分内、外两篇。内篇20卷，论述神仙方药、养生延年、禳邪祛祸之事，

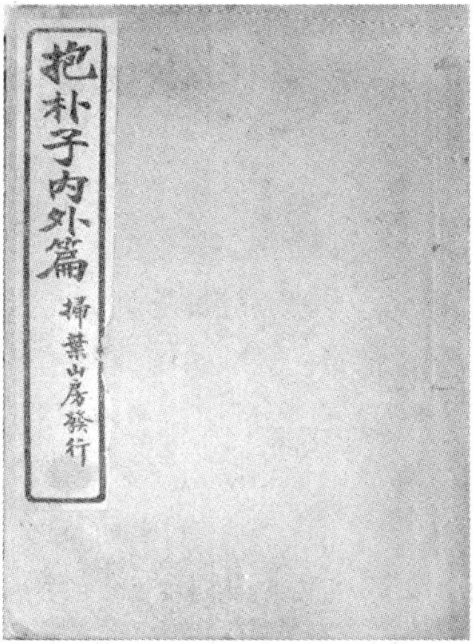

总结晋代前的神仙方术，包含守一、行气、导引、房中术等，为医药学积累了宝贵的资料；外篇50卷，论述人间得失，世事变化，人生哲学、处世方法，主张见素抱朴、不为物役、天真自然，不事雕饰的修身养性。全书将神仙道教理论与儒家纲常名教相联系，开融合儒、道两家哲学思想体系之先河。《抱朴子》的问世，对道教的发展产生了深远的影响。

链接：葛洪一生著作宏富，自谓有《内篇》二十卷，《外篇》五十卷，《碑颂诗赋》百卷，《军书檄移章表笺记》三十卷，《神仙传》十卷，《隐逸传》十卷；又抄五经七史百家之言、兵事方技短杂奇要三百一十卷。另有《金匮药方》百卷，《肘后备急方》四卷。惟多亡佚，《正统道藏》和《万历续道藏》共收其著作十三种。

（一）葛洪提倡的养生经验主要有哪些呢？

1. 宝精行气、形神并重。葛氏认为宇宙间天地万物都是由气构成的，气是构成人体和维持生命的最基本的物质。《内篇·至理》说："夫人在气中，气在人中，自天地至于万物，无不须气以生者也。"形与神是生命的两大构件，形是指人体组织器官等有具体形态之物；神是指生命活动，神之用无形无象。形与神都依赖于气，气聚则成形化神，气是联系形、神的中间物，形与神通过气而相互依赖，相互为用。强调人以气为本，形神合一。因此，对于养生，特别重视宝惜精气，形神并重。告诫人们说：

“所为术者，内修形神，使延年愈疾，外攘邪恶，使祸不干。”只有护养形神，“令正气不衰，形神相卫”，才能避免各种伤害，免除疾病，达到医药养生实践的最高境界。

2. 内外双修，众术共取。葛氏认为养生的关键在于“正气不衰，形神相卫”，必须做到内外双修，籍众术共成。

内外双修即要内修心性和外养气命。内修心性即养性，是指思想意识、品德、性格、心理等方面的修养，要求做到使心神日趋宁静，恬淡无欲，知足割欲。说：“人能淡默恬愉，不染不移，养其心以无欲，颐其神以粹素，扫涤诱慕，收之以正，除难求之思，遣害真之累，薄喜怒之邪，灭爱恶之端，则不请福而福来，不禳祸而祸去矣”（《内篇·道意》）。“欲得恬愉淡泊，涤除嗜欲，内视返听，尸居无心。”“欲静寂无为，忘其形骸”，“入无绮纨之娱，出无游观之观，甘旨不经乎口，玄黄不过乎目，芬芳不历乎鼻，八者不关乎耳”（《内篇·论仙》），“弃交游。委妻子，谢荣名，损利禄，割粲烂于其目，抑铿锵于其耳，恬愉静退，独善守己，谤来不戚，誉至不喜，睹贵不欲，居贱不耻……不劳神于七经，不运思于五律，意不为推步之苦，心不为艺文之役，众烦既损，和气自益”（《内篇·对俗》）。自然可以攘邪恶，延年益寿。说：“割嗜欲，所以固血气，然后真一存焉，百害却焉，年命延焉”（《内篇·地真》）。如果心受制于奢，情浊乱于波荡，于是，有倾越之灾，有不振之祸（《内篇·道意》）。葛氏的养生思想还包括“积善立功”的道德修养。认为“若德行不修，而但务方术，皆不能长生”（《内篇·对俗》）。现代科学证明，心理健康与疾病发生、疗效、寿命密切相关，葛氏这种重视心理保养、道德情操陶冶的养生思想是积极可取的，堪足后学师法。

外养气命就是形体保养，葛氏主张“籍众术共成”，认为“凡养生者，欲令多闻而体要，博见而善择，偏修一事，不足必赖也。”葛氏在《内篇》中介绍了先秦以来的养生术几十种，涉及存思守一（意念）、行气、房中术、辟谷、导引、静坐（内丹术）、药物养生等等。

3. 不伤为本，既病早治。葛氏认为："养生以不伤为本，此要言也。"他在《内篇·极言》提出了生活中各种行为的养生之道，不注意就会伤及身体。如"唾不及远，行不疾步，耳不极听，目不久视，坐不至久，卧不及疲，先寒及衣，先热而解；不欲极饥而食，食不过饱；不欲极渴而饮，饮不过多；……不欲甚劳甚逸，不欲起晚，不欲汗流，不欲多睡，不欲奔车走马……不欲数数沐浴，不欲广志远愿，不欲规造异巧；冬不欲极温，夏不欲穷凉，不露卧星下；大寒大热，大风大雾，皆不欲冒之。五味入口，不欲偏多；……卧起有四时早晚，兴居有至和常制"。"节宣劳逸，有兴夺之要；忍怒以全阴气，抑喜以和阳气"等。葛氏认为"人无长少，莫不有疾"，但病之后，必须及早治疗，防止其积久折寿。说："凡言伤者，亦不便觉也，谓久则寿损耳"，必须杜绝"使腠理微疾，成膏肓之深祸"。

（二）现存的葛洪医学著作《肘后备急方》，对祖国医学有哪些贡献？

《肘后备急方》，顾名思义是可以常常备在肘后（带在身边）的应急书籍。书中编排以病类方，不相杂错。收集药方1060首。供内服者714首，供外用的346首，所载药方大多简、便、廉、验，其中单味药方占50%，即使配伍使用药物，也少而精，很少超过五味药；所用的剂型有汤、散、丸、丹剂、栓剂、洗剂、搽剂、含漱剂、滴耳剂、眼膏剂、药枕等10多种，约350个品种，其中以汤、丸、散、酒剂、膏、栓剂最多，制剂所用的辅料有蜜、酒、面糊、麻油、脂、乳等10多种，所采用的制剂工艺都比较先进，如温浸法制备药酒，尤其是舌下含剂更为世界医学史上首创。

《肘后备急方》所指的急病，大部分是现在所说的急性传染病。《肘后备急方》中首次详细描述了在古代肆虐一时的“天花”的症状、传入中国的途径以及流行情况。当然，《肘后备急方》中并无“天花”一词，而是名其为“虏疮”，之所以叫“虏疮”，是因为这种病最早在作战被俘获的俘虏中发现。据《肘后备急方》所述：这种疾病从西方向东方流传过来，很快传遍了全国，该病发作时，自头面开始，全身皆长疮，形状像火疮，疮头上有白浆，流出后很快又产生，如果不及时治疗，重症者多死，即便是治好以后，留下的紫黑色的瘢痕，要一年之后才会慢慢消退。对于这种外来疾病，此前的医学典籍尚未记载，《肘后备急方》的描述，对于认识这种疾病的由来具有重要意义，也为后世医家在诊断和治疗方面不断积累经验奠定了基础。西方的医学家认为最早记载天花的是阿拉伯的医生雷撒斯，其实葛洪生活的时代，比雷撒斯要早500多年。

《肘后备急方》中还首次详细记录了一种“沙虱病”（恙虫病）。据葛洪描述：岭南地区的山水间多有沙虱，人在洗浴之时，或者阴天下雨时在草中行走，都会沾上此虫，这种虫子会钻入人的皮肤之中。开始时，皮肤上会有小红点，以手碰触，会有刺痛感。其后越来越严重，逐渐发疮，渐入至骨，甚至能够致人死亡。治疗的时候要用针挑出虫子，用灸疗法灸三四壮，则虫死病除。这种病是由恙虫的幼虫作为媒介散播的一种急性传染病，在中国东南沿海一带流行，沙虱极为幼小，用葛洪的话来说，“其细略不可见”，几乎肉眼看不到。直到20世纪上半叶，国外学者才发现了恙虫病的病原。而葛洪在没有任何放大设备的情况下，却能够将这种病的病原、症状、发病地点、感染途径、治疗方法等描述得清清楚楚，这种细致的观察与严谨的医学态度，不得不令人赞叹。葛洪不但发现了沙虱，还知道它是传染疾病的媒介。他的记载比美国医生帕姆在1878年的记载，要早1500多年。

《肘后备急方》还记述了一种叫“尸注”的病，说这种病会互相传染，并且千变万化。染上这种病的人闹不清自己到底哪儿不舒服，只觉得怕冷发烧，浑身疲乏，精神恍惚，身体一天天消瘦，时间长了还会丧命。葛洪描述的这种病，就是现在我们所说的结核病。结核菌能使人身上的许多器官致病。肺结核、骨关节结核、脑膜结核、肠和腹膜结核等等，都是结核菌引起的。葛洪是我国最早观察和记载结核病的科学家。

《肘后备急方》中还记载了一种叫犬咬人引起的病症。犬就是疯狗。人被疯狗咬了，非常痛苦，病人受不得一点刺激，只要听见一点声音，就会抽搐痉挛，甚至听到倒水的响声也会抽风，所以有人把疯狗病又叫做“恐水病”。在古时候，对这种病没有什么办法治疗。葛洪想，古代有以毒攻毒的治法。疯狗咬人，一定是狗嘴里有毒物，从伤口侵入人体，使人中了毒。能不能用疯狗身上的毒物来治这种病呢？他把疯狗捕来杀死，取出脑子，敷在犬咬病人的伤口上。果然有的人没有再发病，有人虽然发了病，也比较轻些。葛洪用的方法是有科学道理的，含有免疫的思想萌芽。大家知道，欧洲的免疫学是从法国的巴斯德开始的。他用人工的方法使兔子得疯狗病，把病兔的脑髓取出来制成针剂，用来预防和治疗疯狗病，原理与葛洪的基本上相似。巴斯德的工作方法当然比较科学，但是比葛洪晚了1000多年。

对于给人类带来莫大痛苦的疟疾，《肘后备急方》的相关记载也很详细，不但有明确的分类，而且收录了方剂30余首，其中14个方子中都用到了一味药物——常山，现代研究也证明常山的确是抗疟的特效药。除了常山之外，《肘后备急方》中还收录了“青蒿方”以治虐，用法极为简单：“青蒿一握，以水二升渍，绞取汁，尽服之。”这一发明也被认为是抗疟史上的一次突破。我国科学家屠呦呦从中得到启发，成功地从青蒿中提取出了抗疟的有效成分——青蒿素和双氢青蒿素，2015 年获诺贝尔生理学或医学奖。

六、医药家——陶弘景

陶弘景，字通明，南朝梁时丹阳秣陵（今江苏江宁）人，别号华阳隐居，后称陶隐白，殁后谥号贞白先生。生于周朝宋孝武帝孝建三年（公元456年），卒于梁武帝大同二年（公元536年），活了81岁，为著名的医药家、炼丹家、文学家。

链接：关于陶氏祖籍丹阳秣陵，目前出版的各类著作说法不一。《辞海》《中国人名大辞典》《中医人物辞典》等谓其为“南京人”，或“南京市人”；《中国医学史略》谓其为“南京东南人”；《中医人名辞典》谓其为“江苏江宁县东南人”；《中医大辞典·医史文献分册》谓其“江苏镇江附近人”；《中国古代医学》谓其“江苏句容人”；还有谓其“丹阳人者”。据南朝《宋书》记载，南朝宋代丹阳郡属扬州府管辖，丹阳郡下设8个县，即建康、秣陵、丹阳、江宁、永世、溧阳、湖熟、句容。秣陵县设于秦代始皇三十七年（公元前210年）。其治所在今江宁县秣陵镇。

公元456年4月30日，陶弘景生于江苏江宁县。出生时曾经有一个夸张的传说，当初他母亲郝氏梦见一条青龙从自己怀中飞出，又看见两个天人手里拿着香炉来到她家里，随后就怀孕了，生下了陶弘景。但她看到的青龙却是没有尾巴的，自己独自飞上

天去了。据说这预兆了后来陶弘景终身不娶、没有子嗣，松涛做伴，归道必然。这肯定有失公允。其实，陶家为世医家庭，其祖父陶隆，善骑射，好读书、写字，兼解药性，常以疗人疾苦为己任，后因功封晋安侯。父陶真，曾任南台侍御史，做过县昌令，亦精通医学，博涉子、史、经籍，为权贵所赏识。母郝氏则信奉佛教。受家庭熏陶，幼小的陶弘景聪明好学，与一般小儿不一样。4 岁时，用芦秆作笔，在芦灰中学写字。6 岁时能写条幅，字体不俗。7 岁时能读四书五经，作文立意，颇有风范。10 岁时，从乡邻中偶得葛洪《神仙传》，便爱不释手，晚上点着蜡烛研读，萌发了求仙养生之志。15 岁时，长得朗目疏眉，面容清秀，有仙风道骨之势，撰著了《寻山志》。17 岁时在吏部尚书刘秉府中供事。24 ~ 27 岁，齐高帝作相，拜左卫殿中将军，后被引为巴陵王、宜都王等诸王侍读，总管记事、内外礼仪表章及笺疏启牒。此时陶氏虽身在显贵之列，却不为荣华所动，幼志不改，心向道术，时食素味，孤身不娶，曾拜陆修静弟子孙游岳为师，学习道家符图经法，继而游历山川，谒僧访道，潜心炼金丹，心向医药。32 岁时，陶弘景被召为奉朝请（朝廷中闲散官员），但其不交外物，唯以披阅为事。时值南北朝混战，骨肉相搏，陶弘景厌恶官场斗争，加之因家境捉襟见肘，求做县宰不遂，37 岁时，脱朝服挂于神武门，上表辞官。皇帝允许，且念其为人至诚，敕所在官吏每月供给茯苓、白蜜服食。彼时他隐居于江苏句容县名曲山（茅山）。一面修道，一面致力于整理医籍，自号“华阳陶隐居”。

陶弘景真正习医，当为登山之后。身居富人圈时，不觉民间疾苦，退隐名山之后，方觉民病难疗，发现民间医者寥寥无几，百姓因病得不到及时救治，夭枉者甚多，故而潜心医道，广览本草药性，探幽索本。以“一事不知，以为深耻”严格要求自己。蜾蠃，是一种昆虫，古代用之主治久聋咳逆。一天，当他读到《诗经·小宛》的“螟蛉有子，蜾蠃负之，教诲尔子，式谷似之”几句，就很存疑，《诗经》的旧注说，蜾蠃（一种细腰蜂）有雄无雌，繁殖后代，是由雌的把螟蛉（青蜘蛛）的幼虫衔回窝里，叫那幼虫变成自己的样子，而成为后代。恰好一位朋友也来问这是怎么回事。他就先去查书本，书本说的跟《诗经》旧注一模一样，他想：这些书尽是我抄你，你抄我的，查书是查不出名堂。我何不亲自到现场看个究竟呢？于是陶弘景来到庭院里找到一窝蜾蠃。经过几次细心的观察，他终于发现，那螟蛉幼虫并非用来变蜾蠃的。而是蜾蠃衔来放在巢里，等自己产下的卵孵出幼虫时，作为它们的“粮食”。蜾蠃不但有雌的，而且有自己的后代，纠正了前人对此认识的误谬。

梁武帝萧衍与陶弘景私交甚密，召其进京，并赐以鹿皮巾，礼聘出山，他始终不为所动。梁武帝问他：山中有什么，为什么不出山呢？他先写了一首诗，后画了一幅画作为回答。诗为《诏问山中何所有赋诗以答》：“山中何所有，岭上多白云。只可自怡悦，不堪持寄君”（《陶隐居集》）。画的内容是：纸上画了两头牛。一头散放水草之间，自由自在；一头锁着金笼头，被人用牛绳牵着，并用牛鞭驱赶。梁武帝看了诗和画，领会他的用意，就

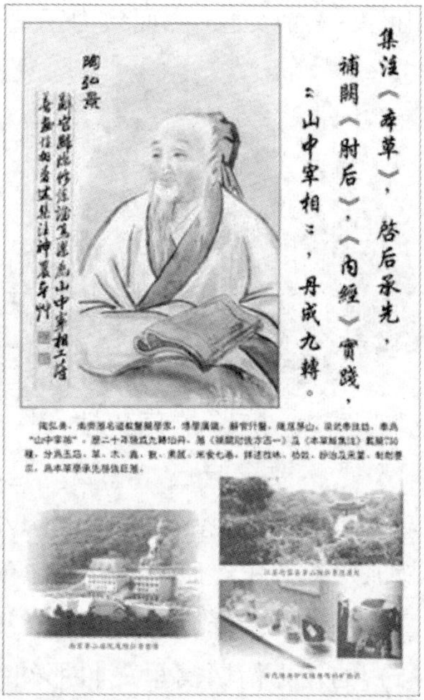

不再强迫他出来做官了。但每遇国家大事必前去咨询，故时人称之为“山中宰相”。由于王公贵戚，“参候相续”，干扰也很大，后来，他索性在山中建了一幢三层的楼房，“弘景处其上，弟子居其中，宾客至其下”，关门读书，与世无争。梁大同二年，隐居茅山40余年的陶弘景无病而终。谥“贞白先生”。

陶氏一生涉猎的学术领域比较广泛，他对天文、历法、地理、博物、数学以及医术、本草等，无所不通。据史书记载，他曾亲手制造天文仪器。他的著作很多，计有44种，其中药学方面有《神农本草经集注》《名医别录》《陶隐居本草》《药总诀》《辅行诀脏腑用药法要》《太清草本集要》《服药木杂药法》《服云母诸石药消化三十六水法》等；医学方面有《陶氏效验方》《集金丹药百要方》《补阙肘后百一方》《服饵方》《断谷秘方》《灵方秘奥》等；其他方面有《合丹法式》《合丹节度》《炼化杂术》《学苑》《论语集注》《帝历年代》《古今州郡记》《图像集要》等，其中以《神农本草经集注》最为著名，影响很大。

陶弘景整理医籍，细心、严谨，周密、实用，是我们今天整理中医古籍的一面镜子。他的主要学术经验有：

1. 更新分类，独辟蹊径。陶氏对本草学中有关药物产地、形态、鉴别、采收方法、性味功效等进行考订修正，考证了古今药物的度量衡，并且确定了药物的分类排次，澄清了历代在本草上的混乱状态。《神农本草经》对药物的性味、功用和主治写得比较详细，不过它的分类很粗，吴普等人所整理的《神农本草经》对究竟有多少种药说法不一，并把三品药混于一谈，甚至把某些药物主治病证弄错。陶氏深感于此书的不便，故而大胆地改革，摒弃了《神农本草经》中按药物有毒无毒及补正祛邪等分上中下三品的古老分类方法，科学地将药物按自然属性分为玉石、草、木、果菜、虫兽、米食、有名未用等七部分类。除有名未用一类外，其余每类中，再分上中下三品。这种“天产自然类别”分类编次方法，比较系统科学，具有独创性，影响深远。在此以后的一千多年间，一直被后世医家所采用。第一部国家颁布的药典，唐代《新修本草》就是在《神农本草经集注》的基础上修订而成的。

链接：汉代的《神农本草经》辗转传抄，“遗误相继，字义残缺”，加之许多医家的增删订正，内容、体例混乱不堪。在药物数量上，“或五百九十五，或四百四十一，或三百一十九”，很不统一，在药物分类上，“三品混糅，冷热舛错，草石不分，虫兽无辨，且所主治，互有得失，医家不能备见”。

2. 药证相应，便捷实用。陶氏不仅为著名的药学家，亦为医学家。这也是古代大多数医药学家的一个显著特点。他创立了“诸药通用法”的分类方法，即依药物的治疗性能进行分类，按病分类，列举了80种疾病的常用药物，如治风常用之药有防已、防风、秦艽、川芎、独活；治黄疸病常用栀子、茵陈蒿、紫草、白鲜皮等；治水肿常用大戟、甘遂、泽泻、葶苈子、芫花、巴豆、猪苓、韦根、商陆；治风眩常用菊花、飞廉、踯躅、虎掌、茯神、白芷等。另外尚有消渴用瓜蒌，寸白虫用槟榔等。这不仅提供了临床用药的方便，而且是按药物的主治作用进行分类的一种创造。

3. 注重采制，保证药效。陶氏还特别指出，药物的产地和采集方法与其疗效有极其密切关系。如："江东以来，小小杂药，多出近道，气力性理不及本邦，假令荆益不通则令用历阳当归，钱塘三建，岂得相似，所以治病不及往人，亦当缘此故也。"陶氏亦注重药物的加工炮制及配制方法，如指出麻黄去节，鬼白、黄连去须毛，石韦刮去毛，桃仁、杏仁去皮尖等。果实、种子类如山茱萸、五味子、决明子须打破后用。坚硬的角质类药如犀角、羚羊角等镑刮作屑用。矿物类须捣碎等。在炮制方法上，载有去木心、去壳、去心皮、去瓤、擘破、细切、薄切、捣碎、捶破、镑、刮屑、锉炙、煎、煮等制法。为医者，无不知除医术外，影响医生治疗疾病效果还有诸多因素，其中产地、采集、炮制加工等是重要一环，陶氏对此的重视，具有科学价值。

4. 以病为纲，以证为目。陶氏对病证分类有创新，如霍乱为纲，下列呕哕、转筋二目。以霍乱生呕哕，呕哕失水则转筋，其分目较为科学。其目皆横切写。并且陶氏所列病症，具有较强的系统性，如治风通用以下分治风眩、头面风、中风脚弱、久风湿痹、贼风挛痛、暴风瘙痒。伤寒下列大热，劳复之后再列温疟。

并说明温疟之热与伤寒大热有别。分别病症如此有系统，为后来撰述病源，载列验方之模式。

七、药王——孙思邈

孙思邈，隋唐时期京兆东原人（今陕西省耀县孙家塬）人，出生于隋开皇元年（公元581年），卒于唐永淳元年（公元682年）。活了101岁，唐代著名的医学家和药物学家。当时的人们把他当做“神仙”，尊称为“药王”。相传唐朝皇帝见他在医药上贡献很大，又不肯做官，封他“真人”，故后人称他为“孙真人”。

链接：《内经》中把好的医生分为真人、至人、圣人、贤人四等。其中真人，能驾驭天地，掌握阴阳，呼吸真气，保养元神，不受环境干扰支配，做到精神和肉体完全和谐一致，所以寿命能和天地一样长久，永无穷尽；至人，具有深厚的道德修养，完全懂得天人之理，保持着与阴阳的和谐，顺应四时的变化，摆脱了世俗的纷扰，积精全神，自由自在地遨游在天地之间，视听于八方之外，能够增加寿命而且保持强健；圣人，善于生活在天地和气之中，顺遂着八面来风的规律，和人们一样生活在世间，满足着各种生活欲望，没有恼怒的愤恨之情，既不愿脱离现实的生活，也不愿与世俗同流，外不让身躯为世事所伤，内不使思想受俗情之累。把恬淡愉快作为修养的内容，把自在自得视为造就的终极，保持着肉体不衰，精神不耗，活到百岁以上；贤人，取法于天地、日月、星辰、阴阳、四时自然的变化规律，来指导自己的养生，时时处处，行站坐卧，都使自己合于大道，能延年益寿活到很高的年纪。

据《旧唐书·孙思邈传》载：孙思邈自幼天资聪颖，7岁开始读书，每日能背诵一千多字，人称“圣童”。青少年时期，已是个知识渊博，尤其精通儒家、道家并兼通佛学思想的颇有功底的学者了。但由于幼年体弱多病，要经常请医生诊治，用来买汤药治疗的钱，几乎耗尽了家资，周围的亲戚邻居，也跟他一样，因为患病，弄得穷困不堪，有的竟得不到治疗而悲惨死去。这些事，使他发出了“方药本草不可不学”的感叹之声。因此，18岁就萌发了学习岐黄之术之志，要替人民解除疾病的痛苦。他一边研习《素问》《灵枢》《甲乙经》《神农本草》《伤寒论》《脉经》，一边医治患者，悬壶济世。在行医的过程中，成功的喜悦，失败的痛苦，使他深深感到医学之博大精深，同行中又各有所长，要成为一代名医，必须“博采众方”，“切脉诊候，采药合和，服饵节度，将息避慎，一事长于已者，不远千里，伏膺取决。”大业年中，24岁的孙思邈从长安西行，至陈仓（今宝鸡），入凤岭至凤州（今风县），达兴州（今略阳），再舟行嘉陵江中经利州（今广元），达益昌（今广元南）。舍舟陆行，入剑门，至普安（今剑阁），再南下巴西（今绵阳）至益州（今成都）。遍访名医，采集中药，虚心向民间医生学习，搜集单方、验方，总结推广群众防治疾病的经验留下了许多佳话。

有一次，邻里的一对中年夫妇抱着小孩，急急忙忙地找他看病。小孩呕吐不止，手捂腹部喊痛，父母慌得不知所措。孙思邈仔细诊断后，认为是受寒而得。这时看到旁边有一堆锯末，他忽然有所醒悟：檀香木理气止痛，其锯末也有同样效果。于是他抓了一把锯末，让孩子的父亲加点生姜作为引子，当即熬药让小孩服下。夫妇半信半疑地回到家，照他说的方法煎药，孩子喝了后，果然呕停痛止，病很快就好了。夫妇俩高兴地逢人就说，孙思邈医术高明，救了小孩的命。从此他在乡里声名大振，得到周围村庄乡亲们的信任，一有病便纷纷前来就医。

孙思邈在治病过程中，处处留心，善于发现。传说有一天，华原县城东街的张先生患小便不利，听医生说是喝水少，因此就大量饮水，结果腹部憋胀，最后竟至小便点滴不出。孙思邈仔细观察病情，认定患的是“癃闭”，由尿道不通所致。如何治疗呢？他想，能不能从尿道插进一根管子，尿肯定会排出来。可狭窄的尿道，该用哪种管子呢？急得他从院子里踱到门外，忽然看见有个小孩吹着葱叶玩，他顿时有了主意，挑出一根细长的小葱切去葱尖，顺着尿道插进，并像小孩一样用劲一吹，果然患者的尿液从葱叶中流了出来，腹部憋胀马上得到缓解，病情随之痊愈。病人直起身来，连连向他道谢说：“救命之恩，终生难忘。”于是“葱叶导尿”被记载在他的书中。

孙思邈出外行医，有一天正在行走，忽然看见一行出殡队伍迎面而来。他停在路边，忽然上前一步，按住棺材大喊：“且慢！”送殡的人以为他是疯子要赶走，他便说这人还没死，你们怎么忍心埋了呢？众人说人早死了，你不要胡说。他说人要死了，血会凝固的，你们看棺材底下正在滴着鲜血。众人果然发现有血丝向外流，就打开棺材请他看。只见有个妇人面黄如纸，且怀有身孕。丈夫哭诉说结婚十年没生育，这次怀孕九月，昨天忽然胎动并大出血。孙思邈试了妇人的鼻息和脉象，以红花烟熏其鼻孔，又急取琥珀粉灌服，孕妇很快苏醒过来。他又送给病家一剂药、一幅图，嘱咐把病人抬回去，喝下这一副药，再按图接生，保证母子平安。后来妇人果然顺利生下个胖娃娃，于是众人把他当成了神仙，孙思邈却说：此乃琥珀之功也。

相传孙思邈在四川峨眉山时，遇到一位40多岁的男子前来求医。病人住在岷江岸边，长年以打鱼为生，天久日长得了风湿病。每当天寒阴湿时便两腿关节僵硬，行动非常不便。他先用自己配制的药为其治疗，当时服用有效，可过了一段时间后又复发。于是他又到山上采摘治病的草药，却令他十分失望。有一天到山上采药，无意间看到一只老鹳在山崖上啄食一种草，他想老鹳长年累月在江河湖泊中，时时遭受阴湿之气侵袭，为何不得风湿病？莫非它啄食的草有治疗风湿的功效？于是他迅速攀上山崖，将老鹳啄食的那种草采回，用水熬成药汁，让病人服下。结果初服后即感到疼痛减轻，继续服用红肿消退，能自主走路。他深为找到能治疗风湿的草药而高兴，可是不知道这种草药叫什么，他想这是老鹳帮自己找到的药，所以便给此药命名为“老鹳草”。

链接：老鹳草为牻牛儿苗科植物老鹳草的全草。性味辛、苦，平。功能祛风除湿，疏经活络，止泻治痢。主治风湿痹痛，麻木拘挛，筋骨酸痛，泄泻痢疾等。现代药理证实全草煎剂对卡他球菌、金黄色葡萄球菌、福氏痢疾杆菌、乙型链球菌、肺炎球菌及亚洲甲型流感病毒京科68－1株和副流感病毒Ⅰ型仙台株有明显抑制作用；尚有止泻、抗炎、抗癌作用。

有位老猎人，由于长年住在山里，林深水潺，得了腿痛病，发作时难以忍受。他多方求医无效，后来听说长安城有个“药王”孙思邈，医术非常高明，于是他来到长安求医。孙思邈就给他服药、扎针，但治了将近半个月，病却不见好转，他想，除了针十四经穴，是不是可以另寻新穴呢？他又担心会出什么危险，就先在自己身上试扎了数次。然后请老猎人躺在炕上，手指在腿上一分一寸地掐试针穴，并不停地问这里疼不疼？老猎人回答不是……当他掐到有个穴位时，老猎人突然大喊："啊，是!"孙思邈便掐住这个点，毫不犹豫地把银针扎入这个穴位，过了一会儿，老猎人腿痛减轻了。因为疗效显著，孙思邈就记下这个新穴位。第二天又找到了一个点，就这样扎了7天针，换了5个穴位，老猎人的腿痛病终于痊愈了。此后，孙思邈就给这些新穴位命名，忽然想起老猎人的喊声，于是就将这些经外奇穴称为"阿是穴"，而且一直沿用至今。

链接："阿是穴"始于《备急千金要方》："有阿是之法，言人有病痛，即令捏其上，若里当其处，不问孔穴，即得便成痛处，即云阿是。灸刺借验，故云阿是穴也。"因其无固定名称与位置，以病痛局部或压痛点为腧穴，故有疏通经络、运行气血的作用。

在长年为平民百姓治疗各种疾病的实践中，他所学的医学理论与临床实践融会贯通，医疗技术达到了炉火纯青的境地。孙氏治病针药并用，效若桴鼓。例如唐太宗贞观初年（约公元627年），他治愈过几乎不治的虚痨病；贞观九年（公元636年），他妙手回春，治愈了汉王的顽固性水肿病；唐高祖永徽元年（公元650年），他用内服中药的方法治愈过顽症箭伤。在他数十年的医疗实践中，各种多方求治辗转数医而不效的疑难杂证，一经孙氏诊治多可手到病除。就这样，他不仅声噪山林，而且已经誉满京师。

孙思邈淡泊名利，公元627年，唐太宗即位，召诣京师，欲授以爵位，46岁的思邈固辞不受；公元659年，唐高宗召见，官拜谏议大夫，又固辞不就。他时而居京师，时而居山林，以行医为主要社会活动。公元 673 年 8 月，高宗患“疟疾”，孙思邈随御半年，高宗病愈后，他上表高宗皇帝，借口身体不佳申请离京返回山林，高宗未予批准，而特赐其良马，并把当时闲置不用的原鄱阳公主的府第送给他居住。公元 682 年，孙思邈抱病而终。这位幼年体弱多病，活了 101 岁的“药王”与世长辞。

孙氏一生著述颇丰，据《耀州志》卷十记载：孙氏著作有 30 多种；《老子注》《庄子注》《千金方》30 卷、《千金翼方》30 卷、《千金髓方》20 卷、《千金月令》3 卷、《千金养生论》1 卷、《养生要略》1 卷、《枕中素书》10 卷、《摄生真录》1 卷、《马阴二君内传》1 卷、《炼云母诀》2 卷、《烧炼秘诀》2 卷、《龙虎元诀》1 卷，《龙虎乳目》1 卷，《会三教论》1 卷、《龙虎论》1 卷、《龟经》1 卷、《五兆算经》1 卷、《灶上五兆动摇经》1 卷、《金诀》1 卷、《内外神仙中经》1 卷、《秘密图》2 卷、《黄帝神灶经》3 卷、《丹经要诀》1 卷、《神仙修养法》1 卷、《养生杂录》1 卷、《养生铭退居志》1 卷、《禁经》2 卷、《神枕方》1 卷、《五脏旁通道养图》1 卷、《医家要钞》5 卷。可惜大多失传，唯有《千金要方》《千金翼方》广传于世。

据学者考证：孙氏的《千金要方》30 卷，是在 71 岁时撰成的，时隔 30 年，又著了《千金翼方》30 卷，以补《千金要方》之遗。达到“辄之相济，运转无涯，等羽翼之交飞”。

关于《千金要方》的产生，历来有许多传说，蒙上了一些神秘的色彩。《独异志》说：孙思邈偶然受到一位僧人济生得道的启示，“归蜀青城山，撰《千金要方》30卷，既成而白日冲天”。《道经·续仙传》说：孙思邈隐居太白山，曾经救了一条青蛇，原来这蛇是龙子。后来龙王召孙思邈到龙宫，“得水府药方三千首”，因而写成《千金要方》。这真是荒诞无稽。《千金要方》载方5300多首，书中内容既有诊法、证候等医学理论，又有内、外、妇、儿等临床各科；既涉及解毒、急救、养生、食疗，又涉及针灸、按摩、导引、吐纳，可谓是对唐代以前中医学发展的一次很好的总结。而《千金翼方》载方近3000首，书中内容涉及本草、妇人、伤寒、小儿、养性、补益、中风、杂病、疮痈、色脉以及针灸等各个方面，对《千金要方》作了必要而有益的补充。书中收载的800余种药物当中，有200余种详细介绍了有关药物的采集和炮制等相关知识。这是孙思邈博及医源，旁搜囊括的结晶。对此，林亿作了具体的描述：“祖述农（神农）黄（黄帝）之旨，发明岐（岐伯）挚（疑指文挚）之学，经掇扁鹊之难（《难经》），方采仓公之集，仲景黄素，元化绿帙，葛仙翁之必效，胡居士之经验，张苗之药对，叔和之脉法，皇甫谧之三部（指皇甫谧根据《素问》《针经》《明堂》三书，分类编纂成的《甲乙经》），陶隐居之百一（《肘后百一方》）。自余郭玉、范汪、僧坦、阮炳。上极文字之初，下讫有隋之世，或经或方，无不采摭。集诸家之秘要，去众说之所未至”（《千金方》序）。此外，书中还收集了他在临床实践中，挖掘总结出的许多宝贵的经验，如“阿是穴”和“以痛为腧”的取穴法，用动物的肝脏治疗夜盲症，用羊的甲状腺治疗地方性甲状腺肿，用牛乳、豆类、谷皮等防治脚气病；对于孕妇，提出住处要清洁安静，心情要保持舒畅，临产时不要紧张；对于婴儿，提出喂奶要定时定量，平时要多见风日，衣服不可穿得过多……时至今日，很多内容仍起着指导作用，有极高的学术价值，确实是价值千金的中医瑰宝。

（一）孙氏的《千金要方》《千金翼方》，给我们留下了哪些学术思想呢？有哪些闪光点呢？

1. 脏腑虚实寒热辨证：继《中藏经》创立脏腑虚实寒热辨证，孙氏加以发挥，将多种疾病分属五脏六腑、虚实寒热进行论治，罗列病证详细，治疗方法具体。如坚癥积聚属肝，胸痹属心，痢疾属脾。治肝实热，目痛胸满，气急塞，用泻肝前胡汤；治肝虚寒，胁下痛，胀满气急，目昏浊，视物不明，用槟榔汤。这种按脏腑归纳疾病的分类方法，具体实用，对后世及脏腑辨证与八纲辨证的有机结合产生了很大的影响。

2. 养生原则：孙氏重视养生之道，“年且百岁，容若壮年”，强调神仙之道难致，养性之术易懂，提出了一系列的养生原则：①善养性者，则治未病之病，认为养生学就是“治未病”“消未患”。具体提倡“调气、补泻、按摩、导引”等保健方法以“消未病”。②宁食野葛，不服五石。这是针对盛行秦汉和晋唐近千年之久的服石饵金丹而提出的养生原则，促使中唐以后服石饵金丹之风逐渐衰退。③流水不腐，户枢不蠹，提倡运动养生。④衣服但求宽大朴素干净，不要华丽精美。阐述了穿衣服与延年益寿的关系。⑤食物养生。孙氏对食物养生颇有研究，把饮食宜忌放在十分重要的地位，在饮食、服药、服饵、食治、食疗等方面有许多创见。⑥调性养性。非常重视情志对健康的影响，主张戒嗜欲以固血气，节喜怒而延年寿。

3. 独创的治疗方法：孙氏继承前人成就，在疾病的分类、诊断和治疗上多有建树，尤其对血症、内科急症、老年病、消渴病、中风、虚损、淋证、水肿、癃闭等的治疗独具匠心。如治疗吐血用通因通用的吐法及温中止血、清热止血、养阴止血、凉血止血、活血止血、补气摄血、益气养血、寒热并用和单验方、针灸治疗等。治疗急性热病善用清热解毒方药，包含有清热解毒泻火法、清热解毒益气法、清热解毒养阴法、清热解毒辟秽法、清热解毒凉血法、清热解毒疏风散邪法、清热解毒燥湿法、清热解毒祛瘀法、清热解毒芳香化浊法、清热解毒开窍安神法、清热解毒息风法、清热解毒通利法。在老年病的治疗上，强调饮食治疗和药物补益，“食疗而不愈，然后命药”，在《千金翼方·养性》“养老食疗”之后，载补虚除冷、恢复记忆力方大黄芪丸、彭祖延年柏子仁丸等，又专立“补益一卷”，列“大补养”方8首，“补五脏”方45首，“五脏气虚”方9首，“补虚丸散”方22首，拓展了《金匮要略》虚劳病的证治范围，创制了大量行之有效的方剂。

4. 对妇产科的贡献：重视妇女健康，将妇人病冠之于众疾之首，在《千金方》中集唐以前妇科之大成，确立了子宫为病机定位的“子宫学说”，注重胎养胎教及孕产妇的卫生保健，首倡绝育、引产之法，开计划生育之先河，就病种而言，《千金方》所讨论的妇科病包括：求子、妊娠、产育、产后虚损以及经带、癥瘕诸病。《千金翼方》除对前述各种疾病补充论述外，还用了较大篇幅刊有古代妇女美容药品。此外调经10法对临床颇有指导意义。

5. 对儿科的贡献：孙氏首创胚胎学说，按照月龄从形态学说等方面比较具体地记载了胚胎发育过程，为现代胚胎学之先声。他对新生儿的护理、用药方法、小儿病的防治等均有专门论述。朱生全归纳孙氏儿科方药应用有如下特点：善用攻下，驱邪为要；攻补兼施，扶正祛邪；寒热并用，协调阴阳；针药并用，增强疗效；善于外治，方法多样。

6. 针灸学术上的创见：孙氏在针灸学上注重取穴的准确性，在反复查阅、考证古代针灸图经后，结合自己的临床经验，按部位分经绘制了彩色《明堂经图》3幅，此图虽佚，但在《千金方·卷二十九》中用文字详细记载，是我国针灸著作中用彩色绘图的创始人，对当时推动针灸教学和扩大针灸治疗范围起着积极的作用。他提倡针、灸、药并用，反对固执于一法一方，对提高针灸的疗效起到了一定的作用。创立的“阿是穴”，使针灸学增添了新内容，对后来不断发展奇穴创立了条件。

7. 药物、方剂上的贡献：孙氏处方用药上宗张仲景、陶弘景及苏敬等，主张综合治疗，重视地理、气候环境的影响，强调辨证用药，注重用药法度，注意吸收国外药学经验，所用的剂型丰富多彩，计有汤（饮）、散、丸、膏、糊、汁、酒、煎、熨、坐、导尿、烟熏、浴、乳、沐、煮饭、澡豆、泥、粥、枕、蒸熏等二十余种。每一种剂型又有许多制法，如酒剂有渍酒、煮酒、直接酿酒、复合酿酒 4 种，广泛用于内科、外科疾病，以后的《圣惠方》《圣济总录》《本草纲目》等典籍多所引用，因而不断传播和发展，其中屠苏酒、虎骨酒、枸杞酒、五加皮酒等，经过历代医家的改进和提高，在防病治病中发挥了重要作用。裘沛然认为孙氏遣方用药特色大致可分为四个方面：①简易见长，如治吐血方用生地黄汁吞大黄末，“疗十瘥”；②平正取胜，如茯神汤治风眩吐逆；③奇崛跳脱，摆脱一般用药常规，如一味苦参治卒心痛，神丹用于发汗；④庞杂费解，孙氏有很多方剂，药味有多至六七十味，往往既用麻黄、桂枝发表，又用附子、乌头温里，再兼石膏清热，更用人参、当归、地黄补益，又加大黄、巴豆之攻泻，有的还兼犀角、升麻等药，某些处方药味庞杂，是否可能正是其妙之所在？有待进行反复实践验证并进一步作理论探索。

8. 骨伤科方面的贡献：孙氏提出骨愈合的病理生理概念，奠定了骨伤科药物疗法的基础，在《千金翼方》中介绍了“补骨髓”“坚筋骨”和“长肌肉”等药物 50 余种，提出了用药物促进骨髓、肌肉生长修复的理论。对因跌打压撞等损伤所引起的昏厥、内脏损伤出血等创伤的危重证候，运用了复苏、止痛、止血、补血和化瘀 5 大疗法。推广了葛洪创造的小夹板局部固定骨折疗法，使 4 世纪的骨折治疗技术得以传世。

由于《千金要方》及《千金翼方》的影响极大，因此这两部著作被誉为我国古代的医学百科全书，起到了上承汉魏，下接宋元的历史作用。两书问世后，备受世人瞩目，甚至漂洋过海，广为流传。日本在天宝、万治、天明、嘉永及宽政年间，都曾经出版过《千金要方》，其影响可见一斑。孙思邈死后，人们将他隐居过的“五台山”改名为“药王山”，并在山上为他建庙塑像，树碑立传。每年农历二月初三，当地群众都要举行庙会，以纪念孙思邈为我国医学所作出的巨大贡献。庙会时间长达半月之久，前来游览、凭吊的八方来客络绎不绝。

八、医学文献家——王焘

王焘，陕西万年（今西安市）人，生于武则天天授元年（公元690年），卒于唐肃宗元年（公元756年），因安禄山攻陷东京洛阳，王焘被移摄为河间太守，与司法李焕抗击史思明围陷时被杀。活了66岁。历任过县尉、监察御史、殿中侍御史、户部员外郎、徐州司马、吏部郎中、给事中等职，晚年出任过房陵、大宁、彭城、邺郡、河间太守。为唐代中叶著名的医学文献家。

王焘出生在一个官宦世家，曾祖父王珪是唐太宗的宰相，祖父王崇基为正义大夫，主爵员外郎，永宁郡公。父茂时，当过洛州武临县令，赠陈州刺史，与南平公主婚配。幼年的王焘体弱多病，尝够了病痛的滋味。虽经治疗，身体康复，但也留下了不可磨灭的印象。长大后一心攻读经世之学，步入仕途后如鱼得水，有过“七登南宫（南宫，汉宫名），再拜东掖”（掖，宫旁房舍）的厚遇。在任徐州司马和邺郡太守等官职时，他曾负责管理当时的皇家图书馆——弘文馆，达二十年之久。这是全国图书中心，保存着历代医药重要文献。王焘喜好医术，利用这个机会，“观奥升堂，皆探秘要”（《外台秘要》自传），自此，阅读了大量医书，同时，他还认真地做了详尽的摘录，夜以继日，年复一年，积累了大量的医学资料。其中仅古方就有五六十家之多。后来，因为“婚姻之故”他被贬职到房陵，遇赦后就近安置在大宁郡去当官，一路上，由于“冒犯蒸暑”，他的家属和随行人员都“染瘴婴（遭受）疴，十有六七”难逃一死。他依照随身携带的验方施治，竟然把即将死去的人神奇地救了回来。与此同时，他母亲南平公主也进入年老体弱的时期。王焘禀性孝顺，母亲患病时，长期衣不解带地照看护理，并遍访名医，遍查医著，寻找良方。俗话说“久病成医”，慢慢地王焘对医学渐渐入门登堂。

据传王焘的父亲，晚年身患消渴病，口渴难忍，饮量大增，身上多疥疮，且手脚麻木，日渐消瘦，王焘亲尝父亲小便，其味如糖似蜜，王焘翻遍各朝医书，遍访民间及宫廷名医，均无济于病。而此时父亲的手脚已经毫无知觉，腹泻不止，骨瘦如柴。为医治父亲的疾病，王焘独自踏入偏远深山，在当地土著居民称为“药王神山”中探寻发现：有的山民吃饭比一般人多两三碗。频繁小便，可身体却很瘦，而且口干唇裂，手脚麻木，和他父亲的症状非常相似。但当地山民却不怕这种病，细问得知，当地深山密林中有一种雄蚕蛾，色泽金黄，又大又肥，捕捉回来晒干和其他草药一起熬成汤药服用，病症很快消失。王焘向山民寻回了 5000 只上好雄蚕蛾研究，并亲自为其父温火熬制，配合饮食调节，父亲病情很快好转，手脚也慢慢有了知觉，身上疥疮很快就消失了。后来，他把雄蚕蛾治疗消渴病的经验写进了《外台秘要》一书。

链接：经现代科学研究表明：雄蚕蛾中微量元素硒的含量是目前所有动植物中含量最高的，而硒元素对修复血液中受损胰岛素，恢复胰岛细胞功能有至关重要的作用，同时能有效减轻胰岛素抵抗，达到降低血糖，改善并发症的目的。

王焘反对迷信，倡导科学。唐代时期，宗教迷信思想在社会上非常流行。宿命论和巫术害死了不少人。当时有人说：“阎王叫你三更死，不可留人到五更。生有时辰，死有死地。”王焘反驳说：“人之所以生病，大多是饮食无节制而伤脾胃，纵欲过度而伤元气；外感风邪而生寒热等。这些都是人为造成的，怎么能说是阎王早就定下来的呢？只要注意保养，有病就医，人的寿命完全是可以延长的！”他一面进行反迷信宣传，一面悬壶济世，很快得到了人们的信任。

天宝五年（公元746年），王焘因故被贬至房陵（今属湖北），后出守大宁。正值当地疾病流行，王氏取所录经方，亲施方药，疾者多获救治，遂立志编撰一部医方大全。于天宝十一年（公元752）著成《外台秘要》。

链接： 外台者：出守于外，号曰外台；秘要者：秘密枢要之谓也。王焘其作是编，成于邺郡，为太守，其内容上自神农，下及唐代，无不采摭，集成经方40卷，皆诸方秘密枢要也。故名《外台秘要》。

《外台秘要》是一部重要的医学著作。全书40卷，分1104门、载方6900余首，包括内、外、骨、妇、产、小儿、精神病、皮肤、眼、齿等科。各门记述先论后方，秩序井然。书中收载了唐以前的许多医药学著作，其医论部分基本上是在巢元方《诸病源候论》的基础上阐述发展起来的。医方部分选《千金要方》最多，其余所选各书，均注明书名卷第。书中博采名家方论甚多，不少早已散佚的医药著作及名家医方，均赖此书当初的选录而被保存了下来。历代不少医家认为“不观《外台》方，不读《千金》论，则医所见不广，用药不神”，将此书与《千金要方》相提并论。《外台秘要》，成书至今一千二百余年，深受历代医家推崇，各代都有多种不同刊本。

（一）王焘为什么要编《外台秘要》呢？

王焘一生为官，既不是出身医学世家，又不是从医名家，为什么要编《外台秘要》呢？

1. 有感存世方书“方逾万卷，计检力烦”。方书流至唐代，或兵燹虫蚀已是断简残编，或几经传抄而至脱落遗误。这些丰富的医方，由于卷帙浩繁，无人整理，致使沉固在馆阁之中，给人们翻检使用带来诸多困难。王焘在“久知弘文馆”期间，看到这种情况，便萌发了整理类编一部便于人们利用的方法念头，但由于官场事繁，未能如愿。此情况在《外台秘要》自序中写得非常清楚，“自雷岐仓缓之作，彭扁华张之起，迨兹厥后，仁贤间出，岁者数千，方逾万卷，专车之不受，广厦之不容，然而载祀绵远，简编亏替，所详者虽广，所略者或深，讨检则功倍力烦，取舍则论甘忌苦，永言笔削，未暇尸之。”

2. 历经染瘴婴疴，“赖有经方，神功妙用”。古代医家喜欢把自己经用有效的方剂，或经他人实践有验之名方收集起来，编辑成一部经验方书。《外台秘要》作者王焘，就是亲身体会到经方的“神功妙用”而立志编修的，他在《外台秘要》自序中讲得非常明白，说：“以婚姻之故，贬守房陵，量移大宁郡，提携江上，冒犯蒸暑，自南徂北，既僻且陋，染瘴婴疴，十有六七，死生契阔，不可问天，赖有经方，仅得存者，神功妙用，固难称述，遂发愤刊削，庶几一隅。”

3. 鉴于诸家编录，“各擅风流，递相矛盾”。王焘利用“久知弘文馆”管理图书的优越条件，研究了大量前人所撰的方书，认为虽然“神功妙用，固难称述”，但仍未尽善尽美。其中最大的问题，便是各家的观点方法存在着矛盾，并且篇目重复，内容繁杂。所以他编撰《外台秘要》一书力图解决这些问题。亦如他在《外台秘要》自序中说：“凡古方纂得五、六十家，新撰者向数千百卷，皆研其总领，核其指归。近代释僧深、崔尚书、孙处士、张文仲，孟同州、许仁则等数十家，皆有编录，并行于代，美则美矣，而未尽善。何者，各擅风流，递相矛盾。或篇目重杂，或商校繁芜。今并味精英，钤其要妙，俾夜作书，经之营之，捐众贤之砂砾，掇群才之翠羽，皆出入再三，伏念旬岁，上自炎昊，迄于圣唐，括囊遗阙，稽考隐秘，不愧尽心焉。”

4. 身怀济世之心，“所好者寿，岂进于学”。王焘编写《外台秘要》一书的又一目的，便是济世活人。他在《外台秘要》自序中有一段问答之话，体现了他这一思想精神。“客有见余此方曰：嘻，博哉！学乃至于此耶。余答之曰：吾所好者寿，岂进于学哉！”追究他这种思想根源有以下三个方面：一则唐时尊儒重道，以儒家思想治天下，提倡仁者爱人。王焘出身儒宦世家，必然会受到儒家思想的熏陶，所以编撰方书，用以体现仁爱为怀；二则古之医家，非常重视医德修养。王焘曾读过孙思邈的书，可能会受其高尚医德的感染，故仿《千金方》而撰《外台秘要》，志在济世活人；三则古之官吏，主张爱民如子，用以标榜自己清廉高尚，故在边远地方为官的儒医，多编撰方书，意在便民治病。如陆贽撰《集验方》、刘禹锡撰《传信方》等，并有此意。

5. 欲留身后之名，“传之都邑，施于后贤”。“君子忌没世而名不称焉”。在这种思想意识支配下的古代文儒之士，有条件的喜欢著书立说，以便传之后世，永垂不朽。王焘编撰《外台秘要》一书，亦不能排除这种思想动机，从他自序中所声称“非敢传之都邑，且欲施之后贤。如或询某，亦所不隐”的语句中，隐约可以看出他欲留身后之名的思想。

总之，王焘编撰《外台秘要》一书的动机和目的不是单纯的，是多方面因素促成的，而这诸多因素的具体内容，也只能从王焘所处的社会历史背景，周围环境以及他自身的境遇和自序的表白中推测，分析出来。（辑自高文铸文）

（二）王焘是怎样编纂《外台秘要》的？

王焘编撰《外台秘要》一书，的确下了一番功夫，所以其水准也不同凡响，可称得上是一部体例较为完备的典范著作，很多地方值得我们学习借鉴，概括言之，其编纂方法和特点有以下几个方面：

1. 古今方论，采摭浩博。编撰方书广征博引，采摭古今之验，当然不以王焘始。后汉张仲景“勤求古训，博采众方”撰成《伤寒杂病论》。东晋葛洪“选集华厦，捃拾遗逸”，编成《玉函方》，初唐孙思邈“博采群经，删裁繁重”，以为《备急千金方》。然而所不同者，后来居上。王氏编撰《外台秘要》所采用的书目，远迈前贤，冠于当代。用他自己的话说：“凡古方纂得五六十家，新撰者向数千百卷。皆研其总领，核其指归。”今通过对《外台秘要》引用文献考证，知其所言不谬。据粗略统计有《素问》《九卷》《阴阳大论》《伤寒论》《华佗》、扁鹊、王叔和、《甲乙经》《肘后》、范汪、陈廉丘、靳邵、胡洽、刘涓子、《小品》、深师、《陶效方》《集验方》《删繁方》《通真论》《病源》《经心录》《古今录验》《千金》《千金翼》、许仁则、崔氏、《延年》《备急》、文仲、《救急》、苏澄、苏游、李朴阙、周处温、《天竺经论眼》、杨操《音义》、薛待郎、《元希声集》、萧亮、吴氏《三家脚气论》《必效》《近效》、东陵处士、《纂灵记》、蔡尼、苏孝澄、《甲乙方》、曹公、吴爽师、刘尚书、《万全方》、《经效》、姜生、刘氏等，这不但在以往的方书中绝无仅有，在之后的方书中也是少见的，王氏之功业，亦莫大于此。

2. 分门别类，篇目清晰。一本好的学术专著，应该分类合理，篇目清楚，这才便于学习查阅，其实用价值也就会更高。文史著作如此，医学亦然。尤其是采用前人资料编纂的具有类书性质的综合性方书，其要求更应如此。然而过去的方书，或失于“篇目重杂”，或疏于“商校繁芜”，而“未能尽善”。无疑会给读者带来学习不便，检阅颇难。王焘有鉴于此，利用在弘文馆掌管图书的条件，历十余年时间，“皆研其总领，核其指归”，集成经方一部，号称一家之学。他参照《千金要方》的编写体例，并一改《千金》内科杂病按脏腑分类的旧惯，而是把内科疾病按病证归类，与其他各科疾病首尾划一，这样就比《千金方》更便于翻检批阅。他首先以卷分科，根据每一科疾病内容的多寡，分成一卷或若干卷。其次，每一卷下又立若干病，分若干门，每门各立一病证。例如卷四下立温病、黄疸两病，分二十门。其中温病所属七门，黄疸所属十三门。每一门下又首先引述病因病机，后列治疗诸方。这样以卷分科立病，以门别症列方的编排方法，眉目清晰，查阅方便，的确在古代大型综合性方药中堪称佳作。

3. 诸家论辩，各冠篇首。每门首冠诸家论辩，下附方药，先论后方，方论具备，可谓《外台秘要》一书编纂方法上的一大特色。其利用诸家论辩，主要是引自《巢氏病源》，全书四十卷，前三十卷中除卷二十四、卷二十九外，都引有《病源》内容，全书共引 341 处，凡 350 条。分别引自《病源》卷一至卷五、卷七至卷十四、卷十六至卷二十五、卷二十八至卷三十一、卷三十四至四十等 29 卷中，当代医史学家范行准氏说：“每门冠以《巢氏病源》中有关论述，有方有论，成为二美之书”。《外台秘要》中阐述医学理论部分，还分别引有一些其他著作的内容，如《素问》《千金》《删繁》《许仁则》等等。这种编纂方法，受到后世的重视和欢迎，如宋政府组织编修《太平圣惠方》援引其例，日本丹波康赖编纂《医心方》也效法其制。

4. 各题名号，标记卷第。引书“各题名号”恐怕在医籍的编纂历史上，自王焘开始，起码在现行的医籍中是如此。所以他这种编纂方书的体例备受后人称颂，检阅《外台秘要》四十卷中，几乎条条引文都标明书名或人名，以及卷第，很少有遗漏不书者，使后学之士，皆知所出，同时，也为我们今天研究六朝经方、收集古代医学史料，以及校勘、辑佚工作创造了有利条件，确实加惠后人无穷。

5. 尾注同书，藉存古籍。每当引录一方而同见数书者，则于每方之下加注并记之，这无疑是《外台秘要》一书编纂方法上的又一特色。这种方法非但不见于唐以前医籍，就是后世编纂类似方书也很少有人效法。今天看来，已成为方书编纂史上的一枝独秀。经粗略考察，《外台秘要》于每方之下注明某某书同者，几乎接近直接引用书目的数量。有时尾注记一书同，有时尾注记数书同，甚至每一条下记载同见书目竟达九种之多。如卷一《古今录验方八首》中引“麦奴丸”方下注曰：“《肘后》、胡洽《小品》《删繁》、张文仲、深师、范汪、《经心录》《广济》并同”。王氏如此精勤不倦，一一标出，一则见其涉猎之广博，再则知其治学之不苟，用心用功，可谓良苦，其于文献之流播后世，功莫大焉。这对研究六朝方书，探讨古代医学史料，对存世医书的校勘，对亡佚医书的辑佚，都有重大的价值。

王氏不但于每方之下记载同见书籍，而且还把同见书籍中的异文提供给读者。如卷六《霍乱吐利方一十二首》引《小品》“四顺汤”方下注曰：“《千金》同。《删繁》《范汪方》云：剌甚者加龙骨二两妙。”再如卷七《腹胀雷鸣方三首》引范汪“附子粳米汤”方下注曰：“仲景《伤寒论》同。《集验》加干姜二两。”又如卷八《痰厥头痛方八首》引《千金》“疗痰饮头痛往来寒热方”中有“常山一两，云母粉二两”，方下注曰：“深师云：用云母半两炼之，余同。”诸如此类，不胜枚举。（辑自高文铸文）

九、儿科之祖——钱乙

钱乙，字仲阳，祖籍浙江钱塘，后祖父北迁，遂为山东郓州（今山东东平县）人，生于北宋明道二年（公元1032年），卒于北宋政和三年（公元1113年），活了82岁。曾因治愈皇亲国戚的小儿疾病，声誉卓著，被授予翰林医官，任过太医丞。是宋代著名的儿科医家。

公元1032年，钱乙出生在山东东平县的一个村落里，父亲钱颢，擅长针灸，精通医术，但特别爱喝酒，喜欢游山玩水，周游各地。当钱乙3岁时，母亲去世，父亲隐匿姓名，东游海上，一去不复返，他便成了孤儿。姑母深感悲哀而收养了他，钱乙儿童时，体弱多病，姑父吕氏是一位医生，经常给他调治。少年时，姑父安排他去私塾读书，空闲时也会带他出诊。有一次村子里张铁匠的孩子才两岁，不知是什么病，高热，抽搐，吃了药也没有效果，钱乙在旁，看到孩子无助的目光时，感到一种彻骨的疼痛，最后孩子还是死去了。回家时，他问姑父，“为什么小孩的病这么难治?”姑父无奈地说：“因为小孩自己不会说话，没法儿自己说清病情，还不配合诊脉，所以不好诊断啊。还有，他们的脏腑娇嫩，用药稍微错一点就会酿成大祸，所以大家说：宁治十大人，不治一小儿。”钱乙点着头，目光变得坚定了起来，“原来这样啊，那么，我就好好地学习治疗小儿的病吧！”

从此，钱乙认真钻研《内经》《伤寒论》《神农本草经》等。

特别是《神农本草经》，他“辨正阙误”，所下功夫很深。有人拿了不同的药请教他，钱乙对答如流，对草药的生长、形状、习性、药性等讲得那叫一个清楚，就跟自己家后院里的蔬菜似的，大家听得晕乎乎的，事后一查本草书，还真是那么一回事儿。此外，他把古今有关儿科资料一一采辑，加以研究。对扁鹊曾为小儿医的史料，东汉中古巫妨的《颅囟方》、巢元方的《诸病源候论》、孙思邈的《千金方》有关于儿科病的记载，深受启发，并用于临床，对小儿的疾病治疗技术大有长进。当时的人们认为他“治小儿赅括古今，又多自得”。

有个贵族的小儿，因打秋千坠地发惊搐。医生用发散药治他，不能治愈。钱乙说：这个小儿，原是急惊，后生大热，医生认为应当先退其热。便用大黄丸、玉露散（由寒水石、滑石、石膏、瓜蒌根、甘草组成）、惺惺丸，加入牛黄、龙胆、麝香解之，不愈。至三天，病儿肌肤反发热，再有两天病不好，必发斑疮，那是热不能出的缘故。其实，开始受惊时，本来应当用治惊药治疗，用发散药就成为逆证了。后两天，果然出现斑疮。钱乙用必胜膏治疗，七天就好了。

又有张氏一个 9 岁孙儿，患肺热病，医生用犀角、珍珠、龙胆、麝香、生牛黄治疗。一个月过去，仍然不好，病儿的症状是：喘嗽闷乱，饮水不止，完全不食。钱乙用使君子丸、益黄散（由陈皮、丁香、诃子、青皮、炙甘草组成）治疗。张氏问道：这小儿本来有热，怎么又用温药呢？别的医生用凉药去攻，治疗一个月，尚且无效。钱乙解释说：凉药久服，就转寒，不能吃。病儿不吃饭，应当补脾。等到饮食正常了，才泻肺经，病就一定会好的。那小孩吃了两天补脾药，有了食欲，钱乙就用泻白散泻他的肺，病果然很快就痊愈了。张氏问：为什么这样用药不会使小孩虚呢？钱乙说：“先实其脾，然后泻肺，故不虚。”

一个姓朱的人，有个儿子 5 岁，夜里发热，白天无事。有的医生作伤寒治，有的医生作热病治，用凉药解表，始终治不好。病儿症状是：多涎而喜睡。别的医生用铁粉丸下涎，病情反而更重，至第五天，出现大渴引饮。钱乙说：不能用下法治。于是他拿白术散末一两煎水三升，使病儿尽量饮服。姓朱的人问道：饮多了不会泻吗？钱乙答道：不渗进生水在里面，是不会泻的。纵使泻也不足怪，只是不能用下法治。姓朱的人又问：先治什么病？钱乙说：止渴治痰、退热清里，都靠这味药。到晚上，药估计服完，钱乙看看病儿，说：可再服三升。又煎白术散水三升，病儿服完，稍觉好些。第三日，又服白术散水三升，那个病儿再不作渴，也没有流涎了。接着钱乙给其服两剂阿胶散（又名补肺阿胶汤，由阿胶、牛蒡子、甘草、马兜铃、杏仁、糯米组成），病就完全好了。

钱乙 30 多岁时就成为杰出的儿科医生，在山东一带颇有盛名。这时，他的姑父就把他父母亲的事情告诉了他。他哭了一场，请求出门去寻找他的父亲，前后一共往返了八九次，总共花了几年的时间，跋山涉水，数千里寻亲，终于把离家出走 30 多年的父亲接回家中赡养。七年后，其父逝世。乡亲们对此感慨万千，写诗赞颂钱乙的孝道。此后，他对待吕医生就像对待亲生父亲一样。吕医生没有儿子，死后钱乙为他装殓埋葬，并穿孝服为他守丧。

元丰年间，宋神宗的姊妹“长公主”所生之女患泻痢，太医们束手无策，全家上下急坏了，大家都惶惶不安，担心厄运会夺走小孩的生命。这时有人提到了钱乙，说民间可是传了，这位钱乙治疗小儿病那可是真有功夫。长公主急了，啊？真的吗，还等什么呐，那就赶快把他请来吧！钱乙来到驸马府，看到病危中的小孩，认真地对患儿进行诊断，然后长长地舒了口气，起身退了出来。驸马忙问：“怎么样？”钱乙回答说：“不用担心，她的身上很快就会出疹子，疹子发出来就好了。”驸马一听，怒责道：“你这乡下土郎中，不治能好？来人，给我轰出去！”钱乙只好离开了驸马府。第二天，女仆突然来报："长公主、驸马爷，你女儿身上出疹子了！"大家都不信，忙跑来看。果然，患孩出了一身疹子，精神状态却好多了。才知钱乙是个高人，又急忙派人请钱乙。钱乙说："我就知道你们会来，我把药已经准备好了，走吧。"患儿服了钱乙扶正气的药后，很快就好了。长公主的女儿痊愈后，长公主特别高兴，帮钱乙弄了一个翰林医官的职位。

钱乙在做翰林医官的时间里，有一天，宋神宗的皇太子突然生病，请了不少名医诊治，但毫无起色，病情越来越重，最后开始抽搐，皇帝见状十分着急，这时，有人向皇帝推荐钱乙。于是钱乙被召进宫内。皇帝见他身材矮小，貌不出众，有些小看他，但既然召来，只好让他为儿子诊病。钱乙从容不迫地诊视一番，要过纸、笔，写了一帖"黄土汤"的药方。心存疑虑的宋神宗接过处方一看，见上面有一味药竟是黄土，不禁勃然大怒道："你真放肆！难道黄土也能入药吗?"钱乙胸有成竹地回答说："据我判断，太子的病在肾，肾属北方之水，按中医五行原理，土能克水，所以此症当用黄土。"宋神宗见他说得头头是道，心存的疑惑早已去几分，正好这时太子开始抽筋，皇后一旁催促道："钱乙在京城里颇有名气，他的诊断很准确，皇上勿虑。"于是，皇帝命人从灶中取一块焙烧过很久的黄土，用布包上放入药中一起煎汁。太子服下一剂后，抽筋便很快止住。用完两剂，病竟痊愈如初。这时，宋神宗才真正信服了钱乙的医术，把他从翰林医官提升为很高荣誉的太医丞。

链接： 灶心土，又名伏龙肝，为烧柴草的土灶灶内底部中心的焦黄土。用时用刀削去四周焦黑部分及杂质，留中心红黄色或红褐色土块入药。现代药理研究证明，灶心土的主要成分为氧化铝、氧化铁、氧化镁、氧化钙等。中医认为该药有温中止血、止呕、止泻作用，可用于吐血、便血、呕吐反胃、腹腔痛泄、妊娠恶阻、崩漏带下。

公元 1079 年，钱乙治好了太子的病，被召到汴京，受到皇帝重用和赏赐，得以誉满京城。那时宋朝的太医，一般都是名医的后代，这些人的祖上也许真有点本事，但传到他们这一代，许多人成了靠门第资格吃饭的庸医。钱乙，这个“土郎中”的儿子，年龄四十几岁，一下子进了太医的行列，不能不令这些官僚味儿很足的庸医们张口结舌。有些人固然佩服，但更多的人却嫉妒和不服气。他们私下议论，“钱乙治好太子的病，不过巧合罢了！”有的说：“钱乙只会土方，真正的医经怕懂得不多。”一天，钱乙和弟子阎孝忠正在为患者治病，有位大夫带了钱乙开的儿科方子来“讨教”。他略带嘲讽地问：“钱太医，按张仲景《金匮要略》八味地黄丸，有地黄、山药、山茱萸、茯苓、丹皮、泽泻、附子、肉桂，你这方好像少开了两味药，大概是忘了吧？”钱乙笑了笑说：“没有忘，张仲景这个方子，是给大人用的，小孩子阳气足，我认为可以减去肉桂、附子这两味益火的药，制成六味地黄丸，免得孩子吃了过于暴热而流鼻血，你看对吗？”这位大夫听了，连声道：“钱太医用药灵活，酌情变通，佩服佩服！”弟子阎孝忠赶紧把老师的话记下来，后来又编入《小儿药证直诀》一书。就这样，钱乙所创制的“六味地黄丸”便流传下来。

链接：钱乙制作六味地黄丸的初衷，原不过是用于治疗小儿的“五迟”（即今人所说的小儿发育不良）之症，但是他远远没有想到，六味地黄丸会在以后的日子发扬光大，成为滋补肝肾、养生保健的千年良药。直到今天，六味地黄丸仍广泛运用于临床。

钱乙知道自己原来就有羸弱的老毛病，他经常坚持治疗。后来病情加剧，他叹息着说：“这种病就是‘周痹’（全身肌肉关节痹痛）啊，如果侵入内脏，就会死人的。我大概是要死了吧”。为治周痹，他说：“我可以把病转移到手、脚上去。”于是自己制作药剂，日夜饮用。他的左手和左脚便突然间卷曲不能伸展了。他高兴地说："可以了！"他的亲朋好友到东山去采到了比斗还大的茯苓，他就按医方上的方法服用，直到把它吃完。这样他虽然半边手足偏废不能用，但骨节坚强和健康人一样。元祐八年（公元1093年），61岁的钱乙以有病为理由，辞官回家，杜绝出门，不戴帽，不穿鞋，坐卧一床上，阅读史书以及其他书籍，访客来了，酌酒长谈。但登门求诊者，近自乡邻，远至百数十里，都一一授药；或由他人用轿子抬着，出入乡村巷子，为乡里民间治病。政和三年（公元1113年），钱乙挛痹一天天加剧，估计自己不行了，由是召集亲朋好友诀别，穿好衣服，等待走完人生的最后一步，终年82岁。

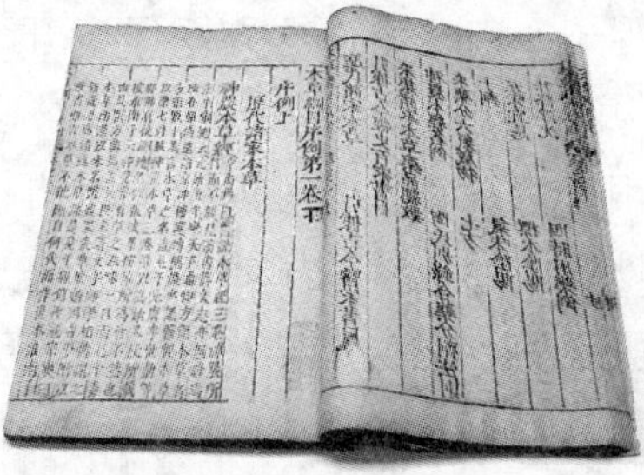

钱乙一生忙于医疗，著作不多，除《小儿药证直诀》三卷一书经学生阎孝忠编集（公元1114年）得以传世外，其余《伤寒论指微》五卷，《婴孺论》百篇，《钱氏小儿方》八卷均已遗佚。

（一）钱氏的治学思想和方法有哪些特色？

1. 博古通今，不名一师。钱氏刻苦学习，博览群书，"于书无不窥"（刘跂《钱乙传》），潜心于《内经》《难经》《伤寒论》《金匮要略》《诸病源候论》等各家学说，同时又虚心学习同时代人的经验，如《太平圣惠方》等，吸取百家之长，加以研究，既不泥古以薄今，又不厚今以薄古。根据小儿特点，.在辨证、诊法、治则、处方、遣药诸方面，都有独特见解和切合实际的创新，可谓"赅括古今，又多自得"。（见《直诀·阎序》）钱氏正是在继承古典医籍的基础上，善于结合时代特点和人民需要的实际，认真研究当时的社会医疗经验，发挥自己的医疗才能，创立一家之言，使医疗小儿的技术水平有所突破。

2. 知难而进，专一为业。古称儿科为哑科，有“宁治十男子，不医一妇人；宁医一妇人，不医一小儿”之说（见《景岳全书·小儿则总论》），认为治小儿之病最难。阎孝忠在《直诀·序》中有“医小儿有五难”之叹；其一，自六岁以下，《黄帝内经》不载其说，无经可据；其二，小儿骨气未成，形声未正，悲啼喜笑，变态无常，靠望诊了解病情也有困难；其四，小儿尚不能言，言也未足取信，凭问诊了解病情更难；其五，小儿脏腑柔弱，易虚易实，易寒易热，用药稍不当，易使病情变化。钱氏在做儿科医生过程中，深有体会地讲过：“脉难以消息求，证不可以言语取，襁褓之婴，孩提之童尤其焉。”“投剂小差，悖谬难理。”（见《小儿斑疹备急方论·钱乙后序》）为了使儿科学能独立发展成为一门临床专科，他矢志不渝，知难而进，专一为业，足足用了六十余年的时间，终于总结出一套切脉按证和探源应变的方法，使儿科学初步形成具有系统性、完整性的一门专科，并为今后的发展奠定了基础。

3. 师古不泥，勇于创新。人类的知识，都是在继承前人的基础上不断发展的。钱氏为了在儿科上有所发现，有所发明，有所创造，有所前进，他师古不泥，勇于创新。刘跂在《钱乙传》中说：“他人靳靳守古，独度越纵舍，卒于法合。”从《直诀》一书收录的方剂来看，既有古方，又有新剂。如麻黄汤来源于《伤寒论》，甘桔汤来源于《金匮要略》桔梗汤，但多数方剂则是钱氏创制的新方。在所创方剂中，其药味组成少而精，大多由 2 ~ 6 味组成。可见钱氏组方是在继承前人经验的基础上，还特别注意到小儿疾病及服药的特点，为后世儿科医家开创了少而精的用药原则。再如急慢惊风这样的大病，当时医界却不加分辨，用治急惊之方药治疗慢惊。而钱氏认为“凡急慢惊，阴阳异惊，切宜辨而治之。急惊合凉泻，慢惊合温补，世间俗方，多不分辨，误小儿甚多。”（《直诀·慢惊》）因而他从肝主风、心主惊立论，创立了惊风学说。诚然，师古通今的目的是为了创立新说，若师古泥今，人云亦云，学术是难于发展的。钱氏反对拘泥于古人之说的治学方法，大胆舍弃，超越前人，终于脱颖而出，独创一家之言。《直诀》一书没有一处引经据典，全是临床实践的心得体会，即是最好的说明。

4. 善于比较，同中求异。北宋早期，儿科学还没有从内科学中分化出来。诚如《备急千金要方·少儿婴孺篇》说“小儿病与大人不殊，惟用药有多少为异”。尚未将小儿与成人不同的生理病理特别加以区别。钱氏采用对照比较的方法，同中求异，将小儿与成人比较分析，认为小儿患病与成人不同。小儿不是成人的简单缩影，有其一定的特殊性，小儿时期，在生育发展过程中，无论生理病理，其阴阳的对立统一，消长转化，都与成人有所不同，而且年龄越小差异越大。如小儿易外感风寒而伤风，易伤乳食而吐泻等。总结出小儿“脏腑柔弱”“肌骨嫩怯”“五脏六腑成而未全”“全而未壮”的生理特点；与患病后“易虚易实”“易寒易热”的病理特点；结合五脏，辨别其寒热虚实，确立主治方剂，使中医儿科学首先在内科学的基础上，分化出一门独立的学科。

5. 观察细致，推理正确。钱氏通过对小儿进行细致的观察和推理，以及反复的医疗实践，本着《内经》整体观，首先将自然与人体视为一个整体。这种“天人相应”的“自然人体观”将自然与人体相类比，从观察自然界中所出现的普遍规律推及人体，从而认识人体。钱氏善观天象，深究五运六气，通过对自然界的深刻洞察，从而推断人体的生理病理变化，从中找出疾病的治疗规律。如吐泻一证，病在夏秋者，多因脏腑寒热失调；病于春冬者，多因伤风。即使是同一夏秋吐泻，脏腑的寒热错杂程度仍然有所不同。因此，治疗也就有寒温补清之异。

6. 系统分析，综合归纳。系统观察和归纳小儿生理功能联系，是钱氏治学的又一个特点。他根据《内经》五脏五行以及阴阳的消长矛盾的观点，将人体看成是由心、肝、脾、肺、肾五大系统组成的相互关联而又对立统一的整体。系统分析小儿的生理活动和病理变化，并把生理研究和病理探讨联结在一起，有时从生理去推断病理，有时反过来从病理去判断生理；在打不开“黑箱”的条件下，通过信息的输入输出和反馈，推断其内在联系，从而得出不同于成人的特点来。这些特点可以反映于证候。例如“脾主困，实则困睡，身热饮水；虚则吐泻生风”一条，首先明确其主症，然后明确与其证候的联系，从而得出虚实寒热属性，作为治疗之着眼点，并从中寻找最佳调节效应——五脏补泻方，来调节五脏的病理变化，创立相应的反馈手段。因此，即使是科学昌明的今天，从方法论的角度去探讨，颇多暗合之处，仍不失其生命力。

7. 虚怀若谷，厚积薄发。钱氏站在老马识途的立场上，虚怀若谷，提拔、鼓励后起之秀，赞扬同乡落榜进士山林俊逸《小儿斑疹备急方论》作者董汲。虽然钱氏本人也一直悉心钻研小儿斑疹一病，但他一见董氏的著作就惊叹地说：这是我平生所研究的专题，而你已研究出成果来了。深嘉其“少年艺术之精”，高兴地为该书写了“后序”。钱氏中年以后，已名噪遐迩，渐将自己的经验体会著述成文，但感到自己年纪尚轻“而不敢传其书”（见《小儿药证直诀·阎序》），厚积而薄发。到晚年炉火纯青之时，其著述更上一层楼。因此，阎孝忠曾感叹地说：“晚年所得益妙。”真所谓“新篇日日成，旧句时时改”。因而整篇而成《小儿药证直诀》一书，被誉为“活幼之真谛，全婴之规范”。（辑自俞景茂等文）

（二）钱氏对祖国医学理论有哪些贡献？

钱氏的学术理论主要包括明晰小儿生理病理特点，确立五脏辨证纲领和注重脾胃学说。

1. 小儿生理病理：钱氏在《灵枢·逆顺肥瘦》篇“婴儿者，其肉脆血小气弱……”以及《诸病源候论·小儿杂病候》“小儿脏腑之气软弱，易虚易实”等说的启发下，在临床实践中体会到：小儿在生理上“肌骨嫩怯”“脏腑柔弱”“五脏六腑成而未全……全而未壮”“肾主虚”；在病理上“易虚易实，易寒易热”。以概括小儿的生理病理特点，打破前人所谓“小儿病与成人不殊，唯用药有多少为异”的说法，从而奠定了中医儿科学生理病理特点的理论基础。

2. 五脏辨证纲领：脏腑辨证，首见于《内经》，后来《难经》《金匮要略》《千金方》等虽有发展，但多为成人疾患之论述。钱氏遵循《内经》五脏五行的理论，根据小儿特点，再结合自身体验，运用儿科临床，创立了儿科五脏辨证。钱氏以五脏为基础，以证候为依据，辨别其虚实寒热，作为论治的准则。其中用“风、惊、困、喘、虚”来归纳肝、心、脾、肺、肾五脏的主要证候特点，用虚实寒热来判断脏腑的病理变化，用五行来阐述五脏之间以及五脏与气候时令之间的相互关系，立五脏补泻诸方作为治疗的基本方剂。可谓执简驭繁，提纲挈领，是切合实际的辨证方法，为其他辨证方法的基础。

3. 诊断尤重望诊：小儿疾病比其他疾病难于诊断，钱氏认为“脉难以消息求，证不可以言语取”。但“有诸内，必形于诸外”，内脏对疾病的反映，不仅各有所主，互为联系，而且可以反映到体外的有关器官和部位。《直诀》一书中有许多关于这方面的生动而细微的观察记述，内容包括小儿形态、动作、部位、色泽的各种变化以及汗、吐泻物。他认为通过望诊，从外察里，从现象分析本质，从而诊治小儿疾病。如“面部色赤者，热也”；“目内色赤者，心实热”；“无精光者，肾虚”；“口中气冷，不思食，吐水”是“胃气不和”；“吐乳泻黄，伤热乳也；吐乳泻青，伤冷乳也”。对小儿病重时危象，列举出囟门凹陷、鼻干黑、鱼口气急、鼻开张、吹鼻不喷等等，都是生动而具有诊断价值的临床现象。

4. 注重脾胃学术：钱氏十分重视脾胃病的调治，钱氏认为脾为后天之本，生化之源，小儿生机蓬勃，发育迅速，但脏腑幼嫩，消化功能较差。这就形成营养需求大和消化负担重的矛盾。加上小儿饮食不知自节，生活不能自理，一旦冷热饥饱失度，脾胃纳运的功能易于紊乱。此外，其他脏腑的疾病，药物使用不当，也常常影响脾胃运化功能或损伤中气，所以小儿内伤尤以脾胃病为多，因而创立了许多调治脾胃寒热虚实的方剂。如脾阳虚者可用调中丸、温中丸补虚温中；脾气虚者可用异功散补气理滞；脾虚气陷，口渴便泻者可用白术散益气生津，升阳止泻；胃阴伤而气逆呕吐者，可用藿香散养胃阴，止胃逆。不但注意保存小儿之胃津，而且防止损伤小儿之脾阳，具有临床实用价值。

十、药学家——唐慎微

唐慎微，字申元，原为蜀州晋原（今四川崇庆）人，后迁居成都行医，也有人称他为成都华阳人。生于宋嘉祐一年（公元 1056 年），卒于绍兴六年（公元 1136 年），活了 81 岁。是宋代著名的药学家。

唐慎微(北宋)

唐慎微出生在世医家庭，自小就爱读书，读书的范围很广，诸如经史传记，佛书道藏，他都看，至于古代医经和历代诸家方书，看得就更认真。当代编的本草书，他更是反复揣摩，认真校核，找出它们的优缺点，把有用的资料一一记录下来。长大后，子承父业，行医济民。虽其貌不扬，言语不善表达，但思维敏捷，看病时谈证候总是寥寥数语，点到即止，决不哗众取宠。如果有人反复问难，唐慎微就会一怒之下，不再答理。他为人治病，不分贫富贵贱，有请必至，风雨无阻；为读书人治病从不收钱，只求以名方秘录为酬。因此学者喜与交游，每于经史诸书中得一方一药，必录而告诉他，从而积累了丰富的药学资料。他不仅从医书上获取验

方良药，还经常到各地采集药物标本，绘图鉴定，并虚心请教“田夫里妪”。只要他们从记忆里搜索出一两个方子，哪怕是草头方子也好，向他提供出来，他就千道万谢，看病也不要钱。在他看来，一个试验有效的草头方子，价值比一两金子还要大。他更注意向有经验的“铃医学习”。一次，他应征从四川到汴京（河南开封），一路行船骑马，每遇到江湖草泽的铃医，他都恭恭敬敬地对待他们，邀他们同饮同食，讨论医药问题。这种不耻下问，虚心求教的态度，使他向“铃医”学到了许多知识，并抄录了不少失传的古方。

链接：铃医，又名走方医。指往来于民间的一种医生。他们一般能使用一种或几种方法如草药、针灸、推拿等为人治病。由于多用串铃招呼病者，故名。

唐慎微治病，百不失一，疗效如神，一时名声大噪。据同乡宇文虚中的回忆，元祐年间，在他还是儿童的时候，他的父亲宇文邦彦患有非常严重的风毒病，请唐慎微治疗后很快就好了。但是，唐慎微指出，这病在一定的时候还会复发，仓促发作，可能一时难请到医生，于是预留一信，嘱咐他家里的人在某年某月旧病复发时，将预留信打开，如法治疗。果然，到了唐慎微预定的时间，宇文虚中父亲的病突然复发，家里人赶忙取出唐慎微预先留下的信一看，里面录出三个方子：第一方疗风毒再作；第二方疗风毒上攻；第三方疗气促喘嗽。宇文邦彦按信中的方依次服药，经过半月的时间，病就痊愈了。

唐慎微在行医中，深入群众，广泛收集和积累了民间和历代本草文献上的大量资料，获得了广博的医学知识，在掌禹锡等的《嘉祐本草》和苏颂的《图经本草》的基础上，旁征博引，精细考察，采用“图文对照、方药对照”的形式，写出了一部巨著——《证类本草》，突破了它以前诸家本草的水平。

《证类本草》这部书出版不久就在社会上广泛流传，受到官家的重视和民间的普遍欢迎，尚书右丞蒲传正准备给他请官，他不为官禄所动，坚决地谢绝了，仍然埋头于他的医业。元祐年间（公元 1086 ~ 1094 年），唐慎微应蜀帅李端伯召请到成都，从此便定居成都从事医业，直到绍兴六年（公元 1136 年）寿终。

（一）唐慎微为什么要编撰《证类本草》？

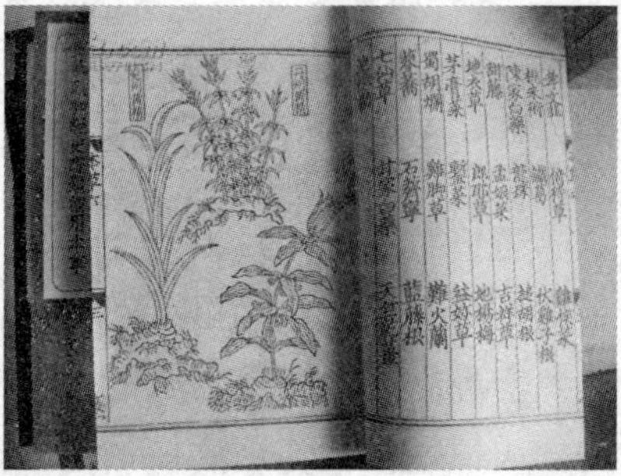

唐慎微是一位地处西南一隅的民间医生，每天行医看病，兢兢业业。元丰五年（公元 1082 年），26 岁的他，为什么要编写和出版药物学巨著《经史证类备急本草》（以下简称《证类本草》）呢？这是与时代背景、个人志趣、文化素养密切相关的。

1. 宋代统治者重视本草书的修订。开宝六年（公元 973 年），刘翰、马志等人奉命修订本草。次年，复经李昉、王祐等人校阅，定名为《开宝重定本草》，后称《开宝本草》。到了嘉祐二年（公元 1057 年），掌禹锡、林亿、苏颂等又在《开宝重定本草》的基础上重加编撰，名为《嘉祐补注神农本草》（简称《嘉祐本草》）。书成后，为了辨别药物品类的真假，宋皇朝诏天下郡县将所产药材绘图上报，进口药物也选出样品，送往京都。苏颂利用这些材料，又作了一次撰述，编成了《图经本草》。宋皇朝两次整理、总结本草，时间持续之长，动员人力之广，都是空前的。官编本草也带动了私编本草的异军突起。

2. 古代医籍弥足珍贵，完善地保存是他的夙愿。宋代两次对本草学的整理，使许多重要的本草学著作得以保存下来。但是，上述两次官修本草时，对古代的医药书籍只是有选择地采录，还有很多药学资料被遗弃了。如果不及时加以收集，这许多手抄的古代药学资料就面临着湮没的厄运。为了尽可能让前人所有的药学知识流传千古，就成了唐慎微的最大心愿。

3. 编写一本“方药对照”的本草是他的使命担当。宋以前的本草，一般只是朴实地记载药物功能主治，不附处方，医生在学习和使用时还需重检方药，极为不便。唐氏一直在思考，能否编一本既采录了经典医著和历代名医方论，又能把自己搜集的大量单方、验方，分别载入有关药物项下，图文并茂、药方对照，内容丰富广泛，资料翔实可靠，注释详尽，体例严谨，层次分明的本草，使学者既能一览药物形态、真伪、炮制用法等知识，又能指导临床用药，兼收并蓄、汇编一体。作为出身医学世家、做过许多学习笔记、收集过许多单方、验方，年富力强的他，是责无旁贷的事，理应担当。

（二）唐氏《证类本草》，对祖国医药学有何贡献和影响？

唐慎微凭借个人之力，终于圆了他自己的一个梦。他以自己的智慧克服了重重的困难，用心血编成的《证类本草》一书，在本草发展的历程中树起一块丰碑。

1. 内容丰富，资料翔实。《证类本草》由《嘉祐本草》《本草图经》及唐慎微新增三部分内容组成。全书 31 卷，载药 1558 种，比《嘉祐本草》新增药物 500 多种，列附方近 3000 首，还有众多的药物插图，内容十分丰富，有很高的学术价值。在该书问世到《本草纲目》刊行的五百多年间，尚无任何一种本草书在内容方面能与之媲美。

2. 体例严谨，层次分明。《证类本草》体例严谨，层次分明。该书除保持《嘉祐本草》体例外，还创用墨盖子作为唐氏新增内容的标记。《日本访书志补》评价说："此书集本草之大成，最足依据，且墨簏墨盖，黑字白字，使神农本经、隐居别录、苏敬新修皆可识别。其体例亦最为严谨。"此评价是非常恰当的。

3. 旁征博引，文献价值高。唐氏搜集了大量民间的单方验药，并皆编入书中相关条目之下。他在编辑《证类本草》时，翻阅了大量书籍文献，被其引用的书籍达247种之多，其中本草、方剂方面的书籍有《雷公炮炙论》《本草拾遗》《食疗本草》《千金方》《外台秘要》《圣惠方》《灵苑方》《肘后方》等。唐氏除广泛搜集宋以前本草、方书的内容外，还将经史子集、佛书道藏中有关方药的内容亦收编书中，诸如《毛诗注疏》《尚书注疏》《礼记注疏》《周礼注疏》《春秋左传注疏》《尔雅注疏》《史记》《淮南子》《抱朴子》《山海经》《青霞子》《神仙秘旨》《宝藏论》《房室经》《孙真人枕中记》《太平广记》《野人闲话》《北梦琐言》等无不在其引用之列。

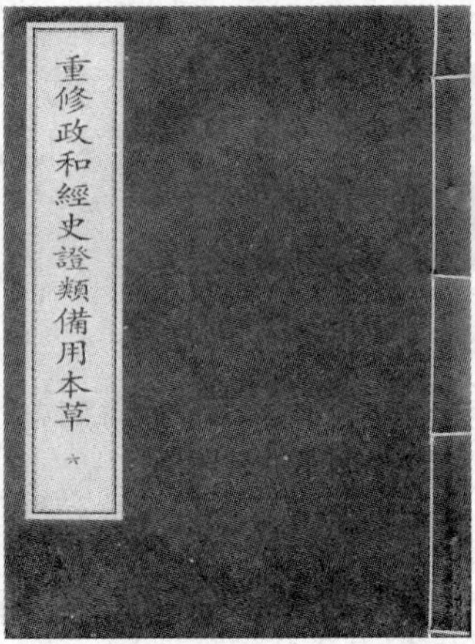

唐慎微的《证类本草》，对发展药物学和收集民间单验方作出了非常大的贡献，开创了药物学方剂对照之先河。宋皇朝也不得不承认他的成就。在大观、政和、绍兴年间，派医官略加修订，就当官编的药典刊行，作为皇朝的政绩，而老祖宗钦定的官编的几本本草书，却丢在一旁。这部书受到后世医药学家的重视，后世的不少本草书都以此书为范本。就连李时珍的《本草纲目》的撰写也以此书为基础和蓝本，李时珍对唐慎微也有很高的评价说："使诸家本草及各药单方，垂之千古，不致沦没者，皆其功也。"因此唐慎微可以当之无愧地被称为中华中医领域的杰出药学家。

十一、妇产科学家——陈自明

陈自明，字良甫（一作良父），晚年自号药隐老人。江西临川（今江西省抚州市临川县）人，生于南宋绍熙元年（公元1190年），卒于咸丰六年（公元1270年），活了81岁。曾任建康府明道书院医学教谕，为南宋杰出的妇产科学家。

陈自明出生于中医世家，祖辈三代行医，藏书丰富，家学渊博。受家庭影响，陈自明从小就喜爱医学，自幼随父学医，手不释卷。14岁时已读完《内经》《神农本草经》《伤寒杂病论》等经典医著。并掌握了中医基本理论及医疗技能，他不仅善于总结父祖辈的实践经验，而且还善于将古代名医经典著作内的医疗方法及理论，应用于临床治疗上。他认为“世界上没有难于治疗的疾病，但有不善于治疗的医生。”医道同行说：“医之术难，医妇人尤难”，父祖辈擅长“大方脉”（相当现在的内科），我就攻妇科吧！知难而进，对家存的有关妇科书籍积极研究。19岁时就显露出医学才华，为邻里乡亲治好了不少疾病。成年后，他又遍游东南各地，每到一处，寻师访友，博采众方，进一步丰富了医药知识。医学造诣已相当高。据《续名医类案》记载的趣事有三：

1. 年方十四治脏躁：乡邻郑虎卿的妻子，怀孕四五个月，每到中午，就痛苦不堪，泪流不止，很多医生束手无策。14岁的陈自明，正在儒中习业，听说此事后，托人捎口信给“惶惶无计”

的郑虎卿说："你老婆患的是脏躁证，是由内脏躁热引起的，不用大枣汤是治不好的。"虎卿听后非常高兴，由是借方书看了以后，对症用药，很快就治好了。

链接：脏躁证：以精神抑郁，心中烦乱，无故悲伤欲哭，哭笑无常，呵欠频作为主要表现的情志疾病。本病是以精神情志异常为主的病证，可发生于妇女各个时期。与病人的体质因素关系密切，易发于阴液不足之体，临床以虚证多见。

2. 明断"子悬"挽胎儿：有一位七个月的孕妇，出远门而返回家中，因路途染疾，突然胎气上冲，胸腹作痛，坐卧不安。请了两个医生看病。他们诊过病人，一个医生说："治疗无效，胎儿已经死了"。一个医生说："可用蓖麻子研烂，与麝香贴在脐下部，堕胎而下。"病家犹豫，转请陈氏诊治，陈氏问两位医生："凭什么知道胎儿已经死了？"两位医生回答说："按孕妇两尺部的脉，脉沉而绝。根据这个判断的。"自明为孕妇诊脉，果然两尺的脉沉绝，但寸、关部脉象和平，便问："这个结论出自什么医书？"两位医生回答不出来。自明说：这个病证叫子悬（妊娠胎气不和，怀胎迫上胀满疼痛，谓之子悬），胎儿没有死，是胎气上逼，可用紫苏饮连服治疗。服药10剂后，母子平安。

链接：紫苏饮出自《普济本事方》，治妊娠感冒发热，胎气不和，子悬腹痛。药物是：紫苏、大腹皮、陈皮、人参、当归、川芎、白芍、甘草。

3. 观面察舌断死胎：有一产妇杜氏，生产不下，请陈氏诊脉治疗，陈自明暗暗地思考，产前的脉不能作为唯一依据，应该结合观察产妇的望诊而判断，便叫人揭开蚊帐，点上蜡烛观察。他看见产妇面红，舌苔青，便断定胎儿已经死于腹中，而不必担心产妇的生命危险。便亲自将至宝丹三粒，一次性叫产妇服下，死胎便堕下了，而孕妇却安然无恙。

由于医术精湛，公元1237年，陈自明47岁时，出任建康（今江苏南京市）明道书院医谕（相当现代的医学教授）。在长期的临床和教学实践中，他深入研究了历代的妇产科的著作，阅读了著名医家孙思邈《千金要方》的妇人方，同代著名妇产科专家昝殷的《经效产宝》、郭稽中补订的《妇人产育宝庆集》、杨子建的《十产论》、陆子正的《胎产经验方》等。发现以前妇产科的记载“有纲散漫而无统，节目详略而未备”，后人应用很不方便。决心编纂一部书来“补其偏而会其全，聚于散而敛于约”。于是，闭门净室，反复钻研《内经》和《诸病源候论》等医书，以寻找立论的依据；遍览医籍，博采众长，结合家传验方进行整理，于嘉熙元年（公元1237）编成我国历史上最早的一部妇产科专著《妇人大全良方》。

《妇人大全良方》又名《妇人良方大全》《妇人良方集要》。简称《妇人良方》。全书24卷，分为调经、众疾、求嗣、胎教、妊娠、坐月、产难、产后8门，266论，1118方，48例医案。书中引录南宋前与妇产科有关的医书近30种。该书在编写体例上分门列病，每门又分若干病证，分述各病的病因、证候及治法。在论治方面，书中涉及妇人在不同生理阶段的各种疾病近200余种。总结出“产前先安胎、产后先补益”等治疗大法。该书还保存了大量已佚的中医妇产科文献及其他佚书中的有关资料。其理论精辟，详而不杂，条目清晰，编次井然，科学合理，内容丰富，在理论和实践上形成了完整的体系，有很高学术价值和实用价值，为中国中医妇科学的发展发挥了承前启后的重要作用。

除妇产科外，陈氏对疮疡亦有所研究，他以《集验背疽方》（宋李迅撰）《外科新书》（宋伍起宇撰）等书为基础，宋景定四年（公元1263年），73岁时，编辑整理成《外科精要》，重点论述了痈疽发背的诊断、鉴别、灸法、用药等，内容精要，切合实用。

咸淳六年（公元1270年），陈氏病逝于故里。享年81岁。

（一）陈自明为什么会成为一位医学大家？

陈氏学业有成，一方面得益于家庭的熏陶，另一方面，也是重要的一方面，在于他勤奋好学、博览群书，躬身实践，不断进取。其医学造诣远远超过了他的父祖辈，他的学术成就和对后世的贡献，主要在妇产科方面，其次是在外科（疮疡）方面。

1. 崇尚《内》《诸》，采摭百家。陈氏对妇科论治，其理论多宗《内经》之旨，如他在《妇人良方》（以下简称《良方》）中，首引《内经》“女子七岁，肾气盛，齿更发长，二七天癸至，任脉通，太冲脉盛，月事以下”之说，进而阐发了冲任两经对妇人月经的生理关系；论妊娠伤食时指出：“经曰：饮食自倍，肠胃乃伤……阴之所生，本在五味，阴之五宫，伤在五味，故妊娠伤食，最难调治也。”论产后呕逆不食证说：“胃为水谷之海，以养脏腑，因产后胃气虚弱，饮食所致，必致呃逆，故不食也”。论室女经闭成劳则认为：“盖忧愁思虑则伤心，而血逆竭，神气先散，月水先闭，且心病不能养脾，故不嗜食，脾虚则金亏，故发嗽，肾水绝则木气不荣，而四肢干痿，故多怒，鬓发焦，伤骨痿”。论喘咳之病机时指出：喘满可由多脏的病变所导致，并以《经脉论》“出肾病肺”“出肝害脾”“出肺伤心”之说为依据，可见，陈氏将《内经》有关病因、脏腑、经络等理论结合在妇产科学说之中。

除《内经》外，巢元方的《诸病源候论》对陈氏学说的影响亦较大，如论月经不利，认为都是由于劳伤气血，体虚而风寒客于胞内，伤及冲任之脉；论带下，认为因经行产后，风邪入胞门，传于脏腑所致；论疝瘕，认为由饮食不调，血气劳伤或胎产经行，风冷相搏所致；论妊娠恶阻，认为由胃气怯弱，中脘停痰；论妊娠心痛，认为由风邪痰饮交结所致。这些有关病因的论述，大多出于巢氏《诸病源候论》，陈氏在《妇人大全良方》中对巢元方极为推崇，谓之说：“世更有明者，亦未有过于巢氏之论，作因述其说”。王肯堂在《女科准绳》序文中也指出“其论多采《巢氏病源》”。

古今任何一位有成就有著述的医家，无不是博览群书，采人之长。陈氏在这方面做得尤为突出，例如他在编著《妇人大全良方》时，参考了《伤寒杂病论》《千金方》《产育保庆集》《养生必用方》《褚氏遗书》等近40种医籍和医论中有关妇产科的文献和治疗经验，收编了《博济方》《灵苑方》《广济》《集验》《古今录验》《和剂局方》《专治妇人方》《妇人经验方》等近百种书和民间秘方中共计1415首复方和单验方（仅有方名而无药物组成者不计）。在编撰《外科精要》时，除参考了《内经》《难经》《肘后方》《千金方》《三因方》等经典著作外，还参阅了当时名医李迅的《集验背疽方》、伍起宇的《外科新书》等。引录之处，多注明出处，忠实于原文，展示了一代名医严谨的治学作风。

2. 躬身实践，勇于创新。在治学方面，陈氏不像某些医家那样，崇尚空谈，逸于安乐，而是热心临证，躬于实践。在青年时，当他掌握了一定医学理论后，便毅然离家，边为百姓治病，边寻师访友，求方问药，丰富自己的医学知识，创立自己的学术见解，例如在《良方·调经门》中，他总结出月经病的基本病理是劳伤气血致体虚，风冷邪气客于胞脉，伤损冲任之脉，并手太阳、少阴之经，以及气血不足、冲任亏损等，提出了温经、通经、调和营卫、滋养血脉等调经治疗方法。其中所论“肠中鸣则月水不来，病本在胃”和“阴虚血弱”“火逼水调”经闭，及由此创立的“胃虚经闭”证治和“养血益阴”治经闭之法，论先医所未论，发先医所未发，其意尤新。

3. 医风垂范，医术精湛。陈氏看到当时大多数医生缺乏系统的理论修养，临床局限于一方一药的知识，当一方不效或药味有缺，需更方选择代替药物时，常常因不能灵活变通而束手，这就是古人常说的“读方三年，无病可治”，治病三年，又“无方可用”。而陈自明主张：“世无难治之病，有不善治之医，药无难代之品，有不善代之人”。这些言语，充分体现了他在临床时对待病人的极端负责精神。

“妇人之病，比之男子十倍难疗”（孙思邈语）。陈氏亲眼目睹并体验了治妇人疾病之复杂和艰难，他感慨地说：“医生的艰难在于掌握技术，医治妇人疾病尤其技术艰难，医治产中数证并存的技术，既艰难又危险。”这就促使他越是加倍勤求博学，以完善学识，谨慎辨治，躬身体验，以精炼技术。如妇人中风，能令人涎潮昏塞，证重伤急，又与中痰、中暍等病朱紫相混，玉石不分，医者不可不详而究之。故陈氏要求，必先明其大体，察脉之虚实，辨证之寒热，相人之强弱，入脏入腑，在络在经，并指出："察口眼开阖以别重轻，涎沫有无以明证治"，概括了中风诊断之要，他细心观察，亲身体会，总结出"眼开口闭，手足不开，涎不作声者可治"；"眼闭口开，声如鼾睡，遗尿者死"，此与现代中西医对中风的诊断和预后颇为吻合，诚为经验之谈。（辑自王光辉文）

（二）陈自明在妇产科方面有何成就？

1. 确立了妇产科证治纲领：陈氏对妇产科各个疾病的论述，重在提纲挈领，以为立法治疗的依据，例如论月经不通，提出肝脾伤损为该病病机的主要环节。他说："妇人月水不通，或因醉饱入房，或因劳役过度，或因吐血失血，伤损肝脾，但滋化源，其经自通"。的确，肝脾两脏是月经的化源，脾为气血生化之源，肝为藏血之脏，若肝脾受伤，脾不生，肝不藏，化源断绝，月经自然不通利了。临证所见，月经不通之证往往有因脾虚不能生血的，有因郁结伤脾而血不行的，有因积怒伤肝而血闭的，有因肾水不养肝木而血少的。陈氏对病因病理的阐述，虽尚欠详尽，但以肝脾为纲，确已抓住了主要病因病机。纲领既得，治法从之而确定。如因脾虚而不行者，补而行之；脾郁而不行者，解而行之；怒伤肝而血闭的，当行血活血；水不涵木而经闭的，宜滋肾养肝，这些都可归于"滋其化源"的范围。

2. 阐发冲任二脉在妇科之重要作用：在生理上，陈氏认为："冲任二脉，皆起于胞中，为经络之海，与手太阳小肠、手少阴心经为表里，上为乳汁，下为血水"。又说"肾气全盛，冲任流通，经血既盈，应时而下，否则不通也"。在病理上，他认为"妇人月水不利者"则是"伤于冲任之脉故也"。又说："妇人冲任二脉，为经脉之海，外循经络，内荣脏腑，若阴阳和平，经下依时。若劳伤不能制约，则忽然暴下，甚则昏闷"。所以"妇人病有三十六种，皆由冲任劳损所致"。冲脉为总领诸经气血之要冲，能调节十二经之气血，而任脉具有孕育胎儿的作用。冲任二脉气血不足，就会出现月经不调、经闭或不孕等症。

3. 揭示了妇科用药的特有规律：陈氏对妇科提出了许多特有的治则及用药规律，例如气血与妇人的关系，他认为："气血者，人之神也，然妇人以血为本"。故在治疗上强调"男子调其气，女子调其血"。又如伤寒之证，一般不分男女，皆可使用汗吐下之法，但"妊娠用药宜清凉，不可使用桂枝、半夏、桃仁、朴硝等类。凡用药，病稍退则止，不可尽剂，此为大法"。再如"妊娠胎动，或饮食起居，或冲任风寒，或跌仆由触，或怒伤肝火，或脾气虚弱，当各推其因而治之。若因母病而动，但治其母；若因胎动而母病，唯当安其胎"。并在妊娠禁忌歌诀中指出牛膝、三棱、干漆、大戟、巴豆、芒硝、牵牛子、芫花、桃仁、黎芦等药，对胎儿都有不利影响，有可能引起流产或早产。这些论述都很恰当，给后学启迪甚深。

4. 记载和汇集了一些有科学价值和临床应用价值的经验和方药：例如治疗月经病的用药经验：月经不调用当归、川芎、白芍之类；经闭用红花、泽兰、牛膝等；痛经用元胡、香附、木香之属；经水过多则用阿胶、槐花和其他炭剂，这些经验至今仍为妇科临床所遵循。再如，陈氏指出四物汤是妇科圣药，主张治妇女痨瘵（结核病）引起的月经闭阻应用滋补之剂，反对滥用通经或泻下药，这些都是经得起临床检验和时间考验的。又如，陈氏记载的妊娠早期诊断方法"欲验有胎，川芎为末，空心煎服，艾汤调下，腹内微动则有胎"，这是有一定科学道理的。

5. 阐述了一些优生思想，对提高中华民族素质，促进计划生育工作有重要参考价值：《妇人大全良方》中虽无优生之提法，但其优生思想却散见于许多篇章，从适龄婚配、婚前检查、房事节制、胎养胎教等环节都有论述。①提倡晚婚晚育。陈氏引录并赞同褚澄的观点："合男女必当其年，男虽十六而精通，必三十而娶；女虽十四而天癸至，必二十而嫁，皆欲阴阳充实，然后交而孕，孕而育，育而子坚壮强寿，今未养笄之女天癸始至，已近男色，阴气早泄，未完而伤，未实而动，是以交而不孕，孕而不育，而子脆之不寿”。②主张婚前检查。《妇人大全良方》提出“凡欲求子，当先察夫妇有无劳伤痼疾，而依方调治，使内外和平，则有子矣”。③强调房事有节。陈氏注意到纵欲无度、醉酒入房可致妇女罹患多种疾病，因而可造成不孕或生子多夭，指出：“妇人脉不通，或因醉饱入房”“经行而合阴阳，以致外邪客于胞内，滞于血海故也”“妇人无子者，有嗜欲无度，阴精衰惫者，当求其源而治之”。④注重胎养胎教。中医学认为，女子在孕期，不仅要重视自身健康，且尤应注重本人的精神修养对胎儿的影响，这就是所谓的胎教学说。《妇人大全良方》中专立“胎教”一门，陈氏重视可见一斑。他指出：“妊娠三月，形象始化，未有定仪，因感而变，欲子端正庄严，常口谈正事，欲子贤能，宜看诗书”。孕期宜“寝必安静，毋令恐畏”，“当静形体，和心志”。合理的膳食是保证孕妇及胎儿营养全面、身体健康的重要一环，陈氏提出，孕期宜“饮食精熟，酸美受御，宜食大麦、毋食腥辛”。他告诫孕期妇女生活要有规律，做到起居有节，劳逸适度。他认识到胎儿不能按期长大，多因母亲有某些疾病，或调理失宜所致，当审因治之，对调治不效，导致胎儿发育障碍者，则主张：“宜下之，以免其祸”。在当时历史条件下，能提出坠劣胎的优生措施，其科学态度值得赞赏。

十二、南宋著名医家——严用和

严用和，字子礼，江西南康（一说为江西庐陵）人。约生于南宋庆元五年左右（公元 1199 前后），卒于南宋咸淳三年之后（公元 126 年以后），活了 69 岁以上。南宋著名医家。

链接：严氏生平缺乏史料记载，其出生地，年龄均是根据严氏《济生方》和《济生续方》自序，以及日人丹波元胤所著《中国医籍考》和他为《济生方》所作的题跋，分析这些资料得出严氏生平。从他在《济生方》和《济生续方》的自序中自称“庐山严用和”，可推断他为江西人，但有人认为严氏虽是宋时名医，但不是江西人；其出生、逝世时间也是根据严氏著作成书年代及其自序中所述情况推算出的。大致为公元十二世纪南宋庆元年间至咸淳三年之后，故无确切的具体时间。

严氏少而聪颖，8 岁喜爱读书，经、史、子、集、诗、词、歌、赋无不涉猎，目睹家人常受病魔和庸医之害，少年时代的严用和便立志“居医卜之中”，而不欲“在朝廷之上”。于是 12 岁就开始跟随当地名医刘开先生学医。刘开，字立之，习释老学，常游庐山，一次游山途中遇异人授以太素脉行世，元帝召补阙，赐号复真先生，医学著述据记载有《方脉举要》《脉诀》《脉诀理玄秘要》《已效方》《伤寒直格等》。由于严用和“心思挺出，顿悟捷得”，加上刘开“独荷予进，面命心传”，严用和学医五载，承师训，深造渊源，博究妙旨，不无望焉。17 岁，便已声名大躁，“四方士夫，曾不以少年浅学，而邀问者踵至”。刘严师徒教学相长，医术精湛，一时间在庐阜一带“每数千里赴人急，诸公贵人，尽请延以上客，四方曾莫聚雁行，望尘靡驰”。待刘氏故去，仍“问药四来，而今相属于严之户”“众谓严殆过其师也”。

严氏作为一位医学家，他非常善于吸取前人的宝贵经验，同时又能自出机杼，推陈出新。从《济生方》的内容来看，严氏有着扎实的理论功底，他对《内经》《难经》《伤寒论》《金匮要略》《诸病源候论》《千金方》有过系统深入的研究，有着独到的见解；对王叔和、庞安常、朱肱诸家之说，能合理取舍，推陈出新。他认为世变有古今不同，风土有燥湿差异，人的体质也强弱不齐。若一概执古方以疗今病。往往柄凿不入。疗效不理想。因此他本着“师传济生之实意”学以致用，把前人的丰富经验和理论知识与临床实践结合起来，经过30 余年长期观察体悟，“衷所学已试之效”，集著成《济生方》十卷，书中博采历代经典和各家之说。并引录《和剂局方》《三因方》中部分方剂。收载补充了崔丞相灸劳法，以及嵇大夫治疗疮疡疔毒的经验等。即使民间有效单验方，亦广为搜集。后经历15 年的再实践，收效甚多，为了使前书更为完备，再著《济生续方》八卷。在玄学泛滥、迷信猖獗的南宋时期，严氏注重实践，摈弃玄学，对当时中医药学的健康发展，无疑起到了良好的促进作用。

严氏具体卒年不详，鉴于《济生续方》系成书于1267年，故推测其卒年当在此后。

（一）严用和有哪些学术观点值得我们借鉴？

严用和的学术思想主要反映于其著《济生方》中，该书内容丰富，既有论，又有方，在病种上包括外感病和内伤杂病，旁及外、妇、五官诸疾。但以杂病为侧重点。如严氏自己所说："治伤寒有法，治杂病有方，杂病之方可以异其传，调理伤寒，当按定法也"（《伤寒论治法大要》）。其学术观点有以下三个方面：

1. 重视脏腑辨证，详究脉因证治。《济生方》立论以脏腑学说为基础，如呕吐、水肿、胀满、咳嗽、五劳六极等篇，都是从人体生理功能、病理变化来分析病因病机，分别虚实寒热各证候类型，作为立法处方的依据。特别是"脏腑虚实论治"各篇，对脏腑辨证及治法尤多阐发，如"肝胆虚实论治"篇，先论肝胆的生理特点及病因。继则论述肝胆寒热虚实的病证表现及治法，他从脏腑功能出发，阐其常而识其变，对脏腑病变的发生、发展、转归及治法等。论述得非常精辟扼要，提纲挈领，使人一目了然，故后人评价严氏方论"微言精要，信为司命绳墨"，比较恰当。严氏在辨证施治过程中，还强调脉因证治的完整性，如"便血评治"篇指出："脉来浮弱，按之带芤者是下血也。"其病因"多因过饱，饮酒无度，房室劳损。荣卫气虚，风冷易入，邪热易蕴，留注大肠，则为下血"，其证"血色鲜者风也；色如小豆汁者寒也；浊而色黯者热也"，其治"风则散之，热则清之，寒则温之，虚则补之"。这种脉因证治"四者不失"的观点，体现了中医"辨证求因""审因论治"的特点。

2. 注重生化之源，补脾兼主补肾。脾胃乃气血生化之源，为后天之本，所以严氏很强调脾胃在生理、病理上的作用，治疗上亦注重保护和扶持胃气。如在"呕吐论治"篇中说："夫人受天地之中以生，莫不以胃为主。盖胃受水谷，脾主运化，生血生气，以充四体者也。”认为脾胃“冲和”不可伤，伤则为病。谆谆告诫用药注意“不坏脾胃”。严氏所说的“冲和”，是对脾胃的特性和生理功能的形象概括，脾气主升则健，胃气宜降则和。在强调脾胃的同时，严氏更重视肾的作用，如他论“补真丸”时说：“房劳过度，真阳衰虚，坎火不温，不能上蒸脾土，冲和失布，中州不运……古人云补肾不如补脾，余谓补脾不若补肾，肾气若壮。丹田火经上蒸脾土，脾土温和，中焦自治，膈开能食矣”（《脾胃虚实论治》）。这是对命门肾中真火学说的继承和发展，对明代命门学说的发展产生了一定影响。又如论“遗浊”时说：“心受病者令人遗精白浊……肾受病者亦令人遗精白浊。此皆心肾不交，关键不牢之故也。”这是“心肾不交”说的始见，亦体现了严氏重视先天之本的观点。

3. 气道贵乎通顺，治病善于调气。严氏认为“人之气道贵乎顺，顺则津液流通”（《痰饮论治》）。故治杂病把调气放在重要地位。如治疗中风，指出“若内因七情而得之者，法当调气，不当治风，外因六淫而得之者，亦先当调气，然后依所感之气随证治之，此良法也”（《中风论治》）。并将八味顺气散（白术、茯苓、青皮、白芷、陈皮、乌药、人参、甘草）列为治疗中风的首方，还谆谆嘱咐“有风之人，先宜服此，次进治风药”。对于痰饮，他亦主张“顺气为先，分导次之，气顺则津液流通，痰饮运下自小便出”。否则，因“气道塞，水饮停于胸膈，结而成痰”，就会“为喘、为咳、中呕，为泄，为眩晕，心嘈怔忡，……”（《痰饮病论治》）。严氏所用治痰饮的五套丸，就是在化痰药中，配合大队理气之品（半夏、天南星、干姜、高良姜、茯苓、白术、木香、丁香、青皮、陈皮）。再如治疗泄泻，提出“七情伤感所致，兼以调气药，随证主治，则不失其机要矣”（《泄泻论治》）。所用加味治中汤（干姜、白术、青皮、陈皮、砂仁、人参、甘草）即是其例。严氏所谓调气，善用芳香理气药，如丁

香、木香、沉香、檀香、砂仁等，既能通达气机，又能醒脾悦胃，确有其长处。(辑自杨振平文)

（二）《济生方》是一部什么样的著作？

《济生方》又名《严氏济生方》。宋·严用和撰。成书于宋宝祐元年（公元1253年）。全书10卷，是一部医论与医方兼备的著作，也是严用和学术思想和临床经验的集中体现。全书分门别类，立论于前，处方于后，共计论治80篇，包括五脏、病因、病证、器官等几大类的内容，如“心小肠虚实论治”“中湿论治”“眼论治等”，每篇以医论为纲，详细论述其理论渊源、脉因证治；再以方剂为目，围绕医论所述列出相应方剂，共载方剂433首。书中收方广泛，汉、唐、宋以来诸家名方及民间验方均有采录，其中尤重《和剂局方》《三因极一病证方》二书方论，对所采摭常用古方善于化裁，如仲景治疗肾虚的肾气丸，经严氏加味牛膝、车前子后，扩大了原方适应范围，使之成为治疗虚（肾虚）实（水湿）挟杂证的名方——济生肾气丸；严氏创制新方，讲究刚柔相济，佐使合宜，用药平正稳妥。如归脾汤、小蓟饮子等，由于制方既切实用，又不峻猛，柔中有刚，兼顾全面，故很受后世医家推重。明代名医吴澄对此书评价极高，认为“严氏《济生方》之药，不泛不繁，用之辄有功”。

（三）严用和在方剂、用药方面有何贡献？

《济生方》给后世临床治疗学的影响是极为广泛深刻的，它丰富了中医方剂学的内容，诸如加味肾气丸、归脾汤、实脾散等，疗效显著，被后人广泛采用。严氏对方剂和用药方面的主要贡献是：

1. 删繁就简，由博返约。唐宋时期方书盛行，方论浩繁，《千金方》合方论5300余首；《外台秘要》40卷合方论6900余首。到宋代更出现了大部方书，仅《太平圣惠方》100卷载方16834首；《圣济总录》200卷集方20000首以上，致使每一种病引方甚多，不少方剂药物庞杂，方名重复，制法不一，确实让临床医生存望“方”兴叹，无所适从之感。严氏有鉴于此，在古今方论不可胜计的情况下，结合自己的实践经验，“采古人可用之方裒所学已试之效”（《济生方·自序》），对世行方书进行大工作量的筛选验证，集方仅500余首，但绝大多数切合实用。严氏所做的删繁就简、由博返约工作，使当时方书越编越厚，方药越来越庞杂的现象得以遏制，重新回归到“切合实用，方便掌握”的方书编撰原则上来，功莫大焉。

2. 广集单方验方，力求简便廉验。《济生方》收集了许多单方验方，介绍了不少民间行之有效的治疗方法，为后人提供了多种治疗手段。这些治病的方药极为简便，现在虽已无法一一考证其来源出处，但确实反映出严氏对流传于广大群众中的单、秘、验方是做了一番搜集整理工作的。如治疗脏毒下血的蒜连丸，用一味黄连为末，煨大蒜，杵为丸服。治下痢（肠风泻血）用一味椿根皮为末，醋和丸服。黄连、大蒜、椿根皮三味药治痢均有良好效果，至今仍在民间广泛流传并应用。治疗血症的大蓟汁饮、锦节丸、藕切饮等，都是一些简验的方剂。在五官科方面，所集验方就更多，如口唇燥裂生疮，用一味橄榄灰拌猪脂外涂；鼻发赤瘰的酒齄鼻，以一味栀子仁溶黄蜡为丸内服；用香墨、葱汁混合滴鼻治鼻衄不止，香附、青盐和为细末，可牢牙治“蛀龋宣露，一切齿疾”。更奇特的是治耳聋的鸣聋散，用磁石一粒，穿山甲炮为末一字，棉裹塞耳，再口衔小生铁，觉耳内如风声即住，这与现在的磁疗治耳聋，机理相类。上举数例，可见严氏重视单方验方之一斑。

3. 注重制方法度，讲究药物炮制。严氏谓："间有药用群队，必使刚柔相济，佐使合宜"，"用一刚剂，专而易效，须当用一柔剂，以制其刚，庶几刚柔相济，不特取效之速，亦可使之无后患也"（《虚损论治》）。综观严氏制方，往往刚中寓柔，柔中寄刚，动静结合，阴阳相须，如归脾汤之用木香，欲使补而不滞；鳖甲地黄汤之用肉桂，旨在滋而不腻。又如治疗血症，并不专事止血，多参以温化祛瘀之品，或入姜汁，或入锦纹，或入葱汁，或入乳香，如此配伍，止血无留瘀之弊，于法可谓密矣。严氏制方还有一个鲜明特色就是巧用赋形剂，《济生方》中丸药居多，诸多丸药的加工制作方法，严氏均有明显的交待，其中很重要一个方面是如何选择理想的赋形剂。据统计，《济生方》《济生续方》中丸剂为 159 个，加上其他需用赋形剂的膏、丹剂，为数就更多，每一个丸（膏、丹）剂制作均离不开掺和药粉的赋形剂，严氏于此极为讲究，他往往是根据组方的药物性质、主治病证以及赋形本身的药用价值加以选择。如治疗伏暑伤冷的二气丹，药用硝石、硫黄，就选用糯米糊为丸，糯米糊既可缓硝石、硫黄燥烈之性，本身亦具滋阴益气养胃之功效，以之作为赋形剂，可谓浑然天成，一举两得。其他如茸原丹以枣肉为丸、芡实丸用山药糊为丸、治遗精滑泄的荠苊丸"用猪肾一具，煮如食法，令烂，杵和为丸"。还有陈仓米、黑米糊、麦面糊、羊肾、神曲糊、狗肉、蜂蜜、粟米饭、绿头鸭血、生姜汁、腽肭脐等等，均被用来做丸、膏、丹的赋形剂。严氏的这一制方技术很值得进一步挖掘，对现代中成药的制作不无指导意义。

严氏制方，非常讲究药物炮制，以巴豆和附子的应用为例。巴豆除去油取粉入药外，还有炒他药取其气者，如治疝气的金铃子散，巴豆炒川楝子去巴豆取楝子；治积聚的香棱丸，巴豆炒莪术用莪术；却痛散用巴豆肉炒良姜用良姜。对附子的应用研究，有生用、有炮用，也有挖去心入他药蒸用，或以生姜自然汁淬之，使姜汁尽入而用之，举凡这些，说明严氏用药之精细，甚得制方之妙。（辑自杨振平文）

十三、金元寒凉派代表——刘完素

刘完素，字守真，别号守真子，自号通玄处士，金代河间（今河北省河间）人，因长年居于河间，故人称“河间先生”、或“刘河间”，皇帝赐予“高尚先生”称号。生于北宋大观四年（公元1110年），卒于南宋庆元六年（公元1200年），活了90岁，金元四大家之一，寒凉派的创始人，也是攻下、滋阴、温病学派的奠基人。

刘完素原籍河北省肃宁县杨边村（今师素村），其幼年家境贫寒，在他3岁时，因家乡遭遇水灾，全家移住河间城南。完素从小就喜欢读书，且好学不倦。在他25岁的时候，母亲突然得了重病，曾经三次去请医生治疗，却都没有请到，致使母亲的病不能及时得到治疗，不久便病情恶化而死亡。这段不幸的经历，使刘完素悲痛欲绝，感慨万千，恨自己不懂医学而痛失母命，从此立下志向，专心学医，希望拯救患者“登仁寿之域”。

刘完素拜陈师夷为师学医的时代，正是南宋和金对峙的时代，此时烽烟四起，哀鸿遍野，百病丛生。统治阶级为了从精神上麻醉人民，积极倡导运气学说，规定习医的人，须考运气论。起初大多医生不肯接受。后来，竟成为他们的思想意识。刘温舒的《素问入式运气论奥》和寇宗奭的《本草衍义》出来后，医学界运气之学更蔚然成风。此外，当时一般医生受《局方》的影响，拘泥偏执，喜用辛燥药物，治病多所不济。刘完素心想，北方地气干燥，“夏则吞冰，冬则围火”；北方人饮食厚浊，体质也较壮实。在战乱之中，风餐露宿，易得外感热性疾病。发热不解，邪从热化，用寒凉药，攻其有余，就往往应手奏功。怎样探索一条治病的新路径，为其他医者提供“要妙之旨”，他认为《内经》“奥藏金丹宝典，深隐生化玄文”，其“义如渊海，理如丘山”。于是一边行医临床实践，一边重视《内经》理论的研究，朝夕研读，手不释卷。在《素问玄机原病式》有这样一段记载，说他有一天独自坐在静室中，深思熟虑，探索《内经》难解之义，思索得昏昏沉沉似睡非睡。此时，仿佛有两位道士，自门而入，授予美酒一盏，约一碗许。他连喝二三十口，未能喝尽。道士笑着说，喝不完请吐回盏中。道士把酒倒回小葫芦中就走了。刘完素恍然一梦，醒来，急于内外追寻，却不见道士，而后他心至神灵，大有开悟。这段记载近乎荒诞。但从另一方面看，日有所思，夜有所梦，足见刘完素对《内经》的研究痴迷。

链接：运气指五运六气的简称。“运”指丁壬木、戊癸火、甲己土、乙庚金、丙辛水五个阶段的相互推移；“气”指厥阴风木、少阴君火、少阳相火、太阴湿土、阳明燥金、太阳寒水六种气候的转变。古代医家据甲、乙、丙、丁、戊、己、庚、辛、壬、癸这种十天干以定“运”；子、丑、寅、卯、辰、巳、午、未、申、酉、戌、亥这十二地支以定“气”。前人结合五行生克理论，推断每年气候变化与疾病的关系。

在行医中，刘完素认为处方用药，要因人而异，应视病人的身体状况、所处的环境和疾病的实际情况来选择用药，不可一成不变。他也极不满意于当时朝廷要求使用《局方》，又不可随意加减的规定，坚持辨证施治，酌情发挥。他家门前车水马龙，挤满了远道而来的发热患者，甚至一些昏迷的病人是被抬来的。让他扎上几针，服了几服他开的药以后，竟然奇迹般地恢复了。从有关文献记载可见刘氏行医一斑。

1. 乡间行医一针救二命：一次，刘完素在乡间行医，路上见到一家人正在发丧，得知是产妇难产致死，可他见到棺中有鲜血淌出，便令人放下棺材，马上开棺诊治。他在难产妇的涌泉穴等穴位扎了几针，妇人竟然苏醒了，再针她合谷、至阴等穴，胎儿竟然顺利地产下。家属忙跪地叩首，视之若神仙下凡。从此，刘完素一针救两命为人乐道。

2. 发挥经旨治消渴：刘氏对《内经》理论有着极深刻的研究，临床治病以《内经》的理论为指导，并有所发挥。有一久患消渴的病人，每日饮水几斗，仍不解渴。刘氏诊视后，针对病情想了个巧妙的办法，准备了一盆生姜汁，并加入治消渴病的药物，放入密室中，又在盆旁放有芍药等物，然后将病人引入此房间，锁上房门。病人口渴难忍，不得已，只好饮用生姜汁配的药物，喝完后，口渴大减，病好了许多，这是因为生姜味辛，他根据《内经》中有关“辛以润之”的理论，应用生姜为主药来治疗消渴病，获得了显著效果。

3. 泻火降逆治吐衄：气为血帅，血随气行，气升则血升，气降则血降，血得热则行，得寒则凝。出血凝紫属寒属热，在当时是有争论的，有人认为血色黑紫为寒，色鲜红为热，刘氏批评说：“或谓呕吐紫凝血为寒者误也，此非冷凝，由热甚销烁以稠浊，而热甚则水化制之，故赤兼黑为紫也”（《原病式·六气为病·热类》）。指出呕吐紫黑血块属热证。（其实出血颜色紫黑与鲜红，与寒热关系不大，却与出血时间的久暂有关。）血上溢是由于心火、胃热，主张以泻火降逆为治疗法则。虽说诸血证皆属于热，但根据临床表现不一而仍有虚实分治。用大金花丸治实热暴病咳衄，用生地黄散治虚热久病诸见血证，用凉膈散三至五钱，加当归、芍药、生地各五钱治内外俱热吐衄（见《宣明论方·伤寒方》)。

4. 釜底抽薪治狂越：刘氏说："热甚于外，则肢体躁扰；热甚于内，则神志躁动，反复癫狂懊恼烦心不得眠也。""狂者，狂乱而无正定也，越者，乖越礼法而失常也。……况五志所发皆为热，故狂者五志间发，但怒多尔。凡热于中，则多于阳明胃经也。"《经曰》：阳明之厥，则癫疾欲走，腹满不得卧，面赤而热，妄言。又曰："阳明病洒洒振寒，善伸数欠，或恶人与火，闻声音惕然而惊，心欲动，独闭户牖而处，欲登高而歌，弃衣而走，贲响腹胀，骂詈不避亲疏。"病机在阳明，主张治狂越从胃从火论治，直清胃肠"釜底抽薪"。上焦郁热者，用栀子汤、凉膈散；病情进一步发展，出现痞满燥实的烦躁谵妄等症，用三一承气汤。

刘完素精于岐黄，又从实际出发，因时因地用药治病，"活人甚广"，名扬一时。公元1191年，金章宗完颜璟的女儿得了重症，御医无策。章宗传旨：各州府推荐良医于朝廷。河间知府吴锐将刘完素推荐给皇帝。刘氏用三副中药就将章宗完颜璟的女儿治愈了。金章宗为了笼络人心，请他到朝中为官，三次征聘，刘氏坚辞不受，章宗爱其淳素，特赐号为"高尚先生"。金承安五年（公元1200年），刘完素逝世，走完了人生90岁历程。

刘氏一生云游四方，苦读精研医学理论，勤于实践，大胆立论，撰著颇丰，主要著作有《素问宣明论方》《素问玄机原病式》

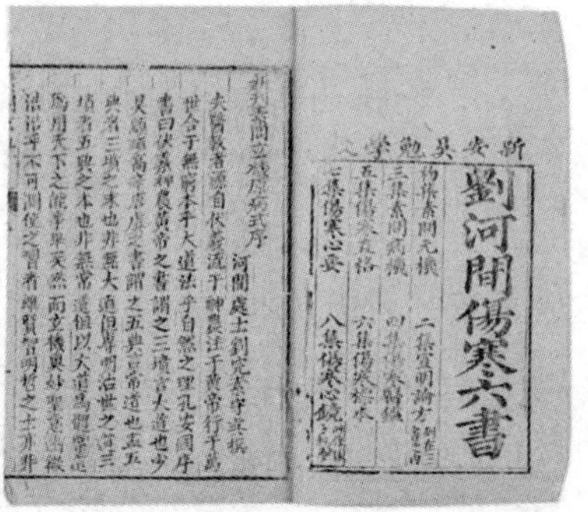

《素问病机宜保命集》《素问要旨论》《伤寒直格》《伤寒标本心法类萃》《三消论》等。后人多把刘完素的主要著作统编成“河间六书”“河间十书”等，其中或加入金元其他医家的著作。随着他的创新理论广泛流传，师从者甚多，先后有荆山浮屠、葛雍、穆子昭、马宗素、镏洪、常德、董系、刘荣甫等从之，私淑者也不少，如张从正、程辉、刘吉甫、潘田坡等，最终形成明显的寒凉攻邪医疗风格。开创了金元医学发展的新局面，形成金元时期一个重要学术流派“河间学派”。

（一）刘氏最具代表性著作是什么？

《素问玄机原病式》系刘完素重要代表著作，书约成于公元 1152 年，刊发于公元 1186 年。全书 1 卷，分为五运主病纲（5 条），六气为病纲（6 条）。主要以《素问·至真要大论》中的病机十九条为基础，将原文 176 字，整理归纳为五运主病，六气为病 11 条，共 277 字，并以此为纲，逐条阐发，反复辨论，申明机理，提出治则，共两万余言。

本书以《内经》“五运六气”为纲，“病机十九条”为基础，将常见疾病进行了比较系统的归纳，运用比物立象的分析方法，阐述天地运气造化自然之理，并以此推论人体发病原因和机理，强调“医者唯以别阴阳虚实最为枢要”，而识别阴阳虚实的方法，则应“以其病气归于五运六气之化”。补充了《内经》病机内容之不足，增设“燥”气的病机原文，扩大“病机十九条”中症状的分析范围，并指出了诊断和治疗的一些原则。作者针对北方热性病流行较广，以及当时医生拘守《和剂局方》的成规，不知通变的情况，把自己长期临床实践所积累的一些经验，纳入理论轨道，创立了以“主火论”为特点的病机学说和以“降心火，益肾水”为中心的医疗思想，为后世滋阴学派和温病学派的形成，奠定了理论基础。

“五运主病”纲，把五脏疾病归入“五运主病”的纲领中，“诸风掉眩，皆属肝木”“诸痛痒疮，皆属心火”“诸湿肿满，皆属脾土”“诸气膹郁病痿，皆属肺金”“诸寒收引，皆属肾水”。按照五运各自特点，将这些内脏疾病的性质作了系统的发挥。

“六气为病”纲，以六气为纲，分论风、热、湿、火、燥、寒各气所造成的疾病，以《素问·至真要大论》的病机19条为基础，补充了“诸涩枯涸，干劲皴揭，皆属于燥”一条病机，对六气病机及六气之间的关系作了详尽的发挥。在风、热、湿、火、燥、寒六气中着重强调火、热二气，这在《素问·至真要大论》的病机19条中，已见端倪，如所列19条，火热二气占了9条，除燥气外，其他各气各占1条。刘氏结合对临床实际的考察分析，把19条中属火热病机的15个病症，推演为56个，其他诸气的病症原为6个，推为25个，除了属寒的10个之外，也都直接间接同火热有关，六气病症中有百分之八十以上都属于火热。

链接：《郑堂读书记》评：守真谓医者，唯以别阴阳虚实，最为枢要，识病之法，以其病气，归于五运六气之化，明可见矣！……仍以改正世俗谬说，虽不备举其误，其意以明矣。虽未备论诸病，以此推之，则识病六气阴阳虚实，几于备矣。其书大旨多主火，故喜用寒凉之剂，亦缘其时其地施之，自无不可。张景岳《传忠录》极诋之，殊不知喜用温补，亦仍不免偏主之弊耳。

（二）刘氏在学术理论上有何建树？

1. 创“火热论”：“火热论”是河间学术的主线，它十分清晰地贯穿在刘氏的多种著作之中。火热学说的思想源于《内经》。《素问·热论篇》对外感热病的成因、主证、传变规律、治疗大法以及预后和禁忌等，都进行了概括性的论述。其后，张仲景著《伤寒论》，确立了外感病六经辨证的诊疗体系。但是二者对于外感病的寒温两端均未进行较为明确的辨析，致使寒温之争历两千年而不休。在这场漫长的历史争论中，刘河间异军突起，独树一帜，以火热论别开生面，成为金元各家学说论辩之先驱。

2. 增补燥病病机：《内经》中有关燥气的论述很多，但病机十九条中却无“燥”的条文，刘氏根据《内经》关于燥气特点的论述和王冰在注解中的发挥，结合临床实际，增补了“诸涩枯涸，干劲皴揭，皆属于燥”一条病机，并对燥气为病的病症、病机作了进一步的阐发。如“涩：物湿则滑泽，干则涩滞，燥湿相反故也。枯，不荣王也。涸，无水液也。干，不滋润也。劲，不柔和也。”“皴揭，皮肤开裂也……如地湿则纵缓滑泽，地干则紧敛燥涩，皴揭之理明可见焉。”“俗云皴揭为风者，由风能胜湿为燥也，所谓寒月甚而暑月衰者，由寒能收敛腠理，闭密无汗而燥，故病甚也。热则皮肤纵缓，腠理疏通而汗润，故病衰也”（《原病式·六气为病·燥类》）。刘氏以“诸涩枯涸，干劲皴揭”

描述燥病的症状，以“春秋相反，燥湿不同”“寒月甚而暑月衰”，指出“凉极而万物反燥”，由“寒能收敛腠理，闭密无汗而燥”，此言燥之胜气；“风热胜湿为燥”，此言燥之复气，这对后人有很大的启发。清沈自南以温散轻宣的杏苏散治疗凉燥；喻嘉言以辛凉甘润的清燥救肺汤治疗温燥，实源于刘氏的燥论。

3. 五运六气论：刘氏继承并发挥了《内经》朴素唯物辨证的五运六气，与宋代盛兴之唯心主义理学家鼓吹的五运六气，无论内容抑或精神实质上，皆不应同科而语。刘氏尊崇《内经》，极力倡言五运六气，认为一切证候的病机，无不可以阐明，他说“医教要乎五运六气”“不知运气而求医无失者鲜矣”“医者唯以别阴阳虚实最为枢要，识病之法，以其病气归于五运六气之化，明可见矣”。因此，刘氏解释病机无不紧扣五运六气及其亢害承制变化，以五运六气作为纲领，对各类证候进行了系统归纳，根据它们性质与变化明辨病机。此外，刘氏突破喜温恶寒施治旧章，发明了六气皆能化火，论治主用寒凉的理论基础。如他在《素问病机气宜保命集》所述：“余自制双解，通圣辛凉之剂，不遵仲景法，桂枝麻黄发表，然余自炫，理在其中矣！故此一时，彼一时。本五运六气有所更，世态居民有所变，天以常为火，人以常为动。”借运气之旨阐医学之理，为金元医学的发展变革，开拓了新的道路。

4. 亢害承制论：“亢则害，承乃制”首见于《素问·六微旨论》。刘氏结合实践经验和五行生化的自然之理推之于病机，成为其解释病因与症状之间内在联系的一个重要论点。如“亢则害，承乃制，故病湿过极则为痓，反兼风化制之也；病风过极则反燥，筋脉劲急，反兼金化制之也；病燥过极则烦渴，反兼火化制之也；病热过极而反出五液，或为战栗恶寒，反兼水化制之也。其为治者但当泻其过甚之气，以为病本，不可反误治兼化也，然而兼化者乃天机造化抑高之道，虽在渺冥恍惚之间而有自然之理……夫五行之理，甚或而无以制之，则造化息矣”（《原病式·六气为病·寒类》）。例如刘氏在论述热盛于里，而反战栗恶寒时说：“伤寒病日深，表证已罢而热入于里……故诸战栗者，表之阳气与邪热并甚于里，热极而外化制之，故寒也。”“然寒栗者，由火甚似水，实非兼有寒气也。故以大承气汤下之，下后热退，则战栗愈矣”（《原病式·六气为病·热类》）。刘氏以“火极似水”“阳极似阴”阐明《内经》“亢害承制”之旨，而且有自己独特见解。

5. 胃中润泽论：刘氏对脾胃的生理功能、病理变化以及治法方药都有较系统的论述，载见于《素问玄机原病式》《宣明论方》《三消论》等著作中。如“土为万物之母，水为万物之元，故水土同在于下，而为万物根本也。地干而无水湿之性，则万物之根本不润，而枝叶衰矣。《经》言：动物神机为根在于中，故食入于胃而脾为变磨，布化五味以养五脏之气，而营养百骸。固其根本，则胃中水谷润泽而已，亦不可水湿过与不及，犹地之旱涝也。故五脏六腑，四肢百骸受气皆在脾胃，土湿润而已”（《原病式·六气为病·火类》）。刘氏以自然水土之用来比喻脾胃之生化，提出了胃中必须保持润泽的论点，认为就像土必须保持正常的湿润，植物才能繁茂一样，脾胃也必须保持一定的润泽，既不可过湿，又不可不及而燥，脏腑、肢骸、五官九窍才能得到濡养，人体生命活动才能得以维持。他反对当时流行的“当以温补脾胃令其土实”。注重胃中润泽的作用，提示了脾阳不运，则不能推陈，胃阴不降，则不能纳新，“常令润泽”则湿而不滥，“无使干涸”则润而不枯。由此可见刘氏十分重视脾胃，不愧是脾胃论的开拓者，胃阴学说的创始人。

6. 中风内因论：刘氏不仅对“六气皆从火化”有深刻的阐发，而且对“五志过极皆为热甚”更有深入的研究。中风的病因病机，自《内经》以下至刘氏以前，内外不分，虚实不辨，唐之

《千金》《外台》列方药最多，常以大小续命汤治仆击偏枯之证，以辛温燥热之刚剂，疗肝阳陡动之内风。刘氏目睹当时俗医滥用辛温燥热之品误病害人的现象，深感痛惜。他在《素问》病机19条“诸风掉眩，皆属于肝”“诸暴强直，皆属于风”的启示下，把五志过极的火性急速与中风起病的卒暴相联系。认为“凡人风病多因热甚，……俗云风者言末而忘其本也，所以中风瘫痪者，非属肝木之风实甚，而卒中之也。亦非外中于风尔。由于将养失宜而心火暴甚，肾水虚衰不能制之，则阴虚阳实而热气怫郁，心神昏冒，筋骨不用，而卒倒无所知也。多因喜、怒、思、悲、恐之五志有所过极，而卒中者，由五志过极，皆为热甚故也”（《原病式·六气为病·火类》）。这一论述划清了内风、外风的界线，明确地提出中风病机是阴虚阳实，热气怫郁，即中风由内因而起，不是外中风邪。中风的病因是“平日衣服饮食，安处动止，精魂神志，性情好恶，不循其宜而失其常，久则气变兴衰而为病也”（《原病式·六气为病·火类》）。刘氏否认中风是由肝木风实，外中风邪而发，他对中风病机的认识，纠正了唐宋以前之失。

7. 老年阴虚阳实论：刘氏说，“精中生气，气中生神，神能御其形也。由是精为神气之本。形体之充固，则众邪难伤，衰落则诸疾易染。”又说：“故老人之气衰也，多病头目昏眩，耳鸣或聋，上气喘咳，涎唾稠黏，口苦舌干，咽嗌不利，肢体焦痿，筋脉拘倦，中外燥涩，便尿闭结，此皆阴虚阳实之热证也”（《原病式·六气为病·火类》）。刘氏认为人到老年，肾中先天之真气自衰，根本不固，肾水虚于下，心火亢于上，故多呈上盛下衰，阴虚阳实证。刘氏对老年人强调以阴虚阳实立论，是依据《素问·阴阳应象大论》“年六十阴痿，气大衰，九窍不利，下虚上实，涕泣俱出矣”的经旨而符合实际的。刘氏主张用寒药除郁热，开结滞，散风壅，使气血宣通，用至宝丹、灵宝丹治中风闭证，当归龙荟丸是中风肝火上冲急则治标的泻火剂；防风通圣散是中风内有热积腑实，外兼风寒表证所宜；地黄饮子是中风缓解期，肝肾阴阳两亏舌喑足废的培补方。后世诸家纷纷引而倡之，阐其所长，补其所阙，无疑起到了承前启后的作用。（辑自刘光宪等文）

十四、金元攻邪派代表——张子和

张子和，名从正，因其祖居地属春秋战国时期的戴国故自号戴人，因居宛丘较久又号宛丘，子和是他的常用字。睢州考城（今河南兰考县）人。生于金贞元四年（公元 1156 年），卒于金哀宗正大五年（公元 1228 年），活了 72 岁。曾召补为太医，金元四大家之一，攻邪派的开山，一位具有革新精神的医学家。

公元 1156 年，张子和出生于睢州考城一个医学世家，正是宋金对峙，战争连年，社会动荡的年代。幼年时期的他目睹和饱尝了“天下多故之时，师旅数兴，饥馑相继”的痛苦，便随父学医，开始钻研医术。其学以《素》《难》为宗，远取医圣张仲景，近则独取刘完素，他认为“千古之下得仲景之旨，刘河间一人而已”。20 岁时酷爱作诗饮酒，性情豪放，作风平易近人。悬壶应诊，医学造诣尤深，辨实于虚，识燠于寒，以致阴阳之所以造化，运气之胜复，风土之异宜，形神之殊禀，无一不究其极。凡所诊疗，汗吐下三法，药用多寒凉，如取如携，起疾救死莫知其数。同时在行医的过程，注重勤求博采民间的单方、验方。如用瓦松阴干研末治一切恶疮，用生地黄汁入麻油黄蜡熬膏涂治烧伤烫伤；用皂角一片去皮弦、醇酒熬汁成膏贴治腰脚疼痛；用贯众去须锉碎酒醋同煎温服治妇人血崩；用炒槐花、枳壳研末醋和为

丸空腹服以治痔漏下血痒痛，临床经验丰富。50 岁左右，有过短暂的军旅生涯，随军从事医疗活动；60 岁左右，金宣宗兴定中一度被召到京都太医院工作。由于处于朝戈暮戟，疫病流行的乱世，看不惯迎送长吏、马前唱喏的丑态，不久便辞归乡里，与朋友麻知几、徒弟常仲明等人游于隐水之上，一面博览古今医著，研讨医学理论，“讲明奥义，辨析玄理”；一面悬壶应诊，为人治病。数年间名震中原，“以医闻于世”。晚年，由于不满金朝统治，乃隐居民间，过着“一张琴，一壶酒，一溪雪，五株柳”“纸窗土炕醉复醉，日夕间醒吞五斗”的生活，直到终老逝世。

张氏著述主要收集于《儒门事亲》一书中，此书系张子和草创，门人加工润色而成，约成书于兴定年间（公元 1222 年左右）。全书 15 卷，每卷含数篇论述，有说、辨、记、解、诫、笺、诠、式、断、论、疏、述、衍、诀等体裁。包括：《儒门事亲》《治百病法》《十形三疗》《杂记九门》《撮要图》《治病杂论》《三法六门》《世传神效名方》《治法心要》《扁鹊华佗察生死诀要》等几部分内容。收集有医论、医话、病案、治法、医方、运气等。本书大旨主张驱邪以安正。详论汗吐下三法的理论和各科多种病证的临床实践，有不少精辟的论述和创见，以及不少为纠正时弊而发的议论。本书附有较多的治案。对辨证的论述依次分风、火、热、湿、燥、寒、内伤、外伤、内积、外积共10门。书名取“唯儒者能明其理，而事亲者当知医也”之意（《四库全书总目提要》）。

（一）张子和“攻病三法”是怎样提出来的？

张子和提出“攻病三法”，并不是凭空的杜撰，而是以事实和文献为依据提出的。

先看他是在实践中怎样“偶得吐法”的？

有一妇女，因小时患惊风而得风痫。三十余年，病情日益沉重，竟至一日发作十余次，昏痴健忘，惶惶不可终日。恰逢当时饥荒，她采百草充饥。一天，从水边采来一种像葱那样的草，泡蒸吃下。五更时分，便觉心中不安，吐涎如胶，连日不止，共约吐出一二斗，汗出如洗。过几天，顿觉轻健，病去食进，百脉皆和。张子和对这个病例很重视，“省其所食，不知何物”。他访问了许多人，才弄清那妇女吃的草是憨葱苗。而憨葱苗在《本经》书叫做藜芦苗。《本草图经》说：藜芦主治“大吐上膈风涎”。这妇女得“吐风病”，所以，一吃此草，病就好了。因此，他高兴地说：“亦偶得吐法耳”。

他又是如何：“偶得泻法”呢？有一次，他看见一个小孩，因为误吞铜铁而患病，身体很瘦弱，足不胜身。那时正好是六七月份，淫雨不止，没有木柴煮饭，小孩挨饿几天。一天早晨，邻居牛死了，煮牛肉葵菜饭吃，病孩乘机饱吃一顿。不久，觉肠中痛，泄注如倾，泻下所误吞的东西。张子和因而明白《内经》中所说的“肝苦急，食甘以缓之”的道理。因“牛肉、大枣、葵菜皆甘物也，故能宽缓肠胃。且肠中久空，又遇甘滑之物，此铜铁所以下也”（《儒门事亲·偶有所遇厥病获疗记》）。张子和高兴地说：“也偶得泻法耳”。

偶然往往隐藏必然，必然寓于偶然之中。张子和从实践中偶然得汗、吐、下三法，但使用这“三法”，他说“非偶然也”。比如用吐法，《内经》虽然有说：“下痢脉迟而滑者，内实也；寸口脉微滑者，上实也，皆可吐之”。张仲景也说：“胸上诸实，郁而痛不能愈，使人按之，及有涎唾。下痢十余行，其脉沉迟，寸口脉微滑者，此可吐之。吐之则止”。但是人们往往一听到吐法就害怕，因此，“此法废之久矣。”“今人不得此法，遂废而不行。”张子和虽然在偶然中发现吐法有效，但还有所怀疑，不敢大胆使用。于是反复“思之”。开始“投以涌剂，少少用之，颇获微应。既久，乃广访多求，渐至精妙”，最后达到灵活运用，“一吐之中，变态无穷”。所以，他“屡用屡验，以致不疑”。

张子和提出“攻病三法”，不仅据以事实，而且据以文献。《素问·阴阳大论》说：“其高者，因而越之；其下者，引而竭之；中满者，泻之于内”。至于《伤寒论》就更明确地把汗、吐、下确定为治疗的方法。对这些文献的论述，张子和既潜心地研究，又在实践中加入印证，并作了发挥。他说：“天邪发病，多在乎上，地邪发病，多在乎下，人邪发病，多在乎中”（《儒门事亲·汗吐下三法赅尽治病诠》）。他用上（外）、中、下三方面概括病邪所在，治疗方法，也就相应地采用汗、吐、下三法。具体来说，凡是风寒之邪所发的疾病，在皮肤之间和经络之间的，可用汗法；凡是风痰宿食，在胸膈或上脘的，可用吐法；凡寒湿痼冷，或热客下焦等在下的，可用下法。这一理论，他是以事实和文献为依据的。

张子和临证治疗，胆大心细。立证处方，也十分注重持之有据。且举二例为证：

卫德新的妻子，旅途中宿营于楼上。当夜，碰到强盗抢劫烧楼，受惊从床上跌下来。此后，凡是听到响声，就昏倒不省人事。病一年多不见好。请医作心病治，毫无效果。张子和见了，就说：那是胆伤了。就叫两个侍女抓住病妇的两只手，按坐在高椅之上，并在其面前放一小几。张子和指着小几说道：娘子请看这里。说完，一棍子猛打在小几之上，那病妇大惊。张子和说：我用棍子打几，你惊什么呢？待她稍定，又打小几，这回她就没那么惊了。接着又猛打小几三五次，又用手杖敲门，又暗使人划背后窗纸。病妇渐渐惊定，笑着问道：这是什么治法？张子和答道：《内经》说，惊者平之。平，就是平常。平常见到的必然不会惊怕。对受惊的病人，治疗时，就要设法使其感到平常。当晚，他又使人敲打病人的门窗，通宵达旦地折腾着她。经这一"治"，病人即使听见雷响也不害怕了。

还有这样一个病例，一个名叫政之的人，患寒厥病（指因阳虚阴盛而引起的厥证），其妻患热厥病（指邪热过盛，阴分不足所致的厥证）。前后十余年，虽请医诊治，终无效果。一日，请张子和治疗，丈夫说他手足常觉寒冷，时时用热水浸渍，但仍不能温；妻子说他手足灼热，终日用冷水冲泡，但仍不能凉。他们急切询问张子和是什么缘故，有无治愈希望。张子和按脉之后说：那是寒热厥，因贪饮食，纵嗜欲而得之。接着，他翻出《内经》的厥论篇作为根据。病人很高兴，说：《内经》真圣书也。十几年的疑难，它一下子就帮我解决了。虽未服药，心情也大为舒畅。在取得病人信任的基础上，他再向病人解释了治疗的方案，说：热厥是寒在上，寒厥是热在上。寒在上，就用温剂补肺金；热在上，就用凉剂清心火。接着分处两种方药，各让夫妻服下。不到十天，政之就来报告，他们夫妇俩的寒热厥都治愈了。

（二）怎样正确理解"攻邪"学说？

张子和从疾病发生的实际出发，认为邪气是一切疾病发生的根本原因，故主张治病必先祛邪，邪去则正安。他说："夫病之一物，非人身素有之也，或自外而入，或由内而生；皆邪气也。"指出风暑火湿燥寒为天之六邪，发病多在乎上（外）；雾露雨雹

冰泥为地之六邪，发病多在乎下，酸苦甘辛咸淡为人之六邪，发病多在乎中。提出治疗疾病必先祛邪，而祛邪则应以汗、吐、下三法为主。当时就遭到了不少人的反对，“谤言满市”。在《儒门事亲》中，争论和辩驳性的文章较多，有《高技常孤》《群言难证——谤吐》《谤三法》《谤峻药》《同类谤才——群口诬戴人》等，反对他的人笑傲有之，嫉妒有之，诽谤有之。拥护他的人“书生高士，推者后来，日不离门”。怎样正确理解攻邪学说呢?

攻邪学说是张氏学术思想的核心，张氏以攻邪见长，但对补法也有灼见，不是专用寒凉和泻法。

1. 他强调三法是为了矫正时弊，因为当时一般医生妄用温补，竟成一种偏向，为害不浅，所以，他大声疾呼，推崇“攻病三法”。但这不等于他治病有攻无补。他对病人，经过辨证后，该补则补，该寒凉则寒凉，该汗则汗，该吐则吐。他说：“以余之法（指汗、吐、下三法），所以该众法也。然余亦未尝以此三法，遂弃众法，各相其病之所宜而用之”。

2. 攻邪居其先，食养善其后。他认为：人体之所以发病，乃因邪气之侵，留则伤正，去则正安。若不迅速祛除病邪或病理产物，势必招致病邪蔓延，使疾病迁延难愈，凡药皆有毒，只有在治病时才能用。所以，治病应首先攻邪，通过祛邪而达到扶正，他讲究攻中求巧，法中寓法，力求邪去而正不伤；病后调养，只能根据五脏之所宜，用甘平、甘凉、甘温的食药补益肝肾、脾胃、气血、精髓。

3. 纯用补药，唯有虚损。强调“脉脱下虚无邪无积之人，始可议补”。补分寒热，重视寒补。张氏针对当时“以热为补，以寒为泻”的片面认识，指出补有寒补和热补之分，凡滋阴降火之品，都属于寒补。

4. 易虚易实者，应攻补兼施。如针对小儿易饥易饱，易虚易实，易寒易热的生理特点，他强调：“凡治小儿之法，不可服极寒极热之药，及峻补峻泻之剂，小儿易虚易实，肠胃嫩弱，不胜其毒。”甚至对其熟练掌握并有造诣的“汗、吐、下”三法，也非随意施用，并处处顾护稚阳，不损脾胃为前提，必用峻猛攻下者亦“大人服多，小儿服少，……不可下者宜解毒，可下者宜调胃泻心”。

十五、金元补土派代表——李杲

李杲，字明之，真定（今河北省正定县）人，因世居地真定为汉初东垣地区，晚年自号“东垣老人”，故医史文献多以“东垣”名之。生于金大定二十年（公元1180年），卒于元宪宗三年（公元1251年），活了72岁。金元四大家之一，“补土派”的创始人，著名医学家。

李杲出生于一个豪门望族，家境富裕，资雄乡里，当时核查户籍，他家的财富居真定、河间两个地区之首。李杲幼时沉稳安静，极少言笑，十分喜爱读书。他曾师从王从之、冯叔献、范尊师学习《论语》《孟子》《春秋》等儒学经典，博闻强记，闻名于乡里。成年后为人忠诚守信，待人非常有礼，交友也很谨慎，从不开玩笑戏弄别人，也不踏入楼台戏院等娱乐场所。朋友们觉得奇怪并怀疑，暗地里商量好了，准备一桌酒席，指使妓女对他调情而行诱惑，有个妓女拉了一下他的衣服，他就生气大骂，并脱下衣服烧掉。当真定府府尹听说他青春年少有操守，就暗中唆使妓女硬劝他喝酒，他不便推辞，稍稍饮了一口后立即大口吐出，自重自爱如此。20岁时，母亲王氏患病卧床不起，请了乡里的好几个医生来救治，是寒证还是热证，他们的说法都各不相同，各种药物都用遍了，也无济于事，最后连什么病都没弄清楚就死去了。李杲痛悔自己不懂医理而失去了亲人，于是立下志愿说："如果遇到高明的医生，一定要努力学医，以此永志自己的过失。"听到易州的张元素先生，人称"洁古老人"，医术闻名天下，他就不惜远离家乡 400 余里，挟千金拜其为师。凭着他扎实深厚的文学功底，经过数年的刻苦学习，李杲"尽得其法"，基本掌握了张元素的学术思想和诊疗技术，尤擅长治疗伤寒、痈疽、眼目病等，返回了故里。李杲家中很富足，用不着以医技谋生，又加上他看重自己的品行操守，因此不轻易屈尊为人治病，人们也不敢把他叫做医生。就是那些士大夫得了病，如果不是非常危急，迫不得已，通常也不敢请他来诊治。他最初也没有把行医作为名分的事，许多人也不知道他精通医学。

25 岁时，李杲按照金朝制度买了一个官职，做了济源（今河南境内）地方的税务官。期间流行"大头天行"的传染病，以头面红肿、咽喉不利为主症，医生们查遍了方书，也找不到古人的论述，当时医生多用泻剂，但均不获效，而一泻再泻往往使病人一个接着一个地死去。尽管这样，医生们不认为是自己的过失，病人也不认为是医生治错了。唯有李杲觉得那些人死得冤枉。他废寝忘食地研究，循其流而溯其源、察其标而求其本，终于创制了一个药方——普济消毒饮。给病人服用后，居然有效果。他便特意把方子刻在木板上，悬挂在人群聚集的地方。采用此方治疗的病人没有一个不见效的。当时人们认为是神仙传授的药方，就把它刻在石碑上。

链接：普济消毒饮由牛蒡子、黄芩、黄连、甘草、桔梗、板蓝根、马勃、连翘、玄参、升麻、柴胡、陈皮、僵蚕、薄荷等组成。具有清热解毒、疏风散邪之功效。主治大头瘟。恶寒发热，头面红肿焮痛，目不能开，咽喉不利，舌燥口渴，舌红苔白而黄，脉浮数有力。临床常用于治疗丹毒、腮腺炎、急性扁桃体炎、淋巴结炎等属风热邪毒的患者。

后来，他因躲避蒙古军队入侵而到了汴梁（今河南开封）才开始行医的，病人来看病，他总是先诊脉，辨明脉象，然后进行诊断，告诉病人他们患的是什么症，且从医经里引出经文，加以分析对照，证明自己的诊断与医经的论述完全一致，直到把病人说得心服口服了，才拿起笔处方，他治疗的疾病因疗效显著而名声大振。凭借精湛的医术，李杲结交了一批公卿官僚，载于史书中或出于名家手笔记载了如下几个验案。

北京人王善甫是京都的酒官，得了小便不通的病，眼珠凸出，腹胀如鼓，膝以上的皮肉坚硬得像要裂开一样，不能吃不能喝，生命危在旦夕。其请来的医生，都给他服用甘淡渗泄的利尿药物，均不见效。请李杲治，李杲对先前那些医生说："这个病太严重了，不精思熟虑，是找不出办法来的，让我回家想想。回家后，他联系病人的症状，默诵《内经》，边诵边想。夜半，他忽然揽衣跃起，说：有办法了！《内经》有言："膀胱者，津液之府，气化乃出焉。"他们已经用渗泄的药了，而病反而加重。这是气不化呀！启玄子（指注释《内经》的王冰）说："无阳者，阴无以生；无阴者，阳无以化。"甘淡渗泄的药都是阳药，只有阳没有阴，阳又怎么能化呢？第二天清早，李杲开了"群阴之剂"，病人服后，就逐渐好了。

西台掾的萧君瑞，二月中得了伤寒发热，医生给他开了"白虎汤"，结果病人的面色变得像墨一样的黑，原来的症状看不到了，脉象沉细，小便失禁。李杲当初不知道医生用的什么药，待到诊断以后，便说："这是在立夏前误用白虎汤造成的错误。白虎汤大寒大凉，不是行经气的药，只能寒凉腑藏之气，如果不善于运用，就会使伤寒本病隐伏在经络之间。有的人又用大热之药去补救，就伤阴气，又会变生出其他病症来，这不是补救白虎汤的办法。我要用，就用升阳气、行经气的温药。"有人诘难他说："白虎汤是大寒之剂，不用大热药怎么能补救，你那样治怎么行？”李东垣说：“病隐伏在经络之间，阳气不升，经气就不行，经气行以后本证又会显现出来了。本证又有什么难治的呢？”后来果然像李东垣说的那样把病治好了。

魏邦彦的妻子，突然间眼睛里长翳子，从下而上地长，颜色是绿的，肿痛得无法忍耐。李杲说：“翳子从下而上地长，可知病是从阳明经来的。绿色不是五色中的正色，那是肺与肾共同生病而起的邪气。”于是就泻肺、肾的邪气，并用入阳明经的药作为佐使药。服药后本来已经见效了，后来病又复发了三次，并且随着邪气所来的经脉不同而翳子的颜色也各不相同。李杲便说：“各条经脉都连接于眼目，经脉有病则眼目相随。这一定是月经不调，月经不调，则眼目之病好不了。”一问之下，果然是那样。于是按李杲所说的那样去治疗，病就不再发作了。

冯叔献的侄儿冯栎，年纪才十五六岁，得了伤寒病，眼睛发红而突发口渴，脉搏每息达到七八至（疾脉）。请来的医生认为是阳证，决定用“承气汤”使病人泻，而且药已煎好。刚好碰到李杲从外面来到冯家。主人告诉他，病孩就要服承气汤了。李杲切脉后吓了一大跳，说道：“这个娃娃差点被害了。虽然《内经》有言：“在脉诸数为热，诸迟为寒。”但是现在一息脉七八九至以上，是热到极点的现象。《内经》中有黄帝问岐伯：“病有脉从而病反者，其诊何如？”岐伯说：“脉至而从，按之不鼓，诸阳皆然”，此病已经传变而成为阴证了。承气汤不能用，叫人拿干姜、附片来，我要用‘热因热用法’来治疗。”说话间，病孩爪甲变紫，险象聚至，李杲立即施之以药，过了一会儿，病孩出了一身汗，就得救了。

公元1244年，64岁的李杲回到家乡，临床之余著书立说，根据《内经》四时皆以养胃气为本的理论，结合自己长期的临床经验，写成《脾胃论》一书，提出了“脾胃为后天之本”的理论，创立了“内伤脾胃”学说，主张治疗以补脾胃为主，并创制

了补中益气汤、升阳益胃汤等著名方剂。还著有《内外伤辨惑论》《兰室秘藏》二书。晚年担忧自己的医术后继无人，有一天对友人周德夫（字都运）说：“我老了，想把这医道传给后人，但是难找到合适的人选。”周德夫推荐说：“廉台有个医生叫罗天益，字谦甫，秉性与行为均敦厚朴实，曾为自己医术不精而遗憾，学医很有志向。”并领来拜访李杲。李杲见面劈头就问：“你是来学赚钱的医生呢，还是学继承发扬医学遗产的医生呢?”罗谦甫回答说：“是为了继承发扬医学遗产而已。”罗谦甫拜师三年，日常生活费用全由李杲提供。看到罗谦甫长期学习不知疲劳，李杲还奖励给他 20 两白银，说：“我知道你家庭生活困难，怕你半途改变主意，不能坚持到底，你可用这些钱去供养妻子儿女。”罗谦甫竭力辞谢，不肯接受。李杲说：“我在大的事情（指医术）上都不吝啬，怎么会在小事（指钱财）上去吝啬呢？你就不要推辞了。”临终时把所著之书清检校勘，整理成册，分类依次排列，陈列在案几前，嘱咐说：“这些书就交给你了，不是为李明之、罗谦甫，而是为天下的后来人。谨慎传世，不要将它埋没了，要推广应用它。”公元1251 年2 月25 日，李杲去世，享年72 岁。

（一）为什么说《脾胃论》是补土学派的代表之作?

李杲在老师张元素的影响下，颇多创见，著述甚丰，影响较大。其著述有：《内外伤辨惑论》《脾胃论》《兰室秘藏》《医学发明》《东垣试效方》《活法机要》等。然真正体现脾胃学说的著作，当推《脾胃论》。

《脾胃论》三卷，公元1249年成书，为其晚年之作，也是集中反映他学术理论的代表著作，刊行于李氏身后。全书尊崇《内经》“人以水谷为本”的宗旨，以“人以胃气为本”的思想为基础，着力阐发“内伤脾胃，百病由生”的病机理论，倡导培补脾土、潜降阴火的治则思想，形成了较为系统的脾胃内伤病的辨证论治理论体系。书中用方虽多沿用《内外伤辨惑论》，但又作了进一步的理论阐发，总以培土补中，甘温除热，甘寒泻火为原则。

上卷引用大量经文，阐述本书宗旨、作者意图、主要理论和治法方药，是全书的基础。中卷论述脾胃病的具体证治，如劳倦所伤、发病时令、补脾升阳、木郁达之、安养心神及用药与针刺等。下卷重申脾胃病与天地阴阳、升降沉浮的密切关系，实际上是上、中二卷部分内容的重点阐发，并结合临床，具体论述各种治疗方法。后附“脾胃将理法”“摄养”“远欲”“省言箴”四论，既是病时的饮食调理宜忌，也可作为平人日常调理方法。此书对后世影响较大，薛立斋、张介宾、李中梓、叶天士等重视脾胃的思想，均受其影响。

（二）李杲有哪些学术经验值得我们学习？

1. 脾胃内伤当补中益气：李氏在学术上属于“补土派”，首重脾胃功能，他提出的内伤学说从各方面讨论了内伤病与外感病的不同形证。外感六淫之邪，主要伤形，为有余之病，治宜泻之。内伤是劳役所伤、饮食不节，主要伤气，为元气不足之病，治宜补之。针对脾胃内伤，李氏特立补中益气汤：黄芪一钱，甘草五分，人参三分，升麻二分，橘皮二分或三分，当归二分，白术三分（《内外伤辨惑论》《脾胃论》同一补中益气汤，分量略有不同）。他在《立主本旨》中说：“必加升麻、柴胡以引之，引黄芪、甘草甘温之气味上升。”二药升发作用成为后世传统之旨。

《内外伤辨·四时用药加减法》介绍补中益气汤加味，可用很多病证，如：精神少、气短加人参五分，五味二十个；头痛加蔓荆三分，痛甚加川芎五分；头痛、有痰、沉重懒倦加半夏五分、生姜三分；久病痰嗽、肺中伏火，去人参；食不下，乃胸中胃上有寒，或气涩滞，加青皮、木香各三分，陈皮五分；冬月加益智仁、草豆蔻；夏日少加黄连、黄芩各五分；秋月加槟榔、草蔻、缩仁各五分；腹中痛加白芍五分、甘草三分，如恶寒，觉冷痛加肉桂五分；腹痛寒凉时加半夏、益智、草蔻；胁下痛或胁下缩急，俱加柴胡三分、甘草三分；小便遗矢，以黄芪、人参之类补之，不敛则有热，黄柏、生地黄各五分；大便秘结，加当归一钱、大黄五分至一钱、元明粉五分至一钱。加减化裁，适应证广。

2. 气虚血瘀用益气祛瘀：李氏不仅提出了“内伤脾胃，百病由生”的观点，还提出脾胃虚弱，元气不足是导致瘀血形成的不可忽视的因素之一，创立了气虚血瘀的学术思想。脾气虚弱，元气不足，可致血失气衰，留而成瘀，而且气虚不复，则瘀血难祛，进而更致气虚难复，致使病深难复。并且有针对性地提出益气祛瘀的治疗方法，留下了许多有创见的临床经验。如用清阳汤治疗风中经络，口眼㖞斜，经脉紧急之证。方用：黄芪二钱，炙甘草一钱，升麻、当归身各二钱，葛根一钱五分，桂枝、红花各一分，苏木、生甘草各五分，酒黄柏一分，上为细末，都作一服，酒三盏，煎至一盏二分，食前热服（《脾胃论》）。

李氏的益气祛瘀不仅是单纯的治疗方法，更是一种临证辨治的指导思想，如他用升阳汤治疗溏泄，用药别具一格。方用：黄芪三钱，甘草二钱，橘皮、柴胡各三分，升麻六分，当归身、益智仁各三分，红花少许。中气下陷，便溏肠鸣，常规治法是益气升阳，温运脾胃。但李氏的巧思体现在配伍红花一味，合以归身，养血活血，从而肝脾两调。此法临床用于慢性泄泻的善后调理，屡获效验。

升阳活血还特别适用于治疗妇女经血暴崩，或气不统血而致经血漏下不止者。治此证有柴胡调经汤：柴胡七分，升麻五分，羌活一钱，独活、藁本各五分，葛根三分，苍术一钱，炙甘草、当归身各三分，红花少许。方中前 7 味为升阳除湿之药，可急挽经水下陷之势，再配伍炙甘草、当归身、红花养血活血，调理经脉。若病情更见急重，血下脱而阳上冒，则有全生活血汤：炙甘草、柴胡各二钱，升麻三钱，葛根、羌活、独活、防风各二钱，藁本一钱五分，蔓荆子、细辛各五分，红花三分，熟地一钱，川芎一钱五分，当归身二钱，白芍药三钱，生地黄一钱。此方较前方加重了升阳活血之功，升阳益气，以阳摄阴，活血祛瘀，血止而不留瘀。

3. 治阴火以甘温除大热：阴火的产生为饮食劳倦，内伤脾胃，损耗元气所致。阴火的证候为内伤发热。李氏在《内外伤辨惑论》中论述说："阴火上冲，作蒸蒸而热，上彻头顶，旁彻皮毛，浑身燥热。作须待袒衣露居，近寒凉处即已；或热极而汗出亦解"。《脾胃论》中则云："饮食不节则胃病，胃病则气短精神少而生热，有时而显火上行，独燎其面。……形体劳役则脾病，脾病则怠堕嗜卧，四肢不收，大便溏泻"。这些即阴火证候的特点。李氏对阴火治疗采取甘温除热的方法，即用甘温药补中益气升阳，元气兴旺，清气上升，荣卫气血调和，阴火亦自戢，甘温除热法主方为补中益气汤。

补中益气汤重用黄芪补脾而益肺气，人参甘草次之，即为甘温益气。病属燥热，宜"急者缓之"，甘草则能补脾胃中气而泻火热。所以，李氏认为"以上三味，除湿热烦热之圣药也"；白术苦甘温，除胃中热；升麻、柴胡能引胃中清气上行，扭转中气下陷之势，同时能引黄芪人参甘草甘温之气味上行，补胃气而实皮毛，使卫外固摄，则恶寒自汗可去。脾胃气虚，则荣气亦不足，加之燥热煎熬，使血气日减，加用当归能调和气血。如此补中升阳，能使脾胃之气升发，元气随之充旺，元气旺则阴火消，燥热亦随之而去。

4. 升举元阳擅用风药：风药味辛，有宣散发表之功，一般多用于外感病的治疗。李氏作为内伤病的大家，却将风药广泛用于内伤病的治疗，并取得了很好的临床疗效。李氏运用风药，一是借风药引脾胃清气温养脏腑九窍。李氏认为内伤脾胃则阳气不能生长，在补脾胃的同时，借风药助肝胆之用，可使生长之气旺盛。李氏的风药升阳，仍以其首重脾胃为宗，补中益气汤即是典型代表。方中用黄芪、人参甘温之品健脾补胃的同时，借升麻、柴胡升举脾胃清气，恢复脾胃升清降浊功能。李氏将升阳用于消渴、大便不畅、肠澼痢疾、大便溏泄、妇人崩漏带下等症，都有助阳扶正之功。李氏还用风药升发下陷之湿，如除风湿之羌活汤治痿疾、川芎肉桂汤治腰痛、肾疸汤治肾疸小便赤涩等，均用羌活、防风、柴胡等风药升阳祛湿。李氏还用风药升阳来宣通经脉，治疗皮肉筋骨疾病，他说："肩背痛不可回顾者，此手太阳气郁而不行，以风药散之；脊痛项强，腰以折，项似拔，此足太阳经不通行，以羌活胜湿汤主之。因为风药升阳，能引营卫之气畅行经脉之中，温养皮肉筋骨。概而言之，内伤之病以元气损伤为最，扶养元气以恢复脾胃功能为急，而要恢复脾胃功能，必须先使脾气得升，春夏令行，而后才能升已而降，胃气下通，升降不已，生气不息。"李氏以风药升发阳气资肝胆之用，令阳气生发，上出阴分，以辛甘温药接其升药，使火散于阳分而走九窍，体现了李氏内伤立足脾胃，治疗强调升发脾胃阳气的一贯学术思想。

统观李氏《兰室秘藏·眼耳鼻门》共载 39 首方剂，用风药比例平均在 1/3 以上，且平均每首方剂中风药超过 3 味，说明李氏擅用风药，除广泛用于升阳举陷外，还能散火除湿。

5. 组方讲究性味归经：李氏制方讲究性味归经，强调分经随病制方，他在"用药宜禁论"中提倡配方用药要注意"时、经、病、药"四禁，做到辨证施治，有的放矢。比如风热郁于手太阳肺经与风湿郁于足太阳膀胱经，二者由于经脉不同，制方用药则异，前者用通气防风汤重泻风热，后者用羌活胜湿汤重去风湿，利用药物归经的作用提高疗效。另外，李氏组方还讲究药物的升降浮沉，以之扶正祛邪升清降浊，这一特点在前条"风药升阳"中已有所体现。

李氏治学崇尚变通，反对食古不化，他认为"古今异轨，古方今病不相能。"所以对用经方善于加减化裁，比如对《伤寒论》中小建中汤，根据病情变化，列出 20 多种加减法，他自制的补中益气汤，也同时列出多种加减法。由于李氏制方用药有自己的体系特点，故在临床上不墨守成方，仅《脾胃论》一书就有自制方55首，《兰室秘藏》所载也大多是自制方，这些方大多沿用下来。

6. 用药以顾护脾胃为原则：李氏制方通常味多而量轻，因为李氏立方之法讲究性味归经、升降浮沉、君臣佐使，所以组方药味较多。同时李氏是脾胃大家，从理论到临床都以顾护脾胃为原则。李氏云："人以胃气为本，粗工不解，妄意施用，本以活人，反以害人。"为护胃气，李氏不用重剂。这些特点在李氏的自制方剂中都有体现。若有单味药剂量较大，或全方药物总量较大时，李氏会以散剂、丸剂来减轻对胃气的损伤。对于李氏这一用药特点，近代已故名医蒲辅周解释说："用药剂量不宜大。……人病了胃气本来就差，药多了加重其负担，反而影响吸收。"他还说："脾胃已弱，药量宜轻，宁可再剂，不可重剂。用之欲速不达，反伤中气。"这些可以说是对李氏用药量轻的中肯解释。

除了药量顾护脾胃外，李氏还注意慎选药物的性味功用，以不伤脾胃。比如《脾胃论》下卷在饮食伤的52首方的应用中，强调气虚者多湿，治疗则主张气虚湿盛者不用淡渗药伤气，而用"助风以平之"，这种见解确有独到之处。(辑自肖燕等文)

十六、金元滋阴派代表——朱震亨

朱丹溪

朱震亨，字彦修，婺州义乌（今浙江省义乌县赤岸）人，因家乡有条美丽的小溪叫丹溪，死后，人们尊称他为“丹溪翁”或“丹溪先生”。生于元世祖至元十八年（公元 1281 年），卒于元惠宗至正十八年（公元 1358 年），活了 78 岁。是金元四大家之一，滋阴派的创始人，著名的疑难病（杂病）专家。

朱氏祖籍山东，西晋时迁居浙江义乌县赤岸镇，赤岸有一条叫丹溪的溪流，水清鱼戏，终年不断，十分宜居。祖父朱环，宝祐间举乡贡进士；父朱元，幼承家学，才学颇得乡里赞誉。公元 1281 年 11 月 28 日，朱震亨诞生于义乌县赤岸镇。

朱氏自幼聪敏好学，日记千言，文章辞赋一挥即成。公元 1295 年，父亲因病去世。震亨和两个弟弟都尚年幼，全家靠母亲戚氏一人支撑。他的童年既经历了艰辛的磨难，又得到了母亲的良好教育与熏陶。在逆境中成长的朱丹溪，性格豪迈，见义勇为，从“不肯出人下”。公元 1302 年，年满 22 岁的朱震亨任义乌双林乡蜀山里里正。他刚正不阿，敢于抗拒官府的苛捐杂税，因而深得民众的拥护，连官府都忌他三分。震亨 30 岁时，母亲患痹疼，他心情焦急，请了许多医生治疗，都治不好。原来这些医生，大都医术粗劣，受当时社会风气影响，盲目搬用《局方》。开的药大同小异，吃下去，一点效果也没有。想起父亲内伤、伯父瞀闷、叔父鼻衄、弟弟腹痛、妻子积痰，都一一死于庸医之手，他深深体会到："医者，儒家格物致知一事，养亲不可缺"（《丹溪心法》序）。于是他立志学医。日夜攻读《素问》等书，"缺其所可疑，通其所可通"，经过三年的钻研，"似有所得"。又经过两年的精心治疗，母亲的病终于被他治好了。

36 岁时，他在强烈的求知欲驱使下，赴东阳八华山，拜许谦为师，学习理学。他对许廉讲授的那套理学非常崇拜，听了，"自悔昔之沉冥颠隮，汗下如雨。"他"每宵挟册，坐至四鼓。潜验默察，必欲见诸实践。"学业大进，成为许谦的得意门生，学问渊博的"东南大儒"。公元 1317 年 8 月，朝廷恢复科举制度。他参加了科举考试，乡试失利，86 岁的祖父朱环也去世。科举失败及亲人去世并没有动摇他追求举子业的决心。公元 1320 年，40 岁的他，再次乡试，仍失利。一天，他的老师许谦对他说："我卧病已久，非精通医术的人不能救活，你聪明灵活，能不能改行学医呢?"朱震亨慨然说：我能精通一门医术，也有利于仁民爱物。虽然不当官，也像当官呀。于是他抛弃一向所习的"举子业"，一心扑在医学研究上。

有志不在年高。朱震亨习医的时候，社会上盛行南宋官方制定的《大观二百九十七方》，他开始下苦功研究，手抄一册，"昼夜而习"。随着学习的深入，他却产生了怀疑，认为"操古方以治今病，其势不能以尽合。苟将起度量，立规矩，称权衡，必也《素》（指《素问》）《难》（指《难经》）诸经乎!"（戴良《丹溪翁传》)。他还攻读了张子和著作，拿它与《内经》《伤寒论》比较。发现“其书之所言，与《内经》、仲景之意若是不同。”究竟应当怎样解决前人的古方和今病的矛盾？怎样认识张子和汗、吐、下三法？怎样处理攻补的关系？朱震亨决定离开故乡，到外地访师问道，以求印证。

他治装出游，几年间，过浙江、走吴中、出宛陵，抵南徐，达建业（今南京），一路风餐露宿，风尘仆仆。真是“负笈寻师，不远千里”。可是，遇到的大都是徒有虚名的庸医，而且十分保守，不肯教人。公元 1325 年，他辗转来到武林（今杭州），有人告知，罗知悌医术高明，学问精湛，世称太无先生，是刘完素的再传弟子，在朝做过御医（专替皇帝看病的医生），不仅通晓刘完素之学，而且旁及李东垣、张子和两家学说。但人很傲慢、保守，不轻易把医术传授给人。

朱震亨费尽周折，来到了罗家门口，拱手立在一旁，等待罗医生出来接见。罗医生以为他来看病，热情地把他接到家里。但一听说前来拜师学医的来意，罗知悌就敛起笑容，叱骂他，并把他赶出家门。朱震亨“蒙叱骂五七次”，但不灰心，“志益坚，日拱立于门，大风雨不易”，如此“趑趄三阅月”。有人悄悄告诉罗知悌：来人可是许谦的学生，东南一位有学问的人。这样冷落人家，恐怕会引起非议。罗知悌听后有些动心。一天，下着瓢泼大雨，罗知悌推开大门，见到朱震亨在雨地里拱手而立。罗知悌深深被感动，马上“修容见之”。从此，44 岁的朱震亨对他行弟子礼，跟随学医。

朱震亨很尊重老师，对老师的一言一行都细心观察领会，学习上有疑问就请教老师。罗知悌为有这样一个得意门生也非常高兴，“一见如故”，耐心地讲解刘完素、张子和、李东垣的书，阐述这三家的主要论点，指出他们学说渊源在于《内经》《难经》。他说：“学医之要，必本于《素问》《难经》，而湿热相火，为病最多，人罕有知其秘者。兼之长沙（张仲景）之书，详于外感；东垣之书，详于内伤，必两尽之，治疾无所憾。区区陈（陈师文）、裴（裴宗元）之学（《大观二百九十七方》），泥之且杀人”（《古今图书集成医部全录》）。朱震亨听了，“夙疑为之释然”。罗知悌对朱震亨既有理论的传授，又有实践的教诲。每天有人来求医，罗医生总是叫朱震亨认真诊视脉状回报他，他只躺在床上，根据脉状，口授“用某药治某病，以某药为引经”，药到病除。经过几年的刻苦学习，勤问多思，不断实践，朱震亨的医术有了长足的进步。公元 1327 年，罗知悌去世。震亨安葬了师傅后回到义乌老家。一般庸医，开始大惊，继而嘲笑和排斥他，唯独他的老师许谦非常高兴，说：“吾疾其遂瘳矣乎”！果然，在震亨的精心治疗下，许谦经过十几年治疗无效的“末病”终于治好了。这件事震动很大，那些庸医开始“心服口誉”，甚至有的“大服而推尊”“愿以弟子师之”。数年之间，朱震亨“声闻顿著”，名震远近。

据《倡导养阴的朱丹溪》一文载：震亨在武林随罗知悌学医三年，已名扬四方。一日进宫为公主治病，宫内帏规，未婚皇女，不得面见男人，不得接触身体诊脉。宫女将铜线一端拉出宫幔交给震亨，震亨拉紧铜线，闭目静心倾听，闻及“嗞，嗞”微弱之声，认定这是“胎动”的脉症。震亨说：“公主已有身孕。”皇后大怒，以震亨妄言欺圣，下令立斩。震亨毫无惧色道：“公主虽无婚配，可腹中何以有‘嗞、嗞’胎动之声？请皇后察看铜线在何处。”察看结果，原来宫女在慌忙之中将铜线紧紧地绑在了一条案几的柱脚上。震亨断定，凭对脉法的细心刻求和经验，坚信这既然不是胎动，肯定是物动。于是，斩钉截铁地说："先劈案脚，再斩震亨！"皇后命太监劈开案脚，果然在案脚的木质中发现两条指头大的肉虫正在蠕动交配。皇后惊讶，叹服其视听之精。鉴于其脉法神灵，遂打破宫规，请震亨为公主诊腕脉。诊后，处方三帖大愈，五帖康健。帝后欲留震亨为宫中御医，震亨不恋高官厚禄，不要赠银，毅然回乡去了。此后，震亨"断病如神"的美誉传遍京城。

尽管如此，朱震亨并不自满，仍然虚怀若谷，访师问医。一次，浙中有位女子患痨瘵（肺结核），骨瘦如柴，奄奄一息，许多医生都束手无策，眼看没救了。病家抱着一线希望来延请朱震亨。经过朱震亨几天的认真治疗，病情果然有了好转，只是两边脸颊上的红晕不退。朱震亨也"技穷"，就对病家说：现在要请吴县名医葛可久，用针灸治疗才会好。但这个人雄迈不羁，难得请来。我写一封信给你带去，他就必来。病家很高兴，雇了一只小船去请葛可久。葛可久一见朱震亨的信，即"不谢客行，也不返宿"，就登舟来了。朱震亨把这位女子的病情作了详细介绍，并请葛可久诊视。葛可久认为病在胸肺，余邪未净，一定要用针刺两乳，便可愈，但在封建社会，男女授受不亲，针乳就更难办了。葛可久想了一个办法，让病人穿着薄衣，即取针刺她的两乳。随之，病人脸上的红晕就消失了。这看来十分神妙，但有科学依据。因为痨瘵是干血痨，属瘀血。瘀血积于内，必形于外。表现脸颊红晕。据《灵枢》说，足阳明胃经是"主血所生病者"，经过乳内廉（乳房内侧部），用针刺两乳，即刺足阳明胃经，使之活血。血液流通，故脸上的红晕消失。对这样一个典型病例，朱震亨在旁边仔细观察，认真琢磨，从找穴位到进针，逐步学到了针灸的知识。

朱震亨在学术上从来不自满。在人们的赞扬声中，他更加努

力，不仅“以三家之说（刘完素、张子和、李东垣）推广之”。而且“以三家之论，去其短而用其长，又复参之以太极之理，易（《易经》）、礼记（十三经之一）、通书（民间通用的历书）、正蒙诸书之义，贯穿内经之言，以寻找指归，因作‘相火’及‘阳有余阴不足’二论以发挥之”（戴良《丹溪翁传》）。他的“阳有余阴不足论”是进一步发展了刘完素的“火热论”，弥补了刘完素没有明确阐述关于人体易于感受火邪的内在因素的缺陷。他主张避免“相火”妄动，节制食欲、色欲，以保养“阴分”；在临床治疗上，主张用滋阴降火之剂。他所创制的越鞠丸（又名芎术丸）、大补阴丸（原名大补丸）等，在临床上都具显著疗效，至今仍为常用方剂。此外，他还主张临证时要灵活用药，“因病以制方”，反对当时不少医生忽视辨证，机械地搬用《局方》和滥用辛燥药物的风气。在这一点上，朱震亨的革新精神，是值得学习的。公元1358年6月24日，一代医学宗师朱震亨与世长辞，终年78岁，葬于义乌东朱之郭头庵。

链接：越鞠丸由苍术、香附、川芎、神曲、栀子各等分，上药为末，水泛为丸。功效：行气解郁。主治气、血、痰、火、湿、食等郁所致的胸膈痞闷，脘腹胀痛，吞酸呕吐，饮食不化等症。

大补阴丸由熟地黄，盐知母、盐黄柏、醋龟甲、猪脊髓等组成，功效：滋阴降火 。主治阴虚火旺，潮热盗汗，咳嗽，耳鸣 等症。

朱氏的一生著述甚丰，有《格致余论》《局方发挥》《伤寒论辨》《外科精要发挥》《本草衍义补遗》《金匮钩玄》。至于《脉因证治》《丹溪心法》《丹溪手镜》《丹溪医案》《平治荟萃》《医学发明》《产宝百问》等，则系门人所集成或后人托名。其中以《格致余论》《局方发挥》为其代表作。

（一）朱震亨在治学方面为我们树立了什么样的榜样？

朱震亨是我国金元时代最杰出的医学家之一，其获得的学术成就，虽然与他天资聪颖，智慧过人有关，但与他刻苦学习，博学多闻的治学方法和思路也是分不开的。

1. 研习理学，发挥医理。中国医学与古代哲学的关系，历来是十分密切的。春秋战国时期朴素的唯物论和辩证法对阴阳五行学说的渗入，为祖国医学奠定了基础；宋明理学，给宋元以后的祖国医学理论以很大的影响，使其有了新的发展。

朱氏自幼攻读儒学，36 岁师从朱熹四传弟子许谦研习程朱理学，专习道德性命之说。《二十五史·元史》列震亨于《列传·儒学》许谦之下。可见其在儒学及理学上颇有成就，深得其旨。朱氏在程朱理学思想的影响下，首先把修心养性、淡泊自安、茹素节欲等义理性命之说渗入医学中，提出“阳有余，阴常不足”的观点。这种学说观点的理论依据出于何处？自汉儒董仲舒提出“阳尊阴卑”观点以来，宋代理学家对此给予了系统发挥。程颢说过：“天地阴阳之运，升降盈虚，未尝暂息，阳常盈，阴常亏”（《濂洛关闽书》卷八）。朱熹说过：“天以气而运乎外，故地唯在中间，隤然不动”（《朱子语类辑略·理气》）。月“但常受日光为明”（《朱子语类》卷二）。邵雍说潮水运动应月。丹溪的阳常有余阴常不足观点是以理学为依据的，是理学观点引进医学来说明人体生理状态和病理反应以指导临床实践。

2. 重视经典，以正根基。丹溪中年学医，30 岁开始攻读《素问》。40 岁随罗知悌学医时，遵罗氏教诲：“学医之要，必本于《素问》《难经》”（孔齐《至正直论》），从此以后，他未间断过《内经》《难经》的研读，并运用于实践。例如：他在《局方发挥》31 条中，就引证《素问》23 段、《难经》6 段原文，引经据典，以正其误。他晚年深有体会地说：“《素问》载道之书也”，还说：“知医之书，非《素问》无以立论，非《本草》无以立方”（《格致余论》序），反映了他对经典的研读所得；朱氏说：“仲景诸书，实万世医门之规矩准绳，后之欲为方圆平直者，必于是而取则焉。”又说：“天之气化无穷，人身病亦无穷，仲景之书，载道者也，医之良者，引例推类，可谓无穷之应用”（《局方发挥》）。丹溪推崇《本草衍义》对药理、药性的精辟论述，对于有毒的药物，他主张“更合论人老少虚实，病之新久，药之多毒、少毒酌量之，不可执为定法。”晚年以务实的精神对此书进行了修补，称《本草衍义补遗》。

朱氏在学术上获得辉煌的成就，与他熟读经典著作是分不开的。他遥承岐黄，发挥仲景，精研本草，使之在医学理论、临床学、药物学等方面，都获得了坚实的基础，这对他在此基础上的创造、发明，起到了关键性作用。

3. 刚毅勤奋，大器晚成。丹溪的成就，虽说与天资聪颖有关，主要还在于他的勤奋和毅力。他一生中勤于儒学，勤于理学，勤于医学经典，勤于临诊实践，勤于著述，终于大器晚成。他真正从事于医学，是从四十岁开始的。人到中年，如没有勤奋和毅力，要想成就一番事业，是很难做到的。他潜学理学而通宵达旦，求师巡访而千里徒步，归里行医而上山采药，无不与“勤奋”二字有关。他拜师罗知悌时，凡十次往返，虽“蒙叱骂者五七次”，但不灰心“去益坚，日拱立于其门”，大风雨不易，如此“趑趄者三阅月”，足见其心诚志坚，毅力过人。他少年亡父，青年丧妻，家境贫寒，仍坚持理学、医学，如不是有理想、有抱负、有毅力，也是难以做到坚持不懈，直至成功的。正如《丹溪先生墓表》所载，其为人“刚毅沉潜，遇事奋发”“正言危行，勤心俭已”。

4. 勇于求实，刻意创新。朱氏所处时代，世医习以《局方》治病，对禁锢医界250余年的《局方》，不敢冲破。丹溪从实际情况出发，陈述《局方》之害，明确指出“集前人已效之方，应今人无限之病，何异刻舟求剑，按图索骥”。这一名言，不啻对当时时弊痛下一砭。他认为临证治病，犹如对敌之将，操舟之工，必先求其得病之因，审其所犯何邪，视标本缓急，先后施治，不可抱残守旧，以方俟证。这种以务实的精神探索医学治疗规律，使他脱离了盛行一时的言必辛香、言必温热的陋俗，创立了养阴理论和养阴治法。这对后世温病学派的形成和发展，奠定了理论基础。(辑自肖文哲、刘光宪文)

（二）朱丹溪学说内容有哪些?

1. 阳常有余阴常不足论：“阳有余阴不足”是丹溪《格致余论》中最著名的章节，这一学术观点是理学与《内经》的结合。程颢说：“天地阴阳之运升降盈亏，未尝暂息，阳常盈，阴常亏”（《濂洛关闽书》卷八）。《素问·太阴阳明论》曰：“阳者，天气也，主外；阴者，地气也，主内。故阳道实，阴道虚。”运用天人相应，取类比象的方法从人与自然的关系、男女性的成熟与衰老加入论证，由此引申为气常有余血常不足，故主张顺应阴阳之理，提倡男三十、女二十而后娶嫁，把理学的“主静”“收心”“养心”说与《内经》的“恬淡虚无，精神内守”说结合起来，用澄心静虑的方法防遏相火妄动。

2. 相火论：朱氏的“相火论”见于《格致余论》，相火为肝肾二脏专司，分属于心包、膀胱、三焦、胆诸腑。相火含义有二：一是指正常的阳气之动（生理性相火），至关重要，“人非此火不能有生”，是生命活动的动力；二是指五志妄动（邪火），五志化火，则伤阴耗精，变生多种疾病。针对这种内生火热，主张应用滋阴降火的治疗方法。实为开后世医家治疗阴虚发热的先河。

3. 对《局方》的批评：在《局方发挥》中集中地批评了宋代官方颁布的《和剂局方》和宋元之际崇奉《局方》形成的“《局方》之学”。指出《局方》忽视辨证，“一切认为寒冷”，滥用温热香燥药物和“一方通治诸病”的危害。主张临病制方，反对不问病由据证验方的医疗风气。

4. 气血痰郁辨证治疗：在杂病治疗中，朱丹溪广泛应用气血痰郁辨证方法，尤其对郁证病机的阐发和痰证证治的论述，均较前人深入。朱氏强调“气血冲和，万病不生，一有怫郁，诸病生焉。”他在临床上将“郁病”分为六大类型。即气郁、血郁、痰郁、火郁、湿郁、食郁。而其中以气郁为关键，治疗六郁，首当解气郁，并自制越鞠丸统治诸郁。朱氏治痰，主张“治气为先，分导次之”颇有创见，并强调“善治痰者，不治痰而治气，气顺则一身之津液，亦随气而顺矣。”并以“实脾土，燥脾湿”为其主导思想，这些观点和方法迄今在医疗学术上仍有较为深刻的影响。

5. 节食茹淡健脾胃：《内经》曰：“精不足者补之以味。”《朱子语录》卷十三说：“饮食者，天理也；要求美味，人欲也。”丹溪以《内经》和理学为依据，提出了节食茹淡的观点，他在《格致余论·茹淡论》说：“味有出于天赋者，有成于人为者。天之所赋者，若谷、菽、菜、果，自然冲和之味，有食人补阴之功，此内经所谓味也。人之所以为者，皆烹饪调和偏厚之味，有致疾伐命之毒。”他认为：“胃为水谷之海，多血多气，清和则能受，脾为消化之气，清和则能运。”故乌、附、丹剂不可妄用，至于好酒腻肉、湿面油汁、烧炙煨炒、辛辣甜滑，皆在所忌。而如谷、菽、菜、果、甘淡之食，为自然冲和之味。与脾胃本气相和，能补脾胃清纯冲和之气，则有补阴之功。这些见解对临床有着积极指导意义。

（三）后世医家对朱丹溪的学说有哪些评价？

朱丹溪的学说，后世有褒和贬，但以褒为主。如明代医家方广说：“求其可以为万世法者，张长沙外感，李东垣内伤，刘河间热证，朱丹溪杂病，数者而已。然而丹溪实又贯通乎诸君子，尤号集医道之大成者也”（《丹溪心法附余》序）。但由于朱丹溪只明一义，过分强调了“阳有余”的一面，而不谈阳也有亏损的一面；在临床上太强调“滋阴降火”，因此，未免有它的片面性，从而遭到后人的激烈反对。张介宾也因其执著一端而攻之不遗余力，说：“丹溪之言火多者，谓热药能杀人。而余察其为寒多者，则但见寒药之杀人耳”（《景岳全书》）。历代对朱丹溪的学说评价，尽管有褒有贬，但总的来说，朱丹溪的学说在国内外仍有很大影响，在祖国医学史上占有光辉的一页。日本医家曾成立“丹溪学社”，专门研究丹溪的学说。

纵观朱丹溪一生，有苦有泪，尤其是当他立在风雨中，乞求罗知悌收他为徒，教他习医时的情景，我们不难想象出他的毅力，为了一个目的，即使千折百转，不达目的仍誓不罢休。就是到了今天，这种精神仍值得我们学习。所以说，他不仅在医学方面，就是在做事方面，思想方面，也为我们积下了一笔可贵的财富，不愧为一代名医，一代名人。朱丹溪的医学成就，主要是“相火论”“阳有余阴不足论”，并在此基础上，确立“滋阴降火”的治则，倡导滋阴学说及《局方发挥》一书，对杂病创气、血、痰、郁的辨证方面。其他，如恶寒非寒、恶热非热之论，养老、慈幼、茹淡、节饮食、节情欲等论，大都从养阴出发，均对后世有深远的影响。丹溪学说，不仅在国内影响深远，而且在15世纪时，由日本人月湖和田代三喜等传入日本，成为沿用至今的日本汉医的辨证纲领。日本又成立“丹溪学社”，进行研究和推广。迄今日本尚存“丹溪学社”。日本的痰、气、血、水病因学说，由张仲景的水饮和朱丹溪所创之气、血、痰演化而来。

朱丹溪得罗知悌之学后，不断进行实践，又集张子和、李东垣二家之长处，将刘完素之说一变而为阴虚火旺之说，专攻于泻相火、补真阴，形成了“丹溪学派”。

十七、元代著名医家——罗天益

罗天益，字谦甫，号容斋，真定藁城（今河北省藁城县）人。生于金兴定四年（公元1220年），卒于元至元二十七年（公元1290年），活了70岁。李东垣的得意门徒，元代著名医家。

罗天益幼承父训，有志经史，攻读诗书。长大后，正逢乱世，仕途无望，弃儒习医。虽然自己勤奋学习，也不过刚刚入门而已，常恨所业未精，担心被人讥笑；有志于学，企望能拜师深造。时名医李杲年迈，欲传术于后世。经友人周德甫推荐，天益成为李东垣的关门弟子。师徒相亲如父子，罗天益认真学习，严寒酷暑不敢稍怠；李东垣悉心指导，不遗余力传授。李东垣经常教导罗天益，凡为太医，必须谙《甲乙》《素问》《黄帝针灸》《明堂流注》《十二经》《三部九候》《本草》《药性》、仲景、叔和诸部经方，又须妙解五行阴阳，精悉周易，如此方可为太医。一次，罗天益受命编撰《内经类编》，分经论证而以方类之。凡三次脱稿，却被其师两次否定，最后，罗天益认真研磨，仔细推敲，用了3年时间，终于掌握了李东垣的学术观点，编成是书，不负所托。已经能升李之堂，入李之室，“发言造诣，酷类其师”；在明晰医理的同时，李东垣不断培养罗天益察人血气、饮食、勇怯之殊，病之虚实、深浅，在经在脏之别，掌握药有君臣佐使大小奇偶的法度。尊古不泥古，守常知变。

罗天益从师，潜心苦学十余年，重视经旨，娴熟《内经》《难经》等经典论述于临床，理论清晰，辨病析证每每切合病机。

某年逾六旬老人柏氏，“春患头痛，昼夜不休”，他医先作伤寒论治。汗后其痛弥笃，再汗之，不堪其痛，且恶风寒而不喜饮食。罗诊之“六脉弦细，气短促，懒言”。乃思《素问·金匮真言论》“春气者，病在头”之论，析其年高气弱，清气不能上荣故昏闷，且“证本无表邪，汗之过多，则清阳之气愈受亏损，不能上荣亦不能外固，所以头痛而恶风寒，气短弱而憎饮食”。遂以顺气和中汤益气升阳，二剂病除。

一四旬男子，肢体瘦弱，因勉强饮酒引发腹痛泄泻，日十余行，旬后见血红紫，肠鸣腹痛。他医以“见血为热”施以芍药柏皮丸不效。罗诊之，证见“食则呕酸，形体愈瘦，面色青黄不泽，心下痞，恶冷物，口干，时有烦躁，不能安卧”，诊其脉则“弦细而微迟”，手足稍冷，乃思《素问·阴阳别论》“阴结者，便血一升，再结二升，三结三升”及《难经·三十七难》“邪在五脏则阴脉不和，而血留之，结阴之病，阴气内结，不得外行，无所禀，渗出肠间，故便血”之论，即以平胃地榆汤等温中散寒、除湿和胃，治之遂愈。

公元1246年，26岁的罗天益在藁城开业，时藁城人多患疔疮，一年间救治人甚众，名声因之大振，远近闻名。

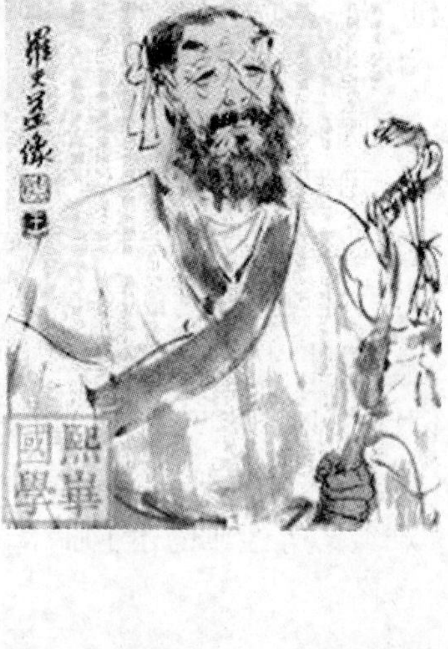

公元1251年，著名医家李东垣逝世，罗天益事师母王氏如嫡母，供养十余年，葬之以礼。在中国医学史上，师生情深，留下一段佳话。

罗天益博采诸家之长，旁搜远绍，从善如流。元宪宗二年（公元1252年），他被征召为军医，随军往来于中原与幽燕各地。他在军中，利用行医之便，四处访师问贤，以提高医术。如壬子年（公元1253年），在瓜忽都跟刘神童禅师学治疮疡肿疡之法；次年（公元1254年），又随王府驻屯于瓜忽都过冬，从颜飞卿处学得治外科病方四则，使用有效，又从窦子声处学针法、《流注指要》和补泻法；丁巳年（公元1257年）八月，于高仲宽处得白术安胃散、圣饼子等方。此外又在济南刘太医处学得眼科名方金露膏；在真定路惠民司令张君处得积聚效方卤砂煎丸等。罗天益虚心好学，博采众长，推广施用，疗效卓著，其随军医案《卫生宝鉴》中可以见考者很多。后升至太医之职，奉召应请，为人治病。

罗天益性情敦朴，谦虚诚挚，在临证中，秉承《内经》之旨，师承张洁古、李东垣，突出脏腑辨证、脾胃理论、药性药理的运用，具有明显的"易水学派"特色，是易水学派理论形成和发展过程中承前启后的一位重要医家。

元至元二十七年（公元1290年），罗天益去世，享年70岁。

罗天益一生著述颇丰，但多毁于兵燹。晚年著《卫生宝鉴》24卷。还曾于公元1266年，将所录李杲效方类编为《东垣试效方》9卷。除协助李杲编撰《内经类编》（已佚）外，还整理了《兰室秘藏》《洁古注难经》《脉诀指掌病式图说》《活法机要》《医学发明》，还著有《药象图》《经验方》《医经辨惑》等（见刘因《静修文集》）等书，均佚）。

（一）《卫生宝鉴》是一部什么样的医著？

《卫生宝鉴》成书于元世祖至元辛巳年（公元1281年），为罗氏代表著作。

全书共分二十四卷，另有补遗一卷。一至三卷为药误永鉴，卷四至卷二十为名方类集，卷二十一为药类法象，卷二十二至卷二十三卷为医验经述，最后一卷为补遗。

本书是一部临床诊疗方面的著作，系作者平时针对时弊医学

札记，结合自己临床实践医案，以《内经》《难经》并集录诸家之论加以整理而成，反映作者的主要学术思想。

药误永鉴讨论了三个问题。一是从患者角度出发，针对当时世人常无病服药以求延年益寿，指出五味调五脏，过则生疾，何况药为攻邪之品，均有一定毒副作用，食久必生病。告诫人们养生当以食养为主，以药求补，有弊无益。提出养生之道须饮食有节，起居有常，少思寡欲。二是从医生角度看，他认为医生必须深明脉理，详于辨证，熟悉寒热虚实之别，掌握方药四气五味，君臣佐使大小奇偶之异与用药法度，切戒实实虚虚，损不足而益有余。诊疗疾病同视其证而用其药，若不明其证，妄用药物，致正常人生病，患者病情加重甚或死亡。最后强调制方必须“有约”，即处方要郑重恰当，要考虑到药物与副反应而有所制约，用药既要精当，药量必须适中。如果用药无所顾忌，盲目追求速效则耗气伤神，造成病情加重或死亡。罗氏引用仲景“一逆尚引日，再逆促命期”来说明其严重后果。

名方类集是本书的主要内容。为作者采集诸家之说并结合自己临床经验整理而成。主要反映罗氏的学术观点：①继承李氏脾胃内伤的观点，并补充脾胃内伤分饮与食，劳倦内伤分虚与热。②三焦总管五脏六腑，把心肝肺脾肾归为三焦，提出了三焦寒热辨治。③分门别类集诸家学说与验方。方药按内外妇儿分别收集。内科分中风、诸风、惊痫、疠风、鹤膝风、头面诸病、咳嗽、呕吐呃逆、烦躁、胀中积聚、诸虫、诸湿肿满、黄疸、泻痢、肠风、大便、胞痹、淋漓等分门设方；妇科按调经、肠覃、癥瘕、崩漏带下列方；小儿按时气温疫、外伤风寒、五脏热及肌热、喘促胸痹、急慢惊、癖积疳痰、咳嗽处方；外科以疮肿、打仆损伤、疣瘤疥癣皴揭分类立方；五官科按目、鼻、耳、咽喉、口齿分类选方；针灸科记载针灸有关内容并转载流注指要赋。

药类法象：主要继承张元素药物学研究。药物分寒热温凉四气，药味包括酸甘辛咸淡五味，气为阳，味为阴，阳气主上升，阴味主下降，并且气味中又分厚薄，即阴阳中又分阴阳。按照药物气味厚薄阴阳升降沉浮作用，把109种药物分为风升生、热浮长、湿化成、燥降收、寒沉藏五类，记载其药性、功用、主治及炮制。

医验记述：主要记载罗氏诊病医案，并附以短论。

“补遗”一卷为后人重刊时所增，主要收载诊治伤寒验方。

链接：罗氏《卫生宝鉴》为一部参考价值很高的临床诊疗学著作。以《素问》《难经》及诸家学说为其理论基础，主要继承并发扬李东垣脾胃论，并创立三焦寒热辨治。本书理法具备，条理清晰，同时收集众多名方并附罗氏经验，是一部学习脾胃论不可缺少的参考书。

（二）罗天益是怎样辨治三焦寒热的?

三焦辨证之说，散见于《内经》《难经》《伤寒杂病论》。至后汉《中藏经》谓三焦总领五脏六腑、荣卫经络，内外左右上下之气。并根据其生理特点，病理变化，首次对上、中、下三焦实热、虚实之病证作了归纳辨析。尔后张元素著《藏府标本寒热虚实用药式》对其作了补充、发挥，并归纳了三焦虚实标本用药式。但《中藏经》《藏府标本寒热虚实用药式》二部医著均未论及三焦寒热证的治疗。罗氏不仅对三焦寒热辨证有所发挥，而且首倡三焦寒热辨治。三焦既然总属五脏六腑，在生理上“三焦”气化与其他脏腑有关，在发生病变时又彼此累及，故罗氏辨治上焦病包括了心肺病变，中焦病包括了脾胃的病变，下焦病包括了肝肾的病变。

1. 三焦热证辨治：

（1）上焦热：积热烦躁，多渴，面热唇焦，咽燥舌肿，喉闭，目赤，鼻衄，颔颊结硬，口舌生疮，谵语狂妄，用凉膈散；胸中郁热，肺热咳嗽吐血，用龙脑鸡苏丸；心肺积热，风壅上攻，头目昏痛，肩背拘急，肢节烦疼，口苦唇焦，咽喉肿痛，痰涎壅滞，涕唾稠黏，用洗心散。

（2）中焦热：胃中实热而不满，用调胃承气汤；脾热目黄，用泻脾散；中食毒、酒毒、药毒等诸热毒，用贯众散。

（3）下焦热：痞满燥实，地道不通，用大承气汤；肾水不足，虚火上浮，用三才封髓丹；下焦阴虚，脚膝软无力，阴汗阴痿，足热不能履地，不渴而小便闭，用滋肾丸。

（4）三焦甚热：大热甚烦，错语不得眠，用黄连解毒汤。

2. 三焦寒证辨治：

（1）上焦寒：积寒痰饮，呕吐不止，胸膈不快，不下饮食，用铁刷汤；风邪冷气，入乘心络，脏腑暴感风寒，上乘于心，令人卒然心痛，用桂附丸。

（2）中焦寒：脾胃冷弱，呕吐泄利，体冷微汗，手足厥冷，腹中雷鸣，用附子理中丸；内虚里急少气，手足厥冷，小腹挛急，用大建中汤。

（3）下焦寒：肾气不足，用八味丸；下焦阳虚，用天真丹。

（4）三焦甚寒：心腹疼痛，泄泻肠鸣，自利自汗，米谷不化，手足厥冷，用大已寒丸；伤寒自利不渴，呕哕不止，或吐利俱发，小便或涩或利，或汗出过多，脉微欲绝，腹痛胀满，手足逆冷，用四逆汤。

（三）罗天益是怎样继承和丰富发展脾胃学说的？

罗氏在临证施治中，继承李东垣治疗脾胃病的益气升阳用药法度，却不局限于其师益气升阳诸方，而是精选历代名方，经精心化裁为新方，大大丰富与发展了脾胃病的诊法和方药。其制方用药注重甘辛温补，健脾消滞并施，反对滥用苦寒攻下。

1. 注重甘辛温补：罗氏认为脾胃的生理特点喜温而恶冷。如其在“轻易服药戒”中有“凡人之脾胃，喜温而恶冷”，故其治疗脾胃病用药以甘温为主，佐以辛热之品。其在“劳倦所伤虚中有寒”中说“胃者卫之源，脾者荣之本。……卫为阳，不足者益之以辛；荣为阴，不足者补之以甘。甘辛相合，脾胃健而荣卫通”。可见罗氏对于脾胃病虚中之寒证用温补，补中健脾，必以甘剂，散寒温胃，必以辛剂。为支持其观点，引用《内经》引文作佐证，在理中丸释义中引《内经》“脾欲缓，急食甘以缓之”，缓中健脾，必以甘为主；“脾恶湿，甘胜湿”，温中胜湿，必以甘为助；“五味所入，甘先入脾”，脾不足者以甘补之。从其选方来看，多选用补中益气汤、理中丸、健脾汤，并创白术调中汤、养胃进食丸等温补脾胃之剂。

2. 健脾消滞兼施：由于罗氏多为王公贵族之辈诊病，其脾胃所伤多责之饮食自倍、饮酒过度、醉饱入房等方面。故治疗方面多采用健脾消滞方法。如其治疗食伤脾胃，轻者用枳术丸之类消食强胃治痞，重者选用木香槟榔丸、枳壳丸之类药荡涤积滞。

3. 慎用苦寒，反对盲目攻下：罗氏上承师说，重视脾胃，在临床实践用药时时注意护养中土，反对孟浪用药，滥投苦寒，若苦寒太过，重伤脾胃，百脉失养，元气虚惫而致后患无穷。针对时医妄用苦寒攻下，于“药误永鉴”中专列“无病服药辨”，“下多亡阴”“泻火伤胃”“戒妄下”“轻易服药戒”等篇以一个个例证说明妄用苦寒攻下，损伤脾胃使常人生病，有病加剧甚至死亡的严重后果。

十八、元代著名医家——危亦林

危亦林，字达斋。江西南丰（今江西省南丰县）人。生于元至元十四年（公元1277年），卒于元至正七年（公元1347年），活了71岁。曾官至南丰州医学教授，官医副提领，元代著名医学家。

危亦林出生在一个世代以医为业的家庭。祖先五代都是医生，高祖云仙，游学东京（今河南开封），遇三国时杏林名医董奉二十五代孙，授以大方脉科（内科），返回故里后遂以医名；伯祖子美，从临江刘三点和建昌路新城县陈氏学习妇人科，又从杭州田马骑学习正骨兼金镞科（骨伤科）；祖父碧崖，早年习医，师事黎川名医周伯熙习小方科（儿科）。受家庭影响，危亦林“幼好学，博及群书”，对经史百家，无不通晓。他自十一二岁起，就跟随父亲学医，日间从父侍诊，早晚攻读医书。“凡《素问》诸书，靡不穷究”，碰到疑难处，总要反复推敲琢磨，参求其他各书，弄个水落石出。他不但把自己家中世代积累珍藏的一百多种医书，一一细读过，还时常步行十几里、几十里，到南丰县城及南城上唐等地，向藏书人家借阅各种书籍，有时还一本一本地抄录下来，仔细研读。经过长年累月的刻苦钻研，潜心苦练，尽得家学，终于将世代祖先的医学心得和临床经验继承无遗。

元贞二年（公元1296年），20岁的危亦林开始行医，勤奋好学一如当初。他虚心地向他人学习，只要是谁有一技一方，便拜之为师。例如，他发现自己在疡科、咽喉、口齿科方面略逊一筹，便恭恭敬敬地向有这方面特长的医生请教学习，先后从师本州斤竹江东山，学习过疮疡科诊疗技术；从师临川范涉清，学习过咽喉、口齿科诊疗技术。并广泛研究古方及当代名医诸方，将医经中的理论知识与家传经验应用于临床实际，间有发明和创见，治疗内、外、妇、儿、眼、骨伤、口齿、咽喉等科疾病无不奏效。由于家医五代，医德高尚，医技精湛，一时求诊者络绎不绝，门庭若市，医名与日俱增，遂成为精通各科的江南大医。

天历元年（公元 1328 年），52 岁的危亦林因学问渊博，医术高超，被所有医生折服，出任南丰州医学教授，继而又任官医副提领之职。危氏有感古代医方浩若烟海，难于检索应用，同时认为祖传的效方，个人的心得不应秘而不传，于是“依按古方，参之家传”，将历代的著名方剂和五代积累的经验良方，参考元代所定医学十三科目分门别类，开始撰写《世医得效方》。前后历时 10 载，于元至元三年（公元 1337 年），《世医得效方》终于编成。书成之后，在南丰州及江西省医学界广为流传，奉为圭臬。同年 10 月，江西省官医提举司将这部书申报到太医院，太医院又将此书下诸路提举司同审，经过两年时间的严格审察鉴定，各路提举司和太医院正副长官及僚属，对该书都交口称善。至元五年（公元 1339 年），太医院批复刻版印行。

至正二年（公元 1342 年），此书授建宁路官医提领陈志，陈志北面师事危亦林，对危氏平素仰慕，认为《世医得效方》“用无不验，疾无不愈”，故不敢将其书“私有”，在第二年即至正三年（公元 1343 年）便“命工乡梓，以广其传”。其间费时两载，于至正五年（公元 1345 年）正式刊行。《世医得效方》出版两年后即至正七年（公元 1347 年），危亦林溘然逝世。

（一）《世医得效方》是一部什么样的医著?

《世医得效方》成书于元至正三年（公元 1343 年），全书 20

卷（实际仅有19卷，因总目针灸一科，有科无书，内容皆散附在各科之中，乃标题疏舛，并非缺佚），其计50余万字，依当时医学13科分类，科下设276目，编纂严谨，科目无遗，论治精详，全书载有验方、单方、秘方、民间方以及历代古方等各类方剂3000余首。是上承唐宋，下启明清的一部重要方书。

本书卷一至十为大方脉杂医科，内容有集脉说、集病说、集治说、伤寒摄要、阳证、阴证、和解、相类、通治等总说10则，以及伤风、伤暑、伤湿、中寒、中暑、中湿、四气兼中、四气相感等81种病证的治法；卷十一、十二为小方脉，内容有活幼论一则，通治一则，以及初生、噤风、脐风、撮口、不乳、变蒸、惊候、急惊、慢惊等66种病证的治法；卷十三为风科，内容有论杂风状、中风恶证、中风要说等总论三则，通治一则，以及虚证、热证、疠风、瘓风、历节风、癞风等6种病证的治法；卷十四、十五为产科兼妇人杂病科，内容有济阴论一则，通治一则，护胎、保产、产后、下乳汁等胎产病证治法四则以及感冒、咳嗽、调经、血

气、血瘕、血蛊、血癖等 26 种病证的治法，并附杂方一则；卷十六为眼科，内容有总论一则，五轮八廓一则，通治一则以及虚证、热证、风证、气证、翳障等 5 种病证的治法。并附有 72 证方，拾遗 16 方；卷十七为口齿兼咽喉科，内容有总论一则以及口病、唇病、舌病、齿病等 5 种病证的治法；卷十八为正骨兼金镞科，内容有秘论、正骨金疮脉候、十不治证、通治以及内损、打扑损伤、刀斧棒杖伤，针灸伤、破伤风、破伤湿、断筋等 8 种病证的治法，并附有消烦、敷药、洗方、退肿、麻药、合创口、止痛等方药；卷十九为疮肿科，内容有总论、五发形图、秘传十方，通治以及乳痈、心痈、肺痈、附袖痈、便毒等 20 种病证的治法。

《世医得效方》的“正骨兼金镞科”系统整理了对骨伤的治疗技术，尤其是记录了麻醉药方和使用方法、各种骨折和脱臼的整复方法。危亦林认为，治疗骨折损伤，需先用麻药，使病者不知痛，便于动手医治。他用的麻药名“草乌散”，主要药物是曼陀罗花、川乌、草乌等，麻醉效果很好。后来日本医生在 1805 年使用曼陀罗作手术麻醉药，被誉为世界麻醉史的先例，其实比危亦林晚了四百多年。对脊椎骨折，危亦林首创“悬吊复位法”。这在欧洲迟至 1927 年英国医生达维斯（Davis）才提出来，又晚于危氏六百多年。

链接：《三百种医录》评：分述各科疾病的脉病证治。书中除分证详细、载方至多外，有些内容如整复骨折、脱臼用的麻醉法，采用悬吊复位以治脊柱骨折等，均有较高的科学价值，特别是骨伤科证治内容更为丰富。

（二）危亦林在《世医得效方》中记载的骨折、关节脱位的整复手法有哪几种？

1. 拽搦法：拽搦整复法，即在对抗牵引下，用力直接作用于骨折部位或脱位的关节，使移位的骨折断端或脱位的关节复位。危氏指出："凡脚手各有六出臼，四折骨，每手有三处出臼，脚亦三处出臼。"这种情况，应采用拽、搦相互配合的整复方法使其复位。例如出臼："此骨上段骨是臼，下段骨是杵，四边筋骨锁定，或出臼亦挫损筋，所以出臼，此骨须拽手直，一人拽，须用手把定此间骨，搦教归窠，看骨出那边，用竹一片夹定一边，一边不用夹，须在屈直处夹，才服药后，不可放定，或时又用拽屈拽直……"

脚大腿根出臼："此处身上骨是臼，腿根是杵，或出前，或出后，须用一人手把住患人身，一人拽脚，用手尽力搦归窠……"。

拽搦整复手法，与现代整复原则基本一致，故一直沿用至今而经久不衰。

2. 悬吊复位法：危氏的一个重大成就就是采用了科学的"悬吊复位法"治疗脊柱骨折。在《正骨兼金镞科·秘论》中危氏对"悬吊复位法"作了具体的描述："凡挫脊骨，不可用

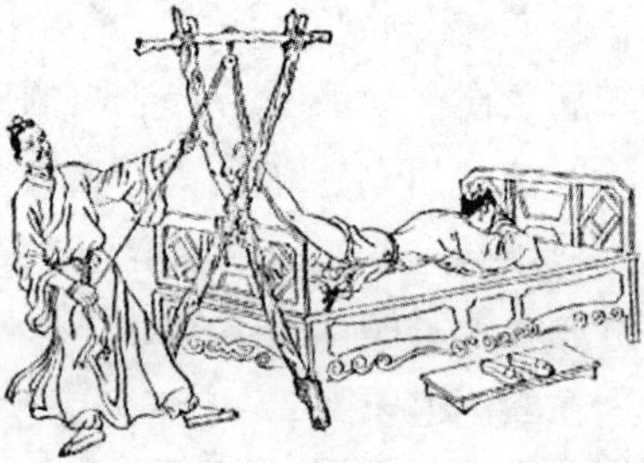

手整顿，须用软绳从脚吊起，坠下身直，其骨使自归窠，未直则未归窠臼，须要坠下，得其骨直归窠，然后用大桑皮一片，放在背皮上，杉树皮两、三片，放在桑皮上，用软物缠夹定，莫令屈，用药治之。"其原理就是利用患者自身的重力，使脊椎自然复位。必须指出的是，危氏是世界上第一个运用"悬吊复位法"治疗脊柱骨折的医生。在欧洲，直到公元 1927 年才由英国著名医生达维斯提出这一相同的方法，比危氏已经晚了整整六百年。

3. 架梯复位法：对于肩胛上出臼（肩关节脱位），危氏在继承蔺道人学说的基础上，采用了"架梯（立凳）复位法"治疗，

方法是“用舂杵一枚，小凳一个，令患者立凳上，用杵撑在下出臼之处，或低，用物簟（垫）起，杵长则簟（垫）凳起，令一人把住手尾，拽去凳，一人把住舂杵，令一人助患人放身从上坐落，骨节已归窠矣。神效。若不用小凳，则两小梯相对，木棒穿从两梯股中过，用手把住木棒，正棱在出臼腋下骨折蹉跌之处，放身从上坠下，骨节自然归臼矣。”危氏所采用的架梯复位法整复肩关节脱位，也被认为较现代外科奠基人之一的巴累（Ambroise Pare）1572年采用的类似方法要早二百年。

（三）危亦林记载的“草乌散”麻药由哪些药组成，怎样使用?

考我国外伤科应用麻醉法施行手术。最早见载于《华佗传》，历史可谓悠久，遗憾的是麻醉处方由哪些中药组成未见载录。危亦林非常重视麻醉法的运用，他在《正骨兼金镞科》中首先指出：“骨节损折，肘臂腰膝出臼蹉跌，须用整顿归元，先用麻药与服，使不知痛，然后可用手（法）”。他专立“用麻药法”篇目，一再强调：“攧扑损伤，骨肉疼痛，整顿不得，先用麻药服，待其不识痛处，方可下手。”危氏使用的麻醉药方名“草乌散”，药物组成是：猪牙皂角、木鳖子、紫金皮、白芷、半夏、乌药、川芎、杜当归、川乌、舶上茴香、坐拏草、草乌、木香、曼陀罗花。其中的曼陀罗花、川乌、草乌、坐拏草等等，已被现代药理证明具有麻醉成分，如能适当掌握用量，麻醉效果相当可靠。在欧洲十九世纪中叶发明乙醚、哥罗仿等现代麻醉药物之前，日本外科医生华冈青州也曾于公元1805年使用曼陀罗作为手术麻醉药，一时被誉为世界麻醉史上的佳话和先例。其实，这是历史的误会，危氏运用曼陀罗作麻醉药要比华冈青州约早450年。换言之，华冈氏运用麻醉药之举，抑或就是得益于元代危亦林的《世医得效方》。

危氏认为，麻药的剂量，应根据患者的年龄大小、体质强弱、损伤轻重、出血多少等具体情况斟酌确定，以“麻倒”为度，适可而止，不能孟浪。他告诫人们：“破伤有老有幼，有无力，有血出甚者，此药逐时相度入用，不可过多；若见麻不倒者，又旋添些；更未倒，又添酒调服少许，已倒便住药，切不可过多。”“若其人如酒醉，即不可加药。”手术完毕，应即用“盐汤或盐水与服，立醒。”这些观点与见解，曾对我国麻醉法的进一步发展和完善起了促进作用。

十九、伟大的医药学家——李时珍

李时珍，字东璧，晚年自号濒湖山人，曾为楚王府奉祠正、皇家太医院院判，去世后明朝廷敕封为“文林郎”。湖北蕲（今湖北蕲春县蕲州镇）人，生于明武宗正德十三年（公元1518年），卒于神宗万历二十一年（公元1593年），活了76岁，为明代医药学家，世界公认的古代著名科学家。

李时珍出生于三代相传的医户人家，祖父是一个“铃医”，父亲李言闻，字子郁，号月池，自幼博洽经史，于明嘉靖二十八年（公元1549年）考取贡生。中年以后，弃儒就医，曾因医术精湛，被朝廷录用为太医吏目。晚年辞官归里，在玄妙观设诊，普济乡民，德行高尚，名噪一方。他不仅有丰富的临床经验，而且在医学理论上也有相当的修养，其医学著作有《医学八脉著》《四诊发明》《月池艾叶传》《月池人参传》《痘疹证治》等，并整理补订了宋崔嘉彦撰著的《四言举要》。

链接：关于李时珍祖父的情况，有两种不同的记载：大都认为他出身低微，家境贫寒，是走村串户、摇铃求售的草泽医，即铃医。也有部分学者认为其祖父系乡绅之属，代表人物有刘伯涵、李裕等。例如李裕在1984年写过一部有关李时珍的专著，他根据现有史料分析，李家绝非寒门，时珍之祖父并非“铃医”，而且不以医为业。因此，对李时珍不当以“世医”论之。

李时珍从小爱好读书，聪明颖悟，才智过人。在 14 岁那年考中秀才，囿于当时封建社会传统观念的影响，医生的地位非常低下，常与“算命”“卖卦”的人相提并论，有时还遭到官僚、地主和豪绅们的欺压。其父热衷于功名，希望李时珍献身于举子业，得一官半职，显耀门庭。故青年时期的李时珍也曾想通过科举来实现家人对自己的期望。从 17 岁起，李时珍一连参加了三届乡试，但每次都以落选告终。在 20 岁那年，赴武昌乡试回家后，因积劳成疾，身患“骨蒸病”（肺结核），卧床不起，一个多月内由咳嗽转为骨蒸、肌肤发热，势如火燎，每日吐痰碗许，寝食几废。遍服柴胡、麦冬、竹沥等药，病情有增无减，都认为必死无疑。幸得父亲的精心诊治，用一味黄芩汤把病治好了。公元 1540 年，李时珍经受了第三次乡试失败的打击后，认识到仕途无望，只有改弦更张才有转机，遂决心继承父业，潜心研究医药。为了表达自己的决心，他给父亲写了这样一首诗：“身如逆流船，心比铁石坚。望父全儿志，至死不怕艰。”李月池在冷酷的事实面前终于醒悟了，同意了儿子的要求，并精心地教他。

李时珍 24 岁开始学医，白天跟父亲到“玄妙观”去看病，晚上，在油灯下熟读《内经》《本草经》《伤寒杂病论》《脉经》等古典医学著作。李时珍的读书精神是令人钦佩的，“读书十年，不出户庭，博学无所弗瞡”。他不但读了八百余种上万卷医书，而且看过不少历史、地理、文学名著。敦煌的经史巨作，他遍读了；几个古代大诗人的全集也都仔细钻研过。他还摘录了大量有关医药学的诗句。这些诗句给了他许多真实有用的医学知识，帮助他纠正了前人在医药学上的许多谬误。如古代医书中，常常出现鹜与凫。它们指的是什么？是否有区别？历代药物学家众说纷纭，争论不休。李时珍摘引屈原《离骚》中的“将与鸡鹜争食乎”“将泛乎若水中之凫乎”两句，指出诗人把鹜与凫对举并称，就是它们不是同一种禽鸟的明证。他又根据诗中对它们不同生活环境的描绘，证明“鹜”是家鸭，“凫”是野鸭子，药性不同。屈原的诗句成了李时珍考证药物名实的雄辩依据。由于他刻苦学习，勤于思考，又有“得天独厚”的子承父业环境，很快就掌握了治病方法。他曾用“延胡索”治愈了荆穆王妃胡氏的胃痛病，又用杀虫药治愈了富顺王之孙的嗜食灯花病，后来又以附子和气汤治愈富顾王适于的病症而被聘为楚王奉祠正。

多年的临床实践，使李时珍懂得，做一个医生，不仅要懂医理，也要懂药理。如把药物的形态和性能搞错了，就会闹出人命来。他在阅读《神农本草经》的基础上，又仔细地阅读了南朝齐梁时期陶弘景著的《本草经集注》，唐代的《新修本草》，宋代的《开宝本草》《嘉祐本草》《经史证类备急本草》《本草衍义》等。李时珍发现古代的本草书存在不少问题，首先在药物分类上是“草木不分，虫鱼互混”。比如“生姜”和“薯蓣”应列菜部，古代的本草书列入草部；“萎蕤”与“女萎”本是两种药材，而有的本草书说成是一种；“兰花”只能供观赏，不能入药用，而有的本草书将“兰花”当做药用的“兰草”；更严重的是竟将有毒的“钩藤”当做补益的“黄精”。李时珍认为古代本草书上那么多的错误，主要是对药物缺乏实地调查的结果。

宋代以来，我国的药物学有很大发展，尤其随着中外文化交流的频繁，外来药物不断地增加，但均未载入本草书。李时珍认为有必要在以前本草书的基础上进行修改和补充。这时，李时珍已经 35 岁了。

过了五年，朝廷下了一道诏书，要在全国选拔一批有经验的医生，填补太医院的缺额，武昌的楚王朱英燇，推荐了李时珍。李时珍认为北京是明王朝的京都，那里不仅聚集了全国重要的医药书籍，还可看到更多的药材，这对修改本草书是一个极好的机会。李时珍接受了楚王的推荐，41 岁进入北京太医院，并担任了太医院院判的职务。

明世宗朱厚熜是一个昏庸透顶的皇帝。他一心追求长生不老的仙丹药，还想做神仙。太医院中的医官们，为了迎合朱厚熜的需要，不仅向全国各地收集“仙方”和“丹方”，同时又翻遍了历代本草书，企图从中获得长生不老之药。有的医官说“久服水银，可以长生不死”，有的医官说“炼食硫黄，可以长肌肤益气力”；有的说“灵芝是仙草，久食可以延年益寿”。李时珍听到这些无稽之谈，更下定决心准备修改本草书。

李时珍利用太医院良好的学习环境，不但阅读了大量医书，而且对经史百家、方志类书、稗官野史，也都广泛参考。同时仔细观察了国外进口的以及国内贵重药材，对它们的形态、特性、产地都一一加以记录。过了一年左右，为了修改本草书，他再也不愿耽误下去了，借故辞职。

在回家的路上，一天，李时珍投宿在一个驿站，遇见几个替官府赶车的马夫，围着一个小锅，煮着连根带叶的野草，李时珍上前询问，马夫告诉说：“我们赶车人，整年累月地在外奔跑，损伤筋骨是常有之事，如将这药草煮汤喝了，就能舒筋活血”。这药草原名叫“鼓子花”，又叫“旋花”，李时珍将马夫介绍的经验记录了下来。写道：旋花根细如筋，有益气续筋之功，久服不饥，能治筋病。供习医者运用民间经验时参考。

明世宗嘉靖三十七年（1558 年），李时珍从太医院还乡后，创立了堂号——东璧堂，致力于对药物的考察研究。在编写《本草纲目》的过程中，最使李时珍头痛的就是由于药名混杂，往往弄不清药物的形状和生长的情况。过去的本草书，虽然作了反复的解释，但是由于有些作者没有深入实际进行调查研究，而是在书本上抄来抄去，所以越解释越糊涂，而且矛盾百出，使人莫衷一是。例如药物远志，南北朝著名医药学家陶弘景说它是小草，像麻黄，但颜色青，开白花，宋代马志却认为它像大青，并责备陶弘景根本不认识远志。又如狗脊一药，有的说它像萆薢，有的说它像拔葜，有的又说它像贯众，说法很不一致。在他父亲的启示下，李时珍认识到，“读万卷书”固然需要，但“行万里路”更不可少。于是，他既“搜罗百氏”，又“采访四方”，深入实际进行调查。

李时珍穿上草鞋，背起药筐，在徒弟庞宪、儿子建元的伴随下，远涉深山旷野，遍访名医宿儒，搜求民间验方，观察和收集药物标本。他首先在家乡蕲州一带采访。后来，他多次出外采访。除湖广外，还到过江西、江苏、安徽好多地方。均州的太和山也到过。盛产药材的江西庐山和南京的摄山、茅山、牛首山，估计也有他的足迹。后人为此写了“远穷僻壤之产，险探麓山之华”的诗句，反映他远途跋涉，四方采访的生活。

李时珍每到一地，就虚心向各式各样的人物请求。其中有采药的，有种田的，捕鱼的，砍柴的，打猎的。这些人像对待知心朋友那样，热情地帮助他了解各种各样的药物，有的送来药物标本，有的介绍药物的性状和用途，有的提供秘藏的单方。李时珍把这些来自群众、来自实际的生动材料一一记录下来。收获可真不少。

比如芸苔，是治病常用的药。但究竟是什么样的？《神农本草经》说不明白，各家注释也搞不清楚。李时珍问一个种菜的老人，在他指点下，又察了实物，才知道芸苔，实际上就是油菜。这种植物，头一年下种，第二年开花，种子可以榨油，于是，这种药物，便在他的《本草纲目》中一清二楚地注解出来了。

在四处采访中，或在自己的药圃里，李时珍都非常注意观察药物的形态和生长情况。他观察细致深入，采取的方法是“由近及远，由浅及深”。即使走到一棵寻常的柏树旁边，他也要仔细地摸一摸，认真地想一想，然后记下观察的结果：它的躯干是笔直的，皮是薄的，肌肤（木质部外表）是腻的，花是细碎的，结实和小铃一样，霜后裂开，中有子仁像麦粒那样大。有了这些材料作为依据，他就进一步研究它的叶、实的性质和治疗功用。他详细研究了柏树，又进而研究桧树、枞树……观察逐步加深扩大。

蕲蛇，即蕲州产的白花蛇。这种药有医治风痹、惊搐、癣癞等功用。李时珍早就研究它了。但开始，只从蛇贩子那里观察。内行人提醒他，那是从江南兴国州山里捕来的，不是真的蕲蛇。那么真正蕲蛇又是怎么样的呢？他请教一位捕蛇的人。那人告诉他，蕲蛇牙尖有剧毒。人被咬伤，要立即截肢，否则就中毒死亡。在治疗上述诸病有特效，因之非常贵重。州官逼着群众冒着生命危险去捉，以便向皇帝进贡。蕲州那么大，其实只有城北龙峰山上才有真正的蕲蛇。李时珍追根究底，要亲眼观察蕲蛇，于是请捕蛇人带他上了龙峰山上。那里有个狻猊洞，洞周围怪石嶙峋，灌木丛生。缠绕在灌木上的石南藤，举目皆是。蕲蛇喜欢吃石南藤的花叶，所以生活在这一带。李时珍置危险于度外，到处寻找。在捕蛇人的帮助下，终于亲眼看见了蕲蛇，并看到了捕蛇、制蛇的全过程。由于这样深入实际调查过，后来他在《本草纲目》写到白花蛇时，就得心应手，说得简明准确。说蕲蛇的形态是：“龙头虎口，黑质白花，胁有二十四个方胜文，腹有念珠斑，口有四长牙，尾上有一佛指甲，长一二分，肠形如连珠”；说蕲蛇的捕捉和制作过程是：“多在石南藤上食其花叶，人以此寻获。先撒沙土一把，则蟠而不动，以叉取之。用绳悬起，刀破腹去肠物，则反尾洗涤其腹，盖护创尔，乃以竹支定，屈曲盘起，扎缚炕干。”同时，也搞清了蕲蛇与外地白花蛇的不同地方：“出蕲地者，虽干枯而眼光不陷，他处者则否矣。”这样清楚地叙述蕲蛇各种情况，当然是得力于实地调查的细致。

李时珍了解药物，并不满足于走马看花式的调查，而是一一采视，对着实物进行比较核对。这样弄清了不少似是而非、含混不清的药物。用他的话来说，就是“一一采视，颇得其真”“罗列诸品，反复谛视”。

当时，太和山五龙宫产的“榔梅”，被道士们说成是吃了“可以长生不老的仙果”。他们每年采摘回来，进贡皇帝。官府严禁其他人采摘。李时珍不信道士们的鬼话，要亲自采来试试，看看它究竟有什么功效。于是，他不顾道士们的反对，竟冒险采了一个。经研究，发现它的功效跟普通的桃子、杏子一样，能生津止渴而已，是一种变了形的榆树的果实，并没有什么特殊功效。

泽漆和大戟，以前的本草书认为是同一药物，泽漆是大戟的苗。李时珍把它们作了对比，指出那是“同科二物”，各有不同的地方：大戟直茎高长，叶长狭如柳叶；泽漆却柔茎分枝如马齿苋，绿叶如苜蓿；大戟根苗有毒，而泽漆苗无毒，可做菜食。

李时珍对药物的功效不是人云我云，而是亲自试验，剖物识真，方可记载。

鲮鲤，即今天说的穿山甲，是常用的中药。陶弘景说它能水陆两栖，白天爬上岩来，张开鳞甲，装出死了的样子，引诱蚂蚁进入甲内，再闭上鳞甲，潜入水中，然后开甲让蚂蚁浮出，再吞食。为了了解陶弘景的说法是否正确，李时珍亲自上山去观察。并在樵夫、猎人的帮助下，捉到了一只穿山甲。从它的胃里剖出了一升左右的蚂蚁，证实穿山甲动物这点，陶弘景是说对了。不过，从观察中，他发现穿山甲食蚁时，是搔开蚁穴，进行舔食，而不是诱蚁入甲，下水吞食，李时珍肯定了陶弘景对的一面，纠正了其错误之处。同时他又在民间收集了穿山甲的药用价值，记载了一段“穿山甲、王不留，妇人食了乳长流”的顺口溜。

有人说，北方有一种药物，名叫曼陀罗花，吃了以后会使人手舞足蹈，严重的还会麻醉。李时珍为了寻找曼陀罗花，离开了家乡，来到北方。终于发现了独茎直上高有四五尺，叶像茄子叶，花像牵牛花，早开夜合的曼陀罗花，他又为了掌握曼陀罗花的性能，亲自尝试“乃验也”。并记下了“割疮灸火，宜先服此，则不觉苦也”。据现代药理分析，曼陀罗花含有东莨菪碱，对中枢神经有兴奋大脑和延髓作用，对末梢都有对抗或麻痹副交感神经作用。李时珍在做曼陀罗花毒性试验时，联想到本草书上关于大豆有解百药毒的记载，也进行了多次试验，证实了单独使用大豆是不可能起解毒作用的，如果再加上一味甘草，就有良好的效果，并说：“如此之事，不可不知”。

李时珍不仅对植物药、动物药进行仔细的调查、观察，对矿物药也做了不少调查工作。他曾到过铜矿、铅矿、石灰窑等地进行调查研究。根据本草书的记载，铅是无毒的物质。李时珍为了了解铅的性能，深入矿区，见到矿工们的艰苦工作条件，写道：“铅生山穴石间，人挟油灯入至数里，随矿脉上下曲折砍取之”。通过对矿工们的健康调查，认识到铅是有毒物质，“性带阴毒，不可多服”。同时又掌握了铅中毒会引起中毒性肝炎而出现黄疸症状。“若连月不出，则皮肤萎黄，腹胀不能食，多致疾而死”。

“水银”据以前本草书记载，言无其毒；言其久服为神仙；言为长生不老之药。确有其事吗？李时珍通过调查，认识到水银是由丹砂加热后分解出来的（“汞出于丹砂”）；水银和硫黄一起加热，可以变成银朱（硫化汞）；水银加盐等，又可以变成另一种物质，名叫轻粉（氯化汞）。由此，他记述水银是一种“温燥有毒”的物质。“若服之过剂”“则毒被蒸窜入经络筋骨”，“变为痉挛骨痛，发为痈肿疳漏，或手足破裂，虫癣顽痹，经年累月，遂成疾痼，其害无穷。”李时珍又根据六朝以来久服水银而造成终身残废的历史事实，驳斥了久服水银可以长生不老的无稽之谈，并写道：“方士固不足道，本草岂可妄言哉？”

一次，李时珍发现一本书上说野苧麻叶可以治疗瘀血症。于是，他找了两杯生猪血来做实验。第一杯生猪血中放了野苧麻叶的粉末，另一杯则什么都没有放。过了一会儿，放了野苧麻叶粉末的生猪血没有凝固，而作为对照比较的那杯生猪血却很快凝固了，苧麻叶治疗瘀血的功效得到初步证实。李时珍又深入思索：上面的实验只是证实野苧麻叶能够防凝，那么，对已经形成了的瘀血块。它又有什么作用呢？于是，他又把苧麻叶粉末和入刚刚凝固的血块中，血块竟慢慢地溶化成血水！这进一步证实苧麻叶还具有化瘀的作用。这个药理学试验用今天的标准来衡量也是有一定水平的。李时珍这方面的故事还很多。为了检验中药凤仙子是否具有“透骨软坚”的功效，他将数十粒凤仙子放入煮沸的鱼汤中，很快将鱼捞起，发现鱼骨变得酥烂，证实了凤仙子具有软坚功效。他还有意识地用捣烂的银杏去清洗沾满油腻的器皿，发现它有清除油腻的功效，由此类推证实银杏入肺可除痰浊。

就这样，李时珍经过长期艰苦的实地调查，搞清了药物的许多疑难问题，于万历戊寅年（公元 1578 年）完成了《本草纲目》编写工作。全书约有 190 万字，52 卷，载药 1892 种，

新增药物374种，载方一万多个，附图一千多幅，成了我国药物学的空前巨著。其中纠正前人错误甚多，在动植物分类学等许多方面有突出成就，并对其他有关的学科（生物学、化学、矿物学、地质学、天文学等等）也做出贡献。达尔文称赞它是“中国古代的百科全书”。

李氏除了在药物学上卓有建树，对中医的基础理论与临床各科的专业理论亦有深刻的研究，且富于创见。明嘉靖四十三年（公元1564年）。他在李言闻《四诊发明》和前人《脉诀》的基础上，撮粹撷华，兼附己见，编著了《濒湖脉学》一部；明隆庆六年（公元1572年）著成《奇经八脉考》一卷。此外，还有《脉诀考证》《人傀论》流传于世。见于文献记载而现已散佚的尚有《白花蛇传》《濒湖医案》《命门三焦客难》《命门考》《集简方》《五脏图论》等医籍，及《过所馆诗集》《诗话》等文学著作。

李氏晚年筑室于蕲州城东门外的雨湖，每天“读书以日出入为期，夜即端坐”。在63岁时（公元1580年），为了印书的事去过南京，还专程赴太仓拜访过文坛魁首王世贞，请王世贞为《本草纲目》作序，意欲借其声誉使《本草纲目》在朝野间受到重视。可是因种种羁绊与掣肘，该书长期不能刊行。直至万历十八年（公元1590年），李氏年届古稀，老迈体衰，经长子建中代为奔走，几经周折，方与书商谈妥刊刻事宜。

万历二十一年（公元1593年），正当《本草纲目》在南京甫将刊行之际，李氏老病交加，怀着对书稿的无比牵挂与世长辞。

（一）《本草纲目》的书名是怎样得来的？

关于《本草纲目》这部书名的由来还有一段有趣的故事。公元1578年，年龄六旬的李时珍完成了《本草纲目》，只可惜尚未确定书名。一天，他出诊归来，习惯地坐在桌前。当他一眼看到昨天读过的南宋朱熹的《通鉴纲目》还摆放在案头时，突然心中

一动，立即提起笔来，蘸饱了墨汁，在洁白的书稿封面上写下了“本草纲目”四个苍劲有力的大字。他端详着，兴奋地自言自语道：“对，就叫《本草纲目》吧！”为了这部书的体例，李时珍考虑了许久，也翻阅了不少书籍，并从《通鉴纲目》中得到启示，决定采用“以纲挈目”的体例来编这部书，并以《本草纲目》这个名称作为自己经历27年搜集、整理、编纂的这部书的书名。

（二）《本草纲目》是一部什么样的书？

《本草纲目》是明代伟大的医药学家李时珍，为修改古代医书中的错误而编，他以毕生精力，亲历实践，广收博采，对本草学进行了全面的整理总结，历时27年，三易基稿而编成。

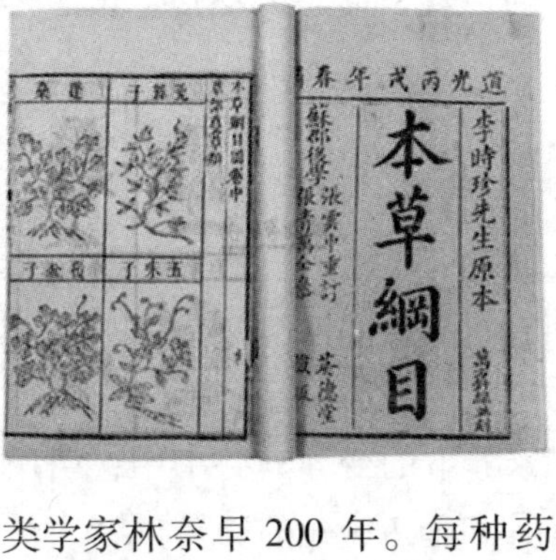

全书共有52卷，载有药物1892种，其中载有新药374种，收集药方11096个，书中还绘制了1160幅精美的插图，约190万字，分为16部、60类。这种分类法，已经过渡到按自然演化的系统来进行了。对植物的科学分类，要比瑞典的分类学家林奈早200年。每种药物分列释名（确定名称）、集解（叙述产地）、正误（更正过去文献的错误）、修治（炮制方法）、气味、主治、发明（前三项指分析药物的功能）、附方（收集民间流传的药方）等项。

全书收录植物药有881种，附录61种，共942种，再加上具名未用植物153种，共计1095种，占全部药物总数的58%。李时珍把植物分为草部、谷部、菜部、果部、木部五部，又把草部分为山草、芳草、醒草、毒草、蔓草、水草、石草、苔草、杂草等九类，是我国医药宝库中的一份珍贵遗产。是对16世纪以前中医药学的系统总结，在训诂、语言文字、历史、地理、植物、动物、矿物、冶金等方面也有突出成就。本书17世纪末即传播，先后有多种文字的译本，对世界自然科学也有举世公认的卓越贡献。其有关资料曾被达尔文所引。说它是几千年来祖国药物学的总结。这本药典，不论从它严密的科学分类，或是从它包含药物的数目之多和流畅生动的文笔来看，都远远超过古代任何一部本草著作。被誉为“东方药物巨典”，对人类近代科学以及医学方面影响最大，是我国医药宝库中的一份珍贵遗产。

它的成就，首先在药物分类上改变了原有上、中、下三品分类法，采取了“析族区类，振纲分目”的科学分类。它把药物分矿物药、植物药、动物药。又将矿物药分为金部、玉部、石部、卤部四部。植物药一类，根据植物的性能、形态、及其生长的环境，区别为草部、谷部、菜部、果部、木部等5部；草部又分为山草、芳草、醒草、毒草、水草、蔓草、石草等小类。动物一类，按低级向高级进化的顺序排列为虫部、鳞部、介部、禽部、兽部、人部等6部。还有服器部。这种分类法，已经过渡到按自然演化的系统来进行了。从无机到有机，从简单到复杂，从低级到高级，这种分类法明显含有生物进化的思想，受到达尔文的高度重视。达尔文在《动物和植物在家养下的变异》一书中，引用了《本草纲目》中关于鸡的七个品种和金鱼家化的资料。

《本草纲目》广泛涉及医学，药物学，生物学，矿物学，化学，环境与生物，遗传与变异等诸多科学领域。它在化学史上，较早地记载了纯金属、金属、金属氯化物、硫化物等一系列的化学反应。同时又记载了蒸馏、结晶、升华、沉淀、干燥等现代化学中应用的一些操作方法。李时珍还指出，月球和地球一样，都是具有山河的天体，“窃谓月乃阴魂，其中婆娑者，山河之影尔”。《本草纲目》不仅是我国一部药物学巨著，也不愧是我国古代的百科全书。正如李建元《进本草纲目疏》中指出：“上自坟典、下至传奇，凡有相关，靡不收采，虽命医书，实该物理。”

（三）《本草纲目》是怎样出版传播的?

《本草纲目》手抄本编完后，公元1580年9月，63岁的李时珍，从武昌来到了南京，在大仓拜访了文坛魁首王世贞，世贞正免职家居，他们畅谈天文、地理、声律、家圃等等，时珍发表了许多精辟的见解，使王世贞这位博览家为之倾倒，称赞李时珍是“此北斗以南一人”，并为《本草纲目》写了序，谓称《本草纲目》“如入金谷之园，种色夺目；如登龙君之宫，宝藏悉陈；如对冰壶玉鉴，毛发可指数也。”还称《本草纲目》是“博而不繁，详而有要，综核究竟，直窥渊海”。“实性理之精微，格物之通典。”随后，李时珍携书稿与名人王世贞的序与书坊洽谈，希望早日出版，在出版业的中心南京，刻书的事并不怎么顺利，一直没有找到适当的书坊合作，按照当时出版界的风气，像《本草纲目》这样的书，不受书商们所欢迎。由于长年的辛苦劳累，回家后，李时珍终于病倒在床，病中嘱咐他的孩子们，将来把《本草纲目》献给朝廷，借助朝廷的力量传布于世。可惜李时珍还没有见到《本草纲目》的出版，就与世长辞了。

不久，明朝皇帝朱诩钧，为了充实国家书库，下令全国各地向朝廷献书。明万历二十四年（公元1596年）李时珍的儿子李建元，撰写了《进本草纲目疏》，向朝廷“谨述故父遗表”，代献其父遗著。《进本草纲目疏》不仅介绍了李时珍苦志辨疑订误的缘由，30年纂述之经过及《本草纲目》的内容，特色与价值，还表达了李氏父子恳求皇帝“体道守成，遵祖继志”“留情民瘼”“寿国以寿万民”的心愿。朝廷批了“书留览、礼部知道”七个

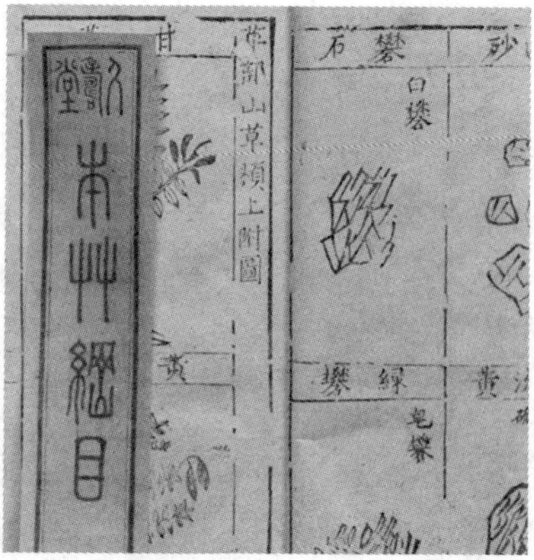

字，就把《本草纲目》搁置一边。直到公元1590年，南京书商胡承龙读过《本草纲目》手抄本后，认为是一部很有价值之著作，便决定出资刊印。在李时珍死后的第3年（公元1596年），《本草纲目》出版。公元1603年，《本草纲目》又在江西翻刻。从此，在国内得到广泛的传播。据不完全统计，《本草纲目》在国内至今有30多种刻本。公元1606年《本草纲目》首先传入日本，公元1647年波兰人弥格来中国，将《本草纲目》译成拉丁文流传欧洲，后来又先后译成日、朝、法、德、英、俄等文字。

公元1596年的金陵胡承龙刻本现藏于中国中医科学院图书馆，并于2010年3月入选为世界记忆亚太地区名录。2011年5月，金陵版《本草纲目》入选世界记忆名录。

二十、医学家——王肯堂

王肯堂，字宇泰，一字损仲，号损庵，自号念西居士。江苏金坛（江苏省镇江市金坛县）人。因久居金坛，当时医家又尊称他为“王金坛”。生于明嘉靖二十八年（公元1549年），卒于明万历四十一年（公元1613年）。活了65岁，明代著名的医学家。在儒学、书法、禅学、数学、历法等多种学科领域都颇有建树。

王肯堂出生于一个官宦之家，他的祖父王皋、父亲王樵都担任过明朝的高级官吏。王皋任过知府，山东按察副使；王樵嘉靖二十六年进士，官至刑部侍郎，山东佥士、浙江佥士、南京帮仆少卿、大理卿、南京刑部右侍郎等职，其性格恬淡诚直，精通经学，对易、书、春秋皆有纂述。由于家庭的严格要求，王肯堂自幼学习举子业。在学习经书之余，翻阅医籍，颇有灵性。王氏18岁时，其母病危，延请各地名医诊治，而诸医所言不一，杂药乱投，多不得要领，延误病情。后来得到高手挽救，才转危为安。经过这一切身的体会，他更加深刻地认识到了医学的重要性，对范仲淹“不为良相，当为良医”的名言甚为佩服，立志发愤学医，锐志钻研。有一次，他妹妹患了乳疡，经过许多外科名医治疗，都未好转。他通过细心观察，将书本知识应用到实践中，治好了妹妹的乳疡。此后不久，他又以高超的医术治好了一位老翁的附骨疽重症。这些出色的成绩，逐渐被社会上传为佳谈。随着医技的提高，来延诊求方者络绎不绝，常常挤满庭院，致使王肯堂每天忙于诊务。

王肯堂的父亲看到儿子这样专心学医，虽然高兴，但行医坐诊，分散精力，会影响举子学业。屡次劝导他以搏取科举功名为主。王肯堂不忍违背父亲的教诲，只好暂时放下医学，而专攻举子业。

万历六年（公元 1578 年）秋天，缪仲淳旅游行医到秣陵（今南京）时，王肯堂得知缪仲淳是一位天资敏捷，博览群书，兵农礼乐，天文地理之说无所不读的有识之士，特别对医学著作，更是认真钻研、悉心揣摩。前去结识，两人一起谈医论药，十分投机。缪仲淳发表了许多精辟的学术见解，并把秘制的“资生丸”方毫不保留地传给了王肯堂，这位博学多才的医生使王肯堂十分倾倒。此方王肯堂曾亲自试服，证明有效后，又献于其父作“余龄葆摄”之用，称誉是个“神方”。而缪仲淳对王肯堂也很推崇，称王氏“精医”，他还和王肯堂一起诊病研讨，取长补短，继绝存亡。如“云间康孟修寒热不食久之，势甚危，投以寒热之剂不应。希雍遍检方书，与王宇泰议，投五饮丸，立解”。

链接：资生丸由白术、人参、白茯苓、橘红、山楂肉、神曲、黄连、白豆蔻仁、泽泻、桔梗、藿香、甘草、白扁豆、莲肉、薏苡仁、山药、麦芽面、芡实等组成。上药研末，炼蜜为丸。有健脾开胃，消食止泻，调和脏腑，滋养荣卫之功。主治脾胃虚弱，食不运化，脘腹胀满，面黄肌瘦，大便溏泄。

万历七年（公元 1579 年），王肯堂参加乡试中举，继续苦攻儒家经典，治举子业。万历十七年（公元 1589 年），王肯堂应试礼部而成进士。当时年届 40 岁，可是在他离家赴京时，大到如何为人处事，小到怎样埋锅做饭，父亲王樵仍是叮嘱有加，寄予厚望。万历十九年廷试，王肯堂的名次不高，入选翰林院庶吉士。父亲王樵为他鸣不平，猜测是有人捣鬼，故意藏匿试卷所致，与此形成对比的倒是王肯堂自己的泰然平和心态。在史馆4年时间里，王肯堂潜心修学，多与座师、同事交流，并不热衷于官场的明争暗斗，他利用职务上的便利，有机会读了馆藏的许多医学典籍，在研学、治医两方面收获颇丰。

万历二十一年（公元1593年），日本丰臣秀吉领兵侵犯朝鲜，朝鲜国王向明王朝求援。七月，万历帝命发兵朝鲜；十二月，明军誓师东渡。但是，万历帝并不是一开始便下决心援助朝鲜的，当时朝中主战和主和两派在万历帝面前纷纷进言，互相攻击，形成了新一轮势力竞争，王肯堂在这一微妙时期，“疏陈十议，愿领御史衔，练兵海上，以振国威”。可惜受到其时因战争形势而引发的派系纷争的牵连，王肯堂报国无门，“忤上议，疏留中，不报，会京察，降调。”愤然称病辞职回乡，闭门谢客，钻研医学。不久，父亲王樵于万历二十七年（公元1599年）去世。王肯堂将应得的祖产交季弟干城打理，僻居读书，复取岐黄家言而竭力弘扬之，他边疗民疾，与乡间郎中无异，边撰医书，结交有识之士，并与西方传教士利玛窦交往，着迷于西学的天文、历数、伦理之学。因成功地为一位眼窝边生毒瘤的患者行切除术，作过落耳再植术，“以惊驱惊”治愈过一富家子弟因科举得中、惊喜过度而得的精神病，而成为一代名医。

明万历二十九年（公元1601年）编辑出版《古今医统正脉全书》，明万历三十年（公元1602），完成《杂病证治准绳》和《杂病证治类方》两书；万历三十二年（公元1604年）《伤寒证治准绳》成书；万历三十四年（公元1606年），王肯堂57岁时，王樵生前旧知、吏部侍郎杨时乔荐补赋闲的王肯堂，为南京行人司副，使他一边领俸银，一边继续从事医学类书的编写与编著。

万历三十五年（公元1607年）完成《幼科证治准绳》和《女科证治准绳》的编辑；万历三十六年（公元1608年）出版《疡医证治准绳》，至此《六科证治准绳》全部编纂完成，两部医学巨著的编纂完成，为其在医学上的地位奠定了基础。此后，《肯堂医论》《医镜》《灵台要览》等著作，亦相继完成。

万历四十年（公元1612年），63岁的王肯堂被调任福建布政使任参政，他向朝廷乞休还乡，不久在家中逝世。

王氏学识渊博，卓识超人，一生著述宏富，除编纂医学著作外，还撰有《郁冈斋至麈》（公元1602），为读书见闻札记，有十之三四为医学内容，并记述有他与利玛窦的交往，此外，还撰有《〈尚书〉要旨》《论语义府》《律例笺释》等。

链接：王肯堂博古通今，孜孜不倦，一生著述浩繁，集前人之大成，开后学之先河，理论上不囿流派之偏见，治法上兼收各家之精华。《证治准绳》44卷，赅括内、外、妇、儿、五官等各科的临证精华；《医统正脉全书》辑录医学44种，上溯灵素，下逮元、明诸名家著述，贯通古今，昭示后人，为后学之楷模。

（一）我们应该向王肯堂学习什么？

王肯堂生于官宦世家，在专攻举子业，学习经书之余，时常翻阅医籍，依靠自己的聪悟和勤奋，成为一代医学大家。我们向他学习什么？

1. 钻研古籍，自学成才。王肯堂是明代杰出的中医理论家和临床家。其在学习经书的同时，耽嗜于医籍的整理和研究，尤其重视《黄帝内经》《难经》《伤寒论》和脉学、本草的研究，认为这些著作是医学之基础，医家之正统。祖国医学之所以源远流长，丰富多彩，正是由于后代诸家能继承医学之正统，掌握理论之根蒂，才不断发展，千代相续而不绝。为此，王氏对基础理论的研究颇为重视，汇集编纂《医统正脉全书》，共收录医学著作44种，包括《黄帝内经》《针灸甲乙经》《难经》《中藏经》《脉经》《伤寒》《金匮》诸书及元明时代各大家的医学论著。对于医籍版本的保存、传播起到了重要作用，受到历代医家的重视，使他在医学方面打下了扎实的基础，并通过实践，细心考察和研究当时各个医家的处方用药，在他的妹妹患乳腺肿疡，经过许多外科医家的治疗而未见好转的情况下，他亲自观察病情，辨别表里，调治方药，将理论知识应用于实践中，由于其辩证准确，用药合理，竟奇迹般地治愈了众手难治的沉疴乳疡，为此增强了他学医的信心，也为他的临床治疗开辟了途径。此后不久，他又以高超的医术治好一位老翁的附骨疽重症，更增加了他学习医学的信心。其出色的医术为社会所承认，年仅20余岁，即成著名的医学家，来求方者络绎不绝，常常挤满庭院。王氏对来诊的病人，总是热情接待，精心治疗，其名声也与日俱增。

2. 治学广博，详而有要。王肯堂一生博览群书，在前后的6年时间中，以个人的力量，陆续完成了数百万言的《证治准绳》这一巨著，集明代以前医学之精华，创查证检书之先河，说明了他对医学临床各科皆有所长，学术造诣博大精深。他主张辨证论治，务求做到方因法变，药随症转；对于寒、热、攻、补的各派家法无所偏执，广览博取，临证时结合各地域、气候等诸因素，因人而异，不刻舟求剑、胶柱鼓瑟。对病因、病机的分析和治疗用药的选择，善取各家之长，其论述详而有要，深得诸家精髓，不囿于偏颇陈见。故《四库全书总目提要》对王氏的这一巨著给予了极高的评价：“其书采摭繁富，而参验脉证，辨别异同，条理分明，具有端委；故博而不杂，详而有要，于寒、温、攻、补无所偏主。视缪希雍之余派，虚实不问，但谈石膏之功，张介宾之末流诊候未施，先定人参之见者，亦为能得其平。……盖于此一艺用力之深，宜其为医家圭臬矣。”

王氏对医学的研究孜孜不倦，学而不厌，并具有严谨的学风。其《证治准绳》的编著，虽在 6 年之内完成，但其研究却花费了平生的精力。其在《伤寒证治准绳》自序中，曾这样描述他的治学过程：“余少而读仲景书，今老矣，尚未窥其堂室。平生一编，丹铅殆编，纸败墨渝，海虞严道彻见而爱之，欲寿诸梓，而余不之许，非靳之，盖慎之也。……伤寒书八帙，始于八月朔，而告完于重九。或曰：以数十万言而成于四旬，不大草草乎？曰：余之蕴酿于丹府而渔猎于书林，盖三十年矣，不可谓草草也。”于此，充分体现了他学而不厌的勤奋和客观、严谨的治学精神。特别令人钦佩的是他用 40 年的时间，完成一部数十万言的巨著，除具有广博的知识和丰富的材料以外，没有超群的天才和卓越的毅力，是不可能完成的。

此外，王氏对病人的服务态度和著书动机，也很纯正，值得后人学习。其在《杂病证治准绳》的序言中说：“……于是闻见日益广，而艺日益精，乡间有抱沉疴、医技告穷者，叩阍求方，亡弗立应，未尝敢萌厌心；所全活者，稍稍众矣。而又念所济仅止一方，孰若著为书，传之天下万世耶。”王氏热心为人，廉洁自守，始终没有大的产业和积蓄，其许多著作，都是依靠借贷和得力于好友们的资助才完成刊印的。其广博的知识，优秀的品德，丰硕的著述，不愧为明代一位伟大的医学家。（辑自程昭文）

（二）《证治准绳》是一本什么样的书？

《证治准绳》又名《六科证治准绳》，王肯堂撰，系医学丛书，刊行于明万历年间。全书分六部分，包括《杂病证治准绳》8卷，《类方证治准绳》8卷，《伤寒证治准绳》8卷，《疡医证治准绳》6卷，《幼科证治准绳》9卷，《女科证治准绳》5卷。全书原以1册为1卷，共计44卷。

本书以阐述临床各科证治为主，故名其曰《证治准绳》。论及的科目、病种相当广泛，每一病证先综述明以前历代医家的治验、论述，后阐明己见，辨别病证、脉象的异同，因证论治，立法处方。采录的资料较为丰富，本末具备，分门别目，条理井然，故有“博而不杂，详而有要”的特点。其因证论治，尤能不偏不倚，而为历代医家所推崇。

《杂病证治准绳》的前6卷为内科病证，载有诸中门、诸伤门、寒热门、诸气门、诸呕逆门、诸血门、诸痛门、痿痹门、诸风门、神志门、大小府门及杂门等12类140余证的病因证治；卷七为眼科病证，卷八为耳鼻咽喉等病证。

《类方证治准绳》与第一部分《杂病证治准绳》相呼应，罗列各类病证的治疗方剂，及其剂量、服法。据王氏自叙，《杂病证治准绳》及《类方证治准绳》成书于明万历三十年壬寅夏五月，由其弟子高生协助整理而成。

《伤寒证治准绳》成书于明万历三十二年。其编次方法遵循楼英的《医学纲目》，其《凡例》曰：“惟楼氏纲目列六经正病于前，而次合病并病汗吐下后诸坏病于后，又次之以四时感异气而变者与妇婴终焉。而每条之中，备列仲景法，然后以后贤法附之，既赅括百家，又不相淆杂，义例之善，无出其右，此书篇目大抵因之。”其卷一为伤寒总例，卷二为太阳病，卷三为阳明、少阳病，卷四为三阴病，卷五、卷六为合病并病及汗吐下后等病。卷七为食复劳复及妇人、小儿伤寒，卷八为脉法、药性。

《疡医证治准绳》6 卷，成书于明万历三十六年。其自序曰：“集先代明医方论，融以独得而成是编，与世专科书图人形、列方药，论为秘传者万万不侔，能熟而玩、神而明之，可以名世矣。余既以便差还故山，例得支俸，受之则不安，辞之则立异，乃以会梓人，逾期而后竣事，于是诸科分证用药之书略备，夫孰使余窃禄于朝而又得优游编辑以行世，岂非圣主之赐也与。”卷一为肿疡，卷二为溃疡，卷三、卷四为各部痈疽，卷五为诸肿、丹毒、疥、癣，卷六为损伤。

《幼科证治准绳》9 卷，成书于明万历三十五年夏季。王氏在自序中讲到“古今辑是科书未有能善者，如《心鉴》之芜秽，《类萃》之粗略，《新书》则有古无今，《百问》则挂一漏万，皆行于世，未足为幼科准绳也。故吾辑为是编，而麻痘一门尤加详焉。”对儿科病证尊崇钱乙的五脏分证法，卷一为初生门，记述了初生儿的护理如拭口法、浴儿法及初生胎疾的诸症治疗方药，卷二为肝脏病证，收集了惊搐、惊悸、痫、拘挛、天钓、眼目、阴肿等病症。卷三为心脏部，收集了发热、疮疡等证治。卷五、卷六亦为心脏部，但主要论述了痘疹的病原、预防、见形、灌浆、落痂等各阶段的治疗大法及方药以及病变过程中咳嗽、吐逆、泻利、厥逆等病证。卷七、卷八为脾脏部，收集了不食、痰涎、吐泄、腹痛、水肿、疳证、虚羸、痞积、黄疸等病证。卷九为肺脏与肾脏部，收集了咳、喘、悲哭、音哑、龟胸、解颅、五软等病证。

《女科证治准绳》5 卷，成书于明万历三十五年丁未早秋。王氏在自序中总结、评述了历代妇科书籍的得失，取自陈自明

《妇人大全良方》卷1为治法通论，列通治妇人诸疾方，次为调经门；卷2~3为杂证门；卷4~5为胎前门；卷6为产后门。各门又分病证论述，每证有论有方，所引资料，皆有出处，本书为明代妇产科学的代表作。

（三）王肯堂对祖国医学有何贡献？

1. 王肯堂对伤寒的贡献。王肯堂虽然不能说是伤寒大家。但《伤寒证治准绳》却倾注了他一生学《伤寒论》、研究伤寒学说、治伤寒病、论伤寒学派得失的心血，对后世伤寒的研究产生过重要的影响。王肯堂尊崇张仲景。认为张仲景若儒门之孔子，2000年以来的名医，后世所师承者未有不从仲景之书悟入者。他认为伤寒之法不仅仅可以治伤寒，而且可以用其治疗内科杂病。他的《伤寒证治准绳》对张仲景的《伤寒论》进行了发挥，该书首列序列入门。辨证之内伤外伤。类伤寒辨。其次以伤寒总例居先叙伤寒的四时传变，汗吐下法，又愈解死证，阴阳表里，伤寒杂病。类证杂论，察色要略。再下则分论太阳病、明阳病等。是一部详尽的伤寒论专著。

2. 王肯堂对外科学的贡献。王肯堂也不是外科学的专家，但他在《疡医证治准绳》中对许多外科疾病的记载和认识水平之高给人留下了深刻的印象，这与利玛窦对他的影响不无关系。王肯堂对人体骨骼形状和数目的描述就是在西洋解剖学的影响下写成的。他在其著作中记载了公元1587年由一妇人售羊毛所引起的紫泡疔（炭疽病）流行的历史。对炭疽病的传染途径、全身症状和局部症状、体征、预后等都作了相当科学的论述。他对麻风病、梅毒、性病也进行了比较确切的论述。他还是我国首先记述男性乳腺癌的医学家。在外科手术和医疗技术方面，王肯堂记述了肿瘤摘除术、甲状腺切除术、肛门闭锁症的肛门成形术、耳外伤缝合再植术、骨伤整复手法与手术等。并对这些手术的消毒方法、手术步骤和护理技术都进行了十分详细的描述。

3. 王肯堂对眼科的贡献。在正确描述眼科疾病方面，王肯堂有许多独到之处，在他的《证治准绳》中收载了眼科病证193种，凡现代用肉眼检查能见到的疾病，几乎都罗列无遗。他对角膜溃疡的认识就极为准确，为前人所不及。从发病开始，到发展、转归，预后，痊愈和后遗症都有详细描述。更令人叹为观止的是王肯堂对眼底出血的生动描述。在没有眼底镜和任何辅助检查的情况下，把眼底病的自觉症状和征象进行了详尽的描述，为眼底疾病的诊断治疗作出了很大贡献。他在论述珠中气动证时把眼底出血的动态过程都描绘得淋漓尽致："视瞳神深处有气一道，隐隐袅袅而动，状若明镜远照一缕清烟也。患头风痰火病，郁久火胜。则搏击其络中之气，游散飘忽，急宜治之。动而定后光冥者，内证成矣"。王肯堂还提出用拔治法治疗瞳神反背（斜视）。他对青光眼也颇有研究。

4. 王肯堂对妇科的贡献。王氏对妇科的研究也是颇有成就的，在《女科证治准绳》5卷中，分治法总论、调经门、杂证门、胎前门、产后门等5门，辨别证候，详列治法方药，颇有发明，尤其对不孕不育症阐述甚为精当。认为求子之法，莫先调经，经血不调，则气血乖争，不能成孕；提倡聚精之道：寡欲、节劳、息怒、戒酒、慎味；重视脾肾精血的调养，无疑对当今的妇科不孕不育症治疗仍然有重要的指导作用。

二十一、外科学家——陈实功

陈实功，字毓仁，号若虚，别号六和堂主人，江苏东海（今南通市）人。生于明世宗嘉靖三十四年（公元1555年），卒于明思宗崇祯五年（公元1636年），活了81岁。明代著名外科学家。

公元1555年，陈实功出生于江苏南通城南望仙桥畔的马家巷的一个富裕家庭。幼年多病缠身，体质虚弱。少年时期师从著名文学家、医学家李沧溟先生，先学儒理，博览孔、孟、老、庄诸书，且旦夕不离手，冥思善悟，文化功底扎实。后习医业，潜心攻读《素问》《难经》《青囊》等书，开始学习内科、后研外科。李沧溟先生认为："医之别内外也，治外较难于治内。何者？内之症或不及外，外之症则必根于其内也。"陈氏遵照其师的学习路径，不但虚心好学，融会贯通，行医中灵活运用，而且谦逊待人"仁爱不矜"。一次，他坐轿子出诊路过狼山，一个乞丐模样的人走来，向他讨两文钱买元宵充饥。他立刻下轿，并吩咐卖元宵的小贩，只管让那人吃饱，钱由他付。那人毫不客气，一下竟吃了百余个。陈实功欣然付了银子，毫无吝啬。那个乞丐哈哈大笑，就在山旁摘一草示陈实功说："狼山路旁沧浪草，任何搭背（背疮）治得好。"说完扬长而去。陈实功一时莫名其妙，但是他确信这个人说的不会虚妄，因而牢牢记住。说也奏巧，抚军慕天颜母亲患"搭背"，病情危重，遍请名医治疗，无一有疗效。陈氏起初按常法治，也不见效，这时，他心里很焦急，猛然想起"乞丐"的话，就到狼山路旁找到沧浪草，给那位老太太外敷内服，果然病渐渐好了。

链接：《青囊》指《青囊经》，东汉名医华佗著，此书记载了华佗行医治病经验。华佗被曹操杀害时，临刑前，为感谢一狱卒在监狱的酒食供奉的深情厚谊，写书信一封，令其到华佗家取，送给他作为回报。狱卒取回《青囊经》存放家中，其妻认为“纵然学得华佗一样的神术，又怎么样？最终还不是死在大牢中，要它何用？”取书焚烧，狱卒回家只抢救出一两页，也就是现在“五禽戏”“麻沸散”等少数方法的记载。现在泛指医书。

据光绪《通州志·卷十六·杂记轶闻》载：有一年冬天，北风卷着大雪不停地下，陈实功路遇一人，饥寒交迫，冻僵在雪中，呻吟求医，陈氏怜惜，脱下裘衣覆盖他，好像没有人的样子。揭开裘衣看，见有银针一支，光耀夺目。从此，用这根银针治疗疾病，没有不应手而治愈的。这就是陈实功遇异人而精医的传说。其实，陈氏“医术精湛，冠绝一时”，是陈氏究心医经，“手不释卷”“印之在心”“慧之于目”。把自己在行医实践中取得的一些经验与古人治病方法相互结合，总结出一套适合于大众的、实际中切实可行的理论。他继承和发展了著名医学家李沦溟的观点，并根据病者的实际病况，总结出内治或内治外治相结合的方法。在外科手术治疗上，尤为突出。陈实功主张“开户逐贼，使毒外出为第一”，外部手术与内服相结合，如对息肉摘除，气管的缝合等。由于他医术高明，因而名声大震，登门求医者络绎不绝。

有个年近七旬的老妇，背上长疮。不久，疮毒发作，半个背都肿了起来，样子很可怕。家人都认为是不治之症，仓仓皇皇准备后事。陈实功听说后，要求看看病人。家人说她奄奄一息，无须诊治了。而陈氏本着施“仁术”的意旨，硬是要看，家人只好同意。一看，病情确实很重。但是背疮“根脚两无混杂，脏腑各无败色”。陈氏认为是可治之症。家人不信，说求签问卜都断定必死，还有什么希望？陈氏叹了一口气，说：现在不抓紧治疗，再过三四日，背疮内膜穿溃，病人可真的没救了。可救而不救，实在可惜呀！家人仍不答应。第二天，陈实功又来到病人家里，对家人说：我不是来找麻烦，实在是看出那病人还有救，不忍撇下，让她等死。准许我医治她吧！治好了随你们给多少酬金，治不好诊费药费分毫不取。至此家人才允许。只见陈实功用葱艾汤淋洗疮面，又用披针、利剪除去疮正中的二寸顽肉，放通脓管，用手或重或轻地按出疮里的脓血，竟有三碗左右。旁观者无不惊异失色。脓血挤出后，用前汤洗净疮面，敷上药膏。又用回元大成汤（《外科正宗》方，由陈皮、当归、苏木、木通、红花、厚朴、甘草、枳壳、大黄、朴硝等组成），人参养荣汤（《局方》方，由白芍药、当归、橘皮、黄芪、肉桂、人参、白术、炙甘草、熟地黄、五味子、茯苓、远志等组成。酌加生姜、大枣）等加以调理，不出百日，这位行将就木的老妇竟然恢复健康了。

有个四十开外的妇女，因为丈夫不好，终日愁郁不解，忽然腮边生了一个疔疮。六日后，请陈实功诊治。那时，疔毒已经扩散，头、眼、唇、颈肿了起来，色紫赤，肉肿疮不肿。陈实功直率地说：这是疔毒走黄，不治之症。那位妇人听了，泪如雨下，叹息道：这一来我全家都将绝了！陈实功惊奇地问：何以至此？那位妇人说：我丈夫是个不肖之人。眼下，我有一个女儿、两个儿子，都没有成家。假如我死了，把儿女托付给丈夫，他们日后必然流落街头，无家可归。因此，我活，一家活；我死，一家死。陈实功听了很是同情，不忍弃治。但是，怎么使她活过来呢？他沉吟不已，终于想出了个办法，就是雇一个人，准备几杯“火酒”，用针刺穿浮肿部位十几处。然后，让雇来的人往那里一口一口吮吸里面的毒液，吸一口用“火酒”漱一口。这样，吸出了几碗毒液。接着洗净肿处，磨研蟾酥丸（《外科正宗》方，由蟾酥、雄黄、枯矾、没药、胆矾、寒水石、铜绿、乳香、麝香、朱砂、轻粉、蜗牛等组成）的浓液涂在上面，四周早晚两次涂上金黄散（即如意金黄散，《外科正宗》方。由天花粉、黄柏、大黄、姜黄、白芷、厚朴、陈皮、甘草、苍术、天南星等组成），又内服护心散、蜡矾丸和降火化痰、开郁安神的药，肿才开始消散。可是，到了第六天，她那不肖的丈夫竟蛮横无理地问："她怎么还不死！"那位妇女受到刺激，暴怒不已，结果肿得比以前更厉害。陈实功又用针在肿的部位刺出脓血三四碗，针孔敷上药膏，用人参养荣汤加香附、贝母让其内服。几天后，肿渐渐消退。再过三个多月的精心调理，那位妇女的疔疮竟然好了。

有个强盗叫郭忠，畏罪自刎，割断了双颡（喉咙），眼看就要丧命。陈实功急用丝钱缝合刀口，掺上大量桃花散，用四五层绵纸盖上，包扎好，让其仰卧在床上。以后，又用浓葱汤洗净伤口，分别换上桃花散、玉红膏、黑膏等，过了一百日，那位苟延残喘的强盗竟然活了过来。陈实功用此法还救活了十几个自刎的人。

陈实功行医四十余年，对中医外科既博又精，学验尤丰。为了使外科医学能够让更多的人重视起来，让更多的行医者掌握方法技巧，他不顾晚年的身体虚弱，根据自己多年行医的丰富经验和明朝以前外科医学方面的部分成就，于明万历四十五年（公元1617年），62岁时撰写了一部重要的外科医学著作《外科正宗》，集中体现了陈氏的学术思想和技术成就。

陈实功不但医术高明，而且医德高尚，反对夸夸其谈的医疗作风，主张实事求是。说"医者仁术""唯在一点心，何须三寸舌"。并以"五戒十要"重训后人，数十年如一日，躬亲力行，对同道之士谨慎谦和，对上进青年能提携爱戴，年长的人，恭维尊敬，有学问的人，向他学习；骄傲的人，逊让他；不如自己的，荐举他。对病人，无论穷富贵贱都能一视同仁，待病人如宾客，体贴入微。冬日看病，诊室点燃炭火保暖，不使病人受凉，夏日诊疾，室内窗明几净，以防外邪入侵；碰到疑难病症，不固执己见，必与高明众议。这种虚心热忱的服务态度，实属难能可贵。他不仅为穷人看病不收分文，而且还捐资赠物，修建山路，造福一方。在南通市段家坝南边的大街上，原先也是一座木结构的桥，称为涧桥，后经陈实功出资改造为石桥，桥面为石条，其顶端上尚且保留着深雕纹饰。陈氏宅心仁厚，急公好义，广施博济，令人敬佩。

明崇祯九年，陈氏无病而终。

（一）陈实功有哪些治学经验值得我们学习呢？

陈氏幼年多病，每次病后均经当地民间医生诊治而愈，渐渐使他对中医学产生了兴趣，以后遂潜心研读中医经典著作，其间复经名人指点，医术长进。由于他辨证精准，用药切当，巧施刀圭，屡奏殊效，在人民中享有盛誉，大江南北救治者甚众。陈氏在长期的临症实践中，既继承了先贤，又超越了前人，创造了许多新技术、新疗法，为中医外科的发展作出了重要贡献，其治学思想和方法值得我们学习。

1. 先学儒理，后习医业。我国古典医籍浩如烟海，中医学含古代哲学、文学、数学、地理学、天文学于一体。因此，要学好中医，将来要有所成就，必须对医、史、文、哲等学科有较深的造诣。故陈氏主张“要先学儒理，后习医业”。陈氏自小就博览孔、孟、老、庄诸书，且旦夕不离手，冥思善悟，为他以后学医打下了良好基础。所谓“文是基础医是楼”。只有文化基础坚实，医学的楼房才能建成。文载医道，儒乃医源，若没有很好的文化修养，既继承不了前人经验，也扩大不了知识面，吸收不了新技术，就很难成为一个良医。

陈氏有了较高的文化修养后，又孜孜不倦地勤奋学医。先习内科，认为外科者不可不兼明内科，故对《内经》《难经》《伤寒》等中医经典著作“一一参明融化，机变应之在心，慧之于目，凡临症时无差谬矣”（《医家五戒十要》）。“又古今前贤书籍及近时明公新刊，必录参阅，以进学问”。在博览群言，精读经典的基础上，陈氏毕生致力于外科临床实践，“内主以活人之心，而外悉诸刀圭之法，历四十余年，心识方，目习症，或常或异，辄应手而愈”。

学贵乎博，医贵乎精。在博学多闻后，还必须专精一门，刻苦钻研，数十年如一日，方能有成效。先学文，后习医；先内科，后外科；先广博，后精专，这是陈实功的治学之路。

2. 崇尚实践，不断创新。中医学是实践性很强的学科，丰富的医疗实践是历代名医的成功之本，陈氏学用结合，注重实践，不尚空谈。他白天看病，晚上读书，还及时总结经验教训，平时把临证中成功与失败的病例，一一记录在案，进行研究分析。《外科正宗》着眼于临床实践，突出个人见解，不仅探求外疡发病机理与整体关系，而且从实践中阐述疮疡的共性和个性，有较高的实用价值。

陈氏反对按图索骥，草率诊病的不良习气，说：“见病不可猜，药石之不可乱投也。”临症必须详审细察，才不致误诊误治。如肠痈（阑尾炎），虽然《内经》《金匮》对此已有记载，但很简单粗浅。陈氏根据自己几十年临床观察所见，指出肠痈是因“男子暴急奔走，致肠胃传达不能舒利，败血浊气壅塞肠道而成者一也；妇人产后体虚多卧，未经坐起活动……以致肠胃内容停滞而成二也；饥饱劳伤，担负重物，醉饱生冷并进，肠胃痞塞，运化不通，气血凝滞而成者三也。”并绘制肠痈图，标明体表部位。其压痛部位正在麦氏点和兰氏点之间。这些说明他诊察病人是非常细致的。

理论经过实践的检验，才能不断提高，不断完善，不断创新。陈氏立足实践，在理论上、技术上颇有创新，又如破伤风的病因及治疗问题，元齐德之曾提出破伤风之症状；明申斗恒列出药方四首；王肯堂详述本病症状，仍循河间“风”字立论。陈氏经过长期临床观察，明确提出：“破伤风是因皮肉损伤复被外风袭入经络，渐入里”而成。并使用行之有效的玉真散名方治疗。陈氏在临床实践中认识到药能祛邪，亦能伤正；药能补虚，亦能留邪。因此治疗外疡不可一味依赖内治药物，有时刀针确能起到药物不能起到的作用，所以临证要内外并重，药物与刀针配合，这样才能提高疗效，缩短疗程。

陈氏认为“疮病百千万症，局以数方，以之疗常症，且不免束手”（《自序》）。坚持博取各家之长而不泥守，敢于开拓创新。在40多年外科临床实践中，创造了许多手术方法，如鼻息肉摘除术，乌龙针取食道异物法等，其中有些方法至今仍为我们临床习用，为推动中医外科的发展作出了重要贡献。

链接：鼻息肉摘除术：先用茴香草散连吹二次，次用细铜箸两根，箸端各钻一孔用丝线穿扎，彼此相距几分。使用时，用箸头伸入鼻息肉根上，然后将箸线绞紧，向下一拔，鼻息肉就应手落下。

乌龙针取食道异物法：用乱麻筋一团，搓龙眼大，以线穿系，留线头在外，汤液急吞下咽，顷刻扯出，其针头必刺入麻中同出。如不中者，再吞再扯，以出为度。

陈氏所以取得较多成就，与他一生刻苦钻研，重视基础理论，注重临床实践，不墨守成规旧识的治学精神有密切关系。（辑自黄永昌文）

（二）《外科正宗》是一部什么样的书？

为了使外科医学能够让更多的人重视起来，让更多的行医者掌握方法技巧，陈实功不顾晚年的身体虚弱，根据自己多年行医的丰富经验和明朝以前外科医学方面的部分成就，于明万历四十五年（公元1617 年）撰写了一部重要的外科医学著作《外科正宗》，这是他学术思想的集中体现。全书共 20 余万字，共分 4 卷 157 类。卷一总论痈疽的病源、诊断与治疗；卷二至卷四论述疾病 140 多种。本书编写方法较新颖，先冠以总论和治则，反复阐明对外科疾病的病因病理及辨证施治的原则；后在各论中对每一病证，详述该病的症状和属性、治法，并附有病案举例（既有成功的，又有失败的），其间插有外科疾病图谱数十幅；最后介绍炼丹药方法及行医道德规范。全书不引经据典，不沿用旧说，文字通俗易懂，各种疾病治疗记载翔实，切合临床实用，是一部临床实用型著作。具有较高的学习研究价值。其中对下颏骨脱臼的治疗整复手术，完全符合现代医学的要求，直到现在仍一直沿用。《外科正宗》印行后，广为流传，并流传到日本等国。成书 400 余年来有各种版本 50 余种，成为中医外科的经典著作。

链接：《外科正宗》不引经据典，不沿袭旧说，文字通俗易懂，各种疾病治疗记载翔实，切合临床实用，是一部临床实用型的著作。全书列症详细，又细载病名，各附治法，成败病例一一载录，其求实精神，有启后学。

（三）陈实功在外科治疗上有何学术经验值得借鉴？

1. 开户逐贼，使毒外出为第一。陈氏在长期的临证实践中认识到，“医之别内外也，治外较难于治内”（《痈疽治法总论》）。但自古以来大多数外科医家以及外科医籍，偏重内治者多，忽视了外治法的重要作用。所以他从临床实际出发，提出了“开户逐贼，使毒外出为第一”的论点。而且是在内外并重的前提下，重视外治的。为此，他提出了许多外治手术方法，这不能不说是中医外科治疗技术的一大重要改革和进步。

（1）刀针开窍引流：陈氏认为凡痈疽经内消和箍肿不散内脓已成之时，急宜配合刀针手术切开治疗，取“开户逐贼”之意，迫使脓毒外泄，从而达到早期治愈之目的。他倡导切口位置宜下，刀口要够大。如脓熟而不予刀针排除，势必腐蚀益深，疮口难敛，甚至脓毒内攻或内传脏腑，导致严重不良后果。所以他主张“脓胀而痛者，急宜开割之”。并明确指出：“脓已成当以针通，此举世自然之良规也”（《痈疽治法总论》）。也就是说对脓成者要施刀针之术，开窍发泄，作为常规治法，务使毒气内疏外达，“此为疡科第一”。如其治一老年痈疽病人，病程已过半月，背部皆肿，外面尽是不腐顽肉，手按外实内腐，脓毒中隔不得外泄。随用铍针、利剪正中取去三寸顽肉，放通脓管，流出脓血三碗，内服外敷，谨慎调治，百日而愈。这与现代医学认为，外科感染为一种局限性化脓性病变，不作切开或引流是很难阻止感染蔓延和消散治愈的观点完全一致，其切开引流及扩创方法亦基本相同。陈氏善用刀针，手法极其巧妙，深浅掌握得当。常按具体病情及不同病状，有的用药品腐蚀，有的用刀针切开，有的用扩创清除腐肉，有的用药筒拔吸等法。这些方法经长期的实践检验，确有科学道理，而且行之有效。

陈氏虽然主张脓成之后，要早期开窍发泄，但亦不滥用刀针。临床使用一定要有明确指征，特别强调局部辨证，“必当验其生熟、浅深、上下而针之”。还要注意疮形与日期是否相对，而按之坚硬不痛者为无脓，不应针法，尤其对气瘿、血瘿、顽毒、结核四症，俱不可轻易刀针掘破。对失荣之症（相当于现代转移性癌肿），更忌用刀针，这些均是临症经验之谈，亦为陈氏外治法学术成就之一。

（2）以药代刀泄毒：陈氏在应用刀针的同时也明确规定提出刀针之法禁忌证，如气瘿、血瘿、结核、失荣等。而对一些疔毒、瘰疬、坚硬顽疮等则采用线药来开泄。如其倡用的“立马回疔丹”治针刺后或误灸失治，致疔疮走黄险症；用“蟾酥条”化腐消坚，有未成脓者即消，已成者即溃之效，面部疔疮为常见症，因该部淋巴及血管丰富，感染极易扩散，故历代医家较为重视。而在外治法上，一般不采用切开引流的办法，并忌挤压。陈氏则倡将化腐解毒之品，制成麦粒大小锭剂，轻轻刺破疮顶后，置入其中，使根基收缩（炎症局限），脓根拔出（脓栓液化脱落）以达开窍发泄，毒随脓出，防止疔毒走散入里，其疗效为单纯内治所不及。又瘰疬一症，日久坚核不消，而且服药不效者，他提出了“腐而溃之”的外治法，用黄线药、三品一条枪等，针后插入或点敷其核自落，收以药代刀之效。与今拔核疗法相仿，广泛应用于临床有较好疗效。经现代研究，陈氏常用的蟾酥条、立马回疔丹、三品一条枪，其主药皆为中药砷汞制品，药理证实它可阻止细菌酶系统的羟基，使其代谢发生障碍，阻止细菌繁殖，达到杀菌灭菌的作用。另一方面，砷汞物质可使机体局部组织发生坏死溶解液化，促使疮顶破头，脓毒外发，获间接扩创引流之功。

2. 重视气血，调理脾胃要端详。陈氏认为多种因素均可伤及脾胃，若脾胃伤败，患者岂有得生。因此他既讲究外治，又重视内治。说：“疮全赖脾土，调理必要端详”（《痈疽治法总论》），故托补是陈氏的一大学术特点。他认为胃主司纳，脾主消导，一

表一里，一纳一消，运行不息，生化无穷。纳运失司，生化不及，正气不足，就可出现多种病理变化，发生各种外科疾病。如饮食劳倦，忧思所伤，脘腹痞塞，气机不运，逆于肉理，产生臃肿，气瘿痰结，瘰疬；如过食辛辣炙煿、肥厚之物，就酿生湿热，“脾家积毒”蕴于肌肤，致生湿肿、天泡疮、脓窠疮、臭田螺、田螺疱，疥癞之疾等；如脾胃虚弱，化源不足，阴血亏乏，肌肤失荣，出现枯槁、皲裂；如辛香燥烈之品炼伤脾胃阴津，虚火上炎，可见口疮、咽喉之疾；如内外诸因致使脾胃受戕，中气不足，固摄无权，血不循经，则可见齿衄、肌衄、便血；若中虚气陷，又可发生疝气、脱肛、阴挺等。因此，陈氏在治疗过程中刻刻注意扶助脾土，固护脾胃。他根据病人全身病症的差异，调理脾胃的方式多种多样。有补脾健胃、益气升阳、温中运脾、养阴和胃、化痰利湿等方法。调理形式则按不同情况而定，如病情长者，可分阶段调理；病情短者，病后专门调理；素体虚弱，脾胃失运者，则调补与攻邪并进。其调理脾胃之剂也颇有选择，例如他在《痈疽治法总论》中指出“但见脾胃虚弱，身凉脉细，大便溏泄者，便进托里温中汤。但见饮食不甘，恶心呕吐者，便进香砂六君子汤。但见脾虚下陷食少，虚热间作者，便进补中益气汤。”调理脾胃剂型也有多种，除了汤剂外尚有八仙糕，胃爱丸，神应异功散等。另外陈氏认为攻伐之剂可以损伤脾气，甚则导致“脾崩”。因此要刻刻顾护脾气。“得土者昌，失土者亡”，脾胃的盛衰，关系到着疾病的转归与预后。

气血在疮疡的发生发展和治疗过程中也具重要作用。脾胃为后天之本，气血生化之源，中气旺则气血旺，升降有序，脏腑和谐，有利疮疡的恢复。因此治疗时也需随时注意调和气血。陈氏在《痈疽治法总论》中说：“诸疮原因气血凝滞而成者，切不可纯用凉药，冰凝肌肉，多致难腐难敛。必当温暖散滞、行瘀、拔毒、活血药用之方为妥当也。”有时疮疡虽有口干便秘，脏腑不和，小便不利等症，此为气血虚耗，不荣脏腑所致，不可用攻剂，只宜养气血，滋津液，和脏腑、理脾胃。疮疡一旦形成，如能善加调理，使脾胃健旺，气血和畅，则治疗上可起到事半功倍的效果。陈氏说："善托里则气血壮而脾胃盛，使脓秽自排，毒发自解，腐肉自溃，新肉自生，饮食自进，疮口自敛"（《痈疽治法总论》）。否则脾胃受损伤，气血不生，脓必难成。致疮软陷，难以收敛。陈氏将脾胃理论具体应用于外科临床，这是对东垣学说的补充和发展。

二十二、温补派宗师——张景岳

张景岳，名介宾，字会卿，别号通一子。由于他处方惯用熟地，故人们称他为“张熟地”。明末会稽（今浙江绍兴）人。生于明嘉靖四十二年（公元1563年），卒于崇祯十三年（公元1640年），活了78岁。是明代杰出的医学家，为温补学派的代表人物。

嘉靖四十二年，张景岳出生在浙江会稽，祖父为世受绍兴卫指挥（相当于现在的将军），食禄千户。父亲张寿峰为定西候客（住外地送迎宾客之官），素通文理，旁通医学。作为将门和书香子弟，家境富裕。张氏从小就承受了良好的家学启蒙。《浙江通志·方技》称其“为人端静，好读书”。张氏早年就学习了《黄帝内经》，并广览经、史、子、集，贾堂《景岳全书》序谓其“不沾沾章句，初学万人，敌得鱼腹”，可见张氏潜心读书，苦志研习的治学精神。

13岁时（黄宗羲《南雷文定·张景岳传》作“十四岁”），随父到北京，由于其父的社会地位及张氏个人的天赋才华，使他在京城交结了不少社会名流，大开眼界，学到了不少知识，并师从京畿名医金英学习，对易理、兵法、天文、道学、地理、文史，以及音律等产生了广泛的兴趣，不仅尽得金英医学心传，而且由于广涉博览，获得了大量多方面知识，为他在医学上的成就奠定了重要基础。

张氏虽早年即从师学医，但并未直接以医为业。《景岳全书》鲁超序称其“壮年好谈兵击剑，思有所用于世”，他壮岁从戎，参军幕府，风尘仆仆，转战南北，足迹及于榆关（今山海关）、凤城（今辽宁凤城县）和鸭绿江之南。当时北京异族兴起，辽西局势已不可为。数年戎马生涯无所成就，使景岳功名壮志“消磨殆尽”，而亲老家贫终使景岳尽弃功利之心，解甲归隐，潜心于医道，医技大进，名噪一时。

万历乙巳（公元1605年），京师瘟疫盛行，张氏亲身参加瘟疫的救治，对疫病“年衰及内伤不足者”“用大温大补兼散之剂，得以全活者数十人”（《景岳全书·伤寒典》）。张氏在救治瘟疫中，显示了良好的医术。在此期间，张氏还出入大官府地，如治疗朱翰林太夫人病寒热、腹胀等症，病情颇为复杂，张氏辨标本，力排众议，应手取效（《景岳全书·卷三十四·秘结》）。于是张氏医名日彰，正如《张景岳传》所称“为人治病，沉思病原，单方重剂，莫不应手霍然，一时谒病者辐辏其门，沿边大帅皆遣金币致之”，此乃张氏在京师行医盛况之写照。张氏在京师时，对当时京师的水质污染和煤气中毒事件，有相当详细的记载。他明确指出，水质好坏直接关系到人之夭寿，而煤气中毒致死的原因是由于窗户密闭，空气不流通，他还提出了积极预防煤气中毒的措施和方法。

公元1620年，张氏57岁时，返回南方故地行医，挽救病人，“浙东西，何止活万人”。与此同时，张氏收徒授医，潜心于《内经》的研究与写作。在返回会稽之前，还曾在西安旅居一段时间，为曾经担任河南学政、江西布政使、司右参政等官职的叶秉敬及其母亲看病。后来，《类经》的刊行，得到叶氏的大力赞助。

张氏著书立说，著作首推《类经》，花的时间最长、用的心血最多，四易其稿，历时三十年（公元1624年，时61岁）而成。从《类经》的编撰内容看，张景岳对《内经》推崇备至，认为《内经》是医学至高经典，“上极天文，下穷地纪，中悉人事，大而阴阳变化，小而草木昆虫，音律象数之肇端，藏府经络之曲折，靡不缕指而胪列焉”，学医者必须学习。他还指出《内经》的意义在于“垂不朽之仁慈，开生民之寿域”，因而“与天地同，与日月并”（《类经》自序）。他治病一以《内经》据，“小试小效，大试大效，无所不试则无所不效”，张景岳的朋友叶秉敬，因“苦心诵读”，脾肾耗损，患泻泄二十年。一般医家诊断为“火盛”，而张氏独以为“火衰”，就用参、术、桂、附之剂，培补命门之火。张氏这个治法，受到许多人的反对，唯独叶秉敬却深信不疑，坚持服药五年而不中断，竟使疾病痊愈，脾肾也随之复原。叶秉敬为此特意问张景岳：你是怎样别出心裁治好别人治不好的病呢？张景岳意味深长地答道：这归功于《内经》。叶秉敬听后赞叹地说：“景岳已得其精髓”了。

尽管张景岳那样推崇《内经》，但是当时一般人“目医为小道”，对《内经》“弁髦置之”（弁，黑布帽子；髦，童子垂发。弁髦，喻“无用之物”），甚至“业医者，亦置《灵》《素》于罔闻”，张景岳认为，这种情况是严重的，发展下去，势必导致“盛盛虚虚，而遗人夭殃，致邪失正，而绝人长命”（《类经》自序）。造成这种情况，其中一个原因是“经文奥衍，研阅诚难”就是说《内经》的文字深奥，内容庞杂，读起来非常难。唐代虽有王冰注释《素问》，“发明玄秘尽多”，但遗漏之处也不少。例如，有避难不注的；有注释与原义不符的，有注释不便检阅的。况者《灵枢》尚未注释，使人无不感到遗憾。后来，不少医家注释《内经》也只是

“顺文敷衍”，难懂之处仍不能明断，精要之处仍得不到阐发。张景岳认为这样的注释没有什么益处。于是他“奋起鼓念”，决定自己来整理，注释《内经》，以便“发隐就明，转难为易，尽启其秘”，使学者“了然，见便得趣”。

景岳编注该《内经》怎样进行呢？他采用“尽易旧制，颠倒一番，从类分门，然后附意阐发”的方法，“合二为一，命曰《类经》。类之者，以《灵枢》启《素问》之微，《素问》发《灵枢》之秘，相为表里，互通精义。”《类经》分经文为摄生、阴阳、藏象、脉色、经络、标本、气味、论治、疾病、针刺、运气、会通十二类，共390条，根据相同的内容，拟定标题，题下分别纳入两经原文后详加注释，并指出王冰以来注释《内经》的各家不足之处，条理井然，便于查阅，“一展卷而重门洞开，秋毫在目”。《类经》集前人注家的精要，加以自己的见解，敢于破前人之说，理论上有创见，注释上有新意，编次上有特色，是学习《内经》重要的参考书。

链接：清代周中孚在《郑堂读书记》中评：“景岳深信《素问》《灵枢》二书，以为天、地、人之理尽备于此，于是出而治世之病，一以《灵》《素》为主，无所不效，犹恐其书资于自用，而不能与天下共用，遂乃著而为《类经》。”

为佐诠释，同年，景岳再编《类经图翼》和《类经附翼》，对《类经》一书中意义较深言不尽意之处，加图详解，再附翼说。《类经图翼》十一卷：对运气、阴阳五行、经络经穴、针灸操作等作图解说，讨论系统。《类经附翼》四卷，为探讨易理、古代音律与医理的关系，也是阐述其温补的学术思想之作，如《附翼·大宝论》《附翼·真阴论》等重要论文，也有部分针灸歌赋。

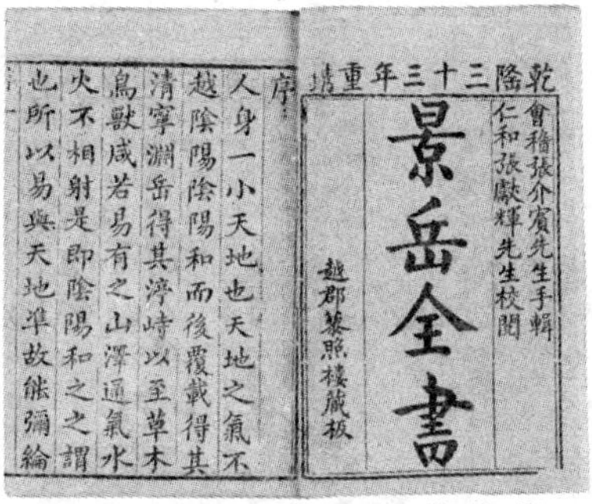

张景岳由于钻研《内经》达数十年，打下了坚实的医学理论基础。所以，晚年集自己的学术思想、理论建树和大量的临床心得，撰写了《景岳全书》这一巨著（成书于其卒年1640年），这是一部规模宏伟，内容全面的综合性医学著作，全书64卷。用“人道须从性量，明心必贯天人，谟烈圣贤大德，图书宇宙长春”二十四字为集目，体现了撰著者心境之自负。“《全书》者，博采前人之精义，考验心得之玄微。”《全书·传忠禄》辑有景岳主要医学理论、医评、问诊和诊断、治疗原则等论文三十余篇，多有温补学说的论述。《全书·脉神章》录有历代脉学，其中诊脉之法和脉象主病多有结合临症经验的评论。次为《全书·伤寒典》，补充“《内经》伤寒诸义并诸治法之未备”，论述伤寒病的证治。《全书·杂证谟》列诸内科杂证的病因病机、治理方药和部分医评，并辅有部分医案，论述系统、精彩。《全书·妇人规》：论述九类妇科疾患，并指出妇科证多有情志病因，尤要注重四诊合参。《全书·小儿则》：概述儿科诸病并治，在总论中提出小儿“脏气清灵，随拨随应”的生理特点，很有见地。《全书·痘疹铨》《全书·外科钤》各有论病及证治。《全书·本草正》介绍药物292种，每味详解气味性用，很多为自己的临证用药体会，颇有价值。《全书·新方八阵》《全书·古方八阵》，景岳善兵法，在此借用药如用兵之义，以方药列八阵为“补、和、攻、散、寒、热、固、因”。《全书·新方八阵》中所列方颇具创新。《全书·古方八阵》辑方经典。共录新方186方，古方1533方，其后的妇人、小儿、痘疹、外科古方收妇科186方，儿科199方，痘疹173方，外科374方及砭法、灸法12种。

链接：清代周中孚在《郑堂读书记》中评："《景岳全书》大旨以温补为宗，去陈言之糟粕，阐前哲之心思，合而参之，疑者剖之，略者补之，诚度世之津梁，卫生之丹诀也。然主持太过，欲与朱、刘、李、薛外别成一家之言，故传其说者，功与过参半焉。"但有人也这样说："在明代医书中，除王肯堂《六科准绳》与李时珍的《本草纲要》外，无可与之匹敌。"

崇祯十三年（1640 年），张氏衰病垂暮，因晚年才得子，后辈尚不能承其业，故将《景岳全书》稿本托付给女婿和外孙，在临终那一天，他自题其像，召集三个孩子进行教诲，然后带着微笑而去世，终年 78 岁。他的门人感慨地说："先生乃死耶？吾先生故有不死者。"

（一）张景岳有哪些治学经验值得我们借鉴呢？

张景岳十三岁随父至京师，拜畿辅名家金英为师学习医学，得其心传。穷研《易经》，博涉兵法、天文、地理、文史以及音律，由堂入室研究医学的思路和方法颇具特色，足资后人借鉴。

1. 医易相通，知易方可医。景岳有言："宾尝闻之孙真人曰：'不知易，不足以言太医。'每窃疑焉。以谓易之为书，在开物成务，知来藏往；而医之为道，则调元赞化，起死回生。其义似殊，其用似异。且以医有《内经》，何借于易？舍近求远，奚必其然？而今也年逾不惑，茅塞稍开；学到知羞，方克渐悟。乃知天地之道，以阴阳二气而造化万物；人生之理，以阴阳二气而长养百骸。易者，易也，具阴阳动静之妙；医者，意也，合阴阳消长之机。虽阴阳已备于《内经》，而变化莫大乎周易。故曰天人一理者，一此阴阳也；医易同源者，同此变化也。岂非医易相通，理无二致，可以医而不知易乎"（《类经附翼·医易义》）。《易经》是一部古代朴素辩证法的重要经典，历代著名学者、哲学家每借推演易理来表述和阐发自己的哲学思想，张氏在漫长的医学生涯中，其对“易”，从“每窃疑焉”到逐渐深悟，进而强调医易相能，知易方可为医，说：“是以易之为书，一言一字，皆藏医学之指南”“医而不易，其何以行医哉?”“学医不学易，必谓医学为难，如斯而已也。抑孰知目视者有所不见，耳听者有所不闻。终不免一曲之陋。”“医不可以无易”，而业医者通易，则犹如“运一寻之木，转万斛之舟；拨一寸之机，发千钧之弩”，借此可达“医之运用由乎我”之境。正是得益于易理，使得张景岳能够较同时代人更为透彻，更为精辟地论述和阐发诸多医学问题，在阴阳论、命门学说等重大理论方面，独树一帜，成一家之言。

2. 苦志研经，皓首不息。张氏早年异常颖悟，所谓“韬铃轩岐之学尤所淹贯”，但并未真正矢志于医，而是怀着雄心壮志从戎军伍，冀能于刀枪之中搏一世功名，乃至功名无望，才幡然解甲，潜心研习医道。他认为《内经》一书“言言金石，字字珠玑”“生全民命，岂杀于十二经之启植民心”（《类经·自序》），认为《内经》应当像儒家经典那样进行研究。于是，苦志研经，皓首不息，积30年巨功编撰《类经》。抑《内经》“文义高古渊微”“经文奥衍，研习诚难”，而历代注家之释，不过顺文敷衍，依然是难者不明，精处不能发。他在《类经·自序》中说：“初余究心是书，尝为摘要，将以自资，继而绎之，久之则言言金石，字字珠玑，竟不知孰可摘孰可遗。”《内经》理奥、趣深，而真能发其旨趣者又为数不多，于是他“奋发鼓念，冀有以发隐就明，转难为易，尽启其秘而公之于人”（《类经·自序》）。观其《类经》之作，其对《内经》的娴熟程度，确实为历代注家所不及。若无30年鸡声灯影、霜晨烈日，不能达到如此娴熟的地步；若无精雕细刻、锲而不舍的精神，也难以达到如此精深的造诣。

3. 从类分门，敢于创新。在景岳以前注《内经》诸家，多注重随文注释，由于《内经》之书非出于一时一人之手，在内容上难免杂乱，如《素问》部分，在唐王冰作注之前“世本纰缪，篇目重叠，前后不伦，文义悬隔，施行不易，披会亦难”（王冰《补注黄帝内经素问》序）。王冰曾花费十二年时间进行整理、注释，至宋林亿等校订时，又“正谬误者六千余字”，可见其书之难读。此外，王冰之《补注》、马莳之《发微》，大多随文注释，欲对《内经》一目了然，仍不可得；越人摘难，滑寿撮钞，虽发掘了《内经》部分精义，又是摘章抄句，欲窥全貌，亦非其长。景岳一欲注解，“于是乎详求其法，则唯有尽易旧制，颠倒一番，以类分门，然后附意阐发，庶晰其韫”（《类经·自序》）。他结合临床，另构新法，分门别类，将《内经》原有篇章次序结构全部打乱，分为摄生、阴阳、脏象、脉色、经络、标本、气味、论治、疾病、针刺、运气和会通十二大类，重新分纲立目，使《内经》全部内容眉目清晰，解析明了，便于寻览检索，张氏敢于创新、分类研究编撰《类经》，为后世学习医经提供了极大方便。

4. 精一执中，求本为务。张氏认为：“道本一源，理无二致；自一源而万变仍归于一，自二致而错乱，则错乱遂歧为两。”“故人能得一，则宇宙在乎手；人能知一，则万化归乎心。”因此，“精一执中”为治学处事之要法。“凡天人之学，总无出此。”在《景岳全书·传忠录·阴阳篇》中有谓：“凡诊病施治必须先明阴阳，乃为医道之纲领，阴阳无谬，治焉有差。医道虽繁，而可以一言蔽之者，曰阴阳而已。”张氏还说：“经曰揆度奇恒，道在于一，得一之情，以知死生，此即道中精一执中之训”（《传忠录·误谬论》）。就医学本身而言，“凡看病施治，贵乎精一，盖天下之病，变态虽多，其本则一；天下之方，治法虽多，对症则一”；若能得病之一真，则“万疑俱释，岂不甚易”。张氏自号“通一子”，于“一”字尤多研究，然析其实质也。“万事皆有本，而治病之法，尤惟求本为首务”“一拨其本，诸证尽除矣”，故“治之极于一”“必须精一不杂斯为至善”，可见，“精一”精神贯穿于张氏论证诊治之始终，精一即求本，求一，就是抓住关键，挈其要害，着眼于事物根本矛盾的方法，从而使他对诸多医学理论及临床问题颇有发挥。

5. 借石攻玉，触类旁通。景岳在《类经·序》中说：“他山之石，可以攻玉”“竹头木屑，曾利兵家”，意即借石可以攻玉，凭借其他学科的知识和成就，常常促进医学问题的解决。如他借周敦颐的太极图说阐发命门学说，“太极者，天地万物之始也”，引申到人体，则提出“命门居两肾之中，即人身之太极”，人身太极，“为受生之初”，为性命之本，“造化由此而生，万物由此而出”，以此强调命门对人体生命的重要作用。又如借用兵法等军事常识指导临证治法用方，所谓“古有兵法八门，予有医家之八阵。补、和、攻、散、寒、热、固、因“八略”及“八阵”，体现了张氏“补其不足”“攻其有余”“散其外邪”“寒凉清热”“温阳散寒”“固其滑脱”“因证列方”八种用方策略，即景岳运用兵法于临床之经验产物，对中医治疗方法的进步和创新做出了贡献。此外，张氏还借用物候、气象学知识论证运气学说等，说明景岳广泛涉猎多学科知识，从而促进了众多医学问题的迎刃而解。

6. 质疑求证，勇于探索。质疑求证，辩驳前人谬误，是景岳治学业医的重要方法。如其在《类经·序言》中自述：“余诚以前代诸贤，注有未备，间多舛错，掩质埋光，俾至道不尽明于世者，……故凡遇驳正之处，每多不讳，诚知非雅，第以人心积习既久，讹以传讹，即决长波，犹虞难涤，使辨之不力，将终无救正日矣，此余之所以载思而不敢避也。”景岳全书中常常有“此说殊有不然”之句，说明张氏勇于对众多医学观点质疑，确立自己的学术见解。在《景岳全书》中更有《辨河间》《辨丹溪》《误谬论》《升阳散火辨》《阳不足再辨》《伤寒无补法辨》等批驳性章节，《类经附翼》中专列《求正录》内载《三焦包络命门辨》《大宝论》和《真阴论》等争鸣性著名专论。晚年以《质疑录》为著作之名，质正疑难问题40余则。张氏所辨谬求正的问题，大者诸如“阴不足阳有余”之类基本观点，小则涉及一脉一证，一法一方。如：伤寒一证，必辨虚实，攻补兼施，而不泥“伤寒无补法”之一言；中风则必辨十二经之见证，而不以治伤寒之法治之；血证先清外感，次理内伤，而不泥古“见血无寒”之语。其质疑对象，既有轩岐经论，亦有四大家名言，更有众多为时医所恪守的习见。总之，凡“理有可疑，则虽前代宗匠，亦祀之所奉为典型者，亦不护其所短，必为摘发其万一，以质诸天下后世。”景岳善于质正疑难，未必都求得了正确结论，但多数是很有见地的，其中不少是理论与实践、智慧与经验的结晶，就是这些真知灼见，组成了张氏学术思想之整体。张氏勇于探索，师古不泥，善谈前人书而不拘于前贤章句，注重临床实践，悉心探奥寻蕴，善于发现疑窦及前人偏弊，并敢于质难诸经旨名论等治学精神和方法，是他医学成就的重要基础。(辑茅晓文)

（二）张景岳为什么创“阳非有余，真阴不足”的学说?

景岳早年推崇丹溪之学。朱丹溪处于《局方》盛行的时代，医者每多滥用辛热燥烈药物而致伤阴劫液，故朱氏以“阳有余阴不足”立论。明代医学界河间、丹溪的火热论、相火论占统治地位，更有时医偏执一说，保守成方，不善吸取精华，反而滥用寒凉，多致滋腻伤脾苦寒败胃，成为医学界的时弊。景岳在多年丰富临床实践中，逐渐摒弃朱氏学说，私淑温补学派前辈人物薛己(公元1486—1558年)，薛己身为明太医院使，主要为皇室王公等贵族诊病，病机多见虚损，故喜用补。景岳出身贵族，交游亦多豪门大贾，故法从薛氏，力主温补。特别针对朱丹溪之“阳有余阴不足”，创立“阳非有余，真阴不足”的学说，他认为人的生气以阳为主。难得而易失者为阳，既失而难复者也为阳。他主张补益真阴元阳，“攻邪必先扶正”，反对轻率地使用寒凉药，而以温补为宗。他治疗虚病，多以补肾为主，极力推崇薛己常用的八味地黄丸（肾气丸）补火，六味地黄丸补水的办法，认为“独得其妙”，并在以上方剂的基础上，化裁出左归丸、右归丸和左归饮、右归饮等名方，以做治疗命门（肾）元阴和元阳衰微的主方。张氏学说的产生出于时代纠偏补弊的需要，对后世产生了较大影响。因其用药偏于温补，世称王道，其流弊使庸医借以藏拙，产生滥用温补的偏向，受到清代医学家魏玉璜、章虚谷、陈修园等的抨击。但是，张景岳创立的“温补学说”在医学史上的功绩，是不可磨灭的。

链接： 左归丸：由熟地、山药、山茱萸、枸杞子、菟丝子、鹿角胶、龟板胶、川牛膝等炼成蜜丸，具有滋肾补阴的作用，主治肾阴不足证。

右归丸：由熟地、山药、山茱萸、枸杞子、菟丝子、鹿角胶、杜仲、肉桂、当归、附子等炼蜜成丸，具有温补肾阳，填精益髓作用，主治肾阳不足、命门火衰证。

左归饮：由熟地、山药、枸杞子、炙甘草、茯苓、山茱萸等组成。具有补益肾阴的作用，主治肾阴不足证。

右归饮：由熟地、山药、山茱萸、枸杞、甘草、杜仲、肉桂、附子等组成。具有温补肾阳的作用，主治肾阳不足证。

（三）张景岳的医学成就及对祖国医学的贡献有哪些？

近年有人将张氏医学成就及贡献总结为六大方面。

1. 对阴阳及脏象理论的创见

（1）阴阳观。张氏在前人对阴阳论述的基础上，紧密结合人体生命阐述阴阳：①阳为主，“阳为发育之首”，“人之生，只此一息真阳为运行”；②阴为基，“水为万物之先”，人体之水即真阴、精血，真阴为“正阳气之根”；③创“阴阳者，一分为二也”“阴阳之气，本同一体”论，真阴、真阳均为“造化之源”“生命之本”。对阴阳对立统一的认识，是张氏阴阳观的精髓，胜于前人。

（2）“命门—真阴”说。此为景岳对人体生命活动调节的假说。命门说“立命之门”，真阴为人体生命根本之精微物质，藏于命门，故又称“真阴之脏”“肾之精宝”“命门之水火，即十二脏之化源”，命门又为人体阴阳“消长之枢纽”，一旦超越调控能力，则出现病态，即所谓“火衰其本”和“水亏其源”之证。这种对生命机制及内部生理调节设想充满了“体用一元”的系统思想，为一般命门观所不及，对完善和深化脏象体系建功甚伟。

2. 对诊法及辨证学的贡献

张氏创设诊法“十问”为“诊治之要领，临证之首务”，其《通一子脉义》承历代诸家诸学精义，联系临证实际，具体就脉有阴阳、常变、脉证从舍、察神、察胃等方面阐发说理辨证，具有重要的诊断学意义。“二纲”“六变”辨证体系，先审阴阳，继辨六变，再查病因、病邪、病势、气血阴阳、脏腑经络，形成三个审别层次的辨证模式，这一体系不啻于明清之际其他各种辨证方法，也在总体、内容及层次上，较目前习用的八纲辨证为要。

3. 对治疗学的贡献

（1）治形理论，重视形质的论治思想，临证常以熟地补虚治形，命门火衰、阳气匮乏者也以熟地填精补血，以及“求汗于血”“生气于精”“引火归原”“纳气归肾”等治法于当今临床启迪颇深。

（2）扶正观，强调诊治疾病“必当先察元气为主，而后求疾病”，并提出“疾病之实固为可虑，而元气之虚应尤甚”之见，外感、内伤皆注重扶正，为中医补法的应用别开新径。

（3）阴中求阳，阳中求阴，精中生气、气中生精的阴阳互济、精气互生理论对后世产生深远的影响，当前医界仍奉为圭臬。

（4）“治贵精一”“药贵精专尤宜勇敢”“重视病机，适事为敌”“知邪正，权重轻”“治有逆顺”“用药以探病”及“不治之治”等论治经验，大都充满辨证思维，于临床有指导意义。

（5）治则创“八略”，方剂设“八阵”，创新方186首，汇古方1456首，对方剂学说从汇集考证向推求制方之理为主的历史性转变，起了积极作用，对历代方剂的整理归类作出了贡献。

明以前医家多注重方药，明以后则多倡导理论指导临床，张氏《景岳全书》是他以理论指导临床进行辨证论治的代表作，对各科临床证治具有极大的指导作用。

4. 对预防医学及养生学的贡献

张氏在《天年论》《中兴论》《逆数论》《保天吟》中科学地分析了人体生命的过程和规律，提出了中年修理、重振根基以防早衰和治形养生，填补精血，以固本元的学术见解，在养生方法上，提出要因人制宜，如“慎情志，可以保心神；慎寒暑，可以保肺气；慎酒色，可以保肝肾；慎劳倦饮食，可以保脾胃”。这些在养生理论和实践中具有重要地位。《景岳全书》中关于煤气中毒原因的分析及预防措施，在当时确为重要发现。

5. 研究《内经》，编纂《类经》之成就

张氏苦研《内经》，将其泛漫之文融会贯通，并追溯源流，汇集诸说，结合临床予以重新按类分门编次注释，纲目分明，条理严谨，学术精华彰明于世，为古典医籍的深入研究工作和发展作出了贡献［引茅晓. 天津中医1988（2）：30］。

二十三、明代著名医家——缪希雍

缪希雍，字仲淳，号慕台，海虞（今江苏常熟）人，人称“虞山儒医”。生于明嘉靖乙巳年（公元 1545 年），卒于明天启七年（公元 1627 年），活了 82 岁。明代中后期著名医家。

缪希雍出生在常熟城中新巷（今常熟市辛巷）的一个世代仕宦之家。他的父亲缪尚，字行达，是位颇有学问的举人，官至汉阳府通判。幼时缪希雍在家度过了一段快乐的时光，家境殷实，父亲为他请了教书先生教习儒学。缪希雍天资敏捷，博览群书，兵农礼乐，天文地理之说无所不读。在他 13 岁时，父亲去世，家庭失去了支柱，从此家境渐衰，亲朋走散，世累纠缠，多见愤激，不如意的事十之八九。少年的缪希雍生活孤苦，体弱多病，经常求医服药。17 岁那年，缪希雍又得疟疾，久治不愈，就自己翻阅医书，寻求治法，终于在《内经》“夏伤于暑，秋必疟”的理论启示下，自治而愈。于是对医学产生了浓厚的兴趣。自此他一面在家设馆授徒，以维持生计，一面“裹足读书”“搜辑医方，精求药道，用存利济”，立志做一个“有补于世”的医生。

缪希雍对医学著作，认真钻研、悉心揣摩。家中的书读完了，就到离家数衔之隔的赵用贤家去借读。赵的藏书室名叫“脉望馆”，珍藏着很多宋刻善本医书。缪如获至宝：终日沉迷于书山学海之中，“沉研剖析，割剥理解”“遇会心处，辄摘记之”。

积累既久，在医学上打下了厚实的理论基础。在此期间，他还利用附近病家请医诊病的机会，主动去观察学习医生治病用药的本领。他看到一位老医生竟用“草石蚕”治疗血痢，大为惊异。因为这味药在古书中并无治痢作用的记载。后来经他试用，竟获“良验”。从此，他逐渐认识到，“古今不同，五方异处，感受之深浅，禀赋之厚薄”，是千差万别的，若“执古方以临之，似胶柱鼓瑟矣”。于是他在头脑中形成了“古方新病不相能”的思想。他认为虽然古代的许多医学名著，为医者所必读，但必须“变而通之，则法不终穷矣”。

缪希雍27岁时，学有成就。开始了他漫长的旅游行医生涯。他不仅“周览”了江苏各地，并南入浙、闽，北涉“齐鲁燕赵之墟”，复“浮江西上”，游历了安徽、湘南、湖北及江西等省。他到处侨寓，故又自称“寓公”。不计报酬，不分贫富贵贱一样看待。更能打破“医不扣门”的习俗，“以生死人，攘臂自快。”他诊病时很小心，故治病多验。万历三四年（公元1575—1576年）间，他在北京寓中，一小青衣患“伤寒”，久病不愈，别的医生因患者家贫病重而“不肯往诊”，缪希雍知道后，连忙赶去为他诊治。万历四十三年六月初二日，缪希雍在太仓之处，得昆山文人张大复之弟病重的传闻，就主动上门去看望，这使张氏十分感动。

缪希雍在旅途中，还到处寻师访友，与“缁流羽客、樵叟村竖，相与垂盼睐，披肝胆”，更不放过与同道切磋的机会，“所至必访药物，载刀笔，”接受新知识。他在浙江径山，拜过名僧紫

柏为师。在江西武昌，晋谒过医官邓思济，传其秘方。在九江，向一位姓朱的民间医生讨教过“痘科异治”之术，“以故搜罗秘方甚富”。如鱼腥草治肺痈，西河柳透麻疹，五味子抗衰老等民间方药，都是古方书所不载，而是由缪希雍访求记载才传下来的。这些药物功效，已被现代药理研究和临床应用所证实。其中鱼腥草还被用现代化学方法合成为鱼腥草素，广泛应用于临床。公元1578年，缪希雍旅游行医到秣陵（今南京）时，结识了名医王肯堂，两人一起谈医论药，十分投机。缪希雍发表了许多精辟的学术见解，并把秘制的“资生丸”方毫不保留地传给了王肯堂，使这位博学多才的王肯堂十分倾倒。此方王肯堂曾亲自试服，证明有效后，又献于其父作“余龄葆摄”之用，称誉是个“神方”。而缪希雍对王肯堂也很推崇，称王氏“精医”，他还和王肯堂一起诊病研讨，取长补短，继绝存亡。如“云间康孟修寒热不食久之，势甚危，投以寒热之剂不应。希雍遍检方书，与王宇泰（王肯堂名）议，投五饮丸，立解”。后来他还原原本本把这件事记录在自己的著作《先醒斋广笔记》中。这种不昧己短，不掩人长的表现，实在是医林中的一席佳话。

缪希雍40岁时，结束了长达十余年，行程几万里的壮行，回到了家乡常熟。这使他广交了贤人达士，饱览了山川秀色，获得了许多书本以外的知识，从而磨炼了意志，开拓了胸襟，增长了见识，由一个硕儒变成了一名集多种技术于一身，精通临床各科的能手。家乡父老对之莫不刮目相看。就在他回家不久，万历十四年（公元1586年）的一个春光明媚的日子里，同邑巨室瞿元立夫人因素体瘦弱，婚后不育，请希雍“为诊其故”。缪氏见瞿夫人外观虽无明显病态，起居如常，观察其脉却发现“细弦无神”。弦为肝脉，细属气衰，这是肝气衰败，胃气竭绝的表现。他根据《内经》有“脉无胃气者死”之说，断为“今虽无恙，必不久矣”。三个月以后，瞿夫人果一病不起。事情传开以后，缪希雍就被人称为“切脉如神”的“神医”。从此登门求医人络绎不绝。不仅邻近各县，且远至浙江等地也常有人来登门求诊或邀约出诊。

万历十五年（公元1587年），湖州史岳亭患温病，附近名医都认为“必死”，邀缪希雍出诊。他诊察后对病家说：“元气未尽，故不死”。投药一剂后，高热就退了。时病人大便不行已二十多天，缪希雍又开了一张麦门冬汤，并嘱患者多饮甘蔗汁，隔日大便得通。二十多天的温病，只用了二剂药就痊愈了。

缪希雍为人“重气节，娴经济”，关心国计民生。万历初年，张居正改革朝政时，他建议在北方兴修水利，辟召南方善农者种植水稻，以改变京师“粮仰南方”的局面。这个建议得到工科给事中徐贞明的采纳。万历中期，即在缪希雍50岁以后，明王朝日趋腐败，矿监税吏，四出勒索，民不聊生，哀鸿遍野。缪氏目睹时艰，忧心如焚，曾写诗明志：“心及世运，言念以伤悲王路日多难，哲人思见危”。毅然加入了东林党，和东林党人丁元荐、钱一本、于玉立等人“以节概意气相期许”“讽议朝政，裁量人物”，一起与阉党作斗争。并以此举家迁到浙江长兴，与丁元荐结为邻居。他鼓励于玉立要在朝廷不惜生命，为民请命，保持气节。他还与钱谦益议论朝政，斥宦党为危害国家、草菅人命的“小人”。他又深夜扣门访钱一本于常州，两次为同族缪昌期传递斗争信息。故在东林党中有“义侠名医”之称。缪希雍的这些言行，当然逃不过遍布各地的宦党耳目，他们知道之后，怀恨在心，伺机报复。先是，把在京师为欲止矿税而奔走的希雍恩师紫柏，至友于玉立，学生沈令誉等，借“妖书”事件陷捕。紫柏死于狱中，于玉立被罢官，沈令誉发配充军。后来，佞臣王绍徽又编了一本《东林点将录》，把东林党人比作水浒一百零八将。其中常熟人及与常熟有关的就占了五名，缪希雍则被比为“神医安道全”，准备加以陷害。后来其他人都被陷害，由于缪氏是个布衣，且行医为生，行踪不定，不久阉党势败，才得幸免于难。但这使他精神上受到了极大的打击，感到“良友凋伤，百念灰冷”。从此，他就自称“海虞遗民”，比作劫余之人。

在此后的二十多年间，缪希雍为实现他“有补于世”的初衷，治病为乐之外，专心致志于医学教育和著述。他对前来求教的人，总是有问必答，有求必应，从古代医学理论到临证诊断技术，从秘传方药到独得心法，无不认真传授。他还特别重视医德教育，为此专门写了一篇“祝医”的论文。经他培养的学生很多，见于史籍的就有常熟张应遴、马兆圣、荣之迁、徐鹏，昆山李雅稚，无锡司马大复，吴江沈令誉，杭州刘默等八人，他们在医学上都做出了一定贡献。

天启七年（公元1627年），缪希雍病故于寓所，活了82岁。《明史》为其立传，附于李时珍传后。

缪希雍作为一代著名医学家，在学习医术和行医之余，也好撰写医书，积其三十年心血，先后撰写了《神农本草经疏》《先醒斋医学广笔记》《医学传心》《本草单方》等著作。其中《神农本草经疏》和《先醒斋医学广笔记》为其代表作。

（一）《神农本草经疏》是一部什么样的书？

《神农本草经疏》为明·缪希雍撰，初刻于明天启四年（公元1624年），是明代学术价值仅次于《本草纲目》的一部临床用药专著。缪氏有感：“药性之道，具在本草，虽代有哲匠演其奥义，然去古弥远，寖失其旨”，因此，以《本经》为主，参以《别录》以后诸家本草以作注疏。

全书30卷。前2卷为总论，有药学专论33篇，阐述临床用药原则。各论28卷，载药495种（多取《神农本草经》《名医别录》之药）。各药分三项：“疏”，阐发药性功治之理；“主治参互”，列述配伍及实用方；“简误”，提示用药易混误之处。全书重在阐述临床用药之理，多结合作者丰富的用药经验，正如缪氏在本书自序中说：“据经以疏义，缘义以致用，参互以尽其详，简误以防其失”，有其独到之处，对明末以后中医临床药学发展产生了巨大影响。

（二）何为缪希雍提出的“治吐血三要”？

缪氏在临证中十分重视气血之间的关系，尤其重视气逆、火升和血溢三者之间的联系。缪氏在《先醒斋医学广笔记》中提出了著名的治吐血三要观点：

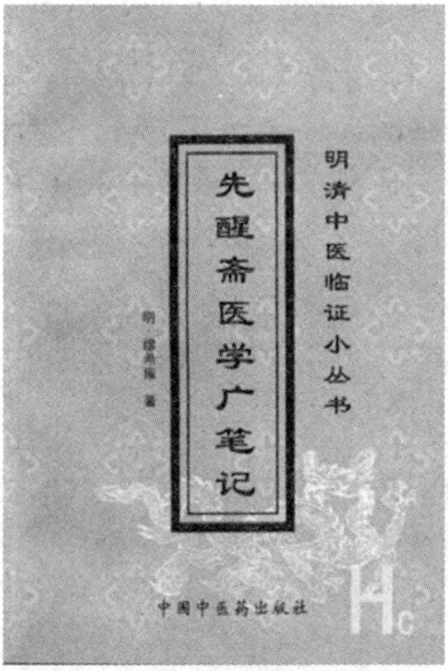

一为：宜行血而不宜止血，血不行经络者，气逆上涌也。行血则血循经络，不止自止。常用药多选生地、川断、牛膝、杜仲、丹皮、芍药等。

二为：宜补肝不宜伐肝。养肝则肝气平而血有所归，伐之则肝虚不能藏血，血愈不止矣。常用药多选芍药、甘草、枣仁、枸杞等。

三为：宜降气不宜降火。气有余，便是火，气降火自降，火降则气不上升，血随气行，无溢出上窍之患矣。反对一派降火，苦寒伤脾，化源告竭，统血无权，后患无穷。常用药多选苏子、降香、炒山楂等。

（三）缪希雍主要学术经验有哪些？

1. 变而通之疗伤寒：缪氏论治伤寒病，综合时代与地点之不同，颇“多独开门户”，化裁仲景成法，如对太阳病之治，弃麻桂而主用羌活汤。这是因为江南之域，“从无刚劲之风，多有湿热之患”。而羌活正是祛风散寒除湿之要品，故为君药。同时，病值秋深冬月加紫苏、葱白。如病人自觉烦躁，喜清凉，不喜热，兼口渴，即欲传入阳明，羌活汤中宜加石膏、知母、麦冬，大剂与之，得汗即解。

2. 创三要诀治吐血：缪氏治疗吐血时，认为吐血病机主要为阴虚火旺，迫血妄行，肝气升发太过，肝不藏血，气逆火升刑于肺金，伤于阳络。气逆血亦逆，火升血外溢。当然，由气火亢旺，肝不藏血引起其他出血如咯血、衄血亦可施用，因此提出论治吐血三要诀，即宜行血不宜止血；宜补肝不宜伐肝；宜降气不宜降火。

3. 重视脾胃善甘润：东垣《脾胃论》治脾，究属偏于升阳刚燥，缪氏虽崇其说，然又有所发展，慎用苦寒克伐之品，如黄连、山栀、黄柏、知母之类，以免伤脾作泄。而温燥劫津之品，如白术、陈皮虽曰健胃除湿，救标则可，多服反能泻脾，以其能损津液，故亦宜适可而止，而不能漫用。他指出，脾虚有十二证，总有脾阳不振和脾阴不足之别。脾阳不振宜温养之，脾阴不足则清养之。对于久病之体，脾阳虽伤，脾阴不足，治之兼顾脾阴。但若惑于脾喜燥恶湿则每流于刚燥，故缪氏又告诫：“徒知香燥、温补为治脾之法而不知甘寒滋润益阴。”有鉴于此，调理脾胃他常用人参、白扁豆、山药、莲肉、橘红、茯苓、炙甘草、大枣或枣仁、石解、沙参、麦冬、白芍、砂仁、麦芽等。

4. 真假内外辨中风：缪氏认为，“中风有真假内外之别，差之毫厘，谬以千里。”并指出其不同之处。真中风为感受外来风邪，在西北高寒，风气刚猛之地，真气空虚之人，易为所中，且可分中脏、中腑、中经络。中脏之人多死，中腑之人多成废人，中经络之人，则可调理而疗。真中治则为先解散风邪，次则补养气血，方用小续命汤。药用桂枝、麻黄、生熟附子、羌活、独活、防风、白芷、南星之属。类中则由“多热多痰，真阴既亏，内热弥甚，煎熬津液，凝结为痰，壅阻气道，不得通利，热极生风，以致猝然僵仆。”患病之人多在“无刚猛之风而多湿热之气”的长江以南，如江、浙、福建、四川、湖北、湖南等地，表现为或不省人事，或口眼歪斜，或语言謇涩，或半身不遂。发病的先期，多可表现为内热证候，如口干舌苦，大便闭结，小便短涩。“类中”的病机，刘河间认为是将息失宜，水不制火；朱丹溪认为是湿热相火，中痰中气。缪氏在吸收他们学说的基础上，认为内虚暗风，确系阴阳两虚，而阴虚者为多，与外来风邪迥别。法当清热（天门冬、麦冬、甘菊、白芍、白茯苓、天花粉、童便）、顺气（紫苏子、枇杷叶、橘红、郁金）、开痰（贝母、白芥子、竹沥、荆沥、括蒌仁）治其标，治本则宜益阴（天门冬、甘菊花、怀生地、当归身、白芍、枸杞子、麦门冬、五味子、牛膝、人乳、白胶、黄柏、白蒺藜之属）和补阳（人参、黄芪、鹿茸、大枣）。缪氏认为“类中”若误用治“真中风”的药，则“轻变为重，重则必死。”

5. 辛凉发散疗痧疹：缪氏将痧疹主症归纳为多咳嗽多嚏，眼中如泪，多泄泻，多痰多热，多渴，多烦闷，甚则躁乱咽痛，唇焦神昏。并总结了治痧疹的特点，指出痧疹乃肺胃热邪所致，“殆时气瘟疫之类欤!”故治痧疹不宜依证施治，惟当治本以解邪热，则诸证自退。解其邪热以清凉发散为主，药用辛寒、甘寒、苦寒以升发之。惟忌酸收，最宜辛散，设施温补，祸为旋踵。辛散如荆芥穗、干葛、西河柳、石膏、麻黄；清凉如玄参、薄荷、竹叶；甘寒如麦冬、生甘草、蔗浆；苦寒如黄芩、黄连、黄柏、贝母、连翘，皆应用之药也。初起时，痧疹必兼咳嗽，但不能止咳，痧疹多兼喘，勿用定喘药。宜用大剂竹叶石膏汤加西河柳、玄参、薄荷。凡热势甚者，即用白虎汤加西河柳，切忌用升麻，服之必喘。泄泻者切忌止泻，用黄连、升麻、干葛、甘草。并认为疹家不忌泻，泻则阳明之邪热自解。疹后咳嗽，以清热消痰，勿用五味子等收敛之剂。痧后泄泻及便脓血皆由邪热内陷，大忌止涩，惟宜升散，仍用升麻、干葛、白芍、甘草、白扁豆、黄连。痧后元气来复，脾胃虚弱，宜用白芍、炙甘草为君，莲肉、白扁豆、山药、麦冬、龙眼肉为臣，多服必渐强。痧后生疮不已，宜用金银花、连翘、玄参、甘草、怀生地、胡麻、黄连，浓煎饮之良。

二十四、明末清初著名医家——李中梓

李中梓，字士材，号念莪，华亭（今上海市松江县，又一说江苏南汇城）人。生于明万历十六年（公元1588年），卒于清顺治十二年（公元1655年），活了67岁。为明末清初著名医家。

明万历十六年（公元1588年），李中梓出生在一个官僚中产家庭，第二年（公元1589年），他的父亲李尚衮考中进士，先在兵部后在吏部任职，家业中兴。就在中梓快乐度过4岁时，天有不测风云，父亲因病去世，家中失去了顶梁柱，家境由盛转衰，全家靠伯父李尚雅打鱼射猎赚钱接济，母亲常常含着眼泪教诲他：立远志，习举业，为家耀宗光祖。中梓天性聪明，博览群书，潜心儒学，钻研兵法，文才出众。明万历二十八年（公元1600年），12岁就参加了乡试，考取生员（秀才），后来因清刚之气，隽上之才，不合“诗文要歌颂者，人物取软滑骨”的录取标准，参加府试9次，屡试未能中举，仅两中副车（副榜贡生）。17岁那年，母亲又因病去世。目睹统治集团，党派倾轧，矛盾尖锐，满族入侵，社会动荡，仕途坎坷，李中梓逐渐淡泊名利，厌恶八股之枯燥。又因父母被庸医误治而早亡，自己体弱多病，于是绝意仕途，转而业医。鸡声灯影，面壁读书，上自岐黄之书，下迄百家之言，潜心研学，孜孜不倦，经常到浙北出诊，四方行医，经过数十年的医疗实践，荟萃群说，博洽洞晓，并用于临床实践。遇到疑难病证，他就悉心诊治，一时疗效卓著，声震江左。三吴地区的人们以“张长沙目之”。

明朝末年，江南太学张仲辉因为过食瓜果，患了泄泻病，大泻无度。请来的名医们用尽办法，都没有效果，这让张家上下担忧不止。此时，延请年轻的中梓医生为张仲辉诊病。张仲辉伸出手腕，放在了床边的脉枕上。中梓凝神诊脉，然后轻声说道：“六脉皆浮”。所有的家属和医生都看着他说：“此话怎讲？”中梓解释道：“经曰：‘春伤于风，夏生飧泻’。现诊得六脉皆浮，正应此言，这个病，一定要发汗治疗。”于是提笔开方：麻黄、人参、白术、甘草、升麻。一位名医冷眼旁观，突然插言：“书生好奇，妄用险峻。”大家一听此言有些吃惊，纷纷看着这位名医。名医说：“伤寒病都不敢轻易用麻黄。这是什么病？就用麻黄，难道想杀人吗？”太学张仲辉闻听此言，脸色一变，于是不敢服药。过了良久，张仲辉叹了口气说：“吾已将死，就服用这个药试试吧！万一有效呢？”于是，毅然把中梓开的方药服下。结果，一服而愈。

有一个叫章鲁斋的人，在云间（旧时松江府的别称）做县令，他的儿子章凌九生病了，症状是吐血，发热，遗精，盗汗，看上去特别衰弱。云间有名的医生都一一请来了。这些医生过来一看，发热吐血，这是热证啊，而且您儿子这么瘦，晚上还盗汗，阴虚！这位章县令是不懂医的，只是觉得听着有理，加上对儿子健康着急，就说：“烦请诸位先生开方，医治小儿病痛啊！”结果，服药 2 个月左右，没有任何效果，发热还是依旧发热，盗汗还是依旧盗汗。众医束手无策，临走之前对县令说：“贵公子的病不好医，请原谅我等医术不精，但有一事请大人谨记，您儿子这种阴虚病切记不可服用人参！”县令听后，心情沉重。这时旁边有人推荐，要不把李中梓请来看看，章县令同意。等李中梓来到章县令家的时候，章公子已经病了很久。李中梓认真地诊了脉后，说：“县令大人，令公子是因为脾肺气虚而导致的这些症候，需要用人参等补气的药。”县令一听瞪大了眼睛说：“不会吧，之前请了那么多的医生，都说是阴虚，并且还嘱咐我万万不可用人参啊！李医生您是不是诊错了?”李中梓听后说：“他们不让用人参，那根据他们的治疗思路，令公子的病好了吗?”县令说没有，李中梓说：“他们既然没能治好，而我能治好，您要不要相信我的治疗方案呢?”章县令一时也不知如何是好，只能抱着希望接受李中梓的治疗方案，同意用人参。李中梓让县令先去买了五斤人参，并且保证三个月治好章公子的病。但条件就是“在看病的时候，千万别找其他的医生来牵制我，否则会功亏一篑的”。县令同意了。李中梓主用六君子汤，配用补中益气汤和七味丸治疗。三个月后，章公子的病霍然而愈。

有个叫鲁藩的人，得了一种怪病，在盛暑的大热天，虽然将门窗紧闭，床上悬挂帐帷，身上又盖上三条貂皮被，还不断地喊冷。李中梓观察病情后，诊断为“伏热病”。古人用“冷水灌顶法”治疗，中梓略为变通一下，改服石膏三斛汤。他开了三帖药，第一帖吃了，病人去掉貂皮被；第二帖吃了，病人去掉帐帷；第三帖吃了，病人叫打开门窗，只见他大汗淋漓，喊叫“我要食粥”，毛病全好了。

江苏金坛有一名医王肯堂，年已八十，患脾泄，根据一般医理，泄病宜补，岂知愈补病势愈重。他便求教于中梓，中梓问明病源后对他说：“你体肥多痰，愈补愈滞，病当然不会好了，应反其常规，用迅利药物荡涤之。”王听后称赞说：“当世之医，唯你我两人，你开方子，我服药，有何疑哉!”中梓于是用巴豆霜给老医生服用，果然泄下许多痰涎，病也好了。

李氏生活在晚明时期，其行医之处为“吾吴文献之邦，乃良医荟萃之域”，许多名医勤求医理，治病救人，著书立说，李氏耳濡目染，被渊雅精醇的医学风气所感染，他一面注重医学理论的探讨，一面行医实践。于明万历四十六年（公元1618年），30岁时撰写了第一部处女作《颐生微论》，详述养生、医学源流、脏腑、诊法、治则、方药、病证、医案、五运六气等。虽门类冗杂，但客观反映了李氏医学的理论水平和临证经验。

李氏中年学验俱富，临证多奇效，医名显赫。拜师求授业解惑者络绎不绝。在理论上，李氏熟谙《黄帝内经》《伤寒论》，遥承易水学说，私淑李杲脾胃学说，赞同薛己的脾胃肾并重、赵献可的肾命水火学说、孙一奎的肾间动气说、张景岳的重视真阴真阳的观点，对诸家学说守其常者，他能通其变；古书中博而繁的，他能撮其要。他对弟子授业时，既点明诸家的精到处，也说出诸家的偏颇之处；精到之处吸收并加以升华，偏颇之处引以为训，披沙淘金，言简意赅，深入浅出，通俗易懂。因而弟子众多，流传甚广，世称士材学派。

满人入关后，李氏痛感国破家亡，蜷居家中，“坐见茅斋一叶秋，小山丛桂鸟声幽。不知叠嶂夜来雨，清晓石楠花乱流”（《庚溪夜话》）。怀着悲天之痛度过了十个春秋，于顺治十二年含恨逝世，终年67岁。

李氏毕生著述甚丰，文字精练，深入浅出，卷帙较少。著有《内经知要》2卷、《药性解》6卷、《医宗必读》10卷、《伤寒括要》2卷、《本草通玄》2卷、《病机沙篆》2卷、《诊家正眼》2卷、《删补颐生微论》4卷、《李中梓医案》等。《诊家正眼》《本草通玄》《病机沙篆》三书公元1667年汇刊在一起，署曰《士材三书》。《李中梓医案》共收医案50多则，不分门类，不立标题，大多为内科杂病疑难治案。书中体现出李氏长于脉诊和辨证，处方灵活，按语明晰。初未刊行，后收入李延昰《脉诀汇辨》中。

其中以《医宗必读》《内经知要》传世最广，大多为后世医家授徒及医学普及的读物。

（一）李中梓学术经验的代表作是哪一部书？

《医宗必读》为李氏学术经验的代表作。成书于明崇祯十年（公元 1637 年），全书十卷。卷一为医论图说，列医论十四篇，论述医学流派，脾肾有关理论，解剖生理，疑似证之辨治及仰人、伏人骨度图，改正内景脏腑图说等，论述精辟，图文并茂。卷二载新著四言脉诀、脉法心参、色诊，摘引前贤名论，论述个人心得，纠正旧本之误。卷三、四为本草徵要，收录常用药 352 种，分草、木、果、谷、菜、金石、土、人、兽、禽、虫鱼十一部。每药论述了药物的性味、归经、功用、主治、配伍及禁忌等。各药以歌赋体裁写成，便于诵读，并有小字注文予以阐述。卷五为伤寒证治，是伤寒证治的重点辑录。卷六至十，共列伤寒、真中风、类中风、伤风、虚痨、水肿胀满、积聚、反胃噎膈、痢疾、头痛、呕吐哕等 36 种病证的病因、病机、证候、治法、方药及医案，详略得宜，按语多有独特见解。书中中梓主张“肾为先天本，脾为后天本”；“气血俱要，补气在补血之先；阴阳并需，而养阳在滋阴之上”“乙癸同源，肝肾同治”。书中载自制新方 7 首，如润肺饮、阴阳攻积丸、肺痈神汤、拯阳理痨汤等。治泻九法；治癃闭七法；对积聚证，首倡初、中、末三期分治的原则；重视医学心理现象等，受到后世医著引用，至今仍为医家所遵奉。

链接：李氏尊岐黄之学，博采各家之长，持论公允。《医宗必读》在李杲、薛己、张介宾诸家的启发下，明确提出“肾为先天之本”“脾为后天之本”和“气血俱要，补气在补血之先”“阴阳并需，而养阳在滋阴之上”“乙癸同源，肝肾同治”等论断。对临床确有指导意义。

（二）中梓治泄九法、治癃闭七法是怎样用药的？

1. 治泄九法

李氏认为风、寒、湿、热四气太过都能导致泄泻，其中以湿为主，提出了治泄九法：

（1）淡渗：适用于湿滞泄泻，使湿从小便渗利，以六一散、四苓汤、五苓散、五皮饮为主。

（2）升提：适用于气虚下陷，中焦失于输转致泄，以补中益气汤升阳，或用升阳除湿汤治风胜湿。

（3）清凉：适用于暴注下迫的热泄，以戊己丸、承气汤、葛根芩连汤等方。

（4）疏利：适用于痰凝气滞，食积水停的泄泻，用木香、黄连、当归、陈皮、枳壳、大黄之类。

（5）甘缓：适用于泻痢有急迫下坠感，常在方中加入甘草等药。

（6）酸收：适用于久泻统摄无能，精气耗散，用乌梅丸等酸味之品以收之。

（7）燥脾：适用于脾为湿困而作泻，若脾气不足用四君、六君、参苓白术等；湿胜困脾以平胃散为主；湿胜阳微则用理中丸合平胃散。

（8）温肾：适用于脾肾虚寒的泄泻，以四神丸、八味丸、金匮肾气丸治之。

（9）固涩：适用于久泻滑脱，以赤石脂禹余粮丸等治之。

2. 治癃闭七法

李中梓继治泄九法后，又提出治癃闭七法，比之治泄九法更详细，每一法都揭示病机，举出用药，法堪后世医家借鉴。

（1）清金润肺：病机为肺燥不能生水，药用车前、紫菀、麦冬、茯苓、桑皮等。

（2）燥脾健胃：病机为脾失健运、肺失通调，药用苍术、白术、茯苓、半夏等。

（3）滋肾涤热：病机为下焦湿热壅滞，肾水燥热、膀胱不利，药用知母、黄柏、玄参、地黄、泽泻、茯苓、通草等。

（4）淡渗分利：病机为水液只渗大肠，小腑因而燥竭，药用茯苓、猪苓、通草、泽泻等。

（5）疏理气机：病机为气滞而膀胱气化不利，药用枳壳、木通、橘红等。

（6）苦寒清热：病机为实热内蕴而致气化受碍、上焦热甚，药用栀子、黄芩等；中焦热甚，药用黄连、芍药等；下焦热甚，药用黄柏、知母等。

（7）温补脾肾：病机为肾阳不足，或脾弱气陷，药用金匮肾气丸及补中益气汤等。

（三）李中梓在脏腑辨证方面是怎样重视脾和肾？

李中梓认为，治病求本，即要掌握生命之本。而生命之本，不外乎先天之本与后天之本两个方面。先天之本在肾，“肾为脏腑之本，十二脉之根，呼吸之本，三焦之源，而人资之以为始者也”。肾精充盛，则脏腑之精充足。而元气又是诸气之本。无论脏腑之气，经脉之气，均以元气为根。故而，要保全生命，必须保护先天肾中精气。与此同时，后天脾胃也是十分重要的。他说：“饷道一绝，万众立散。胃气一败，百药难施。一有此身，必资谷气，谷气入胃，洒陈于六腑而气至，和调于五脏而血生，而人资之以为生者也。故曰后天之本在脾。”其基本思想，与李东垣脾胃为元气之本的认识一致。即人在生长过程中，需时刻依赖水谷之气的不断滋养，五脏六腑由于水谷之气的不断滋养才得以发挥其功能作用。而水谷之气的化生有赖于脾胃，故脾在人体生命活动过程中至关重要。

脾肾在人体生命活动过程中至关重要，故李氏在诊断、治疗诸方面，十分重视先后二天亏损的调治。认为脉法需强调胃、神、根。胃气与肾气之盛衰，确是人体生命之根本。故诊脉需重视脉中胃气与肾气之盛衰，确是诊法中最关键之处。至于治疗，李中梓则接受李东垣、赵献可、薛己诸家之说，从脾肾先后二天入手。故其在《医宗必读·肾为先天本脾为后天本论》中说："治先天根本，则有水火之分，水不足者，用六味丸壮水之主，以制阳光；火不足者，用八味丸益火之源，以消阴翳。治后天根本，则有饮食劳倦之分，饮食伤者，枳术丸主之。劳倦伤者，补中益气汤主之。"六味、八味二方，本为赵献可善用补肾命水火之剂，而枳术丸、补中益气汤又是李东垣补脾胃之神剂。薛氏宗二家之说，先后天并重，李氏对此十分赞赏，故说"每见立斋治症，多用前方，不知者妄议其偏，惟明于求本之说，而后可以窥立斋之微耳"。因此，其治病宗薛氏之法，取方于六味、八味、枳术、补中益气诸方之间，效果显著。

二十五、清初三大名医之一——喻昌

喻昌，字嘉言，江西南昌府新建（今江西南昌市）人。因新建古称西昌，故晚年自号西昌老人。生于明代万历十三年（公元 1585 年），卒于清康熙三年（公元 1664 年），活了 80 岁，明末清初著名医学家，与张路玉、吴谦齐名，为清初三大名医之一。

> **链接：** 喻昌的卒年存在分歧，大多认为是清康熙三年（1664 年），享年 80 岁。但近代史学家范行准认为喻氏卒于 1683 年，享年 98 岁以上，是明清以来年龄最高的医家；徐复霖认为喻氏卒于 1670 年，享年 86 岁；龙月云认为喻氏卒于 1671 年，享年 87 岁，其说可能另有所据，亦不得而知。

喻氏原籍巴蜀，后移居江西南昌。明万历十三年（公元 1585 年），喻昌出生在一个书香门第之家。自幼喜欢读书，各种书籍无所不及，其中中医书也不例外。他生性洒脱，喜好游历，足迹遍及江西、浙江、江苏、安徽数省。成年后习儒，攻举子业，因聪明过人，勤奋好学，苦读精研，于六经诗文之学，无不深研精究。善于写文章，文才出众。薛雪深有体会地说：喻昌才宏笔肆，动则千言万字，每与他接触交谈则使人神思清发。就连向来不轻易赞许人的阎若璩在他的《潜邱札记》中也把喻昌与当时著名的文人并称为十四圣人。天启年间，45 岁的喻昌考中贡生。虽才高志远，但在仕途上并不得意。崇祯年间，他以副榜贡生到京城就读时，仍然踌躇满志，希望因此而有所作为，曾以诸生名义上书朝廷，陈述辅国政见，要求“修整法治”。但因人微言轻，他的意见没有引起已经风雨飘摇的明王朝的重视。后值清兵入关，战乱不断，时局动荡，喻昌的仕途梦想渐渐熄灭。50 岁时，他回到南昌，削发为僧，遁入空门，潜心研究佛学和医学，苦读《黄帝内经》《伤寒论》和其他医学著作，他被祖国医著中那优雅而精湛的文理、医理，神奇而独特的临床治验所吸引和折服，于是对医学的兴趣与日趋增，几年后，他终于选择了“不为良相，便为良医”的道路，蓄发下山，以行医为业，往来于南昌、靖安一带，足迹遍历赣、浙、苏、皖。医名卓著，冠绝一时，成为明末清初著名医家，与张路玉、吴谦齐名，号称清初三大家。

喻昌随处行医，有关传说不少。一次，俞昌乘乌篷船回乡，在河汉处看见一位少女在洗衣服，他注视良久，发现少女异样，预料她潜伏着一种闷痘疾病，即将暴发。这种病来势凶险，几乎无药可救。出于恻隐之心，就让船家停船靠岸，对自己的仆人说：“你上岸去，悄悄走近洗衣女的身后，将她抱住调笑，你不用害怕，我自有道理。”仆人知道主人医道高深，治病时常用些怪招，故从命上岸，拦腰抱住少女。那少女惊恐万分，以为是歹人行奸，大呼救命。少女的父兄听见喊声，赶到河边，扭住仆人就要殴打。俞昌上前制止，说：“我是俞昌，刚才见这少女身患危症，所以用这种激怒的办法救治，这莽汉是我的仆人，没有其他恶意。”少女的父亲久闻喻昌的大名，立即吩咐住手，并上前请教，喻昌说：“令爱身内潜有痘毒，近日将要发闷痘，病发就不可治，所以，我让仆人前去惊吓姑娘，让她又惊又怒，趁闷痘未发之际，宣泄肝火，减轻内热。这样，在日后发痘时，就可以用药解救了。到那时，你可到我家取药，千万不可耽误。”过了数日，有人夜半敲门，喻昌亲自接待。来者正是洗衣少女的父亲，他说："果如先生言，我女儿周身发热，烦躁不安，皮肤上隐隐显出痘影。"喻昌高兴地说："你的女儿已经得救了。"便开一药方，让他连夜去药铺抓药。后来，少女服药数剂，痘诱发顺畅，没有变症，安然度过了痘期。

喻昌在医术上精益求精，对患者慈悲为怀，对技艺不精的医生也毫不客气。一次，一名姓黄的男子夜间贪图欢爱，之后患了伤寒。十多天后，这名男子出现神智昏迷、手脚冰凉的症状，惊慌失措的家人赶紧去请医。一位老医生诊完脉后说："这是伤寒夹食，要赶快用大热之药！"于是开了干姜、附子等温热之药。这时，不知谁请来了喻昌，他诊完脉后立即对病人家属说："这药不能喝！"老医生很不高兴："为什么不能喝？你懂什么！"喻昌说："这个时候不能补，要泻！"

喻昌和老医生僵持不下，突然，他拉住老医生的手说："这样吧，我与你各立一个生死状。如果谁用错了药导致病患身亡，谁就来承担责任。"老医生的脸色都变了，说自己治疗伤寒三十年，从来就不知道什么是生死状。喻昌哈哈大笑，转身对家属说："他不敢立，我敢立，拿纸笔来！"患者家属知道自己遇见了高人，连忙拉住喻昌的手："别立了，我们听您的！"

服下喻昌开的药后，患者的手脚开始暖和起来，神智也渐渐清醒。不久，患者就痊愈了。人们非常好奇喻昌为什么会对一个手脚冰凉的人开泻药，他解释道："患者脸上发暗，舌苔焦黑，身上干枯得像柴火似的，说明体内已经是有一团火在燃烧了。这个时候要去除邪热，保存人体的津液，肌体才能恢复生机。"

钱谦益是明代翰林院编修，清初诗坛盟主之一。一天，钱谦益访友归家，轿子路过迎恩桥时，轿夫突然跌倒，致使主人仆倒在地而受了惊吓。从那以后，钱谦益就得了一种怪病，双眼向上翻，头向下低，看了很多医生都治不好。

后来，钱谦益找到喻昌。喻昌得知致病的经过和原由，便让管家把府中强壮有力善于行走的轿夫叫几个来，用酒饭款待，并对他们说："你们尽管吃饱喝足，接下来要做的事，不过是像做游戏一样。"轿夫吃饱后，喻嘉言令轿夫分别站在庭院的四角，两人夹持主人，合力奔走，先由东奔西，再从南奔北，然后互相更换。轿夫可以休息，而主人无一刻停息。主人奔得上气不接下气，虽然疲惫不堪，但是病已霍然而愈。钱谦益情不自禁地说："真是高人，这是什么治疗方法？"喻昌说："你以前跌倒的时候，肝脏的叶片折叠了。现在给你抖擞经络，同时把肝叶抖擞开，令木气调达就可以了。"从此以后，钱谦益对喻昌更加佩服，尊称他为"圣医"。

公元1644年，应好友钱谦益先生之邀，喻昌便在常熟县城北门外虞山下定居下来，并开了一栋草庐医所，致力于为当地百姓治病。喻昌待人热情，不论男女老少，不论富贵贫贱，凡有求他的，他都鼎力相助，尤其怜悯穷苦病人。有穷人就医，他不仅送医给药，还在药包中夹带银两，临走时常常附带嘱咐一句："回家煎药之前一定亲自检点一下药。"加上他医术精湛，所以深受医学界推崇。由于他的名声颇佳，顺治年间，朝廷下诏征聘，清政府的一些官员也常推荐他去做官，公卿贵人慕名邀请他去做幕僚。但喻昌早已绝意仕途，所以一概推辞不从。

晚年，喻昌不满足于其赫赫的临证医名，曰："吾执方以疗人，功在一时；吾著书以教人，功在万里。"因此著书立说，广收门徒。清顺治十五年（公元1658年），喻昌还大开讲堂，向来自各地的求学者及同仁讲解"瘟病"。同年八月，据《常熟县志》记载：喻昌突然中风昏迷达200余日，直到第二年六月才开始好转。在病中，他还为自己最后的一部医书《会讲温证语录》题词。

清康熙三年（公元1664年）一个炎热的夏天，钱谦益和夫人柳如在家里组织了一场围棋友谊赛，80岁高龄的喻氏与围棋国

手李兆远对弈，时达 3 昼夜，局终收子时，溘然逝世。

喻昌一生，由儒转医，大器晚成，潜心医道，著述颇丰。论著有《寓意草》《尚论篇》《医门法律》《伤寒抉疑》（又名《伤寒问答》）《生民切要》《张机伤寒分经注》《喻选古方》《会讲温症语录》等 8 部。其中以《寓意草》《尚论篇》《医门法律》三书流传最广，影响最大。

（一）喻昌影响最大的三部著作有哪些内容？

《寓意草》是喻嘉言的医学处女作，也是中国医学史中较早又较著名的一部个人自订医案，成书于明崇祯十六年（公元 1643 年）。全书 1 卷。它以笔记体裁写成，书前有医论二篇，强调“先议病，后用药”的诊疗程序，并自订议病格式。然后记录了自己以内科杂病为主，也有痈疖等外科的疑难医案 70 则，案中详录病因和病情，讨论辩证精辟明细，并指出每案的关键之处和疑难之点，有很多独到的见解，治疗多选用经方，遵仲景之法而不泥于其方，遣方用药，审慎考究，随证加减，灵活变动。故治疗多奇中，具有出奇制胜之妙。该书是喻氏多年临床验案的真实记录，集中反映了他辨证论治的水平和遣方用药的宝贵经验。对后世病案著作具有专长产生了很大影响。

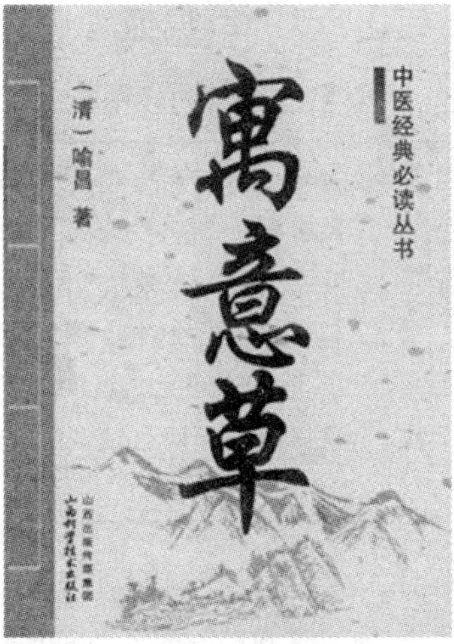

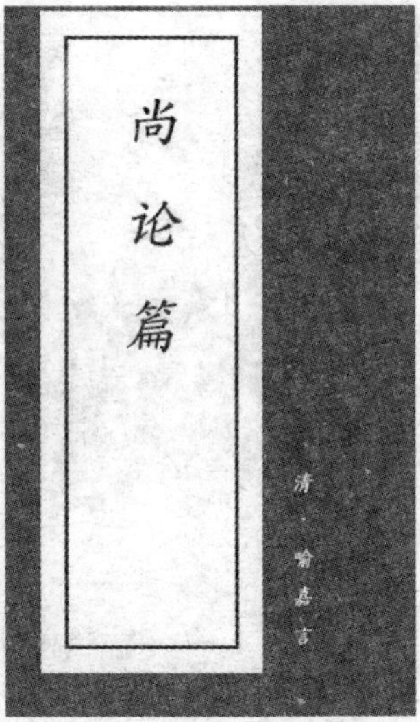

《尚论篇》全称《尚论张仲景（伤寒论）重编三百九十七法》，又名《尚论张仲景（伤寒论）》。成书于清顺治戊子年（公元1648年）。全书8卷。本书主要是参考明代方有执《（伤寒论）条辨》编撰的，但编次有所不同，内容也有所补正。卷首有“尚论张仲景（伤寒论）大意”等六篇医论。其后详论伤寒六经证治。书中论述六经，以太阳经为大纲，太阳经中又以风伤卫、寒伤营、风寒两伤营卫为大纲。并认为《伤寒论》中的397条条文是397法，分隶于大纲之下，作为订正《伤寒论》之依据标准。每经之下设有若干法，每法之下分列条文和方证，并加以注释和分析。其篇章结构更合理，层次更为清晰，注释更为妥帖，内在联系更为紧密，更能揭示出六经病变之本质和规律性，可谓提纲挈领，纲举目张。喻昌的这种见解，成为《伤寒论》研究中一个重要流派。

链接： 尚论之名，取崇尚经义，诩赞仲景之意。喻昌推崇方有执，并仿其体例重新排列编次，订正后的《伤寒论》，篇章结构更为合理，原文归类更有条理性，层次清楚，注释更贴切，意旨更明朗，使仲景之书基本恢复了原貌。故张路玉、吴仪洛等医家赞扬曰：独嘉言能别开生面，裁取倍于诸家，振举其大纲，次评其节目，将三百九十七法分隶于大纲之下，很得分经之妙。

《医门法律》是一部综合性的医书，成书于清顺治十五年（公元1658年）。全书分为6卷，14门，载方390余首。本书结

合临床病证，正面阐述辨证论治的法则，谓之“法”；同时指出一般医生在临床辨证治疗上容易发生的错误，指示禁例，谓之“律”。以法和律的形式确立行医时的规范，故书名谓之《医门法律》。卷一阐明望、闻、问、切四诊合参的重要性和必要性，申明《内经》《伤寒论》的证治与法律，并著录先哲格言为理论依据，以助进一步阐述自己的论点论据，有画龙点睛的作用。卷二至卷六以风、寒、暑、湿、燥、火（热）六气及痉病、疟证、痢疾、痰饮、咳嗽、关格、消渴、虚劳、水肿、胀病、黄疸、肺痿、肺痈等诸证分门，分别阐述各类病证的证治。每门先立论，以《内》《难》、仲景等诸贤之说为理论依据，再参合自己的临床经验，全面地分析每证的病因病理及其变化规律。次论法，再论律，最后附以卓有成效或深有体会之诸方。全书论述精当，析理透彻，载方精良，体裁新颖，创新颇多，因而对后世影响很大，流传甚广，至今仍为临床医生实用而不可多得的一部参考书。

（二）喻昌有哪些学术经验值得我们学习？

喻昌知识渊博，医术高明，医德高尚，经验丰富，为后人留下了许多宝贵经验，为发展祖国医药学作出了很大贡献。其主要学术经验如下：

1. 一字正错讹，清燥救肺谱新篇。喻昌认为，《素问·阴阳应象大论》“秋伤于湿，冬生咳嗽”和《素问·生气通天论》“秋生于湿，上逆而咳”两段原文中的湿字，与主令不合，而病机十九条中又独遗燥气未论及，历代诸贤，拘泥经文圣典，弗察其讹，随文作解，以讹传讹，无一改进之。湿之与燥，致病特点，病理演变，病变性质都有霄壤之别，焉可混淆！“昌特正之，大意为春伤于风，夏伤于暑，长夏伤于湿，秋伤于燥，冬伤于寒，觉六气配四时之旨，与五运不相背戾，而千古之大疑始一决也”（《医门法律·秋燥论》）。至此，《内经》中的错误才得以纠正，易一字而正千古之讹，好似老吏断狱，明月开天。对燥证的治疗，创制了清燥救肺汤，力倡甘柔滋润以清燥救肺，忌用辛香行气之品以免伤津助燥，补前人之未逮，著历史之新篇。该方历经三百多年的临床验证，效果良好，一直被奉为灵宝良方，垂名后世。

链接：清燥救肺汤：由桑叶、石膏、甘草、胡麻仁、真阿胶、枇杷叶、人参、麦门冬、杏仁等组成。具有清燥润肺，养阴益气之功效。主治温燥伤肺，气阴两伤证。身热头痛，干咳无痰，气逆而喘，咽喉干燥，鼻燥，心烦口渴，胸满胁痛，舌干少苔，脉虚大而数。临床常用于治疗肺炎、支气管哮喘、急慢性支气管炎、支气管扩张、肺癌等属燥热犯肺，气阴两伤者。

2. 二强论脾约，病机新释启后学。《伤寒论》与《金匮要略》都有麻子仁丸治疗脾约的记载。仲景文词深邃，难以心领神会。对脾约病机的注释，后世多宗成无已，以胃热气盛，脾阴不足，胃强脾弱作解。喻氏深研仲景之说，领悟经旨尤深。他认为用胃强脾弱解释脾约病机，其病机与治则不相契合，牵强附会，有悖经旨。仲景只说胃强，未言脾弱，“所谓胃强者，正是因脾之强而强，脾气过强，将三五日胃中所受之谷省约为一二弹丸而出，全是脾土过燥，致令肠胃中之津液日渐干枯，所以大便难矣。脾弱即当补矣，何为麻子仁丸中反用大黄、枳实、厚朴乎？设脾气弱即当便泄矣，岂有反难之理乎？相传谓脾弱不能约束胃中之水，何以反能约束胃中之谷耶?”由此可见，喻氏连设三问，层层设理，推论出脾约的病机是胃强脾亦强。而胃强脾弱于理、于治、于方均不吻合。喻氏新释，一反众议，独树一帜，合情合理，无不被后学所称道赞叹!

3. 三法治鼓胀，奇术妙法起沉疴。鼓胀一证，历代医家皆视为沉疴重症，预后不良。然而喻氏对此则有独到见解。他认为脾虚是该病之本，瘀血和蛊毒乃是病之根。鼓胀病是一种本虚标实，虚实夹杂证。而世人治疗鼓胀，只重攻泻其标实，未顾及调理中州之本。攻泻之法必伤耗元气，亏损脾胃，纵然可取效一时，但终不能图治根本。根扎中州之地，久窒四运之轴，清者不升，浊者不降，互相结聚则牢不可破，倘至腹肿渐大则更无法可疗。因此，他主张以刚柔相济，攻补兼施之原则治之，乃创拟三法，以纠医家之偏。“即培养一法，补益元气是也；招纳一法，升举阳气是也；解散一法，开鬼门洁净府是也”（《寓意草》）。常用方有人参芎归汤、化滞调中汤、强中汤、人参丸等，纵观各方的组成和功用，三法精神融贯其中，虽未言泻而泻在其中，熔攻、补、消诸法一炉，不滥投攻劫之剂，契合病机，诚可取法。临床若能掌握分寸，施治得当，则沉疴得起，鼓胀可愈。《寓意草》中记载用连理汤、六味地黄丸加减治疗单鼓胀的案例则是三法运用的典范。

4. 逆挽疗痢疾，新辟蹊径绝招多。逆流挽舟治疗痢疾，这是喻氏的独特经验。痢疾多因湿热壅滞大肠，气血失调所致，治疗多以清利湿热，调气行血为法。喻氏在继承这一传统治法的同时，发现治痢法则还不够完善，有待补充，于是提出：肠胃为热毒所攻之痢，当用通因通用，顺水行舟法；邪热奔迫于大肠，郁结于膀胱之痢，当利其小便以急开支河法；外感三气之热而致下痢，当用逆流挽舟之法，引其邪而之于外。所谓逆流挽舟法，是指外邪从表入而陷里所致之痢，治当使陷里之邪还从表出而解，犹如急流之中挽舟上行，令痢止病愈的一种方法。外感何以致痢？喻氏认为，大肠之热，皆因肺热所移，肠胃有病，其所关全在于肺。肺外合皮毛，内与大肠相表里。外感邪气后皮毛闭塞，肺气也因之而郁闭，外邪不能表解，内迫大肠，大肠亦因而壅滞，气血失调，遂成下痢。治疗此种痢，若能使表气疏通，肺气宣扬则大肠里滞亦除，不治痢而痢自愈，此逆流挽舟之精神也。然而喻氏不仅用此法治疗痢疾初起兼表证，久痢活用此法"经治千人，亦成效历历可纪"。故曰："失于表者，外邪但从里出，不死不休，故虽百日之远，仍用逆流挽舟之法，引其邪而出于外，则死证可活，危证可安"（《医门法律》）。以上可见，喻氏在顺水行舟，急开支河等治痢常法的基础上，新创逆流挽舟治痢之变法，知常达变，灵活变通，三者间相互联系，构成了喻氏治痢的理论体系，也体现了喻氏辨证论治的原则性和同病异治的灵活性，实堪称通权达变之典范。

5. 治病重脾胃，滋养胃阴开先河。脾胃为后天之本，气血生化之源，其功能正常与否，对人体生命活动有着举足轻重的作用。喻氏对此有许多论述："造物全赖湿土生化一气，而木火金水始得相生于息"（《尚论篇》）。"土膏一动，百草莫不蕃茂；土气一败，万物莫不归根；元气以土为宅，不可不亟讲矣"（《寓意草》）。"中土气弱，不能四运，如母病而四子失乳，故现饥馁之象耳?"（《寓意草》）"理脾则百病不生，不理脾则百疾续起"（《寓意草》）。以上这些论述从生理上阐明了脾胃功能对整个生命活动的主导性；从病理上分析了脾胃与他脏的关联性；从治疗上强调重视调理脾胃的重要性。脾与胃，一阴一阳，互为表里，相互为用。调理脾胃要注重各自不同的生理特性，各有侧重。"脾偏于阴，则和以甘热，胃偏于阳，则和以甘寒"。理脾以温阳为主，但温阳理脾又顾护柔润养胃，刚柔相济忌伤胃阴，这一观点为后世叶天士的养胃阴学说奠定了基础。后世皆知叶天士创立了胃阴学说而擅长养胃阴，实际上喻昌早就对胃阴学说在理法方药上均有完整的论述。他说："胃藏津液，水谷之海，内充脏腑，外灌形骸，津多脉盛，津少脉衰，津结病至，津竭祸来，治病而不知救人之津液者，真庸工也"（《尚论篇》）。由此可见他治病重视养护胃阴之一斑。（辑自张炳填文）

二十六、清初医学家——傅山

傅山，初名鼎臣，字青竹，后改字青主，号啬庐、又号公之它，山西阳曲（今山西太原）人。为了避世，其诗文的署名有朱衣道人、青羊庵主、侨黄老人、五峰道人、老蘖禅、观化翁、大笑天下士等20多个别名。生于明万历三十五年（公元1607年），卒于清康熙二十三年（公元1684年），活了77岁。明清之际道家思想家、书法家、医学家。

傅山出生于官宦书香之家，曾祖傅朝宣曾为宁化府仪宾、承务郎；祖父傅霖累官山东参议、辽海兵备，颇有政绩；其父傅子谟终生不仕，精于治学。傅山少时，受到严格的家庭教育，博闻强记，读书数遍，即能背诵。15岁被督学文太清提拔入庠中秀才，20岁试高等廪饩。后就读于三立书院，受到山西提学袁继咸的指导和教诲，是袁氏颇为青睐的弟子之一。崇祯九年，时任山西提学的袁继咸遭钦差大臣张孙振的诬陷下狱，受牵连的官员、秀才达百余人。30岁的傅山拍案而起，联名同学，变卖家产，不远千里入京告状。结果获得各界支持，冤狱得平，老师得释，官复武昌道，张孙振以诬陷罪受到谪戍的惩罚。这次斗争的胜利，震动全国，傅山得到了崇高的荣誉和赞扬，名扬京师乃至全国。

袁案结束后，傅山返回太原。不久其妻不幸去世，遗一子名傅眉，他无意官场仕途，寻城西北一所寺庙，辟为书斋，除悉心赡养母亲、照料儿子外，博览群书，除经、子、史、集外，甚至连佛经、道经都精心览读，掌握了丰富的知识。崇祯十六年（公元1643年），傅山受聘于三立书院讲学。没多久，李自成起义军进发太原，傅山奉陪老母，带着儿子辗转于平定嘉山。顺治二年（公元1645年），起义军、清军先后攻占北京，明亡。傅山闻讯写下“哭国书难著，依亲命苟逃”的悲痛诗句。为表示对清廷剃发的反抗，他拜寿阳五峰山道士郭静中为师，因身着红色道袍，遂号“朱衣道人”，别号“石道人”。朱衣者，朱姓之后裔，暗含对亡明的怀念；石道者，如石之坚，意示决不向清朝屈服。目睹连年战乱，疾病与贫困导致民不聊生，38岁的傅山潜心学医，日夜攻读，几年后竟成为一名名震于世的良医，云游于平定、汾州一带，一面进行反清活动，一面行医。

清军入关建都北京之初，全国抗清之潮此伏彼起，气势颇高，傅山渴望南明王朝日益强大，早日北上驱逐清王朝匡复明室，并积极同桂王派来山西的总兵官宋谦联系，密谋策划，积蓄力量，初定于顺治十一年（公元1654年）三月十五日从河南武安五汲镇起义，向北发展势力。然而，机事不密，宋谦潜往武安不久，即被清军捕获，并供出了傅山。于是48岁的傅山被捕，关押太原府监狱。羁拘期间，傅山矢口否认与宋谦政治上的关系，即便是严刑逼供，也只说宋曾求他医病，遭到拒绝，遂怀恨在心。一年之后，清廷不得傅山口供，遂以“傅山的确诬报，相应释宥”的判语，将他释放。

傅山出狱后，反清之心不改。大约在顺治十四至十六年间，曾南下江淮察看了解反清形势。当确感清室日趋巩固，复明无望时，遂返回太原，隐居于城郊僻壤，自谓侨公，那些“松侨”、“侨黄”的别号就取之于此后，寓意明亡之后，自己已无国无家，只是到处做客罢了。他的“太原人作太原侨”的诗句，正是这种痛苦心情的写照。康熙二年（公元1663年），参加南明政权的昆山顾炎武寻访英雄豪杰，来太原找到傅山，两人抗清志趣相投，结为同志，自此过从甚密。他们商定组织票号，作为反清的经济机构。以后傅山又先后与申涵光、孙奇逢、李因笃、屈大筠以及王显祚、阎若璩等坚持反清立场的名人和学者，多有交往。尤其是曾在山东领导起义的阎尔梅也来太原与傅山会晤，并与傅山结为“岁寒之盟”。王显祚见傅山常住土窑，特为他买了一所房院，(即今太原傅家巷四号院)。

清初，为了笼络人心，泯除亡明遗老们的反清意识，康熙帝在清政府日益巩固的康熙十七年（公元1678）颁诏天下，令三品以上官员推荐“学行兼优、文词卓越之人”“朕将亲试录用”。给事中李宗孔、刘沛先推荐傅山应博学宏词试。71岁的傅山称病推辞，阳曲知县戴梦熊奉命促驾，强行将傅山招往北京。至北京后，傅山继续称病，卧床不起。清廷宰相冯溥并一干满汉大员隆重礼遇，多次拜望诱劝，傅山靠坐床头淡然处之。他既以病而拒绝参加考试，又在皇帝恩准免试、授封“内阁中书”之职时仍不叩头谢恩。康熙皇帝面对傅山如此之举并不恼怒，反而表示要“优礼处士”，诏令“傅山文学素著，念其年迈，特授内阁中书，着地方官存问”。

傅山由京返家后，地方诸官闻讯都去拜望，并以内阁中书称呼。对此，傅山低头闭目不语不应，泰然处之。阳曲知县戴氏奉命在他家门首悬挂“凤阁蒲轮”的额匾，傅山凛然拒绝，毫不客气。他仍自称为民，避居乡间，同官府若水火，表现了自己“尚志高风，介然如石”的品格和气节。

身为道家思想传承者的傅山，无论在学术和学术思想上，傅山的学问文章，都追踪当时的进步思潮，尤其是前半生明朝末灭亡之时，他的思想带有强烈的进步倾向，不重视当时学者重理学的倾向。他赞扬具有革命新精神，被明朝统治者视作洪水猛兽的李贽学术思想和刘辰翁、杨慎、钟星等节高和寡之士的文风。对明末的政治腐败，官场龌龊，有清醒的认识。清军入关，明王朝灭亡后，傅山一反清初一般学者以经学为中心的研究范围，而是独辟研究子学的途径，冲破宋明以来重理的羁绊，开拓了新的学术研究领域，成为清之后研治诸子的开山鼻祖。至于傅山的诗赋，则是继承了屈原、杜甫以来的爱国主义传统，他主张诗文应该“生于气节”，以是否有利于国家和民族为衡量标准。傅山一生著述颇丰，可惜所著宏论，大都散失，只存书名和篇名，留存于世的仅《霜红龛集》和《两汉人名韵》两部。

在诗、文、书、画诸方面，傅山皆善学妙用，造诣颇深。其知识领域之广、成就之大，在清初诸儒中，无出其右者。傅山的书法被时人尊为“清初第一写家”。他书出颜真卿，并总结出“宁拙毋巧，宁丑毋媚，宁支离毋轻滑，宁直率毋安排”的经验。他的画也达到了很高的艺术境界，所画山水、梅、兰、竹等，均精妙，被列入逸品之列。《画征录》就说：“傅青主画山水，皴擦不多，丘壑磊砢，以骨胜，墨竹也有气。”他的字画均渗透自己品格孤高和崇高的气节，流溢着爱国主义的气息，在中国古典书画艺术中，博得后人的高度赞赏。

傅山不仅是书法家、画家，在医学上，也有着巨大的成就。他在内科、妇科、儿科、外科，科科均有很高的技术，而尤以妇科为最。傅山极重医德，对待病人不讲贫富，一视同仁，在相同情况下，则优先贫人。对于那些前来求医的阔佬或名声不好的官吏，则婉词谢绝。对此他解释为：“好人害好病，自有好医与好药，高爽者不能治；胡人害胡病，自有胡医与胡药，正经者不能治。”傅山治病，制方用药不落古人窠臼，又不失古人准绳，用药纯和，无一峻品，辨证详明，一目了然。病重者，十剂奏功，病浅者，数服立愈。今录医案二则，可见其医技之一斑。

有个老人，突然痰涌喉间，眼看就要断气，家人已准备了后事。傅山直来急救，经过诊断，断定不会死，便捣蒜汁和药灌入病人口内。老人立即吐出大量浓痰，得以保住一条老命。

有个抚军（从前各省巡抚的敬称）的老母生病，找傅山治。傅山一贯不愿见当官的，抚军只好避开。傅山看了病，生气地说：“如此年纪还得如此病症!”他不给处方扭头就走，人家问他病人究竟得了什么病，他说是思夫病。抚军老母听见后，不禁叹道：“真是神医!”原来这个老太婆有一天在翻衣笼，无意中看见了她死去的丈夫遗下的鞋子，勾起了对丈夫的思念，才得了这种病。后来，经过抚军的请求，傅山只用了一帖药就把她治好了。

傅氏治病救人不求名利，为贫苦百姓治病常常不收诊金，即便跋山涉水数百里，也任劳任怨，在所不辞。一次远在数百里外的友人杨思坚病危，傅氏得知，不避酷暑，连夜上路，途中不慎失足坠崖，随从、仆人以为无救，失声痛哭，悲恸之际，忽见傅氏从山沟爬出来，满面鲜血，竟连催赶路。走了五天五夜，使濒于危笃之际的友人终于脱险，朋辈闻知，无不深受感动。行医中，傅山每到一地，都与“村童野叟，凳东，坐树下，话桑麻”。虚心向群众学习，采集民方，不耻下问，深受劳动人民的尊敬和爱戴。至今在民间还流传着傅山善用体育、心理疗法治疗难症的轶闻趣事。

清康熙年间，北京一富商因日夜操劳，又因同行竞争，常生闷气，出现头昏脑胀，目光呆滞，食欲下降，睡眠欠佳、倦怠乏力等症状。慕名前来找傅山求诊。傅山询问病情，诊罢脉。认为富商因劳心过度，气郁伤肝损脾所致，对富商说，病可以治，但药引难寻。随手写了两味药引：“人脑百个，盘龙草百条。”富商一听，露出了惊讶的神色。傅山解释说："此药引虽然难得，但可用他药代替，因头上的脑油乃人脑之精，附带在毡帽上，取之即可；盘龙草可用破草帽，只要你起早歇晚在城外脚夫处去找，再开方子，保你药到病除。"富商遵医嘱，不避寒暑，不辞劳苦，寻找这奇怪的药引。一年后，果真备齐，送到傅山处请求赐方。傅山诊脉后，笑着说："你找药引，排除杂念，活动筋骨，大病已去，不必开方。"富商顿时惊喜交加，连声道："奇方，奇方。"

有一对恩爱夫妻偶然发生口角，妻子十分伤心，从此卧床不起，丈夫懊悔不已，再三赔不是，妻子的病情仍不见起色。其夫请傅山就诊。傅山正在出诊的路上，问了问生病原因后，顺手拣起一个小卵石，嘱其回家先用文火煮软，作为药引。但煮卵石时，一定要丈夫不停地加水，一刻也不能离开，待到石软时，再来开方。丈夫回家后，遵嘱日夜不停地煮石头，几天后，眼睛熬红了，人也瘦了，仍丝毫不敢倦怠。病妻见此情景，深为感动，主动下床来代丈夫看火煮石，并让丈夫问傅山，卵石何以还煮不软？傅山微笑地说："你妻子的病已经好了，卵石虽然煮不软，但你妻子的心已软了。"

康熙二十三年（公元 1684 年）初，傅山的爱子傅眉病逝，年逾古稀，进入风烛残年的傅山悲痛异常，再也经受不起如此打击，不久则撒手人寰，与世长辞，时年 77 岁。

傅氏一生著述众多，撰写医学著作有《大小诸症方论》（抄本）、《辨证录》《石室秘录》《洞天要旨》等，当时因反清斗争之需，均未具傅山之名，后人从上述诸书中抽取部分内容，辑出《傅青主女科》《傅青主男科》《傅氏幼科》等，方具作者真名。又《医学手稿》经鉴定为傅氏遗墨。其中以《傅青主女科》影响最大。

（一）《傅青主女科》是一部什么样的书？

《傅青主女科》又名《女科》二卷，傅山撰，约成书于十七世纪，而至道光七年（公元1827年）方有初刊本。后收入《傅青主男女科》中，合刊本多《傅氏女科全集》，后附《产后篇》2卷。故或又为《女科·产后编》、陆懋修《世补斋医书》收入之校订本、将女科析为8卷、八门。改称《重订傅徵君女科》《产后编》改名《生化编》。今本《傅青主女科》（《女科》）上卷载带下、血崩、鬼胎、调经、种子等五门，每门下又分若干病候，计38条、39症、41方。下卷则包括妊娠、小产、难产、正产、产后诸症，亦五门，共39条、41症、42方。《产后编》上卷包括产后总论、产前产后方症宜忌及产后诸症治法三部，分列为17症；下卷继之而分列26症，并附补篇一章。全书文字朴实，论述简明扼要，理法方药谨严而实用，重视肝、脾、肾三脏病机，善用气血培补、脾胃调理之法，故颇受妇产医家推崇。

链接：《中国医学史略》评：今传《傅青主女科》，实为后人从陈士铎《辨证录》中录出，略加润饰，假托傅氏之名而刊行的。（二者不但内容相同，语词相同，甚至一字一名也绝大部分相同。）……其书多以五行生克说论证，亦无足取。唯《辨证录》女科部分所收诸方，或为当时所传验方，行之有效，或借傅氏之名引起人们的重视。

（二）傅氏治疗妇科疾病有何特点？

在长期的临床实践中，傅氏意识到女科之病以郁症居多。傅氏高度重视心理因素在妇科疾病的发生与病机变化中的作用，并由此形成以调肝为主的学术思想。傅氏在《女科》的论述中，所谈到的月经病、带下病、胎前病、产后病等均与妇女的心理因素关系密切。因此理气解郁就是治疗妇科疾病重要的一环。肝脏体阴而用阳，傅氏认为肝郁症的发生和发展与其体阴的亏损有关，易造成郁逆化火的征象。又认为肝郁病证，肝血不足、脾气不振是其内因，治疗不能仅用理气舒肝治标之法，只有配合养肝血、健脾气之法，才能有相得益彰之妙。傅氏之所以慎用芳香升燥，而侧重在滋养阴血，就是基于上述认识而来的。肝阴之伤，势必及肾，傅氏在治疗肝郁时，对培真阴、滋养肾水方面，亦给予一定的重视。傅氏用治妇科郁症的几个主要方剂的用药规律是：以应用归、芍机会最多，配用熟地者亦不少，说明对保护阴血的重视。应用理气解郁药次之，用则以柴胡为首选。而参、术一类健脾益气药占所用药的第三位，其中完带汤方，舒肝郁、开脾气，一举两得，寓有深意。傅氏治郁的用药，以扶正为主，如当归、白芍、熟地、白术、山药、人参、菟丝子等，大部分用量一两，理气药用量较轻，如柴胡多则一钱，少则五分，香附重则三钱，少则一钱等。这种配伍不仅可使补而不腻，而且能调和脾胃达到理气解郁的治疗目的。张山雷曾说："滋养肝肾，培植真阴，亦可少少参加气药……始有捷效。"傅氏拟方不外两大类，一类治肝之郁，一为泄肝之火。从生理角度讲，肾为女子之先天；从心理角度讲，肝为女子之先天。在《女科》中，傅氏曾用疏肝养血法，如治疗嫉妒不孕的开郁种子汤。傅氏在久郁不愈的病症中，常以熟地、当归、白芍养肝血，又稍用柴胡、香附理气开郁之品，效果更佳。又有疏肝健脾法，如《女科》中的解郁汤、顺肝益气汤等。傅氏认为久郁不行、脾气不足是其内因。若常用疏肝理气之品，气越理、郁越结；能配伍实脾健中之品，则脾气旺盛，而肝郁得解。妇科病从肝郁论治，历代不乏其人，而傅氏最为精当。傅氏注重养血、健脾与疏肝的配伍，标本兼治，比单纯疏肝解郁更胜一筹。

（三）傅氏在临床实践中对前贤学说有何发挥和创新？

傅氏是自学成才的一代名医，且没有门户之见。学派融会贯通，结合临床实践，不断有所发挥、有所创新。

1. 辨证施治，不拘旧说。傅氏在全面系统地把五行学说运用于临床之后，进一步体会到“木火土金水，配以肝心脾肺肾，人尽知也；然而生中有克，克中有生，生不全生，克不全克，生畏克而不敢生，克畏生而不敢克，人未知也!”在疾病的辨证中，辨阴阳是关键。他认为“人身之阴阳，其最大者无过气血，盖气血之至大者，有气之有余与血之不足。气有余则阳旺而阴消，血有余则阴旺而阳消。阳旺而阴消者，当补其血；阴旺而阳消者，当补其气；阳旺而阴消者，宜泻其气；阴旺而阳消者，宜泻其血。欲阴阳补泻之宜，视气血有余不足而已”。发《内经》所未发。在傅山自学中医的道路上，由于其特殊的经历，对于道家的影响接受较多。他指出一切法式都是从无法中发展而来，并且由于事物的发展而不断得到充实，医学也是这样。他在《女科》调经门中，创立定经汤、调肝汤、两地汤、温脐化湿汤和健固汤等诸方剂，都有常有变，随证加减。说明他一面继承古训，一面吸取新知，从而创出行之有效的方剂。他在“产后诸证治法”对血块的辨证中说：“此症勿拘古方，妄用苏木、蓬、棱，以轻人命，其一应散血方、破血药俱禁用。”在“血晕”一症中说“若偏信古方，认为恶血抢心而轻用散血之剂；认为疫火而用无补消降之方，误甚矣。”这些论述体现了他在医学上坚持原则性与灵活性的统一。此外，傅氏还注重阴阳调之以平。在临证中，他将辨虚实视为审视疾患的重要环节。如《医学手稿》“经水先期”条中指出“妇人有先期而经来者，并不尽是血热之极所致”。“先期而来多者，火热而水有余；先期而来少者，火热而水不足。倘一见先期而来，俱以为有余之证，但泻火而不补水，或水火两泄之，焉有不增病者哉?”在此症中，均以辨别其水火虚实为治，并善用阴病阳治，阳病阴治之法，以恢复人体阴平阳秘的生理平衡状态，这也是傅山重要的治疗思想。中医的精髓就是整体观念和辨证施治，傅氏谨宗其旨而又不死搬硬套，而是灵活运用于临床中。他十分重视整体与局部的统一，这是与他所熟悉中国传统哲学中的重视宏观与微观统一的思想相一致的。他在《女科》小产中说：“治病必求其本，本固而标自立。”并进一步发挥：对其汤方“意在本也”“无揣其本，而济其末，山犹未见有能济者也。”论“血崩”中亦有“止崩之药不可独用，必须于补阴之中行其止崩之法”，这些均反映了傅氏这方面的指导思想。在傅山的继承经典，不拘旧说的思想指导下，他在临病辨证上有三个特点：①初病辨清，药易奏效。“用药原易奏功，无如世人看不清证，用药错乱，往往致变证蜂起，苟看病情，用药当，何变之有?”②据证析因，审因论治。根据不同症候，分析研究其形成之因，是从病辨证的关键所在。审其病因不同，然后从因论治。③谨守病机，各司其属。抓住病因，辨别其机理和属性，明其所属。

2. 对升阳法的灵活运用。傅氏除精通中医经典外，对历代先贤的学术研究经验亦在继承中有所发挥。首先是对李东垣健脾升阳法潜心玩索，颇有心悟。在灵活运用升阳法中，以肝脾肾三脏立论，注重培补气血和调理脾胃，主张攻补并用，并拟有新的升阳诸方。升阳补血：用于气虚下陷兼营血不足之症。如傅氏在治疗产难、产后肝痿、子宫不收、产门不闭、遗尿及阴挺等病症时均用此法。以转天汤治疗产难时，是用大剂人参、当归（各二两）升阳补血为主，又以川牛膝三钱，开中寓降，刚柔互济，成为治疗难产的救急良方。升阳益阴：用于气虚下陷兼阴液不足证。如用生津止渴益水饮治疗产后烦渴；以补中益气汤合生脉散治疗小便不利等症。升阳益阴，温清并用。升阳化瘀：用于气虚下陷兼有瘀血者。如用补气升肠饮治疗正产肠下，急用人参、黄芪、当归各一两，合白术、升麻与川芎，以补气血，升举陷阳。其中妙在川芎与当归均用酒炒，能加强升阳化瘀之功。方中升麻仅用一分，为防瘀升冲心之弊，诚如傅氏所言“盖升麻之为用，少用则气升，多用则血升”。此方益气兼升阳，补气又和血，是治疗正产肠下的妙方。升阳利水：用于肺脾气陷，水湿泛滥成肿之证。方用加减补中益气汤，其方“升提脾肺之气，似乎益气而不补血，然而血非气不升……气升而尤易散”。升脾降浊：用于气虚下陷兼浊气下降之证。如加味补中益气汤治疗正产胞衣不下，使之清升而浊降。升阳固涩：用于脾虚下降，二便滑脱不禁之证。如用加味补中益气汤治疗产后泻痢、滑脱不禁之症等。升阳止血：用于肝脾之气虚陷，血失统藏者。如用升举大补酒治疗高年血崩。

3. 治疗血崩，另辟蹊径。在傅氏之前，中医妇产科学的发展已初具规模，陈自明的《妇人良方大全》中对妇产科各证从病因病理到治法方药均已有论述，以后王肯堂的《女科证治准绳》及张景岳的《妇人规》又对妇产科各证有所发挥和创新。以血崩为例，傅氏受先贤病因证治的学术思想影响亦很深，但在此基础上，傅氏同样有自己的发展，创制了一批卓有成效的治疗方剂，后来者居上，使其在血崩证的治疗方面，独树一帜，为后世留下了宝贵的治疗经验。傅氏首先对血崩中因房事不节致病的因素极为重视。在《女科》中“血崩门”有9论，其中5论均与房事不节有关。在辨证上重视以阴阳为纲；在治法上着眼培补气血，调理脾胃，以扶正为主，并主张“精气同补，阴阳并顾”；在预防上重视节制房事。所创之方剂如固气汤，解曰：“此方固气而兼补血，已去之血可以速生，将脱之血可以尽摄；凡气虚而崩漏者，此方最可治。”固本止崩汤，也有论曰：“方妙在全不去止血，而唯补血，又不止补血，而更补气，非惟补气，而更补火。”又创清海丸治血海太热，“此方补阴而无浮动之虑，缩血而无寒凉之苦。”傅氏把对气血机理的认识更进一步引入治疗中，如血病及气，以加减当归补血汤治疗老年血崩，其方只四味，更生用当归、黄芪至各一两，以气血两补。又气病及血，以平肝开郁止血汤治疗郁结血崩，除用白芍平肝外，重用当归以补血，使其在补血之中以行止血之法。这些创新深为后世所重视。傅氏在血崩的治疗上，注重气血相应，这也是傅氏继承张景岳的学术思想在血崩的辨证上的反映。景岳曾有“人之所以生者，气与血耳，气主阳而动，血主阴而静……故凡诸经之阳气虚者，非人参不可；诸经之阴血虚者，非熟地不可。人参有健运之功。熟地享静顺之德。此熟地人参一阴一阳相为表里；一形一气互主生成，性味中正，无愈于此。”傅氏对于气血亏虚，或阴血不足，精不化气之血崩症，皆补血养血并施。同时，傅氏还善用萸肉、五味子，这是与傅氏辨治血崩以固本为主分不开的。傅氏治疗血崩还擅用桑叶，认为“加入桑叶者，所以滋肾之阴，又有收敛之妙耳”。傅氏治崩常以参、术以补气，地、萸以填精，创精气同补之方例。调肝选用柴胡、白芍；凉血选用生地、丹皮；止血，血寒者用黑姜、白芷；血热者选桑叶、乌梅；血虚选用龙骨、炒荆芥；血瘀选用蒲黄、三七根而获止崩之效。总结傅氏治疗血崩症常用的方法包括：滋阴降火法、益气固脱法、温阳止崩法、平肝理郁法、行血逐瘀法及调摄防崩法。傅氏对血崩一证，辨证重在澄源，详析虚实寒热，治则重在固本，尤其重视脾肾。遣方用药注意益气养血，调和之中不忘复旧。

4. 治疗火症，颇得心得。火热致病范围十分广泛。许多疾病或疾病发展至某个阶段都会出现火的症候。《内经》病机十九条中，火热的症候就占了一半。傅氏泻火不用苦寒直折，而是继承朱丹溪养阴法的思想，以甘寒益阴泻火为法。在治疗女科诸火证时，结合妇女生理病理上的特点，突出清肝火，清肾火（相火）及补虚制火。如《女科》治疗黄带下的易黄汤，论曰："世之人有以黄带为脾之湿热，单去治脾则不得痊者，……法宜补任脉之虚，而清肾火之炎。"方中用黄柏清肾中之火。治青带下用加味逍遥散，论曰："解肝木之火，利膀胱之水，则青绿之带病均去矣。"方中以栀子清肝热，而治疗血崩昏暗用固本止崩汤，论曰："人莫不谓火盛动血也，然则火非实火，乃虚火耳。"此是阴虚火动而致血崩，故以固本止崩汤使之气血同补，为"单补气则血又不易生，单补血而不补火，则血必凝滞，而不能随气而速生，况黑姜引血归经是补中又有收敛之妙。"对体瘦不孕者，辨曰："况人瘦多火，而又泄其精，则水益少，而火益炽。"故"治法必须大补肾水而平肝木，水旺则血旺，血旺则火消"。以养精种玉汤中的大熟地、当归、白芍、山萸肉补血以止火。此外在调经门中所用的顺气降火的顺经汤、峻泻炽火的利火汤都反映了傅氏在治疗火症中通过辨证析因而颇有心得的治疗方法。

5. 治疗妇科杂证有创见。傅氏在长期的临床实践中，治疗妇科杂病时亦多有创见。在妇科疾病治疗中善用间治法。如对"胸满少食不孕"一症，大部分人会以温补脾胃为主，而傅氏则曰"然脾之母，原在肾之命门；肾之母，原在心之包络。欲温补脾胃，必须补二经之火，盖母旺子必不弱，母热子必不寒，此子病治母之义也。"在治疗赤带下一症时，也提到"脾病是标，非为本，其根在于肝"。"此方但补肝之血，全不利脾之湿者……是平肝之所以扶脾"。治疗"经前大便下血一症"，曰："然则心肾不交，补心肾可也，又可兼扶正肝木耶？不知肝乃肾之子，心之母也。补肝则肝气来往于心肾之间，自然引心而下入肾，下引肾而上入于心，不啻介绍之助也。此便心肾相交之一大法门。"在治疗"经水先后无定期"时用定经汤，以舒肝之郁，即开肾之郁，肝肾之郁开，而经水自有一定之期矣，以“不治之治”的理论来达到治疗目的。在治疗因虚火而致的“月经先期”一症中，选用两地汤，则“纯是补水之味，水盛而火自平理也。”体现了阴足而阳自敛的观点，也反映了傅氏治病必求于本的思想，实际上也是傅氏深究中医医理而善于治未病思想的体现。（辑自何高民文）

二十七、清初三大名医之一——张璐

张璐，字路玉，晚号石顽老人，江南长洲（今江苏吴县）人。生于明万历十五年（公元 1617 年），卒于清康熙三十九年（公元 1700 年），活了 83 岁。明末清初著名医学家，同吴廉、喻嘉言并称我国清初三大名医。

张璐出生于江苏长州的一个仕宦之家，其祖父张少峰在明代做过按察史；叔叔张振德，万历丙辰以乡贡谒选为叙州文县令。良好的家庭使他幼年时接受了良好的教育。张璐自幼聪颖好学，博贯儒业，旁通医术。本想像天下读书人一样攻读举子业，然后步入仕途。然而时值明代末年，朝政混乱，国势倾危，后又逢甲申世变，社会动荡。29 岁的张璐为躲避战乱，迁居“灵威丈人之故墟”（今苏州洞庭西山林屋洞一带），“专心医药之书，自岐黄迄近代方法，无不搜览，金石鸟兽草本，一切必辨其宜，澄思妄言，终日不寐，求析其得心应手。”完成了思想观念与人生道路的转变，即弃举子业，致力于性命之学。十五年间，寒来暑往，一方面搜览了大量医学著作，做了大量的医学笔记；一方面对方药做了长期的临床考察与验证，以“著书自娱”。

顺治十六年（公元 1659 年），张璐 43 岁，离开西山，回到故园，将他在西山期间整理的大量医学笔记取名为《医归》，不断进行推敲删润。明末清初的苏州，正是吴中医学的中兴之际，

名医云集，张璐与名医叶阳生、程郊倩、李修之、沈朗仲、马元仪、郑月山、汪缵公等多有往来切磋，技艺不断精进，也促进了当地医学的发展。

康熙甲辰年（公元1664年），张璐经过数年的修订，进一步整理了《医归》的内容，由于对多数内容还不满意，感觉难以示人，于是仅取了《伤寒缵论》《伤寒绪论》各二卷准备出版，并去娄东（今江苏大仓），请同年胡周鼎为之作序。康熙丁未年（公元1667年），张氏《伤寒缵论》《伤寒绪论》刊行，受到医学同道的好评。

康熙二十八年（公元1689年），张璐鉴于医学界的流弊陋习，异端玄说，著成了脉学专著《诊宗三昧》。其寓意是以三昧之水涤除尘见之意。康熙三十四年（公元1695年），张璐学术思想的代表作《张氏医通》（由其弟余瑚作序）以及药物学专著《本经逢源》刊行于世，表现了张氏医学造诣已臻炉火纯青，登峰造极之境。

康熙三十七年（公元1698年）十一月，已是82岁高龄的张璐，完成了《千金方衍义》的编著工作，但张氏在成书不到两年就过世了，因而这本书未能及时刊行。

康熙四十年（公元1701年）四月，张璐的儿子以柔将父亲的毕生心血著成的《医通》16卷、《本经逢源》4卷、《诊宗三昧》1卷、《伤寒缵论》、《伤寒绪论》4卷，进呈给了南巡苏州的康熙皇帝。康熙颇为赏识，"寻命医院校勘，置之南薰殿"。此书几经刊刻，影响极大，私淑者甚众，极大地提高了张氏著作及医学思想的知名度，使其广泛流传。

张氏不仅医学理论基础深厚，临床经验也非常丰富。内、外、妇、儿、眼科无所不及，而尤以内科为专擅。《张氏医通》中曾记载张璐为其内史和内弟治疗的医案，可见一斑。

内兄顾九玉，颁诏假道归吴，大暑中患胸痞颅胀。脉得虚大而濡，气口独显滑象。张璐认为这是湿热泛滥于膈所致的，用清暑益气汤，顾九玉服二剂后，烦胀已除，但胸痞仍存，张氏继用半夏泻心汤减炮姜，去大枣，加枳实，仅一剂，病就治愈了。

元叔溺血茎痛，不时举发。张璐用六味地黄丸合生脉散治疗，用紫河车熬膏代蜜伴丸服而治愈了。

张璐在《石顽老人医门十戒》中，提出“为医者，一戒薰犹时习，二戒任性偏执，三戒恃才妄作，四戒同流合污”等十大诫言与忠告，这也正是他一生高尚医德和科学精神的写照。他为人谦恭，以诚相待，在同时代医生中具有很高的威望。他治学严谨，勤耕不辍，编著《医通》时“颖秃半床，稿凡十易”。他提携后学，不遗余力，甚至在年逾古稀、行走不便之时，仍诲人不倦，“趺坐绳床”，耳提面命，为弟子答疑解惑。四子张登、张倬、张以柔、张讷在医学方面均有一定建树，此外还培养了包括郭友三、袁觐宸、黄采芝、朱丹臣等在内的诸多从学门人。他德艺双馨，誉满江南，终成清初一位卓尔不群的医学大家。

（一）张璐自学成才，对我们有哪些经验可借鉴和启迪?

1. 重视经典，溯本求源。张氏认为，医学之源在《素》《灵》，以后仲景之论有发展与创新，然则本于《素》《灵》，其旨一脉相承。这种观点在其编著的著作中体现得很突出，每篇首列《灵》《素》《金匮》以冠诸论；并且以《灵》《素》论病机，用《金匮》论治则。在《张氏医通》中曾批评那种不重视经典著作的学习，认为《素》《灵》文辞质奥，不合今意，伤寒金匮古法不可治今病的观点。因为这些经典著作奠定了祖国医学发展的基础，中医学发展史上所出现的许多著名医家和不少医学流派，从其学术思想和继承性来说，主要是从《内经》《伤寒》《本经》。他认为："炎黄之道，信手皆绳墨也。有绳墨而后有规矩，有规矩而后能变通，变通生乎智巧，又必本诸绳墨也"（《本经逢源·小引》）。由此可见张氏是很重视中医经典学习的。认为中医学之经典著作，是发展中医学的基础与源泉，是临床实践之指南。"未闻炎黄之外，别有绳墨也"（《本经逢源·小引》）。他的这种重视经典，溯本求源的治学思想与方法，是使其成为名医的原因之一。

2. 博采众长，贯以己意。张氏治学又一特点是伤寒宗方有执、喻嘉言，杂病取朱丹溪、薛立斋、张景岳、王肯堂诸家，"博采众长，贯以己意"（《清史稿》卷四十六），不偏不倚，善于汇集历代名家至论而自成一家之说。如张氏治《伤寒》之学，历 30 余年，认为诸家之言多歧不一，见方有执的《条辨》，喻昌的《尚论篇》，才"忽有了悟，觉向之所谓多歧者，渐归一贯"（《伤寒缵论·自序》）。可见其治伤寒之学受方、喻影响较大。其中，尤其是以喻氏的观点为主要依据，他说："至于释义，则嘉言独开生面，裁取倍于诸家，读者毋以拾唾前人为诮"（《伤寒缵论·自序》）。张氏特别是对方、喻"三纲鼎立"之说推崇备至，认为三纲鼎立之说是大关钥，而于《太阳篇》中分"辨风寒营卫甚严，不敢漫次一条"（《伤寒缵论·太阳篇》）。并在风伤卫、寒伤营、风寒两伤营卫的基础上，又增加风伤卫犯本，寒伤营犯本，风伤卫坏证及寒伤营坏证几个类型。对伤寒的辨治，突出"阴阳传中"四字为纲。在内科杂病方面，广搜博采，认为"从古立言，只就一端而论，人之所患，都兼并不一，非详究古人治验，不能识治法之奥"（《张氏医通·凡例》）。在其著《张氏医通》中所列参考引用书达 130 多部，足见其治学是博采众长以立论，贯己之意以创新。正如自己所言："务在广搜历览。由博返约，千古名贤之论，统叙一堂，八方风气之疾，汇通一脉，俾后世修性命之学者，昭然共由"（《张氏医通·凡例》）。

3. 精勤临证，潜心钻研。张氏业医60余年，擅长内科证治，兼及五官、疮疡、妇人、婴儿各科。张氏重视对伤寒与杂病的研究，他反对“伤寒以攻邪为务，杂病以调养为先”（《张氏医通·诸伤门·伤寒》）的世俗之见，认为固守此法，必将导致治疗伤寒一切虚证、坏证，不敢用补；治疗杂病一切表证、实证，不敢用攻的弊端。在长期的临证实践中，他认为伤寒不离“阴阳传中”四字，即三阳为表，三阴为里，传经属热，直中属寒。先将阴阳传中分辨清楚，然后在此基础上分辨六经经府及表里寒热，进行具体的辨证论治。在内科杂病方面，能博采各家临证用方之长，将历代杂病证治的繁复内容加以整理贯通，并参入自己的治疗主张，具有执简驭繁的特点。其杂病论治中有许多内容为后世医家所宗法。（辑易法银等文）

（二）为什么说《张氏医通》是张璐医学思想的代表作？

《张氏医通》成书于康熙三十四年（公元1695年），是一部综合性医书，全书分16卷，70余万字，参考用书达130多种，稿经10易，历50年而始定。集中体现了张氏学术思想和理论建树。前十二卷论病，包括内、外、妇、儿及五官等科，分门分证，征引古代文献及历代医家医论，每病先列《内经》《金匮要略》之论述，次引后世如孙思邈、李东垣、朱丹溪、赵献可、薛己、张介宾、缪仲淳、喻嘉言等诸家之说，同时结合个人临证经验发表议论，但大抵不外折中成综合诸家观点。不过，整体医学思想，比较与薛己、张介宾相近，并阐发

"阳非有余，真阴不足"论甚力。自中风至婴儿共分十六门，每门又分子目，体例实取法于王肯堂《证治准绳》，而选辑更为精审。其中，眼科治例系其子张倬补辑，痘疹系另子张以柔补充。后四卷论方，共分94门，祖方一卷，专论方祖原委，分析其配伍、功能与治疗之证。另三卷为专方，以病证分门集方，并有方解。此书内容丰富，引证广博，脉络清楚，辞畅义达，较之《证治准绳》《景岳全书》又有它的特色。是从事中医工作者的良好参考书。

链接：《四库全书总目提要》评：是编取历代名家方论、汇次成编，门类先后，悉依王肯堂证治准绳，方药主治，多本薛己医案、《景岳全书》而己意参定之，凡古来相传之说稍有晦滞者皆削不录，其辞气丰畅者，皆润色发挥，务阐其意。

（三）张璐治疗血证有哪些见解和经验？

张氏治疗血证，不仅能简明扼要地罗列治疗和调理基本大法，尤其结合临床实践提出了自己的心得经验。

1. 明确血气的相互关系：张氏论血证是从气血的最根本处着眼。首先从气血的关系及气血的生理作用加以论述。他根据《黄帝内经》的理论，认为"血之与气，异名同类，虽有阴阳清浊之分，总由水谷精微所化"（《张氏医通·诸见血证》）。其理由是气血，"不离五行（脏）之气化""得脾土之大运""上蒸于肺""归精于心，得离火之化""归肝化清血""归精于肾"（《张氏医通·诸见血证》）。经云："气主煦之，血主濡之。"是气具阳和之性，而"为阴血的引导；血系阴凝之质，又为气所依归"（《张氏医通·诸见血证》），二者的关系是"阴中有阳，阳中有阴，不能截然分开"（《张氏医通·诸见血证》）。血在人体正常情况下，因其清浊不同而发生不同的作用，源因为一，析则为三。即"至清至纯者，得君主之令，以调和五脏，藏而不失，乃养脏之血也；其清中之浊者，秉输运之权，以洒陈六腑，实而不满，则灌注之血也；其清中之清者，会营周之度，流行百脉，满而不泄，此营经之血也”（《张氏医通·诸见血证》）。由于血在人体内运行不息，各有专司，互不相失，因而“阴平阳秘”。张氏的这种分类，对了解出血证之病情，判断预后，有其一定意义。

2. 出血之因，当责胜衰乖逆：张氏认为，出血主要是由于某种原因人体阴阳偏胜偏衰和脏腑之气乖逆所致。他指出：“缘人之禀赋不无偏胜，劳役不无偏伤，其血则从偏衰偏伤之处而渗漏焉。夫人之禀赋既偏，则水谷多从偏胜之气化，而胜者愈胜，弱者愈弱。阳胜则阴衰，阴衰则火旺，火旺则血随之而上溢；阴胜则阳微，阳微则火衰，火衰则血失之统而下脱”（《张氏医通·诸见血证》），但不能笼统地从血之上溢下脱来辨火盛阳衰，还须根据出血的颜色浓淡来判断。他说：“其上溢之血，非一于火盛也，下脱之血，非一于阳衰也。但以色之鲜紫浓厚，则为火盛；血之晦淡无光，即为阳衰”（《张氏医通·诸见血证》）。脏腑之气逆气乖所致的出血，应根据各脏腑功能之间的相互关系，和出血的不同特点加以辨识，他说：“从上溢者，势必假道肺胃；从下脱者，势必由二肠及膀胱下达耳。盖出于肺者，或缘龙雷亢逆，或缘咳逆上奔，血必上溢，多带痰沫及粉红色者。其出于心包，亦必上逆，色必正赤如珠漆光泽，若吐出便凝，摸之不粘指者，为守脏血，见之必死。出于脾者，或从胃脘上溢，或从小便下脱，亦必青紫稠浓，或带血缕，或有血块。出于肾者，或从咳逆，或从咯吐，或稀痰中杂出如珠，血虽然无几，色虽不鲜，其患最剧，间有从精窍而出者，若气化受伤，则从膀胱溺孔而出，总皆关乎脏气也。其出于胃者，多兼水液痰涎，吐则成盘成盏，汪洋满地，以其多气多血，虽药力易到，不若脏血之笃，然为五脏之本，亦不可忽”（《张氏医通·诸见血证》）。说明各脏腑功能失常引起的出血证，而各有不同的特征。

3. 治疗血证，撷采众长，偏于温补：张氏主张从人体气禀阴阳盛衰着手，他反对世医“不鉴其偏之弊，而制为不寒不热之方”及“一见血证，每以寒凉济阴为务”（《张氏医通·诸见血证》）的治疗方法，认为前者不能达到补其偏救其弊的目的，后者虽可取效一时，但终致虚阳愈衰而生变证。指出苦寒之剂“在阴不济阳而上溢者尚为戈戟，况阳不统阴而亡脱者，尤为砒鸩”（《张氏医通·诸见血证》）。因此，他强调“以寒治热，以热治寒”是最为紧要的治则。同时还认为“证有虚中挟实，治有补中寓泻，从少从多之治法，贵于临病处裁”（《张氏医通·诸见血证》）。如治衄血，若脉实大，便秘者，用犀角地黄汤加木香、大黄；若内伤劳役之人，喘嗽面赤，发热头痛而衄，以当归补血汤加薄荷、荆芥，不应，补中益气汤倍黄芪，慎不可用辛热之药；若瘀积停留，衄血不尽者，宜犀角地黄汤；久衄不止，热在下焦血分，以六味丸加五味子作汤。他治衄常佐以理气药，如木香、香附之属使血得气而归循于经。对于吐血一症，他认为：“吐血出于胃，胃为水谷之海，多气多血，所以吐多而不即凝，以中杂水谷之气也。皆劳力内伤中气而得，亦有醉饱接内而致者”。其治法，不可骤止，止则使败血留积。同时也不宜峻攻，攻则伤其血。只宜清理胃气以安其血，如选用犀角地黄汤，随证加桃仁、茜根、橘红、木香、大黄、童便之属；若血势不可遏，胸中厥气塞滞，吐血呈紫黑者，宜桃仁承气汤加茜草根；吐久不止，内虚寒而外假热者，用千金当归汤；若血色瘀晦如污泥，为阳不制阴，宜花蕊石散温以散之；若血色晦淡不鲜，多为虚寒，当用温热之剂，如甘草干姜汤温理中气，切禁寒凉。诸失血后，倦怠昏愦，面失色，懒于语言，浓煎独参汤加橘皮，所谓血脱益气；但对血色鲜明，或略兼紫块者为最宜；若血色晦淡者，又为血寒不得归经，须兼炮黑姜，或大剂量理中温之；如尺部脉弦，为阴虚，阴虚则火升，又须大剂六味加肉桂引之；亦有用肉桂为末和独参汤服者。对呕血一症，他认为证治有三：一属暴怒火逆伤肝者，其证胸胁痛，甚则厥逆，宜柴胡疏肝散加酒大黄；一属极劳奔驰伤肝，其证遍身疼痛，或时发热，宜犀角地黄汤加当归、肉桂、桃仁；一属竭力房劳伤肝者，其证面赤足冷，烦躁口渴，宜生脉散合加减八味丸，阳衰不能内守而呕血者，宜异功散研服八味丸。从此可以看出，张氏治疗血证，能撷采众长，不拘一格，着重辨证。不过，张氏治疗的特点，还是偏于温补的一面，如其云："大抵血气喜温而恶寒，寒则泣而不能流，温则消而去之"(《张氏医通·诸见血证》)。

4. 出血证善后调理，按心脾肝三经用药：张氏从"心主血，脾裹血，肝藏血"的理论，主张"须按心脾肝三经用药"(《张氏医通·诸见血证》)。但重点在脾经，故其喜用保元、四君、归脾等方剂。如云："归脾汤一方，三经之药也，远志、枣仁补肝以生心火；茯神补心以生脾土；参、芪、甘草补脾以固肺气；木香者，香先入脾。总欲使血归于脾，故曰归脾。凡有郁怒伤肝，思虑伤脾者尤宜。火旺者加山栀、丹皮；火衰者加肉桂、丹皮，又有八味丸培先天之根，治无余法矣"(《张氏医通·诸见血证》)。张氏简明扼要地指出了治疗和调理血证的基本大法，颇合临床运用。(辑易法银文)

二十八、清代温病四大医家之一——叶天士

叶天士，名桂，号香岩，别号南阳先生，江苏吴县人，（一说苏州人）。世居阊门外下塘上津桥畔，故晚年自称“上津老人”。生于清康熙六年（公元 1667 年），卒于乾隆十一年（公元 1746 年），活了 80 岁。清代杰出的医学家，温病四大医家之一，同时也是一位治杂症的大师。

叶氏先祖自安徽歙县迁居江苏吴县，祖辈皆通医理。祖父叶时（字紫帆），精通医术，名噪吴中，尤精于小儿科，不分贫富，务在全活。父亲叶朝宋（字阳生），轻财好施，医术甚精。叶天士少承家学，自幼天资聪明，读书过目不忘，深得父爱。白天随师攻读经书，暮归从父钻研岐黄之学，颇有领悟，“自《素问》《难经》及汉唐宋诸名家所著书，无不旁搜博览”（《类证普济本事方释义》序），掌握了一些医药知识。14 岁时，父亲去世，幼孤失养，贫困无恃。为了维持生活，他只好一面开始行医应诊，一面拜父亲的门生朱某为师，继续学医。朱老师毫无保留地把从他父亲处学来的医药知识传授给他。叶天士虚心好学，闻言即解，学业速进，不多久，在医学上的造诣，就超过了朱老师。但他毫不自满，孜孜不倦，又去寻找别的老师求学去了。

山东有位姓刘的名医，擅长针术，叶天士很想去学，只苦于没人介绍。一天，恰巧有位姓赵的病人，是那位名医的外甥，因为舅舅没法治好他的病，特地来找叶天士医治。叶天士专心诊治，给他服了几帖药就好了。姓赵的很感激。叶天士趁机请他介

绍去拜姓刘的那个名医做老师。这个要求得到允诺。叶天士就改名换姓去当学生。他在姓刘的名医那里，每逢临症处方，都虚心谨慎地学习。一天，有人抬来一个神智昏迷的孕妇就诊。姓刘的医生候脉后，推辞不能治。叶天士仔细观察琢磨，发现孕妇因为临产，胎儿不能转胞，是痛得不省人事的。于是，取针在孕妇脐下刺了一下，就叫人马上抬回家去。到家，胎儿果然产下。姓刘的医生很惊奇，便详加询问，才知道这个徒弟原来是早已名震远近的叶天士。叶天士接着便把如何要向他学习的苦心如实说了出来。姓刘的医生很受感动，终于把自己的针灸医术全部传授给他。

康熙年间，浙江有一位上京应考的举人，路过苏州时病倒了，请叶天士诊治。叶天士诊其脉，问其症。举人说："我无其他不适，只是每天都感口渴，时日已久。"叶天士便劝那位举人不要赴考，说他内热太重，患了消渴病（糖尿病），不出百日，必不可救。举人虽然心里疑惧，但是应试心切，仍然启程北上。走到镇江，他听说有个老僧能治病，就赶去求治。老僧的诊断和叶天士的诊断一模一样。可是，叶天士当时还拿不出办法，而老僧却能把防治的方案具体地告诉了举人说："既有其病，必有治方。从今天起，你每天即以梨为食，口渴吃梨，饿了也吃梨，坚持吃一百天，自然会好。"举人按嘱咐每天吃梨，果然一路平安无事。当他衣锦回家时，在苏州又遇见叶天士，便把经过一五一十地说了。叶天士知道老僧的医术比自己高明，就打扮成穷人模样，到庙里拜和尚为师，并改名叫张小三。他每天起早摸黑，除挑水、砍柴等外，就挤时间精心学医。老僧见他勤奋好学，很喜欢他。每次出诊，必带他一起去。经过三年的刻苦学习，叶天士把老僧的医术全部学到手。有一天，老僧对叶天士说："张小三，你可以回去了，凭你现在的医术，就可赛过江南的叶天士了。"叶天士一听便跪下自认是叶天士，老僧很受感动。

叶天士能够放下架子，虚心求教，先后拜了17位老师学医，兼采众长，壮年时就颇负盛名，名著朝野，上自达官显贵，下迄平民百姓，鲜有不知叶天士之名者。

叶氏“自习幼科”，后“扩充其道于内科一门”（《友渔斋医话》），对妇科、外科、五官科无所不精。“切脉、望色、听声、写形、言病之所在，如见五脏症结”（《吴县志》）；“或于无病时预知其病；或预断数十年后，皆验”（《清史稿》）。他处方用药，“一二味不为少，十余味不为多。习见不妨从同，独用不嫌立异”（《临证指南医案》华序）；重病危症，一经调治，往往能指下间回春。

相传江西王道士来吴县时，忽然患了“火热病”，两眼布满血丝，红肿不堪，整日淌眼泪，法术用尽都丝毫无效，病情日夜不消，不得已去请叶氏诊治。叶氏仔细察看了他的两眼，询问了病前的情况，对症处方两剂，王道士服叶氏之方果然神效，一剂肿消泪止，二剂眼睛霍然而愈。王道士为赞誉叶氏医术，逢人便说：“吾病之日，梦天神指点，此病非叶天士不可愈，他乃‘天医星’下凡也。”从此其“天医星”之名，在苏州内外广为传开。

邻居的一个妇人难产，别的医生已经开好了药方。她的丈夫拿着处方来问叶天士，叶天士在处方上加一片梧桐叶做引子，婴儿立刻就产下来了。后来有人也仿效叶天士在催产方上加梧桐叶。叶天士笑着说：“以前我用梧桐叶，是因为刚好碰到立秋的时节，现在不是秋天，用了有什么益处呢？”

又有一个人患了一种慢性病，经常复发，十分苦恼。他找叶天士诊治。叶天士开了一个方，嘱他按方服一百剂，就不会复发了。病人服了八十剂，病已好了一个多月，他就再不服药了。不料，事隔一年，病又复发。叶天士对他说：“我叫你服一百剂，你才服八十剂，当然复发了。从今天开始，你听我的，再服四十剂，病就永不复发。”事情果真如他说的一样。

据史载，清代藩宪向为京官，而清代京官没有多大实权，极想外任，所以藩宪听说要到苏州外任，暴喜而盲，急忙差人去请名医叶天士疗疾。叶氏了解他发病详情之后便说：“我是一方名医，怎能如此请我？必须备全副仪仗来，方可前往。”差人回禀，藩大怒，众人相劝，依允名医要求，若治不好目疾，重罚不迟。于是，令仪仗相迎，但谁也未想到，叶氏并不去，又说，“去回禀大人，必须由藩夫人亲自请!”藩闻后，怒不可遏，咆哮如雷。在这之间，藩大人怒气未消，而目却忽明，众人难解，叶天士已匆匆赶到藩府上请罪了，对藩说：“我并非无礼得罪大人，而是为了治好大人的病。”藩大人由怒转喜，尽释前嫌，并重礼相酬。叶天士奇术奇在于不药而愈，于是，叶天士以阳治阴，奇术疗暴盲的佳话传遍苏州城内外。

叶天士最擅长治疗时疫和痧痘等症，是中国最早发现猩红热（喉痧）的医家。他远距病人，以鼻闻其息，便可断生死。他的次孙出痘，他揭开蚊帐惊叫一声：“此死气也。”不治而出，果然夭折。长孙出痘发热。他诊视之曰：“此闷痘也。”急忙处方服药，危而得生。

有一年，苏州发生瘟疫大流行，他救活了不少人。其中有个“打更”的人，全身浮肿，又黄又白，病情十分险恶。别的医生看了，都说没得救。叶天士经过细致诊察，只用两剂药就把他的病治好了。

吴县城郊有一个富商，中年得子，十分宠爱。不料第二年春天，孩子出起了痘子（俗称红花疹）。先是浑身发烧，又哭又闹，后来竟昏迷不醒。富商略懂医术，知道这是逆症，病邪内陷引起的痘闭。不但很难医治，而且有生命危险，正急得像热锅上的蚂

蚁，忽然想到叶天士，像溺水人抓住了救命草。对此病除了他再无二人救得，可叶天士是当今名医，能屈尊大驾到乡下来吗？他急中生智，听人说叶天士好斗蟋蟀，便买了几个“骁将”，分别放在精致的盒子里，找上叶天士的门来，要和他的“勇士”斗个输赢。结果是两军对垒，各有胜负。富商不服气，说家里还有一位十分厉害的“黑元帅”，可以说交起战来天下无敌。一句话惹得叶天士兴起，马上同富商到他家。这时，富商才说出实情，并望叶天士能原谅他因救子心切而不得已用的激将法。叶天士毫不怪罪，只说：“救人要紧！救人要紧！”当他看到孩子浑身的斑疹混浊凹陷时，大吃一惊，忙叫富商找了十余张新油漆的桌子，然后把孩子的衣服脱光，放在头一张桌子上用手辗转揉搓。待十余张桌子都用过了，已到了五更天，这会儿，孩子终于“哇”地哭出声来，浑身的痘子也全发了。富商见“宝贝”起死回生，对叶天士感激不尽，又赠金，又赠银，但叶天士推辞不要。终因盛情难却，才拿了一盒蟋蟀连夜赶回城了。

叶氏品德高尚，“居家敦伦纪，内外修备，交朋友忠信，人以事就商，为剖析成败利钝，如决疾焉，洞中窍会；又患难相告者，倾囊拯之无所顾惜”（沈归愚文集·叶香岩传）。

叶氏卒于乾隆十一年，亨年 80 岁，他临终前告诫他的儿子们说：“医可为而不可为，必天资敏悟，读万卷书，而后可借术济世。不然，鲜有不杀人者，是以药饵为刀刃也。吾死，子孙慎勿轻言医。”这是一个对自己的言行极端负责的仁者之言。同时也显示出他在医学，乃至人生哲理的追求上所达到的极高境界。因为往上走得越高，就越知道天高远不可及，越知道自己的渺小不足言。最聪明的人，大多是谦虚的人。

叶氏毕生忙于诊务，因而著述不多，流传于世者，主要有《温热论》《临证指南医案》《未刻本叶氏医案》等，多由其门人抄录整理而成。至于《叶氏医案存真》《幼科要略》等书，是否叶氏所著，历来就有争议，而《本事方释义》《景岳全书发挥》属后人托附之作。

（一）叶天士是怎样阐明温病发病规律的？

《温热论》是叶天士的主要著作，据唐大烈《吴医汇讲》小引中说，本篇为“先生游于洞庭山，门人顾景文随之舟中，以当时所语信笔录记”而成。仅一卷，篇幅不长，但内容极为丰富，叶氏在仲景《伤寒论》的基础上，接受了许多医家的有关学术观点，结合热性病流行的特点，对温热病进行了深入的研究，阐明了温病的传变

规律和治疗原则，创立了卫气营血为纲的证治体系。

1. 倡言新感温病，剖析伤寒、温病之异同。叶氏不仅对伏气温病不乏论述，而且对新感温病的研究更为卓越，在汪石山提出新感温病后，在叶氏以前发展并不够。如吴又可虽反对伏气，但实际未脱离伏气；戴天章《广温疫论》宗又可之说，而何廉臣称其为“伏气温病专书”，其余承吴氏之说，诸君亦大率类此。而叶氏则独具慧眼，阐发新感温病，其《温热论》实为首论新感温病最详的论著。

吴又可言疫邪自口鼻入膜原，喻昌主瘟邪由口鼻而直走中道，均有所发明。而叶氏则谓“温邪上受，首先犯肺，逆传心包”，更有卓见。新感温病的发生是感受温热之邪，感染途径是“上受”，即由口鼻而入，肺卫首当其冲，因“肺主气，属卫”，卫在外为表，既无吴、喻论伏气之嫌，亦有异于伤寒自皮毛而入，阐明新感温病感受途径，使新感温病学说得以确立，而不致陷于矛盾境地，同时还揭示温邪传变有顺传和逆传之不同，“顺传”，即上焦肺卫之邪不解，依次传递中焦（胃）气分；“逆传”，是肺气之邪不经气分，迅速陷入心营，导致病性恶化，出现神志异常等症。顺传是病情缓进性的发展，逆传是病情急剧变化、骤然加重的病理变化。一言其常，一言其变，“顺”与“逆”相比较而言，诚如王孟英所谓：“邪从气分下行为顺，邪从营分内陷为逆也，苟无其顺，何以为逆。”

叶氏不仅揭示了新感温病的发生发展规律，而且剖析了伤寒、温病之异同。叶氏在《温热论》中还说：“辨营卫气血虽与伤寒同，若论治法则与伤寒大异也。”叶氏言辨营卫气血与伤寒同，大概得自张石顽伤寒自气分传入血分，温病自血分发出气分之说的启发。叶氏认识到：张氏所言系伏气温病，由内而外，自血分达于气分为理所必然。而新感系由外而内，首先犯肺，肺主气，当由气分而入血分。新感温病与伤寒均属外感，虽则一由皮毛而入，一由口鼻而入肺，然首先犯于气分则一。故谓与“伤寒同”。但由于某种原因温病是感受温热之邪，伤寒则是感受风寒之邪，病邪性质不同，故在初起阶段，两者治法大相径庭，伤寒宜辛温解表，温病宜辛凉轻解，而且温邪与寒邪的演变亦不同，“伤寒之邪留恋在表，然后化热入里”，而“温邪则热变最速”，易于伤阴动风，邪陷心包。如此而已，使伤寒与温病完全区分开来，叶氏功劳确实不小。

2. 创立卫气营血辨证纲领。叶氏把温热病的传变规律归纳为卫气营血四个病程，并依此确定治疗大法，说：“大凡看法，卫之后方言气，营之后方言血。在卫汗之可也，到气方可清气，入营犹可透热转气，……入血就恐耗血动血，直须凉血散血。”此论传变次第甚清，治法甚严谨，一直为后世医家所遵循。

（1）温邪入卫，汗之可也：温热之邪，从口鼻而入，肺居上焦，为五脏六腑之华盖，故温邪袭卫，先见到肺经病证，而表现为发热、微恶寒、头痛、咳嗽、口渴、有汗或无汗、苔薄、脉浮等。其治疗原则则是“在卫汗之可也”。所谓“汗”并非辛温发汗，而是用辛凉透解之品，使邪从外解。如温邪挟风显著者，宜在辛凉剂中加入辛散疏风之品，如薄荷、牛蒡之属；如温邪挟湿明显者，须在辛凉中佐以淡味渗湿，如芦根、滑石之流，俾风透于热外，湿渗于热下，不与热相搏，则邪热孤单，病易向瘥。

（2）温邪入气，到气方可清气：温热既从上受，其传变次第，势必自上而下，因而在肺之邪，若不逆传心包，自然依次传递于胃。温邪入气，其主要症状为壮热、汗出、烦躁、口渴引饮，脉洪大，或腹满便结、苔黄、脉沉实，以及身热起伏、缠绵日久、胸痞脘闷、苔腻、脉濡等。叶氏所谓的气分病证，实际上包括伤寒中的阳明经证、腑证，以及湿温逗留不解，邪留三焦等证候。气分证的治疗，当选用寒凉药物清泄里热，即叶氏所说的“清气”。而气分证多由卫分证发展而来，若卫分证未罢，而过早应用大寒清气则反易于寒凝郁遏，使表闭而邪气不能疏散。由此，叶氏特别强调“到气才可清气”。至于邪留三焦的湿温证，叶氏根据温邪挟湿内停、气机郁滞的特点，主张用杏、朴、苓及温胆汤之类以分消上下，亦可冀其战汗而解，“若其邪始终在气分流连者，可冀其战汗透邪，法宜益胃，令邪与汗并，热达腠开，邪从汗出。”所谓“益胃”，并非单纯补益胃气，乃是一种鼓邪外出的治疗方法，寓有轻清宣泄、护液生津之意，以期达到“战汗透邪”的目的。对战汗，叶氏又区别了二种情况，一是邪从汗泄，邪去正虚，虽有肤冷，并非脱证，脉象则虚软和缓，此时宜令病者安舒静卧，以养阳气；二是肤冷汗出，脉象急疾，患者躁扰不安，此为气脱重症，拯救非易。

在湿温病的治疗中，叶氏又善于根据患者的不同素质和病情，区别用药，灵活对待，他说：“且吾吴湿邪害人最广，如面色白者，须要顾其阳气，湿胜则阳微也，法应清凉，然到十分之六七，即不可过于寒凉，……湿热一去，阳亦衰微也；面色苍者，则要顾其津液，清凉到十分之六七，往往热减身寒者，不可就云虚寒而投补剂，恐炉烟虽息，灰中有火也。”这确属经验之谈。

（3）温邪入营，犹可透热转气：邪留气分，变化较小，一入营分，便善变而多危。热灼营阴，故身热夜甚，口反不甚渴；血分受劫，遂致斑疹隐隐；热扰神明，则为心神不安，烦躁难宁；若挟痰热，每易昏厥为痉；阴液耗灼，则舌色红绛。营分证以营热盛而血中津液耗伤为主要特征，治疗自当清营凉血、养阴生津为法，药如犀角、玄参、羚羊角等物。若热初传营，气分之邪未尽，绛舌每兼黄白苔，尚可采用透热转气方法，如清营药中加入竹叶、花露之品，促使邪热复出气分而解，此即叶氏所言“犹可透热转气”之意。若舌纯绛鲜色者，为包络受病，宜犀角、生地、连翘、郁金、菖蒲等以凉营清心，如神志昏聩，则须加牛黄丸、至宝丹之类以开其闭。若斑疹已见，则当以清热凉血为主，佐以透斑之品。斑出邪去，身热当退；其有不退者，是胃阴不足，不能制胜余热，可用甘寒助益胃津，以收扶正散邪之效。总之，温邪入营后，阴液大亏，病势多变，而至危殆。叶氏在这一阶段的治疗，总以凉血清热、保津护液为第一要法。

（4）温邪入血，直须凉血散血：温邪深陷血分，邪热炎灼，病情较营分尤重。如邪热逼血妄行，则为吐血、衄血、便血、溺血；热耗肝肾之阴，则为风动痉厥；热搏瘀伤、宿血，则为发狂之证。病证至此，势已危笃。其治疗大法，叶氏指出：“直须凉血散血。”药如生地、丹皮、阿胶、赤芍等。如风动痉厥则加入犀角、羚羊角、牛黄丸、至宝丹等。挟瘀血如狂者，加入琥珀、丹参、桃仁等。本证是温热病最重笃的阶段，治疗得当，犹可邪去而正复，否则每致阴竭而难治。若温热邪气深入下焦血分，损耗肝血肾精，而致真阴欲竭，虚风内动，则宜循吴鞠通《温病条辨》大定风珠之类，大剂壮水，以制阳光，否则很难挽回濒危之势。

叶氏根据卫气营血辨证以立治法，使温病辨证论治臻于完备，至今仍不失为外感热病的重要辨证方法之一。（辑自卜献春文）

（二）叶天士对久病入络是怎样认识的？又是如何辨证施治的？

初病气结在经，久病血伤入络，是叶天士提出的著名论点。此说实本于《难经》“气主煦之；血主濡之。气留而不行者，为气先病也；血壅而不濡者，为血后病也。”叶氏认为：凡寒、暑、劳形、阳气受损、嗔怒动肝、七情郁结等皆能致气血阻滞而伤入经络。“初为气结在经”，症状表现为胀痛无形，“久则血伤入络”，由气钝而致血滞，络脉痹窒，败血瘀留而成为癥积，疟母、内疝，表现为痛如“针刺样”，甚或如“刀留”“板痛”，痛势沉着，“形坚似梗”等症。

叶氏对络的认识，是以《内经》“经络皆统血”的理论为基础的。因此络病当然在一定程度上和一定范围内反映血分的病理变化。然而叶氏延伸了《内经》“络”的病理含义，不仅用以解释血的病变，也用以解释脏腑病变，认为凡“血病五脏六腑皆有”。故案中常有肝络、胃络、肺络、肾络等叙述。叶氏所指的络病，都是一些久治不愈的慢性病或者慢性痛证，皆因气病、经病不愈，致钝而血滞，络脉瘀痹而成，故他反复强调“宿病，病必在络”“久病入血络”“久病必入络”“久病血瘀”的论点。其治疗从治络入手，既治络又治瘀。

叶氏治络并非见络治络，亦非全用血分药，而是辨证求因，根据络虚、络实、络寒、络热分别立法用药。

络虚证：“络虚则痛”“通补最宜”，用药当取“柔剂通药”。络气虚，当用“柔温辛补”法；络阴虚，又当“凉润辛补”，不要随便使用血药滋腻之品。若“脉芤、汗出、失血、背痛”则以人参、炒归身、枣仁、炒白芍、炙草、茯神益气和络。若“络虚则热，液亏而风动，痛减半，有动跃之状”，当用“炙甘草去姜桂以甘缓理虚”。

络实证：叶氏认为：“积伤入络，气血皆瘀，则流行失司，所谓痛者不通也。久病当以缓攻，不致重损。”所以络实总以通络缓攻为法。邪在络久而化热化燥者，如“络反肠胃而后乃下”的便血，或初起寒热，渐见胁肋脘痛，进食痛加，大便燥结，甚至“痛，发黄”的肝胆疾病，或“肝络凝瘀”的胸痛，均可用旋复花、新绛、青葱管、桃仁、当归须、柏子仁之属辛润通络。若是“风湿客邪，留于经络，上下四肢流走而痛，邪行触犯，不拘一处，或数十年之周痹”者，当通络去痹，药如蜣螂虫、全蝎、地龙、穿山甲、蜂房、川乌、麝香。若见“右胸胁形高微突，初病胀痛无形，久则形坚似梗”，是为气钝血痹，日渐瘀滞而延为癥瘕，治须通络消癥，药用蜣螂虫、地鳖虫、当归须、桃仁、川郁金、川芎、生香附、煨木香、生牡蛎、夏枯草。“邪伏厥阴血络”的久疟，则用鳖甲煎丸，“通络以逐邪”；或“久有胃痛，更加劳力，致络中血瘀，经气逆”，虽然“形瘦清减”，也用蜣螂虫、地鳖虫、五灵脂、桃仁、桂枝尖、蜀漆、老韭根自捣汁泛丸，以缓攻络瘀。可见叶氏治络实善用虫类药，“每取虫蚁迅速飞者诸灵”，意在“飞者升，走者降，灵动迅速，追拔沉混气血之邪”，故对癥瘕、积聚、疟母、久痛等症，常用蜣螂虫、地龙、蜈蚣、全蝎、蜂房等配伍其他药物以达搜剔通络之功。

络寒证：“阴邪聚络”而表现为“脉弦缓，著而不移”者，当辛温通络，药如当归须、延胡、官桂、橘核、韭白；邪重者，蜀漆、公丁香、生鹿角、川椒、川乌、全蝎、细辛之类。若“寒入络脉，气乘填塞阻逆”，而表现为“痛必右胁中有形攻心，呕吐清涎，周身寒凛，痛止寂然无踪”者，则以辛香温通法，药用荜茇、半夏、川楝子、延胡、吴萸、良姜、蒲黄、茯苓。若络虚寒，则用温润通补法，轻则如当归、葱管、小茴等；重则如枸杞、鹿角霜、苁蓉、肉桂、胡桃等“柔剂阳药”，通奇经络脉而不滞，温补血络而不凝，与一般补血厚味药不同。

络热证：又有实热、虚热、阴虚之分，因而治法亦有不同。如“热瘀在肝胃络间”，又误服辛温药后，“瘀浊随溢出口，脘胁痞胀，大便梗塞不通”者，以桃仁承气汤为丸，劫瘀缓攻血结，泻热通络。至于血络虚热，多见于老年患者，如见“高年目暗已久”“液尽而痛，当夜而甚”的眼科疾患，叶氏则用羚羊角、连翘心、夏枯草、青菊叶、全当归、川桂枝、丹皮，以凉肝清络。

总之，络病无论虚实，用药应取流动活泼，补应通补，攻要缓攻。而“寒温消克，理气逐血。总未能讲究络病工夫”；“消导寒凉，不能中病，反伤胃口”，非络病所宜。明确指出：“通血络润补，勿投燥热劫阴”；禁用“辛燥散气”；还多次强调切勿“乱投滋阴腻浊之药”，一因“清热滋阴之治，力量不能入络”，二因“恐胃气日减，致病渐剧。且“邪非在表”，所以“散之不解”；

邪非着里。所以“攻之不驱”“补正劫邪，正邪并树无益”。说明单纯发表，攻里及扶正祛邪皆非其治。

叶氏在医案中，不论腹痛、疟疾、胃脘痛、胁痛、泄泻、便血、痹证、诸痛、癥瘕等，均有久病入络之案例，可见其应用是十分广泛的。而通络之法，除选用活血药物之外，时又配伍辛散、温通、香窜之品，以宣通气机，或配伍虫蚁之类药物，以搜剔络中之邪。其虫类药的应用研究匠心独具，被后人重视。（辑自卜献春文）

二十九、清代著名医家——程国彭

程国彭，字钟龄，又字山龄，号天都普明子，又号恒阳子，安徽天都（今安徽歙县）人。生于康熙十九年（公元1680年），卒于乾隆四十二年（1733年），活了53岁。清代著名医家。

程国彭出生于贫寒之家。自幼聪颖好学，曾攻举子业，名闻遐迩。因家贫体弱多病，每次患病总是缠绵难愈，于是辍学在家休养。其间涉医成趣，有感岐黄之术博大精深、能济世救人。于是立志潜心习医，并发奋研读《内经》《难经》以及金元医学四大家之旨。常常彻夜不寐，博览群书，如饥似渴，学先贤而不泥，颇能融会贯通。

23岁时悬壶，不论贫富贵贱，都细心处治，审证周详，用药精当，求诊者日众。程氏诊视之余，将一日所获之钱，买药做成膏散，任人取携，投之辄效。连年来，得到的钱，立即散尽，程氏为此事不遗余力。中年后，程国彭因一场人命案牵累，被打入死牢，后不得已皈依佛门，出家为僧。据休宁戴谷《孙松谷笔记》载：程氏有祖坟葬于某山之上，其坟低处（亦曰坟下），有当地一土豪之祖坟，该坟墓之四周栽有多棵古柏，因程氏之祖坟居其上，为古柏之横枝所穿进，坟内之棺椁将露，程氏乃前往该土豪家与之相商，欲剪除其穿坟之柏枝，但土豪不允，相互之间动手推拒，程氏乃自往伐之。土豪乃怒，率家奴数人前往阻止。乡民皆为程氏鸣不平，聚集数十人与土豪相争，程氏极力制止，但乡民不听。相争中，土豪有一家奴被乡民打死，土豪乃诉讼于官。为不连累乡民，程氏赴官府自首。官府谳定议抵，将程氏解省，待秋后处决。此时期，适逢巡抚之母身患重病，请了许多医生，都不能治愈。程氏在狱中闻及此事，请求为其母治病。并私贿狱卒，赂通臬司。臬司知国彭善医，于是为程氏易服更名，推荐到抚署，为巡抚之母诊病，诊治后仍然归狱服刑。演出了“朝为上宾，暮为重囚”之戏。经治疗十余天，巡抚母亲的病竟然治好了。巡抚以五百金子给臬司，臬司乃令仆人在狱中赠给他，说：“这是巡抚给你的酬金。”程氏受金后跪拜说：“本人不敢受这些酬金，无奈家贫复遭劫难，典质一空，留此聊以赡家，故不敢推辞；只是老太夫人的病虽愈，但其根犹存，恐日后他变，当为她拟用调理之方，以防其变……”臬司把这些话告诉了巡抚，于是又一次召程氏。程氏往见抚母，跪地痛哭说：太夫人救我！我程某也。抚母惊问其故，程氏如实禀告，抚母大为感动，对巡抚说：“这个人能救我命，你何不救他以为报呢？”巡抚说：他求保命，但他刑役加身，这是实在没有办法挽回的。抚母乃强之，命二人结为兄弟。巡抚不敢违抗母命，叹曰：“案定如山，断无改判之理。如果逃跑，那我与臬司同受处分！然而，因为母亲的原因，我也不敢推辞；为保你的命，只有让你遁入空门才行。”程氏遵从，隐姓埋名，到黄山普陀寺出家，法名普明子。

链接：据民间流传，巡抚之母，因年迈体弱，乃患咳嗽病，经诸医治疗不效，程国彭乃以他自创之方“止嗽散”治之，使巡抚母亲之病竟然痊愈。该方也救了程国彭一条性命。

出家后，程氏一边研修净土宗佛教，一边继续从事医学研究，为人治病。

有一富人患足痿，不能行。欲行则手必持重物方可稍稍移步，诸药罔效。偶入寺就诊于国彭，国彭知其病非药力所能效，遂结一室，留居之。室内陈设古玩甚多，而于其座旁置一瓷瓶。国彭对病者自夸所藏之富，并一一语之价值，末数至瓶，则曰千金不易。然实赝品，病者不知。居两日，医不与方，亦不得面。终日枯坐，殊觉闷人。欲行动非持重物不可，顾座旁只有此瓶，竟持之以行。不知国彭久伺于其旁，俟其举瓶移步时，即呼而猛惊之，遂失手而碎。病者大惊失色，垂手痴立。国彭握其手曰：勿惊，试同我行。其人竟随之行，步履如故。多年顽疾，自此而愈。其后病者始悟医之用意，实为其治病耳（参见叶炳祥文·江苏中医，1961，(6)）。

雍正十年冬，程国彭正在普陀寺修行，正逢朝廷拨款大修寺庙。寺庙的僧人加之民工不下数千人，因风寒劳伤，一时间病者较多，程国彭每每熬制汤药，悉心为民工调治，有病治病，无病预防，很快患者纷纷而愈。遇有外科创伤的患者，加投以膏散，不到半月而见功效。

程氏一生诊务极其繁忙，然而对于古代医著研读不敢稍懈。每当前人之说与临床实际不相符时，即苦思冥想，忽有顿悟，随即笔录之。如此30年不稍懈怠。50岁之后，程氏学验俱丰，于是总结归纳心得体会，反复修改增删，由学生吴体仁协助抄编，撰成《医学心悟》一书。其晚年，又把在普陀寺诊治外科病的经验，结合参考《外科旨要》，约以十法，写成《外科十法》一卷。后人将此附于《医学心悟》书末。

程氏对医学精益求精，对病人乐善好施、重视医德。他强调指出，作为高明的医生，必须博采各家之长，“知其浅而不知其深，犹未知也；知其偏而不知其全，未犹知也”。医者“性命攸关。其操术不可不工，其处心不可不慈，其读书明理，不至于豁然大悟不止也。”因此，他以“心悟”作书名，要求门人“读是书，而更加博览群言，沉思力索，以造诣精微之域，则心如明镜，笔发春花，于以拯救苍生，而药无虚发，方必有功”。

乾隆四十二年（公元1733年），程国彭在普佗寺因病去世，享年53岁。

（一）《医学心悟》是一部什么样的医学著作？

《医学心悟》全书五卷，首次刊刻于雍正十年（公元1732年）。卷一为总论，除叙望、闻、问、切四诊外，在治法方面的发展令人瞩目。程氏在归纳总结前人五法、六法时，结合自己的

临床体会，提出著名的“汗、吐、下、和、温、清、补、消八法”，“八法”至今仍有效地指导着临床医生的实践，这是程氏对祖国医学的伟大贡献。卷二为伤寒部分，细致辨析了六经证治。卷三、卷四以内科病为主，包括五官科疾患共76种常见病、多发病。卷五为妇科，介绍了40余种妇科疾患的诊治。卷六即为《外科十法》，包括外科、皮肤科等45种病的辨证施治。

《医学心悟》不仅以首创“八法”而著称于世，所载诸多验方，三百多年来也历试不爽。著名的验方有启膈散、治痢散、止嗽散、消瘰丸等。陆以湉的《冷庐医话》、聂云台的《温热标准捷效》以及唐容川等医家医著，或记载运用《医学心悟》效方的验案，或高度评价了程氏所拟方剂的高效。即使在今天，研究、运用程氏方剂的临床报道亦每每见诸各家医学杂志。程国彭苦心孤诣撰著的《医学心悟》，用以入门，不失法度，用于临床，多有实效，诚为医界津梁，患者慈航。

链接：《中国医籍通考》评：是书赅括甚广，先贤精义，尤多妙解。其中医门八法，执简驭繁，畅言治病方法。皆有理论联系实际，要言不繁之优点。故自雍正间梨枣之后，其书不胫而走，广为传播，影响深远。

（二）医门八法在中医学中有何重要地位？

中医治疗疾病的方法很多，早在《内经》中已有论述。如《素问·阴阳应象大论》说：“其在皮者，汗而发之”。即用汗法治疗邪在表的方法。而至汉代张仲景《伤寒论》问世，治病八法已初具规模，但论述不详。在其后的一千七百多年来众多医家尽管在临证实践之中应用各法治疗疾病，但也未有明确系统的论述。而程国彭是最早归纳治病八法之先贤，其在他所著《医学心悟》书中说：“论治病之方，则又以‘汗、和、下、消、吐、清、温、补’，八法尽之。盖一法之中，八法备焉。八法之中，百法备焉。病变虽多，而法归于一。”程氏明确系统地首次提出和论述治病的“医门八法”。“医门八法”的立论，为后世广大医学家所广泛采用，不仅促进了中医基础理论及诊断学的发展，为中医诊断学自成体系作出了可贵的贡献，而且在国外也有相当影响。日本丹波元坚所著《皇汉医学丛书·药治通义》中就有五处整段地引用了程氏的治病“医门八法”。

（三）程国彭治咳嗽有何特点？

程氏认为："肺体属金，譬如钟然"，咳嗽就如同钟鸣，而叩钟者即内外之邪："风、寒、暑、湿、燥、火，六淫之邪，自外击之则鸣；劳欲情志、饮食炙煿之火，自内攻之则亦鸣"。因此治咳嗽必须"去其鸣钟之具"，即去其内外之邪。但肺属金而畏火，过热则咳；性刚燥恶冷，因此用药不能过寒过热。且肺为娇脏，最易受邪，攻击之剂既不任受，但不行表散则邪气留连不解。唯以止嗽散最为适宜。程氏自述"此方系予苦心揣摩而得"，并且曾"制此药普送，服者多验"。

止嗽散　治诸般咳嗽

桔梗　荆芥　紫菀　百部　白前　甘草　陈皮（止嗽散有二，一方中无荆芥）

此方"温润平和，不寒不热，既无攻击过当之虞，大有启门驱寇之势，是以客邪易散，肺气安宁"。治各种咳嗽，程氏俱以之为主方。

外感之邪，初病在肺之治：

风寒初起，头痛鼻塞，发热恶寒而咳嗽者，加荆芥、防风、苏叶、生姜以散邪。

既散而咳不止，专用本方，调和肺气。或兼用人参胡桃汤（人参、胡桃肉、生姜）以润之。

若暑气伤肺，口渴烦心尿赤者，加黄连、黄芩、花粉以直折其火。

若湿气生痰，痰涎黏稠者，加半夏、茯苓、桑白皮、生姜、大枣以祛其湿。

若燥火焚金，干咳无痰者，加瓜蒌、贝母、知母、柏子仁以润燥。

肺咳不已则移于五脏，脏咳不已，则移于六腑之治：

咳嗽而喘息有音，甚则唾血者，属肺脏，宜加荆芥、紫苏、赤芍、丹参。

咳嗽而两胁痛，不能转侧，属肝脏，加柴胡、枳壳、赤芍。

咳嗽而喉中如梗状，甚则咽肿喉痹，属心脏，宜止嗽散倍桔梗，加牛蒡子。

咳嗽而右胁痛，痛引肩背，甚则不可以动。动则咳嗽剧，属脾脏，加葛根、秦艽、郁金。

咳嗽而腰背痛，甚或则咳嗽涎者，属肾脏，加附子。

咳呕若水，属胆，前方加黄芩、半夏、生姜。

咳而失气，属小肠，前方加芍药。

咳嗽而呕出长虫，属胃，前方去甘草，加乌梅、川椒、干姜。有热佐黄连。咳而遗屎，属大肠，前方加白术、赤石脂。

咳而遗尿，属膀胱，前方加茯苓、半夏。

久咳不止，三焦受之，腹满不食，多涕唾，面目浮肿、气逆，前方合五味异功散主之。

内伤咳嗽之治：若七情气结，郁火上冲者，用止嗽散加香附、贝母、柴胡、山栀。

若肾经阴虚，水衰不能制火，内热，脉细数者，宜朝用地黄丸，午用止嗽散去荆芥，加知母、贝母。

若病势深沉，变为虚损，或尸虫入肺，喉痒而咳者，宜止嗽散佐月华丸。

若内伤饮食，口干痞闷，五更咳嗽甚者，乃食积之火，流入肺经，用止嗽散加连翘、山楂、麦芽等。

三十、清代温病四大医家之一——薛雪

薛雪，字生白，号一瓢，又号槐云道人、磨剑道人、扫叶山人，晚年自署牧牛老叟。江苏吴郡（今江苏苏州）人。生于清康熙二十年（公元1681年），卒于乾隆三十五年（公元1770年），活了90岁。清代温病四大家之一，与叶天士齐名，是一位集诗人、儒学、医学等多种身份于一身的名士。

薛雪出生于书香门第，曾祖薛虞卿乃明代大画家文征明的外甥，明神宗时著名诗画家，其祖、父尚无史载可考。少年的薛雪原习儒典，后从师吴江的著名诗人及诗学家叶燮学习诗文，其人博学多通，能书善画，精拳术，善养生。由于薛雪聪明好学，博览群书，青年时诗文俱佳，善画兰竹，兼工书法。其性格孤傲，清风高雅，与诗人名家沈德潜、袁枚等友善交厚，常有诗文往来唱和，一时为人称颂。他还善于拳术，经常手执一柄铜杖，上面镌刻"铜婢"二字，早晚不离手，路上遇见惹是生非的歹徒，大喝一声杖击其身。后因母亲体弱多病，遵循孝道，薛雪便逐攻医术，其学上溯《灵枢》《素问》《难经》《伤寒论》《金匮要略》，中及金元四家，近读喻嘉言、吴又可等医籍，不为一家所拘，兼学而通，博采众长，择善而从，卓然自立，形成了独特的医学风格。又得名医王晋三、周扬俊指导，医术高明。他与叶天士、缪遵义齐名，并称"吴中三名医"。薛雪对自己的医术也很满意，曾对袁枚说："我之医如君之诗，能以神行，所谓人在屋中，我来天外是也。”其卧室悬挂自作楹联一副：“九重天子垂清问，一榻先生卧白云。”

薛雪为人治病屡见奇效。当时，有一病人患痢疾十年。群医以为是肠胃病，但久治不愈。薛雪诊断为肾伤，对症下药开出方子治愈。另有一人腹痛如刀割，多名郎中医治均不见效。家人慕名请来薛雪，改用药方而痊愈。在实践中，薛雪首创医治伤寒的“三妙汤”，药材为普通的枣、葱白和生姜。一个洞庭山民按这个配方服药，几天就痊愈了。

乾隆年间，苏州流行瘟疫，地方设立医局救治病人。薛雪与叶天士等名医轮流到医局义诊，妙手回春，受到广大市民好评。

薛雪行医名贯当时，闻名遐迩。在古代医案中，曾记载薛氏治疗苏禄国（即今菲律宾的苏禄群岛）贡使契苾丹、副使阿石丹久咳不能卧两案，药到病除；庖人王小余，因病疫而“死”，将掩棺材，值薛遇之，出一丸药，捣石菖蒲汁调灌，二剂病起得生。乾隆十四年仲冬，袁枚“殗殜床笫，谒三医而莫救”。延薛诊治，“以一刀圭而活之”，故袁枚信以为“不朽之人。”

薛雪不务名利，不惧权贵。乾隆元年（公元1736年），清政府为了维护统治，笼络文士，开设博学鸿儒科举，薛氏不满于清政府的民族压迫，

"两征鸿博而不就"，至高年犹不愿食禄。豪门公卿仗势邀诊，大多予以拒绝，但贫民寒士有求必应，情意相投者不招自至。

薛雪喜欢研究养生术，在庭院内养了几十只乌龟。他认为仿效乌龟呼吸和爬行，可以健康长寿。后来，果然活到九十高寿而逝。

薛雪医名在吴中大振，但不屑以医名，故少著述。所撰写医著仅《医经原旨》《湿热条辨》《扫叶庄医案》等传世。而诗文方面著有《周易粹义》《一瓢斋诗存》《一瓢诗话》《扫叶庄集》《吾以吾鸣集》《自讲日记八则》等。

（一）薛雪对湿热病是怎样辨证的？

《湿热条辨》是薛雪的学术代表性著作，可与叶天士的《温热论》比肩。但本书撰年不详，首刊于舒松摩《医师秘镜》中，凡35条。后王孟英《温热经纬》中所载其为《湿热病篇》，增为46条，其中增加了痢疾、湿温、暑月病等内容。该书全面系统地阐述了湿热病的辨证施治。

1. 辨证的基本程序：从《湿热病篇》，尤其是从其所载辨证结论来看，薛氏对湿热病的辨证基本程序是首辨病因，次辨病位，三辨病性，然后得出辨证结论。

（1）首辨病因：众所周知，湿热病的病因是湿热，但在很多病证中，首先须确定其是否为湿热病，为此薛氏在《湿热病篇》中开宗明义，他说："湿热证，始恶寒，后但热不寒，汗出胸痞，舌白，口渴不引饮。"薛氏自注曰："此条乃湿热证之提纲也。"十分清楚，薛氏提出提纲证的目的在于使人们诊断湿热病有据可凭。提纲证中提出的始寒，后但热不寒，汗出胸痞，舌白，口渴不引饮等五个主要症状即为诊断湿热病的临床依据；它明确了湿热病是与伤寒及温病不同的另一类疾病，只有首先诊断湿热病，才能确定其基本病因是湿热。后叙条文中，凡首冠以“湿热证”三字者，均当具提纲证中所列症状，其基本病因均应为湿热。观薛氏在得出的大多数辨证结论（即证名）中，多冠有“湿热”二字，如“湿热侵入经络脉隧中”“湿热蕴结胸膈”“湿热阻遏膜原”之类，均首先把病因在辨证结论中标明，以确定辨证中的病因程序。在湿热病变的过程中，即使由于其他原因出现了变证，也仍然抓住湿热这个基本病因治疗。足见薛氏对病因辨析之详，他之辨病因，不是为辨而辨，而是作为辨证的必要程序。

（2）次辨病位：作为证的结构要素的病位，薛氏的辨析是十分具体清楚的。如原文第 2 条“湿热证，恶寒无汗，身重头痛，湿在表分……”；第 3 条“湿热证，恶寒发热，身重关节痛，湿在肌肉……”；第 4 条“湿热证，三四日即口噤，四肢牵引拘急，甚则角弓反张，此湿热侵入经络脉隧中。”此三条均为邪在卫表之证，薛氏又分为表分、肌肉、经络脉隧等。原文第 5 条“湿热证，壮热口渴，舌黄或焦红，发痉，神昏谵语或笑，邪灼心包，营血已耗”，病位定于心包营血；第 18 条“湿热证，咳嗽昼夜不安，甚至喘不得眠者，暑邪入于肺络……”，此定位于肺络；第 27 条“湿热证，按法治之，诸证皆退，惟目瞑则惊悸梦惕，余邪内留，胆气不舒……”，则定位于胆气；第 31 条“湿热证，初起壮热口渴，脘闷懊憹，眼欲闭，时谵语，浊邪蒙闭上焦……”则又定病位于上焦；第 32 条“湿热证，经水适来，壮热口渴，谵语神昏，胸腹满，或舌无苔，脉滑数，邪陷营分……”，定位在营分；第 34 条“湿热证，七八日，口不渴，声不出，与饮食亦不却，默默不语，神志昏迷，进辛开凉泄，芳香逐秽，俱不效，此邪入厥阴，主客深受……”又定位于厥阴；第 36 条“湿热证，发痉撮空，神昏笑妄，舌苔干黄起刺或转黑色，大便不通者，热邪闭结胃腑,”则又定位于胃……总之，薛氏辨证必明病位，而且病位确定十分具体，如表分、肌肉、经络脉隧、膜原、太阴、阳明、厥阴、三焦、中焦、下焦、肺胃、肺络、胸膈、肠胃、气、营分、营血等等，确实十分明确。

（3）辨病性：薛氏识证，除了明确病因、探明病位外，在每一个证的辨析中，对患者疾病的性质进行了分析和确定。薛氏对病性的确定，仍是按八纲辨证的原则分为寒热虚实。他对原文第1条，即提纲证的自注中谓：“……太阴内伤，湿饮停聚，客邪再至，内外相引，故病湿热。此皆先有内伤，再感客邪，非由腑及脏之谓。若湿之证，不挟内伤，中气实者，其病必微，或先因于湿，再因饥劳而病者，亦属内伤挟湿，标本同病。然劳倦伤脾不足，湿邪停聚为有余，所以内伤外感孰多孰少，孰虚孰实，又在临证时权衡矣。”薛氏于此不仅强调了要分辨“孰虚孰实”，还要分清“内伤外感孰多孰少”，盖内伤者为虚，外感者为实，此即要分辨虚实多少之意。《湿热病篇》中的所有辨证结论，均对病性的虚实进行了明辨，不过多未曾标明，在人体察而已。如原文第2条“湿热证……湿在表分，宜藿香、香薷、羌活、苍术皮、薄荷、牛蒡子等味”。从证名到用药，知病性为外感实证。第15条“湿痹证……脉细数，舌光如镜，胃阴受灼，胆火上冲……”此明亦属人体正气之一的阴津被灼伤。薛氏对寒热的辨析也是十分清楚的，他在自注26条“温困太阴之阳”一证时说：“暑月为阳气外泄，阴气内耗之时，故热邪伤阴，阳明消灼，宜凉宜清。太阴告困，湿浊弥漫，宜温宜散，古法最详，医者鉴诸。”其辨寒热明矣。他从识证到治疗，都务必辩明其或寒或热，这一精神贯穿到了他所有的辨证结论之中，可见薛氏并不因湿热病的基本病因为湿热而不辨病性的寒热虚实，相反他是每证必明辨之，以做到对病证各个方面的全面了解。

（4）后拟证名：薛氏在辩明病因、病位、病性之后，对每一类症状都作出了辩证结论，拟定了证名，如“湿在表分”“湿在肌肉”“湿热内滞太阴”“湿热阻滞膜原”“湿热蒙扰三焦”“肺胃不和，胃遗热于肺”“暑邪入于肺络”“湿热伤气”“胃阴受灼、胆火上冲”“毒邪深入营血”“邪陷血分”“卫阳暂亡、湿热乃结”等四十来个证名。剖析他的这些辩证结论，发现薛氏的辩证和对证名的确定具有一定的规律性，每个辩证结论基本上都是病因、病位、病性三者结合而成，如“湿热蒙扰三焦”的病因无疑是湿热，病位就在三焦了；“湿热在肌肉”其病因为湿，病位则为肌肉，这些都是极为明了的。在辨病性方面，薛氏虽未明显于证名注出，但从其辩证结论及参照其所用药物，病性的或虚或实，或寒或热就自含其中了，如观“湿在表分”，及用藿香、香薷之类则知属外邪之实而非正气之虚；观“湿热伤气”则知不唯邪实而正气亦虚。事实上，在明确辨证结论后，就不必非于证名中标明，如“湿在表分，属实”和“湿热伤气，已虚”之类，如此则有失僵固了，况病性的寒热虚实是可以互相转化的。正是因为《湿热病篇》的每一条都有明确按照一定的辩证程序得出的辩证结论，所以它才更能经得起实践的检验，具有一定的科学价值，而终能成为一部传世之作。

2. 确定病因、病位、病性的方法：在辨病因、病位、病性的过程中，薛氏始终是从临床症状入手，抓住病变过程中表现出来的主要症状（含脉舌等体征）作为辨析依据的。他从症辨因，从症辨位，从症辨性，以达从症辩证之目的。

（1）从症辨因：如提纲证以“始恶寒，后但热不寒，汗出胸痞，舌白、口渴不引饮”等五个主要症状作为确认湿热病的依据；原文 6 条以“若大便数日不通”作为“热邪闭结”肠胃的依据。其他条文如此，均是从某些主要症状来辨因识症的。

（2）从症辨位：如原文第 8 条“湿热症，寒热如疟，湿热阻遏膜原……”，据“寒热如疟”而知邪在半表半里之膜原；第 11

条“湿热证，数日后自利，溺赤，口渴，湿流下焦……”则据“溺赤”等知病变在下焦；第18条“湿热证，咳嗽昼夜不安，甚至喘不得眠者，暑邪入于肺络……”是据咳喘之症而知病变在肺络。可以推知薛氏从症辨位是根据某些部位可以出现某些症状的病变来逆推的。

（3）从症辨性：如原文第23条“湿热证，十余日后，左关弦数，腹时痛，时圊血，肛门热痛，血液内燥，热邪入于厥阴之证”，据圊血、肛门灼痛等知其病为热；第25条“湿热证，身冷脉细，汗泄胸痞，口渴舌白，湿中少阴之阳……”据身冷、脉细、汗泄等知病属阳虚。

总之，薛氏对病因、病位和病性三个程序的辨析都是以临床为依据的，特别是注意审察主要症状，以从症辨因、从症辨位、从症辨性，从而达到从症辩证之目的。值得注意的是病因、病位、病性三者是紧密联系的，不可能截然分割，只有将它们有机结合起来，才能得出较为准确的辩证结论。（辑自蔡铁如文）

（二）薛雪治疗湿热病是怎样遣方用药的？

1. 善用古方，变通灵活。薛氏《湿热病篇》是温病学重要著作之一，其论精辟，言简意赅。综观全篇，其所用古方几乎达到所用方的一半，对古方应用灵活独到。

（1）证候相符直接应用：证候与古方一致者，多直接应用之。如湿热蕴结胸膈，宜仿凉膈散，大便不通仿承气微下之例，热邪入厥阴下利，仿白头翁法，少阴之咽痛仿猪肤汤凉润法，暑月湿困太阴之阳仿缩脾饮、大顺散、来复丹。太阴湿与阳明热合宜白虎苍术汤等皆直接用古方，仿古法。

（2）证候稍异加减应用：证候与古方不完全一致，则用古方加减化裁。如寒热如疟，湿热阻遏膜原，治疗仿达原饮之例。其自注云“以膜原为阳明之半表半里，湿热阻遏，则营卫气争，证虽如疟疾，不得与疟同治，故仿又可达原饮之例”。故取槟榔、厚朴、草果，苦温、辛温并用，辛开苦降，开郁燥湿，行气破结，开达伏于膜原之湿浊疫邪，去芍、知、芩、草，加苍术、半夏、干姜、菖蒲、六一散，“盖一由外凉来，一由内湿阻也。再如湿热未净、津气已虚之候，方用东垣清暑益气汤主治，其自注云清暑益气汤乃东垣所制，方中药味颇多，学者临证时斟酌去取可也”。后世王孟英在此基础上创王氏清暑益气汤深合临床，即以辩证为基础，灵活加减应用。如温胆汤加栝楼、碧玉散治呕吐等，或仿其法辩证用药，或用古方加减，用之得心应手。

（3）一方多用辩证加减：这在其自注中阐述较多。如太阴湿与阳明热相合宜白虎加苍术汤，其自注论及，“治暑热伤气身热而渴者，亦用白虎加人参汤；胸痞身重兼见，则白虎汤加入苍术以化太阴之湿；寒热往来兼见，则于白虎汤中加入柴胡，以散半表半里之邪。凡此皆热盛阳明。他证兼见，故用白虎清热，而复各随证以加减”。此于仲景之鉴认识深刻，仲景用白虎以清无形之燥热，胃汁黏涸加人参，若中素有痹气加桂枝以通络，虽名桂枝白虎汤，实乃意去清热也，对白虎汤之应用加减并特别强调“辩证审脉，最宜详审也”，值得借鉴。

2. 因证用药，另辟蹊径。薛氏对湿热病的治疗，在辩证基础上，因证用药，细微之处，确系匠心独到，另辟蹊径。有些巧妙之用药配伍已被当今《温病学》冠以方名倡导用之，如薛氏五叶芦根汤、薛氏参冬汤。有些冠以方名为人们所常用，如连苏饮等，因证治疗，细微妙处详列如下：

湿热证余邪未清，湿热蕴结三焦，胃气未醒，病人多不甚有热，用药宜极轻之品，以宣上焦之阳气，用藿香叶、薄荷叶、鲜荷叶、枇杷叶、节尖、冬瓜仁等味（即薛氏五叶芦根汤），因证治疗极妙，否则投味重之剂，多入下焦肝肾阴分，与本病之邪在中上焦气分不符，且胃气未醒，浓浊厚味当在所禁之列。

湿热化燥，胃液受劫，胆火上冲，上现胸闷欲绝，干呕不止，脉细数，舌光如镜之危重证候。薛氏用西瓜汁、金汁、鲜生地汁、甘蔗汁磨服郁金、木香、香附、乌药等味，一清阳明之热，一散少阳之邪，不用煎者，取其气味也，阴虚宜滋，气滞宜疏，然迭不当，则投滋阴有壅滞之害，进香散有耗液之弊，以诸汁磨诸香药，不用煎，以诸汁滋胃液，辛香散逆气。仅滋阴而不壅，香散不伤津，所谓匠心独具，创治阴液亏虚，胆火上冲之新法。

3. 用药独特，匠心独具

（1）用药精专：全篇中用药在10味以上仅1条，而用药2～5味者约占1/3，大多数在5～10味，用药味少力专，皆各尽其能。如黄连、苏叶仅2味，味少量轻，治上焦轻可去实，再如暑滞肺络之喘，以葶苈、枇杷叶、天一散等味。

（2）药量各异：用药之剂量轻重不同，其轻如上文，黄连、苏叶用2～3分，用量之重如原文32条与33条，每每要强调宜大剂，其轻至分，重至大剂，皆以临床辩证为基础，据病情之轻重，治上焦以轻，取去其味其气耳，而治湿邪化燥，邪陷营血阶段，用药不仅滋阴凉血且要清热解毒化瘀，兼以清气，非大剂、重剂不能奏效，故邪陷营分用大剂犀角、紫草、茜根、贯仲、连翘、鲜菖蒲、银花露等味以清热解毒、凉血化湿兼清气。

（3）注意食养：病后湿邪未尽，留滞经络，阴液已伤之证，用元米汤泡于术隔夜去焦术饮，功效一以养液、一在去湿，用药与营养结合，病者较易接受，此法新颖独特。（辑自蔡铁如文）

三十一、清代儿科专家——陈复正

陈复正，字飞霞，惠州府（今广东惠阳县）人。生于清康熙二十九年（公元1690年），卒于清乾隆十六年（公元1751年），活了61岁。清代著名儿科专家。

陈复正年幼时，禀赋不足，体弱多病。由于天性灵敏，善于学习和思考。青少年时期对《周易》卦象、《尚书·洪范》以及天文理数，颇有心得；对宋代周敦颐、程颢、程颐、张载、朱熹和魏伯阳作的《参同契》等书更有研究，知识渊博；对医药知识留心学习，并向往能像道士那样修炼。在成年之前，即入罗浮山当了道士，拜长际大师为师，随待尘坐，修习医道气功和炼丹术。在此期间，除学习道家经典功课外，他潜心钻研医经典籍，精读了《内经》《神农本草经》；对传说中伊尹的创制汤液，皇甫谧的《甲乙经》、扁鹊的《难经》、张仲景的《金匮要略》、王叔和的《脉经》、陶弘景的《补阙肘后百一方》都一一遍览过。对李时珍、张景岳、清代医学家喻嘉言的著作，进行了深入的研究。此后，他便以道士身份竹杖芒鞋、瓢笠云游，一方面为增进自己的识练而寻师访友，希望能遇见志同道合的良师益友切磋学问；另一方面凭借自己的医药技能济世惠民、治病救人。所到之处，不论绅衿士庶、名公巨卿，还是贫穷百姓，“至贱至微”者，都一视同仁，随缘施治，行踪几乎遍及半个中国。他的医术越来越精，往往别的医生束手乏策，病人垂危，处于慌乱之际，他便飘然而至，慢条斯理地说不妨事，然后着手诊治。病人经过他的调理，很快就好了。遇到贫病交迫的人，看了病，不受酬谢；有急需调补的，甚至慷慨垫上参、术之类的补品。至于富贵人家，如恃势要挟，不合己意，尽管有压力他也不出诊。

他云游四方，深感人类之中唯小儿稚弱可爱，尤须护持。在临证救治中尤擅长儿科，在历时40余年的医疗实践中，所治婴幼儿以万计。“君已疾多奇效，有他医治之垂绝，君至曰可生，服其药无不活”（《幼幼集成·梁序》）。可见其医术之高超。

张某有个五六岁的女孩子，一天坐着忽然摔倒，作反弓状，眼目翻腾，见白不见黑。儿科医生群集，都作“惊风”治，毫无疗效。三天后，病孩骨露筋浮，病情严重。陈复正诊视后，认为不是惊风，而是太阳少血，寒气伤荣所致。他用厥阴门中当归四逆汤为主治疗，只几剂就治好了。

链接： 当归四逆汤：《伤寒论》方，由当归、桂枝、芍药、细辛、炙甘草、通草、大枣组成。功效：温经散寒，养血通脉。主治：血虚寒厥证。手足厥寒，或腰、股、腿、足、肩臂疼痛，口不渴，舌淡苔白，脉沉细或细而欲绝。

高某有一小儿，生下不久即患“百啐嗽”。面白眼清，自汗多嗽，满头青筋，头门宽大。陈复正诊视后，认为肝风有余，肺气不足，中气更虚，应该速投人参。但是，一个老妇从内阻之，一个医生从外阻止。他们认为初生儿不能服人参，服人参则不可治。高某夫妇信以为真，不敢用陈复正的药。于是便由那位医生诊视。两三月间，愈治愈危，以至于奄奄一息，逆证丛生，无可救药。医生束手无策，老妇缄口无言，都不敢来高家了。于是又请陈复正来治。一看，病儿面青目蓝，骨瘦如柴，声哑无音，咳嗽气促，大汗淋漓，四肢搐掣，逆证全具，毫无生机，只两目神光尚存。陈复正就用人参一支，龙眼肉五粒，蒸汤给他服下。服后气稍顺，又接连用人参一钱，龙眼肉七粒蒸汤服，竟获大效，当晚就汗搐俱止，喘亦减。但人小体弱，二钱参汤，须一夜才能服完。陈复正抱着病孩喂药，整夜没睡。几天之后，病孩睡眠较稳，呼吸较长。十天左右，诸证已愈八九。只是形色未复，音声未亮。于是服用人参增至每日四钱，龙眼肉十四粒，调理如前。二十天左右，共用人参六两多。至此，病孩声音清亮，面色红润，肌肉复生，精神胜旧。半周岁的乳儿，竟让其服下六两人参，起沉疴于万难之口。这样诊治，不单是世人未见，医家未闻，就是诸书也未记载，可以说他是有胆有识。

张某有个三岁的儿子，种痘后，一夕作搐十几次。痘师误为“惊风”，用凉药镇坠，用艾火堵截，迫使邪毒内陷，内热燔腾，造成昏迷不醒，十分危急。陈复正见后，知其误治，便因势利导，用人参败毒散另加生姜、薄荷扶正达邪，又用全身灯火疏通经络，使痘毒透发。不久，病孩“搐止痘出”，转危为安。

链接： 人参败毒散：由柴胡、前胡、川芎、枳壳、羌活、独活、茯苓、桔梗 、人参、甘草组成。功效：益气解表，散风祛湿。主治：伤寒时气，头痛项强，壮热恶寒，身体烦疼，及寒壅咳嗽，鼻塞声重，风痰头痛，呕哕寒热。

晚年，陈氏定居遂阳之种杏草堂，学验俱丰，学识博通，无论道家医事，皆能剖析详明，发挥晓畅。又心地淳厚、慈悲为怀。世人尊称其为修士、炼士。除继续为民治病外，还感于当时儿科著作的缺憾和儿医界惊风陋习的弊端，悉心撰著《幼幼集成》6卷。该书流传甚广、影响深远。

（一）陈复正是怎样成为一代儿科专家的？

陈氏学医，虽从小就开始，但正式步入医学殿堂师从的第一位老师是罗浮山名道士长际天师。在罗浮山修道习医的时期，为今后的发展打下了坚实的基础。嗣后，在长期的云游行医实践活动中，又到处寻师访友，在《幼幼集成》中亦多处提到“予昔于潭州遇师指授此方”“得之异授”“秘授”或“愚人”所传。并从历代医学著作中博采众长，通过自己长期的实践提高，使自己卓然成家。

1. 学穷枢要，医、道、儒相得益彰。陈氏天性灵敏，入山修道以后，对道、儒典籍无所不览。他学穷枢要，对河图洛书、周易卦象、《尚书·洪范》以及天人理数之学，均有较深的造诣。对道教奉为“丹经王”的《参同契》有深入的研究，对宋代濂（周敦颐）、洛（程颢、程颐）、关（张载）、闽（朱熹）四大家，皆能融会贯通，发挥晓畅。可谓“网络百氏，淹贯群言”（《幼幼集成·后跋》）。这些渊博的知识和深湛的造诣，为他医学上的发展奠定了坚实良好的基础。

在医学上，他崇尚《内经》和《神农本草经》，认为“《神农本草经》《内经》，昭垂星日”。每伏读《内经》，就不禁赞叹：“至哉，圣人之道；天地大化，非夫子熟能通之？”对伊尹制汤液、皇甫谧《甲乙经》《扁鹊八十难》，张仲景《金匮要略》、王叔和《脉经》、陶弘景《补阙肘后百一方》都深入研究，并大加赞赏，说这些著作“虽曰祖述《灵》《素》，其实以作为述”。对李时珍、张景岳、喻嘉言的著作和主张，加以肯定，认为他们是“阐明《金匮》，发挥《内经》，扫芜秽而返清润，有功于医事者不少”。在儿科学术方面，推崇钱乙，并重点吸取万全、张景岳、冯梦瞻、喻嘉言、程凤雏、夏禹铸等医家的学术经验（以上所引，皆见《幼幼集成》之“小引”及凡例）。

2. 严谨求实，敢于质疑正误。陈氏治学，虽尊崇《内》《难》之旨，博采众家之长，但总以立足实用为根本，以实践为第一。对于先贤之述，“未敢尽信以为确，其理明义畅有裨实用者，取之；泛泛不切者，去之；间有未妥处，即参以己见，并素所经验者成全之”。“诊治权衡，一遵经旨，罔成偏枯，务期有当于理、无害于人而后已”（《幼幼集成·小引》）。

他的这种严谨求实的治学精神还表现在他敢于质疑正误，敢于创新，对医界的流弊陋习大声疾呼，力辟其谬。《医宗金鉴》

是当时由朝廷下令编撰的权威性医学著作，影响甚大。然而陈氏之所以晚年悉心编撰《幼幼集成》，也正因为他感到《医宗金鉴》对儿科的缺憾及当时惊风陋习流弊的贻害。他在“集成小引”中说：“近撰《医宗金鉴》，遍周海宇，……惟幼科一门，无不遗憾。虽喻嘉言微启其端，而其言未竟。予每读惊风之书，未尝不三叹而流涕也！”以致他在书中辟惊风之妄，而立三搐之名。

即便是他平素极为推崇的先贤著述，他也能从临床实际出发，实事求是地加以评论和取舍。比如钱乙六味地黄丸方，他说：“予按钱、薛（指钱乙、薛己）二翁，能用此方治小儿先天不足，诚卓然有识者，予所敬佩。奈今之小儿，体质元气更不及前，古以地黄丸为补剂，今则实为凉剂矣！此药用于阴虚枯燥者诚为得宜，倘儿肌肥面白、脾弱多痰者，服此必致腻膈，变生他证，其害不小，非方之不良，由今禀受愈薄也！予故为之斟酌其炮制，必使地黄阴凝之质稍近阳和，不致沉寒沍浸，姑能免腻膈损脾之患矣。”他对地黄的炮制之法是：“以西砂仁一两（不必捶碎）、生姜二两（切片），缝一小夏布袋盛此二味，同地黄入砂锅，以水煮两昼夜，方入好酒煮一昼夜，以地黄糜烂为度。取其袋不用，以地黄捣膏听用。”足见其治学之严谨，用心之良苦。

又如他对明代儿科医家万全，甚为推崇，《幼幼集成》集录万氏之论者甚多。但又不盲从。他说：“予按密斋之说，不为无见，乃私心窃喜赖有斯人为之砥柱。及考断痫之方，则皆寒凉攻伐、镇坠毒劣之药，予又以为不尽然焉。”他进一步分析说：“夫病至于痫，非禀于先天不足，即由于攻伐过伤。每见痫儿，无不肌肥面白、神慢气怯，即万氏亦谓面色或青或白。岂有青白之儿能任攻伐者乎？只因中气素弱，脾不运化，则乳食精微不化荣卫而化为痰，偶值寒凝，即倏然而发。岂必心窍有痰而后发哉？若果心窍有痰，则已懵然一物，何以发过清明为故？可知非痰迷心窍之证。误作痰迷心窍之治，愈攻愈败，愈发愈勤，不至于废弃不止也。有识者补救尚虞不暇，犹敢以礞石、朱砂、珍珠、铁粉之重坠，伤其心气；以甘遂大毒之物损其心血；更加黄连之苦寒败胃？虽有一钱之参，如红炉点雪。后方（指万氏通心丸，亦断痫之方——编者注）朱砂、牙硝、雄黄、金箔之类，亦犹是也。原其意不过谓重坠可以镇心，苦寒可以泻火，毒劣可以攻痰。此等治痫，无异赧王伐秦救赵，而周赵卒为秦并。虽理或有说，而势所不能也。”这些分析，于理论、于实际，无不精当。由此也看出陈氏治病求本，重视小儿元气。

变蒸说，世袭相传，然也有个别提出异议者，如明代张景岳。陈氏赞同张氏的看法，更以自己长期实践经验对变蒸说加以批驳。他指出：“予临证四十余载，从未见一儿依期作热而变者；有自生至长，未尝一热者；有生下十朝半月而常多作热而变者。岂变蒸之谓乎？凡小儿作热，总无一定，不必拘泥，后贤毋执以为实，而以正病作变蒸，迁延时日，误事不小。但依证治疗，自可生全。”他还针对某些幼科方书用褊银丸（巴豆、水银、黑铅、麝香、京墨）治变蒸发热，批评说：“既曰长气血、生精神、益智慧，惟宜助其升生可也。顾者用毒劣，灭其化元，不几于非徒无益而又害之耶？（均见《幼幼集成·变蒸辨》）”

3. 注重疗效，向民间学习。陈氏是一位疗效卓著的临床医家，他之所以“已疾多奇效”，其原因之一是他向民间学习到许多特效的治疗方法。从临床实践出发，注重疗效，虚心地向民间学习。搜集、研究、运用民间特效的验方、疗法，是陈氏治学的一大重要特点。他在《幼幼集成》中收载多种“神奇外治法”“火攻法”，几乎在每一个病证之末载有大量的“简便方”，这些验方、疗法或得之“异授”，或得之“愚人”之传。正如他在《幼幼集成·凡例》中所说：“治疗自有正方，其未尽者，复以经验简方，并外治之法，附于方后。内有起死回生之诀，若能留心记览，随宜酌用，其利无穷。”

比如他搜集到一方，“治小儿颈项结核，或三五粒，十数粒，或痛或不痛，或热或不热，用墙根下凤尾草，梗如铁钱而黑，叶似凤尾，本草名石长生。即墙缝中所生小厥萁也。单取其根，水洗净，每用一两，以糯米浓酒一碗，瓦瓶浓煎，去渣服酒，每日一服，勿求速效，多则一月，少则二十日，其核全消，再不复发。此药气味平淡，更不苦寒，实为秘授，药贱而功弘。”又如专治瘰疬破烂，多年不愈，连及胸腋的集成白玉丹，“用新出窑矿石灰一块，滴水化开成粉，用生桐油调匀，干湿得中。先以花椒、葱煎汤，洗净其疮，以此涂之。不数日痊愈，真奇事也。昔予道门一友，患瘰疬烂及胸腋，十数载不愈，一愚人传此方，用之立应，后以治人，无不愈者。”陈氏将此方命名为“集成白玉丹”，在《幼幼集成》中以“集成”的方剂共有9首，都是陈氏悉心搜集提炼的验效良方。他在该方下还注曰：“老子曰：下士闻道大笑之，不笑不足以为道。此则世人闻方大笑之，不笑不足以为方。药则至贱不堪，功则神丹莫并”（以上均见《幼幼集成·瘰疬证治》）。由此，亦可见陈氏治学之一斑。（辑朱锦善文）

（二）《幼幼集成》是一部什么样的著作？

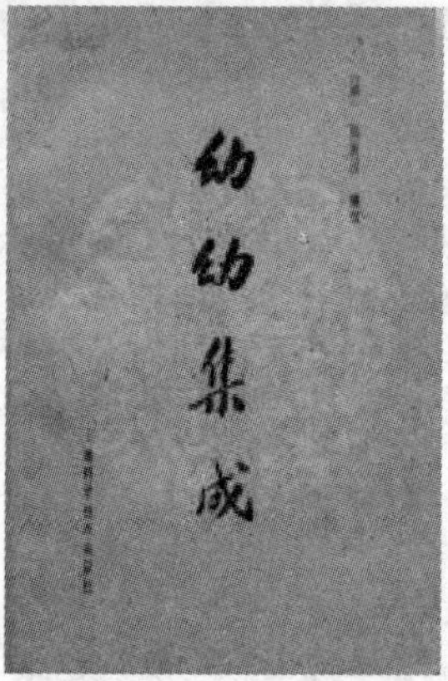

《幼幼集成》是一部中医儿科专著。由清·陈复正编撰。为了矫正时弊，救小儿于无辜夭折，他博采历代医家儿科论述之精华，并结合自己长期临床实践经验，以实用为标准，判其合离，析其同异、存其精要，辨其是非，辑录而成。每一病证，均以经旨立论在先，继以博采众家，条分缕析证治方药于后，末附以民间卓有疗效的简便验方。所论述的小儿病证，几乎齐备。对于某些病证的辨证、用药及预后的要紧处，更是再三作了说明，以引起注意。对当时儿科领域的某些流弊和错误认识，以及有争议的学术问题，如惊风、变蒸、小儿指纹等都明确表示了自己的看法，有些观点是难能可贵的，而且对后世影响很大。本书虽是儿科专著，但书中有护胎、保产及初生救护篇章，说明了陈氏对妇产科也有相当的成就。

《幼幼集成》成书于清乾隆十五年（公元 1750 年）。全书共 6 卷。卷一论述赋禀、护胎、指纹析义、小儿脉法、保产论、初生救护、调燮、脐风论证、初生护持、勿轻服药、看病诀、寿夭辨、面部形色赋、审颜色苗窍知表里之寒热虚实、简切辨证、五脏所属之证、变蒸辨等内容。卷二～四论述小儿各种常见病证，包括外感病、杂病、皮肤五官病证等共 51 门。每一病证均有论、有治、有方及简便疗法。卷五～六为删订的《万氏痘麻》歌赋共 249 首，附方 239 则。其中痘疹赋 201 首，附方 210 则；麻疹赋 48 首，附方 29 则。痘疹论述甚详，包括天元赋、痘疹西江月、痘有顺逆并五善七恶之证、痘疹总略歌、发热证治歌、见形证治歌、起发证治歌、成实证治歌、收靥证治歌、落痂证治歌、痘后余毒证治歌。麻疹包括骨髓赋、麻疹西江月、麻疹证治歌。

链接：《幼幼集成》是一部实用型临床医学著作，虽曰汇集自《内经》以降历代医家儿科著述之精华，实则是陈复正一生医疗学术经验的结晶，既不单纯地引经据典，也不人云亦云，而是斟酌取舍，颇为得宜。一切从实际出发、从疗效出发。所以，本书不失为理论联系实际的善本。证治方药，论证畅达，深入浅出，说理深透又明白易懂，无论对于初学者或深入研究者，均有裨益。对指纹及小儿脉法的见解，已为现代临床所采用；对护胎、保产、初生救护等有关妇产科内容，也均简切实用。

（三）《幼幼集成》记载了哪九个集成命名的方剂？

在《幼幼集成》中，有 9 个以“集成”命名的方剂，均为陈氏所创。陈氏在这些方剂下有的称自“异授”，有的注明“新出”，但主治方解及炮制用法均详为说明。这些方剂，陈氏用之得心应手，疗效卓著，值得学习和研究。

1. 集成三合保胎丸：治“素惯堕胎”（即习惯性流产），以古方内补丸、杜仲丸、白术散三方合凑而成。大怀地十二两（用砂仁三两、老姜三两，同地黄入砂锅内，先以净水煮两昼夜，俟地黄将烂，始入好酒煮之，总以地黄糜烂为度，将酒煮干，取起，拣去砂仁、姜片不用，将地黄捣膏听用）、大当归（去头尾取身切片）十二两（以好酒洗过晒干听用）、漂白术（取净干片）十二两（以黄土研碎拌炒极黄，取起筛去土。孕妇肥白者气虚，加二两）、实条芩（枯飘者不用，取小实者切片）六两（酒炒三次。孕妇黑瘦者加一两，性燥者二两）、绵杜仲（切片）十二两（盐水拌炒，以丝断为度）、川续断（切片）十二两（酒炒）。上将后五味和为一处，焙干研末，与地黄膏和匀，少加炼蜜，捣为丸如绿豆大。每早盐汤送三钱。自一月服起，过七个月方保无虞，三月内忌房劳恼怒。

2. 集成沆瀣丹：能清泄三焦热邪，主治诸热郁之证。方药组成：杭川芎（酒洗）、绵大黄（酒洗）、实黄芩（酒炒）、厚川柏（酒炒）各九钱，黑牵牛（炒，取头末）、粉滑石（水飞）、净连翘（除去心膈、取净）、京赤芍（炒）各六钱，薄荷叶、陈枳壳（麸炒）各四钱五分，尖槟榔（童便洗晒）七钱五分。上十一味和匀，烂研细末，炼蜜为丸如芡实大。月内儿每服一丸，稍大者二丸，俱用茶汤化服。乳母忌油腻。但觉微有泄泻则药力行，病即减矣。如不泄，再服之。重病每日三服，以愈为度。此方断不峻厉，幸毋疑畏，唯胎寒胎怯面青白者忌。陈氏还说：“予生平最慎于攻伐，惟此方用之最久，功效莫能殚述，真济世良方也。”综观《幼幼集成》一书，诚如陈氏所言，用于胎毒胎热、胎黄丹毒、发热、乳蛾喉闭、麻疹痄腮、疮疡口疮、痰食风热、便秘溲黄等三焦郁热之证。

3. 集成三仙丹：主治食滞内闭及痫疾湿热内闭，所致腹部胀满、发热不退、眼闭难开，人事昏沉、四肢瘫软、大实有羸状。方药组成：五灵脂一钱，南木香五钱，巴豆四十粒。先将灵脂、木香研末；巴豆去壳，并去其肉上嫩皮，纸包水湿煨熟，取起棉纸包之，缓缓捶去其油取霜，与前二味和匀，醋打面糊为丸如绿豆大，朱砂为衣，晒干。每服五丸，量儿大小加减。合沆瀣丹二三丸同研烂，茶清调下。待其下后，其病立愈。

4. 集成金粟丹：功能疏风化痰、清火降气，主治咳嗽上气、喘急不定、嗽声不转、眼翻手搐、昏沉不醒。方药组成：九制牛胆南星二两，明天麻（姜汁炒）、明乳香（去油、净）、净全蝎（去尾足，滚汤泡净，去其盐泥晒干，炒）、节白附（姜汁炒）、代赭石（火煅红，好醋淬之，反复七次，研细末水飞晒干）、直僵蚕（炒，去丝）各一两，梅花片、真麝香各三分，赤金箔五十张。共研细末，炼蜜丸如皂角子大，贴以金箔。每用一丸，姜汤化服。“此方比抱龙、金液、保命、至宝、定命等方功倍十百。惟虚寒之痰、无根之气，绝脱之证不可用。”此方可用于哮喘、百日咳、痫证。

5. 集成定痫丸：主治小儿痫证。方药组成：人参（切片焙干）、白云苓（切片、姜汁蒸晒）、真广皮（酒炒）、法半夏、白当归（酒洗晒切）、杭白芍（酒炒）、白蔻仁（酒炒）、漂苍术（黑芝麻拌炒）各一两、漂白术（切片土炒）一两五钱，石菖蒲（取九节者切片）、青化桂（去皮、浔桂不用）、南木香（忌火）各五钱，真龙齿一两（火煅醋淬研末，水飞晒干，取五钱），赤金箔三十张，镜面砂（研末水飞晒干）三钱。共焙研，炼蜜丸如龙眼核大，朱砂为衣，贴以金箔。每日早、午、晚各一丸，姜汤化服。无力配参者，不用亦可。陈氏云：此因“中气虚衰，脾不运化，津液为痰，偶然有触，则昏晕卒倒，良久方苏。……久服痰不自生，痫自不作矣。倘系年深日久者，与河车八味丸（河车八味丸：紫河车、大地黄、净枣皮、粉丹皮、宣泽泻、嫩鹿茸、白云苓、怀山药、川熟附、青化桂、北五味、大麦冬。炼蜜为丸）无不愈者。”

6. 集成至圣丹：治冷痢久泻，百方无验者，一服即痊。方药组成：鸦胆子（去壳取肉，取全仁，碎者不用）、三五岁儿二十余粒，十余岁儿三十多粒，大人四十粒，用桂圆肉包裹，空腹吞下，以饭食压之，使其下行。借桂圆肉包裹，可以直至大肠之下。药后大便有白冻，如无，过一二日再服一次，或适加数粒。此后不须再服。服药期间忌荤酒三日、戒鸭肉一月。若见腹痛，可服芍药甘草汤。此方治阿米巴痢疾有卓效。此法陈氏记载，较赵学敏收入《本草纲目拾遗》早出15年。

7. 集成肥儿丸：陈氏云：此方“治小儿脾胃虚弱，饮食不消，肌肤瘦削，多服能令儿肥。此丸久经效验，比诸家肥儿丸功独胜。”方药组成：建莲肉（去心皮，炒）二两四钱，西砂仁（酒炒）、苡仁米（炒）、六神曲（炒）各六钱，漂白术（土炒）、白云苓（乳汁蒸晒）各一两，人参（焙切）一钱，京楂肉（炒）、杭白芍（酒炒）、广陈皮（酒炒）、法半夏（炒）各四钱，正雅连（姜制）、炙甘草各二钱。共为细末，炼蜜为丸如弹子大，每日早、午、晚各服一丸，米饮化下。

8. 集成止泻散：陈氏云：“治久泻如神，此方经验最多。”方药组成：车前子（以青盐水炒七次）二两，白茯苓（炒）二两，炙甘草六钱。共为细末，每服二三钱，炒米汤调，乌梅汤更好。此方治脾虚久泻，确有效验。

9. 集成白玉丹：专治瘰疬破烂，多年不愈，连及胸腋。方药组成：新出窑矿石灰一块，滴水化开成粉，用生桐油调匀，干湿得中。先以花椒、葱煎汤，洗净其疮，以此涂之。

三十二、清代名医——何梦瑶

何梦瑶，字赞调，一字报之，号西池，世人称之为西池先生，晚年又自号研农，广东南海（今广东省佛山市南海区西樵镇崇北村）人。生于清康熙三十二年（公元 1693 年），卒于乾隆二十九年（公元 1764 年），活了 72 岁。一生亦官亦医，进士出身，曾任过义宁、阳朔、岑溪、思恩等县县令、辽阳知州，清代名医。

何梦瑶出生在广州府南海县云津堡大沙村一个殷实家庭。祖父名亘明，父亲名体严，有良田数十亩。梦瑶幼时颖悟绝伦，十岁能文，十三岁工诗，随佛山举人麦易田学习，由于他“少多病失学”，童子试屡考屡落。在这种情况下，他曾当过很长一段时间的塾师，讲学西樵洞，在治经习史之余，“诵岐黄家言”，对医学进行了刻苦的钻研。此外，他对文学、音乐、数学也有很深的造诣。《广东通志》称他“旁通百家，而尤以诗名”。27 岁时曾到巡抚署当差，但因工作不合意，只做了三个月，就拂袖而去。

康熙五十年（公元 1720 年），著名学者惠士奇担任广东学政，整饰学风，力倡经学。次年在学政衙署以“竹枝词”为题检考诸生。何梦瑶应考作《珠江竹枝词六首》，其中有云：“看月谁人得月多，湾船齐唱浪花歌，花田一片光如雪，照见卖花人过河。”为惠士奇所赞赏，检考后，被点为生员（即秀才），拜入惠门，食禀饩，与罗天尺、苏珥、陈世和、陈海六等被称为“南海明珠”。在惠门生活中，师友交流切磋，学识日益增长。期间曾共同在广州创建南香诗社，名盛一时。

雍正七年（公元 1729 年），又逢拔贡，37 岁的何梦瑶发挥其医学特长而一举夺魁，并于当年中举。次年会试又联捷，考中进士，分发广西，开始了他的官宦生涯。为官期间，何梦瑶对医学的研习和应用亦不停止，基本是一种“挟医为政”的状态。他历任广西义宁、阳朔、岑溪、思恩县官。据史记载，他居官清廉，“治狱明慎”，革除宿弊，颇有政绩。他曾亲临历来官吏不敢到的“深箐叠嶂”的少数民族地区，解决了侗族同胞之间的“仇杀数十年”的械斗问题；又曾机智地处理了在七里半发生的所谓“民反”事件。在任思恩知县时，疠疫流行，何氏广施方药，饮者辄起，时任两广的总督策楞将其方药公布于各县，存活者甚众。

乾隆十年（公元1745年），何梦瑶升任奉天辽阳州牧，在任期间，“不名一钱”“贫不能具舟车”，只好“悬壶自给”。《医碥·赵序》记载：有个男子叫王洪，“病风年余，狂易多力”，竟把一个人投入秫火中，烧得周身没有一块完肤。何梦瑶给伤者敷上药，过了几天，就痊愈了。然后，他坐在公堂上，叫人把王洪抓来，缚在庭柱间。洪且骂且歌，狂性未减。围观的人水泄不通。何梦瑶先用刑，使他恐惧，后施以汤药，叫两人提着他的耳朵从口中灌了进去。一会儿，病人大吐大泻，病状也随之消失了。围观的人对他的医术大为佩服。此外，何梦瑶笔耕不辍，撰写了大量医学著作，包括《医碥》《伤寒论近言》《妇科辑要》《幼科辑要》《痘疹辑要》《本草韵语》《针灸吹云集》等。由于何梦瑶吏治明敏，博学多才，又为民众治病，得到了辽阳当地百姓的爱戴，有“最负时名何刺史”的美誉。但此时历经胞弟宣调、恩师麦易田等亲友离世，年老贫病交加的何梦瑶已对官宦生活越来越厌倦，54岁时奏请告老还乡。1749年获准解任回籍。

何梦瑶退居故里，老屋数椽，仅蔽风雨，琴囊药里，外无长物。以医为业，悬壶济世，疗效显著。如其友赵林临之妻，患病两月，更请数医，皆用温补之法，愈治愈重。恰好何梦瑶归里悬壶，先后处以大承气、白虎、小柴胡汤数十剂，如鼓应桴，立即见效。赵林临问何梦瑶道：其他医生都说，我的妻子阳虚，应该扶阳，非参附不用，而你独反之，什么缘故呢？何梦瑶说：这个道理不是庸医所能明白的。这些人乱引《易经》经文，动辄扶阳抑阴。《易经》说，阳是君子，阴是小人。按此固须扶抑。而医学上说的阴阳，只是指气罢了。气不是正就是邪。正气虚，不论阴阳都应当扶。相反，邪胜，不论寒热都应当抑。怎么能牵强附会经文而迷惑自己呢？由此可见，何梦瑶在医学理论和诊疗技术上都达到了相当高的水平。除行医外，何梦瑶还先后出任过广东粤秀、肇庆端溪、越华三家书院的山长。他一边传道授业，培养人才；一边笔耕不辍，编修著作。其教学注重品行和经世致用，除科举内容外，还发挥自己的特长，教授学生医学、乐律、数术等各方面的知识。

乾隆二十九年（公元1764年），何梦瑶去世，享年72岁。

何梦瑶一生著述丰富，医学方面有《医碥》《绀山医案》《伤寒论近言》《本草韵语》《针灸吹云集》《神效脚气秘方》《追痨仙方》《妇科辑要》《幼科辑要》《痘疹辑要》等。其中以《医碥》流传最广、影响较大。

（一）何梦瑶主要的学术贡献与创新有哪些？

何梦瑶治学视野广阔，博通百家，著作宏丰。又曾师从清代名儒惠士奇，并宦游粤辽二十年，可谓中医界的博学者。在医学上，他敢于创新疑古，善于继承，颇有创见。其主要学术贡献与创新可归纳为以下七点：

1. 何梦瑶对当时岭南医界《景岳全书》流行，一些医家不顾岭南实际，滥用温补的时弊，起而争之，观点鲜明地予以反对，引起了清代岭南医学的“寒温争鸣”，对岭南医学乃至整个中国医学史都具有重要意义。

2. 何梦瑶敢于对《黄帝内经》等经典医籍中的一些理论提出质疑，并通过亲身实证和体悟以验证和阐发。其对五运六气理论的研究，注重取其大旨，不主张玄化，认为运气理论的本质意义在于通过自然界五运六气变化对人体的影响来解释人体的生理病理变化，强调把五运六气理论落到临证实处，注重医学理论的实际应用，具有可贵的学术精神。

3. 王梦瑶注重对中医脏腑理论的阐发，不拘泥五行学说，是清代岭南医界深入探索“五脏相关”学说的第一人，为当代名医邓铁涛先生所推崇。其对三焦、心包、“脑肾相关”理论的阐发颇具创见。

4. 王梦瑶是目前已知的岭南籍医家中最早全文注解《伤寒论》者，汲取和发挥“明清伤寒三派”的学术观点，形成自己的学术见解。

5. 在温病研究方面，何梦瑶吸纳诸家之长，亦形成了自己的学术见解。他曾亲自参与疫病防治工作，注重结合岭南特点，明确区分伤寒、温热病和瘟疫，质疑伏气温病说，初步构建了岭南温病学框架。

6. 何梦瑶论治内伤杂病，颇多创见，尤其善于论治火热、痰湿、疟疾、脚气和虚劳等当时岭南地区的常见病多发病。如其论治火热证，发挥刘、朱之说，认为“凡病多属火”，从性质上把火证分为实火、阳虚发热、外感之火、饮食积滞之火、肾阴虚之相火和肾阳衰之浮火等来论治，对“引火归元”予以辨证分析，从“气乖”和“气郁”两个角度阐发热证，结合吐痰频次、病因病位及脉象综合鉴别痰的寒热属性等均为后世医家所推崇；其创制柴常汤、分理汤、升陷汤、清中驱疟饮等治疗疟疾，创制鸦胆丸治疗痢疾，亦可供现代中医临床参考。

7. 何梦瑶注重医学教育事业，尤重中医诊法的传授和医学知识的普及，曾亲自编写四诊讲义，教授岭南当地医生，其医学著作亦注重简明实用性，对前贤论著，善于取舍，对《证治准绳》《医宗金鉴》等鸿篇巨著高度归纳、简化和发挥，并撰写有《四诊韵语》《本草韵语》《煎药用水歌》等歌诀，为医学知识的传播和普及做出了积极贡献。

（二）《医碥》是一部什么样的医学著作？

《医碥》是一部基础临床结合的医学门径书，共七卷。清·何梦瑶撰。刊于1751年。何氏极力推崇明代著名医家王肯堂的学术思想，何氏认为《证治准绳》虽为“近代医书之冠”，但对初学者来说，还是过于奥博难读，故作《医碥》以羽翼之。碥，是上马上车的踏脚石。何氏借碥石喻为习医之阶梯，故以《医碥》为书名。《医碥》的主要内容多直接从王氏的《证治准绳》辑出。其特点是“言简而意赅，深入而简出”。使初习医者通晓弄懂王肯堂的学术精髓。

卷一为基础理论部分，略述脏腑、经络、阴阳、水火、寒热、补泻等概说；卷二~四分述内科杂病证治，其主论能综合张仲景、刘河间、李东垣、朱丹溪诸家学说，对病证的分析，说理明白晓畅，颇多个人见解；卷五为四诊；卷六至七为成方辑录。所选方剂切合临床实用。

三十三、清代著名医家——徐大椿

徐大椿，原名大业，字灵胎，晚号洄溪老人。江苏吴江松陵镇人。生于清康熙三十二年（公元1693年），卒于乾隆三十六年（公元1771年），活了79岁，清代著名医家。

徐大椿出生在一个书香之家。祖父徐釚，康熙十八年（公元1679年）鸿词科翰林，任检讨职，纂修明史，是一位饶有隐逸风格的辞章之士，平生工于诗文言辞，文苑中很有声名；父亲徐养浩，“考授州司马不就选”，精水利之学，曾聘修《吴中水利志》。徐大椿生长在这样的家庭里，长辈们寄予读书做官、承继祖业、克振家声的希望，那是自然的事。徐大椿7岁时，入塾习儒，每日仅诵数行，尚且善忘，塾师亦不以为奇。14岁时，初学时文，对学时文（指八股文）感到厌烦。一天，他的老师启发说：“时文有止境，只有经学才是无止境的。”于是他就一心扑在经学上，其中用心最多的是《易经》，旁及诸子百家。18岁时，遵从父命，攻读水利各种书籍，并详细地记录了许多要点。20岁时，从学于朱声始的高足——周意庭先生，学习四书五经，学业大进。同年县庠入泮（考上秀才），更名大业。目睹一般读书人，把学习时文作为升官发财的阶梯，特别是那些秀才为了应考，日夜摇头摆脑，死啃烂嚼时文，他更厌恶至极。一次岁考，他激愤地在考卷上题了这样的诗句：“徐郎不是池中物，肯共凡鳞逐水游？”以示不屑和那些追逐功名利禄的书呆子为伍。

这一来，触怒了学使，被当做违犯常规而“黜革”（开除）了。后来。他写了这样一首诗加以讽刺：“读书人，最不济，烂时文，烂如泥。本来原为求贤计，谁知变了欺人技。看了半部讲章，记了三十拟题，状元塞在壶包里。等到那岁考日，乡试期，房行墨卷，往往念到三更际。也不晓得三通（指通典、通志、文献通考）四史（指史记、前汉书、后汉书、三国志）是何等文章，也不晓得汉祖唐宗是哪样的皇帝。读得来口角离奇，眼目迷凄，脚底下不晓得高低，大门外辨不出东西，更有两个肩头，一耸一低，直到吃了几服迷魂剂。又不能稳中高魁，只落得昏沉一世。就是做得官时，把什么施经济？得趣的是衙役长随，只有百姓们遭晦气”（《洄溪道情·时文叹》）。从此，他撇开了时文，摆脱了名利羁绊，专心致志地探求各种实用的学问，终于在诗、文、书、画、天文、历算，音律、击刺、算法、水利，尤其是医学取得了卓越的成就。

徐大椿淡于名利，抛弃时文，走向习医的道路，与其家庭变故，世风败坏是分不开的。徐大椿家人多病，据其自称“骨肉数人，疾病连年，死亡略尽。”三弟患痞病，父亲遍请名医诊治。徐大椿趁此机会天天与那些名医“讲论”，又亲自制药，医理稍通。然而四弟、五弟相继不治而亡。父亲因此悲伤得病，终年医药不绝。他深深感到医学的重要，说：“人之所系，莫大乎生死。王公大人，圣贤豪杰，可以旋转乾坤，而不能保无疾病之患。一有疾病，不得不听之医者，而生杀唯命矣。夫一人系天下之重，而天下所系之人，其命又悬于医者。下而一国一家所系之人，更无论矣，其任不亦重乎！”（《医学源流论》自序）于是愤而学医。他把家藏几十种医书拿来读，朝夕披览，“久而通其义。”

当时，世风不正，那些“时医”，不重视医学理论的研究，造成医疗事故层出不穷。徐大椿对此有很大的感触。他在《行医叹》一首诗里，把那种“世之医者，全废古书，随心自造，以致人多枉死”的情景，淋漓尽致地揭露出来。诗中说：“不读方书半卷，只记药味几枚。无论臌膈风劳伤寒疟痢，一般的望闻问切，说是谈非。要入世投机，只打听近日时医相的是何方何味。试一试，偶然得效，倒觉稀奇。试得不灵，更弄得无主意。若还死了，只说道：药不错，病难医。曾多少单男独女，送多少高年父母，拆多少壮年夫妻！不但分毫无罪，还要药本酬仪”（《洄溪道情·行医叹》）。对此，徐大椿“目击心伤”“悲悯填胸”。他大声疾呼：“学医者，当熟读《内经》。每证究其缘由，详其情状，辨其异同，审其真伪。然后，遍考方书本草，详求古人治法。一遇其证，应手辄愈，不知者以为神奇，其实古圣皆有成法也”（《医学源流论·知病必先知症论》）。徐大椿一方面“质之时医”，一方面“更穷源及流。自《内经》以至元明诸书，广求博采几万余卷，而后胸有实获”（《中国医籍考·医经七》），35 岁时，就撰写了《难经经释》二卷。

雍正六年，吴江开浚长河，因太深之故，致使沿岸房屋俱裂。二月，又开运河，36 岁的徐大椿以长桥河为例，条陈开河事

宜，工程依徐氏之言而行，使之节省财力而工程竣工。两年后，吴江修治塘路，徐氏再次条陈修塘事宜，提出多增水窦，以泄西来太湖之水，使工程顺利完成。

徐大椿40岁时，昆山大疫，“死者数万人”，徐氏前往视之，救人无算，名震江南。至此，徐氏独特的医疗风格基本形成。随后，《神农本草经百种录》《医贯砭》《医学源流论》《伤寒类方》等书相继问世。

徐大椿行医，往来吴淞、震泽。袁枚称他“艺精伎绝”，对病之难易生死，无不立辨；对怪症痼疾，无不指下回春。又说他“每视疾病，穿穴膏肓，能呼肺腑与之作语。其用药也，神施鬼设，斩关夺隘。如周亚夫（汉朝名将绛侯周勃之子，官至丞相）之军从天而下，诸岐黄家目瞠心骇，帖帖詟服，而卒莫测其所以然”（袁枚《徐灵胎传》）。

有个病人卧床六个月，不食不言，眼睛睁开，炯炯直视。徐大椿说这是阴阳相搏之证。先用一剂药，病人一会儿就能闭眼说话，再用一剂，竟跃然而起，病人敬佩之余，追问用什么药。徐氏笑着回答说，投以附子霹雳散和天生白虎汤。

又有一个拳师，在拳击比赛中，胸部受了重伤，气绝口闭，奄奄一息。徐大椿叫人把病人俯卧，奋起拳头猛击他的臀部三下，病人随之呕出几升黑血就好了。

任家有一位妇女患了“风痹”（指风寒湿邪侵袭肢节、经络，以风邪为甚的痹证），两股如针刺。徐大椿就叫人做了一张厚褥单，把病妇裹在里面。然后叫一个强有力的老妇把她紧紧抱住，任她颠扑叫喊，都不放松，使她出了一身汗。结果不用药病就好了。

又有个名叫张雨村的人，生了个孩子，浑身无皮，看见的人都要作呕。家里人也很害怕，想把他丢弃。徐大椿叫人把糯米碾成粉，掺和在孩子身上，外面裹上绢布，埋在土里，只露出头部和双手，继续喂奶。经过两天，孩子的皮肤竟生长出来了。

徐氏晚年学验颇丰，诊务繁忙，不仅在当地家喻户晓，远隔千里的京城，亦卓有声誉。乾隆二十五年，大学士蒋溥卧床，诸医束手，乾隆遍访名医，大司寇秦惠田首荐徐大椿，乾隆帝诏其入京诊视。次年二月，徐氏奉召入京。诊视后说："过夏七日则休矣"，后果如其言，乾隆帝嘉其"学问既优，人又朴诚"，欲授以太医官，徐氏以老年多病由，辞而不就，于当年 5 月回归故里，并筑室于吴山画眉泉（在今江苏吴县吴山西，七子山南坡的山坳间，属越溪张家桥所辖），自此，专心著书立说，《兰台轨范》《慎疾刍言》《外科正宗评注》等书相继完成。

乾隆三十八年十月，清帝再次召徐进京，其时徐氏已 79 岁，适逢卧病在床，自知难以生还，乃率子抱病起程。一路风霜劳碌，历尽艰辛，至腊月初方抵京。3 日后，一代名医溘然长世。

徐大椿精勤于学，平生著述甚丰，皆其所评论阐发，如《医学源流论》（公元 1757 年）、《医贯砭》（公元 1767 年）、《兰台轨范》（公元 1764 年）《慎疾刍言》（公元 1767 年）等，均能一扫成见，另树一帜，实中医史上千百年独见之医学评论大家。又著《难经经释》（公元 1727 年），《神农本草经百种录》（公元 1736）、《伤寒类方》（公元 1759 年）及《内经诠释》《六经病解》等，虽曰遵经诠释之作，其中真知灼见亦颇不少。后人将其所著辑为《徐灵胎先生医书十六种》等发行，流传甚广，影响极大。

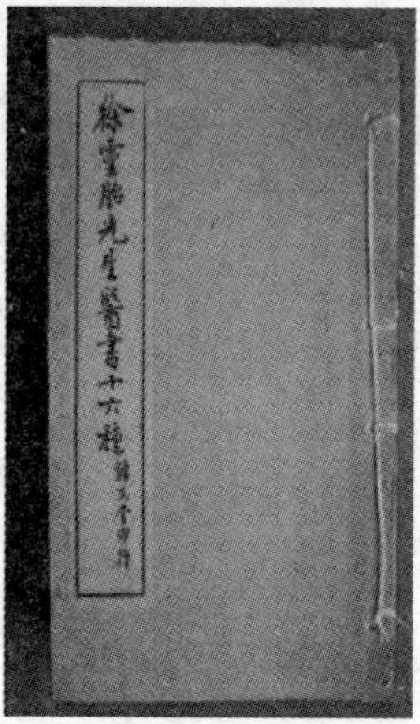

（一）徐大椿研读医学经典著作为我们提供了哪些宝贵经验？

1. 孜孜研求，锲而不舍。徐大椿认为，学医不能掉以轻心，必须付出毕生精力，"读万卷书"。他把读书视作人生的乐趣，曾写《读书乐》一诗加以咏叹。他藏书甚富，朝夕披览，循习渐久，竟至“嗜癖”。他说：“兴浓时，鸣鸡报晓书还读”，常常弄得“寝食俱废”。从他开始学医的五十年中，经他批阅的书约千多卷，泛览的书约万卷。据《苏州府志》记载，他穷经探《易》，“好读黄（黄帝）、老（老子）与阴符（《阴符经》）家言。既益泛滥，凡星经、地志、九宫、音律、刀剑、技击、勾卒，嬴越之法，靡不通究。而于医理尤邃。”到了晚年，仍“奋志勤修”，老而不倦。哪怕是严冬雪夜，长夏烈日；不管蚊虫叮咬、目暗神衰，他都专心致志地攻读。直至临终不久，还“闭户著书”。他在一首诗里写道：“一生哪有真闲日，百岁仍多未了缘”。这就是他勤奋笃实的治学精神的写照。在当时医界，这也是罕有其例的。

2. 穷源极流，广求博访。徐大椿认为读书要从源到流，“上追灵素根源，下治汉唐支派。”首先熟读《内经》《本草》《伤寒》《金匮》等古医典，继而博览《千金要方》《外台秘要》以下各书，取长补短，以广见识，然后多行临证，把书本知识与临床实践联系起来，这才不会落入窠臼，步入偏见。几十年来，他就是这样做的。他评价自己，有一句含意颇深的话，就是“虽无生死骨肉之方，实有寻本溯源之学”（《医学源流论》自序）。正因为他搞清了医学的源流，所以能够把上下古今许多复杂的学说，融会剖析，作系统的研究，不囿于一偏之见。

3. 指摘利弊，敢于创新。徐大椿很强调“学古”，对“古法”推崇备至，有“宗经法古”的思想。但是，他并非“食古不化”，相反，还有“疑古”的精神，敢于批评前人的得失。他读古书坚持了“掇其精华，摘其谬误”的原则，往往把读过的书，重加整理注释，“节其冗，取其要，补其缺，正其伪”。他读《难经》，就将其原文与《内经》对照，经过校勘，发现了许多新义，并指出了它不少错误。《难经》中有“寸口脉平而死者，生气独绝于内也”一句。徐大椿指出这是错误的。他说：“按脉之流动，气实主之。未有生气绝，而寸口脉尚平者。况生气之绝不绝，亦必诊脉而后见。若生气绝而脉犹平，则生气自生气，脉自脉，不相连属。有是理乎？”当时医界中，盛行承袭明代以来“温补派”的治法，用药不考虑病人的体质，仅执一、二温补之方，通治万人不同之病，所谓“执一驭万”。他们的方里往往十有九味是参、附、姜、术、茸、熟地等峻补辛热之品，结果“药证相逆，杀人无算”。面对这种情况，徐大椿郑重地指出：医家要实事求是地诊断病情，用药必须十分慎重，不可不分青红皂白，一味进温补。他在《医贯砭》中，词气有些过激地批评了明代医家赵献可专以六味（即指六味地黄丸）、八味（即八味地黄丸）为治，尽废古人经方的做法。他又在一篇《人参论》的文章里告诫人们：“断不可以人参为起死回生之药而必服之”。在与错误偏见斗争中，他总结了如下经验：“凡读书议论，必审其所以然之故，而更精思历试，方不为邪说所误”（《医学源流·邪说陷溺论》）。

徐大椿是一个思维敏捷，善于继承而勇于创新的人。诚如他本人所言：“可知医之为术，全赖心思转变。刻舟求剑，终无一验”（《洄溪医案》）。例如，徐氏在《伤寒论》的研究方法就予以大力创新。《伤寒论》自从王叔和搜集编次，及宋林亿等人校正整理后，大多注家泥于《伤寒论》397（条）之说，并一直遵循“六经”之说。徐氏读书始，即“疑其有错乱”，“乃探求三十年，而后司其所以然之故”知《伤寒论》“非仲景依经立方之书，乃救误之书也……盖因误治之后，变证错杂，必无循经现证之理。当时著书，亦不过随证立方，本无一定次序也”（《伤寒类方》序）。于是采用“不类经而类方”的方法来研究《伤寒论》。他说：“方之治病有定而病之变迁无定。知其一定之治，随其病之千变万化，而应用不爽，此从流溯源之法”（《伤寒类方》序）。这种以方类证的《伤寒论》分类法使临床运用方剂，有法可依，有方可循，有药可选，方药合拍，方证对应，起到了执简驭繁的作用，为《伤寒论》的学习和研究开辟了一条新途径。

徐氏在临证中，更不囿于已有的传统的结论，敢于提出一些新的理论和治疗方法，如关于肺痈的治疗，早在《金匮要略》中即已指出“始萌可救，脓成则死。”徐氏认为“脓血已聚，必谓清火，解毒、提脓、保肺等药方能挽回。”否定了“脓成则死”的结论。又如内科杂病以内服汤药为主治疗已成一定之理，但徐氏却另辟蹊径，许夫人衰虚畏风，屡药无效，他说：“阳气不接，卫气不闭，非阳光不可。”结果用晒太阳的方法治愈。又如洞庭氏患胁下留饮多年，哀苦万状。徐氏认为只有外治之法才可消此病根，用蒸药一料，用面四围，放药在上，上盖铜皮，以艾火蒸之，日十余次，蒸至360火而止。3月而块尽消，病永除；又如，徐氏认为历节病在关节，非煎、丸所能愈，须用外治。曾治一患者，用熏蒸、外敷等方法，不时日叫号，人曰必死，竟月余而愈。难怪乎同行和患者都赞叹他“真神仙也”。这一盛誉的得来，与他勇于不断创新治疗方法是分不开的。

（二）《医学源流论》是一部什么样的书？

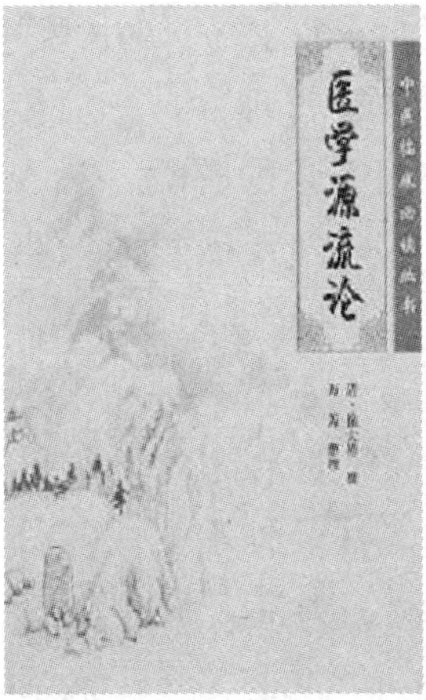

《医学源流论》为徐大椿乾隆二十二年（公元1757年）所撰。本书是一部医论专著。集中表现了徐大椿的学术思想和理论建树，作者针对当时医界的现状和弊端，以《内经》《伤寒论》等书为基础，透彻地进行了析评，并对医学的理论和临床，辨证和方药等多个方面进行了探讨，其目的是要正其异说，明其渊源，故名之为《医学源流论》

全书分为上下二卷，7纲99目

（篇）。上卷有经络脏腑（9 篇）、脉（3 篇）、病（16 篇）、方药（24 篇）等四纲，下卷有治法（24 篇）、书论（13 篇）、古今（10 篇）等三纲。

“经络脏腑”纲中，对脏腑经络气血理论的阐发，从元气入手，系统地讨论了元气的概念、生存、衰亡及保全元气的方法。对疾病传变与脏腑经络的关系等问题也有论及。

“脉”纲中，援引《内经》之说，讨论了脉气的顺逆、胃气的有无，脉病的从舍等问题。

“病”纲中，在《病同人异论》《病证不同论》《病同因别论》《寒热虚实论》等篇中阐述了辨证中的同中辨异、虚实真假辨别等问题，还论述了中风、鼓胀等病的治疗方法，以中风为例，批评了当时医界重温补的习气。

“方药”纲中，着重讨论了药物的运用问题，徐氏一生最尚务实，认为打仗靠兵，治病则靠药。所以对方药最为重视，除了写有《神农本草经百种录》《伤寒论》等书外，在《医学源流论》中也花了大量篇幅讨论方药运用。他遵从仲景方，认为张仲景组方证治明确，配伍严谨，加减灵活，称为“古之经方”，对其加减变化、煎药方法等详尽地予以论述。在《用药如用兵》中，以用兵之理来喻用药之道，形象生动，颇富哲理，是一篇传世之作。《人参论》针对当时温补成风、滥用人参的弊端，对人参的适用范围及利弊提出了精辟的见解。《热药误人最烈论》指出了温热药“杀人为最烈”，是其慎温补论的一个重要组成部分。

在“治法”纲中，首先阐明司天运气之变化，五方地域之不同，进而论述治法必须因时、因人而异，做到通治与异治相结合。然后针对针灸之法、缓急之法、汗、攻、补及外治之法等分别论述，在外治法中，对围药的运用最有体会，为世人所推崇。

在“书论”纲中，对《难经》《伤寒论》《脉经》《千金要方》《外台秘要》《活人书》《太素脉》及妇科、痘科、幼科、疡科等作了简要的介绍，可作入门之向导。

在“古今”纲中，对古今医家、学术流派进行了评价。对明代以来把刘河间、李东垣、朱丹溪三人与张仲景并列称为四大家，深为不满，他认为金元三子乃“一偏之学”，根本不能与“千古集成之圣人”张仲景相比，也不能与扁鹊、仓公、王叔和、孙思邈等人相比，最后是讲为医之道和学医之道，其《涉猎医书误人论》被人们称为醒世名篇。

链接： 本书阐述医理深刻，论据确凿，针砭时弊，振聋发聩，对纠正当时医界轻理论、重温补之陋习起了很大的作用，但由于徐氏所处的历史时代及认识所限，在书中存在厚古薄今、言辞偏激的现象。

（三）徐大椿在临证中是怎样辨证施治的？

徐大椿临证，非常注重辨证施治，故而世人谓其精于辨证施治。他继承了古人，特别是张仲景辨证施治的原则和方法，又在此基础上提出了许多创见，确具实用价值。

1. 重视脏腑经络。在辨证施治过程中，徐氏十分重视脏腑经络，认为治病必先分经络脏腑之所在，因为疾病在很大程度上讲，就是脏腑经络的生理、病理改变，疾病的性质、传变和愈合均与脏腑经络有密切关系。就疾病的传变而言，“病之从内出者，必由于脏腑；病之由外者，必由于经络”（《治病必分脏腑经络论》），“中于经络者易传，其初不在经络，或病甚而流于经络者，亦易传。经络之病，深入脏腑，则以生克相传，惟皮肉筋骨之病，不归经络者，则不传，所谓躯壳之病也。故识病之人，当直指病在何脏何腑、何筋何骨，何经何络，或传或不传，其传以何经始，以何经终，其言历历可验，则医之明者矣。”以疾病的愈后言，“在经络者易治，在脏腑者难治，且多死，中皮肉筋骨者难治，亦不易死。”（《躯壳经络脏腑论》）因此在临证中，若脱离脏腑经络，不究其病根所在，而漫然治之，则是无的放矢，此病而治彼，彼病治此，当攻者不攻，不当攻者又无辜受累，致使杂药乱投，病愈治愈深。“故治病者，必先分脏腑经络所在，而又知其七情六淫所受何因，然后择何经何脏对病之药，本于古圣何方之法，分毫不爽，而后治之，自然一剂而效矣。”（《治病必分脏腑经络论》）特别严重是在危险疑难证的治疗中更应“博考群方，深明经络”（《慎疾刍言》），才会提高疗效。

在强调脏腑经络的同时，徐氏还特别指出不能拘泥于某药独入某经之说。他认为张洁古等人提出药物归经理论后，片面强调“某药只入某经”，结果是医者只知按图索骥，某经病就只开入某经药，影响了临床疗效的提高，其实“人之气血，无所不通；而药性之寒热温凉、有毒无毒，其性亦一定不移，入于人身，其功能亦无所不到，岂有某药只入某经之理?”所以徐氏提出：“故不知经络而用药，其失也泛，必无捷效；执经络而用药，其失也泥，反能致害。”这种既要透彻了解脏腑经络，又不为之拘泥的观点是客观辨证的。

2. 同中辨异为重点。疾病的变化既有同一性，又有特殊性，是共性和个性的统一，对医生来讲，既要掌握共性，能辨其同；又要掌握个性，可辨其异。名医高明之处就在于他能因人、因时、因地等之异而施以不同治法。徐氏非常强调同中辨异的问题，一直把它作为临证中的重点。曾发人深省地说：“天下有同一此病，而治此则效，治彼则不效，且不惟无效，而反有大害者，何也？则病同人异也。”并在《医学源流论》中写有“病同人异论”“病证不同论”“病同因别论”“药石性同用异论”“五方异治论”等篇，专门讨论同中辨异的问题。概括起来，有以下几个方面：

（1）个体之异。由于人的体质有强弱，气质有阴阳，性情有柔刚，年龄有老少，饮食有精粗之不同，所以同样七情六淫之邪，而“感受之人各殊”，辨证时要注意这种人与人之间的差异。

（2）天时之异。“天时寒暖不同，受病有深浅之各异。”一年之中，随着四时之气的变化，一季之中随着阴阳之气的盛衰，疾病可有不同的变化，因此要因时而辨病，因时而用药。

（3）地域之异。不同的地域，阴阳之气不同，饮食习惯不一，人的体质出现差异。因此要因地制宜。例如“西北之人，气深而厚，凡受风寒，难于透出，宜用疏通重剂。东南之人，气浮而薄，凡遇风寒，易于疏泻，宜用疏通轻剂。又西北地寒，当用温热之药，然或有邪蕴于中，而内反甚热，则用辛寒为宜，东南地温，当用清凉之品，然或有邪气随散，则易于亡阳，又当用辛温为宜。”

（4）证症之异。同一病可有不同的主证和兼证，同一证又有不同的症状，如太阳病有伤寒、伤风证之不同，又有兼泄泻、不寐、痞闷诸症之差异；伤风证或有恶风、身热，或有汗出头痛，临证时只有“求其端而分其绪……或当分治，或当合治，或当先治，或当后治，或当专治，或当不治”，根据具体情况处理。

（5）病同因异。同一病变可出现不同的证候，其原因之一就是病因不同。如徐氏在《病同因别论》中指出热病的成因就“有风有寒，有痰有食，有郁怒忧思、劳怯虫疰，此谓之因。知其因，则不得专以寒凉治热病矣”。因此必须据因审证，据因论治。

（6）药性之异。药性往往取决于药物的产地、性味、炮制、配伍等诸多因素的制约。如“同一热药，而附子之热与干姜之热迥乎不同；同一寒药，而石膏之寒，与黄连之寒迥乎不同”。因此，用药之法，“并不专取其寒热补泻之性也，或取其气味，或取其色，或取其形，或取其所生之方，或取嗜欲之偏，其药似与病情之寒热温凉补泻若不相关，而投之反有神效。”

以上说明，徐氏所强调的是“同中辨异”“不殊中辨殊”的方法即对疾病的普遍性和特殊性、共性和个性必须辨析详明。

3. 理法方药一线贯通。徐氏治病，既能根据病人的不同体质、不同病因和不同的发病部位进行精确的辨证，并能熟练地贯彻理法方药有机结合的原则，在基本理论指导下，据法立方，据证用药，其方药的配合是十分严谨的。他指出："按病用药，药味切中，而立方无法，谓之有药无方；或守一方以治病，方虽良善，而其药有一二味与病不相关者，谓之有方无药。"（《方药离合论》）所以"其临证焉，必审夫阴阳表里寒热虚实；其立方焉，发明夫君臣佐使配合监制。所谓治病必求其本，用药一如用兵。"可见其在辨证施治过程中是理法方药环环相扣，紧密结合的。（辑自杨运高文）

三十四、医家一代宗师——黄元御

黄元御，名玉路，一字坤载，号研农，别号玉楸子，山东昌邑县都昌镇黄家辛戈人。生于清康熙四十四年（公元1705年），卒于清乾隆二十三年（公元1758年），活了53岁。清代著名医家，尊经派的代表人物，乾隆皇帝的御医。

黄元御为明代名臣黄福十一世孙。其祖运贞，副榜贡生，就读于京都国子监，官拜候选训导；父钟，邑庠生，工文翰，善辞章。黄元御出生于这样一个世代簪缨的书香门第，自幼深受家学影响，读书以明礼。13岁那年，其父为之延请侨寓昌邑的名儒于子遽先生为师，学习举业制艺，遍览经史著作，诸子百家靡不精熟，尤长于《易》，"过目冰消，入耳瓦解"，希望他能够登科入仕，光耀门庭。效其先祖黄福，做出轰轰烈烈的勋业。

雍正十一年（公元1733年），28岁的黄元御经考试，中邑庠生（秀才）。风华正茂，更加发奋读书，自谓"涤虑玄览，游思圹垠，空明研悟，自负古今无双""世推为国器""常欲奋志青云，以功名高天下"。

雍正十二年（公元1734年），黄元御29岁，因用功过勤，突患眼疾，左目红涩，白睛如血，延一医诊治，误用大黄、黄连等寒泄之剂。自此数年之内，屡病中虚，脾阳大亏，左目完全失明。按清代科举制度，五官不正，均不仕禄，黄氏迫于情势，自叹"有才难献，宏图莫展"便放弃举子业。当地名医、好友刘太吉劝他学医，他发愤立志："生不为名相济世，亦当为名医济人"，走上了弃儒从医的道路，而专致力于医学，"抱杜钦、褚明之痛，上溯岐黄，伏读《灵》《素》""考镜灵兰之秘，讵读仲景《伤寒》"。

黄元御凭着深厚的文化功底，又得到刘太吉认真传授，数年奋斗，浸淫有成，开始悬壶济世。在行医过程中他又不断总结经验，医术精进，医名大盛。今从轶闻趣事辑录一二：

青州知府得了"腹痛"。在危急之中，昌邑县令请黄元御去给知府治病。将要下针时，黄氏忽然停住手说："你这病一针就能治愈，不过老爷请我时，什么东西也没送我，心里有点不痛快。所以，这一针怕下不准。"知府看到针不下了，就赶快问他要什么。黄氏既不要钱，也不要官。最后说："听说你家小姐有姿色，我正缺一个妾……"知府怒气冲天，翻身待起，黄氏即刻一针下去，哈哈大笑起来。一边说："好了，好了，你的病好了。"这时知府也真的感到病轻了许多。黄元御解释说："这不过是我借你的恼怒来治病的一种手段，舍此你的腹痛就会无治。怎么能有心令爱呢?"从此，在青州"以恼治病"传佳话。

黄氏诊病，无论酷暑一如既往。一次，有几个人想试一试黄氏的高超医术，见他来了，相与谋曰："黄氏号为名医，吾侪（chai，音柴）盖试之。"一人故仆地，急招黄氏诊。黄氏曰："此人仅能延数刻耳，哀哉!"群嗤之以鼻。黄氏曰："毋！听其预言。汝等初意，乃与余为戏也，不知今当夏月，湿热交蒸，此人仆地之时，热毒之气已从口鼻吸入，内又有肠胃之病，感之而发，其来也暴，非药石所能瘳（chǒu，音抽）矣。"众不信，黄乃行。未几，其人果腹中绞痛，不数时即毙。人皆嗟叹，共称黄术如神。

黄元御的医名传遍了济南府，可是乐陵知县孙尔舟听到后，却不相信家乡这位少年时的"同窗好友"会变得如此神通。正巧他因植枣有功调升余杭县知县，又觉周身烦躁不爽，便想趁赴任回乡探亲之际，试一下黄学兄的本事。黄氏见到孙知县，道过几句阔别的话后，便大惊失色地说："这个任怕一时上不得了。我看你身上的大背疮，很快就会发作，俗语说：'手够，对口，手不敢动，腿不能走'啊"。孙尔舟正在凶吉难分，进退两难狐疑时，黄先生又劝慰道："我给你开一个'翻江倒海'的药方，只要吃上三剂，你的身体便能复原，等上任一年后，再从臀部把毒火发散出来。孙知县吃上三剂"翻江倒海"，果然身上爽快如初，便赴任去了。时过一年，孙知县真的在臀部生出一个疮来，苏杭名医的药吃遍了也不见效。可巧密州一位姓臧的医生路过，请来一看，便惊奇地问："为什么在臀部生大背呢?"孙尔舟讲出实情后，只吃过三剂药便愈了。从此"南臧北黄"的美名在余杭传遍了，甚至在京城里也响开了。

乾隆二年（公元1737年），黄元御发奋攻医，昼夜苦读，已历三载，对医学经典的幽理玄言能"探赜索奥，烛微察隐"，开始酝酿《伤寒悬解》一书的编著，并着手撰写《素灵微蕴》，乾隆五年（公元1740年）九月完稿，四卷二十六篇，在该书中黄元御首次提出了"培植中气，扶阳抑阴"的诊病理论。对于中气他给予了形象的比喻："精如中之仁，气如中之生，仁得土气，生为芽，芽生而仁腐，故精不能生，所以生人者，精中之气也。"有本于此，在施治中他始终贯彻了重视脾土、扶阳抑阴、厚培中气的施治原则，这是他对祖国医学理论的进一步发展。

乾隆十三年（公元1748年），43岁的黄元御游至清江阳邱，阳邱风景秀美，黄元御亦心清气廓。期间，他南游会稽山，拜谒禹陵，自谓："身登会稽，亲探禹穴，目睹越国江山……乃有著作斐然之志。"同年四月，他开始撰著《伤寒悬解》，七月三日草成，计十五卷。八月下旬又撰成《金匮悬解》二十二卷。

乾隆十四年春（公元1749年），黄元御初草《四圣悬枢》一

书，辨析温疫痘疹之义。二月作《四圣心源》，解内外百病原始要终，仅草创大略篇目，因事辍笔。

乾隆十五年（公元 1750 年），黄元御北游至京，适遇乾隆皇帝病重。太医院与京城名医多方调治无效，帝疴渐沉，百医束手无策。当时，宫中有一太监为昌邑玉皇庙村人，深知元御医术高超，便向朝廷推荐，诏进时黄氏辞曰：“敝乃草民，不懂军臣大礼，恐万岁见责，有欺君之罪。”乾隆帝传谕：“免恕一切，至宫廷时对朕面只行叩首之礼。”并令侍官带俸银及绫罗缎匹为礼，再诏黄氏进宫。黄氏辞曰：“无功不受禄，敝乃布衣之士，岂敢接受。”帝怒，再赐以五品顶戴，按品赐银，再次传进。黄氏再见难推诿，遂入宫。乾隆欲试其医术高低，故虚设一帐，令宫女卧其内，只露一手于帐外，让元御诊脉。诊毕退出，侍官请处方，元御道：“龙体凤脉，无药可医，恐不久于人世。”侍官回奏，乾隆闻言心悦诚服，乃知其为良医，即令御诊，诊后帝问：“朕得何病，应用何方治疗？”元御道：“万岁小恙，乃七分药毒三分病，须先进两帖去药毒，继服一帖治所病。”帝允诺，按方配服，病豁然而愈。乾隆帝大喜，赐以重金，元御皆坚辞不受，说：“吾非为官为钱，愿为社稷治病救人”。皇帝便命他入太医院为御医，并赐其楸木棋盘、玉石棋子一副，常与对弈，遂号玉楸子。

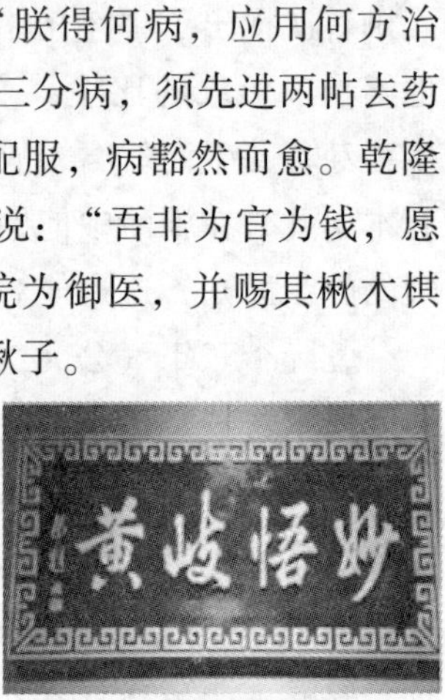

乾隆十六年二月，乾隆帝南巡，黄元御奉诏侍从，随驾武林（杭州），沿途为人治病屡验，著方调药皆神效。皇帝感其学识，亲书御匾“妙悟岐

黄”，悬于太医院门首。黄氏于太医院任职期间医术日益精湛，治愈多起皇宫贵族的疑难杂症。四月间，黄元御乘闲便到清江旧寓，继续编写《四圣心源》一书，“十得其九，厥功未竟”。“六月删改《四圣悬枢》，誊清定稿。八月十五日开舟北上，回到京城。直至乾隆十七年（公元1752年）十月，黄元御写毕《天人解》一章，经过四年时间，《四圣心源》终于脱稿。在《天人解》中，他极力阐发《内经》：“善言天者，必有验于人”的观点，高度重视阴阳五行学说的运用，并善与四时相联系，从阴阳变化、五行生克、脏腑生成、气血原本以及精神化生等方面阐述气化自然的妙义，影响巨大。

事君几年中，黄元御并不得意，这种心情在《四圣心源·序》中说得非常明白：“顾自己已以至壬申，历年多矣，元草未就，则天既长与以穷愁之境，而不频假以萧闲之日，帝眷之隆，何可恃也？良时非多，勖之而已。”繁庶之务使他没更多的时间完成著述，黄元御为荒废了这许多宝贵时光而深自惋惜。此后的日子里，他更是惜时如金，全身心地投入著述中去。

乾隆十七年（公元1752年）杂谷土司苍旺为乱，四川总督策楞、提督岳钟琪乘机调兵遣将，奏请平乱。鉴于第一次金川之战大批清军水土不服、疾病缠身，致使战斗力低下、伤亡惨重的情景，据说乾隆皇帝认为军士病症皆是经络不通，气血不循，正气不足造成，所以着尊经派的太医院御医黄元御署理川军军医馆——久真堂，提供解决将士水土不服之症的方略。

临危受命的黄元御仔细了解了藏区的气候，官兵高原缺氧和高寒以及流行的伤寒、咳嗽等情况，予以将宫廷的秘方、宫廷中御药房中治疗肺病、咳嗽最好的药材和藏区的虫草、贝母、红景天等等名贵药材为伍，又使用名贵滋补药材作为强劲官兵体魄的药引子，还把宫廷御药房银质药具和部分宫廷御药房做人一同前往成都，秘制出各类强劲体魄，提高免疫力，抗高原低氧环境的膏、丹、丸、散用于清军携带服用，以克各类低氧、伤寒、咳嗽、倦怠、疲惫等病症。

乾隆十八年（公元1753年），黄元御48岁，春二月，取张仲景著作中的方药加以笺解疏证，著《长沙药解》四卷，载药一百六十一种，方二百四十二首。乾隆十九年（公元1754年）三月又撰成《伤寒说意》十卷。该书以传经人说，辩论分析，多启后学门径。同年六月八日，撰成《玉楸药解》八卷，以补《长沙药解》之未备，他在该书中首创了用浮萍治疗瘟疫的疗法。至此，黄元御已完成医书八部，即后世所称《黄氏八种》，时年50岁。因过度劳神，此时的黄元御已是精力日衰，渐成老境。

乾隆二十年（公元1756年）初春，在门人毕武龄的再次催请下，黄元御着手笺释《素问》，至十一月书成，计十三卷，定名为《素问悬解》。此书中的“五运六气，升降浮沉”之说，大为发前人之未及。乾隆二十一年五月二日，黄元御完成《灵枢悬解》九卷，五月十六日至二十二日，用七日时间撰毕《难经悬解》二卷，此即所谓黄氏医书三种，合前八种，共计十一种。另尚有《玉楸子堂稿》一书，为黄氏医案、杂著。

黄元御不但深于医学，道学、经学造诣亦相当深厚。乾隆二十一年（公元1757年）二月，他在从事医著之余还应友人澹明居士之请写了《道德经解》一书，诠释其哲理，发挥其奥义。公元1757年六月又在精研易理十余年的基础上完成《周易悬象》一书，阐发阴阳八卦爻辞变化之理。四库馆臣评其《周易悬象》谓“近人说《易》中，独可谓学有根据。”给予了很高的评价。

黄氏在太医任上，一天，沈阳一王爷之子病笃，遣人诣京，求乾隆帝委太医往诊，帝即命黄元御前往。即日起程，乘轿奔赴，夜不住驿，轿中假寐；食不下轿，果腹而已。至沈阳，直奔王府，报名而入，径往正堂，王爷降阶相迎。方落座，黄氏未及请问，王爷即欲述其子病情。黄氏曰：“臣进府时，闻东厢有呻

吟之声，可是小爷？”王爷对曰：“正是。”黄氏曰：“无须诊视，其肺已腐烂不堪，无药可医，惜哉！”王爷闻言，面露惊愕之色，旋即面如冷铁，起身曰：“先生少坐，本王去去却回。”未几，侍者捧一盘呈与堂，视之，其内乃一腐烂人肺也，浊血流溢。黄氏大惊失色，方欲问其故，王爷已手握匕首而至，双手及利刃尽染血污，抱拳稽首曰：“先生神明，本王佩服！适才已将犬子杀之，此乃其肺也，果如先生所言。”黄氏惊倒在地，面如土色，张口结舌，无言以对。稍定，乞归。王爷允请，黄氏即刻起程。至京，拜表奏乾隆帝诊病及王爷杀子始末，谢罪并乞归故里休养。帝不究其直言之罪，好言抚慰，准其所请。

乾隆二十二年（公元1758年），黄元御在行医、著述生涯中因过度劳累，身体中虚，渐成重症，抱病回到故里，居于昌邑城南隅书斋，至乾隆二十三年（公元1758年）九月十七日戌时，溘然长逝，时年53岁。乾隆皇帝得知黄元御过世的消息后深感痛惜，亲书“仁道药济”四个字缅怀其一生的医术与医德。“仁道药济”意为“行仁道，以药济”，黄氏门生尊其为习医祖训。

黄氏一生博学多才，著述颇丰，撰有《四圣心源》《素问悬解》《灵枢悬解》《伤寒悬解》《金匮悬解》《四圣悬枢》《长沙药解》《玉楸药解》《伤

寒说义》《素灵微蕴》《难经悬解》等十一种，其中以《四圣心源》为其学术代表作，影响最大。

（一）《四圣心源》是一部什么样的著作？

《四圣心源》成书于清乾隆十四年（公元1749年），订正于清乾隆十七年（公元1752年）。全书十卷，作者将黄帝、岐伯、秦越人、张仲景视为医中四圣，阐发《内经》《难经》《伤寒论》《金匮要略》诸书蕴义而作。是一部以临床医学为主，结合基础理论的综合性医书。集中体现了黄氏的学术思想和理论建树。作者针对当时医界的现状与弊端，以四圣典籍理论为指导，对医学理论和临床诸多方面进行了探讨，其目的是要正异说，纠时弊、明渊源，故名《四圣心源》。

首三卷为基础理论部分，卷一天人解：以《内经》“天人合一”“天人感应”学说为指导，简要地论述阴阳五行、脏腑、经脉、气血；卷二六气解：论述六气从化、六气偏见、本气衰旺及风、寒、暑、热、湿、燥六气，认为内外感伤所致百病“不过六气”，并分别为厥阴风木、少阴君火、少阳相火、太阴湿土、阳明燥金、太阳寒水病证列示治法和主要方剂；卷三脉法解：列述寸口脉法、寸口人迎脉法，三部九候脉法、脏腑脉象、四时脉法、真藏脉义等，悉以《内经》理论为本，结合《难经》、张仲景、王叔和等有关脉学论述，分析浮、沉、迟、数、滑、涩、大、小、长、短、缓、紧、石、芤、促、结、弦、牢、濡、弱、散、伏、动、代共24脉，主要以阴阳两大纲结合五行、病理分析脉象及其临床意义颇有一些较好的见解，如迟脉与数脉，一般的概念是“迟则为寒，数则为热”；黄氏主张“迟不尽寒，而数不尽热”。

卷四至卷十，论述临床病证。卷四劳伤解：申述脾胃中气和保健的密切关系，认为中气旺则诸脏升降能各得其宜，探讨了阴、阳、气、血、精、神六个方面的病变特点，并列示治法方药；卷五至卷七杂病解：介绍鼓胀、噎膈、反胃、痰饮、咳嗽、腹痛、腰痛、痢疾、中风、霍乱、黄疸、疟疾等29种常见病证，对于病证的认识和治疗，有一些独到的见解；卷八七窍解：列述目、耳、鼻、口、舌、齿、咽喉病证；卷九疮疡解：介绍痈疽、瘰疬、癞风、痔漏诸证，其中也有一些较好的方剂；卷十妇人解：列妇人经、带、胎产、热入血室、骨蒸诸证。主张“调经养血之法，首以崇阳为主”。从立法到方药，与一般女科著作所述颇不相同。全书结构严谨、条理分明、文笔精炼，风格独特，读之令人耳目一新，是一部理论和实践相结合的综合性医书。

链接：赵克宜《序》评：《四圣心源》“尤诸书中之至粹至精者”“是编宗黄帝、岐伯、越人、仲景四圣之心传，而运以精思，达以卓论，抉天之秘奥，阐顺逆之精微，作述相承，独标真谛，举谬悠之说，一扫而空之，其为工岂浅显哉！”

（二）黄元御有哪些主要的学术思想？

1. 尊仲景，重阳气，力倡贵阳贱阴。黄氏出生于诗书家庭，他从小受家庭的熏陶和影响，性情清高，意志坚强，做事很有毅力，少负奇才，刻苦学习诸子百家之论，欲成旷世之才，以功名高天下，为一代名相，治国济世。甲寅雍正十二年，三十岁时，不慎患目疾被庸医所误，用药损其左目，是以悔恨感伤，遂绝进士之路，立志学医，不能为名相济世，亦当为名医济人，尊黄帝、岐伯、越人、仲景为“四圣”，尤以仲景首重阳气的观点对其影响最大，成为其学术思想的主流。人之为病“阳盛而病者，千分之一，阴盛而病者，尽人皆是”。（《素问微蕴·脏象解》）又曰：“人莫不病发于阴进而病愈于阳长。”（《四圣心源·六气解》）大倡贵阳贱阴之说，黄氏认为：人身立命，全赖阳气，唯阳气旺盛，化生精血以养五脏六腑，四肢百骸，五官九窍，阳气旺盛，生机振奋，则邪气不能外侵，七情不能内扰，神安体健，禀受天年。故此黄氏在辨证中处处以顾护阳气为先，对于贵阴贱阳，滥用寒凉滋润的流弊深恶痛绝，指出：“阴易盛而阳易衰，故湿气恒长，而燥气恒消，阴盛则病，阳绝则死，理之至浅，未尚难知，后世庸愚，补阴助湿，病家无不夭枉于滋润，此今古之大祸也。”（《四圣心源·六气解》）

基于这种贵阳贱阴的思想，黄氏在临证时从阳衰立论，认为百病之源，源于阳衰土湿，指出：“凡内伤诸病，如气鼓水胀，咳嗽痰饮，泻痢淋浊，吐衄崩漏，瘕疝带下，黄疸消渴，骨蒸毛热，闭经绝产，霍乱腹疼，伤风咳喘，种种幻怪，百出不穷，穷其根源，悉源土湿。”（《长沙药解·茯苓》）故在治疗上强调泄水补火，扶阳抑阴，在用药上以温补之品为主，如：甘草、茯苓、桂枝、干姜等均为其最常用的药物。《四圣心源·卷四》中的黄芽汤（人参三钱，炙甘草二钱，茯苓二钱，干姜二钱）就是一首崇阳补火培土泻水的代表方剂。

黄氏贵阳贱阴的思想，不但表现在其对疾病的病因病机的分析及辨证治疗上，而且还表现在对某些药物的评价方面，如对多数具有助阳补脾作用的药物，往往大加赞扬，认为其有祛病延年之功用。对泄火伐阳滋润之品，极为贬低，认为用之有夭人损命之虑。如对于温阳健脾之肉苁蓉称其有“补精益髓，悦色延年”之功，健脾利湿之茯苓称之为“功标百病，效著千方”，而对具有清心泻火功用的人中白则称之为“以夭人命，甚可恶也”，像这样的论述在《长沙药解》及《玉楸药解》中多有描述，据此也可见黄氏贵阳贱阴思想之一斑。

2. 师易水，重脾胃，崇尚温阳补土。黄氏受河北易水学派的影响，重视脾胃功能，将其比喻为“如车之轮，如户之枢，四象皆赖以维纤。”（《灵素微蕴·飧泄解》）

在生理上黄氏认为脾胃位于中焦，二者一脏一腑，一阴一阳，一升一降，共同完成对饮食水谷的受纳、消化、吸收及精微的输布过程，为脏腑、阴阳、气机升降运动的枢轴，脾胃功能健全，中气旺盛，则脏俯气机升降有权，五脏六腑气血生化有源，人体健康无病，故曰：“脾为己土，以太阴而主升，胃为戊土，以阳明而主降，升降之权则在阴阳之交，是谓中气，胃主受盛，脾主消化，中气旺则胃降而善纳，脾升而善磨，水谷腐熟，精气滋生，所以无病。”同时认为脾胃升降功能的正常也是维持五脏六腑升降功能，即发挥水火升降正常功能的决定因素，指出：“脾升则肾肝亦升，故水木不郁，胃降则心肺亦降，故金火不滞，火降则水不下寒，水升则火不上热，平人下温而上清者，以中气之善运也。”（《四圣心源·中气》）

在病理上黄氏认为中气虚衰，升降失常，百病由生，而导致中气虚衰的病机主要为阳虚土湿，治疗上以温阳补土为大法，故曰：“湿则中气不运，升降反作，清阳下陷，浊阴上逆，人之衰老病死，莫不出此，以故医家之药，首在中气。”（《四圣心源·中气》）此阳虚土湿病机的形成，黄氏认为主要是由于“足太阴脾以湿土主令，足阳明胃从燥金化气，湿为本气，而燥为化气，是以燥气不能敌湿气之旺，阴易盛而阳易衰，土燥为病者，除阳明伤寒承气证外不多见，一切内外感伤杂病，尽缘土湿也。”（《四圣心源·六气解》）

在治疗上应“泄水补火，抑阴扶阳，使中气轮转，清浊复位，却病延年，莫妙于此。”故其在临床中着眼于阳虚土湿，多用温阳燥湿，忌用寒凉滋润，如对各种出血性疾病，要求慎用寒凉药物，否则“人随药损，百无一生”，主张从温中补土着手。对遗精之病，反对用寒凉固涩之品，败其脾阳而遏其生气，对臌胀、反胃、中风，伤风咳喘等诸多病证，黄氏悉认为是由于中气衰败，土湿阳微所致，故治疗上均以温阳补土为治疗大法。

3. 源《内经》，重六气，以六气统六经。黄氏源于《内经》的学术思想，非常重视风、热、暑、湿、燥、寒六气病因的致病作用，人与天地相应，天地有六气五行，人体有五脏六腑，内伤则因于人体之气偏胜，外伤则人体感受天地偏胜之气。故曰：“天有六气，地有五行。……在天成象，在地成形，六气乃五行之魂，五行既六气之魄，人为天地之中气，秉天气而生六腑，秉地气而生五脏，六气五行皆备于人身。内伤者，病于人气之偏；外感者，因天地之气偏而人感之。”（《四圣心源·六气从化》）天有六气，人有十二经，天人相应，以主气统十二经，故曰：“内外伤感总此六气，其在天者，初之气，厥阴风木也，在人则肝经应之。二之气，少阴君火也，在人则心经应之。三之气，少阳相火也，在人则三焦之经应之。四之气，太阴湿土也，在人则脾之经应之。五之气，阳明燥金也，在人则大肠之经应之。六之气，太阳寒水也，在人则膀胱之经应之。”（同上）以六气统十二经，每一气应二经，有司化、从化之不同，均以司化者为主，从化者不司气化为辅，所以为六气统六经。如少阴君火，以手少阳君火司气，而足少阴癸水在从化之例，余皆仿此。

黄氏主张以六气统六经来论述人体的生理和病理，在生理情况下，六气之间相互滋生，相互制约，处于相对的平衡状态，以维持人体正常的生命活动，其相互之间的生克关系与五行之间的生克关系相同，指出：“人之六气，不病则不见，凡一经病，则一经之气见，平人六气调和，无风，无火，无湿，无燥，无热，无寒。”（《四圣心源·卷二·六气偏见》）在病理情况下，或一气偏见，或本气衰旺。一气偏见如“厥阴病则风盛……太阴病则寒盛也。”（同上）一气偏盛必致另一气偏虚，如“厥阴风盛者，土金之虚也……太阴寒盛者，火土之虚也。”“以六气之性，实则克其所胜，而侮所不胜，虚则己所不胜者乘之，而己所能胜者亦来侮之也。”（同上）本气衰旺“病则见司化者之本气或见从化者之本气，或司化者而见从化之气，或从化者自见其本气，以水性原寒，手少阴之病寒，是司化者而见从化之气。”余者类同。（《四圣心源·卷二·本气衰旺》）

对于《伤寒论》理法的探索，黄氏认为言六经不及六气，则无以辨识经脉为病的性质，也无法因其病变以祛邪，指出“仲景《伤寒》以六经立法，从六气也。六气之性情、形状，明白昭揭，六经之变化虽多，总不外乎六气。”（《四圣心源·六气解》）认为伤寒虽为外感病，但外界的六气与人体五脏六腑相应，故对伤寒的立论也以六气所化为基础。黄氏的这一独特见解，对六气、六经和脏腑关系的病机理论有很大的发展，同时由于黄氏受崇阳思想的影响，认为六气从化阳易衰，故在治疗上主张以温阳为主。（辑姜亦农文）

（三）黄元御在临床上处方遣药有何特点？

黄氏于临床处方遣药颇有心得，在《伤寒悬解》《伤寒说意》《金匮悬解》《四圣心源》《四圣悬枢》《长沙药解》《玉楸药解》中对方药进行了详细的讨论分析，为我们留下了许多宝贵的经验。

1. 机圆活法用经方，仿效古法制新方。张仲景《伤寒论》《金匮要略》中的方剂，后世称为经方。黄氏推崇仲景为“四圣”之一，长期致力于仲景学说的研究，善用经方，是典型的“经方派”。对于经方的运用，黄氏主张证与方剂相切合者，原方用之。如：论疫病的少阳证之治，就认为不必拘于寒疫与伤寒，说“寒疫之少阳与伤寒之少阳，病同而法亦不殊，凡见少阳诸证，非内传于腑，即内传于脏。内连脏腑，而后少阳证日久不罢，方宜小柴胡增减治之。”疫病“其木邪肆虐之时，下见泄利，则以黄芩汤清其相火，上见呕吐，则以黄芩半夏生姜汤降其逆气。其半在少阳之经，半入阳明之腑，则以大柴胡汤解经腑之邪。其半在少阳之经，半入太阴之腑，而下见泄利，则以柴胡桂枝生姜半夏汤降其逆气"（《四圣悬枢》）。又如，其论述寒疫之治，说："寒疫有传经之证，传经者，前三日则在三阳，后三日则在三阴……法与伤寒无殊"（《四圣悬枢》）。治"吴智渊，病消渴，胸膈燥热如焚，日饮凉水石余，溲赤石余，溲下温热，将毕则寒，其色白浊，魄门矢气亦凉，天寒腿膝颇冷，善食善饥，数倍其常"，崇《金匮》"男子消渴，饮水一斗，小便一斗者，肾气丸主之"，肾气丸料煎汤而获愈（《素灵微温·消渴》）。

黄氏认为"医自岐伯立言，仲景方法，百世之师也"（《素灵微蕴·医方解》），因此，特别重视效法古人立方遗药之法度而灵活运用经方。当经方与证不尽相合时，则可据古方加减之，或效法古人制方之意旨法度，制新方以治之。如以白虎汤加元参、麦冬治疫病太阳证烦热燥渴，用大柴胡汤加元参、地黄治少阳经温疫，传阳明胃腑，呕吐泄利。三承气汤均加麦冬、元参以治温疫阳明腑证，白虎汤加元参、麦冬、紫苏治痘病太阳经证未解而见烦渴发热者。

诚然，因受仲景学术思想影响，其自拟方多是崇阳温补的。黄氏认为，反胃是因为"阳衰土湿，下脘不开"，主张"补中降逆，润肠燥湿"，方用姜苓半夏汤（人参、半夏、干姜、茯苓、白蜜），实为大半夏汤之变方，似更切合病机；认为腹痛是"土湿木贼"，治宜培土疏木、温寒祛湿，立姜苓桂枝汤（桂枝、白芍、甘草、茯苓、干姜），为大建中汤之变方；对便血的治疗，变仲景的黄土汤，用桂枝振奋阳气，疏木以畅达气机，升发阳气，使扶阳之功易奏。于理中汤以茯苓易白术，成为补调中气之主方黄芽汤，认为"中气之治，崇阳补火则宜参、姜，培土泄水则宜甘、苓"；若加茯苓燥土，肉蔻敛肠，桂枝疏木，则成苓蔻人参汤，以治阳衰土湿、脾阳陷败之泄利。对于妇科病证，认为“调经养血之法，首以崇阳为主。”治疗经漏，立桂枝姜苓汤（甘草、茯苓、桂枝、芍药、干姜、丹皮、首乌）；血崩用桂枝姜苓牡蛎汤（甘草、茯苓、芍药、干姜、丹皮、牡蛎）；经水后期用姜苓阿胶汤（桂枝姜苓汤去芍药加阿胶）等等，皆是黄氏对经方的化裁。

2. 药用所长，重视配伍。黄氏认为“以起死人之药而治偏枯，其药不灵，非药之不灵，人之不解也”。“药者，庸工之刀斧”（《长沙药解自序》），因此十分重视药物的运用，强调用药之专长，重视配伍。

药物专长指药物的特殊作用，每一味药既有一般的作用，又有特殊作用。黄氏强调用药要用其专长，如地黄为甘苦寒凉滋润之品，有“凉血滋肝，清风润木，润肠通便，补血之功。”因性寒凉有泄阳助湿之弊，故黄氏主张阳虚土湿病不可用，只宜温病、火燥木枯水亏者可用，说：“内伤吐衄，悉缘土湿，更非燥证，以及种种外热烦蒸，无非土湿阳飞，火奔水泛，久服地黄，无有不死。”但因性寒凉而滋润，则“火旺土燥者宜之。伤寒阳明腑实燥便结，多服地黄浓汁，滋胃滑肠，胜用承气……温疫，疹病之家，营郁内热，大用生地，壮其里阴，继以表药发之，使血热外达，皮肤斑生，亦为要物，血热不得透泄，以致经络郁热，而生痂癞，是为癞风，用生地于表散之中，清经热以达皮毛，亦为良品，水旺土湿者，切不可服”（《长沙药解·地黄》）。又如白术和苍术，同为去湿燥中之品，但“白术守而不走，苍术走而不守，故白术善补，苍术善行……泄水开郁，则苍术独长……白术偏入戊土，则纳粟之功多，苍术偏入己土，则消谷之力旺，己土健则清化而浊降，戊土健则浊降而清亦升。然自此而达彼者，兼及之也，后彼而先此者，专效之能也，若是脾胃双医，则宜苍术、白术并用。”又如生姜性辛散，乃“调和脏腑，宣达营卫，行经之要品，”“凡经络凝涩沉迟结代，宜于补益营卫之品加生姜以播宣之，则流行无阻”（《长沙药解·生姜》）。又如黄柏、柏皮，“黄柏清脏腑之湿热，柏皮清经络之湿热，故发热身黄用柏皮”（《长沙药解·黄柏》）。又如浮萍，黄氏认为它有“发表出汗，泻湿清风”之功，系“辛凉发表”之品，可治疫、斑、疹，以浮萍为主巧妙组方，加减化裁用来统治温病、瘟疫，实乃用其长，独具一格。

黄氏不仅重视用药之专长，而且认为方有合群之妙用，一药难治诸证，必须配伍得当，才能发挥其作用。如茯苓，黄氏应用颇多，对其配伍应用多有研究，如健脾燥湿可单用茯苓，配甘草健脾利水，配桂枝健脾舒肝，配干姜温中燥湿，配生姜温胃止呕，配砂仁行气消郁等等。对于白术的配伍说：“白术性颇壅滞，宜辅之以疏利之品，肺胃不开加生姜、半夏以驱浊，肝脾不达加砂仁、桂枝以宣郁，令春旋补而旋行，则美善而无弊矣”（《长沙药解·白术》）。又如饴糖（胶饴）“功专扶土，力可健中，入太阴而补脾精，最止腹痛”，在配伍上要“审木燥而用芍药，水寒则用椒、姜，气痛则加黄芪，血虚则加当归，解此四法，胶饴之用，备建中立极之妙矣”（《长沙药解·胶饴》）。对润肝养血之药，认为易助湿抑阳，如伍用桂枝则“化阴滞而阳和，滋培生气，畅达荣化”。如何首乌“滋肝养血，则魂神畅茂，长生延年，理有必至，但宜加以扶阳之药不可参以助阴之品”（《玉楸药解·何首乌》）。只有配伍得宜，才能相辅相成，组成良方而获妙用。

此外，处方用药，黄氏还重视药物的加工炮制。如：人参“熟用温润，生用清润。”蜀椒当“去目及闭口者，炒去汗用。”干姜“温中略炒用，勿令焦黑。”代赭石“煅红醋淬、研细绵裹，入药煎，松软者佳，坚硬者无用。”半夏洗去白矾用，妊娠姜汁炒。厚朴“去皮，姜汁炒。”枳实“麸炒黑，勿令焦，研用。”蜀漆“洗去腥用。”禹余粮“煎汤，生研。作丸、散，火煅红，醋淬，研细用”（《长沙药解》）。（辑自刘绪银文）

三十五、清代医药学家——赵学敏

赵学敏，字恕轩，号依吉，乳名利济，浙江钱塘（今杭州）人。生于清康熙五十八年（公元1719年），卒于清嘉庆十年（公元1805年），活了86岁。清代著名医药学家。

链接： 对于赵学敏的生卒年存在分歧，《中国医学史料》有说为公元1720~1805年，亨年85岁，但陈修源在《中国历代名医名术》考证为生于清乾隆元年（公元1736年），卒于清嘉庆十三年（公元1808年），亨年72岁。

赵学敏生长在一个封建官僚家庭，父亲（其名不详）当过盐场的盐官，常为无嗣而痛苦，后到京师遇异人说：如果做了利人济世的事，可以得子。当时海潮溢堤，淹死者不下数十万人，他的父亲想尽办法捞埋；秋季疫疠流行，他又捐献俸禄请医买药治疗，赖以生存者数万人；请修筑海塘，俞旨准允，塘成，取名利济工程，从此七个县所辖区无潮灾。后其父又历任过福建永春司马、尤溪县令。晚年终于得子，生下学敏和学楷弟兄两人，乳名叫“利济”。幼时，学敏聪明好学，学楷却不爱读书，父亲对他们的前途曾有这样打算：长子学敏，继承父业，攻读四书五经，走科举道路；次子学楷，学习医业，做一个济民于世的医生。父亲退休时，为了创造一个良好的学习环境，修建了一栋房子叫利济堂，以感善报，又圈了一些地建成养素园，在园中收藏了许多医书，低畦处专门开辟了一块土地作为栽药圃，让弟兄俩人终年吃住在园中，接受儒学和医学教育。

学敏和学楷，生活和学习在养素园中。赵学敏从小喜欢读书，除学习四书（指《大学》《中庸》《论语》《孟子》）、五经（指《诗》《书》《礼》《易》《春秋》）外，他还博览群书，对天文、历法、术数、卜算、诗词歌赋之类的书籍，多有涉猎。闲暇时，他也翻看《素问》《灵枢》《难经》《伤寒论》等医书，与弟弟以默写针灸铜人图作为游戏，同弟弟一道种草药，辨制中草药。渐渐地学敏觉得学医比业儒更有趣，更有用。于是他就不管父亲的打骂，丢开了枯燥无味的四书五经，把全部精力移注于医学。

兴趣产生动力，赵学敏学习医学知识如饥似渴，一有所得，就动笔摘录，总感到白天的时间不够用，往往“焚膏（点灯）继之”，都要读到深夜。但又害怕父母责备，悄悄地自做了一盏煤油灯，偷偷地藏在帐子里。等父母睡了，就点灯读书。天长日久，煤烟把那顶翠绿色的帐子熏得乌黑。长期的过度用目，乾隆二十一年（公元1756年），赵学敏患了眼疾。但他眼疾刚愈，就凭借自身的体会，写下了一本眼科专著《囊露集》。

清乾隆二十三年（戊寅），赵学敏的父亲去世，父逝后，生活的重担压在赵学敏肩上，他只好在利济堂开设医馆，为民诊病疗疾，假馆以自给。一边广泛采集某些草药作栽培、观察、试验；一边博览医书，潜心研究，积稿数千卷。先后撰写了12本医药著作：《医林集腋》16卷、《养素园传信方》6卷（成于公元1754年），禁咒书《祝由录验》4卷（公元1755年），眼科书《囊露集》4卷（公元1756年），民间方治专集《串雅》8卷（公元1758年），烧炼丹药秘法集《升降秘要》2卷，论药性配伍书《药性元解》4卷（均成于公元1760年）、《奇药备考》6卷，《本草纲目拾遗》10卷（均成于公元1765年），述药物及植物名实书《本草话》32卷，《花药小名录》（均撰于公元1765～1770年间），导引养生书《摄生闲览》4卷（公元1770年以前）。清乾隆三十五年（公元1770年），取其家利济堂之名，题作《利济十二种》付梓刊行。（今仅《串雅》及《本草纲目拾遗》两书存世）

嘉庆十年（公元1805年），赵学敏以“布衣”的身份走完了人生历程，享年86岁。

（一）自学成才的赵学敏是怎样积累资料的？

赵学敏一面抓紧时间读书，一面着手编书。编书要用很多资料。资料越多立论越可靠，书的质量也越高。所以，他一向重视资料的搜集和积累。他积累资料不急于求成，而是先有一个计划或选题，然后围绕着它，长时间地随时随地进行。归纳起来，他积累资料的途径有下列几项：

1. 博览群书：赵学敏家藏有很多医书，其中不少是珍本秘本。另外，他的邻居黄贩翁藏有医书不下万卷，这些书他都经常取来或借来读。他读过的书真不少。在《本草纲目拾遗》中所涉及的文献多达六百余种，足见他阅文之广。在《串雅》序里，他说："予幼嗜岐黄家言，读书自《灵》《素》《难经》而下，旁及《道藏》《石室》，考穴《铜人内景图》而下，更及《太素》《奇经》；伤寒则仲景之外，遍及《金鞞》《木索》；本草则《纲目》之外，远及《海录》《丹房》"。他读书很认真，凡是与预定的选题有关的，他都打了记号，或加批语，或作摘要，并一一抄在纸片上，然后分门别类装订成本。每读一本书，就有一本资料。随着读书的增多，积累的资料又"老而靡卷"，结果，书箱放不下，就堆放在阁楼上。几十年中，他积累的资料竟"累累千卷"。他的《医林集腋》16卷，就是根据阅读黄贩翁万余卷藏书和家藏的江闽秘本所搜集到的资料编成的；《祝由录验》4卷，则是根据读了湖南汪子师的《祝由本借录》和参考张子和的《儒门事亲》等抄本搜集的资料编成的。

链接：《太素》：指杨上善所著的《黄帝内经明堂》。
《奇经》：指《太素》中论奇经八脉一卷。
《金鞞》《木索》：即《伤寒金鞞疏抄》和《摩索金匮》两书的简称。
《海录》《丹房》：即《海药秘录》、《丹房鉴源》两书的简称。

2. 实践体验：赵学敏不仅在书本上摘取资料，而且在医疗实践中，在自身经历体验中积累资料。他在《本草纲目拾·凡例》中说："草药为类最广，诸家所传，亦不一其说，予终未敢深信"。有一次，赵学敏来到奉化，知道"六月霜"具有解暑毒的作用，他就"以百钱买得六月霜一束"，用它进行临床试验，在一次时疫病流行中，他"取一茎带子者，煎服之"。取得很好的效果，后来又"屡试皆效"才将它收录下来。"鸦胆子"具有杀虫解毒作用，为治疗阿米巴痢疾的要药。赵学敏经过多次临床观察，认为由鸦胆子组成的至圣丹，治疗痢疾有很好的效果，"治冷痢久泻，百方无验者，一服即愈”。赵学敏在《本草纲目拾遗》中，首次记载它的药效，并写道：“此方不忍隐秘，笔之于书，以公世用。”“千里光”，具有抗菌作用，能治疗各种急性炎症性疾病，民间普遍认为它是清热解毒的良药，还流传着“有人识得千里光，全家一世不生疮”的言语，赵学敏根据民间用药的经验，称它为“外科圣药”而载入《术草纲目拾遗》。我们在《本草纲目拾遗》的条目中，屡能看到“亲试神效”“屡试神效”“用之皆效”“后治数人多效”的记载，这说明赵学敏收载的药物和医方，多数是经实践检验过的。同样，他平时治病也注意搜集资料。一般人开了处方，就算了事。赵学敏却不然。他总是先把病人的姓名、年龄、性别、发病原因和症状详细记录在本子上，然后经常去探望病人，观察病情的变化，用药后的反应，并把这些记在本子上。赵学敏虽然不是职业医生，但他医术精良，名声很大，请他看病的人很多。因此，他记载了大量的资料。最有趣的是，他自己患病，自己治疗，也把发病过程、自觉症状、治疗方法、治疗效果作为资料，一一记载下来。这些资料经过分析、综合，就成了很有用的医学论著。他的《囊露集》4 卷，是一部眼科书，书中内容就是根据他夜里经常躲在帐里看书，损伤了眼睛，后来经过六个月才治愈的亲身经历而著成的。这部书，他自称与《瑶函》《银海》《龙木论》《明镜笺》等眼科医书比较有“过之”。另外，《摄生闲览》也是根据自身摄生积累的资料编成的。

3. 专访交谈：赵学敏中年以后经常外出作客，同各种人接触。他为的不是寻欢作乐，而是向有经验的人搜集医药的资料，随时补充订正自己著作的内容。在《本草纲目拾遗》卷七“鸡血藤”条下，可以找到这样的例证：“吾杭龚太守官滇，带有鸡血藤回里，予亲见之。……长儿景炎在四川叙州府，与滇之昭通接界。因嘱其往觅此藤。所寄来者，外形不殊，而中心惟作小红点。干之，也不突起。据来书云：实金沙江土司山中所得。然与龚太守所带来者绝不相类。岂此藤亦有二种耶？……辛亥，予在临安患臂痛，胡春熙明府长君名什曾宦滇南归里，蒙赠鸡血藤胶，皆方块。”

从这段文字里可以窥见，他与龚太守的交往，与长儿景炎的通信，与胡春熙的长子什的赠礼，都为了搞到和弄清有关鸡血藤形态的资料。类似的记载不少。在日常交往中，赵学敏随时注意搜集资料。当时外国人和海舶常带来许多西药，他就直接或间接了解到刀创水（碘酒）、鼻冲水（阿莫西尼亚酸）、奇攻石（奎宁）等西药疗效很好，就把资料搜集起来，写入书里，同时注意在临床上应用，开创了中西医结合的先河。他的《养素园传信方》6 卷，就是根据平日外出作客，由亲戚朋友提供的资料编成的。他的《本草纲目拾遗》一书提及有关联的人多达一百八十几人。

4. 面向民间：中年以后，赵学敏毅然走出家园，到民间去。在平湖、奉化、余姚、临安、上虞一带，访亲问友，向“某仆”“某妪”“土人”“辛苦劳碌的人”请教，当他 80 岁高龄的时候，也还在民间，向多方请教。比如，“三白草”又名“水又通”，是一种具有清利湿热、消肿、解毒的草药。对它的植物形态，古书上有不同的记载，有的说“三白草”就是白叶有三瓣，有的说叶白、花穗白、根须亦白故称为“三白草”，究竟哪一种说法正确？赵学敏到余姚等地调查，渡过了曹娥江，发现长在水边的长二、三尺的“三白草”，与古书上的记载不同，叶数不止三叶，也不是所有叶子能变白，仅在顶上数叶会变色，最后是叶尖通白，所以“三白草”是一叶有三白，而不是白叶有三，经过赵学敏的仔细观察，纠正了前人对“三白草”的不同看法。赵学敏在民间，收集到不少医之有效的民间医方。一天，赵学敏来到西溪，住在一个姓吴的家里，吴家有一个 15 岁的孩子，背部发生不少红瘰，有说“这是丹毒”；有说“这是蛇缠疮”。当时赵学敏对由病毒引起的“带状疱疹”还缺乏认识。他错误地认为这是由于上山砍柴被虫咬而引起的，所以治疗上采用一般的药膏涂上，过了二、三日，红瘰不仅不退，反而引起化脓性炎症。赵学敏又换上另一种药膏，仍然无效，病势愈来愈严重。正当赵学敏束手无策时，邻近的一位老大娘，传授了用“翠羽草”，又名“孔雀花”，它具有清热解毒、消瘀止血的作用。赵学敏根据老大娘的经验，将“翠羽草”捣汁涂上，果真，一夕立消，赵学敏感慨地说，“此草解火毒如此”。

赵学敏还注重向民间草医、药农学习，搜集资料。他发现民间蕴藏着丰富的医药知识，然而民间的防病、治病经验，历来都得不到重视！那些肩背药箱、手持串铃、不避寒暑、游乡串户的民间医生，被污蔑为“江湖郎中”，医技污蔑为“小道”，讥骂他们“迹类丐”“心又类盗”，医术为“剽窃医绪，倡为诡异”，应用的方药是“败草毒剂”，不屑一顾。赵学敏冲破历代统治阶级正统观念的束缚，认为走方医中也有“不悖于古，而利于今”的医术，应当给铃医恰如其分的评价。走方医赵柏云是赵学敏的同族人，他在治疗牙病、眼病、虫病、点痣等方面有丰富的经验。赵学敏专访了他，认为“质其道，颇有奥理”，“顾其方，旁涉元禁”。决心“录取所授，重加芟订”，结合自己多年搜集的民间经验，分门别类地加以整理，为走方医著书立说。终于在公元1759年完成了《串雅》内外篇的编写工作。总结了走方医的截、顶、串的三种治疗方法，并给予高度评阶，认为走方医的治疗方法是“操技最神，而奏效甚捷”。他把走方医的用药特点，归纳为贱、验、便三字决。“一曰贱，药物不取贵也；二曰验，以下咽即能去病也；三曰便，山林僻邑仓促即有”。《串雅内编》还记载了许多民间医方，例如，用五倍子研末填脐中，可以治疗盗汗；用荸荠汁滴眼，可以治疗红眼睛；吴茱萸研末调醋贴两脚心（涌泉穴)，可以治疗咽喉炎；用刀豆子烧成灰进行冲服，可以治疗呃逆不止等。有些单方，目前临床上仍在使用，并有一定的治疗价值。《串雅外编》首先介绍了民间防病的经验，书中集录了除蚤、灭虱、驱蝇、禁蚊、除臭虫等驱除害虫的措施。在当时对于流行病的传染媒介，虽然还不十分清楚，但是这些除虫措施，实际上是起了消灭疾病的传染媒介的作用。《串雅外编》还记载了民间的急救法，例如：溺用骑牛，解药毒用防风，昏厥症用放血法等，这都是简便而又经济的方法。此外，它还重点介绍了民间外治法的经验，有针、灸、熏、贴、蒸、洗、熨、吸等方法。这些方法都有具有简便、经济、有效，用药安全的特点。至今仍有使用价值。

(二)《本草纲目拾遗》是一部什么样的著作?

《本草纲目拾遗》是一部药学专著，为拾李时珍《本草纲目》之遗而作。在《本草纲目》刊行100余年之后，我国本草学又有了新的发展，许多药物为古代人们所不认识，许多已有的药物不断地被发现有新的疗效。后代的新内容必须补充到本草著作中去，故名《本草拾遗》

本书成书于清乾隆三十年（公元1765年)。全书共10卷，载药921种，其中《本草纲目》未收载的有716种，绝大部分是民间药，还有一些外来药品，并对《本草纲目》所载药物备而不详的，加以补充，错误处给予订正。其体例与《本草纲目》类似，除未列入部外，另加藤、花两类，并把“金石”部分为两部。

《本草纲目拾遗》实际是李时珍《本草纲目》的续篇。分水、火、土、金、石、草、木、藤、花、果、谷、蔬、器用、禽、兽、鳞、介、虫18部，另卷首列“小序、凡例、总目、正误、目录”。“正误”项下纠正李时珍《本草纲目》错误34条。卷一：水部24种；卷二：火部21种、附22种，土部18种，金部11

种、附5种，石部27种、附2种；卷三：草部上56种、附11种；卷四：草部中70种、附10种；卷五：草部下65种、附16种；卷六：木部79种、附24种；卷七：藤部25种、附1种，花部31种、附12种，果部上21种、附16种；卷八：果部下43种、附5种，诸谷部15种、附19种，诸蔬部40种、附18种；

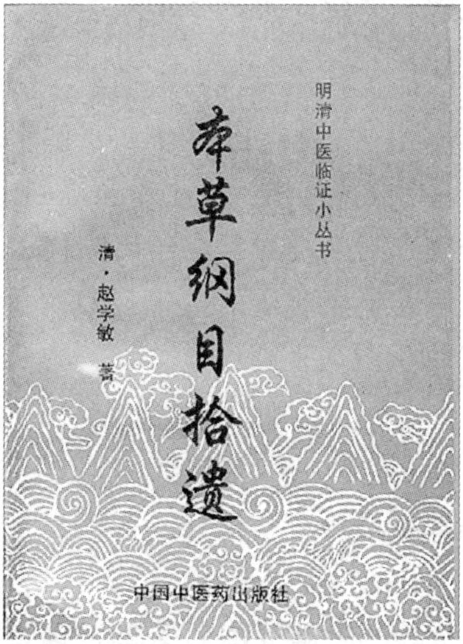

卷九：器用部48种、附6种，禽部15种、附8种，兽部25种、附20种；卷十：鳞部26种、附2种，介部16种、附4种，虫部40种、附4种。内容十分丰富，为中医药学增添了大量的用药新素材。它对研究《本草纲目》和明代以来药物学的发展，是一部十分重要的参考书。它是清代最重要的本草著作，一直受到海内外学者的重视。

链接：《中医大辞典》评：作者广泛参考了多种文献资料，结合个人采集、种植草药的见闻和临床经验，分别予以介绍，并对《本草纲目》中的一些错误做了订正。此外还收集了较多的民间验方、治法和当时传入的西医药资料。其突出特点为重视民间常用药，且所收药“必审其确验”。可称为继《本草纲目》之后，另一部集本草大成之作。

（三）赵学敏有哪些学术经验值得借鉴？

赵学敏爱好医药，勤于钻研，曾深入民间调查并采集医药资料，并实地栽培药才，在治学中积累了丰富的经验。

1. 倡“物生既久，则种类愈繁”：赵氏通过长期的医疗实践，逐渐认识到，事物总是在不断发展之中，人们的认识也是在不断扩大之中。生物的品种在逐渐衍生而日益繁多，同一品种药物，随着时代的变迁，会逐渐派生出很多新的变种来，所谓“物生既久，则种类繁多”。并举石斛、白术两药为例，说：“石斛一也，今产霍山者则形小而味甘；白术一也，今出于潜者则根斑而力大。此皆近所变产，此而不书，过时罔识。”（《本草纲目拾遗·小序》）如果当时不把它记录下来的话，其用途也将被遗忘，从而会使这些药物的应用研究受到限制，这是赵氏为什么要撰辑《本草纲目拾遗》一书的主要动机。在《凤仙谱》一书中还提到。“宇宙万物无穷，此花尤变多种，地广则土饶异常，年远则代出新奇”，凤仙花是秋庭常见花卉，赵氏就当时所能搜集到的，载入该谱中多达183个品种，足见“物生既久，则种类愈繁”的认识是很科学的。

2. 首提“顿呛”病：赵氏记载了一种俗呼顿呛的病，云其证为：“从小腹下逆上而咳，连嗽数十声，小住又作；甚或咳嗽发必呕，牵掣两胁，涕泪皆出，连月不愈者。”并载有治法：“用鸬鹚涎滚水冲服，下咽即止”。又认识到此病是会传染的，称之为鸬鹚瘟，云：“其症咳嗽不已，连作数十声，类哮非哮，似喘非喘，小儿多患此，取谷田内蚱蜢十个，煎汤服，三剂愈”。鸬鹚郁小儿有之，其证如物哽咽，欲吐难出之状，久之出痰少许，日久必死。治以干蚱蜢煎汤服。（《本草纲目拾遗·鸬鹚涎·蚱蜢》）上述关于顿呛病的描述，同现代医学的百日咳病。赵氏认识到顿呛是一种特殊的咳嗽病，并有传染性，像瘟疫一样，这在其之前的医家中是没有的。

3. 独特的炮制法：赵氏《本草纲目拾遗》记载了一些药物炮制法，这些炮制法是前无古人的。

（1）人工刺激培植法：如：造“三生萝卜”法，“取水萝卜一枚，周围钻七孔入巴豆七粒，入土种子，待其结子，取出又种，待萝卜成，仍钻七孔，入巴豆七粒再种，如此三次，至第四次，将开花时，连根拔起，阴干，收贮罐内。遇鼓胀者，取一枚捶碎煎汤服之，极重者二枚立愈。”（《本草纲目拾遗·三生萝卜》）造“穿肠瓜”法，“将烂熟甜瓜与七、八岁小儿空心带子食之，令其勿嚼碎子，次日解出大便，子裹粪内，带粪曝干，时早即于本年下出；倘时晚不及生瓜，花亦可用，否则藏于次年下种更好，子亦可用。治痔漏。”造“鸡神水”法，“择大萝卜一个，开一个孔，须近茎边一头开，勿伤其根，方可活。孔内入鸡蛋一枚，仍种地上，俟其发叶长成，取鸡蛋内水点眼，其明如童”。珠参代辽参法，“珠参切片，每五钱以附子三分，研末拌匀，将鸡蛋一个去黄白，每壳纳参片五钱，封口，用鸡哺，待小鸡出时取出，将笔画一圈于蛋上作记，如此七次，共成七圈，其药即成矣。每遇垂危大症，并产蓐无力吃参者，煎服五钱，力胜人参”。（《本草纲目拾遗·穿肠瓜·鸡神水·珠参》）这些炮制法，是利用人工方法刺激植物的外界环境，以致改变植物品种的特性，从而适合医疗上的应用研究，这是一项可贵的科学发展，在医药史上是无前例的。

（2）首载“生物碱”制法：《本草纲目拾遗·正误》载草乌制造射罔法，云：“按《白猿经》造射罔膏法：用新鲜草乌一二斗，洗去土……捣碎……去渣……澄出清汁……入锅内煎一滚……滤去渣，第二日第三日如前晒法……至四日晚…第五日…再用砖砌一炉……药面上结成冰，是火候到……取药出令冷，收入瓷瓶内封固听用。……其药制完，瓶内封固，日久下澄清有稠者砂糖拌，挑起取用，上箭最快，到身走数步即死，名为晒药”。这里其实是从乌头中提取生物碱（乌头碱）的方法。查《白猿经》是17世纪的著作，他比人们一直认为吗啡（19世纪初欧洲人提出的）是第一个从植物药中提出的晶形生物碱要早二百年。（辑自陈修园文）

三十六、清代著名医家——陈修园

陈修园，名念祖，字良有，号慎修，长乐（今福建长乐溪湄村）人。生于清乾隆十八年（公元1753年），卒于清道光三年（公元1823年），活了71岁。他的一生亦医亦官，曾任过磁州、枣强县、广平府威县知县，直隶州知州、正定府知府；清代著名医家、科普大家。

清乾隆十八年，陈修园出生在福建省长乐县溪湄村，年方4岁，父陈廷启去世，家境贫寒，家徒四壁，祖父陈居廊博学通医，怜其天资聪颖，孤苦伶仃，于是带在身边，一边学习《四书》《五经》，一边学习医著，聆听医理教诲。少年的陈修园善于读书，人又勤奋，很快便学有所成，擅长作对句而崭露锋芒。19岁补诸生，春风得意，自命不凡。20岁开始在乡里悬壶济世，补贴家用。后为求深造，负笈赴榕城鳌峰书院，受业于孟超然。孟超然进士出身，是书院儒医兼通的山长，孟老先生喜其聪慧，爱其才华，鼓励他攻经史，研岐黄，深入钻研，建功立业。清乾隆五十七年（公元1792年），陈修园乡试中举，时年39岁，意欲功名在望，于是北上会试，跨入京门。第二年考进士不第，便留寓京师，以图来年再试。适值光禄寺卿伊朝栋患中风，不省人事，手足不举，汤米不入口者十余日，一时名医皆说不能医治，修园投以大剂而治愈，于是名震一时，就诊者无虚日。岭南名士二戴（戴均元、戴衢亨）赞誉陈氏为当时第一儒医。军机大臣和坤病足痿，亦经陈氏施治而愈。和氏欲强留其于馆中，并允荐陈为太医院院使引诱之，陈氏固辞弗就。公元1794年秋，修园托病南归故乡，出任长乐吴航书院山长，既教学生以《四书》《五经》之儒学，亦授以《灵枢》《素问》等医学。两年后又赴泉州任清源书院讲习，当地名医蔡宗玉先生，名扬四方，且著有《医学汇参》《六经伤寒辨证补方》等书，流传较广，影响较大。修园师从蔡宗玉，埋头医学，获益匪浅，医术日渐精湛，造诣殊深。

公元1800年，和坤事败革职，47岁的陈修园再赴京会试，仍没有中。后蒙恩赐赴直隶保阳（今河北省保定市）任知县，次年任威县知县，因赴保阳、高阳等地救灾有功，继升直隶知州，一度曾代理正定府知府。修园在任时能善体民情，不事鞭挞，遇事善断，颇有贤声。如1801年在威县时，得知直隶妇女多患“阴挺”（子宫下垂），为之研制内服外敷方，救治甚多。恒山夏雨成灾，陈氏奉旨勘探灾情，发现当地温疟流行，误于医而死者甚多，乃按辨证分型，制成丸药三种，遍施城乡百姓，并告以对证选服法，治人甚众。尚于公余采方108首，编为《时方歌括》，付梓刊印，使医家能按法治疗，救人无数。其时，陈氏个人却因积劳成疾，得寒厥证而诸医束手，当他夜半神志略清时，自拟一方，服药两剂得愈。次年，直隶省制台熊谦山病中风，手足麻木，两臂和手腕痛。陈修园按其脉，左手弦、两寸略紧，诊断为半身以上有痹痛等症，处以黄芪五物汤常服，并以补肾养肝之丸调理得痊，深为熊氏所嘉许。是年，陈氏之《新方八阵砭》（原名《景岳新方砭》）付梓；入秋，陈母病逝，遂回籍守庐。他所著《伤寒论浅注》《金匮要略浅注》《神农本草经读》《时方妙用》和《长沙方歌括》等5本医著亦于此时刊行问世。继而并在榕城刻印《医学三字经》和《景岳新方砭》等书。

链接：黄芪五物汤，即黄芪桂枝五物汤，系《金匮要略》方，由黄芪、芍药、桂枝、生姜、大枣组成。具有益气温经，和血通痹之功效。主治血痹，肌肤麻木不仁，脉微涩而紧。临床常用于治疗皮肤炎、末梢神经炎、中风后遗症等见有肢体麻木疼痛，属气虚血滞，微感风邪者。

公元1808年春，56岁的陈修园又应召赴保阳补阙。谢芝田吏部患头项强痛，身疼，心下满，小便不利，服发表药无汗，反烦，六脉洪数，修园诊之，以为病在有形之太阳，但使小便一利，则所有病气，俱随无形之经气而解矣。用桂枝去桂加茯苓白术汤，一服遂愈。愈后夜间不寐，修园曰：此名虚烦，因辛热遗害，禁用枣仁、茯神、远志等药，投以栀子豉汤，病不复作。公余取《伤寒论》原文重予注释。为了纠正当时庸医误药杀人之弊，陈氏又著《医学实在易》，以引导学医者入门。

公元1810年秋，陈修园在高阳救灾时，遇天津尹丁攀龙来访。陈修园见丁氏面上“皮里黧黑，环唇更甚，卧蚕微肿，鼻上略青”，就率直地告诉他：你患有水饮病挟肝气，如马上治疗可愈，若拖延至20日后，则病危殆，即使庐医扁鹊也难挽回。丁氏怪其言而不信，后果病发，病情逐日加重，每天有不少名医来治，但用的都是陈修园料到的“搔不着痒之套方”。陈修园提议用《金匮要略》中的十枣汤（由大枣、甘遂、大戟、芫花组成），但被一在座老医所阻，修园遂拟龙牡甘苓行水化气等药而退。丁不复再延，日招多医，就用熟地、炮姜、桂枝、附子、人参等，终于使病人“至大喘肿胀，吐血大衄，耳目俱出，小水全无而殁”。

链接：卧蚕：《金匮要略》："夫水病人，目下有卧蚕，面目鲜泽"。意思是：水气病的患者，有的在头面部发肿，尤其是两个眼泡先发轻度的微肿，好像横卧着的蚕儿一般，颜面也呈现着光亮的水肿色泽。

公元1819年，陈氏已67岁，倦于宦海浮沉，遂以年老乞归乡里。返闽后，住在榕城嵩山的井上草堂，各地趋前求教者日众。他亲自教授《内经》《伤寒论》《金匮要略》等典籍，兼论各家学术之长，循循善诱，诲人不倦。并著有《医学从众录》出版。

公元1823年3月，右胁部生一疮疡，延至新秋，病势转剧，水米不沾牙十余日。久治无效而逝于榕城，终年71岁。

陈修园一生著术颇丰，计有《神农本草经》《时方妙用》《伤寒论浅注》《金匮要略浅注》《长沙方歌括》《金匮方歌括》《时方歌括》《医学三字经》《景岳新方砭》《医学从众录》《女科要旨》《灵素节要浅注》《医学实在易》《伤寒真方歌括》《伤寒医诀串解》《十药神书注解》等，由后人汇编成《陈修园医书十六种》（又名《南雅堂书全集》，或名《公余十六种》）。其中以《伤寒论浅注》《医学三字经》《医学从众录》流传最广，影响最大。此外，尚有名为《陈修园医书二十一种》以及《二十二种》《三十三种》《四十八种》《六十种》《七十种》

《七十二种》等多种刊本，而实际上有些是汇考古书假借陈氏之名而附入的。

（一）陈修园是怎样做医学普及工作的?

陈修园医儒皆通，文学功底深厚，为官、行医之余，勤于著书立说，阐发先人见解，著述了一套“深入浅出，返博为约”的通俗读物，为中医学的普及和发展，做出了宝贵的贡献。其具体做法是:

1. 易处入门。中国医书汗牛充栋，浩如烟海，该读哪些书，重点在哪儿，初学的人往往茫无头绪，望洋兴叹。陈修园很理解这种心情，于是采取“返博为约”的方法，从历代医经和名医著作中，选取其纯真切实的部分，用通俗的语言写了出来。著成《医学实在易》一书。他在该书的《凡例》中说：“此书采集《神农本草经》《内经》《难经》《仲景》《千金》《外台》《圣济》《活人》各书之精华，及元明诸家时贤著作，择其纯粹者，约千百言于尺幅之中，而又以时俗浅近之语出之，人人可以共晓。即素未习医，偶然得病，尽可按证用药，丝毫不错，妙在浅而易知也。若平时精究此道，一得此书，可以执此书而括各书，且于无书处而悟有书，妙在从难而得其所以易也”。他从“易”字入手，实际上是给习医的人配备了一把金钥匙，帮助他们打开祖国医学宝库的大门。

2. 浅注搭桥。陈修园立足于“易”，但他并不满足于“易”，他还要引导人们“穿堂过室”，把医学之宫的奥秘全都弄明白。他希望人们懂得古代医经，其中尤以张仲景的著作为最。他说：“明药性始于《神农本经》，论病情始于《灵枢》《素问》，以药治病始于伊尹汤液，迨汉仲师出，集伊圣及上古相传之经方，著《伤寒论》《金匮玉函经》二书”（《长沙方歌括·劝读十则》）。他认为张仲景是集前人医家名著的大成者。他大声疾呼要学习张仲景的著作。在《劝读十则》中，他把“读仲师书，为第一劝”。

但是，他也十分清楚：“仲师书，文义古奥难读”，那些“庸妄者”“颠倒是非”“伪术相师”，误人无算。在这种情况下，他决定用深入浅出的方法注释张仲景的《伤寒论》和《金匮要略》。他对此十分重视，“竭毕生精力以赴之”。其子陈蔚说“家严此二书稿凡三易，自喜其深入浅出”（一九三三年十二月，《神州国医学报·陈修园别传》），其长孙心典说：“先大父医学宗长沙，一生精力在《伤寒论浅注》《金匮要略浅注》等书”（《医学从众录》序）。他的浅注是从精深中琢磨出来的。因此，当时对他的浅注有的说“可由浅而见深”，也有的说“可由深而见浅”。中山国的使臣吕凤仪称它“理精言切”。清代著名民族英雄林则徐称它“明显通达，如视诸掌”。陈修园对这两本“浅注”也很自赏，当作学习古典医著入门的教科书。他在嵩山之井上草堂讲学时，“有来请业者，必先授以自著之《伤寒论浅注》及《金匮要略浅注》二书，命之诵读，盖欲其取法乎上也”（一九三三年十二月，《神州国医学报·陈修园别传》）。由此可见，他之所以那么重视浅注，就是为了使习医者为学习张仲景学说搭桥架梁，并以此为他们进一步研究医经文献、攀登医学知识高峰砌好基石。

3. 从众纠偏。陈修园注释了《金匮》《伤寒》《本经》，本想“遵经”。但是，从事医学的人并非“通儒”。他们读医经原文，力不胜任，自不必说，就是读有注释的医经，也仍“畏其难者中阻”，只好“记问套方，希图幸中”。有少数“不凡之士”，则转读薛立斋、王金坛、赵养葵、张景岳、张石顽、李时珍、李士材、喻嘉言八家之书；对上古医经，也畏难而退。在这种情况下，怎么办呢？陈修园决定：“从众”。就是说，正面提倡读经，人们限于水平跟不上来，反而去读时医方书，只好迁就一下，因势利导。正如医病的时候，知其拒格（对抗），就不如转向“从治”。“从众”，即从“从治”化来的。所以能够“从众”，就因为那“八家虽未能合《内经》之旨、仲师之法，而书中独得之妙，亦复不少”（《医学从众录》自序）。于是，他集长沙辨证之法，取《千金方》《外台秘要》以及当时人们尊奉的八家之书的精华。即“采其名言，录其方治，约数十方而取其一二方，约数百言而括以一二言，即间有以误传误与主张太过之处，复参他氏，斟酌归于至当”（《医学从众录》自序），而著成一书，名叫《医学从众录》。陈修园写这本书，目的在于纠偏，即对“一切时医之论，力穷其非，引而归于至正”。正如魏敬中所指出的，“录以从众名，百徇众也”（《医学从众录》序），而是“导以可从，乃所以防其不可从也”。这也是本自“由浅入深，从简到繁”的原则上所采取的措施。人们读了这本书，就会收到“转困难而见易”的效果。

4. 时方选精。当时医家，不仅好读时医方书，而且好用时方。尽管陈修园不断宣传“经方愈读愈有味，愈用愈神奇”。但是，许多医家却有“经方好，学不到”的感慨。对此，他自己也说：“余读《灵》《素》，宗仲景，向有经方之注，和者寥寥。偶有时方出，纸贵一时，投时好也”（《时方妙用 · 小引》）。时方有精有劣，善用者治人，不善用者往往杀人。对此陈修园有亲身的感受。那是1801年，他在河北威县当县官，该地大雨成灾。他奉令“勘灾”，因疲劳过度，得寒厥证。虽有很多医生诊治，但“无一得病情者”，有方不验，几乎死亡。幸好到了夜半，阳气稍回，神志稍清，他自定方剂，服了两帖，才转危为安。后来，他才知道，此地瘟疟流行，自己一病不起，是由于医生用错了药。这种现象比比皆是，都是好用而不善用时方所致。有感于此，他便想到，既然大家好用时方，何不就此引导大家呢？“时方固不逮于经方，而以古法行之，即与经方相表里，亦在乎用之妙而已”（《时方妙用 · 小引》）。由此，在公事之余，他“检阅时方，不下三千首，除杂沓肤浅之外，择其切当精纯，人人共知者，不可多得，仅收108首而韵之”（《时方歌括 · 小引》），集成一书，名叫《时方歌括》。后又按此 108 方所治之疾病，著成《时方妙用》四卷。陈修园用这些精选的时方，抄印给各地医生。拯灾救疫，解除老百姓的病苦，取得了很好的效果。

5. 歌括诵记。陈修园为了让习医者由浅入深地易于诵读熟记医学知识，常常用诗歌来进行概括。在《医学实在易》中，作者在论述每种脏腑、经络、病症、汤头等后，都用诗歌来进行小结性的概括。比如小结不寐症，作者就用了下面四句诗“不寐《内经》论最详，肝魂招纳枣仁汤，紫苏百合归阴分，龙牡茯神佐使良”。甚至有的书，他完全用歌括的形式来写。据《长乐县志》记载，这类书就有《伤寒方歌括》《长沙方歌括》《金匮要略歌括》《时方歌括》《医学三字经》等。其中《医学三字经》流行很广，影响很大。那是专为初学医学的人便于记诵，便于识途而作的启蒙医书，也是陈修园医学理论与经验的通俗概括。文字简练，论述精当，通俗易懂，脍炙人口。一百多年来，它成了最受读者欢迎的医学通俗读本之一。

6. 临证指点。陈修园不仅在理论上，由浅入深地指导习医者钻研医学，而且在实践上，也由浅入深地指导他们提高医疗技术。最典型的例子是他对妇女阴挺的研究。阴挺，即子宫脱垂。当时北方妇女“十中患此病约有三四，甚者突出一二寸及三四寸。大如指，或大如拳。其形如蛇，如瓜，如香菌，如虾蟆不一。或出血水不断，或干枯不润，或痛痒，或顽麻者，以致经水渐闭，面黄食少，羸瘦，咳嗽，吐血，而寒热往来，自汗盗汗，病成劳伤而死”（《女科要旨·附妇女阴挺论》）。一般医书都认为阴挺是“湿热下注为病”。但是，按法施治，北方妇女的阴挺“均无一效”。这是怎么一回事呢？陈修园一方面读《内经》《金匮》《千金方》等书，“寻其言外之旨”；另一方面观察病人，摸清阴挺的病源。经过细心的调查研究，他终于搞清北方妇女的阴挺，与南方妇女的阴挺，“病象虽同，而病源则异”。北方妇女的阴挺，据他说，与“日坐湿地，夜卧土坑”有关。而“医者不察其由，只按成方以施治，无怪病日增剧。更有一种渔利之徒，以下水消肿攻毒之峻药，为丸内服，又以蟾酥、硼砂、芒硝、麝香、雄黄、冰片、阿魏、白砒之类外敷，为害更烈”。对此，陈修园表示“不忍默然而坐视”。所以，他在《女科要旨》一书中，对怎样认识治疗阴挺作了如下的指点：在辨证上，要搞清病源；在施治上，要用燥湿胜寒的药物，即“以五苓散料加蜀椒、黄柏、小茴、附子、沙参、川芎、红花之类，蜜丸。每服四钱，一日两服。外以花椒、苦参、苍术、槐花煎汤，入芒硝熏洗。又以飞矾六两、铜绿四钱、五味子、雄黄各五钱，桃仁一两，共为细末，炼蜜为丸，每重四钱，雄黄为衣，纳入阴中。”

陈修园为普及医学知识兢兢业业地工作几十年，直至最后一息。临终，家里人已为他“备后事”，可他略醒，精神稍定，就对儿子元犀说：“我素年所著之书，尚未完备，即霍乱吐泻二条，亦须重补”（《医学实在易·霍乱吐泻》）。他针对当时医生对治霍乱的弊病，命元犀“录仲景理中汤、孙真人治中汤，一以正群言之失，亦以见古人立法之纯也”。谁想到，这些话，竟成了陈修园的遗言。他的精神和业绩，真使“海内外人士，无不钦佩”！林振言说：陈修园“生前活人无算，身后济世有书”（《医学从众录》序）。这话用来对陈修园一生所作出贡献的概括，是恰当的。（辑曾时新、叶岗文）

（二）《伤寒论浅注》是一部什么样的著作，有何特点？

《伤寒论浅注》成书于清嘉庆八年（公元1803年）。

全书分6卷，397节，系按张仲景《伤寒论》原文，删去了《辨脉》《平脉》《伤寒例》“可与不可与”等篇，另加注、笺释而成。书中注文用浅显易懂的文句，博采诸家学说之精致部分，结合自己的学习心得，阐发仲景之旨意，是影响较大的《伤寒论》注本之一。

卷一为“凡例”“读法”“张仲景自序”“辨太阳病脉证”计41节；卷二为“辨太阳病脉证”计81节；卷三为“辨太阳病脉证”计59节；卷四为“辨阳明病脉证”计80节；卷五为“辨少阳病脉证”10节，“辨太阴病脉证”8节，“辨少阴病脉证”45节；卷六为“辨厥阴病脉证”55节，“辨霍乱病脉证”11节，“辨阴阳易差后劳复”7节，“辨痉湿暍脉证”等。

《伤寒论》对于外感热病的发生、发展和辨证论治提出了具体的辨证纲领和治疗方法，从而奠定了辨证论治的基础，是我国第一部理法方药比较完备的医学专著。然而，《伤寒论》成书代远年湮，文字古奥难懂，加之历代编次上的增减，使得一般学医者难以学懂弄通。陈氏有感于此，认为旧本《伤寒论》不能随便删取，任意改订，反对错简，维持旧论，只有这样，才能保持仲景学说的原貌，维护其本来的思想实质。所以，陈氏著《伤寒论浅注》以通俗的语言阐发仲景学说，在第一节之后，均扼要地标明其法之所在，让学习者能够及时领会；在编排上遵循仲景原文，不移不换，不增不减，真可谓循古尊经。

本书的突出特点是：

1. 重视《伤寒论》经文的完整性，反对错简重订派的割章分句，挪前换后，是维持旧论派的代表作。陈氏自己也在《伤寒论浅注·凡例》中说：“自《辨太阳病脉证篇》至《劳复》止，皆仲景原文，其章节起止照应，王肯堂谓如神龙出没，首尾呼应，鳞甲森然。兹刻不敢增减一字，移换一节。”

2. 提出了“寒热俱有直中”之学说，认为“世谓直中皆为寒证者，非也，”指出：“直中之字，《伤寒论》虽无明文，而直中病则有之。”“盖寒热二气，盛则从火。余揆其故则有二：一从病体而分，一从误药而变。”

3. 遵从张志聪、张锡驹二家之学说研究《伤寒论》，推崇用五运六气原理来阐发六经病，尤其是运用《内经》本标中气学说解释六经之传变。本书采用由浅入深、条文缕析的方法，对《伤寒论》予以阐述，给后世医家以许多启迪，因而广为流传。

链接： 本书注释《伤寒论》，文字通俗，语句流畅，内容易懂，是后世学医者颇为推崇的入门读本，对于弘扬张仲景的辨证论治学说起到了积极的推广作用。在注释中，深入浅出地引导读者去思考，去实践，具有很强的实用性。

三十七、清代温病四大家之一——吴鞠通

吴鞠通，名瑭，字配珩，江苏淮阴（今江苏淮安市楚州区）人。生于清乾隆二十三年（公元1758年），卒于清道光十六年（公元1836年），活了79岁。清代温病四大家之一。

吴鞠通出生于淮安市一个穷书生家庭。父吴守让，字逊夫，乾隆辛巳（公元1761年）秀才（《淮山肆雅录》），以教授弟子为业，从者甚众。吴鞠通少时随父习儒业，好古敏求，有“通儒”之称。19岁时父亲患病不治而故，激发了他学习医学的决心。于是自购方书，一边守孝，一边研读，毅然放弃了科考。他在《温病条辨·自序》中说：“瑭愧很难名，哀痛欲绝，以为父病不知医，尚复何颜立天地间，遂购方书，伏读于苫块之余，至张长沙‘外逐荣势，内忘身命’之论，因慨然弃举子业专事方术。”四年后，他的侄儿巧宫患温病，初起发喉痹，采用冰硼散，可病情反而加重，遍延诸医，继用双解散、人参败毒散之类治之，而无人懂得该病的治法，最后全身发黄而死。吴鞠通自认初学未能深知医术要领，没敢盲目医治，在自序里是这样说的“瑭以初学，未敢妄赞一词，然于是证，亦未得其要领。”父亲和侄子的相继不治而去，让他痛恨庸医的同时，也让他深深地知道天下病之多医之少，知道自己读了四年医术还不够，继而又埋头苦学了三年，并决心游学天下，“抗志以希古人，虚心而师百氏”（《温病条辨·

汪廷珍序》)，以便学习更多的治病方法。26岁那年，他被选副贡入京，参与《四库全书》医书部分的抄写检校工作，不仅能养活自己，更重要的是可以阅读大量的医书。吴鞠通嗜学不厌，博览群书，读了吴又可《温疫论》，深受启发；又研读晋唐以降各家学说，受益不浅。医学知识大有长进。十个春秋过去了，吴鞠通未敢轻治一人。

乾隆五十八年（公元1793年）京都大疫流行，坏病重症甚多，不少病人因治疗不当而死亡，36岁的吴鞠通受诸友之激，开始行医，抢救了数十病人，名声大振。

有一妇女，27岁，怀孕七月，不幸患上瘟疫，此前有医生当做伤寒用温热药散寒治疗不愈，后有医生鉴于散寒无效，便用清热药清透，结果仍无效。吴鞠通来诊时，发现病人舌苔正黄，且半边已烂，眼睛如蚕豆大小向外凸出，烦躁虚弱，再结合脉证，他最终确定为“气血两燔证”，用张景岳的玉女煎去牛膝加犀角治之，服五剂舌苔由黄黑逐渐至薄白，后根据病人多日未大便，改用泻下法，患者的家属非常担心，这可是孕妇，导致流产怎么办，吴鞠通引用《黄帝内经》中的话“有故无殒，亦无殒也”。仅用一剂通下药，凸出的眼睛回去了，脉亦安静了，身子也凉下来了，继而用复脉汤去桂枝加补气药，服上一段时间又加上鳖甲，二十天后，吴鞠通又开了个他自己创制的秘方药膏（专翕大生膏），叫病人服用，就这样病人身体慢慢康复了。

吴鞠通治疗温病，开始时，都是运用经方，精心化裁，如承气汤、白虎汤、桂枝附子汤、玉女煎等等，经过不断的实践总结，丰富了下法的内容。嘉庆三年（公元1798年），41岁时，根据叶天士的经验，得吴又可之启迪，总结出清络、清营、育阴等治法，创制了桑菊饮、银翘散、三仁汤、清营汤等一系列治疗温病的有效方剂，这些方剂立法严谨，讲究性味，中正平和，撰写了《温病条辨》，对温病学的发展做出了巨大贡献。成为“使温病学说完善和系统化的第一人”，故有“上为吴又可之诤臣，下导王孟英之先路”的称誉。

吴鞠通学问渊博，才思颖悟，通古达今，耽嗜方术，近师叶天士，远追仲景，临证果决脱俗，虽遇危疾，不避嫌怨，以医名大江南北。

陈先生，32 岁，全身浮肿，满腹青筋暴起如虫纹，耳目失聪，嘴角有血肿。众医不敢治，吴氏看了以后，诊断为“脾阳衰败”，用鲤鱼汤，不去鳞甲，不破肚，加葱一斤，姜一斤，水煮熟透，加醋一斤，任服之。一夜过后，病人听力和视力奇迹般恢复了，嘴角血块也消失了，但肿胀未除，吴氏想到“经谓病始于下而盛于上者，先治其下，后治其上；病始于上而盛于下者，先治其上，后治其下。”此病始于上肿，当发其汗，用麻黄附子汤，麻黄二两，附子一两六钱，甘草一两二钱，服五剂后，肚脐以上的肿都消了，肚子仍然大，后改服五苓散加人参，扶正利尿，腹大消失，以调理脾胃药善后，一百多天后，患者才痊愈。

60 岁时，在京师与胡谭相识，鞠通言论豪爽，上下古今，了如指掌。并预言胡谭体肥嗜肉，不久将得中风。且医皆奇效，令胡谭大惊服，爰请就学。鞠通勉胡谭先生禁肉食，从之。

道光元年（公元 1821 年），是年京师大疫，民多病吐、利死者，64 岁的吴鞠通认为此属燥之正气。并考明沈目南《燥病论》，复补《秋燥胜气论》一卷。吴氏自制方霹雳散，被乡试监考官购买百余剂，考场中无一死者。顾南雅先生染燥疫，经吴氏治愈，赠以楹贴云：“具古今识艺斯进，空世俗见功乃神”。

道光四年（公元 1824 年），吴云章病痰饮，诸医皆投以补剂，故无效而转剧，经吴氏治之而愈。其外沉疴怪症，君应手而愈，一如在京时，识者叹服。

道光十一年（公元 1831 年），为了矫治医界流弊，以补《温病条辨》之不及，74 岁的吴鞠通，撰写了《医医病书》，胡谭为

《医医病书》作序。此两年后，《吴鞠通医案》成书。

道光十六年（公元1836年），79岁的吴鞠通，因长子卒而抑郁，衄血不愈而逝。

吴鞠通一生在内科、妇科、儿科等方面有着丰富的临床经验和论述。著有《温病条辨》《吴鞠通医案》《医医病书》等。其中尤以《温病条辨》影响最大，多次刊行，颇为医家所重。甚至有人将此书尊为“四大经典”之一。

（一）《温病条辨》是一部什么样的著作？

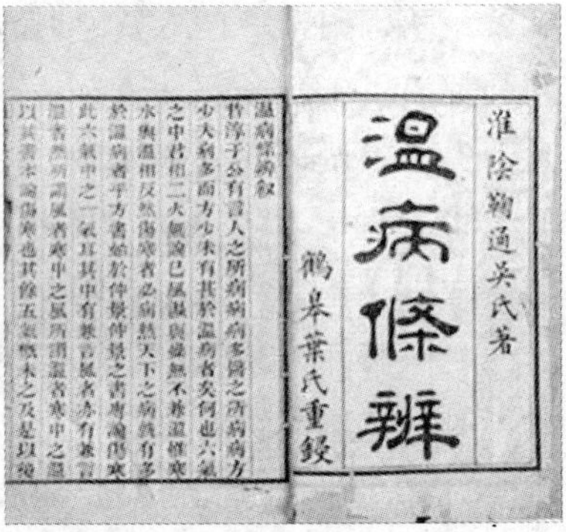

《温病条辨》为吴瑭多年温病学术研究和临床总结的力作。全书以三焦辨证为主干，前后贯穿，释解温病全过程辨治，同时参以仲景六经辨证、刘河间温热病机、叶天士卫气营血辨证及吴又可《温疫论》等诸说，析理至微，病机甚明，而治之有方。例如书中归纳温病清络、清营、育阴等治法，实是叶天士散存于医案中之清热养阴诸法的总结提高。而分银翘散作辛凉平剂、桑菊饮作辛凉轻剂、白虎汤为辛凉重剂，使气分病变遣方用药层次清晰、条理井然。叶天士之验方，在吴鞠通手中一经化裁，便成桑菊饮、清宫汤、连梅汤等诸名方。足知吴鞠通此书，不是仅仅为纂集而撰，实是经心用意，为学术理论升华之作。

此书为论述温病之专著。全书共六卷。卷首，引《内经》原文计十九条，以溯温病学说之源。卷一，为上焦篇，论述各种温病的上焦证（法 58 条，方 46 首）。卷二为中焦篇，论述中焦的各种温病及寒湿证的证治方药（法 102 条，方 91 首）。卷三为下焦篇，阐明了温病下焦证的证治方药（法 78 条、方 64 首、图 1 首）。卷四为杂说，设短篇论文十八篇，分论与温病病因、病机、诊断、治疗、善后有关的问题。卷五为“解产难”，论述了产后三大证，产后用药、催生、保胎等问题。卷六为“解儿难”，重点论述了儿科用药、小儿痉病、疳疾、痘证等儿科难证的有关问题。

链接：《温病条辨》评价：本书由吴瑭（字鞠通）著。该书在清代众多温病学家成就的基础上，进一步建立了完全独立于伤寒的温病学说体系，创立了三焦辨证纲领，为清代温病学说标志性专著。《温病条辨》重申寒、温分立，提出病因有三（伏气、时气、戾气），病类为九（风温、温热、温疫、温毒、暑温、秋燥、冬温、温疟）；创立了三焦辨证纲领。吴氏的三焦辨证不仅层次清晰、明确，而且能落实到具体脏腑，而非难以捉摸的“膜原”。从历史发展的角度来看，该辨证体系与张仲景伤寒六经辨证、叶天士温热卫气营血辨证理论互为羽翼，是温病创新理论之一。该书提出了一系列的温病治疗原则，成为此后温病治疗的圭臬，其中一些学术见解直到现在仍为临床医家所重视。

（二）吴鞠通在温病治法方面有何创新和贡献？

清代温病学家吴鞠通，在《温病条辨》中，不仅以三焦辨证为纲，阐明了温病的发生发展规律和用药原则，而且还在汲取前人经验的基础上，结合自己的亲身实践体会，提出了许多治温新法，创制了一系列有效新方，使其温病学理论、原则与治法、方药紧密结合，形成了理法方药完整的温病学辨治体系。

1. 辛凉清宣，开温病治疗新局。自《伤寒论》问世以后，历代医家往往以伤寒辛温发汗之法治疗温病初起、邪在肺卫之证，滥用麻、桂、羌、防等药，致使温病不惟不解，反生他患，如发斑发疹，神明内乱，甚至造成内闭外脱等严重恶果。吴又可著《温疫论》，力矫世医以治伤寒法治温病之弊，然其首立达原饮一方，重用槟榔、草果、厚朴等苦辛温燥而沉降之品，用于透达膜原湿热郁伏之邪固然有效，而用于上焦风热、燥热之证，则有害无益。有鉴于此，吴氏在《温病条辨》中历数温病初起用“辛温发汗”和“治上而犯中下”之害，而谨遵《内经》“风淫于内，治以辛凉，佐以苦甘”之训，又宗喻嘉言芳香辟秽等说，在“治上焦如羽，非轻不举”的用药原则指导下，制银翘散、桑菊饮、桑杏汤、翘荷汤等辛凉清宣之剂，纯然清肃上焦，宣透肺卫风热、燥热之邪，且预护阴液，不犯中下二焦，疗效卓著，开创了治疗新感温病的崭新局面，成为今日治疗风温、温燥初起的主要方法。

吴氏还以本法配合清气、凉血、养阴、化湿、散寒等法，治疗多种病证。如温病误汗而发疹，用银翘散去豆豉加细生地丹皮大青叶倍元参方；温邪迫血上溢，用犀角地黄汤合银翘散；大头瘟初起用普济消毒饮去升麻柴胡黄芩黄连方；暑为寒遏，用新加香薷饮；手太阴暑温，用清络饮及其加减诸方；太阴伏暑，用银翘散加减诸方；湿温喉阻咽痛，用银翘马勃散；心疟，用加减银翘散；下后无汗脉浮，用银翘汤等，皆为其例。

2. 甘苦化阴，治热盛津伤之证。众所周知，事物往往具有两重性，有一利则有一弊，有一长则有一短。如治疗热盛津伤之证，生地、麦冬等甘寒之品，虽有生津养液之长，却难免阴柔呆滞恋邪之短；黄芩、黄连等苦寒之药，虽有清热解毒祛邪之利，却难免化燥伤阴之弊。可见在热盛津伤之时，单独应用某类药物，不仅不易取得最佳效果，而且还易导致不良后果。然而，若将二者相互配合，则可取长补短，提高疗效，故吴氏每每用之。如他在论温病首方银翘散加减应用时即指出："二三日病犹在肺，热渐入里，加细生地、麦冬，保津液。再不解，或小便短者，加知母、黄芩、栀子之苦寒，与麦、地之甘寒，合化阴气，而治热淫所胜。"在治疗阳明温病、津液受伤而小便不利之时，用冬地三黄汤，即以麦冬、生地、芦根汁等甘寒之品，配黄连、黄芩、黄柏等苦寒之味。并在其医案中指出："甘苦合化阴气利小便法，举世不知，在温热门中，诚为利小便之上上妙法。盖热伤阴液，小便无由而生，故以甘润益水之源；小肠火腑，非苦不通，为邪热所阻，故以苦药泻小肠而退邪热。甘得苦则不呆滞，苦得甘则不刚燥，合而成功也。"在治疗春温内陷下痢而伤阴时，用加减黄连阿胶汤，以黄芩、黄连之苦寒，清热止痢而坚阴；以生地之甘寒，助阿胶、白芍之育阴。此外，治疗暑伤少阴的连梅汤、热伤营阴的清营汤等，则为甘苦合酸寒、咸寒之剂。

3. 增水行舟，寓泻于补。热入阳明，灼伤胃肠津液，致大便不通之证，古法概以承气攻下通便。而吴鞠通于阳明下证，则根据热结与液干的轻重，施以不同之法。如偏于阳邪炽甚，热结便秘之实证，则以承气剂攻下热结以存阴。若偏于阴亏液涸、无水舟停之半虚半实证，如素体阴虚，复感温邪，或经前医误汗伤阴，致肠失濡润，虽数日不便，但邪热不甚者；下后数日，热不退，或退不尽，津液大伤，邪气复聚，大便不通，口燥咽干，舌苔干黑，或金黄色，而脉沉无力者；下后脉静身凉，舌上津回，而十数日不大便者等，则强调不可混施承气，以免重伤津气，而应以增液汤增水行舟，即生津养液，润肠通便，回护其虚。

增液汤由元参、生地、麦冬三药组成。此三味药，为咸苦甘寒、生津养液之品，显然属于滋补养阴之药，故广泛用于温热伤津之证，以补充体内已伤之津液。如《温病条辨》清营汤、玉女煎去牛膝熟地加细生地元参方、冬地三黄汤等方剂之中，配伍此三药，以滋养营血之阴或增液利尿，皆取其滋补之用。但是，增液汤用此三药，则并非取其滋补之用，而是“以补药之体，作泻药之用”，即作通便攻实之用。故吴鞠通谓“此方所以代吴又可承气养荣汤法也”。

那么，为何元参、生地、麦冬等生津养液之药，在清营汤、冬地三黄汤等方剂中为补药，而在增液汤中却变为泻药呢？其关键在于用量的大小不同。清营汤、冬地三黄汤等方剂中，其用量较轻，一般为三至五钱，故只起滋补作用，而不至于引起滑肠通便。而在增液汤中，其用量独重，少则八钱、一两，重则超过二两（吴氏临床常用），故其作用性质发生变化，由补药变为泻药，起到增水行舟之用。可见欲使增液汤增水行舟，关键是用量要重，正如吴氏所说：“非重用不为功。”

此法实为润下之法，其妙在“寓泻于补”，既可攻实，又可防虚，诚可补承气攻下之不足，无论外感还是内伤之津亏便秘证，用之得当，皆可应手而效。故吴氏创立此法，不能不说是对医学的一大贡献。

4. 新制诸承气，完善下法之用。承气剂为下法的代表方剂。仲景制大承气汤、小承气汤、调胃承气汤、桃核承气汤等，开承气攻下之先。而吴鞠通治疗温病，不仅善于灵活运用仲景之大、小及调胃承气汤，而且还针对温病临床错综复杂的特殊情况，将益气、滋阴、宣肺、清热、开窍、化痰、养血等法与下法有机结合，创制新加黄龙汤、宣白承气汤、导赤承气汤、牛黄承气汤、增液承气汤、护胃承气汤、承气合小陷胸汤、桃仁承气汤、加减桃仁承气汤等一系列承气方剂，使下法的运用趋于完善。

如他认为阳明腑实，单用仲景承气汤而下之不通者，有五种情况，须根据其不同病机，配合其他相应的方法加以处理。其一为应下失下，腑实兼有气阴大伤，正虚不能运药，故下之不应，甚至原药吐出，须“邪正合治”，以益气、滋阴与攻下合法的新加黄龙汤主之。其二为阳明腑实兼有痰热阻肺，肺气不降，故临床兼见喘促不宁，痰涎壅滞，右寸实大等症，须“脏腑合治”，以清热宣肺与攻下合法的宣白承气汤主之。其三为阳明腑实兼有小肠热甚，火腑不通，故临床兼见左尺牢坚，小便赤痛及烦渴等症，须“二肠同治”，以甘苦化阴与攻下合法的导赤承气汤主之。其四为腑实兼有热闭心包，故临床兼见神昏舌短，饮不解渴等症，须“两少阴合治”，以清心开窍与攻下合法的牛黄承气汤主之，即以安宫牛黄丸开手少阴之闭，以大黄泻阳明之实而救足少阴之消。其五为腑实兼有津液不足，无水舟停，可先服增液汤两剂，以增水行舟，若再不下者，则须“一腑中气血合”，以增液润肠与攻下合法的增液承气汤主之。

又如下后数日，热不退，或退不尽，津液大伤，邪气复聚于胃，大便不通而兼见口燥咽干，舌苔干黑，或金黄色，脉沉而有力，须再次攻下者，吴鞠通反对吴又可用小承气之法，以免枳、朴伤气耗阴，而改用护胃承气汤，滋阴清热，兼以轻下。

对于温病三焦俱急，大便不通而兼见大热大渴，舌燥，脉不浮而躁甚，舌色金黄，痰涎壅甚者，认为非下不可，不下则阴液立见消亡；但又不可单以承气攻下，恐引上焦余邪陷入而成结胸之证，故以小陷胸合承气汤，涤三焦之邪，一齐俱出。

可见吴氏治疗温病，既善用承气，又慎用承气，加减变化，极具斟酌，进退取舍，惟当是求，堪称运用下法之楷模。

5. 化裁复脉诸方，复肝肾之阴。复脉汤又名炙甘草汤，具有益气养血、温阳通脉等功效，重在复脉中之阳，为仲景治疗“伤寒脉结代，心动悸”之主方。吴鞠通根据温邪深入下焦，重在伤肝肾之阴的特点，将其方加以化裁，制加减复脉汤、救逆汤、一甲复脉汤、二甲复脉汤、三甲复脉汤、大定风珠等方，以应下焦温病、邪少虚多之需。

加减复脉汤为吴氏治疗下焦温病、肝肾阴伤的基本方，由仲景复脉汤去人参、桂枝、生姜、大枣等益气温阳之药，加酸寒补阴之白芍而成，重在甘润存津，滋补肝肾，复脉中之阴，与仲景原方之用显然有别。正如吴氏所说："在仲景当日，治伤于寒者之结、代，自有取于参、桂、姜、枣，复脉中之阳；今治伤于温者之阳亢阴竭，不得再补其阳也。"凡肝肾阴伤，邪热少而虚热多，证见低热不退，两颧潮红，口干咽燥，甚则齿黑唇裂，肌肤甲错，脉虚大或沉细数而无力，手足心热甚于手足背，或耳鸣耳聋，神倦欲眠，脉结代，甚则脉两至者，皆可用之。若温病误表，津液被劫，心气受伤，兼见心中震震，舌强神昏，汗自出，有阴阳离脱之象者，则以救逆汤救逆固脱。救逆汤即由加减复脉汤去麻仁，加生龙骨、生牡蛎而成；若元气大伤，见脉虚大欲散者，则再加人参益气固脱。若误用下法，而兼大便微溏者，则于加减复脉汤内去滑润之麻仁，加滋阴清热且具涩便之功的牡蛎，成一甲复脉汤，使其复阴之中，预防泄阴之弊。若水不涵木，虚风欲动，兼见手指微微蠕动者，急于加减复脉汤内加生牡蛎、生鳖甲，成二甲复脉汤，一面育阴，一面潜阳，谨防痉厥；当然，若痉厥虽作，但未累及心者，亦可用之。若虚风大动，累及于心，兼见脉细促，心中憺憺大动，甚则心中痛者，则于二甲复脉汤内，再加生龟板，成三甲复脉汤，以增强滋阴潜阳之力，且可收通阴维、止心痛之效。若邪气已去八九，真阴仅存一二，见神倦瘛疭，脉气虚弱，舌绛苔少，时时欲脱者，则于三甲复脉汤内加五味子、鸡子黄，并变化其量，成大定风珠，既可填阴塞隙，潜阳熄风，又可敛阴固脱。可见其用方，师古不泥，善于化裁。

6. 宣肺化气，以祛湿热。湿为阴邪，重浊粘腻，易阻气机。若湿蕴生热或湿热相合，则相互裹结，即热处湿中，如油如面，难分难解，非若寒邪之一汗即解、温热之一凉即退。故湿热之证，往往缠绵难愈，较之温热，病势虽缓而病情实重，治疗极为棘手。

吴氏治疗湿热之证，注重先去其湿，往往以宣上、畅中和渗下之法相互配合，分消湿邪，使湿去而热不独存。尤其注重宣肺化气，使气行则水行，气化则湿热俱化。如他在论述治疗湿温初起之证的三仁汤时所说：“湿为胶滞阴邪……唯以三仁汤轻开上焦肺气，盖肺主一身之气，气化则湿亦化也。”又在论述治疗暑湿蔓延三焦之证的三石汤时指出：“蔓延三焦，则邪不在一经一脏矣，故急以清三焦为主。然虽云三焦，以手太阴一经为要领。盖肺主一身之气，气化则暑湿俱化。且肺脏受生于阳明，肺之脏象属金色白，阳明之气运亦属金色白，故肺经之药多兼走阳明，阳明之药多兼走肺也。再肺经通调水道，下达膀胱，肺痹开则膀胱亦开，是虽以肺为要领，而胃与膀胱皆在治中，则三焦具备矣。”

宣肺化气最常用之药即为杏仁。如治疗湿温初起的三仁汤、肺疟的杏仁汤、湿热黄疸的杏仁石膏汤等方，皆以杏仁为君。治疗湿温喘促的千金苇茎汤加滑石杏仁汤；阳明暑瘟的半夏泻心汤去人参干姜大枣甘草加枳实杏仁方；暑湿蔓延三焦的三石汤、杏仁滑石汤；三焦湿热的三加减正气散；湿热蕴于经络的宣痹汤、加减木防己汤等，也皆配以杏仁。此外，治疗湿温喉阻咽痛的银翘马勃散，所用银花、连翘、马勃、牛蒡子、射干等药，均可清轻达上，宣开肺痹；治疗太阴湿温，气分痹郁而哕的宣痹汤，则用枇杷叶、射干、香豆豉等轻宣肺痹；治疗湿热由募原直走中道的三香汤，则以栝蒌皮、桔梗、香豉等宣肺开上，使从上焦侵入之邪，还从上焦而去。当然，若热邪较盛而肺气痹阻者，则配石膏等清热以宣肺。

总之，吴氏所创治温病新法新方甚多，以上只是举其大略而已。这些新法新方，是吴氏别具特色温病学体系的重要组成部分，对于提高温病临床疗效具有不可低估的作用，故值得我们进行更加深入的研究。（辑自北京中医大学李刘坤文）

三十八、清代著名医学家——王清任

王清任，又名王全任，清代直隶玉田（今河北玉田县）人。生于清乾隆三十三年（公元1768年），卒于清道光十一年（公元1831年），活了63岁，清代富于革新的解剖学家，著名医学家。

王清任出生在破落的文化家庭，曾祖王凝机为岁贡生，后因不肯投充，而设药肆托于医。父亲王芬弟兄四人，排行第四，生王清任、王清佐哥俩，清任居长。过继给无子的二伯父，太学生王芳。王清任自幼尚武，练棍棒，精骑射，是武庠生，青年时曾考取过武秀才，后纳粟捐资得千总衔（下级军官），不仅有一身好武艺，且为人耿直，性情磊落。在任千总期间，目睹官场的腐败，尔争我夺，郁郁不得志，逐渐形成了“不为良相，愿为良医”的愿望，便请辞归里，改习岐黄，以医为业。

王清任20岁时，爱好医学，读过许多古代医学著作。对古书中有关脏腑的记载产生怀疑，他说：“尝阅古人脏腑论及所绘之图，立言处处自相矛盾。”在行医的过程中深感脏腑部位的重要。“业医诊病，当先明脏腑”“否则本源一错，万虑皆失”。因而对古人所绘脏腑图，决心弄个明白，以便更正。他毅然背叛礼教，冲破历来所谓“尊经崇古”“医乃仁术，不宜刳剥”等封建精神枷锁，坚决同保守思想作斗争，他一边解剖家禽，进行实践研究，一边行医治病救人。他医病也不为前人所困，用药独到，治愈不少疑难病症。据清光绪十年《玉田县志》载：江西巡抚阿林公，年已七十四岁，胸不能任（承受）物，夜寝，要袒露胸脯才能入睡。如果身上盖了被，哪怕只有一层薄布，也会彻夜不能眠。如此凡七年；另有一位二十二岁的女子，晚上要女婢坐在她胸上才能入睡。如此也有两年。这两个病人，症状虽然不同，但病证却一样，即“胸中血府血瘀”。王清任同用血府逐瘀汤治疗，两人的病都治愈了。

王清任在玉田还乡河畔一带行医期间，故乡还乡河上修建了一座鸦鸿桥，老百姓过桥渡船都要收费。玉田县地方官吏以“官桥官渡”进行勒索，王清任为了维护当地百姓利益，力主“善桥善渡”以行善，进行了上讼。开庭审理时，知县几次摘去凉帽，清任几次站诉不屈，并义正词严：“我跪的是大清法制‘顶戴花翎’，不是为你下跪”，而触怒县官。他平时还多用文言、辞令蔑视封建统治者的衙门。久之，县衙与当地豪绅合流对其进行迫害。王清任不得不离乡出走，辗转去滦县稻地镇（今属丰南区）行医。

嘉庆二年（公元 1797 年），29 岁的王清任正在滦县稻地镇行医时，适逢流行“温疹痢症”，十个小孩里面有八九个死亡，穷苦人家，把小儿尸体用草席一裹就埋了，埋又不深，被狗拖咬的尸体内脏外露。这样的尸体每日有百余具，王清任冒染病之险，踏过墓地，不嫌腥臭污秽，每天清早跑到墓地里去，仔细观察小儿的脏腑，这些脏腑被狗吃过后残缺不全，“大约有肠胃者多，有心肝者少，互相参看。十人之内，看全不过三人，连视十日，大约看全不下三十余人”（《医林改错·脏腑记叙》），这一来，才证实古人“医书中所绘脏腑形图，与人之脏腑全不相合，即件数多寡，亦不相符。”可是，这回看的脏腑全是小儿的，大人的是不是相同呢?

嘉庆四年（公元 1799 年），王清任在奉天（天津）行医，恰好有个二十六岁的妇女，因患精神分裂症打死了她的丈夫和公公，官府判了她剥皮肉的剐刑。为解除对古医书中说的小儿“五脏六腑，成而未全”的怀疑。临行刑时，王清任跟着去看。当刽子手把那个妇女的心、肝、肺提着走过时，王清任仔细观察，证实大人、小儿的脏腑完全一样。

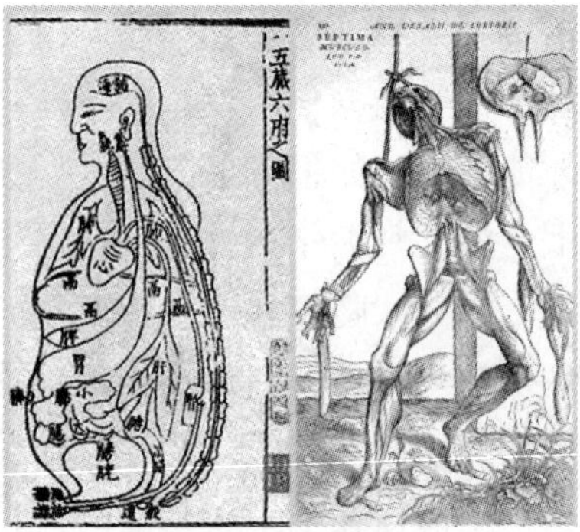

可是，上次在稻地镇观察脏腑，因为“胸中膈膜一片，其薄如纸”，全都已破坏，“未能验明在心下心上，是斜是正”。因此，他认为这是最遗憾的事，一直想找机会补上这一课。

嘉庆二十五年（公元 1820 年），王清任定居北京，开设药店，名“知一堂”。此时医术更精，常为名公巨卿所推许，尤与四额附（清驸马）那引成交好，结为异性兄弟。有个打死母亲的罪犯，要行剐刑。王清任特地跑去，想看看横膈膜，不料，这具尸体的横膈膜也被破坏了，他非常懊恼。后来又去看了一次剐刑，终因不能近前而未达目的。他“自思一篑未成，不能终止”。时间一年年过去，他的这种欲望却愈来愈强烈。

道光九年（公元 1829 年），王清任去安定门大街板厂胡同恒宅看病，顺便谈到横膈膜之事，说“留心四十年，未能审验明确”。在座的有一位江南布

政司的官员恒敬，说他镇守哈密，领兵喀什噶尔时，杀死的人看得很多，横膈膜也看得很清楚。王清任听了，喜出望外，立即“拜叩而问之”。恒敬见到他的“苦衷”，就把自己所见到的详详细细地说出来了，至此，王清任方得的确，明确了横隔膜是人体内脏上下的分界线。

道光十年（公元 1830 年），62 岁的王清任与友人恭文煌论“心无血说”。在京邸“知一堂”写就《医林改错·脏腑记叙》一章。与胞侄子砺论医道，并写成文载于《医林改错》卷末。著成《医林改错》，并由京都隆福寺三槐堂书铺刻版付印。

道光十一年（公元 1831 年），王清任病殁于京都四额驸那引成府上，享年 63 岁。

（一）《医林改错》是一部什么样的著作？

《医林改错》成书于清道光十年（公元 1830 年）。全书分上、下两卷。上卷包括脏腑记叙、脑髓说、气血合脉说、心无血说、方叙、通窍活血汤所治之症目、血府逐瘀汤所治之症目、膈下逐瘀汤所治之症目等 8 篇；下卷包括半身不遂记叙、瘫痿论、瘟毒吐泻转筋说、论抽风不是风、论痘非胎毒、少腹逐瘀汤说、怀胎说、痹证有瘀血说、辨方效经错之源、论血化为汗之误等 8 篇。

王氏认为，临床医学必须建立在正确的脏腑解剖学和脏腑生理学的基础上。然而祖国医学“因前人创著医书，脏腑错误，后人遵行立论，病本先失”。“本源一错，万虑皆失”。因此，王清任几乎用了毕生的精力来观察尸体的解剖结构，绘出了12幅与古书不同的解剖图谱，他公开畅述他刊行脏腑图的宗旨是“今余刻此图，并非独出己见，评论古人之长短，非欲后人知我，亦不避后人罪我。唯愿医林中人一见此图，胸中雪亮，眼底光明，临证有所遵循，不致南辕北辙，出言含混，病或少差错，吾之厚望”（《医林改错·脏腑记叙》）。对某些脏腑、器官和组织功能，作出了与古人不同的结论。例如，他认为人的“灵机记性，不在心在脑”，即为例证。

从本书内容还可以看出，王清任非常重视气血病机，认为“治病之要诀，在明白气血”。所以对本书所载的诸种病证，多从气滞血瘀两个方面来论述病机，所制方剂，多具有补气、理气、活血、化瘀的作用。例如通窍活血汤、血府逐瘀汤、膈下逐瘀汤、少腹逐瘀汤、补阳还五汤等，均为调理气血的名方。王氏关于血瘀致病所致病证的论述，较之前人更为丰富，对后学很有启发，为治疗某些疑难杂症提供了新的途径。

然而，由于历史条件的限制，王氏在解剖生理方面尚存不少讹误，如将动脉误认作“气管”“卫总管”，断言“心乃是出入气之道路，其中无血”，显系谬论。

链接：梁启超评：“王勋臣……诚中国医界极大胆革命论者，其人之学术，亦饶有科学的精神”。范行准所著《中国医学史略》评价王清任：“就他伟大实践精神而言，已觉难能可贵，绝不逊于修制《本草纲目》的李时珍”。唐宗海《中西汇通医经精义》云：“中国《医林改错》中，剖视脏腑与西医所言略同，因采其图以为印证。”

（二）王清任在“气血”理论有何发展，又怎样辨证论治的？

王清任在继承古人“气血”理论基础上，进一步发展了“气血理论”。他指出：“治病之要诀在明白气血，无论外感、内伤，要知初病伤人何物，不能伤脏腑，不能伤筋骨，不能伤皮肉，所伤者无非气血。”他根据“气有虚实、血有亏瘀”的道理，从一生临床实践中总结出60种气虚证，50种血虚证。

王氏非常重视气，曾说：“人行坐动摇，全仗元气，若元气足，则有力，无元气，则无力，元气绝则死矣。”又“元气既虚，不能达于血管，血管无气，必停留成瘀”。通过王清任对半身不遂成因的分析，我们可以看出较前人是大大进了一步，更接近实际了。基于他对气血的认识，他创立了以益气为主和以活血为主的方剂，足补前人之未备。

王氏所创的33个方剂中，有10个是以益气为主的，其中都有黄芪，且分量大，最重达八两，最轻的也有八钱。还有3个方剂伍用了党参。在以活血为主的5个方剂中，有4个并用了桃仁、红花，另一个单用红花配当归，还有3个方剂并用了赤芍、当归，分量不少于他药。从对王氏方剂的分析，可以看出他对气（阳）、血（阴）两方是兼顾的，但对气似乎看得更重些，这体现了祖国医学“气行血行”“气滞血瘀”“气为血帅”的理论。

对血瘀的治疗，他有独到之处，在医疗实践中应用最广，不论内、外、妇、儿、传染、精神病他都用，各有独到之处。如：他把人身大体区分为四个部分，头及四肢用通窍活血汤；心胸疾病、跌打损伤及内者用血府逐瘀汤；膈下腹部瘀热作痛，痛有定处或有积块者用膈下逐瘀汤；少腹疾病，积块作痛，妇女多种疾病用少腹逐瘀汤；而对身痛，如肩、臂、腰、腿、周身的痹证则用身痛逐瘀汤。虽仅5方，治疗范围广，泛及全身内外。以治瘀为其主旨，但主攻方向十分明确。治疗目的，各有不同。从5方药物组成上看，药味配伍，剂量权衡，十分精当，可以说前所未及。5方共用28种药，每方各有侧重。治上外用葱、姜、麝香通窍；治胸用柴胡、桔梗行走其上；治腹用丹皮、乌药一凉一温共奏行气散瘀之效；治少腹侧重用了温通而少攻，逐身痛则重用了祛风寒湿之品，虽方方都在活血，却方方均有不同主证。丰富和发展了辨证施治。

王氏的解毒活血汤和急救回阳汤，从今日观，设计得非常合理，这也是他长期医疗实践的结果。比如：当热毒炽盛必然对体液和微循环（气血）造成一定影响甚至出现微循环障碍、毛细血管内凝血，中毒休克，王氏初则用解毒活血汤，甚则用急救回阳汤，都不失活血（针对微循环障碍）之机。这是王清任对我国急救技术的一大发展。（辑自王立文）

三十九、清代著名医家——王泰林

王泰林，字旭高，晚号退思居士，江苏无锡人。生于清代嘉靖三年（公元 1798 年），卒于同治元年（公元 1862 年），活了 65 岁。清代著名医家。

清嘉庆戊年二月，王泰林出生在江苏省无锡市西门外坝桥下的一个望族，排行第五，故小名五官。其父名启贤，业儒未售。幼时的王泰林颖悟过人，读书过目成诵。20 岁时对经、史、子、集等书融会贯通，戚党均以大器目之。及长，王泰林赴江阴南菁书院应考，因试卷上溅有墨渍，遂不第。气愤之余，王氏绝意制举，乃从舅父高锦庭学习医学，高锦庭是一位江南名医，擅长疡（外）科。著有《疡科心得集》《景岳方歌括》等书。对门下弟子要求很严，对外甥更加严格。要他白天诵读医书，中午练字，晚上学习古文词。治病时则让王泰林随侍左右，教他如何运用医书原理，对症用药，辨证施治。王旭高十分用功，生性又很聪明，在舅父的严格教育下，学医期间，先从《内》《难》二经入手，继而研读《伤寒》《金匮》，得其奥旨后，旁及疡科诸书，古今名医方案，均细心研读，反复揣摩，分别疑似，勤学苦练，年轻时就打下了扎实的医术基础。

20 多岁的王泰林悬壶行医。初以疡科闻名，其舅父殁后乃继其业，求治者日众，后又专重内科证治，疗效卓著。临诊之余，收集众多的历代名方，注疏源流，编撰歌诀，阐发心得，既列述个人经验，又利于传道授业。清嘉庆、道光年间，在无锡、金匮两县的街道上和农村的土路上，有时会见到一匹没有一根杂色毛鬃的白马在奔驰，马身上骑着一位身穿长袍、上套马褂的人，他斜背着一个装有方笺笔墨的青布包袱，在急急地赶路。熟悉他的人都知道，这是在江南一带颇有名气的医生王旭高。以致许多人都亲切地称他为“白马医生”。

像王旭高这样的名医，请他出诊的病人自然多。他出诊有个习惯，总是先到贫苦的病家，然后才去富贵人家。有人曾问他为何要这样做？他说：“贫者藜藿之体，类多实病与重病，急而相求，宜早为治，否则贻误病机。富者养尊处优，类属轻症与虚症，调理者居多，略迟无妨，故不得不有缓急先后也。”王旭高为贫苦人家治病，一般是不收诊金的。遇到家境十分贫寒的，他在处方的右上角写上“记账月结”四个字，加盖上他的印章。要病家去药店抓药时不用付钱，钱由他来结算。病家自然千恩万谢，称他为善人。

王旭高说过这样一番话：“医，仁术也。其心仁，其术智。爱人好生为之仁；聪明权变为之智。仁者余而智不足，尚不失为诚厚之士；若智有余而仁不足，则流为欺世虚妄之徒。”这番话他是对他的学生讲的，也是他一生行医高尚品德的写照。

王泰林为病人治病，只要他认为自己诊断正确、用药恰当，就敢于坚持，承担风险。在他刚独立行医不久，有一 50 多岁妇女患有胸闷、恶心、体温较高的病症，曾延医诊治，施以疏通发散药，10 多天未有好转，转请王泰林治疗。王氏诊断病人已中气虚弱，感寒尚除，处以中补、发散药方。病家不放心，请另一较有名气的医生会诊。那位医生认为病人 10 多天没有大便，不宜中补，而用通便药物。王泰林明明感到病人已虚亏，用通便药很可能发生意外，但他没有坚持。果然，病人服用通便药后发生虚脱，抢救无效而死亡。王泰林对此十分悔憾。后以此为戒，并教育门下弟子行医时一定要对病人负责。

清咸丰年间，太平军兴。王泰林移居于北乡寺头镇，人们听说后纷纷云集于先生门下，请求应诊，张聿青在《如梦录》中曾记其父甫崖亦在寺头设诊，乡民初时皆信王氏而不重张氏，足见泰林之声誉，非幸致也。王氏诊余，常与及门诸弟子讲述医事，并将治疗心得贯穿于方解中，于《伤寒》《金匮》之要旨，独得其妙，尤多体会。

清同治壬戌年（公元1862年）8月，王氏溘然长逝，享年65岁。因无后裔，故未能传其业，然王氏学验俱丰，名重一时，当地人们皆称颂不绝。

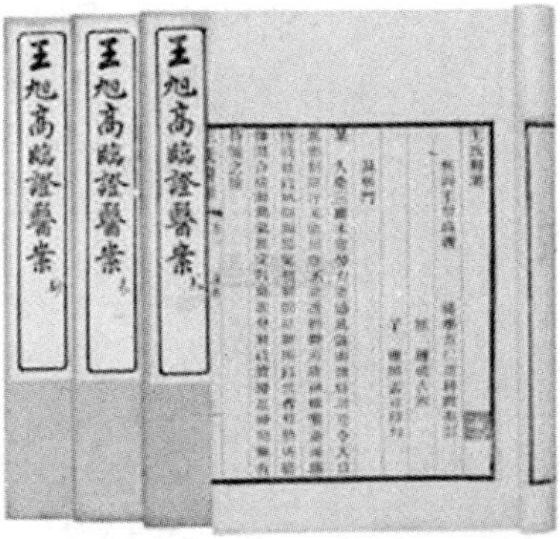

王氏一生著作甚众，如《退思集类方歌注》《医方证治汇编歌诀》《增订医方歌诀》《医方歌括》《薛氏湿热论歌诀》《西溪书屋夜话录》（周小农编集为《王旭高医书六种》）还有《王旭高临证医案》（常熟方耕霞参订）、《环溪草堂医案》（江阴柳宝诒选评，见《柳选四家医案》）、《医学刍言》等。其学术代表著作为《西溪书屋夜话录》，可惜书成后多散佚，仅存治肝三十法。

（一）王泰林的治学方法是什么？

王氏由儒攻医，师承舅父高锦庭，先以疡医行世，逐渐寝及内科而成为一代名医。他相当注重学习方法，读《退思集类方歌注》上的二首题词，我们可以找到答案。

其一：“退有余闲颇致思，轩岐家秘在于斯，知方然后堪求治，得诀回来好作医，明理必须遵古训，见机也要合时宜，莫嫌言浅无深意，下学功夫上达基。”

其二：“使巧多由规矩生，巧中规矩是精英，旁通曲畅从心悟，类聚群分本物清，术可传人原切近，文能寿世要归诚，学无少长争先达，笃志躬行事竟成。”

1. 勤思多想，知方得诀。历代医家的学术思想或临床成就，皆以《内》《难》《伤寒》《金匮》《本草经》为圭臬，王氏在治学上主张勤思多想。即无论经典著作，或后世历代诸家论说，均需精心思索，求得学术要领。所谓“退有余闲颇致思，轩岐家秘在于斯”，就是旨在说明业医之余，当以轩岐及历代医著为本，精心研读，反复思考，将众多医学理论及临床问题进行比较、分析，以致在整理归类的基础上求得认识的提高。王氏学本《内经》，法宗仲景，对《伤寒》《金匮》之要旨，独得其妙，他勤于思维，在深刻领会仲景立方旨意前提下，编撰方剂歌诀，加以注释，如白虎汤歌诀谓：“白虎汤清气分火，石膏知母甘草佐，再加粳米煮成汤，止渴除烦功用播，汗多热盛最相宜”，注文穿插其间：如云：“白虎汤清阳明气分之热邪，调胃承气汤导阳明血分热邪”，二者互异，“汗多热盛”是白虎汤的证，故有“最相宜”之句（《退思集类方歌注·白虎汤类》）。备急丸歌诀谓：“备急丸医卒暴疾，中恶欲死腹胀急。大黄干姜巴豆霜，斩关夺门而直入，神昏口噤齿不开，折齿灌之又可及”，注文又曰：“大黄苦寒下热结，巴豆辛热下寒结，二药性味相畏，同用泻下反缓。更妙在干姜之辛散，引领巴、黄，内通神明，外辟恶忤，助其斩关夺门之势，而成拨乱反正之功”（《退思集类方歌注·备急丸类》）。

由于王氏勤奋治学，不厌其烦地编撰大量方剂歌诀，从而掌握了众多方剂的主治病证、病机要点及类方的鉴别应用。所谓“知方然后堪求治，得诀回来好作医”，只有掌握每一方剂的应用要领，方可临证运用自如。知方得诀，是业医者立足临床的最基本条件。如王氏对张介宾五个柴胡饮方的要点分析：一柴胡饮主治“内有火而外有邪”之证，即为四时外感凉散法；二柴胡饮治“内无热渴”之外感，即温散之方；三柴胡饮主治“素禀阴虚外感”，乃知此治阴虚不足之外感；而四柴胡饮主治气虚外感，五柴胡饮“散外邪”“兼培气血”，故属培补中焦以治外感方也。业医者必须了解历代众多方剂，但更贵在掌握每一方剂的临证运用要诀，只有勤思多想、知方得诀，才能临证左右逢源，运用自如。

2. 从流溯源，熔古化新。王氏的方剂著作在他所有医学著作中占有很大比重，因此他治学的特点也在很大程度上从对方剂的研究上反映出来。王氏善于从流溯源，将众多方剂予以类聚群分，然后一以仲圣方为宗，由源及流，将仲圣以下历代名方也一并采摭集辑，总计 500 余方。其中如《退思集类方歌注》，按麻黄汤、桂枝汤、葛根汤、白虎汤、承气汤等分为 24 类，每一类缘以仲景方为先，并附以后世历代医家名方，从而使众多要方类别分明，源流俱彻。

如承气汤类，王氏先列述大承气汤、小承气汤、调胃承气汤 3 方，后即附以刘完素所创当归承气汤方，前 3 方为仲景方，主治阳明腑实证，后 1 方主治瘀血便溺秘结，为调胃承气汤之化裁所出。前者为源，后者为流，承气汤除列述张仲景 14 方外，王氏又辑录陶节庵黄龙汤、许叔微温脾汤、张子和木香槟榔丸、李东垣枳实导滞丸、《局方》凉膈散、李梴转舌膏等各家名方 10 余张。黄芩类方中，以仲景黄芩汤为先，续以河间黄芩芍药汤、芍药汤、导滞汤、姜体乾东风散及叶应昌《袖中金》治痢奇方等，皆临床功效卓著之名方。再如柴胡汤类方中，不仅有类方之源的小柴胡汤等，张子和的柴胡饮子、张介宾的 5 张柴胡饮方及严用和清脾饮皆一并收录。

《医方证治》以辑录解析各家常用名方为主，王氏谓之曰

"通治方"。如钱仲阳六味地黄丸、李东垣滋肾通关丸、朱丹溪大补阴丸、张介宾补阴益气煎、左归、右归、大补元煎、《指迷》茯苓丸、韩悉三子养亲汤、《局方》四君子汤、平胃散、逍遥散、来复丹、青州白丸子等方皆收入。《增订医方歌诀》则按补益、发汗、攻下、和解四大类辑录要方，如补益类之许学士人参清肌散、严用和菟丝丸，发汗类之《金匮》越婢汤、《局方》三拗汤，攻下类之海蛤散、六一承气汤，和解类之芍药甘草汤、芍甘附子汤。《医方歌括》载述半夏秫米汤、侯氏黑散、风引汤、《千金》磁朱丸、《圣济》茯神汤、《局方》枇杷叶散、《妇人良方》钩藤汤等杂病方甚众。

在对历代方剂从类分门由源到流的排列基础上，王氏通过编撰歌诀、注疏解析等法，将古代名方的原始方义阐明，从而达到熔古化新，提纲挈领，功用突出，便于临证揣摩习用。如陶节庵葛根解肌汤主治"三阳经病邪居表"，属"合解三阳法"，海蛤散主治血结胸，具"泄热通阴破结功"，《千金》芦根汤甘寒盖胃治"病后余热留上焦"之"病后哕"，《外台》茯苓饮消痰行水，治"胸有停痰"等。王氏深入临床，谨慎裁制新方也体现了熔古化新的精神，如宗张仲景桂枝汤原方，合玉屏风散，并参入秦艽鳖甲汤意的桂枝黄芪鳖甲汤，用治久疟营虚卫弱、汗多洒淅恶风等症，疗效卓著。(辑自茅晓文)

（二）王泰林对肝病论治有何经验?

《西溪书屋夜话录》为王氏学术代表著作，最能反映其学术思想。但《西溪书屋夜话录》一书历经变故，残缺过半，仅存"肝病证治"篇，展示了他对肝病的论治经验。全篇文字简明，说明精当，不仅对历来治肝方法详尽总结，而且较多皆为王氏临证经验。王氏认为，临床上肝病最杂而治法最广，或肝木侮脾乘胃，冲心犯肺，挟寒挟痰，或本虚标实，证型种类各异，互不相同，但其大要则无非肝气、肝风、肝火三者。

（一）肝气证治

王氏对肝气的论治，归纳为8种具体治法。即疏肝理气、疏肝通络、柔肝、缓肝、培土泄木、泄肝和胃、泄肝、抑肝8法。

1. 疏肝理气法：肝气之治最常用方法。症见肝气自郁于本经，两胁气胀或痛者，得温乃舒。当用香附、郁金、苏梗、青皮、橘叶等药。此即《素问·藏气法时论》所说“肝欲散，急食辛以散之”之义。如其证兼挟寒者，加吴萸；兼挟热者，加丹皮、山栀；而兼痰者，则加半夏、茯苓。

2. 疏肝通络法：倘若上述疏肝之法不应，则大多由于营气痹窒，络脉瘀阻所致，症见胁肋不舒，胀痛刺痛，属病久入络之证，即宜用疏肝通络，药如旋覆花、新绛、归须、桃仁、泽兰叶等。其用法上承《金匮要略》治疗肝着的旋覆花汤，也深受叶天士“辛润通络”法的影响。

3. 柔肝法：如肝气胀甚，疏之不应，反而更甚者，属肝失柔顺之常，一偏而为刚强，不宜续用疏肝理气之法，辛香疏理之剂易伤阴而使肝病更著，肝主藏血，肝体阴用阳，故当改从柔肝入手，宜以生地、当归、杞子、柏子仁、牛膝等育养阴血，以柔济刚。如兼热化者，可加天冬、生地；兼挟寒者，加苁蓉、肉桂，总之使其达到濡润养营，柔顺肝木的目的。

4. 缓肝法：若肝气旺而中气虚者，是肝苦急而胃气亦失其冲和之常，木旺晦土，当用炙甘草、白芍、大枣、橘饼、淮小麦等药缓肝之急，即《素问·藏气法时论》所说“肝苦急，急食甘以缓之”。王氏所说之“中气虚”当是脾胃之阴不足。故选药皆仲景芍药甘草汤酸甘化阴之义。

5. 培土泄木法：肝气乘脾，症见脘腹胀痛者，此属脾土虚又招肝木侮，气机为之痹阻，药如六君子汤加吴茱萸、白芍、木香等药，可取培中土而助健运，泄肝木而理气机之功效。此又即温中疏木法，乃黄玉楸氏所惯用。

6. 泄肝和胃法：若肝气乘胃，脘痛、呕酸者，此属肝逆气郁，挟火犯胃证，药选二陈加左金丸，或白蔻仁、金铃子等，以和胃降逆，疏肝理气。

7. 泄肝法：如肝气郁结化火，气火上逆，肝气上冲于心，以致热厥心痛，胃痛者。以金铃子、延胡、吴萸、川连等，此即金铃子散、左金丸要药，妙在苦、辛、酸合用，泄肝气而止疼痛。如兼寒者，去川连，加川椒、官桂；或再加白芍。

8. 抑肝法：若肝气上冲于肺，症见突然胁痛，气上逆而喘，此属肝气反侮，肺失肃降，宜以吴茱萸炒桑皮、苏梗、杏仁、橘红等药抑制肝之逆，肃降肺气。

总之，肝气之治，先分虚实。实者，肝经气滞者宜疏肝理气法；肝络血郁者宜疏肝通络法。若属虚者，肝阴不足、肝气作胀者宜柔肝法；肝气胀而中气虚者宜缓肝法。肝气之治，又当兼顾脏腑，肝气乘脾者宜培土泄木，肝气犯胃宜泄肝和胃，肝气冲心宜泄肝之法，肝气冲肺则用抑肝一法。

（二）肝风证治

肝风一证，多见上冒巅顶，头痛目眩，亦可见旁窜四肢，筋脉掣引，肢麻肉瞤。肝风上冒者，阳亢居多；旁窜者，血虚为多。王氏治肝风之法有五：

1. 息风和阳法：主治肝风初起，头目昏眩者，用药如羚羊角、丹皮、甘菊、钩藤、决明、白蒺藜等，旨在凉肝泄火，以息风阳，故也称为“凉肝”法。

2. 息风潜阳法：如肝阴已伤，肝阳亢盛，用息风和阳法不效，依然昏眩不适者，改用牡蛎、生地、女贞子、元参、白芍、菊花、阿胶以息风潜阳，其法滋肾凉肝，介类潜阳，既养阴配阳，亦寓重以镇逆之意。较之前法，前者重于凉肝，后者重于滋肝，是治疗阴虚阳亢，肝木动风的两种不同方法。

3. 培土宁风法：如肝风上逆，又中虚气馁，纳谷日少者，此属土虚不能植木，宜肝胃双顾。用人参、甘草、麦冬、白芍、甘菊、玉竹等，滋助阳明气阴，柔泄厥阴风木，重在育养脾胃中土之气阴而宁息肝风。此法故又即“缓肝”法。

4. 养肝法：若阴血亏虚，肝木失养，肝风旁及四肢，证见筋脉牵掣而麻者，此属血少络虚，故当选用生地、归身、枸杞子、怀牛膝，天麻、制首乌、三角胡麻等，旨在养血息风，此即陈自明所谓“治风先治血，血行风自灭”之意。

5. 暖土以御寒风法：如风虚头重，眩晕苦极，饮食不知谷味，这是中焦虚馁，阳气不升，髓海不足，虚风内运之证，当用白术、炮附子、炙甘草、生姜、大枣等煎服，以温中暖土，振奋身中阳气以御风寒。其药如《金匮要略》所载《近效》“白术附子汤”法。由于某种原因，这种虚风既不属肝，亦非外风，乃阳虚生寒，清阳不能上升，故头重作眩，有似风状，实非肝风，因此名曰虚风。王氏故说：“此非治肝，实补中也。”（《西溪书屋夜话录》），意即补益脾阳以定虚风之法也。

总之，肝风之治，初起当用“凉肝”，不效则继以“滋肝”，肝血亏虚络脉失养以致虚风经络牵掣、麻木者，尤需“养肝”一法。对于兼见中虚食少乏味者，或用“培土宁风”法以育养胃阴以息风，或用“暖土以御寒风”法以益脾阳而定虚风。

（三）肝火证治

肝火为病，火性燔灼，能游行于三焦，使一身上下内外皆病，见症错综，临证可见目红、颧赤、痉厥、狂躁、烦渴、呕吐、不寐、淋秘、疮疡、失血等。具体治法用药有7种之多。

1. 清肝法：肝火燔灼，上逆为患，用羚羊角、丹皮、黑山栀、黄芩、竹叶、连翘、夏枯草等清火凉肝。

2. 泻肝法：如清肝法用之不应，肝火依然炽张，症见目赤肿痛，耳聋肿痛，面赤鼻衄，头晕头痛，心烦急躁，恶梦纷纭，便秘者，当选龙胆泻肝汤、泻青丸、当归龙荟丸之类，苦寒直折其火。

3. 清金制木法：如肝火上炎，清之不愈，则火必伤阴，并侮肺金，症见口干咽燥，阵阵呛咳，痰粘难咯，痰中带血，或咯血，胸胁胀痛，五心烦热，形瘦颧红。脉弦细而数，舌红少苔或无苔。当改用“制肝”方法，药如沙参、麦冬、石斛、枇杷叶、天冬、玉竹、石决明等，以清养肺金，肃降有权，以制木火之亢逆。

4. 泻子法：肝火燔灼，属于实热，除了运用清肝法外，还可用甘草、黄连泻心火，心火乃肝木之子，肝火旺以清肝而兼泻心火，所谓“实则泻其子”。

5. 补母法：肝火之上逆，时由肾水亏损，水不涵木，以致阴虚火旺，此乃虚火，以单纯清肝方法难以奏效，当用六味丸、大补阴丸之类，具有滋补肾水，以养肝木，水生木，水乃木之母，补益肾水，滋阴肝阴，有助于虚火潜降，此即“虚则补其母”之旨。

6. 化肝法：情志不遂，郁怒伤肝，气逆动火，症见胁肋胀满，甚或疼痛，心烦急躁，或见诸般出血之证。脉弦舌红苔黄。药用青皮、陈皮、丹皮、山栀、芍药、泽泻、贝母，理气活血与清热化痰之品相配。此即张介宾之化肝煎，清化肝经之郁火。

7. 温肝法：肝经有寒，呕吐清涎，肝气上逆者，当用肉桂、吴茱萸、蜀椒等温肝除寒，如兼见中虚胃寒者，可加人参、干姜，此即仲景大建中汤方法。此证有呕酸、上气等形似火热症情，质之证之原本，系肝寒所致，故宜温肝。

王氏认为，肝为风木之脏，主动主升，又为将军之官，易生嗔怒，所以其为病也，每每是气火有余，风阳上潜，王氏抓住肝气、肝风、肝火三者，是深得肝病证治之要领的。

（四）其他治肝法

为了完善肝病证治体系，王氏又胪列补肝、镇肝、敛肝、平肝、散肝、搜肝、补肝阴、补肝阳、补肝血、补肝气等10法。

1. 补肝法：药用制首乌、菟丝子、杞子、枣仁、萸肉、芝麻、沙苑蒺藜。此为补肝体而设。凡肝虚证皆可用之。若肝之阴阳气血之虚明显者，可依下法用药。

2. 补肝阴法：药用地黄、白芍、乌梅等。此补肾与酸甘化阴合用之法。

3. 补肝阳法：药用肉桂、川椒、苁蓉等。肝阳无补法，补肾即所以补肝。故此法补肾阳为主，兼以辛补之义。

4. 补肝血法：药用当归、川断、牛膝、川芎等。此法养血不忘活血，兼以补肾为特点。

5. 补肝气法：药用天麻、白术、菊花、生姜、细辛、杜仲、羊肝等。《素问·脏气法时沦》云："肝欲散，急食辛以散之，……以辛补之。"可为此法作注。

6. 镇肝法：药用石决明、牡蛎、龙骨、龙齿、金箔、青铅、代赭石、磁石。潜阳息风与重以镇怯之品相配，此为潜镇之法。适用于肝风内动及惊恐不宁等症。

7. 敛肝法：药用乌梅、白芍、木瓜等。此为酸以敛之，又有酸甘化阴之效。

8. 平肝法：药用金铃子、蒺藜、钩藤、橘叶。适用于肝阳萌动而不甚者，肝郁化火之初而火未盛者皆可用。

9. 散肝法：方药如逍遥散（柴胡、白芍、枳实、甘草、白术、茯苓、煨姜、薄荷），适用于肝郁气滞、两胁作痛，头痛目眩，妇女月经不调，经期腹痛和乳房胀痛等症。此法遵宗《素问·藏气法时论》"木郁达之""肝欲散，急食辛以散之"之义。

10. 搜肝法：药用天麻、羌活、独活、薄荷、蔓荆子、防风、荆芥；僵蚕、蝉蜕、白附子。此即搜风方法。有些肝风患者，每每是先有内风，而后感外风，也有外风引动内风的，所以肝风门中，病情每多夹杂，搜肝之法临床常用。

四十、清代著名医家——费伯雄

费伯雄，字晋卿，自号砚云子，江苏武进（今江苏省武进县孟河镇）人。生于清嘉庆五年（公元 1800 年），卒于清光绪五年（公元 1879 年），活了 80 岁，清代著名医家。

清嘉庆五年，费伯雄出生在孟河一个世医家庭。从远祖费尚有弃儒从医，定居在此历时已 228 年，业医已六代。祖父费岳瞻、父费文纪均为当时名医。费伯雄自幼聪慧，4 岁能诵古诗，6 岁入塾就读，曾有“神童”之誉，其父曾当众试其才，以“帘卷玉钩钩”作上句，费对以“门关金锁锁”为下句，惊其师友。长大后，进入县学深造，习技击，通天文，诗、书、琴、画冠于郡邑。清道光三年（公元 1823 年）他受知于王九峰。道光十二年（公元 1832 年）33 岁时考取秀才（即明经，附加学衔号观察）。因淡于仕途，转而究心祖业，摒弃举业，博览医书，终于学有所成。他既秉承家学，又深谙经典。通过对《内经》《难经》《伤寒论》等书的细心研读，同时广览博揣后世各家医书，终于对脉法及内科杂证独有心得，一经行医问世，即名震江南，逐步形成了自己以清润平和为主，平中见奇的医疗风格。

费氏行医，每日就诊者常多达数百人，有候三五日始得一视者。虽然如此，费氏不仅没有名医的架子，而且非常同情贫苦患者，他看病设内外两号，外号皆贫苦者，不计其诊金，免费医治，内号皆富贵之家，收诊金银洋一元。他认为：学医是一种救人之术，不能贪求私利，曾云“欲救人而学医则可，欲谋利而学医则不可。我欲有疾，望医之相救者何如？我父母妻子有疾，望医之相救者何如？易地以观，则利心自淡矣。”

费氏行医，不囿门户之见，而是悉心诊察，灵活辨证，总以疗效为先，因此功效卓著，声名远扬。李同卿督学江苏时，吴地有二名医，一为阳湖吴仲山，居印墅；另一位即武进费伯雄，李一一求治，吴因李未有子嗣，而投以补剂以促进嗣育；而费氏认为李肝阳过旺，心肾两亏，投以养心平肝之剂。李同卿同意费氏之说，并赠以诗，费氏医名，与日俱增。与费氏同时代的文学家俞曲园曾云：“识昆陵费伯雄先生于吴下，须眉浩然，望之而为君子人也，吴中大夫逮小儿走卒，无不望车而迎拜。”足见其威望之高。

清道光壬辰十二年，费伯雄为江苏巡抚林则徐治好了痢疾；咸丰十年间曾为钦差大臣左宗棠治过病。公元 1858 年，清军江南督帅向荣在丹阳咯血，派人特来孟河请费伯雄去丹阳，为其治病，费伯雄手到病除，向荣授予费伯雄“费氏神方”匾额一块。这些情节还曾被后人编入旧京戏《三本铁公鸡》，成了戏段。

道光年间，经林则徐推荐，费伯雄曾两度应召入宫治病，先为太后治疗过肺痈，并取得了明显疗效，获道光皇帝赐赏匾额，称其为“是活国手”，后来道光皇帝一度嗓子不能说话，费伯雄又为其治好了“失音症”，赐联曰：“着手成春，万家生佛；婆心济世，一路佛星。”自此声名益隆，蔚然为江南众望。

费氏晚年，学验俱丰，年近 60，将自己所积数十年心得，著成《医醇》24 卷。公元 1906 年，太平天国起义的战火燃及孟河，付梓一半的《医醇》毁于一旦，费家举家赤手渡江，迁居扬州府的泰兴南乡五圩，医名所及，求医者络绎不绝。不久，由于左脚偏废，得以坐卧追忆《医醇》，将所忆内容整理成书，名曰《医醇賸义》。随之，《医方论》《食鉴本草》《费批医学新悟》《怪疾奇方》相继写成。

费氏一生，性情达观，善于修身养性，年近八旬，仍饮酒赋诗，拔剑起舞。80 寿辰，举杯痛饮，自测归期，果然于当年（公元 1879 年）立秋之日（7 月 16 日）沐浴整冠，含笑而逝。

费氏一生注重临床，讲究实效，而且著作甚多。医学方面有《医醇》《医醇賸义》《医方论》《食鉴本草》《奇方怪疾》《费批医学新悟》《脉法》《长寿谱》《救命针》等，可惜颇多散佚。现存流传最广、影响最大的，当推《医醇賸义》《医方论》《食鉴本草》。

（一）《医醇賸义》是一部什么样的著作？

《医醇賸义》成书于清同治三年（公元 1863 年）。全书分为 4 卷，文章 27 篇，载自拟方 198 首，附经方、成方约 280 首。在编排上，以病名为主进行分类，以“首察脉，次辨证，次施治”三者为大纲，采用先讨论病证，随载作者自拟方，后附成方的方法，是一部临床实用型的著作。

本书集作者生平治疗心得，是几十年临床经验的总结，集中反映了费氏的学术思想和医疗经验。他针对当时医界学术芜杂，典籍沦丧的现状，为针砭时弊，醇正医学，不致贻误后人而作此著。所述病证，论理简明，辨证精当；自制之方，配伍严谨，平中实用；所附成方，不拘一家，切中病情，使读者先明了每病治法，然后参照古方，体会出所以化裁运用之理，因此，具有很高的临床参考价值。

卷一涉及两部分内容：一是属总论性质的论述，包括“晋卿脉法”“四家异同”“重药轻投辨”“同病各发”“察舌要言”5篇，简明扼要地介绍了作者对诊脉察舌的心得及对古代医家的评论，对方药化裁运用体会，见解公允；二是列述了部分六淫之病，包括中风、中寒、暑热湿3篇；中风篇中又包括中络、中经、中府、中藏、口眼㖞斜、半身不遂、中风僵卧、肝风、肾风的病证、制方及附方；中寒篇中又包括真心痛、厥心痛、直中少阴、直中厥阴的病证、制方及附方；暑热湿篇又包括刚痉、柔痉、伤暑、中暑、伤热、伤湿、呕吐、泄泻、霍乱转筋、发黄、淋浊等病证、制方及附方。

卷二包括六淫之病中的秋燥、火2篇及杂病中的劳伤、脑漏、鼻衄、齿牙出血、关格5篇。秋燥篇包括肺燥、心燥、肝燥、脾燥、肾燥、胃燥、小肠燥、大肠燥的病证、制方，并附“秋燥门诸方”；火篇包括肺火、心火、肝胆火、脾火、肾火、胃火、小肠火、大肠火、风火、湿火、痰火、实火、虚火、燥火、郁火、邪火、毒火的病证、制方，并附“火症门诸方”；劳伤篇包括心劳、肺劳、肝劳、脾劳、肾劳、喜伤、怒伤、忧伤、思伤、悲伤、恐伤、惊伤的病证、制方，并附“虚劳门诸方”；关格篇亦附“关格门诸方”。

卷三、卷四为杂病诸篇。卷三包括咳嗽、痰饮、结胸、痎疟、黄瘅、三消6篇。先讨论病证，再附作者自制方。咳嗽篇尚附“五脏传腑之咳”及“咳嗽门诸方”；痰饮又分溢饮、支饮、留饮、伏饮，并附“痰饮门诸方”；痎疟篇亦附“痎疟门诸方”；黄疸又分阳黄、阴黄、谷瘅、酒瘅、女劳瘅，并附“黄瘅门诸方”；三消篇附“消渴门诸方”。卷四包括痿、痹、胀、下利、诸痛、三冲6篇。痹篇附“痹症门诸方”；胀篇兼论“水胀”，并附“肿胀门诸方”；诸痛篇又分头痛、眼痛、齿痛、舌痛、肺气作痛、心气厥痛、肝气作痛、肝虚作痛、脾湿胀痛、肾气厥痛、胃虚作痛、胃寒作痛、胃中虫痛。

全书以切脉、察舌为诊法之重点，以症状为辨证的主要依据。以治法、方药为施治的主要内容，其中尤以对慢性疾病的阐述为多。对指导临床实践颇有裨益，实为一本较好的中医临床参考书。

链接： 本书是一部临床实用型医学著作。以切脉、察舌为诊法重点，症状为辨证的主要依据，治法、方药为施治的主要内容，理、法、方、药完备；所载之方，既有自制方，亦附成方，使读者既能体会编者立方之旨，又能参照古人治病之方，从而触类旁通；尤其对慢性疾病论述颇多，辨证施治精详；论治虚劳，更是独有心得。总之，这是一部平和、醇正、调理杂证的佳作，也是研究孟河学派医学成就的重要文献。

（二）费伯雄的临床用药有何经验？

“醇正和缓，以平淡而见奇功”的学术思想，是费氏通过深刻领会中医经典著作，对各家之说，去芜存真，并集自己多年临床经验的基础上，发明心得，终于成就的一家之说，是对中医学的一大贡献。

1. 醇正之本，在于和缓为治。费氏的醇正思想，是和他所主张的“和缓”紧密相连的，是以“和缓”为基础的。所谓“和缓”，《医醇賸义·自序》中作了解释：“夫疾病颇多，不越内伤、外感，不足者补之，以复其正，有余者去之，以归于平，是即和也，缓治也”；同时，费氏所言和、缓，决非平淡敷饰，药不中病，而恰恰是掌握住辨证施治的原则，了解疾病变化的机理，知常达变，以看似平淡之方而收神奇之效，因此提出“天下无神奇之法，只有平淡之法，平淡之极，乃为神奇”的主张，为此，对时医那种“标新立异”之流，则严加贬斥，指出这只能是“欲求速效，反速危亡”，而这种祸害的造成，费氏认为正是不和不缓之故，医学当然也无醇正可言。

2. 制方选药，平中见奇。费氏醇正、和缓的主张，在其所自制的大量方剂及留下的医案中，即可窥见一斑。在《费伯雄医案》中，大补大泻、大苦大寒、大辛大热、大温大清之剂使用甚少，而多以轻剂清品奏效，如：治疗“时病”，多从疏解、清解、和解立法，药用荆芥、豆豉、葛根、薄荷、连翘、淡竹叶、菊花、佩兰等轻淡之品，即使热深毒重，只不过加青黛、马勃及少量黄连、栀子，几乎没有将黄连、黄芩、黄柏、大黄并用之例，唯恐伤阴败胃。论治内伤杂证，费氏更是擅长以平淡轻灵诸药予以调治，如滋肾柔肝，多用女贞子、潼蒺藜、黑料豆、龟板、白芍、杜仲、牛膝；养阴多用凉润之品，如沙参、天冬、麦冬、石斛、花粉、黑芝麻、燕窝；清肺多用桑白皮、瓜蒌皮；化痰多用半夏、贝母、蛤粉、南星、杏仁、天竺黄；养营多用当归、白芍、丹参；健脾多用莲肉、白术、陈皮、山药、茯苓；祛风多用天麻、菊花、僵蚕；疏肝多用佛手、枳壳、降香；利湿多用地肤子、赤茯苓、车前子、木通等等。

费氏在长期医疗实践中，积累了许多经验性的用药，亦能体现其轻淡醇和的用药原则。如潼蒺藜与白蒺藜同用，两调肝肾，用治“肝气”“肝风”；用荞饼顾护脾土；用甜瓜子“治腰腿疼痛，凡肢体萎废疼痛者必用之”。此外，金橘“下气快膈”，用以加强疏肝理气功效；鸡子清“除心下伏热，止烦满咳逆”，用于肝火刑金致咳嗽音喑；梧桐花“善祛风除湿”，故多用于风湿诸疾，等等，不一而足。

3. 醇正之旨，在于义理之得当。正如费氏在《医方论·自序》中所说：“吾之所谓醇正者，在义理之得当，而不在药味之新奇”“若仅如此，是浅陋而已矣，庸劣而已矣……如仲景三承气汤，颇为峻猛，而能救人于存亡危急之时，其峻也，正其醇也。”即明白晓示：“醇正”的根本，在于治病要切乎医理，用药须切中病情，而不是“不求有功，但求无过”，更不是借和平以藏拙，假兼备以幸中之谓。如他运用补泻之品从不过剂，总是适可而止。在《费伯雄医案》中，应用人参、大黄、芒硝、肉桂、附子之处不过三五次而已，而黄芪、熟地、犀角、生石膏、甘遂一类则几乎全然未见，重用轻淡之剂以平调；又如他在《医方论》中指出，升麻、柴胡、知母、黄柏、石膏、附子、肉桂七味药，不要轻用，尤其反复强调升、知、柏不可轻用，以免伤津耗气，劫伤胃阴；

论治关格，力戒芳香辛窜之品，以免耗伤津液，反对云岐子所制九方，动辄用脑、麝、硝、黄、皂角，指出此种药物“非开透，即劫夺，奄奄将毙之人，其能堪此乎”。而指出治当“于调养营卫之中”或“兼平肝理气”，或“兼和胃化痰”，或“兼清君相之火”，足见其顾护人体正气，以平调气血阴阳为治疗宗旨的醇正思想。但凡遇非重品不能起废，费氏亦不舍峻剂以求安，如《费伯雄医案》中的“女科”案第五：“怀孕八月，气阻于中，暑风外迫，猝然发厥，神昏不语，目闭口噤，柔韧痉不止，卧不着席，时时龂齿……”，费氏就大胆地运用了大黄、芒硝、厚朴、枳实、当归、丹参、杜仲、陈仓米、高丽参等药，且药量较重，药后果然收到了“孕安而邪亦净”的功效。同时，即使是如此重症猛剂，亦体现了费氏的醇正之旨；他在选用硝、黄等峻药的同时，配伍了大剂量的杜仲、人参，以达到去邪而不伤胎之妙，这说明，费氏用峻药救人，时时注意审证得当，处方用药毋滥毋过，体现了其独特的医疗作风和不废绳墨、虚怀谨慎的医德情操，因此可见，轻淡醇和，并非易事，它不仅要求对经典要娴熟自如，而且要对病情、药理有深切的掌握。

总之，费氏的醇正、和缓思想，既不是泥古方以治今病，亦不“喜新厌旧”，而是以前人为师，取各家之长，使辨证施治，随宜运用。他认为，只有这样，才能在临床上“随机应变”，故指出“初学者此法，成就者亦此法，先后共此一途”（《医方论·自序》），并认为医学之所以不能醇正，归根结底是习医者无根底，因此“入主出奴，腹执成见”，而不能“醇化其偏”（《医方论·发凡》）。（辑自陈梅湘文）

（三）费伯雄治虚劳有何特点？

费伯雄被称为近代以善治虚劳名世的医家。他认为“虚劳内伤，不出气血两途”，而气血亏虚之治，则“莫重于脾肾”。肾藏精化气，为先天之本，脾属土为万物之母，乃生化之源，“气之根在肾”“血之统在脾”脾肾康健，“他脏纵有不足，气血足供挹注”，因而“全体相生，诸病自已”。在治疗虚劳时，费氏强调救肾“必本于阴血”，补脾“必本于阳气”，尤其在具体施治时，更应重视气血升降敛举之别而斟酌立法，这是由于“血主濡之，主下降，虚则上升”，当采取“敛而降之”的方法，“气主煦之，主上升，虚则下陷”，应“举而兴之”，这些精彩的论述，对于临床治疗虚劳确有很大的指导意义。

另外，重胃气，用药和缓。是费氏治疗虚劳的又一特色，在《医醇賸义》中指出：“人身之气血，全赖水谷之气以生之”，“土为万物之母，脾胃不败，则正气犹存，病家所以重胃气也”。在临证时，他特别强调胃气的重要，尤其反对时医治虚劳“不是以四物汤加知、柏，就是以大造丸加龟、柏”的孟浪作法，指出此乃“一片阴寒腥浊气味，将置脾胃生长之气于何地?”这“不是补益气血，而是败坏气血”，提倡“不足者补之，以复其正”的和缓治法。所定“拯阴救劳汤”“拯阳救劳汤”二方，一宗生脉，药用甘寒，滋化源而补阴血；一宗保元，剂用甘温，补真元而益阳气，乃平补脾肾阴阳气血，皆立法和缓，不腻不燥，确无伤阴败胃之虞。他的这一顾护胃气的思想，在其后继者中得到了进一步的发展，如其世孙费承祖即是以善调胃阴而治虚劳著称，他治虚证，“人视为万无生理者，胃阴虚，即养胃阴；胃气亦虚，即养胃阴，兼益胃气，无不应手取效，转危为安”（《费绳甫医案》)。这种养胃阴、兼益胃气的方法，为虚劳证治又开一大法门。

四十一、清代温病四大医家之一——王孟英

王孟英，名士雄，晚年号潜斋、半痴山人、息居隐士，又改字梦隐（一作梦影），浙江海宁人。生于清嘉庆十三年（公元 1808 年），卒于清同治七年（公元 1868 年），活了 61 岁。清代温病四大医家之一。

王孟英出生于岐黄世家，曾祖父王学权，字秉衡，精于医，治家严肃，深自韬晦，著有《重庆堂随笔》二卷；祖父王国祥，字永嘉，秉承家学，于医学多有研究，注《重庆堂随笔》，惜未完稿；父王升，字大昌，亦精于医，校《重庆堂随笔》二卷。孟英出世后，取名士雄，幼年时体质虚弱，经常患泄泻，动则鼻衄，牙齿也不坚固，所以时常静坐，不能劳动。但他天资聪明，自幼好学。12 岁那年，其父患温病，大便自利，日甚一日。请来的医生，起初误作伤寒，用柴胡、葛根升提下陷的药品，屡服不效。后来，又说患“漏底证”，改施温补，病情反而加剧。垂危之际，另请名医浦上林诊治。浦一看就断为温病，立即开了大剂量的犀角、石膏、金银花、天花粉、鲜生地、麦冬等，嘱煎三大碗，频频灌服。长辈们见了这样的方子怕出事，就都犹豫不决。王孟英母亲力排众议，如法进药。过了一天，病有起色，不久就好了。这件事，对王孟英触动很大，懂得了医有高下之分，只有医艺精湛的医生，才能救人于危难。

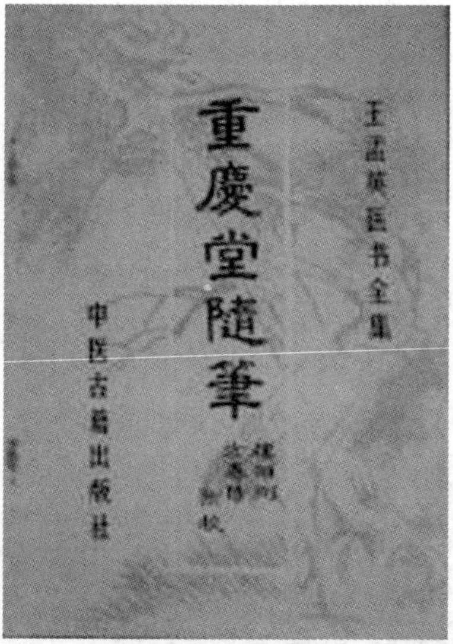

孟英14岁时，49岁的父亲去世，临终前，叮嘱孟英说：人生天地间，必期有用于世。你要是领会这句话，我就死而无憾了！当时，王孟英流泪对母舅俞桂庭说：父亲有遗训，希望我做一个对社会有用的人，对社会有用的概不如医，不过医理精深，我准备埋头苦学十年，这期间，家中的事务拜托母舅打理。母舅念其志大有为，就一口应承了，并把他的书斋名之为“潜”，意为“潜修学问，勿以内顾为忧”（《潜斋医学丛书》序）。从此。王孟英在书斋，“不问外事，摒弃一切”，学医“初从《景岳全书》入手”，然后穷源溯流，广搜博引。所能找到的医学经典、名医著作，他都潜心刻意地研读。学识也在不断丰富。可是，家有七口人吃饭，生活的担子却越来越沉重，迫使他不得不为“衣食而奔走。”这年冬天，他父亲的好友金履思得知他的家境后，荐举王孟英去婺州（今金华）佐理盐务，缓解家庭困境。王孟英在金华谋差，赚钱养家。一边从事盐务工作，一边继续攻读医学，“公余之暇，辄披览医籍，焚膏继晷，乐此不疲”（吴去疾《王孟英别传》）。

功夫不亏有心人。经过刻苦学习，王孟英的医术有了长足的进步。一次，周镖上完厕所，忽然体冷，自汗，唇白，音低，处于危急的状态。这是什么缘故呢？当时的医生见周镖年仅27岁，肥肥胖胖，便认为他患了痧证，正要给他服开窍一类的药。那时，王孟英才17岁。他按了一下周镖的脉，发觉“微软欲绝”，于是，力排众议，赶忙说出自己的诊断：“这是阳气欲脱，不是痧邪内闭。倘若投香燥药物，就会加速其死亡”。大家听了，付之一笑。认为他年轻无知，信口雌黄。幸而周镤自己感到王孟英说得有理，再三肯定下来，旁人也就不好说什么。仓促间，来不及购药，恰好王孟英有亲友馈赠的女佩姜块（女孩子佩戴的姜块饰物），约重四五钱，急煎灌服，病人才转危为安。接着，又以党参、北芪、白术、炙甘草为主加以培补。这位阳气偏虚的周镤，终于被王孟英治好了。病人对王孟英非常感激，逢人赞扬。后来他还为王孟英刻《王氏医案》（《回春录》二卷）。

道光九年（公元1829年），22岁的王孟英居杭州，娶钱塘徐政杰之女为妻。“游吴越间，哺其家口”。业益精，学益遂，临证治病，活人者众，声望逐日提高。妻子徐氏贤惠能干，白天劳动，晚上除干针线活外，还伴他勘书，家庭生活其乐融融。

道光十七年（公元1837年），30岁的王孟英，通过对江浙一带流行霍乱的临床观察，和对有关理论的深入探讨，终于掌握了诊治霍乱的规律。可是，当时一般医生，却因古书未载，对它茫无头绪，称之为“吊脚痧”，指为“奇病”。王孟英大声疾呼，一针见血地指出：“这就是霍乱转筋。”经他道破病情，指陈治法，群医雪亮。许多患者因此而得救。他还怕有人不清楚，撰写了《霍乱论》一书，经海丰张柳吟先生阅定，于道光十八年刊行。

王孟英医德高尚，从不抵毁同道，夸耀己技。他诊治的病人，多为经其他医生治疗无效的，他绝不乘机诋毁前医以抬高自己。如郑九患疾，陈姓医生诊治后，汗出昏狂，精流欲绝，转请王孟英诊治，王曰：“此证颇危，生机仅存一线，亦斯人阴分素亏，不可竟谓附、桂之罪也。”病家闻言大悦，曰：“长者也，不斥前手之非以自伐，不以见证之险而要誉。”又如治石诵羲病感，多医治疗不瘥，病情日增，逾一月请王诊。王氏并不非议前医各方，说他们“各有来历，皆费心思”。而多次向病家解释：“邪在肺经，清肃不行，必用石膏为主药。”然病家犹豫不敢服，反而

请了很多医生会诊。王氏见群贤毕至，议论纷纷。深恐贻误病情，援笔立案曰：“病既久延，药无小效，主人方寸乱矣。”并向病家开导说：“肺移热于大肠，则为肠热，是皆白虎之专司……放胆服之，勿再因循，致贻伊戚。”病人取方煎服，3剂而痊愈。足见王氏不但有精湛的医术，更有救人疾苦崇高的承担责任之精神。其医德与贡献，久为医林所敬仰。

王孟英知识渊博，才华内蕴，他行医从不贪图钱物，也“不悬壶，不受匾”。遇到濒危之证，别的医生为了保住名声，多数“望而却走”，他却挺身上前，认真诊治。为此他饶有兴趣地说：我对世上的东西没有什么酷爱的，就酷爱不避嫌怨地把人家的病治好。如果说痴，在这上头我倒有半点痴心。三十多年来，王孟英曾秉承家训撰一文联：“精神到处文章老，学问深时意气平。”浮游于医海，仅载一砚归家溪，行医问疾，纤毫不爽，研究学问，不忘初衷，既不守古，亦弗徇于今，能抉奥阐幽，存其真而纠其谬。或为张柳吟先生所注《徐氏医砭》加评书序，或参订《女科辑要》，或辑《温热经纬》《潜斋简效方》《潜斋医话》，或为海宁裴一中所著《言医》作序，或编《鸡鸣录》《洄溪医案》等等，痴心不改，自号半山痴人；居为随息居，号息居隐士，又号睡乡散人，且改字为梦隐。

王孟英行医，尤擅长温病，曾屡起沉疴，医名大振。同治元年夏季，上海“霍乱大行”，当局不知所措，死亡甚多。55岁的王孟英徙居上海。全力扑救，可谓“及时雨”，获得了社会的称赞。同治七年，王孟英去世，亨年61岁。

王氏一生在治学上非常刻苦，也十分自励。著述及评注参订

他人之作甚多。较著名者有：《王氏医案》（原名《回春录》）《王氏医案续编》（原名《仁术志》）《王氏医案三编》《归砚录》《乘桴医影》《潜斋简效方》《鸡鸣录》《重庆堂随笔》《女科辑要按》《古今医案按选》《医砭》《言医选评》《校正愿体医话良方》《柳州医话良方》《洄溪医案按》《叶案批谬》等。

（一）王孟英对温病学有何贡献？

《温热经纬》既是王氏的代表作，也集中记载了他对温热病的认识与经验。他采《内经》和仲景的理论为经，取叶天士、薛生白等诸家之说为纬，结合自身实际诊病体会而成。是继叶天士、薛雪、吴鞠通等温病大家后的又一“温热名家”，对温病学的发展作出了承前启后的卓越贡献。

1. 辨六气：六气即风、寒、暑、湿、燥、火，通常是指自然界六种不同的气候特点，当气候发生异常变化时，则成为主要的致病因素侵入人体而发病，此即成“六淫”。故历代医家对六气的属性及六淫致病的病理变化都非常重视，王氏对此也多究心，阐述六气中，暑统风火属阳，寒统燥湿属阴，以阴阳别六气之属性。他辨六气，尤其对暑气颇多发挥。王氏以前医家，论暑多强分阴阳，如张洁古以静而得之为中暑属阴证，动而得之为中热属阳证。张景岳则有“因暑而受寒者为阴暑”“因暑而受热者为阳暑”之说。王氏不囿于前人之说，尝质诸经典，据理发论，认为将暑强分阴阳是寒热界限不清。“昔人以动静分为暑热二证，盖未知暑为阳气耳”。“暑为阳气，寒为阴气，乃天地间显然易知之事，并无深微难测之理”。而所谓“阴暑”一证，实乃夏月因贪凉饮冷而生寒湿之病，虽在暑令，实非暑证。所以他说“彼所谓阴者，即暑月伤于寒湿耳”。可谓一语中的。

对暑的论述，世人有“暑必挟湿”的说法。喻嘉言说“热蒸其湿为暑，无湿则但为于热而已”。叶天士亦认为“暑必兼湿”，章虚谷更明确指出：“火湿合气名暑”。千夫所指，似成定论。王氏则不落窠臼，指出暑与湿一为天气，一为地气，原是二气，迥然有异，虽易兼感，但绝不能因此而说暑中必定有湿。“暑必兼湿亦误也。暑热二气并作一气始为暑；而治暑者，须知其挟湿为多焉”。王氏对六气的辨别，尤其是对暑之属性、致病特点，及暑湿关系的论述，无疑对温病学的发展作出了重大贡献。

2. 明传变：新感温邪的传变途径，叶天士《外感温热篇》提出了“温邪上受，首先犯肺，逆传心包”的病理机制，王氏进一步阐发说：“温邪上受，病在卫分，得以外解，则不传矣……”“由上焦气分以及中下二焦者为顺传，……温病之顺传，天士虽未点出，而细绎其议论，则以邪从气分下行为顺，邪入营分内陷为逆也。”同时，王氏还认为叶天士的传于心包为逆是相对于传胃入气称顺而言的，他说：“犯肺之邪，若不外解，原以下传于胃为顺……惟其不能下行为顺，是以内陷膻中为逆传。”在肺之邪，能下行传胃，是从脏出腑，为邪有出路，故曰顺；不移胃而传心，是从脏传脏，邪无去路，必内蕴滋变。《难经》云：“肺邪入心为谵言妄语，是谓逆。”同时王氏又提出了有别于叶天士

"卫气营血"及吴鞠通三焦学说的邪由肺及胃，自胃至肠的传变途径："肺胃大肠，一气相通，温热究三焦，以此一脏二腑为最要。肺开窍于鼻，吸入之邪，先犯于肺，肺经不解，则传入胃，谓之顺传。不但脏病传腑为顺，而自上及中，顺流而下，其顺也有不待言者，故温热以大便不闭者为易治，为邪有出路。若不传于胃，而内陷心包络，不但以脏传脏，其邪气由气分入营，更进一层矣，故曰逆传。"王氏的这一传变规律，是在继承了叶、吴两说的基础上又有发挥，也是对部分温病病变特点的客观概括，对临床全面认识，正确处理温热病有指导作用。

3. 论伏邪：伏气之说源于《内经》"冬伤于寒，春必病温"，及"藏于精者，春不病温"的论述。晋·王叔和据此而加以发展，提出："中而即病者，名曰伤寒；不即病者，……至春变为温病。"王氏结合自己的临床观察，认为温病有"由表及里"和"由里出表"两种类型，其临床的传变各有区别。他说："伏气温病，自里出表，乃先从血分，而后达于气分，……不比外感温邪，由卫及气，自营而血也。"明辨了伏气温病不同于新感温病，乃是由里而发，由深而浅的病理特点，故在临床表现和治疗上也有其特殊性。"起病之初，往往舌润而无苔垢，但察其脉软而或弦，或微数，口未渴而心烦恶热，即宜投清解营阴之药，适邪从气分而化，苔始渐布，然后再清其气分可也。伏邪重者，初起即舌绛咽干，甚有肢冷脉伏之假象，亟宜大清阴分伏邪，继必厚腻黄浊之苔渐生，此伏邪与新感先后不同处。更有邪伏深沉，不能一齐外出者，虽治之得法，而苔退舌淡之后，逾一二日，舌复干绛，苔复黄燥，正如抽丝剥茧，层出不穷。"如此精湛的论述，大大充实和发展了伏气温病的辩证和治疗，不能不说是王氏对温病学的又一大贡献。（辑自王英文）

（二）王孟英霍乱论治有何特色？

《霍乱论》是王氏撰写的第一部医著，他广泛接触临床，积

累了丰富的经验，并在“轩岐以来，治霍乱无专书，临床者卒鲜依据”的情况下，写出了我国第一部有关霍乱证治的专门文献，对霍乱的治疗及预防作了详尽的论述。

1. 热霍乱主病之常：王氏对霍乱的论述，一扫前人对霍乱的片面看法，提出霍乱有寒证、热证之分，寒证也即是寻常的寒霍乱，热证乃时行的真性霍乱。而其中尤以热性霍乱居多：“霍乱之属热者，主病之常也，众之所同也；霍乱之属寒者，他气之逆也，人之所独也。”“若其人中阳素馁，土不胜湿，或饮冷贪凉太过，则湿遂从寒化，而成霍乱者亦有之。然热化者，天运之自然；寒化者，体气之或尔。知常知变，庶可治无不当也。”纠正了以前医家受霍乱“有寒无热”的影响，治疗多用温热的错误观点，指出：“医者不知原委，理中、四逆，随手乱投，殊可叹也。”在其医案中，有记录了热霍乱因被他医误用温补致死的案例，也有经王氏救治转危为安的病例。如治陈艺圃妻霍乱转筋案：仲秋患霍乱转筋，陈自称为寒证，投热剂，势益甚，招他医亦同主人之见，病尤剧。延孟英诊，认为“此寒为外束之新邪，热是内伏之真病，口苦而渴，姜附不可投矣。”与潭间法，但人（陈艺圃）皆不信，再与他医商之，仍用热剂，卒至口鼻出血而死。王氏深表遗憾：“此明指霍乱有因热而成者，奈《病源》《三因》等书，咸谓霍乱本于风冷，遂致后人印定眼目，凡患热霍乱者，率为药误。”又如治陆叟年70余，仲秋患霍乱，自服单方二三日，呕吐虽已，利犹不止，且频频作哕，声不甚扬，面赤目闭，小便不通。……余视之，脉虽虚软，并无脱象，况舌赤而干，利下臭恶，气分伏暑，并扰及营。虑其络闭神昏，胡可再投热剂。闻所煎之药桂气扑鼻。试之必死，迫令将药倾泼。遂以紫雪三分，用竹茹、枇杷叶、通草、丹参、连翘、石菖蒲、桔梗、黄芩、芦根煎汤，候凉调而徐服，次日复诊，目开哕止，小溲稍行，于前方裁紫雪，加石斛、薏仁服两剂利减，能啜米饮矣。随用致和汤十余服而瘳。

王氏根据自己的临床经验，提出“热霍乱主病之常”的学术观点，把热霍乱推到了引人注目的显要位置，这对纠正时弊、端正治疗方法，起到十分重要的作用。

2. 霍乱是疫：王氏通过长期的临床观察，认为热霍乱是一种由热气、湿浊、秽恶三气杂合，“臭毒”疫邪而引起的疫证。“余少年即见此证流行，死亡接踵，嗣后留心勘察，凡霍乱盛行，多在夏热亢旱之年……夫彤彤值暑，湿从何来？只缘今人蕴湿者多，暑湿深伏，迨一期卒发，至阖户没村，风行似疫。”对霍乱的发病季节、流行特点等作了正确的分析。同时，王氏还认为霍乱的发生与地理自然环境的因素有密切关系。他举上海为例，谓该地商舶麇集，帆樯林立，人烟繁萃，室户稠密，地气燠热，秽气日盛，是以多病霍乱。其曾祖王学权尝云：“疫之流行，必在都会人烟繁萃之区，若山乡僻壤，地广人稀之处，从无大疫。”地广人稀之处无大疫，而人烟繁萃之地疫病频仍者，乃人群密集，热气壅燠热，所谓热地如炉，伤人最速，理殆在斯。同时秽热日盛，水质污染，亦是霍乱发病的主要原因之一。现代科学研究表明，天暑地湿，在客观上为病菌的滋生提供了良好的条件，是人体易发病的重要因素。王氏能在当时的历史条件下对霍乱的发病和流行作出如此全面的认识，确是难能可贵的。

3. 摄生防病：王氏极力提倡霍乱以预防为主，应尽量改善自己的居住环境，搞好居住卫生，尤其强调把好“病从口入”这一关，注意饮水卫生，“人烟稠密之区，疫疠时行，以地气既热，秽气亦盛也。必湖池广而水清，井泉多而甘冽，可藉以消弥几分”，所以要提倡“疏浚河道，毋使积污；或广凿井泉，毋使饮浊”。在饮食卫生方面，注意到本病的发生多因脾胃升降之机勃乱而然的特点，强调顾护中焦脾胃之气，主张“节饮食”“食无求饱”认为“饱暖尤为酿病之媒”“强食致病者，不胜缕述”。指出：“近人腹负者，多厚味腊毒，脏腑先以不清，故秽浊之邪，易得而乘之，同气相求，势所必然之事。”中焦先以不清，升降之机有窒，秽浊之邪易得而乘之，所以提倡“但择轻清平淡者食之”“瓜果冰凉等物，虽能涤热，过食骤食，既恐留伏热邪，不能泄越，又滤过度，反为所伤，并且宜撙节为妙。”这些措施，对预防夏秋季盛行的肠道传染病，无疑具有十分重要的作用。

4. 治疗用药：霍乱之病变主要在中焦脾胃，热霍乱，因“不远热”，暑秽外侵，必邪自口入，直趋中焦，有所留着，脾胃升降之机受阻；寒霍乱，因“岁土不及”，加诸中阳素馁，因天运更见其虚，中阳既虚，寒湿自盛。不论寒热霍乱，迨其既成，邪气窃居中枢，气机因壅则一。因此在治疗上，主张从祛除病邪，恢复脾胃升降功能着眼，立法“展化宣通”。舒展气机，宣化湿浊，则邪气消弭，清升浊降，逆自平，乱乃定。“俾升降不愆，周流无滞，挥霍撩乱，于是弭焉”。

其用药善选轻清流动之品。将蚕砂列为“诸霍乱之主药”，谓其“既引浊下趋，又能化浊使之归清”。曾遇霍乱转筋，辄以蚕砂一两，阴阳水煎，澄清温服，颇奏肤功。尝以彼为主药，创制蚕矢汤，用治霍乱转筋，肤冷腹痛，口渴烦躁等危重急证；黄芩定乱汤、解毒活血汤等方中，用了大量蚕砂，无不取其祛浊除湿，展化宣通之功，用药颇具特色。

王氏对霍乱的治疗非常重视保存津液，主要反映在以下二点上。其一反对滥用温燥之药，以免耗伤津液。温燥之药不唯助火，且易耗津伤液，而霍乱病“胃液之存亡，决病情之生死”，不明此道理者，往往“肆行燥烈助虐烁津”，后果不堪设想；其二投剂重视生津之品。霍乱之病，伤津耗液，王氏常与辛寒生津之剂，或甘寒生津之药，借以补胃津之伤，如白虎汤、竹叶石膏汤及芦根、麦冬、生藕汁、梨汁、甘蔗浆等。

霍乱因其起病急骤，变化迅速，及时救治尤为重要。王氏有鉴于此，广搜民间简便验方，并结合自己的临证体会，归纳了取嚏、刮法、淬法、刺法、熨法等多种简便急救方法，为霍乱病人的及时救治赢得了时间，同时对中医急症学作出了重大贡献。（辑自王英文）

（三）王孟英出色的名方有哪些？

王氏以精深的学术造诣和丰富的临床经验在他的著作里创造了很多理论新见解和突出的治案。也创制了一些名方，今重点介绍两个治疗时病的名方：

1. 王氏连朴饮（《随息居重订霍乱论》），治湿热蕴伏而成霍乱，兼能行食涤痰。炙厚朴 9 克，姜汁炒黄连 6 克，石菖蒲 6 克，制半夏 3 克，炒香豉 9g，焦山栀 9g，芦根 60g，水煎服。此方能清热化湿，理气和中。主治霍乱，湿热蕴结肠胃、呕吐泄泻、胸脘痞闷，不思饮食，舌苔黄腻者；也可治疗湿温，证属湿热并重者。现亦用于急性肠胃炎、伤寒等时病见有以上症状者，均有效。

2. 甘露消毒丹（《温热经纬》），滑石 450 克、茵陈 330 克、淡黄芩 300 克、石菖蒲 180 克、川贝母 150 克、木通 150 克、藿香 120 克、射干 120 克、连翘 120 克、薄荷 120 克、白豆蔻 120 克研极细末成丸。每服 9 克。（现多作汤剂，水煎服，用量按原方比例）酌减。王氏原为治湿温时疫主方。凡湿温疫疠初起，邪在气分，症见身热困倦，汗出而热不解，胸闷腹胀，小便短赤，大便泻而不畅，或有轻度黄疸，或有咽痛，颐肿，舌苔黄腻，脉濡数。现代药理证明，该品有保肝、利胆、调整免疫机能、促进消化、抗病原微生物、解热等作用。临床上可用于传染性肝炎、乙肝、腮腺炎、流感、咽炎，眼、耳、鼻炎、尿路感染、急性肠胃炎、肠伤寒等证。（注意：不论作丸或煎剂，木通应该用无毒的毛茛科川木通，不用有毒的马兜铃科关木通，可避免肾损害。）

四十二、晚清著名医学家——唐容川

唐容川，名宗海，四川彭县人。生于清道光二十六年（公元1846年），卒于清光绪二十三年（公元1897年），活了51岁。晚清著名医学家，“中西汇通”派早期代表。

链接：关于唐氏的生卒年限有诸多说法：王孟侠先生认为是公元1848~1899年（《唐容川传闻琐记》），另一种认为其生卒为1862~1918年（北京中医学院编《中国医学史》《中医大辞典·医学史分册》），再者据刘光第《衷圣斋诗集·送唐容川大令宗海之任来宾》推算为1845~1896年。

唐氏祖籍江西，明纪迁湖南武冈，清初溯江入蜀，居四川广汉，后迁彭县三邑乡。高祖善农，家渐富，至容川诞世，家道渐衰。唐容川少年时，天资聪敏，先习儒学，学有益进，渐有声于乡。16岁入泮，因父亲瑞麟体弱多病，在治经之余，也“习方书”，亲自调治父亲的病。但过了些日子，父亲病情恶化，突然吐血，接着又转为下血，父病延六年谢世。于是，他遍览方书，遇到有关血证的记载，便反复琢磨，并积极请教在这方面有研究的人。听说本乡杨西山写的《失血大法》，“得血证不传之秘”，他的门徒争相抄录，“私为鸿宝”。唐容川便多方购求，好不容易得一览。但他看后大失所望，认为这本书议论方药，“未能精详”，用它治病，也少有成效。因此，他反过来钻研经典医著，废寝忘食地学习《内经》《伤寒论》《金匮要略》等著作，触类旁通，豁然心有所得，掌握了治疗血症的要旨。他还钻研了其他各家学说，既吸取他们的所长，又指出他们做得不够的一面。如他对李东垣的认识是：东垣重脾胃，“但只知补脾阳，而不知滋养脾阴”（《血证论·男女异同论》）；对朱丹溪的认识是：“治病以血为主，故用药偏于寒凉，但不知病在火脏宜寒凉，病在土脏宜甘缓”（《血证论·阴阳水火气血论》）。此外，他对黄元御、陈修园等，也都有正确的认识。由于他善于汲取前人的经验，加上自己在实践中的摸索，逐渐总结出一套治疗血证的经验，用于临床，疗效较好，“十愈七八”。

光绪五年（公元1879年），王容川妻子冯氏不料又得了血疾。他便“亲制方剂”，结果，把妻子的血证治好了。由此，他深深感到：“大丈夫虽不能立功名于天下，苟有一材一艺，稍足补救于当时”（《血证论》自序）。为了弥补在血证研究上的“传陋”，他决心编一部有关血证的专书。于是，他将“失血证精微奥义，一一发明”。有的“伸古人所欲言”；有的“补前贤所未备”，力求“理足方效”。

光绪十年（公元1884年），38岁的唐容川写出了《血证论》一书。书写成后，他回顾自己研究血证的经历，不禁感慨万千地说：“悟道不早，不能延吾父之寿也。然尤甚此书之成，可以救天下后世也”（《血证论》自序）。书刊之后，唐容川居家筑室授徒，觅诊者盈门。

光绪十一年（公元1885年），39岁的唐容川中举于乡，名闻三蜀；42岁时游学江南，以医为业。秋天经过上海，在沪之时，当地邓甚章先生遇到一例疑难病证，难以下药，延请唐宗海诊治，经他治疗后，患者很快痊愈。此举使上海医界为之震惊，邓甚章先生更是佩服，誉他为“津梁”。

唐容川所处的时代，西学东渐。面对西医开始大量传入中国，反动统治者崇洋媚外，重西轻中，妄图消灭中医，唐容川为了保护和发展祖国医药学，抵制否定中医的逆流挺身而出，第一个提出“中西汇通”，试图寻找中西医学术之间汇通的途径。他认为“西医有所长，中医岂无所短”（《中西医解》序）。比如西医详于形态结构，而略于气化；中医精于阴阳气化，而绘“人身脏腑真形多不能合”。因此，他主张尽管中西医产生的地域不同，学术体系不同，但可以“去彼之短，用彼之长，以我之长，益彼之短”，互相汇通，达到“不存疆域异同之见，但求折中归于一是。冀五大洲万国之民，咸无夭折”（《中西医汇通医经精义》叙）。

在中西医汇通中，唐容川是以保护和发展祖国医药学为前提。当时，社会上有一种论调，认为中医只能用药，不懂“剖刈去病”，以此专门找中医的岔子。唐容川拍案而起，奋笔写了《七方十剂》一文加以反驳。他说，《灵枢》《素问》、针灸，虽“无刳肠剔骨之险”，却有“起死回生之妙”。华佗已有“剖刈之法”，后人因为“畏其难，亦避其险”就少用了。实际上，“剖刈”是“粗工”“不及针刺之妙，而针法微渺，不如方药之详。仲景独以方药治病，为至当也”。现在，有些人，偶尔见到西医剖刈见效，就“奉为神奇”，而不知道“其得失参半”。他用了自己亲身见过和治过的病例加以说明。四川有个人脑后颈上生了一个疮，俗名叫“对口疮”。此疮发于督脉，督脉上颈贯脑。颈之能竖，是由于督脉之力。这个部位的疮，中医认为是不能割的，而西医不晓得，竟把它割去，敷上药，说很快就会长肉的。谁知病人立即颈折，举不起来，三天就死了。又如陕西有一个人腹部鼓胀。西医将其剖腹治疗，流出两碗水，从表面上看，病人的膨胀好像消了。但是，不久又发，发了又剖、剖了又发。如此连剖三次，连发三次，一直未断根。唐容川认为，这是西医“不讲五行之过”，只知放水，而不知水怎么来的缘故。最典型的例子，是他为当时总理衙门总办陈兰秋治病的情形。这人肌肤甲错，肉削筋牵，阴下久漏，小腹微痛，大便十天一行。胁内难受，不可名状。腰内也如此。前阴缩小，右耳硬肿如石。唐容川诊视后，说：这是肾系生痈，连及胁膜，下连小腹。因此时时作痛，又下阴穿漏。这是内痈的苗头。应以治肾系为主。陈兰秋听后勃然而起，说道：西医也说我的病在腰筋髓内，所以割治了三次，但不能止漏。无药可治。现在你的诊断与西医同，该不是也束手无策了？唐容川告诉他说：你出入各国衙门，常常接近西方人，就知道西法千古所无。其实并非这样，就拿你的病来说，西医只知道在腰内，但你的耳朵为什么发硬，前阴为什么收缩，大便为什么不下，他们肯定不知道。陈兰秋说：是这样。唐容川解释道：“西医不知肾系即是命门。生出板油连网，即是三焦。肾开窍于二阴，故前阴缩而大便秘。三焦经绕耳，命门位当属右，故见右耳硬肿，周身甲错，是由于肾系三焦内，有干血死脓。”之后，他按仲景提示的方法治疗，就把陈兰秋的病治好了。为此，唐容川深有感受地说：“中国经数圣试验准确，定出形性气味，丝毫不差，为最精也”。这些议论说明，唐容川不免带有“重中轻西”“崇尚远古”的片面看法，但在当时面对“重西轻中”的潮流中，坚持这种观点，对维护中医原有的理论，是有积极作用的。

光绪十五年（公元 1889 年），唐容川中三甲第 35 名进士，授礼部主事。因妻冯氏去世，返回四川彭县。拜见吕调阳字六如者（六如一生苦学，著作甚丰，对天地阴阳人物气化之理，钟鼎秦汉文字词义之奥，莫不究本溯源。），唐容川对六如《六书十二声传》一书，尤常研习，考证三焦，即从六如之说。后奉母艾夫人赴京，于是医名大噪，誉满京华。

光绪十八年（公元 1892 年），当西学东进时，他采用西医解剖生理知识来印证中医理论，特别是用来印证《内经》《难经》《本证》等古典医著的正确性，他写《中西汇通医经精义》一书，其目的是“证以《内经》形迹丝毫不爽”“古圣之旨”能“彰著天下”。同年刊印出版，成为中国医学“中西汇通”先驱者。游学广东时，《本草问答》和《金匮要略浅注补正》二书相继问世。光绪二十年（公元1894年），《伤寒论浅注补正》刊行。以上四书，加上《血证论》，辑成丛书《中西汇通医书五种》刊出，行销国内外，医名远播印度和南洋等地。

光绪二十二年（公元1896年），清廷授其广西来宾知县职。唐容川携全家七口赴任，至湖北汉口其母吐血病发，不治而卒。翌年，唐容川扶母柩入峡还蜀，抵万县弃舟登陆，途经梁山、大竹，值疫疠流行，染病扶柩归乡，到家时已不能言，十天后不幸辞世，亨年51岁。

唐容川作为一代名医和中国早期中西医结合的杰出代表，不仅医术精良，而且医学著述颇丰。其著作有《血证论》8卷、《中西汇通医经精义》（又名《中西医判》《中西医解》《中西医学入门》）2卷、《本草问答》2卷、《伤寒论浅注补正》7卷、《金匮要略浅注补正》9卷，此五书合称“中西汇通医书五种”。另有《医学一见能》4卷、《痢症三字诀》《医易通论》《医易详解》各1卷，以及《医柄》《六经方证中西通解》等。尤以《血证论》流传最广，影响也大。

（一）《血证论》是一部什么样的著作？

《血证论》是论述血证的一部专著，该书对血证的阐述颇多创见，理、法、方、药也很严谨。唐容川通过长期的临床实践，

围绕血证，进行了一系列的阐发，使祖国医学在血证论治方面的理论得以充实，并使之系统化。

《血证论》成书于清道光十年（公元 1884 年）。全书共 8 卷，78 篇。卷一有总论、阴阳水火气血论、脏腑病机论、脉证死生论、用药宜忌论、本书补救论六篇。讨论了阴阳水火气血，强调水、火、气、血互相维系。运血者气，守气者血；水病累血，血病累气；论述了脏腑病机，强调治血证尤重视调理脾胃之气。谈到了血证用药的禁忌，血证的预后。

卷二至卷五：分论“血上干”“血外渗”“血下泄”“血中瘀”证治，共载 33 证。详述血证的证治，提出止血、消瘀、宁血、补血四大治法。使血证的治疗方法系统化。

卷六至卷八：论述了失血兼见诸证与失血有关各证的治疗及血证用方的方解。

链接：本书是论述血证的一部专书，对血证的阐述颇多创见，理、法、方、药很严谨，但是由于历史的局限性，该书在论证方法上过多地采用了类比取象的手法，难免有牵强附会之处。

（二）唐容川对血证论治有哪些创见？

唐容川对《内经》《难经》《伤寒论》等有深入的研究，又有丰富的临床经验，在理论上有很多建树。特别是对血证的论治、研究更为精到，提出了许多独到的见解，对祖国医学有一定贡献。

关于血证，他指出：平常人的血液，畅行于脉络，称为循径。若血不循径，溢于血管之外，即为血证。溢于体外者，如吐血、衄血等；内溢积于脏腑、经络、腠理者，如各种瘀血、蓄血等。血证的病因、病机十分复杂，他将其主要归纳为以下四个方面：一为气机阻逆，血随上溢，就会出现吐血、呕血、咳血等证状；二为脾失统摄，血无归附，这就会出现唾血、血崩、下血等；三为火热炽盛，逼血妄行，就会出现鼻衄、目衄、耳衄、齿衄、舌衄等；四为瘀血阻络，血行失常，久则会变为骨蒸、干血、痨瘵等。

他不仅阐明了“气盛即是火旺”的病机，同时还创论火降而气也随之平顺，这对治疗血证有新的补充。他强调“凡血证，总以去瘀为要”。又提出“既是离经之血，虽清血、鲜血亦是瘀血”的观点，这也是血证研究中的新见。同时，他又善于结合脏腑病机综合分析，认为“脏腑各有主气，各有经脉，各有部分，故其主病亦各有见证之不同。”（《血证论》），如吐血主病在胃，呕血主病在肝，唾血主病在脾，咳血主病在肺等。他又特别指出，各种血证的辨别，必须因人因病而异，要根据具体情况仔细审察，灵活对待，这些思想都是科学的、可贵的。

关于血证的治疗，他归纳为止血、消瘀、宁血、补血四大法。但法法须治气。

1. 阳气统阴血，治血必调气：唐氏依据《内经》气血相关的理论，认为气血两者，气占主导地位。他说：“天地之大，总是以阳统阴；人身之生，总是以气统血”（《产血》）。“人之生也，全赖乎气，血脱而气不脱，虽危犹生，一统之气不绝，则血可徐生，复还其故，血未伤而气先脱，虽安必死”（《脉证生死论》）。在阐述血证病机方面，他认为血证的发生均与气病有关，没有血病而气不病者，“其气冲和，则气为血帅，血随之而运行……气结则血凝，气虚则血脱，气迫则血走，气不止而血欲止不可得矣”（《吐血》）。在预测血证预后方面，他认为：“定血证之死生者，全在观气之平否”。明确提出了“治一切血证皆宜治气”（《产后》）的治疗原则。他强调：“凡治血者必调气，使气不为血之病，而为血之用，斯得之矣”（《便脓》）。唐氏以吐血为例，详阐止血、消瘀、宁血、补血的血证四大治法，被后世尊奉。

2. 止血治气：吐衄暴作，当以止血为第一要法。唐氏认为止血之法，独取阳明，固阳明之气以下行为顺，若逆而上行，则血随气升，吐衄作矣。必须以猛降之药，折其冲逆之势。此即仲景泻心汤证，指出泻心汤之妙“全在大黄降气以降血”，此乃药中之“将军”，使胃气下行，气顺则血止。若肝经怒气逆上，血沸而吐者。宜丹栀逍遥散加青皮、牡蛎、蒲黄、胆草治之。若“血出不止则气亦随亡，而血尽则死也，急用独参汤救之。手足冷，气喘促，再加附子引气归根”（《鼻衄》）。其止血含有调气宁血之义。

3. 消瘀治气：唐氏认为“凡治血者，必先以祛瘀为要”（《吐血》）。“凡有所瘀，莫不壅塞气道，阻滞生机”。瘀血可阻塞气机，气机壅塞又可反过来加重血瘀，二者互为因果，恶性循环。故唐氏主张“以散气解血之法”使“气散则血随而散”。临床配伍消瘀方剂，他必须加行气利气之品，如桔梗、枳壳、瓜蒌、青皮、厚朴、川楝子等。他极赞小柴胡汤的疏气解郁作用。认为“小柴胡原是从中上疏达肝气之药，使肝气不郁，则畅行肌腠，而荣卫调和，今加去瘀之品则偏于去瘀，凡瘀血阻滞荣卫者用之立验”（《吐血》）。人身气机，贵在常运不息，一有所郁，则百病遂作。若“失血家阳气郁于血分之中，则身热郁冒，但头汗出”，就不宜再过用辛燥香窜，重伤阴血，只宜小柴胡汤“解其郁，使遍身微汗，则气达于外”而愈。唐氏对小柴胡汤运用颇多发挥。灵活化裁治疗各种血证有60余处。

4. 宁血治气：止血消瘀之后，恐其血复潮动。唐氏认为："血之所以不安者，皆由气之不安故也"（《吐血》）。故宁血须宁气。在宁血法中，唐氏十分重视治冲。他体会到，冲气安和，则血海宁静，血不潮动；反之，冲气上逆，则血随气升，血证复见。故宁血必宁气，宁气必治冲。治冲之法，唐氏重在治胃和治肾，选方"宜用四磨汤调纳逆气"。"用沉香代桂以纳浮阳………乌药治膀胱肾间之气"（《吐血》）。

5. 补血治气：唐氏宗前贤诸说，在补血之中，强调以阳生阴，以气生血。他依据《内经》"中焦受气取汁，变化而赤是为血"的理论，认为健脾益气，培补生血之源，是血证补血法之关键，倡用归脾汤、炙甘草汤、人参养荣汤这类气血双补，益气生血的方剂。同时，补法有宜有忌，因此，补肺多用甘凉润燥之品；补脾亦重于滋补脾阴，补肾尤须审慎地辨别阴阳，失血之家，多属阴虚阳亢，故投地黄汤，补水以涵其气，利水以化其气，酌加滋补镇纳之品，则气自归元。

唐氏治疗血证，主要着眼于阳乘阴而气干血方面，基本治则不外乎调其气血，和其阴阳，补其不足，损其有余，制亢阳之焰张，救水阴之将涸。但其过分强调了"血之所以不宁者，多是火扰之"，用药偏于寒凉，是其不足之处。

（三）唐氏是怎样倡导"中西汇通"的？

唐氏所处的时代，西医开始大量传入中国，促使中医学界一些人士认识到中医当时已经受到西方医学的冲击，在新的历史条件下，唐氏是最早尝试探讨发展中医学新途径的医家之一。

1. 力求中西原理相通。唐氏认为，中西医学产生的地域虽不相同，说理的方法也不相同，但其原理是相通的。这是唐宗海力主汇通学说主要论点。西说肝行水化食，即《内经》肝主疏泄之义，西医名管，中医名脉，二而一。西说血液经心房室导出回复，循环不休，即《内经》脉气流经，营周不休，阴阳相贯，如环无端之谓。西说胃旁有甜肉，即中说甘味属脾之理，西说肺能吹出血中废气，即《内经》肺为相傅之义。西说苦胆汁乃肝血所生，中说肝气化生胆汁，并不相悖。凡此种种，不难看出唐氏所谓汇通，不过是从文字上强相比附而已，并没有实际从实质上作出比较科学的定论。

2. 汇通中西，重中轻西。唐氏在具体进行中西医汇通的过程中，主要是从维护中医学的目的出发，用西医学来印证中医学，力图证明中医比西医高明得多，甚至认为西医的生理解剖知识也未超出《内经》的范围，在他的著作中常用西医理论印证中医学理，强调西医学不如中医学先进。如说："西人初创医法，故必剖割，方知脏腑，中国古圣定出五脏六腑诸门目，皎然朗著，何必今日再用剖割之法。……且西洋剖视，只知层析，而不知经脉，只知形迹，而不知气化，与中国近医互有优劣，若与古圣《内经》《本经》较之则西洋远不及矣。"可以看出唐氏重中轻西的思想和厚古薄今的历史观，以及他对西医学和近代科学方法了解的浅薄。

唐氏在当时的历史条件下，为保护和发展祖国医药学，抵制否定中医的逆流，挺身而出，第一个提出"中西汇通"，敢于大胆引用西医的知识来印证和解释中医，这种革新精神是难能可贵的。（辑自赵频文）

四十三、清代医家——朱沛文

朱沛文，字少廉，又字绍溪，广东南海（今佛山）县人。生于清咸丰年间（公元1851～1861年），卒年不详。清末医家，我国近代中西汇通四大家之一。

朱沛文出生在一个世医之家，自幼随父学医。父殁后家境清寒，了然无依。却酷嗜医书，在寄食朋友的困境中，尚挟卷自随，甚则坦卧吟哦，旁人白眼加之亦弗顾，早岁参加科举，为童生、秀才。深得广东督学使者汪柳门和徐花农赏识，曾奖书“绍业丹溪”以嘉勉，拨送广雅师院肄业，适该院无空缺，怅然而归。遂专心致力于医学研究。广读古今中医书籍及当时翻译之西医书籍，并亲到西医院内观察尸体解剖。通过临证实践20余年，经验和理论都很丰富，在他胞兄朱成文的鼓励下，于公元1892年，编成了《华洋脏象约纂》一书，书中提出对“中西汇通”的新见解，认为中西医“各有是非，不能偏主”，“通其可通，而非存其互异”，这在中西汇通中，是独树一帜的。通读《华洋脏象约纂》，朱沛文积累的治学经验是令人敬佩的，值得我们借鉴。

1. 读书培根，临证增识。朱沛文在长期的实践中，深深体会到读书与临证的辩证关系。他说：“谚云：熟读王叔和，不如临证多。至哉言也！虽然有善读医书而不善临证者，然断无昧于医书而精于临证者。故先必读书以培其根柢，后临证以增阅历。始为医学之全功焉”（《华洋脏象约纂·读书门径》）。他认为“古今病证无穷，一人阅历有限”，如果不博览群书，凭什么能增加我们的学识。他在《读书门径》一文中，介绍了他读过的医书后所写的心得，评价了将近一百部古医书的优缺点。从《内经》

《难经》《伤寒》《金匮》，谈到《本经》《医宗金鉴》歌诀；从治暑热书、治瘟疫书、治虚劳书谈到治妇科书、治儿科书；从治杂病书、脉诀书谈到医案各书、医论各书。他所评价的书，范围之广，种类之多，实在令人惊叹！他自说："非面壁十年，不能卒读"，他在撰写《华洋脏象约纂》一书时，书中引为自己的论据的医书多达五六十种；非医书的有《人镜经》《白虎通》《释名》《说文》《周礼》《道德经》《太平御览》等近二十种。此外，还引用了当时在中国发行的英美医书近十几种。

朱沛文不仅重视读书"培其根柢"，同时也重视临证"增其阅历"。从他"少承庭训医学"开始，到写《华洋脏象约纂》为止，据他在《自序》中说："临证垂二十年"了。他在诊治患者时，"溯医源、参证候、习方药、研脉法"，无论妇科、儿科、杂病广泛地临证，不断丰富自己的才干。为了观察人体真实的脏腑，他还跑到洋人办的西医院去"临证"。他一边观察，一边对照中医书中的论述，又参考洋人的医书，发现各家观点不尽相同。

2. 折衷中西，求同存异。朱氏生于清末，又生长在岭南一带正当西方医学在我国广为传播兴盛之地，深受西医理论和方法的影响。他对中西医都有一定的认识，且见解颇中肯。朱氏认为中西医"各有是非，不能偏主：有宜从华者，有宜从洋者"，中医"精于穷理，而拙于格物"，但"信理太过，而或涉于虚"；西医"长于格物，而短于穷理"。但又"逐物大过，而或涉于固"。主张汇通中西以临床验证为标准求同存异。"应通其可通。而并存其互异"，如在"肝脏体用说"里，认为中西医对肝的作用有些认识是可通的有些则不能通。比如《内经》说肝藏魂，肝主筋，肝藏筋膜之气。而西说肝之用主生胆汁而已。在肝生胆汁方面，中西医是可通的，其他则不通，应互存其异，对肝的位置，他认为中医历代书籍记载不一，说肝在右则与西医暗合，至于《内经》的肝生左，肺藏右。是指肝气行左，肺气行右，不是指位置，较合理地解释了中医脏象学说与西医的解剖不尽相同的道理，远在100年前，朱氏就指出了中西医学方法论的不同是难能可贵的。

在临床验证中，朱氏对中西汇通持慎重的科学态度，对一些西医未能解释，而中医却经无数临床验证的理论，都一一保留下来，通过临床例子说明其正确性。如在“心脏体用说”里，关于心体大小、形状及血液循环等，肯定西说更为证实，但又认为“洋但以心主行血，而一切知觉运动，其功皆属之脑。故一切血病，华洋皆知治心，其一切神病，洋但知治脑，岂知心为藏神之舍，脑为运神之机。缘脑由肾所生，心与肾有表里交通之义，病则相连，故凡神病者，心肾兼疗为先”。他从生理病理关联的理论解释心肾与脑的密切关系，而从心肾治疗神志病，确为临床实践所证实，有必要保存中说，朱氏不守门户偏见通过临床验证，沟通中西医理论，作为是非取舍的准则，既不墨守中说，也不附会西说，其实事求是的科学态度，在当时是相当进步的。

3. 实事求是，辨正古籍。朱氏博览群书，汇通中西医理。并亲历解剖验证发现了不少古人在论述脏腑上的疏漏，逐一指正，他对《难经》《医贯》《医林改错》等书中的错误均予以辨正，如对《医林改错》一书的学术观点，他指出王氏剖验死孩，见脉管已无血，误认脉管为气门。痰涎之出非由肺管，而咳喘病非属肺之谬。除了在论述各脏腑组织时分别指出外，还在下卷专章讨论。指出“勋臣剖验死孩，见脉管无血。故误指血脉管为气管、气门、卫总管；见回血管有血，故误指回血管为血管、营总管耳”，王氏认为膈上为血府周身之血由此灌溉；朱氏为之辨正说：“此乃人死后之心血，盖由回血管溢出，凝为膈上者也。若谓生人之血，存于膈上，势必洋溢流动，浸淫心肺，而气何以通耶?”朱氏对《医林改错》的不少辨正，基本上是正确的。

（一）《华洋脏象约纂》是一部什么样的著作？

《华洋赃象约纂》，又名《中西脏腑图象合纂》，成书于1892年。朱沛文禀中西汇通之旨，汇集中西医有关人体结构、解剖图谱，参述已见编著而成。全书四卷，卷上为五脏六腑形态、部位、功能；卷中为眼、耳、鼻、及骨骼结构、功能；卷下为十二经脉，气血营卫等生理作用及西医脏腑解剖图谱；附录为有关诊病、读书等杂论。本书所引资料先中后西，中医自《内经》迄清代诸家论述均有摘录，内容较为丰富、系统，并指出前人对脏腑记载上的一些错误。

作者以华医精于穷理而测脏腑之营运，故信理太过而或涉于虚；洋医长于格物，但据剖验脏腑之形状，未尽达生人脏腑之运用，故逐物太过而或流于固。遂将华洋脏腑官骸体用异同之说予以汇通，择其浅而易明、简而有要者，间附已意编成此书。后附人形、脏腑、骨脉、胎孕诸图，旨在发明脏腑官骸形体功用，故详于述象，略于说理。为中西汇通早期著作。现存光绪十九年（公元1893年）佛山刊本。

（二）朱沛文对中医学说有何创见？

朱沛文博览群书，勤于实践，求实创新，贯通中西。为中西医汇通派中一位开明的医家。在研讨中医理论方面，也颇有特色和建树。如对命门探讨独辟蹊径。他指出“命门者，性命呼吸之根，元阳升降之路，一如门径之阖辟”。“真火者，先天元阳之气，后天形骸之主，一如火焰之昌明。”又说“精官者，藏精之府也。与先天元阳同生，而藏储后天之精汁”。“真阴者，即所藏之精汁也，资后天水谷以长。而还配先天元阳。”认为命门“位当会阴穴之里，乃坎离交际之乡。任督接脉之地”。命门中元气即真火，是先天无形之火，不仅有生理活动，而且具有物质性。但他不同意真火即相火说。认为所以称为真火者，是与后天之君火、相火相区别而言。至于精宫的部位，其所论实相当于男女生殖器，真阴则与性腺有关，但要靠后天水谷滋养。

朱氏认为命门精宫之真阳真阴，是人身主宰。生命根本，生化之源。“夫人之所以生既赖饮食之供养，尤隐赖阴阳二气之运行”、真阴真阳之气每天按一定的时间节律升降循行人身，以鼓舞脏腑之枢机、灌溉脏腑之津液、发为生育之机、人之气力精神亦由此而出。他将真阳之气譬如走马灯之火。真阴之气譬如油，二者不可缺一。由此可见，他对命门、精宫，真阴、真阳等含义、位置、作用的认识较历代医学家有新见。其描述的真阴真阳对人体生育、成长及维持生命活动等重要生理功能和调节规律，与现代生理学有关神经体液调节功能似有暗合。可见朱氏在当时条件下，已能突破前人巢臼，大胆融汇中西医学的理论，发展创新了中医学理论。

四十四、清末民初著名医家——张锡纯

张锡纯，字寿甫，河北盐山（今河北省盐山县）人。生于清咸丰十年（公元1860年），卒于民国二十二年（公元1933年），活了74岁。清末民初著名医家，中西医汇通派的重要代表人物，与慈溪张生甫、嘉定张山雷并称为海内“名医三张”。近现代中国中医学界的医学泰斗。

张锡纯出生于书香之家，“累世业儒”。父张彤元，号丹亭，喜诗好画，每自绘丹青图后，辄题新诗于其上，著有《莲香斋诗稿》，亦通医。张锡纯幼即颖悟过人，器宇不凡，读书不落恒蹊。童年即能诗，一次试贴诗课，其父以天宝宫人命题，他写了“月送满宫愁”的诗句。他父亲认为那是佳句，大加称赏，并对人说他的儿子“异日当以诗名显”。闲暇时，其父素亦以家训鼓励他涉猎医学知识，故自童年时即留心医学。18岁时，邑中枣树林生带黑斑点蘑菇，食之者多吐泻，间有多食致命者，他对此进行了比较细致的观察研究。20岁，为举业应试津门，秋闱不第，开始为人疏方治病，病家认为他年少无阅历，延之者少，但张氏之钻研精神未少挫。公元1885年，26岁的张锡纯治愈了当时的名医高鲁轩、毛仙阁束手无策的危重症，颇受二人称道。30岁时，病伏气化热，每日自用生石膏数两煮水饮之，连饮数日，热象不退，因思或药轻不能胜病，乃于头午用生石膏煮水饮下，过午又用生石膏五两煮水饮下，心中分毫不觉凉，大便亦未通下。恍悟此必伏气之所入甚深，原当补助正气。用生石膏一两，野台参二钱，甘草钱半，适用生轧怀山药粗渣又加少许，煎汤两盅，分三次温饮下，饮完晚间即觉清爽，一夜安睡，至黎明连泻三次，自觉伏气之热全消，视舌苔，芒刺全无。

公元1893年秋，第二次参加都门秋试，34岁的张锡纯再次落第，丁酉元旦未明，梦卧室门额悬“名元关意”四大字，醒后恍悟曰：古谓医者意也，名元即关乎意，天殆欲吾为医界领袖，昌明医学，以救世乎？从此专心医学，上自《黄帝内经》《伤寒论》，下至历代各家之说，无不披览。同时张锡纯开始接触西医及其代数、几何诸书，自谓“年过三旬，始见西人医书，颇喜其讲解新异，多出中医之外”（《医学衷中参西录》中册）。公元1904年，中国废科举，兴学校，张锡纯成为盐山县唯一可教代数和几何学的教员。任教员于刘仁村时，值霍乱流行，经张氏治愈多人。对屡试屡验之方，自立方名，缀以诠解，兼述创方之由，时采西人之说与中文义理相发明，撰写成文，寄各杂志陆续发表，声名渐播。《奉天医学杂志》《上海中医杂志》《医界春秋》《杭州三三医报》《山西医学杂志》《汉口中西医学杂志》《如皋医学报》《新加坡医学杂志》等皆聘张氏为特约撰述。

50岁，集20余年经验，完成《医学衷中参西录》手稿8卷，辛亥革命爆发，应德州驻军统领黄华轩之聘，任军医正，历游大名、广平、濮阳、德州、汉皋等地，为军民诊治疾病，屡起沉疴，医名大振。

57岁，将《医学衷中参西录》手稿8卷寄沈阳天地新学社主任苏明阳。翌年，苏将《医学衷中参西录》呈部注册，并约请沈阳医学研究会正、副会长等人详加校正，先后分三期出版。59岁，仲秋应沈阳军政两界之聘，自汉皋抵奉天（今沈阳），出任立达医院院长。60岁，沈阳霍乱流行，张氏创急救回生丹、卫生防疫宝丹二方，登报广告，广为推行，得济者甚多。61岁至64

岁，继续在沈阳行医，因《医学衷中参西录》1至4期出版，求医者及同行中求教者，络绎不绝。69岁，编成《衷中参西录》第五期，卷首云：“自命生平愿不凡，良医良相总空谈。坎坷无碍胸怀阔，遭际常怜国运艰。忧世心从灰后热，活人理向静中参。轩岐奥理存灵素，化作甘露洒大千。”诗中委婉地表达了未能医国的遗恨。74岁，决定于天津设立中医函授学校，自编伤寒讲义，学制为四年。是年，于伤寒讲义甫完成，温病讲义方入手之际，竟未能完成斯志。于“民国”二十二年（公元1933年）八月八日逝世。据其弟子张堃回忆，公元1933年7月间，曾“造先生处执卷问难，先生讲解毕，援笔成自咏诗云‘八旬已近又何求，意匠经营日不休，但愿同胞皆上寿，敢云身后有千秋。’”

张锡纯治学虽多创论，然措词婉转，鲜直斥前人之非，与同道多友善，不好贬人贵己，不好大言傲人。中西医论争势若冰炭时，仍本其夙志，撰文论中西医理相通，医界不宜作意气之争，人且以为系中庸之道。但张锡纯对误人至死的庸医却当面斥之为投井下石者，毫不留情。此虽激于义愤，亦可见其忠厚至诚，对患者极端负责。他处世为学以“志诚”为信条，书屋名

"志诚堂"。

张锡纯为人忠厚，志行高洁。其书自序云："人生有大愿力而后有大建树……学医者为身家温饱计则愿力小，为济世活人计则愿力大。"他的朋友和病人既有军政界要人，也有城乡贫民，相处中均一视同仁，不见傲下媚上形迹。他不置产业，日常业务仅足维持生计。公元 1913 年，黄河泛滥，有一灾区孤儿流落至大名，病饿垂危，张锡纯携至寓所救活。因不知其乡贯里居，即收为义子，取名张俊升，成人后为其成家立业，使谋生于天津。张锡纯逝世前终于查清其为河南滑县卢姓，遂改名卢俊升，一时传为义举。

张锡纯不避劳苦，自奉甚俭，常念学与年俱进，终生治学不辍。虽至晚年，每为人合药饵，必躬自监制；修订著作及复信答疑不肯假手他人。又力辟医不叩门之说，每遇疑难重证，辄辗转筹思，查考书籍，一旦有定见，虽昏夜立命车亲赴病家调治。即或病在不治，亦勉尽人力，每救疗至殓服已具，不肯稍有懈怠。时人称之为一代大师，实当之无愧。

（一）我们应当怎样学习张锡纯的治学精神呢？

张氏推崇古代医学经典，"瀹我性灵，益我神智"；又抱着革新医学，汇通中西的目的投入医学研究。他在《医学衷中参西录·自序》中明确地提出学习古人的目的是"贵举古人之规矩、准绳而扩充之、变化之、引申触长之"，而"非以古人之规矩、准绳限我也"，他学习西医书籍的目的是"欲采西人之所长，以补吾人之所短""于西人之说可采者采之，其说之可沟通者尤喜沟通之，如此以精研医学，医学庶有振兴之一日"。他也是努力这样做的，靠自学摸索，不断创新，在治学方法上给了我们许多有益的启迪。

1. 读书取其可信。学医必须读书，然只有活读书，使人性灵神智，洋溢活泼，才能真正读好书，学到东西。读书第一要破迷信，即使像《内经》《本经》这样的书，也常于大醇中有小疵，“亦难尽信”（同上书，中册。第262页）。读古代医书，应当像孟子倡导的那样，“不以文害辞，不以辞害志，以意逆志，是为得之”。一定要善于思考，善于辨识，对“古人之书不可不信，又不可全信”（中册，第383页）。这一则由于某种原因年代久远，几经变乱，难免有后世伪托，有授受之间的舛讹掺杂其间；二则时代变迁，古今异趣，胶执古代的成法不一定能符合现在的实际情况。张氏倡导“是以读《内经》之法，但于可信之处，精研有得，即能开无限法门；其不可信之处”“付之不论可也”。（上册，第10页）又说“于古方之可确信者，恒之为极力表彰，或更变通化裁，推行极致，以究其妙用；于其难确信者，则恒姑为悬案，以待识者之论断”（同上书，中册，第384页）。这是一种科学的读书方法，动脑子的读书方法。

张氏鄙弃那种人云亦云，以讹传讹的学风，认为不分析、不鉴别、不注重事实验证，把一些流俗传说以至歪曲之见，只要是书上说的，就视为神圣，不研究其可否实行，是“贻误医界”的事。在读书时，应“审为辨别而批判之”，问题不在于书的内容有无伪作，“其有伪作也原无足深讶”（中册，第385页），而在于能否加以辨别。他自己则奉行“凡事必实验而后知”的原则，“不敢人云亦云也”（中册，第171页）。

他反对胶执于原书语句而强为之解的注疏方法，由于古书中不可解处迭见，“句句据文解释”是很困难的。“注者震慑于古人之隆名，遇古书有舛错遗失之处，亦必曲为原护，不知此正所以误古人更贻误后人也”（中册，第384页）。即使像《内经》，也不能完全相信，其中“有非圣神不能言者，有近于战国策士夸张之语殊鲜实际者”。若“必皆一一视为圣神语录，逐句细为诠解，此谬误穿凿之所由来也”（中册，第507页），不顾实用，对于书上明显与实际相违之处，“乃后世注疏诸家，对于此等处，不顾其方之可用不可用，亦必曲为之说，以致遗误后人，此正所以深误古人也”（下册，第 262 页）。注疏家之所以犯错误，还在于实际经验不足，对书中精义无法阐发。例如“因不知伤寒中亦有伏气化热，故对于少阴病之热者，而释之终涉影响也”（下册，第 304 页）。

读书必须勤于思考，善于会悟，要在领会书的精华之处下功夫。对于《内经》“大醇之处，通变化裁，自能普济群生；其小疵之处，置而不论可也”（下册，第 339 页）。这样才能“择其至精至纯之处”，增长智慧，“此所谓会心处不在多也”（中册，第 508 页）。读书不能让注疏圈住，要自己从中阐发新意。他读《内经》时，到“精纯之处”，“无事费心索解，自能豁然贯通，又何须乎诸家之注疏哉”。在“会心之处，恒若迥出注疏之外者”（中册，第 508 页）。在解释“二阳之病发心脾”一节时，僻开王冰的注释而自有体会，“然由拙解经以释经文，自觉经文别有意味，且有实用也”（上册，第 4 页）。实际上是倡导思想解放，从拘于经典烦琐考证的学风中解脱出来，把临床实用摆在第一位。在《医学衷中参西录》中谈及张氏自己别有会悟处，时时可见。

2. 结合时代变化进行学习。张氏认为天地之气化“恒数十年一变”，病者所得之病，亦“随气转移”，医者读书，应注意这一点，临证用药，“宜随气化而转移”（下册，第 159 页）。从《伤寒论》成书的汉代至今，“上下相隔一千六百余年，其天地之气化，人生之禀赋，必有不同”，从书本知识到临床实践，欲用古方治病者，“皆宜细为斟酌”（下册，第 156 页）。“用古不至泥古”，才能实现救人的宗旨，若谓古书毫无差误，是不符合实际的。“临证之道，不用古方，不能治病，拘守古方，亦不能治病”。也就是说，从事医生职业，不读书，不通晓古方是不行的；死读书，拘守古方，不知变通也是不行的，只有“折中经义而不尽用经方，既选用经方，亦必因证化裁与病机息息相赴”（下册，第367页）。

必须灵活地读古书，除上述时代气化变化以及古书存在错讹之处外，另一个原因是古人著书总受其所处时代的限制，古人的药物知识就不如今人丰富，“古人当药物未备是古所制之方原有不能尽善尽美之处，无他，时势限之也”。看不到这种局限，“吾人当药物既备之时”，还要拘守古方，“不能随时化裁”，实际上是食古不化，“仍未会古人制方之意”（中册，第118页）。张氏强调“用古人之方，原宜因证、因时为之变通”，否则，便是“胶柱鼓瑟”，不但治不了病，还会坏事。这条因证、因人、因时、因地不因书的读书原则，至今是业医者必须遵循的原则。学习古方，“随时制宜为之通变化裁，方可为善师仲景之人”（中册，第362页）。学医从实际出发，读书善师其意，这条原则是不能丢的。

3. 学贵创新。创新是医学的灵魂，是业医者的任务。“吾人生古人之后，贵发古人所未发，不可以古人之才智囿我，实贵以古人之才智启我，然后能于医学有进步也”（下册，第313页）。医家若看不到肩负的这一重任，不时时注意推陈出新，就会成为时代的罪人。“吾儒生古人之后，当竟古人未竟之业，而不能与古为新，俾吾中华医学大放光明于全球之上，是吾儒之罪也。”特别当西医突飞猛进向前发展之际，中医也应跟上时代的步伐，决不能“故步自封”。事物是进步的，时间是紧迫的，“夫天演之理，物竞天择，我则不竞，又何久已怨天之不择也”（中册，第216页）。要突出创新精神，要具有时代责任感，要看到事物发展的趋向和时代潮流，没有这种紧迫感，没有与时代合拍的治学精神，不注重“与古为新”，怨天之不择是没有用的。张氏这一治学主张，至今仍保留其全部价值。

要创新，就要提倡学贵自得，要有自己独创的心得体会，要善于领悟古代医学典籍中的妙理，给予新的阐发。总之，古代医学典籍不过是开发我们智力的工具，要“六经”注我，而非我注“六经”，“苟悟医理之妙，六经皆我注脚也。”中国古代医学典籍“语意浑含”，更须要“后人阐发”。一则，它“未经剖解实验，言之终不能确凿”；二则，“立言简括”“未细论治法”；三则，“古人立言简贵，多有互文以见义者”，须要加以寻释会悟；四则，“古人立言尚简，未尝细明言”（下册，第209页）。所以这样，都须要后人创造性地予以阐发，使之俾于实用。不细加揣摩，便难以在临床治疗中开新的法门。

张氏提倡学贵与年俱进。他认为医学非“仅为记问之学”，需要长期积累经验，对药物必须一一试验，方能明其药性，且又受到多种因素限制，“不能轻于试验”。故医学知识进步，是一艰巨过程，业医者必须懂得，“特是学问之道，贵与年俱进”。他通过自己的学习和认识上的改变，反复论证“学问之道，贵与年俱进，精益求精”（中册，第172页）的必要性，赞扬吴鞠通在运用石膏上的变化，“可谓与年俱进矣”。医学进步赖于医者不倦的追求，“学问与年俱进”，才“不失其为名医”（下册，第294页）。

张氏认为创新来自对哲学的深刻领会，来自博学。“哲学诚可济医学之穷”，业医者“诚能深于哲学，其诊病之际，直如饮上池之水，能洞察病源，毫无差谬”（中册，第218页），不仅《内经》“以哲学开其端”，自古医学著述诸家“实皆哲学家也”。张氏精于《易》，李应照在为《医学衷中参西录》第六期写的评语中说他至弱冠时，“又深于《易》，每与谈及，辄能剖析入微，爽人心怀”。弱冠后，“更能由《易》理推出医理”。李经索观其医稿“凡至医理深奥之处，莫不引《易》理以为之解释，乃深知寿甫之于医学，洵由《易》理推衍而出者也”（下册，第193～194页）。张氏颇喜西学，“兼通西人医学及西人化学之理，亦恒运用于方药之中”（上册，第2页）。尽管张氏关于哲学的理解还夹杂一些神秘的色彩，尽管张氏对西方化学及医学的知识还很幼稚，但他勇敢地走上这条路子，思路上和治学方法上还是富于时代气息和启迪的。

张氏孜孜钻研以求新，视振兴医学为己任。他大声疾呼："特是事贵师古，尤贵与古为新，方能使医学日有进步。愚愿有志学医者，既于古人著作精心研究，更当举古人著作而扩充之、引申触长之。使古人可作，应叹谓后生可畏。然后可为医学嫡派之真种子，而远绍农轩之传也"（下册，第351页）。"与古为新""发前人之所未发，言今人所不能言"（中册，第209页）。是张氏倡导的创新精神的核心论点，也是他孜孜以求的治学要求，至今读来，令人感到虎虎有生气。（辑自张文文）

（二）《医学衷中参西录》是一部什么样的著作？

《医学衷中参西录》为张氏一生学术经验的总结。本书从辨证论治到选药用方，均切近实际，并有不少独到见解。全书共分八期，曾分期刊出，时间跨度为公元1909～1957年，流传颇广，受到当时医学界的推崇与欢迎，被称为我国中医界"第一可法之书"。孙蕊榜为此书题词赞："费尽心神五十秋，中西合撰几研究；瑶编字字皆珠玉，普济苍黎遍九州。"

本书前三期为处方篇，即《屡试屡验方》，共八卷。收方剂184个。正方173个中自制方156个，古方化裁14个，民俗方2个，西法1个；附方11个中外用方10个，手法1个。以方为目，随方附论，每一方剂下均说明主治、药物配伍理论根据、加减及服用方法，后附有验案，有些还用西医理论加以分析，总共论述了阴虚劳热、喘息、阳虚、心病、肺病等35类病证，一般从生理、病理、方药、问辨和病案几个方面进行论述，并附有西医的有关理论和治法。

第四期为药物篇，即《药物亲试记》，共五卷。前四卷为中药，共收录药物84种，中药讲解皆自抒心得，多有新义；第五卷为西药，共收录药物45种，西药为常用的药品。

第五期为医论篇，即《中医论说集》，收论147首，张氏致他人的信17封，他人来函32封，共八卷。其中一卷多为一般医论；第二卷为有关药物的论文；第三卷至七卷主要是探讨疾病的治疗；第八卷为书信往来。

第六期为医案篇，即《志诚医案》共收138案，18门，共五卷。前四卷为医案汇集，共有虚劳嗽门、气病门等18门。第五卷为种菊轩诗草，是作者的诗集。

第七期为伤寒篇，即《伤寒论讲义》，共四卷，末附温病遗方9首。

第八期不分卷，包括医话拾零和第一集三三医书评。前一部分答有关医学质疑的书信；后者共评医书《温热逢源》《医事启源》等33种。两部分中均夹杂有一些医学随笔。

链接：《中医大辞典》评：本书是作者多年学术经验的总结。书中结合中西医学理论和医疗实践阐发医理，颇多独到的见解；并制定了若干有效方剂，对临床有一定的参考价值。书名“衷中参西”，意在初步尝试沟通中、西医学。但限于历史条件，也有不少片面或牵强之处。

（三）张锡纯组方用药有何特色？

1. 衷中参西，辑成一录。清末民初，西学东渐，西医学在我国流传甚快。张锡纯结合中医的情况，认真学习和研究西医新说，沟通融会中西医，按他的说法："今汇集十余年经验之方"，"又兼采西人之说与方中义理相发明，辑为八卷，名之曰《医学衷中参西录》。"从其著作命名足以看出作者的用心良苦：衷中者，根本也，不背叛祖宗，同道无异议，是立业之基；参西者，辅助也，借鉴有益的，师门无厚非，为发展之翼。针对当时中西两医互不合作的现象，张氏主张："西医用药在局部，是重在病之标也；中医用药求原因，是重在病之本也。究之标本原宜兼顾。""由斯知中药与西药相助为理，诚能相得益彰。"并验证于临床：典型如石膏阿司匹林汤。张氏自叙："石膏之性，又最宜与西药阿司匹林并用。盖石膏清热之力虽大，而发表之力稍轻。阿司匹林味酸性凉，最善达表，使内郁之热由表解散，与石膏相助为理，实有相得益彰之妙也。"再有治阴虚发热，肺痨，用醴泉饮送服阿司匹林；治肺病发热，以安替匹林代石膏发汗；治癫痫，用西药镇静剂与中药清火、涤痰、理气之品配伍；治梦遗，加溴化钾或水合氯醛以增加镇脑安神之功。以上表明，张锡纯开创我国中西医结合事业功不可没。

2. 注重配伍，善用对药。张锡纯在《医学衷中参西录》中，论述每一方剂时，对一证一药都作了详尽的分析与阐明，对其用量、加减、单用、合用、服法、疗效情况都给予详细记载，其组方严谨，药味少，用量大，针对性强，立意明确，配伍巧妙，并着重指出用药配伍原则："取其药性化合，借彼药之长，以济此药之短。"刘建著《张锡纯对药》，从《医学衷中参西录》中钩辑出张氏经常运用的对药 190 对，有相互协助增强药力者、有相互制约消其副作用而展其长者、有为两味合用另生其他作用者、有为沟通之作用等。

3. 注重用药，保证药效。

（1）专效重用。张锡纯治疗疾病时选用对症之药，重用而取效，他曰："恒择对症之药，重用一味，恒能挽回急重之病，且

得以验药力之实际。”生石膏为清解大热的特效药物，山药系救济之大药。既济汤重用熟地、山萸以固脱，莱菔汤之重用山萸、生龙牡以救脱，硝菔通结汤重用朴硝、莱菔子以通燥结，荡痰汤重用赭石、大黄以除顽痰。其中，“大黄之力虽猛，然有病则病当之，恒有多用不妨者，是以治癫狂脉实者，可用至二两。”

（2）善用生药。张锡纯认为：有些药物须生用，生用则药力浑全，炙用或煅用则药力减弱，无效甚至引起相反的作用。如石膏、黄芪、山药、赭石、龙骨、牡蛎、乳香、没药、大麦芽、山楂、鸡内金、白芍、蜈蚣、水蛭、赤石脂、甘草等。他指出：水蛭最宜生用，切忌火炙；乳香、没药最宜生用，若炒用则流通之力顿减；桃仁生用取其生发之气；龙骨、牡蛎若用以滋阴、敛火、收敛兼开通者皆不可煅；山药宜生者煮汁饮之，不可炒用，否则服之无效；赭石生用性重坠凉镇，能降胃止血，能生血，毫不伤气分，若煅用既不能生血，且具有开破之性，多用令人泄泻。

（3）注重炮制。张锡纯认为：“药物有非制过不可服者，若半夏、附子、杏仁诸有毒之药皆是也。”前人炮制半夏失宜易致呕吐，为了用药安全，他改进炮制方法，还自创马钱子制法、血余炭制法、硫化铝制法等。还有黄芪入汤剂，生用即是熟用，不必先以蜜炙；龙骨、牡蛎，若取其收涩，可以煅用，若用以滋阴、敛火，皆不可煅。

四十五、清末民初著名医家——恽铁樵

恽铁樵，名树珏，别号冷风、焦木、黄山民，江苏武进（江苏省武进县孟河）人。生于清代光绪四年（公元1878年），卒于民国二十四年（公元1935年），活了57岁，清末民初著名医家，文学家，翻译家，中西医汇通派的重要代表人物。

恽铁樵出生于一个小官吏家庭。其父恽磨照，在福建省台州任职，就在恽铁樵5岁时病亡了，11岁时母又病逝，由同族亲戚携挈，与异母兄长回到祖籍江苏省武进县。聪颖异常的恽铁樵，由于家道贫寒、兄嫂遇薄，更立志发奋、刻苦攻读，13岁就读于族中私塾，16岁即考中秀才，20岁全部读完了科举经典。由于乡风的熏陶，同时已涉猎了《温病条辨》等医学著作，粗通医道。在叔祖北山先生温热夹食，庸医妄投“小青龙”时，已能明辨是非，提出质疑。公元1903年考入上海南洋公学，攻读英语和文学，系统接受了新学制教育，为日后吸取现代科学知识发展中医奠定了基础。

公元1906年南洋公学毕业后，28岁的恽铁樵先赴湖南长沙任教，尔后回上海浦东中学执鞭。教学之余，翻译了却尔斯·佳维的《豆蔻葩》《黑夜娘》《波痕夷因》等中篇小说，于1909～1910年分别刊登在上海出版的《小说时报》上，与林纾齐名而别具风格。公元1911年，应商务印书馆张菊生先生聘请，任商务印书馆编译。公元 1912 年，主编《小说月报》，以翻译西洋小说而著称于文坛。正当恽铁樵在事业上取得成就的时候，公元 1916 年，年已 14 岁的长子阿通殁于伤寒，次年第二、三子又病伤寒而夭折。粗通医道的恽铁樵往往心知其所患某病，当用某药，但是苦于没有临床经验不敢轻举妄动，向医生建议商讨，从无采纳的余地，只是爱莫能助，坐视待毙。痛定思痛，深深地感到求人不如求己，遂深入研究《伤寒论》。一年后第四子又病，发热恶寒，无汗而喘，太阳伤寒的麻黄证显然。请来的名医，虽熟读《伤寒论》但不敢用伤寒方，豆豉、山栀、豆卷、桑叶、菊花、杏仁、连翘等连续不断，遂致喘热益甚。恽铁樵踌躇徘徊，彻夜不寐，直至天明果断地开了一剂麻黄汤，与夫人说：三个儿子都死于伤寒，今慧发病，医生又说无能为力，与其坐着等死，宁愿服药而亡。夫人不语，立即配服。一剂肌肤湿润，喘逆稍缓；二剂汗出热退，喘平而愈。于是恽铁樵更加信服伤寒方，发愤研究医术。他曾多次请教伤寒名家汪莲石，逐步精通《内经》《伤寒论》之学。后来，他的同事谢利恒在编辑之暇，"悬国医之帜，为治病之招"。他"见而羡之"，遂于 1920 年辞职挂牌，开业行医。43 岁的恽铁樵"悬壶"于上海租界会乐里。亲友有病也都来请求开方，而所治者亦多有良效。一日某同事的小孩患伤寒阴证垂危，沪上名医治疗无效，恽铁樵用四逆汤一剂转危为安。病家感激万分，登报鸣谢曰："小儿有病莫心焦，有病快请恽铁樵"。求治者日多一日，业余时间应接不暇。

1962 年 5 月 6 日《新民晚报》刊登了一篇恽铁樵学生章巨膺写的《章太炎与恽铁樵》的文章，说了一件感人的事：近代著名文学家章太炎，医学造诣精深，著有《猝病新论》一书。但有人请他看病，他总是介绍给恽铁樵诊治，哪怕亲属也是如此。一次他 76 岁的哥哥章椿柏患了一场重病。呃逆达六昼夜不止，以致手肢、面部发肿，舌干，烦躁，病势极险。医生们建议用"丁香柿蒂”成方。恽铁樵诊视后，坚决反对。认为呃逆是由于津液干涸，引起横膈膜痉挛，不同于一般的病机，因而开了一张犀角地黄汤（由犀角、生地、芍药、丹皮组成），章椿柏也精通医理，看了方，发现这是从未有过的治法，吓得不敢服药。只因医生是弟弟章太炎介绍来的，碍于面子，才勉强吃了一剂，不料当夜竟睡得很熟，第二天早晨呃逆减轻，肿也消退了。章太炎得知后，赞叹道：“恽铁樵昔有南田（恽南田是清代名画家）之画、子居（恽子居是清初时阳湖派文学家）之文，今得铁樵之医，可称三绝。”恽铁樵受到一个大文豪如此比拟，如此称誉，足见其医术是不同凡响的。

恽铁樵行医时，西洋医学纷纷涌进中国。国民党反动派对中医实行排挤、打击、消灭的政策。为了捍卫祖国医学文化遗产，恽铁樵和全国中医同仁一道，进行了反击，撰文予以驳斥；为使中医药事业后继有人，公元 1925 年，他与国学大师章太炎及其弟子张破浪等在上海创办“中国通函教授学社”（即后人所熟知的“铁樵函授中医学校”），办学后，他白昼诊病，晚上讲课，午夜握管著述，落笔千言，滔滔不绝，整天仅睡 4～5 小时而已，由于过度透支，积劳成疾，耳目不聪，手足拘挛，诊病须瞪目而视；又生皮肤病，须眉尽落。他从《千金方》中找方自疗。几个月后，须眉虽复生，但已色白苍苍，简直换了一个容貌。公元 1932 年又病心痛一手不仁，应章太炎先生邀请，携全家赴苏州章太炎家中养病，由子恽道周留沪代诊，临行时嘱“毋矜所能，饰所不能，毋嫉人能，形所不能，勤求古训，持之以恒”。身体状况稍事好转，又返回上海，继续行医、办学。公元 1934 年足不能步，每日视诊数号，即卧榻休息，口授由女儿恽慧庄执笔，著述了《霍乱新论》《梅疮见恒录》。公元 1935 年卧床不起，7 月溽暑高热而逝，长辞人寰。年仅 57 岁。临终前一天还改定《霍乱新论》，真可谓“春蚕到死丝方尽，炬烛成灰泪始干”，为中医学术的发展鞠躬尽瘁，死而后已。章太炎撰挽联痛悼，“千金方不是奇书，更赴沧冥求奇秘；玉石散竟成末帙，可怜甲乙未编经”。

恽氏一生撰写了大量医学著作，计有：《论医集》2 卷、《医学平议》1 卷、《见智录》3 卷、《伤寒论研究》4 卷，《温病明理》4 卷、《热病学》1 卷、《生理新语》5 卷、《脉学发微》5 卷、《病理概论》1 卷、《病理各论》1 卷、《临证笔记》1 卷、《临证演讲录》1 卷、《金匮翼方选按》5 卷、《风劳臌病论》3 卷、《保赤新书》4 卷、《妇科大略》1 卷、《论药集》1 卷、《十二经穴病候撮要》1 卷、《神经系病理治疗》1 卷、《鳞爪集》4 卷，包括：《霍乱新论》《梅疮见恒录》《金匮方论》等、《伤寒论辑义按》6 卷、《药盦医案》7 卷等 22 种。尤以《伤寒论研究》《群经见智录》为代表。

（一）恽铁樵对祖国医学有何贡献？

恽铁樵具有近代自然科学知识的基础，虽到中年始治医学，但经过钻研，无论对中西医的知识他均能洞彻了解，在学术上自成一家，名震海内。而且，他能辨别新旧得失，体认中西异同，摒除杂说，别开生面，融会贯通，不落恒蹊。当时的医学界尊他为“医学革命之导师”。

1. 挽逆流，倡导化合辟新路。恽铁樵从医之时，中医正处于生死存亡的危急关头。20 世纪初，随着新文化的传入，面对西方科学的进步，如何看待中国传统医学出现了两个极端：一是盲目崇拜外国，彻底否定中医，如余云岫，1916 年抛出《灵素商兑》，从基础理论入手，认为《内经》“无一字不错”，中医“不科学”“靠暗示的效果”“精神的作用”“和催眠术差不多”，甚至主张立法废止中医；另一种是夜郎自大，顽固保守，拒不接受现代科学，攻击研习西医是“媚外卖国，蹂躏国粹”。

恽铁樵以他渊博的知识，丰厚的临床经验，纵览了世界科学

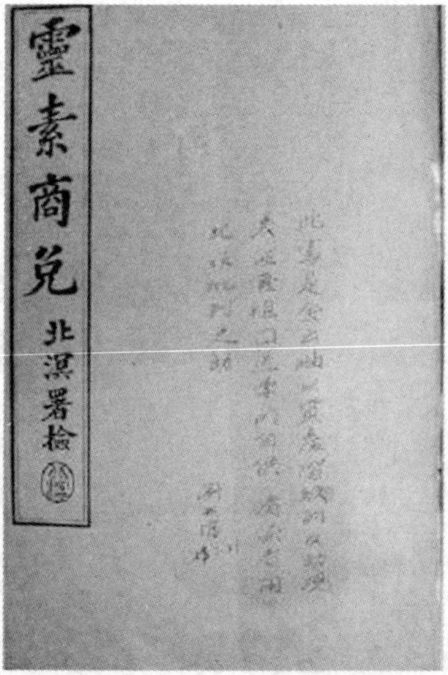

的进步，认为中医有实效，乃有用之学，西医自有长处，尤其生理学的研究，由于中西文化背景不同，医学基础各异，从而形成了两个不同的体系，“西方科学不是唯一之途径，东方医学自有立脚点”，但是中医由于年代久远，应该整理提高，使之发展进步，并明确提出吸取西医之长处，融会贯通产生新的医学，说“中医有演进之价值，必须吸取西医之长，与之合化产生新中医，是今后中医必循之轨道”，并说“居今日而言医学改革，苟非与西洋医学相周旋更无第二途径。”然而这是为了发展中医，补助中医，“万不可舍本逐末，以科学化为时髦，而专求形似，忘其本来”。他的真知灼见，为垂危的中医指出了生存和发展的道路，回顾半个世纪来中医所走过的历程，立足中医，吸取新知的观点无疑是正确的。

2. 著华章，融会古今创新论。为了使退化的中医进步，零乱的学术整齐，挥铁樵一扫引经考据的陈规陋习，不因袭前人的成见，不附和时行的见解，独辟蹊径，革新旧说，比较全面系统地整理了中医经典及重要著作，首先他针对《灵素商兑》的武断攻击，在 1922 年发表了著名的闻世之作《群经见智录》。他用科学的方法，研究了《内经》理论的原委实质，提出了“四时五脏”的观点，认为古人把四时看做是万事万物变化的支配力量，也是古人认识事物变化的方法，由四时的风寒暑湿产生了六气；生长化收藏产生了五行，再由四时五行派生出五脏，因此四时是内经

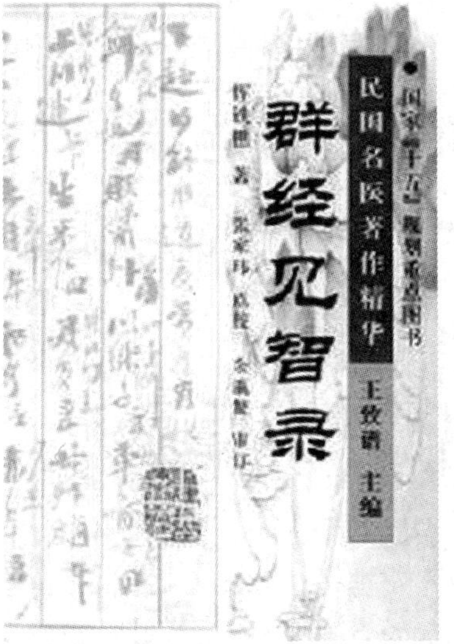

的骨干，“内经之五脏非血肉之五脏，乃四时的五脏”。他从方法论的高度揭示了中医理论，特别是藏象学说的奥秘，展示了古代医家一条朴实的、可以理解、捉摸的思路，驳斥了《灵素商兑》的攻击，捍卫了中医学术的完整性。

此外“因势利导”“拨乱反正”的形能观；“单丝不成线”，内外因素结合的发病观；“腺体一统，以肾为平的腺肾相关论”等众多独特的见解观点，至今犹有其指导意义，如腺肾相关论已为现代肾本质的研究所证实。

3. 办函授，呕心沥血育新人。恽铁樵学说之所以未能为人们普遍了解，其原因如“梁任公《演说集》所云：‘中医尽能愈病，总无人能以其愈病之理由喻人’”，因此培养人才至关重要，尽管当时政府已将中医摒弃于教育之门外，他还是披荆斩棘，于1925年创办了“铁樵中医函授学校”，发表了长达4000余言的《创办函授学校宣言》，高瞻远瞩地指出中医必将走向世界，说“中医不能出国门一步，此则有国力关系，况现在情形是暂时的。”顿时八方响应，入学者600余人，遍及大江南北，全国各地。1927年又办起临诊实习班，及门弟子30余人。同时还兼任上海各中医学校讲席。1928年由于废止中医法案的出笼，不得不停办教学。废止中医法案被迫撤销后，恽铁樵又以铁樵函授医学事务所的命名于1933年复办函授教育。经过几番艰难曲折，终于培育了像陆渊雷、章巨膺、顾雨时等一批具有创新思想的优秀人才，有力地推动了中医事业的发展。

↑ 光明中医函授大学于1984年12月18日在北京政协礼堂召开成立大会

4. 疗热病，救治急惊立新方。恽铁樵是位临床医师，对外感热病有着丰富的实践经验。他把热病的发展归纳为“阴胜则寒”“阳胜则热”和“阳虚则寒”“阴虚则热”等浅深不同的两个层次和阴阳胜复的四个步骤；把温病分成伤寒和非伤寒两个系，编著了《热病讲义》《温病明理》等热病专著。对小儿惊风的治疗尤有独到的心得，认为本病多因外感风寒，内挟食滞，兼受惊怖而成，重心在于胃热，肝胆亦热，治疗当清热降火为主，消导食积为辅，可寻伤寒温病之法发汗透泄，使热外出不至上攻于脑，麻黄葛根在所不忌，反对妄用回春丹、金鼠屎等香窜镇惊之药。晚年自制安脑丸，方用：金钱白花蛇 6 条、全蝎 9 克、白附子 4.5 克、生川乌 6 克、天麻 9 克、明雄 60 克、薄荷 9 克、梅片 9 克、独活 15 克、麻黄 60 克、犀黄 4.5 克、麝香 3 克。一般发热有惊风先兆，退热为主合葛根、黄芩、黄连、龙胆草；惊风已见合蝎尾、天麻、防风、知母、独活、归身、薄荷、生地、龙胆草；角弓反张合犀角、蝎尾、龙胆草、生地、薄荷、防风、川连、独活等，煎汤化服，每有良好效果。

（二）《群经见智录》是一部什么样的医学著作？

《群经见智录》是一部医论著作。成书于 1922 年，系恽氏为阐发《内经》要旨，批驳余云岫攻击《内经》之谬说而作。本书的写作特点，一扫引经考据的陈规陋习，不因袭前人的成见，不附和时行的见解，独辟蹊径，革新旧说，比较全面系统地整理了中医经典及重要著作。

《群经见智录》三卷。卷一首论《内经》之发源、成书、读法及总提纲；次述易理、太极、《内经》与《易经》、五行、四时及甲子；卷二为扁鹊、仓公医案及仲景《伤寒论》之研究等；卷三系对余云岫《灵素商兑》一文所作的论辩。本书对《内经》理论大胆提出了新见解，对学者有颇多启发。

编后语

在本书的编写过程中，主要参考了《中国历代名医名术》《名医治学录》《中医中药轶事珍闻》《医学读书志》等专著，此外，还参阅了许多名医治病的书、报、刊等文献内容，由于受本书体裁的限制，没有一一标出参考文献目录，为此，谨向许多专家、文献作者及出版单位表示衷心的感谢！本书1~25名医由谭同来执笔；26~45名医由湖南中医药高等专科学校张咏梅老师执笔。由于我们学识水平有限，手中积累的资料不足，书中难免有错误或不当之处，敬请广大读者指正。

编　者

前　言

台湾著名女诗人席慕蓉在一首诗中这样写道："故乡的歌是一支清远的笛，总在有月亮的晚上响起……离别后，乡愁是一棵没有年轮的树，永不老去。"更是歌道："我心中有一首歌，歌中有我父亲的草原、母亲的河……"

这是一种乡愁，更是一种文化。当我们唱着歌儿，故乡的情感自然流露。守望的家园醇如烈酒时，我们欣慰，我们拥有历史悠久、民族多元、文化丰厚、民俗璀璨的人文民和、美丽家园。

地处河湟流域的民和县，在历史上处于河湟"三河间"的重要地理位置，自古以来是河西雄关三河要塞，具有非常重要的战略地位。6000多年前，我们的祖先就已经在这块丰饶的河湟流域间繁衍生息，因而，古老的民和凝聚着古今沧桑的历史文化根脉。至今考古发掘有"仰韶文化"遗迹6处、"马家窑文化"遗迹191处、"齐家文化"遗迹104处、"青铜文化"遗迹67处。其中，我国十大考古新发现之一、被称为东方庞贝的喇家遗址，更增添了河湟文化的久远历史。秦汉以前，民和地区是羌戎狩猎牧养的地方之一，也是西羌东趋秦国而秦攻西羌之战略前沿，更是羌戎文化与汉文化强烈撞击、融合的地区。从喇家遗址出土的距今4000年前的一碗长面可以看出，羌人在河湟流域，首先培育了麦类，后来传入中原地区，成为主要的粮食作物之一。6000多年的凤凰涅槃，使民和已成为青海境内最早进入农耕文明的地区之一。

西汉以来，民和地区又成为祖国大一统版图的一部分，金城郡治、允吾（读“沿牙”）县就设在下川口一带。自此，民和成为青藏高原与内地政治、经济、文化联系的通道和节点。湟水河、大通河以及享堂因地势险要、峡谷深邃，自古以来是河湟锁钥的天然屏障和通衢要塞，阻隔着甘青通道和河西走廊，历来为兵家屯兵镇守的战略要地。西晋、北魏时期县南设置龙支县、白土县、左南县，宋为河湟吐蕃唃厮啰政权辖地，后隶于西夏近百年之久。元隶于西宁州，明属西宁卫，清辖于碾伯所，民国时期建立民和县。1949 年 9 月 2 日，民和解放。

民和还是古丝绸之路南道和唐蕃古道上的大通道，隋炀帝杨广领兵十万自今官亭临津渡过黄河，进入民和。是踏入青海境地的第一位皇帝，后沿民和北上在乐都、互助陈兵讲武；文成公主远嫁吐蕃进藏走的也是同一条路；唐使刘元鼎进藏与吐蕃会盟走的还是这条路。还有高僧法勇、宋云都是通过民和大通道到西域求经的，宗喀巴大师的大弟子释迦也失两次进京朝圣往返都是通过民和并在民和授记建寺，并加持地基，由其弟子释迦崔臣建一小寺（弘化寺前身），命名为“丹曲塔尔林”，数不清的丝绸驼队和脚户客来往于民和古丝绸之路和唐蕃古道，使民和成为古代中西贸易和商品流通的重要驿站和桥头堡。

民和是一个多民族聚居的县份，自西汉刘充国进兵河湟继而屯田垦荒，大批内地汉人移居河湟，一部分留居民和，此后唐宋大规模屯田，大批汉人又移入河湟，一部分在民和屯田营居；元明清时期，蒙古人、吐蕃人等不同民族人口大量涌入民和，初步形成了民和多民族聚居、多元文化并存的地区。青海建省以后，特别是 1949 年以后，有许多内地汉回有志之士来到民和，支援建设，后大部分留居民和，成为民和大家庭的新成员。民和回族土族自治县成立后，在商品经济、市场经济轰轰烈烈的改革发展中，各民族共同努力，荣辱与共，肝胆相照，群策群力，团结奋斗，共同为开发民和、建设民和做出了突出贡献。

由此，不同民族、不同宗教、不同风俗、不同文化的碰撞、融合、传承、发展，形成了以汉文化为主、多民族文化特色并蓄的河湟文化，从而使民和发展成为历史厚重、文化多元、民俗璀璨、风情独特、实力凸显的民族大县。

文化是一种符号，印证着历史的印痕。

没有文化，历史上不会有永存的事物。

历史和文化是一个地域的标志，是一个民族的灵魂，是人类时空隧道永久的记忆，是无形的根，无价的宝。

世界上最强大的东西是什么？不是别的，只有文化。文化如水，润物无声。一个国家或民族，什么能使她真正强盛？或者说她用什么能够打败别人？是经济发展吗？是科技进步吗？这都有可能，但最终能够打败别人的只有文化。世界上走得最远的是商人，比商人走得更远的是商品，比商品和商人走得还要远的是文化。文化，曾使我们成为世界上历史最悠久的文明古国。

庄子曰："天地有大美而不言。"不亲历故土的人文，绝难有情怀的感悟；不思恋故土的美景，绝难有深沉的乡愁。故乡之人文，在于历史厚重、民族和睦、文化多元。故乡之美丽，在于自然之美、和谐之美、山水灵秀。斯地焕彩，人杰地灵，拾珍撷萃，串串明珠，炫耀着民和亘古悠久的历史文化魅力。

第一辑　追寻历史

第二辑　璀璨民俗

第三辑　聆听长乐

第四辑　赞美故土

后记

第一辑 追寻历史

人文民和的文化记忆

青海，是中国古代文明的发祥地之一，尤以河湟流域为古代文明滥觞之地。青海的土著文明，至少在新石器末期到青铜时代中叶时领先并独立于中原文明。纵览青海五千年文明史，地处河湟流域的民和县，在历史上处于河湟“三河间”的重要地理位置，自古以来是河西雄关三河要塞，具有非常重要的战略地位。这里曾演绎过连绵战火、烽燧狼烟和时代更替的历史大剧，演绎过各民族创造河湟文明进步的恢宏史诗。

民和是羌戎文化较为发达的地区之一

发掘于民和三川黄河北岸的喇家遗址，潜藏着 4000 多年前人类生活的诸多信息，有关古籍记载：“禹兴于西羌。”“禹导河积石”的传说也是喇家遗址传导出的强烈信息之一，而喇家遗址的先民是否属于古羌人，无从考证。可是，文献记载，羌人是青海最早的土著居民。历史上的民和地区，秦以前属于三代雍州地，为戎羌繁衍生息的地方之一。羌人氏族部落遍布黄河流域和湟水流域两岸。而且，民和所处的河湟“三河间”，正是西羌东趋秦国而秦攻西羌之战略前沿，也是羌戎文化较为发达的地区之一，是羌戎文化与汉文化强烈撞击融合的地区。曾经叱咤风云百年之久的羌人无弋爰剑部落，因无弋爰剑被俘为奴而在劳作中学会了许多秦人的农业、手工业技术以及文化知识，使中原汉文化得以在河湟流域广为传播，推动了农牧业的空前发展，羌人部落发展壮大。从喇家遗址出土的距今 4000 年前的一碗长面可以看出，羌人在河湟流域，首先培育了麦类，后来传入中原地区，成为主要的粮食作物之一。羌人是世界上最早善于驯养家畜的民族之一。早在 2000 多年前，羌人就把高原上的野牛驯化成了牦牛，因而史书上称他们为“牦牛羌”或“牦牛夷”。后来，他们还培育出一种杂交牛——犏牛。犏牛是广大农民饲养最多的牛种之一。他们还把高原上的野马驯化成了羌马（即今河曲马），把野羊驯化成了藏羊。羌人的音乐、舞蹈、乐器，独具游牧民族文化魅力，传入中原以后，倍受人们喜爱。据研究，华夏音乐的正宗是西音，而西音则源于河湟地区的羌人音乐。他们最早发明的羌笛，一直流传到至今，在历史上影响久远。东汉马融在《长笛赋》中写道：“近世双笛从羌起，羌人伐竹未及已。”唐代诗人王之涣在《凉州词》中有这样的诗句：“羌笛何须怨杨柳，春风不度玉门关。”羌人善于学习先进文化，吸收、包容和发展文明成果，是青海高原最早的开发者。他们世世代代繁衍生息在这片高原上，用聪明智慧和勤劳的双手所创造的古羌文化，是中国辉煌灿烂的古代文化的一个重要组成部分。

民和是河湟流域汉文化传播发展较早的地区之一

历史上，河湟地区自汉武帝元鼎六年汉朝势力进入青海始，设置郡县，移民屯田，逐渐形成了一个较长时期的汉文化发展繁荣期。尤其骠骑大将军霍去病、营平侯赵充国出征河湟，屯田实边，使河湟地区的农业有了长足发展，同时汉文化逐步推广。赵充国率众拓荒垦田，除耕种了西起临羌、东至浩门的 2000 余顷原羌人和汉族农民所开垦的土地外,还在“地势平易”的河湟两岸“肥饶之地”开垦了大量荒地。并且“缮乡亭”“浚沟渠”“治湟陿以西道桥七十所”至“鲜水(青海湖)左右”。大力兴修水利交通工程，致力于边疆社会公益事业，这对改善当地农牧业生产条件和社会生活环境有着直接的意义。另外，汉羌等族交错杂处，促进了民族间经济文化的交流和发展。尽管赵充国亲留河湟地区屯田的时间很短，从神爵元年（前61年）七月进入湟中到第二年五月，“振旅而还”前后不到一年时间，但他在湟水流域开创的屯田由留驻当地的汉族军民坚持下来，并在历史上产生了极为深远的影响。

东汉建武十一年(35年)夏,马援被拜授陇西太守。先后在允吾谷(读沿牙谷,今青海民和川口河谷)和唐翼谷(今青海乐都县西)两次打败羌人,马援中矢受伤。不少朝臣以“金城破羌之西，塗远多寇，议欲弃之”。对此议，马援坚决反对，他上书光武帝，力主不弃湟中。光武帝十分赞同并令武威太守梁统将在战乱中逃亡到武威地区的百姓3000余口迁返到湟中故地。接着，马援又奏请在河湟地区置长吏，缮城郭，起坞堠，开导水田，鼓励百姓耕牧，于是使湟中地区在一个时期内出现了社会秩序平稳、人民安居乐业的局面。

东汉马援雕像

东汉和帝永元十四年（102年），侯霸任护羌校尉，恢复了王莽时的西海郡建置，并拜曹风为西部都尉，屯龙支（今民和古鄯）开荒造田，开发了大量田地。

汉族进入青海的历史大致可分为三个阶段：一是从汉武帝元鼎六年（前 111 年）直到元朝灭亡前的 1400 多年间居住在青海的汉族，可称为原居汉族，现今较难查明他们的后裔。二是明朝“移民实边”后到新中国成立前的 600 多年间移居到青海的汉族，可称为世居汉族。三是新中国成立后，移民到青海的“外地人”中，汉族占有绝对数量。他们的人数和来源比较清楚。民和境内的汉族，多为西汉武帝时移民屯田、设郡建县、为稳固政权而从内地迁入定居的。今县城川口镇也发现了许多汉墓。以上记载和汉墓，是赵充国屯田民和的佐证。南凉秃发乌孤建国后，曾在属地筑古廉川堡（今川口镇史纳村），并将战争中掳掠来的大批汉人中的一部分安置在民和境内。隋朝有部分内地获罪汉人迁来民和。唐军西征时，在龙支城（今民和古鄯镇境内）作战失利，被俘官兵留居于古鄯一带，他们多系汉人。北宋王朝在河湟一带设立多处堡寨，安置大量汉人屯田以供军需。明清时期，在边疆地区大规模实行屯田戍边政策。这一时期，迁入民和的军民中汉人最多。除军屯外，还大量迁移江南和中原地区的汉人来边屯垦。现有宗谱记载和口头传说，大都认为民和地区的汉人，其祖先于明朝洪武年间来自陕西、山西、南京、扬州等地。如峡门镇石家庄《石氏源流》碑文记载：“石氏祖籍南京主司巷人，洪武年间来到西域……后居腰路、石家庄、峡门。”《赵氏世系源流》碑文记载：“赵氏始祖椒实蕃衍其丽，不意其肇南京，流迁甘肃……”马场垣乡下川口村之冯氏家谱称其祖宗于“大明洪武年间，从陕西凤翔、宝鸡县迁湟”。李二堡镇周姓家族宗谱称：“（原籍）直隶扬州府，受封百户，于洪武十六年九月迁来西宁府。”还有不少汉族，其先祖是南京竹子巷人，于洪武年间因罪发配而来或是从山西等地迁入。川口地区的张、王、李、刘、曹、狄等姓家族，相传其祖上原是南京人，因在洪武九年（1376 年）上元节扎糊了一个大脚猴骑马的花灯，被认为影射侮辱了明太祖的马皇后而降罪举族充军。今之民和方言，有不少是吴越词汇，这也证明以上记载和口传的信实与可靠。清代至民国时期，因民和地区农业的开发，促进了小农经济的发展，和内地交往日益频繁。此时，外地汉族经商或手工艺者，不断流入民和，其中陕西、山西、河南籍尤多。他们多在城镇行业，日久稔熟，有部分人与本地人联姻定居，如川口镇张氏家族，其祖先于清康熙六年（1667 年）由陕西合阳来川口操钉碗业并落户；还有董姓、光姓等山西客商联姻而定居川口、马营等地。民和因历代多民族杂错而居，经过漫长的历史和社会变迁，汉族中还有其他民族同化融合的部分。如马场垣乡马聚垣村的马姓及川口镇的个别马姓，是由回族融合为汉族的；川口李土司家族及其所属土族中的部分人，因土司制度的废除而转化为汉族了。

凡此种种，包括民和在内的河湟地区，因汉人的不断迁入，致使汉文化发展不断兴盛。加之丝绸之路南道的复兴和唐蕃古道的畅通，大规模商业贸易的兴旺，繁荣了当时河湟地区的经济，也更大范围促进了各民族间文化的交流。尤其儒家的兴起和教育的发展，使得汉文化不仅在河湟地区的汉族中，而且在包括秃发部、吐谷浑、羌等民族中得以传播。可以说，汉文化的发展兴盛是河湟地区文化交流史上最具活力和风采的一章。

民和是吐谷浑文化影响较为深远的地区之一

吐谷浑鲜卑部落是除世居河湟羌人之后又一个徙居河湟流域的原始部落。1700 多年前，吐谷浑自辽东半岛带领自己的部属 1700 余帐，毅然离开他们世居的故土，跋涉漫漫长路西迁至阴山山脉，后始度陇而西，又西渡洮水，辗转迁居甘青一带，包括甘南、黄南、河湟流域、海南南部、果洛北部一带的广大羌人地区，不断拓展势力。十六国时代，至吐谷浑嫡孙叶延嗣位，建立吐谷浑王国，就是以其祖父吐谷浑的名字作为国号，历时 350 余年，至 7 世纪吐谷浑为吐蕃所灭，吐谷浑政权消亡以后，吐谷浑人一部分东迁并逐渐融合于汉族，一些则降附吐蕃，后融于藏族。留居于凉州、祁连山一带、浩门河流域和河湟地区的吐谷浑人，经过世世代代与藏、汉、蒙古等民族相互融合，成为今天土族的先民。民和三川的土族，是吐谷浑、蒙古、藏、汉、回各民族相互融合而逐渐形成的新民族。相传，成吉思汗的部将格日利特带领的蒙古族系部属徙居河湟时，经黄河临津渡进驻黄河谷地民和三川，生活在赵木川一带。现在，民和三川赵木川村的土族自称其祖是蒙古人，每逢重大祭典都要向东祭酒，以示祭祖。元朝，对土族首领分别授以官职，令其统治边民。明代，土官归附，仍实行"封土司民"政策。《秦边纪略》记述，民和"三川盖孳牧地，土人皆李土司所部"，上川口"汉、土杂错"，"为东李土司居地，其精锐人士尚以万计""巴州堡（实指西沟乡古城，应称巴州大寨）土人所居，属冶土司所辖"。受土司势力影响，也有不少其他民族融合为土族，如居住在峡口乡下排沟地区的土族，原来是藏族。官亭喇家、鲍家村的土族，自称祖上是藏族，从黄南州同仁县迁来，至今每年正月十五，族人还穿上藏服到各庄群游，以示不忘根本。冶土司之祖维吾尔人薛都尔丁，元初进驻米拉沟一带，其中一部分融为土族。中川乡河边马家土族，在 100 多年以前是回族，迄今这一部分土族群众，祭祀祖坟时必用牛羊肉，不用猪肉。明洪武年间，曾有一批汉族从山西等地迁入三川地区，官亭张家、贾家的家谱称其祖先原系山西平阳府人，秦家宗谱称其祖先为山西大柳树庄人，他们与土族杂居、通婚，逐步融合为土族。明清时期的上川口、下川口、北山、巴州、隆治、胡拉海等地的不少居民属于土族。以后虽然有一些土族逐渐融合为汉族，但那些土族融合为汉族地方的地名，至今仍在沿用，一些土族习俗亦仍然保留。明朝前期，在今民和地区的土族土司就有李土司、辛土司、甘土司、朱土司、祁土司、喇土司六家。

民和土族具有自身的文化特点外，在发展过程中，受汉族和藏族文化影响较深，所以在生活、服饰、习俗、信仰等方面，表现出较多的汉、藏文化色彩。土族有本民族的语言，属于阿尔泰语系蒙古语族。民和土族，本民族中以土语对话，并保留着与蒙古语相同的一部分语汇；也习汉文，非常重视汉文化教育，接受汉文化和汉民族优秀文明程度居县内其他少数民族之首。

民和是最早纳入郡县体制大一统版图的地区之一

民和最早自西汉始设立金城郡及允吾县，将其纳入中央政权版籍以来，历朝历代都没有忘记对此地的统治，因而民和在历史的风云变幻中叛复迭见收弃承碁几多更替。《后汉书·西羌传》中有“乃度河湟，筑令居塞”的记载，这是传世文献中有关“河湟”和“令居塞”的最早记录。此处的河湟特指今甘、青两省交界地带的黄河及其支流湟水。“令居塞”为河湟地区最早用于抵御羌人进击的军事要塞。自此，西汉开始在行政区域上着手控制青海。处于河湟前沿地带的民和，不例外也在西汉统治的畿内之地。

汉武帝元鼎六年（前 111 年）以后，民和属中央王朝所设护羌校尉节制地区。西汉晚期汉宣帝神爵元年（前 61 年），营平侯赵充国出征河湟在今民和暖沟置允吾（沿牙）县，隶于金城郡，郡治县治均在民和下川口。并设置金城属国，其地包括民和南部大片地域，隶金城郡，从行政建制上牢固地控制了青海。

东汉建武十二年（36 年），原金城郡属下各县划归陇西郡所有。1957 年民和中川出土的东汉“陇西中部督邮印”说明民和一带曾一度归陇西郡管辖。

建武十三年（37 年），在陇西太守马援的努力和坚持下，汉廷“复置金城郡”。将原属金城郡黄河以南的枹罕、白石、河关三县划归陇西郡，金城郡由西汉末年的十三县缩置为十县，郡治仍在允吾。时至今日，民和享堂西南芦子沟台有一古城遗址，传说是浩门古城，东南土墩一座，传说是马援的点将台。东汉安帝时曾在今民和县官亭鲍家设立白土县，魏晋沿用，并新设晋兴、左南二县，后废。北魏时，民和纳入鄯州西平郡，在今柴沟北古城设北金城县。废允吾、晋兴、白土、左南等建制。西魏废帝二年（553 年），改北金城县为龙支县。隋唐沿用龙支县建制，属枹罕郡。唐肃宗上元后，广大青海地区从此为吐蕃所统治。宋为吐蕃王族后裔唃厮啰政权辖地。后隶于西夏近百年之久。

13世纪20年代，蒙古汗国军队攻灭西夏，今民和地区遂为蒙古汗国势力占据。元朝建立后，属于西宁州地。明改西宁州为西宁卫，下设西宁、碾伯、镇海、北川、南川、古鄯六个千户所，民和北部属碾伯守御千户所（西宁卫右千户所）管辖，中部属古鄯千户所管辖，南部地区的弘化、灵藏，则属于河州卫积石州千户所管辖。

清雍正三年（1725年），改碾伯千户所为碾伯县（今乐都），隶于西宁府。今民和大部分地区属碾伯县管辖。弘化、灵藏仍属河州卫管辖。乾隆五十七年（1792年），循化厅设立并改隶西宁府，弘化、灵藏地区属西宁府循化厅管辖。

历史上，民和地区依省内各地采用土司（土官或世官）制度和汉官（流官）参设制度进行统治，当时共有七家土司。明洪武初年，各土司先后归附明朝。明王朝对归附的土司，有的将原封授的爵位和官职加以认可，有的则重新予以封授。所以土司都持有皇帝颁发的诰敕，子孙世代承袭。清代沿用明制，照旧在边疆实行土司制度。七家土司中，以上川口李土司势力为大，祁土司为二，冶土司为三。其余辛、喇、朱、甘四家土司，分别居于中川、三川、喇家庄、朱家堡等处。清末对青海东部农业区加强流官统治，在军事上主要依靠旗兵和绿营兵，对土司的士兵不甚重视和利用，有事也多不征调，因此土司势力日趋衰弱。

民国十八年（1929年），青海建省，改碾伯县为乐都县，民国十九年（1930年）将乐都县属峡（老鸦峡）外二十一堡，循化县属北区六大社，李土司所管享堂、史纳、马场垣、李二堡及杏儿等地划出，设立民和县。民国二十年（1931年），命令取消青海东部土司制度，从此实现了“粮归大仓民归县”的改土归流政策。至此，民和七家土司的统治被彻底废除。1949年9月1日，解放军六十二军从永靖渡河进入民和。2 日，一八五师先头部队进入县城川口镇，民和解放。6 日，民和县人民政府正式成立。新中国成立后，继续沿用民和县名称。1985 年 11 月 8 日经国务院批准，1986 年 6 月正式成立民和回族土族自治县。1978 年划属海东地区，2013 年 2 月海东地区获批撤地设市，成立地级海东市，将成为青海省第二座地级市，民和县隶属于海东市。

民和是丝绸之路南道和唐蕃辅道的重要通道之一

丝绸之路是连接东亚、西亚和地中海的一条世界贸易古道，是汉武帝为了联合中亚地区的大月氏人共同抵御匈奴而派张骞开拓的，其丝绸之路南道是经汉朝大规模经营西域而形成的中西贸易通道。唐蕃古道,是著名的一条丝路支道。这条支道从唐都城长安，经今甘肃、青海，联结吐蕃都城拉萨的驿道，史称唐蕃古道，与内地政治、经济、文化联系密切。

自汉唐以来，随着丝绸之路南道和唐蕃古道的不断拓展，隋炀帝西征、刘元鼎吐蕃会盟、文成公主进藏和亲、宗喀巴大弟子释迦也失入朝觐见明皇等等，都在民和留下了远涉的足迹和流传甚广的历史故事和民间传说。期间频繁的商贸流通和茶马互市，形成了“中原茶帛移西北，河湟骏马驰长安”的繁荣景象，使民和成为繁华商贸通道中一道亮丽的风景线。而且，从喇家遗址出土的玉刀、玉璧、玉环等器物的质地来看，除了青海昆仑玉外，还有遥远的新疆和田玉，说明早在 4000 年前丝绸之路形成之时，民和黄河地带已经有比较发达的商贸通道了。20 世纪还依然使用的黄河临津渡和湟水河郑伯津，汉唐时期已成为非常重要的商贸通道。黄河临津渡不但是贯通东西的商贸通道,而且还是重要的官道,古时常有官人涉渡临津关，故现在的官亭镇古时就设有接官亭，“‘官亭（厅）’因此而得名”。东晋高僧法显、南宋僧人法勇、北魏比丘慧生及宋云、唐高僧道宣，都曾先后取道于此，或往西域，或往印度（经西藏），“临津古渡”成为古丝绸

湟水河从县城北部穿境而过

之路南道的要津。而湟水上的郑伯津也是古允吾县（金城郡属县）丝绸之路南道和唐蕃古道所经之地，古时的商旅从龙支城往东经由郑伯津渡河至永登再往河西走廊。

609年，西突厥臣服之后，隋炀帝于当年三月亲率百官、宫妃及各路大军数十万人马征伐吐谷浑，隋军从长安出发，经陇山（地处今宁夏南部，位于西安、银川、兰州三省会城市三角中心地带），过狄道（今临洮），经甘肃临夏大河家渡官亭临津渡过黄河，经民和古鄯沿湟水西进至乐都陈兵讲武。这是中国历史上进入民和道的第一位皇帝。

此次西征，征服了吐谷浑，在吐谷浑故地置西海、河源、且末、鄯善四郡及积石镇，并在黄河沿线进行大规模垦荒屯田，开渠灌水，同时开辟了与新设四郡相通的驿道，使邮驿、交通进一步得到发展，呈现出经济繁荣的景象。特别是疏通了丝绸之路南、北两道，拓宽了中西贸易之路。

唐贞观十二年（638 年），吐蕃松赞干布遣大相禄东赞经青海向唐朝求婚，太宗以宗室女文成公主许松赞干布。唐贞观十五年（641 年）春，吐蕃松赞干布遣使往长安迎娶文成公主。唐太宗遣礼部尚书江夏王李道宗持节送文成公主入蕃。文成公主一行从长安出发，经甘肃临夏至永靖取道民和古鄯，再经川口傍湟水西行，过西宁，越赤岭（日月山）到河源，一路受到吐谷浑王诺曷钵、弘化公主及各族民众的隆重欢迎和敬重。相传，文成公主出嫁吐蕃进藏路经民和古鄯驿时，因一路长途跋涉，身上长出痱子奇痒难忍，便留宿此地。当时，地方头人进谏，说此地有一药泉山，山中有一药泉能治此疾。于是，文成公主命人取来药泉水加温后洗浴，连续三天，她身上的痱子果然痊愈了。她感到非常神奇，非要亲自去看看这眼神奇的药泉，于是，便命人带她去。看到这里群山起伏，树碧花艳，鸟语花香，她径自兴奋地在药泉里洗浴嬉戏起来。当她恋恋不舍地离开药泉时，便命人带了许多泉水上路，进藏路上逢人便说泉水的神奇，一路施舍藏人，人未到拉萨而泉水早已成为圣水。松赞干布亲自到柏海（扎陵湖、鄂陵湖）迎接，与李道宗以子婿礼相见。道宗返长安，松赞干布亲自护送文成公主到拉萨。

长庆二年（822 年），唐派大理寺卿刘元鼎等为会盟特使，出使逻些（拉萨）。刘元鼎一行从长安出发，经甘肃临夏进入青海境内。一路上，广大汉族群众夹道观看唐朝派来的使者，向使者致以问候并倾诉被吐蕃贵族压迫欺凌的种种苦楚。刘元鼎一行到达龙支（今民和古鄯）城时，当地上千名汉族耆老跪迎唐使者，并哭问唐朝天子安好，还说这里的汉族子孙世代不忘祖宗，不忘汉家习俗，虽在吐蕃强权迫使下也不忘唐衣冠，还问皇上是否在思念这些被沦为奴隶的汉族百姓，能否发兵来解救他们等等，哭声悲切哀凄。刘元鼎一行安慰他们后继续西行，经西宁到赤岭（日月山），过河源，越昆仑、唐古拉山入西藏会盟。这次会盟结束了唐蕃160多年兵戎相见的关系。

永乐十二年（1414年），应明成祖多次邀请，宗喀巴派其大弟子释迦也失一行入京朝觐。期间，释迦也失取道民和县马营转导，一路大举宣扬黄教（格鲁）教义。入朝后受封为“西天佛子大国师”；宣德时，释迦也失再度入朝，受封为“大慈法王”，并被宣宗“留之京师”。正统四年（1439年），释迦也失圆寂，英宗“敕建渗金铜塔，藏其佛骨。七年，奉敕河州建寺，赐名鸿（弘）化”（今民和转导弘化寺，当时民和马营转导至南地属河州卫）。住持寺院者则是其徒张星吉藏卜。由于受到明廷的扶持，弘化寺“有僧世袭香火地百余顷”，成为明代河州地区最有影响的寺院，明末清初其属寺就有10座。

日月如梭，时光飞逝。历数几千年河湟风云变幻，斯地几经更迭收弃承碁，皇宫亭台倾覆，旧制律令尽废，历史绝唱烟消云散，滚滚河湟淘尽英雄。仰望这片天，太阳月亮依然周而复始，蓝天白云照旧轮回游弋。然厚重的瓦砾之下残存的灿烂文明和边地断壁残垣的风物遗迹，记录着这里历史文化的悠久博大。于是，民和不得不引起人们的浮想联翩，不由地引发人们的无限感慨。有《民和赋》为证：

青海门户，河湟东陲。东接陇塬，西融青藏。汉魏河西雄关，金城三河[1]要塞。斯县也，天地形胜，河湟富荫。新型县城，喷薄而出焉！

北峭俯瞰，乌岙鱼渊。金钟玉鼓，二龙戏珠。西通三峡，唯四望之最险，北有残垣，乃秃发氏遗都。南顾巴暖，杏雨三川。喇家遗址东方庞贝，大禹治水导于积石。望县城古镇，依山水而居。琼楼鳞次栉比，商贸自古繁华。允吾梨花放白，川垣桃花争艳。游者赞曰：景如玄阆！

①指黄河、湟水河、大通河。

唯吾斯地，乃绝风华。汉武帝剑指西羌，赵充国屯兵河湟；张骞出使经此，文成进藏取道；丝路通商，茶马互市；敕建梵宇，弘法汉藏；马厂文化，斯地出焉。历数故地兴衰风云，华夏文明滥觞之地！

唯吾美景，乃得神妙。南山积雪，湟流春涨。西沟景美，东沟瀑悬。天池影岚，高峡浮湖。七里叠翠，药水神奇。才冒崖寺卷雪，又沐莲台夕照。

唯吾古韵，乃萃人文。土族纳顿，鲜卑遗风；《目莲宝卷》，古戏化石；花儿道拉，高原绝唱；河湟社火，娱颂盛世；汉回土藏，各诵正经。

唯吾地灵，辈出人杰。东伯府随驾征漠北，冶土司代有忠烈出；李司丞勘修剳都渠，朱喇嘛重教育人才。祁秉忠报国拜总兵，马登云战倭壮殉国；狄思廉书墨逼柳公，李宜晴诗兴秋宵月。

唯吾民和，华彩奂然。改革开放，激情跨越。工农林牧水，年上层楼；教科文卫体，亮点频显。新农村建设田园入画，倡文明新风城乡和谐。

噫！唯今民和，英姿焕发。展望未来，魅力四射。举科学发展之大纛，定跨越发展之大计；鼓各族人民之豪情，建“一城二区”①新景观。打造青海东部门户新形象，民和腾飞指日可待矣！

①指县城和川垣新区、老城区。

源远流长的民和史前文明

走进民和县博物馆展厅，端详那些远古的彩陶罐，不由得使人赞叹这片土地上先民们的聪明才智和高超技艺。这是一块高天厚土，这是河湟文明的历史故地。至今考古发现有“仰韶文化”“马家窑文化”“齐家文化”“青铜文化”“卡约文化”等遗址遗迹884处。其中，国家级文化保护单位2处，省级文化保护单位23处，县级文化保护单位24处。这些出土文物充分证明，早在原始社会晚期约6000年前，我们的先民们就在此繁衍生息。

马厂塬遗址甲遗址外景

最早发现于河南省渑池县仰韶村的“仰韶文化”，是距今六七千年以前母系氏族公社时期文化

马厂塬遗址被盗掘的墓坑及彩陶碎片

的代表。20 世纪 50 年代在民和转导乡的阳洼坡、杨家泉、肖家，中川乡的胡李家，前河乡的白崖沟，官亭的胡热等地发现六处仰韶文化的遗迹。这是迄今在青海省内发现的唯一一处新石器时代最早的一种文化类型，也是我国仰韶文化分布的最西极限。在这些遗址中出土的重唇尖底瓶、弧线三角纹彩陶曲腹盆和骨、石用具及装饰品等文物，与河南、陕西、甘肃一带的仰韶文化庙底沟类型几乎完全一样。说明早在 6000 年以前，生活在黄河上游包括民和地区的先民们就和内地有着相当密切的联系。

紧接的“马家窑文化”是甘、青地区四五千年前新石器时代的古文化遗存。20 世纪 20 年代，考古学家、瑞典人安特生首先在洮河流域，即今天的临洮马家窑发现了一种新石器时代晚期的文化遗址，因发现之地叫马家窑，故命名为“马家窑文化”。并相继发现了马家窑文化的四个类型，即“石岭下类型”，位于甘肃省武山县城关镇；“马家窑类型”，位于甘肃省临洮县；“半山类型”，位于甘肃省和政县洮河半山遗址；“马厂类型”，位于青海海东湟水下游南岸的民和县川口镇边墙村。

在民和转导、中川、前河、官亭等地出土仰韶文化遗址时曾经发现一些陶器，这种文化类型既有浓厚的庙底沟类型的某些特征，又含有马家窑类型的一些因素。经考古发掘认为，属石岭下文化类型。它当是仰韶文化（庙底沟类型）向马家窑文化发展过渡形态的一种文化类型。

马家窑文化类型在民和的川口、中川、马场垣、官亭、核桃庄、巴州、前河、松树、隆治、转导、新民、西沟、杏儿、总堡 14 个乡镇已发现 47 处。据相关的考古发掘报告确认，马家窑文化的人们大体以氏族为单位过着定居的生活，其聚落多位于河流两岸的台地上，他们的房屋多半为半地穴式，平面呈圆形或方形，房内有灶，房屋周围有储藏东西的窖穴。在转导乡阳洼坡遗址的第三号房子，据房址可复原成方形四面坡的房屋，这种在竖穴之上构筑盖顶的房子形式，可以说是土木结合的中国古典建筑的始祖。

半山文化类型在川口、官亭、核桃庄、李二堡、前河、转导、隆治、总堡、古鄯、柴沟、西沟、塔城、马营、大庄、联合、北山 16 个乡镇已发现 28 处。

马厂文化类型在民和分布最广。除个别山区外，几乎遍布全县，且与其他类型的文化相共存，已发现 144 处。核桃庄一号墓出土的马家窑类型的 36 件彩陶器，在甘、青地区同类器物中堪称佳品；新民乡下山村出土的喇叭形彩陶器、官户台出土

马家窑类型彩陶盆

马家窑文化彩陶

马家窑文化马厂类型雕塑狗彩陶壶

马家窑类型彩陶壶

的提梁罐、松树乡加仁庄出土的鸭形壶、川口镇大垣出土的两联罐、阳山出土的半山类型彩陶鼓等都是马厂类型彩陶器中不可多得的珍品，都有极高的学术价值和艺术价值。据马厂文化出土的一件塑有动物（狗）的彩陶壶得知，马家窑文化的人们以原始农耕经济为主，饲养有家畜，有猪、狗、羊、牛等。但其遗址最集中、规模较大的当属马厂遗址。

马厂类型马厂塬遗址分为居住地和墓葬地两部分。居住地在村庄的北部、西北部一带，墓葬地则在村北及村西地区。遗址面积约 18 万平方米。从居住地的文化堆积及墓葬地中出土的随葬品分析，该遗址文化遗存以马家窑文化马厂类型为主，还包括有齐家文化、辛店文化和唐汪式陶器等多种文化遗存。遗址断面暴露有灰坑，地面散布大量陶片，马厂类型有蛙纹、圆圈纹泥质彩陶壶和彩陶罐、双耳盆、夹沙红陶盆、罐、瓮等，彩陶器形以小口折沿宽肩罐为代表，彩绘有很多大圆圈、网格、菱格、米字、波折及变体人形等图案和纹样；齐家文化有泥质红陶罐、双大耳罐、折肩蓝纹壶；辛店文化有夹沙红陶罐、绳纹罐、鬲、豆、盆、瓮及彩陶壶、罐等，彩陶纹饰有双钩羊角形纹、连续回纹、S 形纹、太阳形纹；唐汪式陶器有涡纹彩陶壶、夹沙红陶罐等。还采集到玉斧、石刀、骨针等生产、生活器物。1988 年 1 月被国务院公布为第三批全国重点文物保护单位，

马家窑文化马厂遗址

民和县加人庄遗址出土的距今4500年的马厂类型“鸭形彩陶壶”

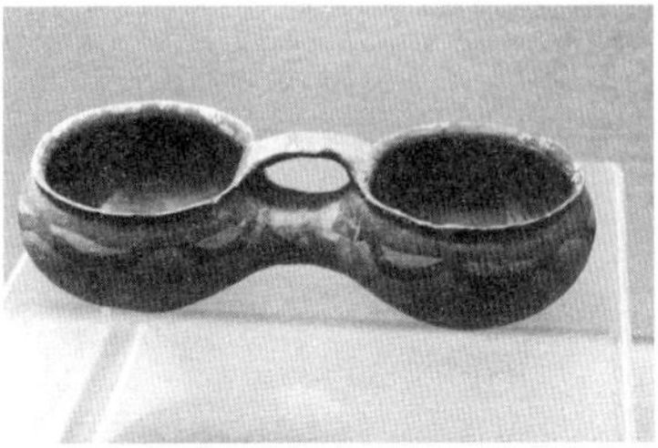

民和县大塬遗址出土的距今4500年的马厂类型“十字纹双联罐”

民和县山城遗址出土的距今4500年的马厂类型“变体蛙纹彩陶壶”

民和县拱北台遗址出土的距今5000年的马家窑类型“弦纹彩陶壶”

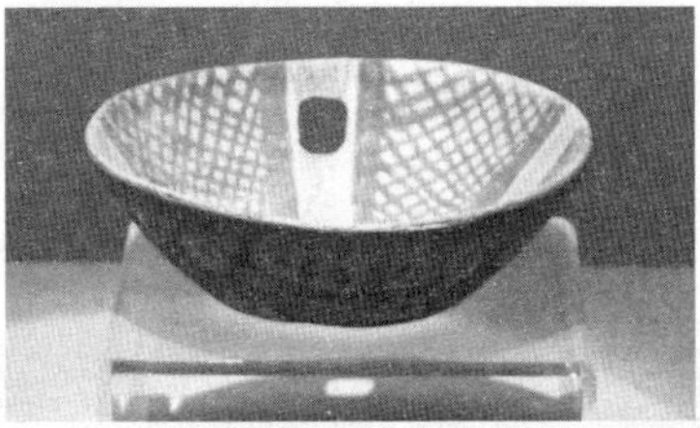

民和县新民阳山墓地出土的距今4500年的马厂类型“十字网纹内彩盆”

民和县阳洼坡遗址出土的距今5500年的仰韶文化“陶环”

民和县核桃庄出土的距今5000年的马家窑类型“圆点网纹彩陶壶”

民和县胡李家遗址出土的距今5500年的仰韶文化“曲腹彩陶盆”

民和县新民阳山遗址出土的距今4600年的马家窑文化半山类型“旋涡纹彩陶壶”

成为研究青海东部新石器时代晚期和青铜时代文化关系的重要遗址。

继承和发展马家窑文化马厂类型的当属随后兴起的齐家文化。在民和县黄河、湟水两岸台地上以及满坪、柴沟、塘尔垣、甘沟、北山等山区，发现了约为前2000年至前1600年铜石并用时代的“齐家文化”遗存104处。从大量出土的文物来看，齐家文化时期已进入了父系氏族社会。而且，从墓葬随葬品可以看出，当时人们对财产的占有已经出现了较大差异，除石、陶、骨器外，人们已开始使用铜器。作为货币的海贝、石贝也开始增多。

民和发现的最具典型性的齐家文化当属喇家遗址。喇家遗址是以青铜时代早期齐家文化为主，兼有马家窑文化马家窑类型、辛店文化等不同时期文化内涵的聚落遗址，也是反映齐家文化时期地震、洪水发生瞬间的灾难遗址，已经引起国内外考古学界和史学界的广泛关注。

民和境内还发现了青铜器时代的卡约文化、辛店文化和唐汪式陶器，人们称其为“青铜文化”。现已发现的遗址达67处之多。尤其辛店文化以核桃庄的发掘资料最为丰富。1978年由青海省文物考古队和民和县文物单位在核桃庄一地发掘出360多座辛店文化的墓葬，出土了一大批青铜器、陶、石器和骨器等。据专家鉴定，认为“核桃庄类型”可分三期，第一期相当于中原的春秋时期，第二期相当于战国，第三期相当于秦汉之际。

历史是一面镜子，常照可以知兴衰。民和源远流长的古代诸文化不仅为我们展现了一幅错综而又十分壮阔的古代先民的生活画卷，同时，也充分表明从远古时代起，生活在民和境内的先民们与全国其他民族一道共同创造了中华民族灿烂的古代文化。

喇家遗址外景

喇家遗址的远古惊魂

喇家遗址位于青海省民和回族土族自治县黄河北岸二级阶地前段的官亭镇喇家村，主要为齐家文化中晚期遗存，是一处新石器时代的巨大聚落，抑或是一个遥远的城邦古国。尤其以发掘出非自然性死亡人体遗骸，成为迄今为止我国发现的唯一一处大型灾难遗址。这座因地震和黄河洪水毁灭的史前遗址，是2002年我国十大考古新发现之一，被称为“东方庞贝”，其历史比意大利庞贝古城上溯了2000多年。

长期以来，在人们的印象之中，我国黄河上游的西北地区一直贫穷落后，文明不发达。但喇家遗址发掘的人类灾难遗址和考古器物及遗存，说明这里曾经闪烁过文明的夺目光彩。

喇家遗址灾难遗址

自 1999 年至 2007 年底，经中国社会科学院考古研究所与青海省文物考古研究所、民和县博物馆考古专家们不断奔赴今天的喇家村，用手铲，一点一点揭露并唤醒了沉睡 4000 年的史前遗址。经过多年的考古发掘，一个个惊人的发现陆续面世，向世人展示了喇家遗址神秘的远古地下谜案。

喇家遗址发掘历时 9 年，勘探总面积约 60 万平方米，现已发掘了 3000 多平方米。共发掘出令世人震惊的灾难现场，规模巨大的环壕，供人们集中活动的小型广场，结构独特的窑洞式建筑、干栏式建筑，依墙壁或墙角而建的壁炉，祭坛和高等级墓葬、白石灰面特殊地面建筑等重要遗迹遗存。尤其发掘出非自然性、突发灾难事件而死亡的群体人骨遗骸，揭示出前所未有的齐家文化时期的灾难遗址，是我国考古学上的重大发现。以目前挖掘的 4 号房址为例，房址内发现了 14 具骨骼，18 岁以下的未成

喇家遗址 4 号房址

喇家灾难遗址中母子遗骸

年人 10 具，年龄最小的仅 2 岁；28—45 岁的 4 具，以少年儿童为主。由于死亡之时突遇无法抗拒的灾难，这些遗骸表现出了一刹那间的状态，他们姿态各异，有的曲肢侧卧，有的匍匐于地，有的上肢牵连，有的跪踞在地，其中母亲怀抱幼儿，跪在地面，相互偎依，在灾难突然降临时表现的无助以及乞求上苍救助的神态令人动容。考古学家认为，引起喇家遗址灾难的是一场大地震，而摧毁聚落的是随后而来的山洪和黄河大洪水。

考古还发现了大量陶、石、玉、骨等珍贵文物，特别是反映高等级社会和礼仪制度的黄河石磬、大玉刀、玉璧、玉环、玉斧、玉锛等玉器。而且，黄河石磬、大玉刀都被誉为“黄河磬王”“玉刀之王”，均是我国迄今为止最大的“王者之器”。那把被称为“王者之器”的大玉刀，是部落权利的象征;那些玉璧、玉环等玉器，除青海本地产的昆仑玉之外，还有来自新疆和田的羊脂玉。试想，早在 4000 年前那个人们只能用神话来想象的年代，在遥远的西域和田，可能就有一支商队出发，他们涉过流沙沿着昆仑山前行，到达青海的格尔木，然后又汇合这里的玉石商人继续向东长途跋涉，到达了今天的喇家进行贸易。众所周知，丝绸之路的商贸活动早在 4000 年前就已经很发达了。这就说明，史前的喇家很可能是一个商贾往

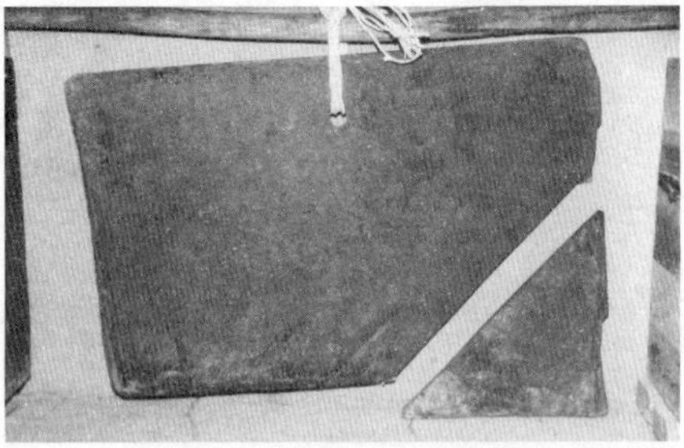
喇家遗址出土的黄河石磬

喇家遗址出土的大玉刀

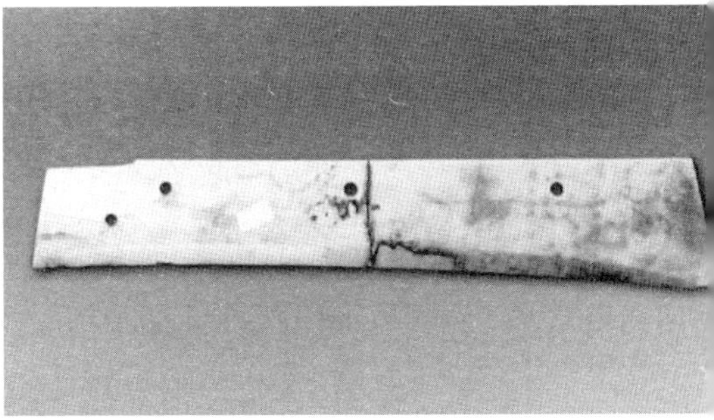

来、贸易繁荣的大聚落，也因此必然有大规模的人类聚集。

喇家遗址的一个重要收获是发现了结构相当完整的窑洞式建筑遗迹，明确了窑洞式建筑应当是齐家文化的主要建筑形式这一长期困扰学术界的问题，而且对黄土地带窑洞式建筑的发展历史和聚落类型的研究具有非常重要的意义。

另外，从分布面积、遗迹规模及反映社会等级制度的文物来看，喇家遗址是官亭盆地齐家文化时期的一个中心聚落抑或是部落王国的所在地。这一时期，原始农牧业和饮食文化也有了很大发展。2002 年秋，考古专家在发掘出土时发现了一个深埋的陶碗，揭开这只倒扣的陶土碗，碗底有面条，长约 50 厘米，直径约 0.3 厘米，粗细均匀，颜色鲜黄，与现在的拉面形态相似，从此解开了 4000 年前长面的神秘面纱。我国最早记录面条的文字出现在 1900 年前，而意大利人和阿拉伯人，一直认为他们在 2000 年前就发明了面条。科学家们运用先进的植硅体分析技术，从 80 多种植物中进行对比和鉴别，艰辛的科研工作没有白费，2005 年，经分析鉴定，发现面条是粟（小米）和黍做成的。这一多学科合作的研究成果在英国著名的《自然》杂志上一经发表，轰动世界，立刻在全球引发了强烈关注，面条首创于中国的历史定论因此一锤定音。

天下第一碗面条

2001 年，喇家遗址被国务院列入第五批全

国重点文物保护单位，开始修建喇家遗址博物馆，进入后期的综合研究阶段。2002年，中央电视台《发现之旅》栏目拍摄的三集电视片《史前部落的最后瞬间》播出后，喇家遗址引起了国内外专家的高度关注。2011年，中央电视台《走进科学》栏目拍摄制作的电视专题片《4000年前的长寿面》播出后，喇家遗址更成为了世界考古学界高度关注的焦点。

2013年12月18日，喇家遗址被国家文物局列入第二批国家考古遗址公园立项名单。2013年9月，海东市将喇家遗址命名为首批爱国主义教育基地。2014年3月19日，我省相关会议又披露，“十二五”期间，国家将规划150处大遗址。其中，喇家遗址纳入国家大遗址保护名单。

自2014年规划建设以来，喇家国家考古遗址公园主体工程“一馆四棚”即公园核心区域建筑面积2000平方米钢结构的考古遗址博物馆和1号、2号、3号、4号保护棚主体工程都已建设完成，喇家村村民整体搬迁工作进展顺利，遗留的村中房屋正在被作为景区民俗村落抓紧规划建设，预计到2017年年底，实现整体开园的目标，将对游人开放参观。

近两年，喇家遗址保护区内又传来好消息，喇家遗址10公里的中川乡鄂家村鄂家东遗址发掘工作基本结束，在500平方米的发掘区域内，发掘出土各类遗迹共48处，其中房址2座、墓葬2座、灶1座、灰坑43个，遗址出土陶器、石器、骨器、角器、水晶等诸类标本达300余件。据初步统计，可修复的完整陶器30余件。我们期待着喇家国家考古遗址公园发掘出更加诱人的古代信息。

“导河积石”与大禹故里

喇家遗址潜藏的远古信息，带给考古界多学科、多层面的研究领域，也给历史学家和文人学者无穷的遐想。

大禹雕像

当喇家遗址被考古学家和史学家们无可辩驳地确认为4000年前一个文明程度很高的聚落或城邦古国时，有学者提出，或许喇家遗址就是大禹故里。于是乎，附和应声者与日俱增，那么，这个说法能否成立，让我们先了解一下大禹是何许人也。是神还是人，治水从何始起。据《史记·六国年表》云：“禹兴于西羌。”《路史·后纪·夏后氏》言禹为“西夷之人”。《潜夫论·五德志》称夏禹为“戎禹”。此外，《新语·术事》《后汉书·戴叔鸾传》等均载“大禹出于西羌”。从这段记载可以看出：

大禹祭祀台

一、大禹为夏时西部人；二、大禹是羌人；三、大禹不但是羌人，而且是戎羌。是很早从事农牧业的戎羌。

其次，传说中的大禹治水，导川凿山，是自西而东循着黄河的走势进行的。《世纪·夏本纪》云："浮于积石，至于龙门、西河，会于渭汭。""积石"当指积石山，据《集解》引孔安国曰："积石山在金城西南，河所经也。"颜师古曰"积石山在金城河关县西南羌中"（《汉书》卷28《地理志》注引），其地在今甘肃、青海接境处。禹导河积石，治服了洪水，三苗得以有安身之处，故《禹贡》曰："三危既宅，三苗丕叙。"禹带领以西部羌人为主体的水利大军东进中原，历尽千辛万险，终于完成治水大业。

前面，我们讲述了喇家遗址的考古发现，心里便有一个疑问：4000年前，究竟谁在统治这个区域？喇家遗址会不会是大禹故里？

大禹遗迹——相传是大禹的脚印

2006年9月15日，全国政协委员、青海省政协副主席鲍义志先生在《青海日报》撰文发表了一篇题为《喇家遗址与大禹治水》的文章，提出喇家遗址是大禹故里的观点。他用5条根据进行了推断：一、大夏河流域包括此处黄河两岸是夏后氏成长的地方（"黄帝以姬水成"《国语·晋语》）；二、《新语·术事》中载"大禹兴于西羌"，西羌活动地区就是如今的青海、甘肃；三、喇家遗址和大禹治水的时间均为4000年前；四、《史记·夏

大禹遗迹——相传大禹治水时盛水用的石缸

本纪》中记载的禹“导河于积石”的积石峡就在喇家附近；五、喇家遗址出土的巨型玉刀和被称为“黄河磬王”的巨型石磬象征至高无上的权力，当时只有大禹这样的人才拥有这种权力。

这一观点一经提出，就引起了海内外史学界、考古学界、文化界的关注。青海师范大学历史系教授张得祖说，中国上古时期的夏、商、周三朝，夏朝是唯一极度匮乏史料记载反映的朝代。大禹作为治水英雄，其活动区域一直为史学界争论。史学界关于大禹故里有三说，分别为大禹出自中原、出自东夷、出自西戎，近年来大禹出自西部，是西戎领袖的看法得到了越来越广泛的认可。喇家遗址的考古发现，再次印证了大禹出自西部之说。有关环境地理学家研究认为，喇家遗址所处的官亭盆地处于黄河第一阶梯，3000-4000 年前，这个盆地处于洪水多发期。

2002 年，一件出现在香港的青铜器引起了考古学界和史学界的极大兴趣。中国社会科学院历史研究所所长、夏商周断代工程首席科学家李学勤先生解读了这件青铜器上的铭文，令人信服地证明了大禹这个人物的真实存在，使“大禹治水”不再是神话传说。

这件青铜器被称为“遂公盨”，是西周时期在祭祀典礼上用来盛放食物的器具。这件锈迹斑斑的青铜器上有 10 行共 98 字的铭文。当李学勤凭借几十年研究古文字的功底，认出开首“天命禹敷土，随山浚川”时，便大喜过望。他惊喜的是这恰是《尚书》里出现的文字。在此前发现的历史典籍中虽零星提到大禹，但关于大禹治水的记载这是第一件。这确实是一个十分重要的发现。可以说，“遂公盨”是人们发现的唯一一件记载了大禹治水事迹的物证。据李学

类似于“遂公盨”的古代盨

勤考证，“遂公盨”的作者是遂国的国君，是舜的后代。造于前大约 681 年。这件物证有力地证实了大禹确有其人，大禹治水是真实存在的。这件“遂公盨”目前被收藏在北京保利艺术博物馆。

无独有偶，民和县喇家遗址的逐步发掘，更进一步地证实大禹其人存在的真实性。据青海省文物考古研究所研究人员介绍，喇家遗址是距今 4000 年前的灾难遗址，保留了古地震、古洪水等多重灾难痕迹。2000 年发掘至今，喇家遗址出土了 20 多具姿态各异的人类遗骸，忠实记录了灾难降临的瞬间，同时出土了大量罕见的巨型玉器。该遗址还被列入“2001 年度中国十大考古新发现”。可以说，喇家遗址证实的洪水灾难和“遂公盨”上记载的大禹治水互为印证。

同时，在民和官亭镇、中川乡的部分村庄发现了与史料记载相关的种种遗迹。在位于民和县原峡口乡峡口村的华尖寺（又称“花亭寺”“森格静房”）发现了两处马蹄形状的石窑，其中一处石窑已被人为破坏。还有四五处大小水缸，能明显看出是人工制造的。还意外地发现了一个大型石磡，石磡上有奇怪的花纹图样，形如车轮、鱼、方形图案等。此外，当地民族很早就有每逢端午节在位于积石峡口的“禹王洞”，以“献羊”的方式来祭祀大禹的活动。

大禹是中国历史上第一个统一王朝——夏朝的奠基者。大禹又是历代传颂的治水英雄，他公而忘私，三过家门而不入，艰苦朴素，卑官菲食。他亲临现场，身先士卒。为了治理水患，累得腿上没了毛，走路时两腿都不能交替着往前迈，只能蹭着往前走，说他“步不相过”。正因为如此，百姓才拥护他做王，大禹才创立了夏朝。大禹“改堵为疏”体现的是一种创新精神。大禹的精神是中华民族弥足珍贵的精神财富，而大禹“敬民、养民、护民、教民”的民本思想也是我们构建社会主义和谐社会中应该发扬光大的。现在民和南部黄河沿岸的土族群众之中，还流传着关于大禹的种种神话传说，诸如《大禹洞和龙凤山的传说》《大禹斩蛟龙的传说》等等。

大禹治水，足迹遍布黄河流域，其中理应包括黄河上游的积石峡一带。从当地流传的大禹劈山导河的神话传说、积石峡过去修有禹王庙、祭拜大禹等迹

大禹王雕像

大禹遗迹——禹王洞

象表明，此地为大禹故里是有证据的。

我们期待着喇家遗址4000年前的泥土里传递出更多的信息，发掘出更多史前文明的佐证！

丝绸南路和唐蕃古道上的民和

众所周知，说起唐蕃古道，必然要联系到“丝绸之路”，而丝绸之路的“陆上丝绸之路”是连接中国腹地与欧洲诸地的陆上商业贸易通道，形成于前 2 世纪与 1 世纪间，直至 16 世纪仍保留使用，是沟通古代中西方政治、经济、文化和思想的一条大动脉。丝绸之路全长 7000 多公里，在我国境内经过陕西、宁夏、甘肃、青海和新疆 5 个省区。仅中国段丝绸之路就长达 4000 公里，汉武帝派张骞出使西域形成其基本干道。

所以，“丝绸之路”通常被认为是西汉张骞通往西域以后，中西交通及丝绸贸易的开端。其实，早在先秦乃至上古时代，中西经济文化就已开始。在通往中亚、欧洲、印度北部等地的陆路通道的东段还有三条路线：一是从关中或今河南北上经漠南阴山山脉至居延海绿洲（今内蒙古额济纳旗境内弱水下游），趋向天山南北麓至西域，即所谓的“居延路”或“草原路”；二是从关中过陇山，经河西走廊入西域，即所谓的“河西路”；三是由祁连山南沿湟水至青海湖，再经柴达木盆地而达今新疆若羌的古“青海路”或“青海道”，被称为“丝路南道”。

这条被誉为“青海路”的“丝路南道”自东端起又分为“河南道”“湟中道”

和“羌中道”三条。而“湟中道”从关中过陇西，渡黄河进入湟水流域，经鄯州（今青海乐都）抵达西平（今青海西宁），并向西、向南、向北辐射，西接羌中道，南连河南道，北面通过乐都武威道、西平张掖道至凉州。人们把湟水流域这条四通八达的主干通道称之为“湟中道”。其实，这条道的准确路线是从长安凤翔经天水、陇西、临夏、大河家渡官亭临津渡进入民和、乐都、西宁至张掖，但路途漫长。

民和县毫无疑问正处在“湟中道”上的湟水下游地区。自民和官亭临津渡渡黄河入境进入湟水流域至鄯州（今乐都）也就百十来公里。但自古以来，在东西交通方面占据着十分重要的地位。自先秦乃至上古时代至汉武帝派张骞出使西域之前，就已畅通了几百年。此后随着北路河西道的兴盛，青海道有所冷落，但丝路贸易始终没有中断。这一点从民和境内考古发掘出的古代文物就可

黄河风光

以充分证明。首先，如最早发现于河南省渑池县仰韶村的“仰韶文化”，是距今六七千年以前的母系氏族公社时期文化的代表。20 世纪 50 年代在民和转导乡的阳洼坡、杨家泉、肖家，中川乡的胡李家，前河乡的白崖沟，官亭的胡热等地已发现六处属仰韶文化的遗迹。这是迄今在青海省内发现的唯一一处新石器时代最早的一种文化类型，也是我国仰韶文化分布的最西极限。紧接着仰韶文化而崛起的“马家窑文化”，是甘、青地区四五千年前新石器时代的古文化遗存。在民和境内大面积发现了 47 处。上述两种文化类型最具说服力的是彩陶。正如著名考古学家裴文中先生所指出的 :“东西方的交通，决不是由张骞开始，汉以前就有。因为史前时期的文化，东西两方有许多相同之处，例如彩陶，必定是东西文化两相交流的结果。”[①]其次，从民和喇家遗址发掘出大玉刀、玉璧、玉环、玉斧、玉锛等玉器。那些玉璧、玉环等玉器，除青海本地产的昆仑玉之外，还有来自新疆和田的羊脂玉，说明丝绸之路的商贸活动早在 4000 年前就已经很发达了。同时说明，史前的喇家很可能是一个商贾往来、贸易繁荣的大聚落。近些年又有学者提出“早于丝绸之路千余年曾经有条和田玉之路”，“在丝绸之路形成的 1600 多年前，就有一条和田玉的运输线在欧亚大陆上铺展，使中国古文明和西亚乃至欧洲古文明悄然交融”[②]。这条和田玉之路上的交融与青海道民和喇家遗址和田玉的发现并不矛盾，是同一时期的古文明交融。

汉武帝时期，湟中道东端的民和道已成为从中原京都到青藏高原的南部通道。到 4 世纪末的东晋年间，我国西北一带狼烟四起，战乱频繁，由于河西走廊间先后出现了前凉、后凉、西凉、北凉等割据政权，致使西汉初期开辟的由河西走廊或出阳关，或过玉门，分南北两路，西越葱岭到中亚各国甚至大秦国（即今罗马）的古“丝绸之路”，曾一度梗阻不通。因此，东来西去的各国使节、商

①裴文中：《史前时期之东西交通》，《边政公论》1948 年第 7 卷第 4 期。
② 1995 年 3 月 14 日《北京晚报》，摘自《乌鲁木齐晚报》介绍《中国和田玉》一文。

贾和僧侣，便改道在青海开辟了一条新的“丝绸之路”。于是青海便暂时取代了原河西走廊的主道地位，东去长安、西去西域印度等地非经这条丝绸南道不可。民和地区处在南路中心地带，是这条古道的要冲。东晋隆安三年（399 年），名僧法显与慧景、道整、慧应、慧嵬等人自长安出发西行，过陇西，经西秦、南凉、越过养楼山（今达坂山），出扁都口至张掖，转往西域至天竺。其实，法显等人是自长安出发西行，过陇西，至临夏、大河家，渡官亭临津渡，进民和、入南凉至西平，再转西平张掖道去西域求经的。

由陇西西渡黄河进入湟中道，虽有多处古渡口，但自汉以来只有两条通道：一是由枹罕西行，至今炳灵寺及大河家过临津渡至官亭进入民和入湟水。二是由金城往西渡黄河，有钟泉河、新城、八盘峡、小寺沟四渡，其中小寺沟是首要津渡。义熙年间，西秦在炳灵寺的黄河上架起了长 40 丈、高 50 丈的“飞桥”，从此，大大方便了丝绸之路青海路东端的交通。刘宋永初元年（420 年），僧人法勇（昙无竭）等一行 25 人就是经过此桥取道青海南路,经当时的南凉属地（即今民和）西行往西域取经的。北魏明帝时的僧人宋云于神龟元年 (420 年) 自洛阳出发，路经民和、西宁，越日月山，穿行吐谷浑国境往天竺求经。北周明帝武成元年 (559 年),乾陀罗人闍那崛多东来中国时,也经由新疆,穿柴达木经西宁、民和去长安。

至隋代，西突厥臣服，以西边事稍宁。但青海地区吐谷浑势力很大，经常向中央政权发动攻势。为了炫耀武力，隋大业五年（609 年）三月，隋炀帝亲率百官、宫妃及各路大军数十万人马征伐吐谷浑。隋军从长安出发，经陇山（地处今宁夏南部,位于西安、银川、兰州三省会城市三角地带中心），过狄道（今临洮），经甘肃临夏大河家于 4 月 27 日渡官亭临津渡过黄河，经民和古鄯沿湟水西进至乐都陈兵讲武。这是中国历史上进入民和到河湟流域的第一位皇帝。据《隋书》记载:“三月乙巳，车驾出巡，四月大腊于陇西，次狄道，出临津关（今

官亭黄河临津古渡遗迹

甘肃临夏）至西平（今西宁）。”由此可知，隋炀帝这次西巡也是从甘肃临津关渡过黄河，经青海民和县这条古道去西宁的，而后又经门源、祁连，出扁都口至张掖，返回长安。隋炀帝的西巡，保证了丝绸之路的畅通，加强了内地和西域的联系，从而也促进了中国和西亚、欧洲各国的经济文化交流。《隋书》和《资治通鉴》在记载隋炀帝西巡时，也为我们留下了关于丝路南线的资料。由狄道、经枹罕到临津关渡黄河，再到今青海的道路，是古丝路南线上一条重要的路线。

618 年，陕西城纪（今甘肃秦安）人唐国公李渊取代隋炀帝孙杨侑自立，建唐朝。627 年，唐太宗李世民继位。唐武德二年（619 年），唐在青海东部设鄯、廓二州。鄯州，治今乐都，所辖基本上包括整个湟水流域。鄯州初置时辖二县，即湟水县（治今乐都）和龙支县（治今民和古鄯北古城），辖境相当于今民和县和甘肃永靖县部分地区。湟水县为鄯州及陇右节度使治所。永徽年间，分龙支县部分地区归米川县（今循化境内），属廓州。今民和地区分属于龙支、湟水和米川县。唐代青藏高原吐蕃兴起后，古龙支（今古鄯）陷于吐蕃，民和地区成为来往于唐蕃的必经之地。

唐贞观十四年（640 年）十月，吐蕃松赞干布遣大相禄东赞经青海再向唐朝求婚，献金 5000 两，作为聘礼。第二年，太宗以宗室女文成公主许松赞干布。并命礼部尚书、江夏郡王李道宗持节护送文成公主入蕃完婚；又诏令吐谷浑王诺曷钵整治沿途道路，整饰行宫迎送公主。唐贞观十五年（641 年）正月，吐蕃松赞干布遣使往长安迎娶文成公主。唐太宗遣礼部尚书江夏王李道宗护送文成公主一行从长安出发，经凤翔、秦州、狄道、甘肃临夏至永靖炳灵寺渡黄河入鄯州取道民和龙支城，再傍湟水西行直达西宁。然后西越赤岭（日月山）进入吐蕃境内，西南行至柏海，一路受到吐谷浑王诺曷钵和弘化公主及各族人民的热烈欢迎和隆重接待。松赞干布亲自到柏海（扎陵湖、鄂陵湖）迎接，与李道宗以子婿礼相见。隆重的迎接仪式后，李道宗返回长安，松赞干布亲自护送文成公主到拉萨。

唐长安四年（704 年），都松芒布结去世，幼主墀德祖赞（弃隶缩赞）继位，祖母没禄氏（墀玛类）听政，继续请求与唐和亲。神龙二年（706 年），双方首先达成划界协议，史称“神龙会盟”。神龙三年，唐中宗以雍王李守礼之女为金城公主，许嫁吐蕃赞普墀德祖赞。吐蕃派赞咄、名悉腊、尚钦藏等赴唐迎亲。景龙四年（710 年）正月，中宗派左骁卫大将军杨矩为送亲专使，护送公主取道青海赴逻些，都曾经民和龙支（今古鄯）。关于这

丝路重镇官亭

今日川官公路

一点，除有关史书记载外，新中国成立以来，古龙支城内也曾出土了“海马葡萄铜镜”等唐代文物，近年来的文物普查和“唐蕃古道”专题考察，也表明民和龙支是唐蕃古道重要的中转站之一。现已查明，民和境内的唐蕃古道路线是：自东向西，从西安出发至甘肃枹罕（今临夏），由永靖县的炳灵寺过黄河，经王台、川城到石碑岭入今青海民和县的塔城、马营镇、古鄯镇、柴沟、东沟、西沟、塘尔垣至峡门的俄博牙壑越岭进入乐都中坝地界，民和境内全长约68公里。这条古道从马营起步，一直沿南大山（即小积石山）北麓西到西宁。此外，民和境内还有一条古道，即从今临夏的大河家过黄河到民和县官亭镇，经满坪至古鄯。由古鄯东北出龙支谷（今隆治沟）到允吾（今下川口），从郑伯津渡河去河西走廊。按现今地域就是指民和川官公路一线。隋大业五年，隋炀帝渡黄河临津渡走的就是这条道。自1099年西夏李乾顺毁断炳灵寺黄河桥（时称“天下第一桥”）后，大河家至官亭的渡口就显得更为重要了。

唐蕃古道，是青藏高原上汉藏兄弟民族友好往来，进行政治、文化交流的纽带，经济贸易的动脉，藏史称之为汉藏间黄金桥。唐蕃驿站之开辟，是文成公主和亲后的又一大盛事。634年，松赞干布首次遣使入唐，到846年吐蕃王朝崩溃的213年间，双方往来使者共191次，其中唐入蕃66次，蕃入唐125次，形成了“金玉绮绣，问遗往来，道路相望，欢好不绝”①的亲密关系，为以后汉藏两族兄弟情谊的进一步发展，开辟了宽广的道路。吐蕃并吐谷浑后，使唐蕃双方开辟长达4000多里长的驿路成为可能。唐蕃古道不仅是唐蕃之间的驿道，而且还延长至今中尼、中印边境，成为一条新的国际通道。因而，唐蕃时期，丝路青海道是十分兴盛的大通道。

作为古丝绸之路南道和唐蕃古道的这一段民和境内的古道，阅历了两千年的沧桑，汉唐以后的元、明、清三代也一直经营着这青藏高原地区的战略干线，青海、西藏的地方官员和宗教人士上京都由此东去。例如，明代黄教创始人宗喀巴的大弟子释迦也失进京时，就路经了民和的峡门、古鄯、马营、弘化（即今转导）等地东去北京，回来时又路经此地。还有这条干线以及干线上的官亭、古鄯、巴州、川口等，也是古往今来商贸往来的驿站和通关要津。从喇家遗址发掘的新疆和田玉器来看，早在4000年前，民和河湟流域的先民与西域就有着频繁的商贸往来。唐宋以来，随着大批阿拉伯、波斯商人和西域人进入河湟流域，商贸经济得到快速发展。11世纪的青唐城已成为东西贸易通道上的一个要镇，其东部外城聚居大批西域商人，有长期定居者数百家。②元代，随着回回民族共同体的形成，大批回回人进入青海东部地区，其商业活动发展很快，加快了民和这条唐蕃古道的繁华。除了坐地商铺生意，脚户客是商贸经济发展中涌现的专门职业者。明清以来，民和马营、官亭、古鄯、巴州、川口、享堂等集贸市场非常活跃，而运送货物的工具，大部分是由驴、骡、马帮组成的脚户，往来于民和米拉沟、西沟、峡门沟、巴州沟以及马营、大庄、转导等山区商道，把山货、山珍、家禽、粮食、药材等送到马营、官亭、古鄯、巴州、川口等集市，甚至临夏、

①《全唐文》卷384。

②【宋】李远：《青唐录》，见《青海地方旧志五种》第10页，青海人民出版社，1989年5月第1版。

兰州、西宁、贵德等大市场，再把清油、茶叶、糖、布匹以及日用品驮回山里沟里，满足群众需要。除从事土特产商贸的脚户客外，还有一支专营运煤的脚户客队伍，他们从民和山区沟岔组成驮队，沿着享堂峡险峻的碥道，从窑街驮煤送到各集

繁华热闹的县城商贸一条街

市贸易，满足山区群众的生活需要。那些运煤的脚户客被人们戏称为“煤娃子”。

除脚户客外，“筏子客”是唐蕃古道上商贸活动中又一道风景线。民和临湟水和黄河，水上筏运业比较发达，曾兴盛十五年之久。全县有筏户五六十户，雇佣水手进行运输。筏运工具分皮筏和木筏两种，皮筏又分牛皮筏和羊皮筏。

运载的大宗货物有木材、羊毛、皮张、粮油、生猪等，从川口或官亭行驶抵兰州销售或再由兰州运往包头。[①]

近代以来，随着农村集镇的发展壮大和回族商贸活动的不断扩大，除回族脚户客、筏子客以外，民和马营、古鄯、巴州、川口、享堂等农村集贸市场，铺面林立，名目繁多，曾涌现过许多回族手工业者和手艺人。如马营回族多从事饮食、食品、醋坊、粉坊、磨坊、油坊、染坊、毛编制、弹花坊、皮毛加工等手工业，还有铁匠、木匠、皮匠、毡匠、口袋匠等手艺。他们的技艺多为世代相传，且工艺精巧，质量高优，深得群众欢迎。

它充分说明，民和境内的这条古道，是自古以来中西交往、唐蕃友好之道。它是往昔“朝贡不绝，商旅相继”[②]的极盛场面的见证，在为人类文明和祖国统一以及国内民族团结等方面都曾起过极其重要的历史作用。

---

①《民和回族土族自治县概况》（交通）第 93 页，1986 年 6 月第 1 版。
②《唐书》。

旅游名镇古鄯驿

沿民和县古鄯水库大坝延伸的川官公路爬坡缓行而上，古鄯垣方阔平坦地呈现在眼前，极目远眺，古鄯镇掩映在翠绿之中。笔直的公路正对着古鄯镇，远远地就可看到一处“秦砖汉瓦”构建的灰色城楼伫立在镇口，近前一看，城楼上雕刻着三个苍劲大字“古鄯驿”。城楼虽为仿古建筑，但城楼两边紧靠的确实是真真切切距今六七百年历史的古城墙。为了兴修仿古城楼，古城墙被人挖削齐整，与城楼相接，但见城墙厚丈余，高两丈余，据挖削的痕迹来看，当时的城

古鄯驿新建的仿古城门

古城新颜古鄯镇

墙所筑密实，似铁铸般坚硬。登临城楼，放眼望去，川官公路穿境而过，集镇建设焕然一新，街坊小楼林立，商业铺面比比皆是，恰逢集日，车水马龙，人山人海，物流畅通，一派繁荣景象。然环顾四野，古城墙残垣断壁，物是人非，不由得使人浮想联翩，思古悠悠。

古鄯是民和县一颗璀璨的明珠。这个古老的城镇历史文化非常厚重，且处于古丝绸之路（南道）和唐蕃古道的必经孔道上，地理位置相当重要。魏周至隋唐时期，自河湟进入鄯州，首先要通过古鄯，古鄯是鄯州辖地，因此，久而久之，古鄯这个地名就保留下来了。

古鄯城，为汉代金城郡辖地龙支县府所在地，当地俗称“堑城”。相传东汉和帝时所筑，现存城墙建于明洪武十九年（1386 年）。金城郡西部都尉曹凤曾驻防于龙支城。历经昭、宣二帝，古鄯还是金城属国辖地，属凉州部。西魏改北金城县为龙支县。北魏为金城县治地龙支堡，纳入鄯州西平郡。北周时，龙支县属河州枹罕郡。唐吐蕃攻没鄯州，属河州。后唐收复辖鄯州属县。元时属甘肃行省，为西宁州辖地。明洪武十九年（1386 年）在此设古鄯驿，为西宁卫七个驿站之一。隆庆六年(572 年),明修竣古鄯城边墙。后清又设巴暖三川营于此，驻兵镇守。嘉靖四十一年置操守官，明万历十二年改守备。当时的古鄯千户所，归西宁卫管辖，驻军有 1000 多名。民国时期，城墙尚完整，有旧城新城之谓，城门设有西门、南门、东门，无北门。民国二十年（1931 年）民和县治驻古鄯期间，曾加固加宽部分城墙，1949 年以后，部分城墙挖毁。1986 年，城内曾出土一门铁炮，系省级文物保护单位。

如今民和县境的隆治沟、隆治河、隆治乡之所以称为“隆治”，实则为古龙支的谐音。在历史上，古鄯是丝绸之路和唐蕃古道的重要南道，尤其河西走廊通往西域的大道断绝后，古鄯为内地和西域使节往来、僧侣和客商出入的重要通道，成为丝绸之路和唐蕃古道青海和内地往来的交通孔道。

唐文成公主出嫁吐蕃赞普进藏，刘元鼎出使吐蕃会盟，都曾经过古鄯。自唐以来，古鄯这座古龙支城，商贸活动一直鼎盛。往来于古鄯的商人驮队，在这条唐蕃古道上将皮革、皮毛等畜产品和青盐、鹿茸、麝香等药材、土特产品运往内地，又从内地将丝绸、布匹、茶叶、糖、农具等生活用品和生产工具运到青海各地。尤其清代以来，以西宁为中心，西川的多巴、北川的白塔尔、南

丝路重镇古鄯驿

去贵德和民和的马营、古鄯等地，是青海民族贸易的主要集散地和市场。时至今日，古鄯仍然是内地通往青海的重要通道和驿站。民和建县之初，县治就设于古鄯，后迁往川口，

明代兴建的古鄯古城墙

古鄯水库雄姿

加上兰州西宁间交通的兴起，古鄯昔日的重要位置才由川口镇逐渐替代。

古鄯由于地理位置较为重要，故为历代兵家必争之地。千百年来，这里一直是金戈铁马、兵戎相见的古战场。相传宋代中叶，古鄯国拥有“珍珠烈火旗”和“日月骕骦马”，均为稀世之宝。宋王闻知后，便派武功高深、面目俊秀的大将狄青盗宝。由于情报有误，狄青误认为宝马在唐阴国，故招赘于唐阴国丹阳公主，当了附马。后知其宝马在古鄯国时，弃丹阳公主而入赘古鄯国双阳公主，终于盗宝成功，回中原京城，宋王大喜，厚赏大将狄青。然古鄯国疑唐阴国盗取宝马，而丹阳公主恨双阳公主夺之所爱，抢去狄青，恼羞成怒，遂发兵攻打古鄯国。于是古鄯国烈虎岭前，丹阳公主与双阳公主酣战厮杀，终于双方战死疆场。宋王探知两国军情，急命杨宗保征西平乱，结果古鄯、唐阴两国相继灭亡，并入中原政权体制，这实在是离奇悲壮。曾几何时，位于古鄯水库中间的那个在历史上名曰北古城的狄青寺，不见了狄青的塑身，久而久之，当地人也不叫狄青寺，而曰吉庆寺了。

青海东部门户川口镇

登高望远，故地览胜，别有一番滋味在心头。

登临生于斯长于斯的故乡川口镇西山城垣，环顾四周远近高低十分熟悉的山水故地，一种古老悠远的沧桑感和自豪感油然而生。极目远眺，达坂山系的阿拉古山脉，犹如一道天然的屏障横亘在湟水北岸，阻隔了河西漠北的寒风，使这里温暖如春。湟水河四望峡（老鸦峡）奔腾而出，似乎无限眷恋这片古老的土地，在阿拉古（北山）山下缓慢悠闲地划出大大的 S 型，在享堂两岔河与大通河交汇后便活蹦乱跳地向甘肃东流而去，直扑黄河母亲的怀抱。

川口镇，又名上川口，即上川口堡。明嘉靖十四年 (1533 年) 筑上川口堡，属碾伯县之一堡。民国二十一年以来，一直是民和县治所在地。地处湟水南岸，隔河与史纳、享堂相望，正当巴州沟口，故名川口。川口镇海拔 1800 米，总面积约 84 平方公里。以县城老城区大十字为中心，左右五公里范围共 14 个行政村，至今一些村名如山城、享堂、史纳、吉家堡、边墙等，仍然能看出历史文化的悠久。这周围古城堡较多，有东山城、西山城、芦子沟、南堡子、边墙等。两汉时属浩门县。《水经注》载："湟水又东南经小晋兴城北，故都尉治。阚骃曰：'允吾西四十里有小晋兴城也。'湟水又东与浩门河合。"根据这段记载，前凉时的小晋兴城当是今日的上川口。南凉在史纳筑廉川堡立都，上川口是畿内之地。隋、唐时属龙支、湟水二县地。明清为李土司管辖地。民国建县以前属碾伯县。

如今的县城，高楼林立，车水马龙，看不到旧城廓的影子。然上川口旧时为李土司世居地，绕山环水，高岗峻岭，布筑城堡，易守难攻。土司居地东有东山城，西有西山城，南有南堡子，北有北堡子，城堡之中，建有衙门与庄院。

县城川口镇老城区

青海民和川口镇

城有新城、旧城；衙门先后也有上衙门与下衙门。衙门占地 10 亩，内建有住房、过厅、花园、楼房、大堂等建筑物。土司城堡城垣高大，俨然一座小独立王国。城垣民国时尚断续可见，虽分称旧城、新城，其实有三个城南北迤逦相连，新城、旧城是相对中城（衙门）而言的。先于中城者叫旧城，后于中城者叫新城。民国二十年前后，旧城遗址存留很少，中城和新城依然完好。中城四门俱完，只是北门（栅门子）和旧城南门为同一门。除栅门外，其他三门都建有城楼。新城只开南、北二门，南门在今县医院宿舍楼下，和北门（现中医院里西侧）对正。新中国成立以后，为了建设需要，旧城墙全部拆除。南北街道，北从原旧城信用社起到新城南门，长 500 米；东西街道东自原浴池（东门外），西到下集场（西门外），长约 300 米。街道两旁尚有古老陈旧的商业铺面，比较繁华的地方是十字东街、栅门和下集场一带。

说起商贸，忽然觉得县城东街曾经极度繁华热闹的“山陕会馆”还在隐约摇曳，那是山西、陕西客商的汇聚之所。他们常年在此经商，远离家乡，为了寄托对家乡亲人的思念之情，经常聚在一起聊发感慨。久而久之，他们干脆自发组织了一个同乡会，并在上川口东街修建了“山陕会馆”。每年开会四次，四个商号轮流筹办。开会时间定为农历五月十三日、六月二十二日、七月十三日、九月十三日。会上除同乡祭奠财神、聊寄思乡之情外，还商讨贸易事务，并设疏茗茶点以助兴消遣。其经费由各商号以香钱为名，按大小自行捐助，事后由会头公布账项。会馆并不大，占地约五亩，靠北有松木大殿三间，过厅三间，建筑古典，雕梁画栋，门窗檐壁油彩绘画，富丽堂皇，形如庙宇。大殿供奉财神爷、关老爷、马王爷三个牌位，有供桌，无佛像，也无其他偶像。大殿两旁皆有耳房，作为伙房、库房。院内有东房一面，正南有戏楼三间，两边为铺面，西楼上面是戏台，下面是走道。当时，川口没有公共娱乐场所，所以每逢年节演戏，无论神戏、义务戏、卖戏、灯影戏，还是各校演出节目、展览会、纪念会都用这处戏台。尤其正月初一至十五，每天有社火。下方、下棋及各种游艺活动，也都在这里举行。由此，“山陕会馆”自然就成了川口商贸交易、娱乐活动的重要场所，对活跃川口地区的群众文化娱乐活动起到了积极作用。但是，过去由于享堂、老鸦二峡以及湟水阻隔，交通不便，就连畜力大车也不能通行，市面依然冷落，商业萧条，除机关学校外，只居住着数百户商户、农民和小手工业者。1958年，私人商业过渡为公私合营，山陕客商绝大多数弃商回家务农，“山陕会馆”活动就此结束，会馆也因整修街道、修建百货大楼而拆除。

1957年，上川口建成县境内第一座湟水大桥（木桥），从此县城通了汽车。1959年8月，甘青铁路修到史纳，结束了县城不通火车的历史。1968年和1969年，相继建成巴州河桥（山城桥）和第二座湟水大桥（史纳大桥），将川口、享堂、史纳连在一起，1985年将原湟水上的第一座大桥（木桥）改建为钢筋混凝土结构大桥，使县城交通更加便利畅通。

再细看北山以东尽头的山脉，呈现八棱山形的山下，就是被清光绪碾伯知县吴宝琛誉为“河湟锁钥”“浩门通衢”的享堂。享堂，古浩门县（县治今永登河桥驿）属地，为东汉置，属金城郡。因县治临浩门水而得名。到北周时废除，并入广武（今永登）。但享堂地处三河要塞，由金城郡过郑伯津可达广武，故在地理上有着得天独厚的优势。隋唐以后，称为巴燕庄，“巴燕”，蒙语的音译，富饶之地的意思。享堂羌语“羌塘”（水边平地之意），唐初朝廷平定薛举和李轨在河西走廊和青海东部的割据势力后，遂出现了“降唐”的名称。宋代，这里是唃厮啰的辖地。明代，居住在今民和地区的土司李英，以军功封会宁伯。他死后葬于此地，并设祭祀宗族神佛用的祀亭、享堂等建筑设施，便定名“享堂”。后来这些设施虽倾圮无遗，但“享堂”这个名称，沿用至今。

享堂因地处甘、青两省交界，扼享堂峡之咽喉，据浩门河之险要，自古以来是兵家屯兵镇守的军事战略要地。明清时代及民国、国民党时期，都在享堂桥头设立关卡重兵镇守。西南芦子沟台古城遗址，传说是浩门古城。东南土墩一座，传说是东汉名将马援的点将台。有首民歌形容享堂的山水地理形势：“金钟玉鼓八楞山，二龙戏珠的享堂。”前一句指享堂背靠三座小山，左面一山形似大钟，誉为金钟。右面一山状同鼓形，夸为玉鼓。中间一座竖立八道山梁，名为八楞山。湟水、浩门河分由西、北两面流来，在享堂汇合，而享堂正居中间，故称二龙戏珠。享堂有明会宁伯李英墓，墓位在八楞山前，旧称风水宝地。墓地原有神道碑数通以及翁仲等物。民国时期修建军营，或被偷盗，或被破坏削平。20 世纪 80 年代初，我县考古工作者赵存禄在享堂部队营房一次古迹调查中偶然发现了东伯府六门始祖墓碑，又一次在原县党校操场发现了《大明已故会宁伯李公神道碑》，从此李英生平事迹才得以昭然天下。享堂旧有街市一条，为东北西南向，过去这里客店饭馆林立，小摊铺户众多，往来行人商旅络绎不绝。尤其马帮脚骡，驮载着各类货物，一批跟着一批，在此暂歇充饥，互相追赶，烟尘满路。清乾隆时，享堂峡口曾架桥于大通河上，光绪年间桥毁复建“握桥”，直至民国时期始建木平桥，后又建简易铁吊桥一座，再后来修建铁路大桥两座、公路大桥一座，是甘、青铁路公路大动脉，往来车辆穿梭其间，最远的货物可达西藏拉萨。除兰青铁路外，还有一条起自海石湾过桥进入享堂峡至窑街的货运铁路，主要运输煤炭。清代文人钱茂才曾赋诗赞美享堂：“才过盘山渡口船，斜通一径又前川。危桥接岸虹腰细，碧水澄潭镜面圆。野树含风千嶂雨，夕阳射影几村烟。青帘动处归来晚，回首依稀忆去年。”诗人以渡船、危桥、碧水、野树尽染夕阳之下，村中炊烟袅袅，酒馆青帘飘舞的动感诗句赞美享堂曾经有过的美丽景象、独特魅力和人文光彩，读来颇感亲切。

移享堂视线于阿拉古山下西行四五里，便是又一要冲——史纳村。史纳之名，据著名学者、史学家李文实先生考证，即藏语“石乃亥”的别译，其义近于汉语的“黝黑”。民和土语史纳的意思是山峰向左右分开，中间夹角称“史纳”。另外，史纳位于阿拉古山南麓山下，湟水北岸，很早以前，这里树木葱郁，曲径通幽。据《西宁府新志》载：“阿剌古山在县东一百里，有林木，山顶平坦，可以耕牧。西连老鸦峡，东俯享堂桥，南临湟水，北接大通。”夏秋雨后，云雾缭绕，山峦苍黛，湟流满涨，烟雨茫茫，宛如一幅“北山烟雨”画图，成为川口一大自然景观。

由北向南依次是吊桥、原甘青公路桥、连海铁路桥

史纳历史上称古南凉廉川堡。据《西宁府

新志》载："廉川在县（指乐都）东近庄浪界。晋太康二十一年，鲜卑秃发乌孤击败乙弗、折掘等部，筑湟中廉川堡都之。"《辞海》廉川堡条云："廉川古城堡名，故城在今青海省民和县西北。""东晋太元十五年（390 年），乌孤率众南下，进入湟水流域。次年，乌孤先后征服了曾一度叛离的乙弗部和折掘部，从而在湟水流域立住了脚。同年，令部将石亦干筑廉川堡（址在今民和史纳古城），作为秃发氏在大通河、湟水流域的政治统治中心。廉川堡东凭黄河，西依西平，南达浇河（民和官亭黄河以南），北窥姑臧（武威），进可攻，退可守。从此，秃发氏以廉川堡为根据地，开始了新的发展时期。"（《青海通史》）根据以上记载，廉川堡当是民和县史纳村。现尚有古城遗址，此堡北靠阿拉古山，面临湟水，右控老鸭峡，左挟享堂峡及浩门河，在历史上有着非常重要的战略地位。

史纳还有一段富有传奇色彩的美丽传说。相传史纳北靠阿拉古山下的古城堡遗址，是唐朝有名的锁阳城。正所谓："史纳名城号锁阳，指点犹能说盛唐。"唐代征西大将军薛仁贵之子薛丁山在征西途中，与樊梨花产生了爱慕之情，在此终成姻缘，薛丁山胞妹薛金莲与樊梨花在锁阳城下横刀立马比武打斗，一展巾帼英姿，留下了姑嫂逞英豪的历史佳话，流传至今。如今，锁阳城已是樯橹灰飞烟灭，觅无踪迹，但凭美丽的传说聊发感慨而已。取而代之的是，1959 年秋，兰青铁路在史纳建起了火车站，四方旅客在此乘车南下，八方货物在此装卸运输，加之 1970 年中国有色金属工业公司在此建设民和镁厂，成为我国重要的重工业基地。1985 年后这里陆续建起多家硅铁厂，成为省内外红极一时的硅铁走廊，近年来又拆除了湟水河上通往史纳的大桥，重建了耗资近 5000 万的立柱高架结构民和大桥，连通了史纳以及 109 国道，史纳名扬天下。如今民和镁厂利用厂房地盘资源，凭借史纳得天独厚的铁路、公路畅通兰青优势，率先抢占市场先机，发展物流业，前景大好。

沿史纳西溯就是素称"河湟锁钥"的老鸦峡。老鸦峡本地口音也叫老哇峡（"老哇”藏语音译为“龙哇”，意为“沟峡”)。地处乐都民和交界处，全长 30 多里。峡谷峭壁耸立，巉岩巍峨，悬崖之下湟水奔腾咆哮，观之使人目眩。清人钱茂才曾吟诗《老鸦峡》:“曲径迂回两岸间，斜阳卸影鸟飞还。云垂峭壁青千丈，风波奔流绿一湾。踏破丹梯崖作磴，凿开石锁路为关。当年浪费五丁力，剑阁巉岩只一般。”这里诗人以剑阁蜀道来形容老鸦峡难于上青天的险峻程度。据《西宁府新志》载：“老鸦峡在县（碾伯县，笔者注）东南五十里。即南北二大山之峡。湟水流其中，亦系赴皋兰捷径。傍厓行，随湟水出峡，逾享堂桥，与南大山旧路合矣。内有大小石厓，极峻折，俗谓之大小鹦哥嘴。碾邑徐令志丙捐俸开修大石厓，已平坦。小石厓人力难施，少觉艰阻。”从这段记载，我们可以看出，古时老鸦峡并无道路，只有一条崎岖难行的羊肠小道，而且还不时地从头顶落下巨石，砸死伤人者多有传言，常无人问津。尤其峡内大小鹦哥嘴，巨石嶙峋，悬于山岩，猛然突出，挡住去路，时时似有坠下之虞，道路艰险犹如蜀道。当地民间曾有传说，古时当地土著人多用毛驴骡马驮运货物进出老鸦峡，凡经过大小鹦哥嘴时，需在几里开外高声喊叫，听对面有无回声，若有，则在此等候；若无，方可小心翼翼通过；如若两方狭路相逢，只有讨价还价，将一方的毛驴或骡、马推下悬崖的湟水中去，否则谁也别想通过。正因老鸦峡狭窄险峻，西汉大将赵充国自廉川古堡袭攻四望峡（老鸦峡）先零诸羌时，派奇兵轻装入峡，羌兵料知汉军绝无进兵老鸦峡，故而未派兵在西峡口镇守，致使汉军在西峡口集兵万余。翌日晨，汉军袭攻，一役便将先零诸羌击毁。清乾隆时，碾伯县令徐志丙捐献俸禄开凿老鸦峡，但也只不过通人马而已，车辆无法通过。民国时期在老鸦峡开凿过公路，但道路狭窄，弯多不平，常有交通事故发生。1949 年以后，在老鸦峡开凿了两车并行的 109 峡谷公路，同时，修凿了兰青铁路通道，从此，汽车、火车穿梭峡谷。近几年又修通了兰西高速公路，不但建起了高架桥，还凿山劈洞，修通了老鸦峡 1#、2# 进山隧道，老鸦峡已是天堑变通途。

夕阳西下，落日的余晖辉映着整个湟水河谷，镜面一样的河水反射着红彤彤的光芒，一切都在阳光的沐浴之下。顺眼往东眺望，在名叫干滩的河湾东部，一段高高的台地掩映在浓浓的黛褐色之中，这里就是明隆庆三年(1569 年)，为抵御大小松山（今永登县境内）蒙古阿勒坦部落南侵而修筑边墙的地方，故名边墙。据记载，边墙底阔七尺，顶阔三尺，实台高一丈，垛墙四尺，共高一丈四尺。随着经年累月的冲刷，边墙只剩下一些残存，真正的边墙已成为历史的记忆，再也寻觅不到。但这个边墙的地方，因马家窑文化马厂类型的发掘而声名远播。那台地上面残存的墓坑和散落的瓦砾碎片，足以使您凭吊马厂文化的辉煌灿烂!

兰青铁路通车到民和结束了青海没有铁路的历史

南望，巴州沟口的吉家堡、果园，都是古堡寨园。吉家堡是明初归属土司吉保的封地，因其族人筑堡而得名。吉家堡村南的东侧台地上有一处遗址，为原始社会新石器时代末期距今四五千年前的古文化遗存，包含有马家窑文化的马厂类型、半山类型。为县级重点文物保护单位。果园村在镇治以南五公里，原系李土司的果园，故而得名。

伫立山城垣良久，也该说一说脚下这座城垣。山城垣，又叫西山城垣。山体并不高，海拔也就二百来米吧。所谓垣，就是山顶如平原，垣上全是肥沃良田。其实，山城垣并不是我们想象中的只是一座山，而是一座古城堡。据当地老人们讲，这是明正德八年(1513年)修筑的一座御侮外敌的军事防守堡寨。那时有兵将把守，还有瞭望用的城楼、烽火台。曾考古发掘出许多古墓葬、灰坑和残陶片、铁器、玉、骨之类的饰品，属马家窑文化马厂类型。20世纪60年代末，古城墙在大会战平整农田之前还可看到大部分样貌，后来只留下一些断壁残垣，以供人们凭吊。为省级重点文物保护单位。

再近观东垣滩，面对眼前诗情画意的古垣新区美景，难以想象昔日的东垣滩竟是荒无人烟、蒿草满滩、墓冢成丘、野兽出没的“乱蒿”。20世纪50年代，东垣渠兴修通水，东垣滩变成了米粮川。跨世纪以来，代之而兴起的是川垣新区。您看川垣大道笔直宽阔平坦，高楼大厦鳞次栉比，人头攒动，车辆如流，一派

胡同道的畅通打开了新老城区的发展瓶颈

现代时尚的繁华景象。过去“亡便台”上那些大大小小黑咕隆咚的窑洞不见了，埋着万人骸骨的“血沟”填平了，并盖上了楼房。胡同道两旁破旧的民房不见了，如今已成为民和乃至青海省内最具文化内涵的景观大道，路宽达到了六七十米。现已修建休闲人行道和文化墙，雕刻反映民和历史文化如喇家遗址、马家窑文化马厂类型彩陶、土族纳顿等历史文化景观以及万亩桃园、西沟瀑布、七里寺等自然景观，并石刻古人咏赞民和的诗词、今人颂民和的《民和赋》《桃花赋》等，使胡同道成为了民和一道最为亮丽的休闲览胜风景线。

透过历史的烽火烟尘，历数经年的岁月沧桑，川口镇自古以来就是古堡名寨。这里曾经燃起过羌汉征战的烽火狼烟，留下过赵充国屯兵垦田的猎猎汉风，边民拓荒的辄印足迹；这里曾经摇曳过丝路南道悠然的驼铃声，飞扬过唐蕃古道上车辇的潇潇风尘；这里曾经擂响过秃发氏征战疆场的隆隆战鼓，响彻过李自成农民义军进军的激烈枪声……

川口小镇，经历过历朝历代太多的凄风苦雨，饱经风霜。随着人民解放军解放的号角，回到了人民的怀抱，并已成为民和县政治、经济、文化的中心，而且川口小镇那丰厚的历史文化底蕴和多元文化基因，使其早已成为县内首屈一指的文化大镇。因而早在国民党时期，曾受到国民党高层以及文化名流的垂青。民国二十六年（1937 年），著名学者、史学家顾颉刚先生到民和考察；民国三十年（1941 年）5 月，蒋经国、蒋纬国兄弟来民和游览观光，并在学校等处演讲；同年 10 月，国民党元老、监察院院长于右任来民和视察，为川口清真大寺书“开天古教”匾额，阅李土司家谱，作观后题名；民国三十二年（1943 年），著名国画大师张大千与甘肃名人范振绪，路过享堂逗留数日作画、写字，并观看成吉思汗所赐的“唐卡”（绢制佛像，现保存于享堂菩萨庙）；民国三十四年（1945 年）7 月，国民党司法院长居正来民和视察，阅李土司家谱作观后题名；民国三十六年（1947 年），著名考古学家裴文中来民和考证“马厂文化”遗址。

川口镇不仅有着历史文化名镇的美誉，而且素以“瓜果之乡”闻名遐迩。川口人历来有种植桃、杏、梨、苹果等瓜果蔬菜的传统技艺，桃杏梨花“春满梨花枝上头”的盛景更是享誉省内外。三红苹果、巴梨、软儿梨以及享堂西瓜等一度成为省城西宁人的抢手货，蔬菜更不用说，20 世纪七八十年代，山城、史纳村种植的辣子、茄子、西红柿、黄瓜等都是专供西宁居民的盘中菜肴。居住在川口的回族同胞，历来善于经商，尤其回族的饮食文化堪称省内外一绝，当你留恋于川口的饮食小摊，抓一盘酿皮，来一碗臊子面或是羊肉面片，米糕、甜醅等等，顿感幽香满口，回味无穷。如果再来一盘热腾腾的手抓羊肉，尝一口，酥嫩爽口，肉香扑鼻，令你话悠悠，笑悠悠，梦也悠悠！

行走于故土川口，浮想联翩，感怀无限。我常在想，这块厚重的土地，一定有一个鲜活的灵魂在护佑，那就是历史文化、宗教文化、丝路文化、古道文化、商业文化和民俗文化交汇融合的传统人文精神。在历史的长河中，川口人继承和发扬这种传统人文精神，才有了今日富饶美丽之川口。

注目川口，敬仰川口！

允吾古城下川口

下川口村是民和回族土族自治县马场垣乡下辖的一个村，也是自甘肃进入青海东部的第一村。有史以来，下川口因种植桃、梨而闻名河湟，是青海有名的“瓜果之村”。

自民和县城往东四十里，便是有着悠久历史的古允吾（读“沿牙”）县治所下川口村。历史上的下川口村，是一片水草丰茂的绿洲，秦汉以来是羌人牧养生息的地方。最早居住的先民是羌族的先零羌部落一支，“允吾”为羌语，本意即“下川”。据青海古藏语专家吴均先生考究，“允吾”一词是羌语地名的汉音译，意为“左川”，左川即下川，后更汉语地名为“下川口”。又因当时的地理形势，下川口位于隆治沟（古龙支）沟口子，与马场垣和巴州沟口即上川口相对应，因而称为下川口。

下川口为西汉金城郡治及其允吾县治所。《汉书·地理志》和《后汉书·郡国志》载：金城郡置于汉昭帝始元六年（81年）。初置金城郡时为六县，汉宣帝神爵元年（前61年）陆续设置包括允吾在内的七个县，共领十三县。其中允吾县就在今青海境内湟水流域的下川口村。自此，青海东部地区正式纳入中央王朝的郡

下川口村全貌

县体系。不久，随着西汉统治区域的向西扩张，金城郡治也从原来的金城县（今甘肃兰州西固城）迁到允吾。关于允吾的地理形势，郦道元《水经注·河水二》曰："允吾，金城郡治也。"《地理志》曰："浩门水东至允吾入湟水。又东迳允吾县北，为郑伯津，与涧水合。"《中国古今地名大辞典》中的"金城郡"条解曰："金城郡，汉置。今甘肃旧兰州西宁二府地。治允吾。"

20 世纪 50 年代，经考古发现，在今下川口村西北约 700 米处靠近湟水高出水面 40 多米的台地上发现了一座古城遗址，考证就是两汉金城郡治。允吾县古城址据说在今下川口村南马王庙内，门外街上还修过钟鼓楼。下川口之所以

西汉允吾县遗留的城墙遗迹

设金城郡治及允吾县，是因为北扼湟水东去，南据允吾谷（后称龙支谷、今称隆治沟）河水流至谷口入湟，下川口正处在这两水间的一片扇形三角洲上，湟水以北及古城西南又有高山峙立，形成天然屏障，地势险要，宜守难攻。而且，这里不但紧扼黄河的几个重要渡口，也是控制河西走廊的咽喉，通达古湟中（河湟）地区的门户，其地理位置非常重要。可见当时把金城郡治移到允吾，是颇具政治远见和战略眼光的。

允吾县曾为丝绸之路所经之地，古时的商旅从临津古渡往北经由此处之渡口——郑伯津，可渡湟水达甘肃永登进入河西走廊。据《西宁府新志》载："郑伯津，在县（指乐都县）东，今下川口。”《汉书补注》指出:“郑伯津，即河津也。”“津”是渡口的意思。经考古专家考证，“在距下川口古城西约五公里的马场垣乡磨湾子村杏园子,有至今未废的‘杏园渡口’,即为‘郑伯津’”。《西宁府新志》云:“在上川口东二十五里，西即湟水与浩门水汇合处也。为小路通径，李土司所辖土人备伐以济。冬月则中结为冰,谓之冰桥。”离渡口南岸不远处发现有破土堡遗址，该土堡当时是一座具有防御工事性质的古建筑，为监守湟水渡口而设，由此推断“郑伯津”为汉代金城郡之交通要塞。

下川口地处湟水南岸,是一块风水宝地,为民和地势最低之处,海拔 1650 米，土地肥沃,气候温和,物产丰富。早在 1000 多年前就盛产瓜果、蔬菜,尤其种植桃、梨、杏，历史悠久，闻名遐迩。“麹与游，牛羊不数头。南开朱门，北望青楼。”这是晋代民谣《麹游谣》中的句子。据歌谣中描述,金城郡有麹姓、游姓两大家族，他们的财富众多，拥有的牛羊不计其数，家里红门朝南而开，北边是豪宅。由此可见，金城郡十分富有。据《西宁府新志》载：“距上川口东四十里，即下川口之川也。北界湟水，南连河州。居民田畔皆植果木，春来万树梨花，水光映带，行人驻马举鞭，指为异景。”故自汉宣帝设置允吾县，梨、桃、杏树已成垣上景观，尤以梨树为最，遂称“允吾梨花”乃民和八景之一。梨、桃均为高田作物，自古而植，由此推断，下川口种植桃树应西汉始，至今也有 2000 余年的历史。故金城郡下，童叟种桃，怡然自乐。每逢“谷雨”时节，这里已是满树梨花盛开，满川花香四溢，花树重叠，如云锦铺天盖地，如雪似玉，洁白万顷。杏桃初开，红粉相叠，如一幅天然的水彩画卷，美不胜收。艳阳映照之下，流光溢彩，璀璨晶莹，随风荡漾，真是“忽如一夜春风来，千树万树梨花开”，令人心醉神迷。清人杨应琚、徐志丙登川口云林阁时写道：

允吾梨花盛开

一夕山风衣倍加，
晓来板屋乱鸣鸦。
开门惊道满庭雪，
细看方知是梨花。

河水洋洋世不休，
寻芳何必在芳洲。
东风一夜无人见，
春满梨花枝上头。

从这些诗句的描写中，我们可以看到当时民和县上、下川口栽培梨花的情况和梨花开落时的盛景。因之“允吾梨花”，下川口人民以经营农业和各种高田作物为生计，就必然在各种果花盛开之时去祭叭蚱虫王，以盼望消除各种虫害，保证各类果实丰收。故每年谷雨前后三至五天，奉诵皇经、摆灯点蜡以祭之，这是以叭蜡庙为中心的一年一度的祭祀活动，故名“果花会”。届时，村民自发组织戏班子演唱传统秦腔剧目，唱戏喜神娱人，又称“果花戏”。那时看戏剧、玩赏梨花、赶会之人，络绎不绝，接连数日，历久不衰。如今，农业科学技术的不断推广应用，代替了祭祀叭蚱虫王的做法。因而，“果花戏”又变成了为丰富农民群众文化生活的娱乐活动。据了解，下川口业余秦腔团，至今最少也有140 多年的历史。

丹阳古城话丹阳

丹阳古城（白土城）被青海省政府命名为省级文物保护单位

在民和县南部中川乡的辛家村北坡，有一处省级文物保护单位——丹阳古城。凭吊万畴田禾之中的丹阳古城，感受丹阳公主的美丽传说，也算是一次古代历史文化的熏陶。

及至近前，登上城墙，一览空廓，麦浪翻滚。凝目许久，一丝岚气升腾，觉得眼睛有点儿模糊，忽然一亮，只见得一座古城屹立眼前，城上帅旗猎猎，城下将士威严，四门洞开，车马嘶鸣，行人如织。城内酒旗飘飘，弦歌悠扬，男女衣着，悉如异服，山货珍禽、桑麻粟米，间或丝帛玉器，市井贸易，秩序井然，山人土著，怡然自乐！啊，难道这就是遥远的东汉白土县城吗？

一阵清风徐来，眼前的城池恍惚间烟消云散。不见了繁华街市，不见了巍峨殿堂，没有了战马嘶鸣，没有了弦歌悠悠，只留下残垣断壁的绵延城墙四四方方像是一个城郭，四面城墙中间有四个豁口，想必是当初的城门。环顾四周，

丹阳古城残存的城墙

那些苔藓累累、箭痕处处、风雨剥蚀、破败不堪的城墙，诉说着千年古城的战火灾变悠悠历史，随风起舞的麦浪摇曳着，仿佛诉说着丹阳古城和丹阳公主的千古美丽传奇。

丹阳古城位于民和回族土族自治县中川乡辛家村，坐落在寺沟峡盆地北部中心，黄河北岸第三台地前沿处。古城占地120亩，东西长365米，南北宽250米，平面呈长方形，夯土筑，基宽11米，高8.6米，南北开门，皆有瓮城，北瓮城门朝东，南翁城门朝西。城墙有马面。墙外有宽10米、深2米的护城壕沟。城内已成农田，但还能看出有一条南北向中轴大道。城内各处过去还散布有大量的砖瓦碎块及齐家文化时期的陶片，曾有考古者采集到宋“崇宁通宝”、兽面瓦当等遗物。这些遗物除齐家文化时期外，皆为宋元时期遗物。据《宋史·地理志三》疑为宋时的来羌城。此城系省级文物保护单位。远远望去，宽厚的城墙之上布满苔藓，似呈黑色，老百姓由此称为“黑城”，同时也称“丹阳古城”。明永乐年间，设宗水监黑城苑，这里为孳养官马的场地。

然也有人说这是东汉时期的白土县，汉安帝时设立，属金城郡。据《北周地理志》载:“白土县汉安帝时置。”《水经注》载:“河水（黄河）又东迳临津城北，白土城南。”《十三州志》载：“左南津西六十里，有白土城。城在大河北，而为

白土城古城

缘河津济处，北魏凉州刺史郭淮破羌遮塞于白土是也。”《大清一统志·西宁府表》记有："白土县汉置属金城郡。”相传唐宋时为金城属国之唐阴国所在地。

关于丹阳城，有两种传说：一种是此城居中川台地最高处，背山面河，东西南北来往要冲，形势开阔险要。杨家将当年据此，夤夜筑成，故名黑城。又因城北依凤凰山，凤凰山为红土山，居中川北，两翼向东西延展，成丹凤朝阳之势，故此城又名丹阳城。一种说法缘于丹阳公主的传说，相传宋朝中叶，丹阳城为唐朝金城属国之一小国唐阴国，国中有一公主名叫丹阳，她不但生得美丽贤淑，还文武双全，多有谋略。国王就把治理国家的重任交给她，于是，她带领国中百姓励精图治，丰衣足食，过得太平。不料，宋王朝掠地攻城，战火燃到丹阳城，丹阳公主为捍卫民族尊严，率众抵抗，策马征战，英勇杀敌，但终因不敌宋军数万大军的围攻，丹阳城烽火连天，血染大地，终于毁在烈焰火海之中。丹阳公主也湮没于烈焰大火，突然，在熊熊烈火中升腾起一支鲜血淋淋的大凤凰，一声呼啸，背负丹阳公主越过城北大山直冲霄汉。后来，人们为了纪念美丽的丹阳公主，便将白土城称为丹阳城，将城北的大山称为凤凰山，并且，妇女们从此身穿形似凤凰华丽色彩的衣服来缅怀她，纪念她。据说如今三川土族妇女仍然保存着上穿绿色夹袄，下穿绯红色百褶裙，脚穿绣花翘尖鞋的装束，就是那时为纪念丹阳公主而流传下来的。

在如今的民和三川地区，土族民间还流传着关于丹阳公主舍情夺旗、丹阳造面山、丹阳求贤、服饰与十全席和双阳公主的传说。

丹阳古城遗址

第二辑 璀璨民俗

民和花儿——飘荡于山野的芬芳

青柳垂丝夹野塘，
农夫村女锄田忙。
轻鞭一挥芳径去，
漫闻花儿断续长。

这是明朝诗人高洪作的组诗《古鄯行吟》之二。试想，那是明朝神宗万历年间一个春光明媚、风和日丽的日子，河州卫官员高洪骑马在辖地民和巡游，路经古鄯，山野青翠，野花争艳，在夏家河旁的一处池塘边，嫩柳抽丝，垂于水面，有一对夫妻就在池塘边的田地里耕种春播。忽然，那小媳妇一边劳动一边唱起了“民和花儿”，悠扬的令声在旷野里飘散，高亢呜咽，缠绵悱恻。于是高洪勒马驻足，细听品味，被那花儿的神韵所感染，遂赋诗一首，记录下民和古鄯地区自那时花儿已广为流传的景象。

这是民和花儿首次出现在明朝诗人的笔下，可见民和花儿传承之悠久最少也有 600 余年的历史，其开始形成的年代当在元末明初。花儿是流行在西北甘

七里寺花儿会盛况

青宁新四省区，汉族、回族、土族、撒拉族、东乡族、保安族以及部分藏族、蒙古族和裕固族等九个民族的民众用汉语歌唱的一种民歌。就其不同地域、不同风格一般分为两大类，河湟花儿和洮岷花儿。民和花儿属于河湟花儿的范畴。可以这样说，青海的花儿在河湟，河湟的花儿在民和，民和是花儿的窝窝。各族劳动人民非常喜爱花儿，有许多青年男女除了在村里、家中及长辈面前不唱花儿外，山间树林、旷野田地，处处飘荡着花儿的悠扬歌声和花儿的芬芳野味。究其地域性而言，历史上，民和主要有三个著名的花儿会，是民和花儿的三朵金花。

七里寺花儿会

七里寺花儿会在明朝就已盛行。每年农历六月初六，八方群众盛装举伞结伴

花儿漫河湟

而来，六七万人云集峡谷，一边畅饮药泉水，一边通宵达旦对唱花儿。七里寺花儿会是群众自发组织的民间文化盛会，演唱者均为民间歌手。演唱形式有独唱、对唱、合唱等，无任何乐器伴奏。演唱内容多为情歌。演唱者一般一手轻捂耳朵，根据内容需要，用不同的“令”来演唱，所唱曲令达40余种，代表曲目有《古鄯令》《尕阿姐令》《马营令》《二梅花令》等。七里寺花儿会因其浓厚的地方特色，再加上峡内药泉的吸引力，在西北地区颇负盛名。2006年5月20日，七里寺花儿会经国务院批准列入第一批国家级非物质文化遗产名录。

峡门花儿会

峡门镇位于民和县松树沟最南端，距离县城35公里，因镇西南15公里有石峡通向化隆县，两峰对峙，望之如门，故称峡门。峡门花儿会仅次于七里寺花儿会，明末民间就已自发聚会，清时开始盛行，历史悠久。每年五月端阳节在满山遍布眼眼清泉的乱泉滩举行。人们头戴杨柳帽，手提节日饭，痛饮清泉水，放声唱花儿，别有一番情趣。据传，峡门花儿会是五月端午节群众为纪念屈原投身汨罗江而自发组织形成的民间文化活动。这一天，地处大山脚下的峡门镇家家吃凉粉、酿皮、甜醅、三角韭菜包子、粽子，户户大门头和房檐上插杨柳枝，男女佩戴香草荷包，并以五色线扎颈、脚、手腕。青年男女穿新衣赶赴花儿会。届时甘、青、宁等地的群众也盛装举伞结伴前来。人们在峡门镇所在地的树林里席地而坐，聆听花儿。唱花儿的、听花儿的、浪花儿会的集聚峡门，树林里、半山坡、河滩边，到处是一圈一圈花伞组成的人圈，这圈一曲女声花儿唱罢，那圈一曲男声花儿又起，此起彼伏。甚至形成对唱阵势，一曲接一曲，那曲曲花儿，时而高亢洪亮，时而低沉幽怨，和着青年男女的笑声、吆喝声、口哨声、鼓掌声，飘荡在空旷的峡谷之中。整个峡门镇人山人海，摩肩接踵，人头攒动，热闹非凡。近年来，随着全镇经济发展水平的提高和群众生活条件的改善，群众参与峡门端午节花儿会的热情也越来越高，于是镇政府牵头每年举办峡门花儿会，吸引了大量邻县乃至邻省的花儿爱好者。如今，峡门花儿会已经成为峡门镇一项发展城乡经济、繁荣和活跃城乡群众文化生活的盛会。峡门花儿会花儿所唱内容多为情歌，表达男女之间的爱恋、思念之情。花儿曲令多达三四十种。主要有以地名命名的，如《峡门令》《古鄯令》《马营令》《甘沟令》《川口令》《河州令》等，还有以唱词中衬字命名的如《白牡丹令》《水红花令》《大眼睛令》《尕阿姐令》《尕马儿令》等。峡门花儿会一般会期三天，这三天真是人如海，歌如潮，是庄户人家尤其是青年男女最舒心快活的时光。

本康滩花儿会

本康滩位于民和县满坪镇南大山脚下的山庄村，每年六月初八的本康滩花儿会就在山庄村的河谷里举行。本康滩花儿会因本康滩藏传佛教寺院每年六月初八的宗教祭祀活动而盛行。本康滩寺始建于明洪武年间，为塘尔垣龙合寺之属寺。每年农历六月初八这一天，寺院要举行大型的宗教祭祀活动，四面八方的善男信女都来参加法会，距今已有600多年的历史了。而离寺不远的南大山河谷地带，祥云缭绕，苍松如黛，绿草如茵，山花满坡，大块滚石横卧河间，农田相间，绿浪滚滚。就在这一天，青年男女自发组织的花儿会也在这如诗如画的本康滩举行，届时，四乡八村，土、藏、汉等各民族群众身着节日盛装，熙熙攘攘，向本康滩花儿会场赶来。从河谷到田野，密密麻麻，水泄不通。这里唱“少年”不拘形式规则，一般都是“亲会亲，友会友，熟人中间接‘连手’”。歌手们老早各占地理，拉开赛花儿的阵势，“开靶”的多是女艺人，她们精神抖擞，首先发出扣人心弦的歌声。顿时，整个山谷悠扬、高亢的花儿声此起彼伏。

花儿演唱

尤其男女对唱花儿是花儿会上的奇特风景。一经交锋，青年男女心中的“少年”犹如这山谷的清泉水滔滔不绝，有板有眼，有根有据，一问一答，依次献唱，争夺魁首。本康滩花儿会流传的花儿曲令有百种之多，广为流传的也有 40 多种。如《白牡丹令》《河州令》《尕马令》《脚户令》《大眼睛令》《仓啷啷令》《尕阿姐令》《水红花令》《撒拉令》《保安令》《憨敦敦令》《直令》《三闪令》《马营令》等。本康滩花儿会曲令丰富，以抒情见长，文辞优美、朴实、生动、形象，结构严谨。行段分为四句、六句两种。演唱也比较自由，并且以独唱为主，也有对唱和联唱。其曲调悠扬、高亢、奔放。

民和花儿原本不叫花儿，民和山乡农村普遍叫其“少年”。其实，“少年”才是最原始、最贴切的叫法，后来各地都叫花儿了，民和“少年”自然也就随大流称其为花儿了。花儿是一种以情歌为主的民歌，所唱都是言情之物。民和花儿也不例外，花儿的歌词无所不寓，无所不含，无所不包，借神话传说、民间故事、历史事件、历史典故、人物传记、山川风物、奇风异俗、草木虫鸟，天文地理、民族人物、社会宗教、三教九流，五花八门，堪称西北的“百科全书”。表情达意，简洁明快，或歌唱真挚纯洁的爱情，或倾诉生活中的坎坷遭遇和种种不幸。也以花儿的形式讴歌党和社会主义，赞美改革开放，歌唱新人新事等。

民和花儿作为一种文化业态，是一种多变的、多样的活态文化，也是一种极具本土地域特性的文化。在历史长河中，逐渐成为一种特色文化。但就其地域性而言，民和花儿处在洮岷花儿与河湟花儿的民俗文化传播带上，有其流传深广的特殊地域文化成因。临夏州、积石山县大河家与官亭等三川土族聚居区，杏儿藏族聚居区，马营、大庄回族聚居区，古鄯汉族聚居区，西沟回汉地区，巴州、川口回汉地区，峡门地区以及湟水流域的乐都、平安县，还有大通河流域的永登等地，正是洮岷花儿与河湟花儿的民俗文化圈，而民和正是处在这样一个花儿流行广泛、民族众多、曲令较多的传播带上。尤其古鄯位居正中，历史上又是执政地位较高和地域文化较为发达的地区，因而每年从农历“端阳节”至“六月六”期间，全县各地的花儿演唱活动此起彼伏，如火如荼，是当地重大的民俗活动，有着广泛的社会影响和深厚的群众基础。

尤其七里寺花儿会虽然以当地群众参加为主，但由于其特殊的功能价值，在周边地区也很有影响。届时，民和县、乐都县以及甘肃一些县市的群众也来参加，构成了特殊的民俗文化圈和多重关系。

民和花儿处在慈利寺宗教文化和药泉圣水的人脉地气之上，具有鲜明的特色。七里寺位于县城以南古鄯镇境内的小积石山，距县城 40 余公里，离古鄯镇 11 公里，海拔 3200 米。七里寺峡风景十分秀丽，遍地花草艳丽，满山树木葱郁，周围没有人家，环境幽静优美，为以情歌为主要内容的民间花儿演唱会提供了最佳场所。每年农历六月初六，六七万各民族群众盛装举伞，云集峡谷，通宵达旦对唱花儿，热闹非凡。据民间传说，七里寺花儿会已有三四百年的历史了，从而使这里充满了宗教神秘的色彩，花儿会与药水泉之间又产生了一种相互依赖的关系，由于独特的人文地理环境和民俗活动形式，这里已是民和花儿传承发展的特殊土壤。

民和花儿有其独特的曲令。民和传统花儿，整体结构、句子节奏、韵律都很别致独特，有着非常鲜明的个性。如扇面对结构，单、双字尾的交叉使用，交韵、复韵的大量使用等等。其结构形式有四句式的，如：

阿拉古山上的烟瘴大，
大通河里的水大；
出门的阿哥孽障大，
家里的尕妹苦大。

也有六句式的（又叫折断腰），如：

十冬腊月好寒天，
羊吃了雪，
牛吃了路边的马莲；
若要我俩的婚姻散，
三九天，
青冰上开一朵牡丹。

花儿有着非常丰富的曲令，仅河湟花儿的“令”（调儿）就多达100余种。流行在民和的花儿曲调，也有十数种之多。其中以地区命名的主要有峡门地区的《峡门令》，如《尕马令》《水红花令》;巴州地区的《巴州令》，如《尕阿姐令》《山丹红花儿开令》《溜溜儿三令》；古鄯地区的《古鄯令》，如《二牡丹令》《三呀儿绕令》《白牡丹令》;马营地区的《马营令》，如《尕妹妹令》《水红花令》《河州令》；三川地区的《三川令》；川口地区的《川口令》以及县内比较盛行的《洮州令》等。以劳动形式命名的有《拔草令》《铡刀令》等。以特定的衬词命名的有《白牡丹令》《三啦啦令》《尕马儿令》《水红花令》《大眼睛令》《二梅花令》《直令》等。以民族命名的有《土族令》《保安令》《撒拉令》等。不同曲令具有不同的音乐风格，或豪放刚健，高亢激越；或委婉动听，情意缠绵。演唱形式通常为独唱或对唱，旋律优美，音调高亢悠扬，节奏较为自由，一般都有拖腔，音程跳度也大，音域宽广，演唱时低音区与中音区多用真声，高音区多用假声，音色上形成了鲜明对比。但无论哪种曲调，都是声调高亢悠长，旋律优美动听，各具特色，别有风味，具有很强的艺术感染力。

每年初夏青苗拔节的时候，就是媳妇、姑娘们的拔草季节，在民和各地的山间、田野经常可听到悠扬的花儿声。拔草的媳妇、姑娘们头戴花头巾或白凉帽，身穿花衣衫，虽然劳动辛苦，可心中充满了喜悦和兴奋，因为只有这时，她们才能摆脱传统的束缚，一展歌喉，一吐情怀了。你听：

花边的草帽往前戴，
恐害怕南山的雨来；
尕妹妹生下时阿哥爱，
桦林滩你把我找来。

于是，夏日的田野在这花儿声中显得分外美丽。最有趣的要数对唱，小伙子们来到拔草地边和妇女们对唱，即兴编词，各自选择喜欢的曲令，你一首，我一首，情真意切，若小伙子输了，妇女们就群起而攻之，使小伙子们抱头而逃。有时，她们还主动和人对歌，对上了，敬你如宾；对不上，她们就数落你，连一口水都不让你喝。

在漫长的历史长河中，民和各族人民常年劳作在村郊山野的田间地头，青年男女在劳动之余便唱花儿来抒发感情，表达心声。但由于封建礼教的束缚，花儿这种表达男欢女爱的言情之曲，被认为是“野曲”，在村庄里或家里是不允许唱的，否则就是大逆不道。因此，花儿多在户外唱，每年的五月端阳节、六月六在古鄯七里寺、峡门直沟、满坪奔康滩等地都有民间自发组织的花儿会。届时，苍松翠柏之下，处处花伞聚集，花儿声声，情歌悠悠，一幅山野浪漫情趣图。歌手们放开歌喉，不拘小节地以歌传情，以歌会友。花儿会上，往往民间歌手一人演唱，万人相和，一人提问，万人回答。一连几天，漫山遍野，人山人海，歌声如潮，震撼山川，昼夜不息，歌声、笑声、掌声、欢呼声、喝彩声汇成欢乐的海洋，使人如聆天籁，余音绕梁，三日不绝。

除此之外，有两首清代民和花儿说明了早期民和花儿也有三句格式的，后来慢慢演变成了四六句式。如西北花儿传承人赵存禄先生于 20 世纪 80 年代初，在民和峡门乡深巴村老人李永盛口里搜集到两首清代的三句格式民和花儿，一首只记录了前一段的花儿《半湾令》是这样唱的：

“枇杷花儿罐罐铃儿（哈）像哩，
这一个花儿让我给阿姐唱哩。
阿姐！”

第二首《三湾令》是这样唱的：

“大山的根儿里（就）捋雪茄（呀），
提篮儿挂在个枝子上，
种子儿撒在个地里；
给我的姊妹（哈就）说多谢（呀），
清眼泪淌在个腔子上，
哭哩儿哭哩地去哩。”

民和是“河湟花儿”的发祥地和主要流传地区，由于特殊的渊源关系，这里的花儿演艺人才很多，新秀不断涌现，一代接一代，代代有传人，是民间歌手成长的摇篮。自 20 世纪 80 年代有东乡族马俊，回族马占青、王有德、马穆罕、马英果，土族喇明寿、徐秀福，汉族李永盛。女歌手有土族马西春，汉族李英桂、谢明芳、李桂兰、云正花、张英芝等。

全体演员谢幕

跨世纪以来，先后涌现出了索南孙斌、张存秀、鄂福全、吕晓明、裴燕、周玉才等后起之秀。

李英桂是典型的古鄯七里寺正宗流派的花儿歌手。她出生在古鄯镇古鄯村，从小酷爱花儿歌唱。她的一生是在贫困中度过的，她却是当地精神文化生活中最富有的一位。她坦言："小时候在野外放羊时唱花儿，在讨饭的路上还唱花儿。有时饿得走不动了，坐下来唱花儿。唱起花儿，我就忘记了一切。"花儿是她的精神支柱，花儿是她的心头肉。她冬练三九，夏练三伏，痴心于学唱花儿，最终将流传在古鄯七里寺的花儿《古鄯令》《马营令》《尕阿姐令》等地方曲令唱到了最具原生态的境界。1977 年，她参加了县上举办的花儿培训班，经老师和花儿歌手们的"点拨"，演唱水平一下子达到了炉火纯青的地步。就在这一年，她被选拔参加了全省花儿大赛，一路过关斩将，摘取了青海省首届花儿大赛的桂冠。省民族歌舞团的领导当即表示吸纳她到省民族歌舞团工作，专门演唱花儿，并计划派她参加青海赴京"花儿演唱团"进京演唱。但她丈夫极力

反对，使她失去了人生的转折和在花儿演唱中空前绝后的锻炼机会，一颗花儿之星没有绽放其璀璨的光芒，被深藏民间。为此，她抱憾终生。而失去专业的演唱机遇并没有使她气馁，相反更加使她愈加热爱花儿，依然放开歌喉唱她心中的爱、无奈和苦与乐，并热情于传承、指导古鄯地区有发展前途的青年男女学唱花儿，培养了一批七里寺源流的花儿歌手，他们活跃在各个花儿会场大展风采，成为七里寺花儿会一道美丽的风景线，同时也推动了七里寺花儿会兴盛不衰，各种花儿曲令不断传承发展。

马俊是在素有“花儿之乡”之称的官亭镇成长起来的一个土生土长的东乡族花儿歌手，凭着对“青海花儿”的执著热爱和不懈追求，2002 年将古老的青海花儿唱到了号称亚洲维也纳金色大厅的北京音乐厅。

马俊，这个河湟两岸家喻户晓妇孺皆知的名字，几乎已和花儿密不可分。多少年来，他的花儿的独特艺术魅力，在河湟地区长盛不衰。民间传曰：

马俊的花儿唱下得扎，
名声大，
赛过了高音喇叭；
好花儿一肚子两肋巴，
好砝码，
唱红了千家万家。

马俊从小唱着花儿长大，上学读书时常参加文艺演出。1985 年民和县举行花儿调演，马俊参赛并获一等奖。1986 年，在海东地区民歌调演中再次夺魁。他英俊洒脱的形象，粗犷、奔放、富有魅力的歌声，在表演场上赢得了雷鸣般的掌声，也引起了县、地、省有关部门的重视。同年 8 月，他代表青海省参加

花儿王子马俊

了“全国第三届民间音乐舞蹈调演”，获得二等奖。之后被留在青海省民族歌舞团，成了一名专业的花儿歌唱者。他拜朱仲禄先生为师，开始向歌唱花儿的高峰冲击。1988 年，青海昆仑音像出版社发行了马俊主唱的《青海花儿》；1989 年，陕西省西部音像出版社发行了他与苏国英、温桂兰的无伴奏男女声对唱《青海花儿干咂》等盒带，对人们了解花儿的对唱和徒歌的风味，是很有帮助的。马俊演唱的《河州三令》《撒拉令》《花儿尕连手令》等,最为人们所称道，被人们称为“花儿王子”。

马俊的嗓音嘹亮纯净,浑厚圆润,如山泉潺潺,悦耳动听;他的吐字真切清晰，似珠玑般铮铮有声；行腔运气舒展自如，韵味淳厚含情深切，其嗓音、音色和乐感更具独特风格。多少年来，他如夜莺般歌唱不辍，练就了“百句不竭”的惊人功力，一口气能唱百多首花儿小调且滴水不漏。

1993 年，马俊担任了“青海省花儿艺术团”团长，随后又跻身国家二级演员行列。此后，他率领青海省花儿艺术团，踏上了一条万里花儿长征路，将青海花儿带到了广阔的田间地头，唱到了许多农家的炕头，使花儿这个民间奇葩，在青藏高原更加耀眼夺目。

索南孙斌是“青海省花儿艺术团”培养出来的又一位出自民和的“花儿王子”。他小时候在山里放牛时，听到别人漫花儿，觉着好听，就悄悄地跟着学：

花儿王子索南孙斌

尕鸡娃瘦了毛长了，
毛长了上不去架了；
阿哥们活着孽障了，
尕妹们看不上了。

他爱听花儿，特别爱听花儿王子马俊唱的花儿。为了拜马俊为师，他到西宁饭馆打工，打听马俊在哪儿。找到马俊后，他唱了一首白牡丹令：

白牡丹白着耀人哩，
红牡丹红着破哩；
尕妹的身旁有人哩，
没人时陪你着坐哩。

马俊说他嗓子很好，他就在马俊的饭馆里干了半年多，一边拉面，一边学唱。后来，他又报了青海文化艺术学校成人中专，在丹措老师门下学习发声方法、真假声结合。毕业后，他曾被青海省民族歌舞剧团聘为演员，后在浙江仙居举行的首届中国南北民歌擂台赛上荣获最佳音色奖。甘肃音像出版社也推出了他与张存秀演唱的河湟民歌专辑。

索南孙斌的演唱具有亮、纯、浓、通的特点，即音色亮，声音纯，韵味浓，真假声通，特别擅长演唱自由、悠扬、豪放的花儿曲调。他曾在中国西部“河州杯”民歌（花儿）歌手邀请赛上以一曲《马营令》，博得了场上的阵阵掌声。

清油的灯盏羊油的蜡，
尕刀刀削下的泪蜡；
衣裳脱下炕沿上搭，
尕妹呀，
想你着阿哥们睡下。

索南孙斌在演唱花儿时，还非常注重创新，在此之前，他与藏族花儿歌手才让卓玛在台上的花儿对歌曾引起了台上台下的广泛关注。他唱道：

明早起瞧（请）上个媒人来，
晌午我就送上个礼来；
后晌我借下个尕驴来，
擦黑儿就把你娶来。

才让卓玛答唱道：

瓦缸的盆儿里栽葱哩，
木碗里要栽个蒜哩；
尕驴车坐上哈我羞哩，
要坐我坐个“巡洋舰”哩……

张存秀，出生在民和县，是一个土生土长、演唱当地原声态民歌的民间歌手。虽没文化，亦不识谱，但从小喜爱唱歌，她有一副天生的金嗓子。他唱的《阿哥

是天上的白棉花》《情缠五更月》《阿里玛》等等，在群众中很受欢迎，也是她长期保留的节目，在花儿流行地带的群众中很有影响力。在参加“原声黄河——十大乡土歌王歌后演唱会”中，被评为“花儿歌后”。她唱花儿不但韵味浓郁，且自身有着一种独特的演唱技巧。她的颤音、跳花音与众不同，加上她特殊的音色，群众评价“目前尚未发现超过她的歌手”。

除了以上成名的花儿歌手外，民和还有近年来涌现的民间歌手，如杜兰萍、燕永红、李吉有、王德福、李成芳、李兰青、马龙、田次卓玛、李德成、范吉莲、周军、杨九花等等。他们活跃在县内外各个花儿会场，既丰富了群众的文化生活，又使花儿这朵民间奇葩得到传承发展。

民和花儿之所以传承发展，经久不衰，其原因还有一批热爱花儿的词作者和花儿研究者。有了他们的辛勤努力，民和花儿才有了传承、创新、发展和广为人知。

赵存禄是闻名省内外的东乡族民间文艺家。它不但是花儿民歌的搜集整理者，还是优秀的花儿词作家和花儿研究学者。他 1930 年 6 月 11 日出生于甘肃省东乡族自治县上湾村，曾任民和县文学艺术界联合会副主席。从 20 世纪 50 年代他当峡门乡教师开始，就用无数个日子，进花儿会场，进老百姓家，吃住在花儿艺人家里，说花儿，唱花儿，记花儿，倾听他们的心声。为了寻找花儿的把式，他几乎走遍了民和的沟沟坎坎，带着火热的激情，投入到花儿的怀抱，记录下出自劳动人民口中最原始、最生态的花儿。半个多世纪以来，他收集整理了 3000 多首花儿民歌，成为后来花儿学界研究花儿弥足珍贵的资料。

1979 年,他根据自己的人生经历,完成了长篇花儿叙事诗——《东乡人之歌》的创作。被专家喻为“新编‘花儿’中篇幅最长、语言最生动、‘花儿’味道最地道的一部叙事长诗”，学者评价是“苦难中孕育的壮美民族史诗”。这部作品是他一生心血的结晶，在青海花儿史上具有重大意义。1985 年，赵存禄从工作岗位上退下来了。可是，他退而不休，主编了 83 万字的《民和歌谣集》，成为中国花儿学术史上弥足珍贵的文献，同时写了很多关于青海民歌、花儿的论文。从此，确立了其在中国花儿学术史上的重要地位。2006 年，他成为花儿项目国家级非物质文化遗产代表性传承人，中国少数民族文学学会、少数民族作家协会、中国民间文艺家协会、世界民间文艺家协会、群文学会会员，对民和县历史文化研究和文化建设以及中国传统文化做出了卓越贡献。鉴于他几十年来对世界民间文艺事业所做出的杰出贡献，2009 年底，作为我省国家级非物质文化遗产代表性传承人,赵存禄荣获联合国教科文组织首届世界民间艺术最高奖“和平鸽”金奖，同时被聘为世界民间文艺家协会名誉副主席。

2011 年 5 月，他又荣获了联合国教科文卫组织授予的“世界民间文艺‘感动中国’——十大世界杰出终身成就艺术家”荣誉称号。“十大世界杰出终身成就艺术家”每三年评选一次，是民间文艺全球性最高荣誉。2012 年 7 月，经联合国教科文组织推荐，由联合国国际荣誉评审委员会审定，授予联合国秘书长潘基文签发的世界民间“一级文化勋章”。

已故民和县文化馆馆长杨正荣，也是热心于花儿挖掘、抢救的民间文艺学者。自20世纪60年代开始，搜集整理民和花儿，曾有多篇传统花儿和新编花儿发表于《青海湖》《青海群众艺术》《西宁演唱》《青海文艺》等刊物上。搜集整理了民和县即将失传的多种花儿曲令，并撰写了《浅谈花儿的文学特色》《浅谈花儿的格律》《浅谈花儿的叠字叠词叠句》等论文多篇。他与马甘合编了《青海花儿集》《八亿巧匠盖金楼》等花儿书籍。他痴心于青海花儿的抢救和研究，成果丰硕，多次受到文化部、省文化厅的表彰奖励，为国家级非物质文化遗产七里寺花儿的传承和发展做出了突出贡献，为后世留下了一笔珍贵的文化遗产。

另外，还有年轻一代花儿词作者如杨琪昌、蒲占新、赵丰雍、李树业等，他们注重民和花儿的传承、研究、创新，用花儿这一特殊的演唱形式，既挖掘、抢救传统濒临失传的花儿唱词，又研究、创新新编花儿唱词，所编创的《青海花儿唱二十四孝》《十赞共产党》以及《民和地名花儿》等花儿，赞美家乡改革开放所取得的巨大成就和人民群众的幸福生活。近年来，杨琪昌搜集整理民和传统花儿唱词达2000多首，与赵丰雍搜集整理的传统花儿和新编花儿一并结集为《七里寺花儿集》，由县文化体育广播电视局出版发行。还有蒲占新近年来以花儿研究者的角度，深入浅出地从民和花儿的起源、流传、曲令介绍、文化土壤、成长环境、民俗事象、表现手法、演唱风格、价值判断等方面进行了探幽，并以《七里寺花儿探幽》提名，由县文化体育广播电视局出版发行。而李树业的新编花儿在民和《桃花源》杂志刊载，因其诙谐、幽默、风趣，受到广大群众的喜爱。

2006年，以民和七里寺花儿为代表的河湟花儿因其独特的历史、文化、科学价值，成功入选第一批国家级非物质文化遗产代表作名录。加之县上的重视，经常借各种机会举办大型花儿赛事，各种形式、各个层面的群众性花儿演唱活动已不分季节，不分时段，规模不等，蔚然成风，不仅使花儿艺术的民族、地域特色得到充分彰显，而且使花儿演唱活动由乡间转向城市趋于常态化，并从东部走向西部，农村走向城市，田野登上舞台，从“野曲儿”变为特色艺术，走进了高等院校。花儿文化具有悠久的历史，这是祖先留给我们的值得骄傲的非遗文化。目前，花儿文化已开始进入人们的生活，谁及早认识到非遗文化的价值，谁就能将珍贵的遗产留住，进而发挥其极具潜力的文化价值，成为新的文化业态和推动地方经济社会发展的助推器，成为地方一大文化品牌。

回族宴席曲——挂在草尖上的露珠

民和穆斯林无论是回族、东乡族，还是撒拉族、保安族，都非常喜欢回族“宴席曲”。穆斯林家庭举行婚礼时，在新郎家中有专门请来的“曲儿把式”唱“宴席曲”。回族的“宴席曲”多以叙事为内容，是一种只在男方家宴席间助兴的家曲。过去，在民和的马营、塔城、转导、前河、甘沟、满坪、大庄等回族乡（镇）十分盛行，西沟、巴州、塘尔垣等回族乡的部分地区也较流行。据说很早以前的川口和川口附近的马场垣、核桃庄回族乡也曾有穆民结婚时唱宴席曲的习惯，只是到了后来渐渐地不太时兴以至销声匿迹了。目前，

回族宴席曲

川口地区穆民婚事宴席间再也听不到演唱宴席曲的歌声了，只是偶尔有放回族宴席曲录音者。

流行于民和境内的回族宴席曲有三四十种，流行较广的有揭露和控诉旧社会痛苦的《吴宗英挑兵》《高大人领兵》《王员外放账》《褐烙马儿》《水淹宁夏城》等；有反映人间悲欢离合的《孟姜女》《三采柳》《曹大郎》等；有反映封建买办婚姻的《方四娘》《王大娘》《相思绣》《锅炉匠》等；有劝人行善的《五劝人心》《十下人等》《绿鹦哥》《劝戒烟》等；还有夸赞东家或宾客的《恭喜恭喜大恭喜》《赞同》《赞东家》《夸亲戚》《夸新娘》等；诵词有《贺喜说词》《接礼说词》《谢媒说词》《临行谢词》等等。这些曲令既有长达数百行、情节完整、闪耀着史诗光芒的叙事曲，又有缠绵悱恻内涵丰富的抒情曲，既有旋律规整的小段，又有呈古典套曲形式的大传。这些曲令不但记载着回族人民源远流长的民族文化和沧桑更迭的历史足音，还难能可贵地融汇、保存了西北各兄弟民族大量的民间小调。

这里不妨列举几首唱词以飨读者：

①《高大人领兵》第一段：

乾隆二十年正月正，
皇上家有令调大兵，
三个家里挑一个，
五个家里挑两名，
父母妻子送别离，
亲戚六眷来送行。

②《五劝人心》第五段：

五劝人心邻居们听，
邻居们合心万事成，
娃娃们打仗两个手劝，
万不要得罪大人的心。

③《夸新娘》第二段：

我把炕上的新娘夸一夸，
长头发赛过马尾巴，
两面里梳的两条龙，
当中里梳的八卦城，
前面里梳的鹦哥嘴，
后面里梳的凤凰尾，
两个耳朵两边里排，
嗦罗罗耳坠齐肿子。

宴席曲除“正场”“正曲”外，还有一种叫“打搅儿”的“小曲场子”。这种“打搅儿”恰似汉族社火中的丑角，只是“正场”中间由一人或二人出来唱上三言两语“丢个丑”，以作插曲惹人一笑而已。“打搅儿”的内容丰富，形式活泼，语言幽默，情趣横生，唱起来十分动听，且耐人寻味。“打搅儿”的段子也有很多，有些是一成不变的词曲，如《抓蛇蚤》《不扯谎》《十二个哥》《七十二个子》《睡梦里梦见羊扯狼》等，还有一些则是唱把式们随编随唱、触景生情之作。这儿举《不谎》一例如下：

不扯谎，不扯谎，
昨天遇了个大母狼，
四个爪子比腿长，
兔儿的爪爪（啦）一个样，
尾巴长在抵角上！
嚓啦啦，呛啷啷。
一斤棉花十六两，
丫头长大变婆娘，
羊羔的阿大是老骚羊，
癞蛤蟆抬着个大油梁，
烂泥滩里塘土杠，
我说实话你不信，
兔儿能把狼撵上。

民和回族的“宴席舞”，主见于婚礼席间，是演唱和舞同时表演的民间艺术。唱宴曲时，一般不化妆、不搭台，不敲锣打鼓，不用任何乐器。唱时因陋就简，在人家院落间的宴席桌前就地起唱，由人或八人分两组，一组唱曲，

回族宴席舞

一组伴舞，即歌者不舞，舞者不歌，最多以筷子敲碗代乐。舞蹈中融入不少拳术，有拍手、伸臂、跳跃等动作，是一种武术性亚舞蹈，刚健挺拔，英武豪爽，表现出回族人民豪迈强悍的性格和尚武的传统。唱得好的当场披红戴花，以祝贺演出成功。整个演出结束后，东家还要献上一份油香和肉份子相谢。

民和回族“宴席曲”，是一种鲜为人知、濒于失传的古老民间音乐舞蹈艺术，是回族人民真正的代表性原生态音乐艺术，又叫菜曲儿。主要流传于青、甘、宁地区的回族中。据考证，明中后期开始在民和回族群众中流传。其演唱内容与甘肃大河家、临夏、兰州、宁夏等地基本一致，也有个别不同地方特色的曲目，如“享堂叶儿青”。在演唱风格上略有不同，主要是各地方言不同，表情达意各有特点和情趣，舞蹈动作也大同小异。

一首宴席曲，记着怨和情。这些如诉如怨、栩栩如生的演唱所蕴含的民族文化内涵和所传达的心灵密码，足以引发一个民族心灵的震颤，也能引起我们无限的艺术共鸣。愿这一滚动着山野露珠的民族民间奇葩，得到进一步传承和发展。

土族纳顿——民俗文化的瑰宝

“纳顿”是民和土族人民的节日，也是一种大型的文体活动，它以广场舞形式表演。“纳顿”是土族人民的狂欢节，也是世界上时间最长的狂欢节。

纳顿以宏大的场面、多变的队形、醉人的舞蹈、古朴而鲜活的生命形态展示了三川土族人民的勤劳、勇敢和智慧，以其浓郁的地方民族气息表现了土族繁衍生息演变形成的过程和人类历史曲折发展的进程，富有浓郁的泥土气息、独特的民族特色和地方文化特色，构成了土族独有的审美意境，是人类艺术宝库中弥足珍贵的财富。

据《土族简史》记载，吐谷浑原为徙河鲜卑族慕容氏的一支，4 世纪（西晋永嘉末年）在吐谷浑首领带领下，从辽东地区西迁进入漠北高原，在阴山陇山脚下放牧，一部分游牧到祁连山进入青藏高原、甘肃南部和青海东南部地区，乃至川西北，逐水草游牧征战。后鲜卑族势力逐步扩大，并先后在乐都、西平（西宁）建立了地方割据政权，控制了数万羌胡部落。鲜卑人的一支吐谷浑建立吐谷浑王国，统治河湟地区达 350 年之久。三川土族先民就是吐谷浑西迁时留下的一部分“霍尔人”及蒙古后裔。其早期的宗教信仰为“萨满教”。他们以黄河为天险，一面戍边，一面兵垦。当吐谷浑大军取得征战胜利，他们便载歌载舞，喜庆胜利。此后，边事安宁，定居在黄河岸边的土族先民们经农垦取得丰收后，即以古代军队庆祝军事胜利的庆典活动和祭祀形式载歌载舞，喜庆丰收——“纳顿”由此衍生而流传至今。

关于“纳顿”的起源，当地有个很有意思的传说：很早以前，三川附近的白塔寺（今甘肃境内）有位技艺高超的木匠，被皇帝召去修造宫殿。他建造的宫殿漂亮极了，引起了皇帝的嫉妒。木匠听到皇帝要加害于他，连夜潜逃，来到偏僻险要的三川，准备起兵造反。木匠振臂一呼，那些忍饥挨饿的百姓纷纷响应，立时，组织起一支农民大军。这支队伍由这位木匠率领着，日夜操练，喊声震天。三川起兵的消息飞速传到宫里，皇帝惊恐不安，派了侦探前来刺探军情。这事瞒不了足智多谋的木匠，他当即命令士兵们把兵器统统收藏起来，换上彩旗和扇子，敲起锣鼓，跳起“会手”舞来，一边跳，一边欢呼“大好”。这下倒把皇帝手下的耳目弄了个丈二和尚摸不着头脑，搞不清这究竟是怎么回事，便问当地人。当地人骗他们道：“我们在跳会手舞庆丰收哩！”

“纳顿”在土语中是“玩耍”“娱乐”的意思。每当新粮入仓、新油入缸、瓜果飘香的夏收季节，举行祭祀、喜庆丰收的传统歌舞盛会——“纳顿”的锣鼓敲响了。方圆几十里的山川大地鞭炮轰鸣，锣鼓喧天，旌旗飘扬，欢歌笑语。自农历七月十二日从中川乡宋家、鄂家村开始，一庄一村轮流举行。到九月十五日在朱家村结束，历时两个多月，因而被称为“世界上时间最长的狂欢节”。其活动范围主要分布在民和县官亭镇、中川乡、杏儿乡、甘沟乡等六个乡镇。其规模宏大，场面热烈，胜过春节。期间，“家家酿酩馏酒，户户蒸大馒头”，并设酒杀猪宰羊作食，男女老少身穿新衣。上至八十老翁、下至三岁孩童都挥舞着刀、枪、剑、戟，大小旌旗和精美扇子，伴着震天的锣鼓声，演绎着吐谷浑先民金戈铁马的风采。

纳顿由“会手舞”“傩舞傩戏”“法拉舞”等内容组成。“会手舞”是纳顿最精彩的舞蹈，“会手舞”的队伍由几百人组成，会手队伍前以四名德高望重的老人为“大排头”，他们头戴草帽，身穿黑短袍，着白色长裙，胸吊扇子套，右手执扇，左手握兵器即刀枪剑戟者象征着统领队伍的将帅，随后是手持箫管、摇着舞扇的象征着文官或军乐队，再后擎三角旗、手拿绿叶柳梢者象征着传令官，再依次为锣鼓队、彩旗队。会手舞的伴奏乐器为锣鼓，有“击鼓前进，鸣金收兵”之意，纳顿的彩旗队象征着古代军队的军旗阵，彩旗上面写有“国泰民安”“天下太平”“风调雨顺”“五谷丰登”等字样，预示着土族人民祈求丰收、和谐平安的美好愿望。

纳顿会手队按长幼次序排列，伴随着锣鼓的节奏，迈着优美的舞步缓缓向前行进，大家一起绕场而舞。逢桥梁岔道口，还要格外狂欢一番（意为过关）。两支队伍汇合时鼓锣齐响，鞭炮齐鸣，相互用大碗敬酒，齐呼“大好、大呀好”，

民和三川土族纳顿的锣鼓队

场面十分壮观。随之两队合并，按太极图的形式排列“一字长蛇阵”“二龙戏珠阵”“太极八卦阵”等阵法，起舞穿梭变化。老者组以同一个舞蹈动作两排对称做相称动作，如“起臂吸腿”，上下飘然起伏。神态上，缓缓摇头，醉眼蒙眬，自我陶醉。

锣鼓手举臂旋转时左右摇摆幅度较大，动作粗犷奔放，与老者组的舞姿形成鲜明的对比。其间，还举行“搭头”“报喜”“唱喜讯”“打杠子”等祭祀娱乐活动。“搭头”是合第一次会手舞后举行的仪式。合会手后，会手队伍齐齐跪倒在神轿前，由两位长者向地方神谢恩，并唱颂词。“报喜”是当主队和客队两支会手舞队在各自的场地继续表演一番，再度会合后，举行“报喜”仪式。一对十来岁的孩童手提铜锣，跪在神轿前，敲一声锣，念一句颂词，将“搭头”词再重复一遍，只是在结尾上把谢恩改为报喜。“唱喜讯”是当两厢会手舞队表演到第三回合时，举行唱“喜讯”仪式，两厢会手舞队各推选出两位老者唱“喜讯”，以此赞美神灵的服饰、仪态、神威以及降临会坛、惠赐百姓、与民同乐的恩泽。其场面隆重，气氛热烈。

“打杠子”是纪念土族先民征战疆场、威武神勇的表现形式，杠子是古代战场上士兵通常使用的武器。唱罢“喜讯”后，有四个年轻力壮的小伙子开始打杠子，在一鼓一锣的伴奏下，有四人来回交替敲打，然后有两人跪在地上，双手举起杠子，有另两人站立敲打，如此交替敲打数次，最后高呼“大好”而结束。打杠子象征着古代军队习武练兵的阵式，有顶刀、交刀、撩刀等打法，表演者身手敏捷，对打时敲击的节奏具有定式，既是优美的舞蹈，又是健身的体育运动。根据这些特征，当地群众把“纳顿”附会到古代军事征战上，把劳动人民对封建朝廷的不满和反抗情绪与他们的艺术创作联系起来，赋予“纳顿”更深刻的思想内涵。

接下来便是“傩舞傩戏”，即“面具舞”表演。“面具舞”是纳顿中颇具戏剧特征的舞蹈。从“纳顿”表演的节目来看，有《五官舞》《庄稼其》《五将》《三将》和《杀虎将》。这五场舞蹈中,《庄稼其》与《杀虎将》为压轴戏，三川土族人民视其为根本。

首先表演的是《五官舞》。“五官”，一说代表着天官、地官、人官、水官和火官,一说代表着皇帝和四个大臣。表演动作有独舞、独拜和朝臣拜皇帝、走太极等情节。

“五官”原为“五官五娘”,表演时有五个官员、五个娘子,身着汉代服装，现已失传，只保留“五官”。基本舞蹈动作是手摇纸扇，摇摆身体，随着一慢两快的鼓点起跳行进，表达他们对和平安康、民富国强的心愿和祝福。

其基本动作有正帽、正衣、提衽等，这些人物造型艺术地描绘出土族人与自然和谐相处及土族先民齐心协力创造辉煌的历史画卷。据传，“五官舞”

民和三川土族纳顿的锣鼓队

土族纳顿中表演的《庄稼其》

在过去三川地区流传，由于时代的演变，现在只保留在峡口、民主、前河等地区表演。

“庄稼其”意思是“种庄稼的人”,是纳顿中原生态古老的传统傩舞。《庄稼其》表演了一位熟知农耕的老农教子务农的故事，表演者有老农、母亲、儿子、儿媳四个主要角色,他们头戴面具,在一慢二紧的锣鼓伴奏下绕场而舞。老农以“千买卖，万买卖，不如地里翻土块；种一斗，收一石，种上千千石，收上万万石”的种庄稼道理，教育儿子一心务农。播种时，人在前，牛在后，反架格子倒挂犁，一切都颠倒行之。剧中人物神态诙谐幽默，故事情节完整，人物性格分明，整个表演生动感人。全剧伴奏乐器为“桶鼓”“面锣”，击鼓时左手在鼓边，敲锣时左手在锣边，用手的摆放来表现节奏。鼓手通过重击、轻击，造成锣鼓喧天、轻起轻落的效果。传统表演还要从观众中请来德高望重的老者帮助教育儿子。

这是土族先民从游牧生活演变为农耕生活，接受汉文化的历史写照。

《庄稼其》后，上演的是《五将》。“五将”取材于三国故事中刘、关、张联合曹操擒吕布的故事，三国故事在三川纳顿中的表演起源于清雍正皇帝自称为刘备转世，下旨全国供奉关羽，从此三川纳顿中就有了“三将”“五将”“关王”等三国故事。纳顿中的三国故事在表演中与传统流传的三国故事有所区别，加进了土族的特色，因而更具有鲜明的地方民族特色。您看，头戴红色面具的是关羽，黄色面具的是刘备，黑色面具的是张飞，白色面具的是曹操，最后手持方天戟的是吕布。他们身着古代战袍，肩扛刀枪剑戟，英武神武拼搏厮杀。在由慢变快的锣鼓声中，上演挑战、单战、围攻等武打动作，在紧张而激烈的拼杀争斗中，以吕布战败而告终。这是一出古老的惊心动魄的军魂舞蹈，是土汉文化交流的结晶，也是土族先民崇尚习武、抵御外侮的历史体现。

《五将》后即表演《三将》。三将舞表演的是三国争雄时期，刘备、关羽、张飞在虎牢关三战吕布的故事。剧中头戴刘、关、张面具，身穿蟒袍的表演者，在锣鼓伴奏下相继出场，做甩袖、捋须、整装等动作，脚踩太极图案，有转场、拜神、对拜等情节，传统表演中有下战书、传阅战书、磨刀、祭刀、操练和与吕布厮杀等象形舞蹈，锣鼓节奏也是由慢变快，打斗厮杀动作激烈紧张，三个回合后，最后以打掉吕布金冠而结束。

土族纳顿中表演的《三将舞》

三将舞体现了土族人民崇尚忠义、团结协作的精神。一部轰轰烈烈、可歌可泣的三国故事，在古老的吐谷浑队伍中演绎，使人耳目一新。

在表演三将舞期间，还穿插关王舞情节。就是表演关羽单刀赴会的故事。舞蹈动作与上述有关三国故事的表演一样，关羽一人上场，做一些不同的舞蹈动作后收场。

《杀虎将》是风格粗犷的面具舞，也是整个纳顿的压轴戏。源自于民间祭祀动物图腾拟兽舞蹈，表现传说中神通广大的“山王”与群妖（狼、虫、虎、豹）斗智斗勇，一名勇士“杀虎将”头戴牛头面具，身着战袍，挥舞双剑，踏着猛烈急速的舞步，伴着鼓点与群妖搏斗，最后降服群妖、取得胜利的故事。

由十几人用一具梯子抬出的杀虎将如从九霄云端腾云驾雾般，在两位头戴面具、左手持一盾牌、右手执扇的萨满娘子引导下威风凛凛地登场了。杀虎将头戴牛头面具，着战袍战裙，双手挥剑，他是土族人心目中的天神，英勇的杀虎将为了老百姓安居乐业，除魔降妖，杀死猛兽老虎，为民除害。表演中，有老虎一对，头戴面具，上身赤裸，肩上斜搭一条象征虎皮的黄绸。猴子一只，小牛两头，都戴面具，拍手跳跃出场。入场后，杀虎将跳下梯架，随着急促的鼓点挥剑起舞，时而挥舞双剑起跳，时而将双剑舞在胸前交叉下蹲，弯曲双膝，蹦跳三下，动作有转圈、拜神、跳跃、下蹲等。老虎和猴子拍手、跳跃、翻跟

杀虎将

土族纳顿中最精彩的会手舞

头，时而倒立行走。一对小牛的扮演者显得无精打采，舞蹈动作不大，只是随着鼓点跳动即可。在舞蹈表演高潮时，一对虎和一对牛相抵摔跤，老虎取胜，并以吞食动作以示将牛吃掉。此时，观众中的年轻力壮者入场与老虎摔跤，观众齐呼“摔倒老虎”，为年轻人加油。人虎相搏，各有胜负。这时，两位老者入场，来到杀虎将面前，拈香作揖，请他降伏老虎，为民除害。杀虎将踩着急促的鼓点舞剑蹦跳，动作勇猛、灵活，追杀老虎和猴子，而老虎和猴子尽力躲避。经过几个回合追杀，杀虎将的双剑各架在二虎背上，凶残的老虎即被降伏，猴子逃窜。这一完全通过哑剧形式表演的故事情节及与此相关的神话传说，与土族祖先们的早期牧业生活有联系，又包含对某种具有动物属性的自然神灵的崇拜。“戏剧”的繁体字“戲”“劇”，演示“虎”与执戈或者挥剑的壮士相斗，“戏剧”二字由此而来。由此可见，《杀虎将》是艺术起源的“活化石”，是“戏”“剧”二字的形象注解。这类远古艺术形式还能存活下来，无疑是非常宝贵的。

《杀虎将》是一出古老的傩舞，被称为“古代戏剧的活化石”。从这出傩舞中，我们可以看出土族原始宗教萨满教的遗风和形象崇拜的宗教渊源。《杀虎将》是三川土族艺术土壤中一支散发着诱人魅力的奇葩，它原始而粗犷的舞蹈，激烈而英勇的格斗，是正义战胜邪恶、人类战胜自然的礼赞，展现了土族先民建设美好家园、憧憬美好生活的壮歌！

过去，纳顿的最后程序是跳“法拉舞”（“法拉”意为“神汉”）。法拉跳神时手持钢制古戟 ，两鳃插上两把长 20 厘米、1 厘米粗的尖刃钢钎。也有插在鼻孔、双耳、双肩、双乳、舌尖上的十二支钢钎，称“十二钢钎”。法拉插着利刃，又舞又跳进入亢奋状态后，目光呆滞，口吐白沫，即谓神已附体，跳舞向神献祭，以求得神灵保佑,保佑来年风调雨顺,国泰民安。人们以呼声应和,以示接受神谕，感谢神灵保佑。现在，许多地方的法拉已绝迹，有的村庄只是由一名形似法拉的老者表演，在形态上模仿法拉，喜神娱人。

2006 年 6 月，国务院公布了第一批国家级非物质文化遗产项目，土族纳顿节被列为国家级非物质文化遗产代表作名录。2007 年 6 月，土族纳顿节被列入第一批省级非物质文化遗产代表作名录。

土族道拉——哭嫁骂媒送新娘

民和土族原是一个能征善战的马背民族，是吐谷浑人的后代，吐谷浑曾统治青海350年之久。在漫长的历史长河中，吐谷浑与汉、藏等民族不断融合，形成了今天的土族。土族也是一个能歌善舞、崇尚文化、富有想象和充满生活情趣的民族。土族有着自己独特的语言，但没有文字，因而所形成的丰富多彩的文化形态，都体现在民俗文化的说唱艺术中了。

土族新娘装

三川土族人民除了“纳顿”这个歌舞盛会外，“道拉”也是极具民族特色的婚礼歌。土族是一个喜歌善舞的民族，尤其在婚礼这样喜庆的场合，更是歌如流水，连绵不断，自始至终都唱着婚礼歌，

土族道拉打莲花

而且每个程序都有特定的歌曲。土族人民将婚礼歌统称为“道”，唱婚礼歌谓之“道拉”。流传下来的土族传统婚礼歌有七八十种。

婚礼分为娶亲、送亲、结婚仪式、喜宴等部分，尤其娶亲过程场面热烈，富有戏剧性。在婚礼正式举行的前三天或更早一些日子，夜幕降临的时候，男方家中会请来村里的“道拉”高手。“道拉”高手不仅要具备好的嗓音条件，而且要满腹传奇经典，能应答自如，机智敏捷。主人家端上酽酽的熬茶、喷香的手抓羊肉、温热的美酒，待酒过三巡，“道把式”们开始即兴演唱。通常，是两对“道拉”者手捧酒碗，相对而唱，形式为一问一答，内容极其广泛，上至天文地理、三皇五帝、文臣武将、朝野兴衰，下至农时季节、耕耘收获、喜事礼节，无所不包。这婚礼前唱的“道拉”被称为“热房子”。

与此同时，待嫁的新娘也已经“哭嫁”了。所谓“哭嫁”，实际上是新娘以一种优美婉转、如泣如诉的曲调，倾诉她对美好家园的眷恋，对父母的依依不舍和养育之恩的感激以及美好祝福。娶亲的日子到了，男方家派两位娶

土族婚礼抬针线

土族婚俗骂媒

亲的喜客到女方家，会被女方家中的阿姑们堵在门口——“骂媒”开始了。对娶亲的喜客百般刁难，是姐妹们舍不得自己的伙伴离开她们，待到娶亲的人被让到炕上喝喜酒吃席时，“骂媒”又渐高潮。《骂媒歌》曲调极为丰富，多数是用土语演唱的,对媒人和喜客可以说是极尽“奚落”“嘲讽”之能事。《卡日卡吉盖》《阿丽玛》《八央九月》《五色鸟》等曲调还边唱边舞十分优美，极富感染力。

到了预定的时辰，新娘该“上马”了。阿姑们唱起《上马曲》。娶亲队伍快到男方村寨时，两位喜客这才亮开歌喉唱起来。这时，男方在家门口点燃一堆火，摆好酒菜，隆重迎接新娘和宾客们的到来。男方的女眷们在院门口唱起了《尚当起拉》。在吃宴席的过程中，男方都是唱“道拉”敬酒的，一边唱着《安西敬酒歌》《赞媒公》《赞阿舅》，一边从首席敬到主席、次席，按婚礼上的身份、辈分，一位一位地敬，一个一个地唱，被敬者也以“道拉”作答。“道拉”既有一定的程式，还需歌者即兴发挥，所谓“吃喜酒说喜话”，祝五谷丰登，祝全家和睦，祝招财进宝，祝牛羊满圈，美好的祝福伴着醇香的美酒融入土族人民对美好生活渴盼的心田。

土族婚礼中的拦门骂媒

三川土族婚礼“道拉”内容丰富，形式多样，大部分歌词结构严谨，但有些可以即兴演唱，边

土族婚礼中骂媒细节的骂娶官

歌边舞，表现手法比较独特；有的文雅幽利，约束不得越规；有的自由发挥，充分体现了浓郁的民族特色，体现着一个民族独特的文化价值观念和审美标准，涵盖了诸多的文化内涵和民族文化的特征，富有知识性和趣味性。土族的神话传说、天文地理、历法等知识都比较系统、完整地保存在“道拉”里。“道拉”是土族文化中的瑰宝，也是研究土族文化的重要资料。

库咕節——萦绕在土乡的情歌

哎……

打下的镰刀钢没加，

跟前到了话没搭，

尕妹哈想着活杀哈。

哎……

聪明贤良的尕妹妹，

羊毛长在羊身上，

哥心扯在你身上。

哎……

妹妹的哥哥是好心肠，

清清流水哈浇花上，

嫩闪闪儿的长得旺。

哎……

沙罐里头蜜有哩，

婚姻成的心有哩，

十年八年地等着哩。

一个偶然的机会，我亲聆青海著名花儿歌手吕晓明演唱的民和官亭地区最古老的土族情歌——库咕笳。尤其第一声“哎……”，音调高亢爽朗，犹似蒙古长调，悠扬之中带有丝丝怜惜之意，一下子揪住了人心。而后面那些出自阿哥们口中发自内心的独白，如诉如怨、如蜜似糖的缠绵声调，更是让人回味花前月下阿哥阿姑吐诉衷肠的悱恻之情。当吕晓明唱完这四首土族古老的库咕笳唱词，我才感到它与河湟花儿的唱词相比，大有异曲同工之妙。

土族情歌库咕笳

世居民和三川地区的土族人民是一个能歌善舞的民族，跳纳顿唱道拉，妇孺皆会。尤其在表达情感、吐露情怀方面，不但会唱河湟花儿，而且还唱本民族的土语情歌——库咕笳。正如世界民族民间文艺家协会名誉副主席赵存禄先生所形容的那样："青年们唱，老人们也唱；男子唱，妇女们也唱；高兴时唱，忧愁时唱，悲哀时'唱'着哭，甚至骂人时也要唱着'骂'……真是'白天不唱意不过，晚上不唱睡不着；痛苦时不唱闷难解，高兴时不唱不快活'。"唱歌成了他们生活中不可或缺的重要组成部分。

"库咕笳"，是早期流传于三川地区官亭、赵木川、中川、峡口、前河、民主沟、甘沟以及川口、松树庄等地的土族群众中一种用古老土语演唱的情歌，意思是"对唱""对歌"。相传，"库咕笳"是"释迦佛留下的，公公把式传下的"。按照民和土族定居的时间推算，也有300多年的历史。

土族把流传的歌谣分为家曲儿和野曲儿，如婚礼歌、酒曲属于家曲儿，在田间、野外演唱的叫野曲儿。根据"库咕笳"的演唱风格来看，它不同于传统的花儿，类似或接近藏族的"拉伊"，但在长期的历史生活中，受到花儿和汉、藏文化的影响，其形态类似于花儿，还夹杂了一些汉语字词。歌词也常用赋、比、兴的手法，比兴有在句首的，也有在末尾的，这种现象在其他诸如花儿唱词中比较罕见。除了本文开头记录的三句段外，还有二句段和四句段，句式结构自由灵活。如四句段：

上山要打鹿羔哩，
一颗子弹舍上哩；
一心要盘尕妹哩，
五尺身子舍上哩。

唱腔上一般还要加一些衬词或衬句。尽管如此，“库咕笳”仍然保留着鲜明的土族特色，演唱曲调比较古老，唱起来宛转悠扬，起唱较低，缓慢悠扬，别具特色，十分动听。

目前，在三川地区会唱“库咕笳”的人并不多，而且只局限在一些老年人中。为了不使这一民间瑰宝失传，有心人已将其谱曲，并搜集整理出了近 300 首唱词。相信，这一古老情歌有朝一日能焕发出它应有的光芒。

财宝神——送财送宝送平安

“财宝神”是河湟地区流传的别具特色的民族民间文化瑰宝之一。“财宝神”以表演说唱的形式盛行于民和县马营、古鄯、三川地区以及甘肃永靖等地的汉族和土族群众之中，以艺术的形式表达各族人民憧憬美好生活的愿望。这种民间艺术形式具有丰富的文化内涵，正如毕艳君在《甘青河湟地区财宝神文化内蕴阐释》中所指的那样：“它不单纯指一个形象，还包括与这一形象有关的一系列表演，是一个集体型活动。它因表演装束的奇异和颇具传奇的来历，以及进行表演时上至神仙菩萨下至历史故事、民间节俗的丰富唱词而倍受广大人民群众的喜爱。”

“财宝神”的表演过程，“财宝神”的演唱，创始于何人，起源于何时，至今无据可考。据一些专家和民俗学家考证，“财宝神”的演唱至迟在明代已经形成。“财宝神”与民间社火融为一体，成为社火的重要组成部分，在社火中当先导，起着统领作用。此地社火没有“财宝神”就等于没有“头”。民和县马营、转导地区春节期间耍社火时，凡与本村有来往关系的均要派人前往邀请“财宝神”（简称财神，也叫真财神）到本村演出。邀请时，由村上会唱“财宝神”的一名老者和两名随从手持“请票”,带着锣鼓钹及礼品前往,到村口敲响锣鼓钹,以示“愿主家”(去请者称迎接者为“愿主家”,简称愿主。迎接者称去请者为“财主家”,简称“财主”)前来迎接,并对唱“财宝神”到“愿主家”。经双方商定前来演出的时间后,请者与“愿主家”继续对唱,并由“愿主家”将去请者送出村口。

请票,也叫请帖或请旗,它是一面小三角火焰旗,旗杆顶上扎一朵花,有的插一火燎后的鸡毛,意为紧急。请票上写有以下内容:奉请某某贵庄的“财宝神”及社火到我某某小村送太平。火速!火速!火速!落款写:我合村老小谨发虔心恭候。有的也写头顶香盘恭候,某年某月某日。同时还写风调雨顺、国泰民安等。

“财宝神”与社火队伍出发前要到庄上指定的“愿主家”装扮后到寺院或庙宇里举行奠酒仪式,并给本庄众人表演,然后根据前来邀请的顺序分别到各村去演出。而有的地区扮演“财宝神”者装扮齐全后面向东跪地在前,敲鼓者跪后,点起清油灯,插上三炷香,请神入身,然后前往演出。进庙门时唱“真财神进

甘肃永靖县巴塘镇饰演的“财宝神”

庙时空不来，病痛灾难、口舌是非、瘟疴疮癣、千年的祸害带进门；两庙的福神笑盈盈，我把一切的祸害压到十八层地狱，保佑合庄的老小落太平”等内容。奠酒时所唱的内容与演唱的奠酒词相雷同。

“财宝神”的扮演，完全是牧羊人的模样，一般由一名会唱“财宝神”且有声望的人扮演，头戴礼帽，翻穿皮袄，腰系一条红丝带，手擎鸡毛掸子（象征使节），寓意苏武牧羊、刘玉龙夭折后用羊皮盖身，以致后来猩猩所生的苏金浑身长毛。随从的 2-4 人带着被邀请票及锣鼓钹，统领社火前往演出。到庄时，迎接者手持黄香跪地迎接，而送“财宝神”扮演者则敲着鼓钹，边走边舞，俗称跳“牦牛阵”。

双方相接后，相互对唱至演出地设的香案前，将被邀请票归还于“财主”并举行奠酒仪式。奠酒仪式结束后，到演出场地设的高桌席上暂歇。而有的地区“财宝神”不带领社火时，此仪式在“财主家”堂屋前举行。

“财宝神”起唱时，一般先由“财宝神”唱上句，财主家接下句，一唱众和，表演形式以唱为主。送、接“财宝神”时，双方都有一两名能谈古论今、会编善唱、出口成章、落字成韵的能手领唱，多用谦辞和客套词句对唱，一问一答，词句通俗，音调动听。演唱内容广泛，丰富多彩，不仅有很多迎来送往表达吉祥如意的赞词和祝词，而且涉及上下五千年的许多历史典故、地方风物、天文地理等知识内容，既颂扬古今民族英雄的丰功伟绩，又贬斥卖国求荣的民族败类。更重要的是用歌唱形式吐露人民群众内心深处的希冀，表达幸福美满的憧憬。其中以《昭君和番》《苏武牧羊》唱词讲述“财宝神”的来历，以民间文艺创作形式重新演绎前汉故事，被视为“财宝神”演唱的主题内容和追述其来历的根本。演唱风格幽默、诙谐、风趣，以比拟、夸张的修辞手法，大量借用民间喜闻乐见的《三国演义》等史书中的历史典故及神话传说、故事、历史人物作比喻，共贺太平，互相祝愿来年风调雨顺、国泰民安、五谷丰登、六畜兴旺、驱贫迎富、恭喜发财、家家幸福、户户平安。同时，还唱一些天文地理、农工学商等方面的故事和精神文明建设中的新人新事。

从演出地动身前往“财主家”，行进中，凡进大门、到院落、入房舍时均要引经据典、咏古诵今，封门楼、夸财门、赞华堂，直到“财主家”炕上设宴款待。款待时，“财宝神”坐上席，随从坐两边。款待结束动身时继续对唱，“财宝神”夸赞茶酒菜肴，并将从餐桌上事先装入怀中的酒盅餐具等分别掏出，将其用途边唱边一一赏赐给“财主家”，而“财主家”则头顶香盘跪着相接，寓意赏宝，即赏紫荆梁、摇钱树、聚宝盆、人参果、打麻鞭，也有赏杏黄旗、无字经、小儿童、养人宝等。祝愿家家财运亨通，户户四季平安，年年有余，四季发财。出宅门时唱“病痛灾难、口舌是非、一切的恶毒带出门”，一直唱到村口，作揖告别，回本村卸装休息。

说唱财宝神的民间艺人　胡权耕

三川地区的“财宝神”也与社火一同表演。与其他地区的不同之处在于扮“财宝神”者脸上要化妆，头戴草帽且在帽顶上别着用布剪成的钱粮，脊领口插一鸡毛掸子，右手拿着牛毛做的刷子，与被称为“左出”和“右入”者一同演唱。出发前到村上指定的“香烟主家”举行出发仪式，然后出庄演出。演出结束后回到“香烟主家”卸装，从腊月开始到正月十五结束。

古鄯地区的“财宝神”不与社火一同表演。演出时除送财、送宝、送太平外，若谁家办丧事遇到困难，则有一人扮演“财宝神”到本庄各家各户募捐，以缓解该家庭办丧事之困难。同时也有极个别家庭生活特困难且会唱“财宝神”者，头戴草帽并在帽顶上别着三份钱马，翻穿皮袄，腰系一条红，左手拿着双面小鼓，右手拿着鼓槌，领口插着使节，背着背篼或肩挈褡裢，从正月初三开始唱着“财宝神”到各庄各户上门募捐，以度粮荒。到农户门上一般不进家门，但也有个别爱唱“财宝神”的户主将其请到家中款待，并相互对唱。“财宝神”到每个农户门上时，边敲鼓边道喜话、唱吉词：“财宝神来时空不来，金银财宝带着来，你的粮仓的粮食年年增，牛羊满圈马成群，家里的大小头不疼，一年四季里保太平。”当户主供给食物后，临走时又唱“财宝神走时空不走，你的所有疾病、一切的是非我带了走，家宅里祥顺万事成，大小的人口降吉庆，风调雨顺五谷丰，一年四季里落太平”等内容。

“财宝神”的来历

那么，什么是“财宝神”呢？通俗地说，《财宝神》就是向万民送财、送宝、送太平、保平安、济救众生的神。它根据传说而来，一种传说是汉王册封苏金为“财宝神”。据传，“财宝神”起源于西汉。汉朝初年，北方匈奴经常侵扰中原，闹得战火不断，百姓遭殃。为了化干戈为玉帛，汉王派遣中郎将苏武前往求和。单于接见苏武后将其扣留，多次威胁利诱劝其归降，苏武始终未屈服，无奈单于发配苏武至海北荒漠野地牧羊。在海北期间，苏武渴饮冰雪，饥食毡草，住在猩猩洞里，过着非人的生活，逼迫与猩猩结合，生下了类似人形、浑身长毛的一男一女，男叫苏金，女叫苏玉。十九年后，汉番和好，苏武回汉。苏金、苏玉念父心切，寻之中原，苏武携子女叩见汉王。汉朝文武百官一见浑身长毛、似人非人的苏金、苏玉，无不为之惊骇，汉王更是魂飞魄散，传旨将他们推出金銮殿斩首（也有说用金钟扣死）。可怜的苏金、苏玉未受皇恩即断送了性命，因而阴魂不散，怨气上冲，常降灾于凡间，闹得汉朝、匈奴国不太平，民不安宁。

汉王和番王无奈之下，分别设坛祭奠，册封苏金为“财宝神”和轱辘坛江神保信（心生慈善、济救万民之神），使其为天下民众送财、送宝、消灾免罪、济救生灵、永保太平。后来，西天如来也将其封为身负福禄寿三星的真财神。从此，“财宝神”所到之处，风调雨顺，天下太平。千家万户得益于“财宝神”的恩惠，烟火祭祀，万民平安，五谷丰登，“财宝神”就这样在民间诞生并流传至今。

另一种传说是汉王册封刘玉龙为“财宝神”。汉朝初年，北方匈奴经常侵扰大汉边界，闹得战火不断，百姓遭殃。汉妃王昭君为使汉匈和好远嫁单于，临行之前已身怀有孕数月，临行时汉王嘱咐去番邦后如生下太子，取名刘玉龙。昭君挥泪出汉城，当行至华岳山下时，风大雨密，行走艰难，用牛皮灯笼照明引路。在华岳山下燕子洞里暂歇时，昭君因身寒腹困而小产生下太子，便用羊皮盖在身上。太子不幸夭折后，其阴魂不散，降灾于人间，闹得国不太平，民不安生。汉王细究其因，终知刘玉龙阴魂闹腾。于是，设坛祭祀，册封刘玉龙为“财宝神”。济救万民众生的“财宝神”就这样在民间诞生了。因而，在春节及喜庆之日演唱“财宝神”的习俗一直流传至今。

由于传说故事神奇，加上演唱时的奇特，那些被称为“唱家”“师傅”的老艺人们翻穿皮袄，手持使节，载歌载舞，唱起“财宝神”祈奉“财宝”时，那时而铿锵雄浑、时而低吟深沉的音调，那如怨、如诉、如慕、如乐的景致，无不令人喜爱，确有余音绕梁、三日不绝之感。

“财宝神”的文化蕴含

“财宝神”这一民俗文化以其流行区域和民族构成以及文化传承来看，有丰富的文化内涵和重要的文化传承价值。一是它与草原游牧文化息息相关。“财宝神”的演出活动中，财宝神的扮演者，翻穿羊皮袄，其形象是个地地道道的牧羊人。这一神性特征使人联想到这一角色与游牧生活之间的种种内在联系。比

三川土族社火中的“财宝神”

如，在河湟地区盛行的民间社火中，就有一位翻穿皮袄的牧羊人角色，这个被称之为“哑巴”的牧羊人，他的身份却高贵，有句俗语说：“哑巴不说话，社火里头最为大。”据老人们讲，过去年代“社火”队里的“哑巴”还戴面具，面具的制作显得很原始，也很简单，是将宰了后的羊头皮剥下来罩在脸上，用细绳拴牢，然后上场表演。民和三川一些地区有“来宝”的表演，其中鞑子庄的“来宝”有两个角色，一老一少分别头戴面具，翻穿羊皮袄。他们在正月十五这天被邀请到各家各户举行禳灾纳吉仪式时，跳舞并向东家致辞祝福。很显然，以牧羊人为主要角色的艺术活动，仍旧保持着它最初的傩文化特征，即驱邪逐疫、迎吉纳祥的祭祀仪式和戴面具表演的艺术活动。

“财宝神”的演唱，正是在继承某种游牧文化的基础上，又与“社火”相融合而获得新发展的一种民间艺术形式。从有关牧羊人的各种信仰习俗及其艺术表演来看，牧羊人的主神地位是不容忽视的。牧羊人的神性形象，无疑是游牧民族中奉祀的神。由于与牧民生活息息相关，羊才被作为图腾而崇拜。也只有穿羊皮袄的牧羊人，才被奉为财宝神。《唐书·吐蕃传》记载：“其俗重鬼右巫，事羱羝为大神。”

“财宝神”流行的民和南部地区，三代雍州地时就是羌人的游牧之地，供奉牧羊人神性的“财宝神”有其地理概念上的认同。因为史书上对羌字的解释是“羌，西戎牧羊人也”，古羌人曾是活动在我国西北广大地区的一个很庞大的部族，有大量的资料表明，羌人向不同地区几次大规模迁徙，将自己的“精神行囊”带到了这些地区。因而各地与牧羊人相关的类似艺术表演，或许是受古羌人的信仰习俗的遗传和辐射。同时，民和地区自古以来，就是多民族共同居住的地方，在历史的长河中，汉族与羌、吐谷浑、吐蕃、蒙古、土族等少数民族不断交往，在经济、文化、习俗乃至信仰上相互影响，相互吸收，是“财宝神”形象为一个牧羊人模样的最重要原因之一。

二是民间传说故事将“财宝神”的来历，附会到苏武之子苏金身上，着实耐人寻味。我们知道，汉族地区供奉的财神爷是赵公明。赵公明是殷纣王手下的一员武将，他战死后被姜子牙封为财神。而财宝神的神性形象却具有牧羊人的特征。故事讲述财宝神是苏武之子苏金，有的故事还说他是夭折的皇太子。对财宝神身份的这般解释，显得非常奇特。尽管这仅仅是个民间传说故事，可是，细细琢磨，就能发觉故事所含的双重意蕴——第一层意思，对苏金为什么要被封为财宝神，民间故事采取了与历史事实完全不同的解释。这般解释的主要原因，就是要确立财宝神的汉番双重身份。在有关历史记载中，苏武在北海放羊十九年间，曾娶一个匈奴姑娘为妻，临他回国时，已有身孕的妻子未能跟他一道回来。后来，他的儿子苏通国回到中原，与父团聚，还当上了汉朝的郎官。那么，民间故事为什么会有与正史完全不同的解释呢？民俗专家马光星这样理解：就是通过某种非凡的传奇性解释，借以突出财宝神的神性形象。正如故事中讲述的那样，苏武与猩猩结合，生下浑身长毛的苏金，苏金回国后，因相貌丑陋，才惨遭杀身之祸。如果剥去这层传奇色彩，我们就会看到苏金身上有中原人和北方游牧人合流的血统。第二层意思，苏金死后，汉王封他为“财宝神”，匈奴番王册封其为轱辘坛江神保信（心生慈善、济救万民之神）。这还不算，苏金又“拨转云头到雷音，我佛口里来讨封，我佛口里讨了封”，以致西天如来也将其封为身负福禄寿三星的真财神而流传民间，从而使他具有了在不同地区、不同民族中都加以供奉的资格。

三是“财宝神”的演唱以及民间传说给人透出某些文化艺术的形成和人们早期信仰及历史生活的信息。“财宝神”将《昭君和番》视为根本，就在于民间唱本所采取的文化立场显然是借助历史叙事来确定财宝神这位财神的身份和地位的。也正是在这样的信仰层次和文化意义上，财宝神翻穿羊皮袄，手持使节，穿行于街巷村落，诵古吟今，祝吉避邪，向主人送财赏宝，带给人们美好的祝愿。尤其当这一古老的民间艺术形式与民间“社火”融为一体后，其演唱的内容越来越丰富，表演的范围越来越广泛，“财宝神”的神性形象和艺术形象至今依然在我国西北一带的民间文化土壤上继续存活着。作为游牧民族生活和信仰的象征，或许它身上蕴藏着许多有待于破解的游牧民族远古生活历史之谜。

四是“财宝神”的演唱，具有特定环境节庆文化娱乐性的特点。“财宝神”是民间载歌载舞、庆贺娱乐的流传习俗，因为它与社火同演，每逢春节期间，村村庄庄都要请财神送财神。由民间艺人装扮的“财宝神”反穿皮袄，手持使节，为各村“送财、送宝、送平安”，演绎出一个寄托着人民群众厚望的神话形象“财宝神”，老老少少参与娱乐，为广大农村群众所喜爱。民间艺人们用优美的旋律，演唱他们期盼风调雨顺、诸事顺心、年丰人和等心中的歌，为人间祈福。

五是“财宝神”为促进民族团结、消除了隔阂，调和人际关系、增进友谊，发挥着不可估量的作用。“财宝神”以歌舞形式歌颂了劳动人民心目中爱国爱民、精忠报国的民族英雄和宣扬真善美的历史情景。通过“财宝神”的表演促进各民族经济文化相互交流和融合，不仅加强了各民族之间的团结合作，消除隔阂，还丰富了各族人民的物质和精神生活。通过“财宝神”这个被神化的牧羊人形象，记录了社会发展的背景和丰富的文化内涵，反映了一定的历史背景下，人们的宗教信仰活动及生产生活的演变。

六是“财宝神”不拘于特定的场合，有广泛的场合和灵活性。《财宝神》的演唱活动一般在春节期间，但在婚嫁、建房、祝寿等喜庆宴会上也唱“财宝神”，以此表示对东道主的谢意和对宴庆的祝贺。但只是唱，不装扮，也不去请，人人可唱“财宝神”唱词。

七是“财宝神”具有一定的文学性。“财宝神”的唱词具有诗一般的韵律，赋一般的辞藻，是口头文学的精品。“财宝神”正是以牧羊人的装扮、“财宝神”来历的解释、独特的演唱曲调，留下了丰富的文化内涵。而且，它虽然与社火融为一体，但它既不同于民间社火，又不同于民间小调和曲艺。它没有统一的唱本和固定的唱词模式，它是民众在生产生活实践中创造出来的口头演唱文学，是河湟地区一种独特的民间艺术。

八是“财宝神”具有较强的艺术性。它的演唱曲调高亢而激越，古朴而幽雅，平稳、和缓，委婉动听，拖腔较长。演唱双方将对唱贯穿始终，相互问答，妙语连珠。中间有时穿插说白。似说似唱的基本唱腔中偶尔出现不同曲调的对比。唱词的即兴性、锣鼓伴奏的古朴性、演唱形式的酬答奉和性，表现着浓郁的民情民俗。

《诺彦审喇嘛》——古代话剧的活化石

《诺彦审喇嘛》是一部传承于青海省民和县官亭镇安多藏传佛教十三大寺院之一的崖尔寺的一部古代话剧。因其历史悠久，被称为古代话剧的“活化石”。因此剧由寺院喇嘛们演出，又称“喇嘛话剧”，距今已有600多年的历史。因此剧传播广泛，影响深远，民和县三川地区（包括官亭镇、中川乡、杏儿乡、甘沟乡、前河乡、满坪镇六个乡镇）乃至青海省化隆县、甘肃省永靖县的信教群众无人不知，无人不晓。该话剧以喜剧形式表演，全部演员为崖尔寺及周边各寺僧人，以幽默诙谐的语言和熟练到位的表演表现官方对寺院管理的重视，体现了反腐倡廉、追求公正公平的价值观。

官亭崖儿寺每年一度的“二月莫兰法会”，从农历二月初四开始，到二月十六结束，共举行十三天，俗称“二月莫兰法会”。民和三川地区的土、藏、汉各民族以及化隆、循化、甘肃积石山县的群众云集崖儿寺山谷赴会，人数近万。“莫兰法会”有诵经、放风马、参观宝锅、品尝药水等活动项目，二月初八由崖儿寺喇嘛演出古代寺院戏剧——《诺彦审喇嘛》。

这出古代土族寺院戏剧表演的主要内容是：一天，西宁府碾伯县差官一队

官亭崖儿寺

人马来到崖儿寺，朝廷命官（土语称诺彦）即升堂审问崖儿寺的喇嘛，在筹办“二月莫兰法会”的过程中有无贪污钱粮的问题，喇嘛们是不是恪尽职守、尽职尽责等等。扮演诺彦的差官头戴乌纱帽，身穿蟒袍，腰系玉带，脚蹬朝靴。伺候诺彦的有同事、书童、烟装其（给诺彦装烟的人）、哑巴（给诺彦使眼色做滑稽动作的人）、差役（两人或四人）。扮演僧职人员的有大管家、小管家、找奶子的、背水的、打柴的、烧茶的等等，所有角色全由喇嘛扮演。

为了增加这部古代话剧的宗教神秘色彩，演剧时喇嘛们要认真化妆，并在寺院大殿门前设置香案，铺上红地毯，然后簇拥着诺彦踩着红地毯，走到放置宝锅的佛殿门口。门口用五色粮食摆成大型“十”字一个。诺彦手下差官“同事”上前执事，“设奠”“敬奠”“秉烛”“焚香”“华表”“叩首”“再叩首”“三叩首”。诺彦则上前点烛焚香、化表敬佛、虔诚拜佛，随后走入大堂，端坐太师椅，拍响公案之上早已备好的惊堂木，分赴差官“升堂”，正剧这才开始。

《诺彦审喇嘛》这一古代话剧有着重要的研究价值。首先，它所反映的是古代反腐倡廉题材，一方面说明古代封建王朝对倡导清廉、反对腐败的重视，官员经常深入民间了解并惩治腐败现象；另一方面说明民间对贪污腐化的痛恨、期盼清廉的愿望，而且由超凡脱俗的喇嘛们演出，有其重要的历史意义和现实警示意义；其次，话剧表演时，原则上有固定的场景、道具和台词。但在演出过程中，场地多变，一会儿在佛殿，一会儿在大堂，一会儿在泉边，广场剧的特点十分明显。而且，演员台词多变，可以随意串词，临场发挥，也可临时增添剧情和内容，有很大的现场灵活性，融舞台戏与广场剧的特点为一体。剧中有一位哑剧人物来贯穿审者和被审者之间的主角戏，串演诙谐、幽默，各种动作趣味横生，有很强的舞台效果，更接近于俗事，贴近生活，警示教育意义更强烈。而且，该剧演出是在喇嘛寺院，演职人员也由喇嘛扮演，彰显了浓厚的宗教色彩。让喇嘛扮演俗人，让俗官插手寺院事务，增加了可视可观的效果，

《诺彦审喇嘛》表演

具有很强的思想性、现实性。这种情况在藏传佛教寺院和蒙古族佛教寺院中实为罕见。还有，该剧是明清时期典型的政教合一产物，尤其是昂锁制度、土司制度统治下的民和三川土族社会生活的真实写照，是土族聚居地藏传佛教寺院中独有的一种文化现象，有很重要的历史文化研究价值。

为了抢救、保护、传承这一独有的古代寺院话剧，近年来，民和县政府组织专人进行抢救性挖掘、整理、归档，拍摄了影像资料，举办了艺人传承培训班，并进行了展演活动。同时，已确定为民和县级、海东市级及青海省级非遗名录，使这一剧种得到了有效保护。目前，正在积极申报国家级非遗项目。

民间社火魅力四射

在西北民族地区的民和，社火是汉族、土族和藏族群众以地方为单位，以庙会为中心，在春节期间集中举行的包括舞蹈、戏剧、曲艺、音乐、杂耍等的民间文艺活动。是汉族、土族、藏族用不同的形式，按自己的特色，表现着一种心声，一种自我，一种祝贺，一种祈求。

自正月初十以来，民和县各路“社火”队伍穿梭于大街小巷，轮番登场，敲锣打鼓，扭秧歌，跳藏舞，络绎不绝。遍布城乡的社火，是民和文化艺苑中一朵无比艳丽的奇葩。

民和社火

民和社火活动在白天，重化妆；秧歌一般在晚上，重灯火。社火、秧歌分两类：一类是小

秧歌社火，以跑为主，也叫跑秧歌社火。新民、李二堡、西沟、古鄯、总堡、马营等地以小秧歌社火为主。一类是大秧歌社火，以扭为主，也叫走秧歌社火。川口、官亭等地区比较时兴。二者内容形式大致相同，是由跑小场、上折子、表演歌舞和技巧性舞蹈三部分组成。跑小场讲究阵容，近似集体舞。上折子即演唱折子戏和曲艺。社火中的传统表演形式主要有高跷、高台、龙灯、狮子、旱船、太平鼓（俗称跳鼓）、腰鼓（俗称“花鼓”）、霸王鞭、滚灯、秧歌舞等。另外还扮有角色，如《西游记》、八仙等。也有丑角“蛮婆子”等，专门逗笑打趣。

社火的核心是秧歌。秧歌是民间艺术场面中最能体现群体参与、表现歌舞升平的形式，任何人都可以参与进来，成为其中的一份子，因为它的技术含量任何人都可以掌握。民和社火是包括音乐、舞蹈、曲艺、戏剧、杂耍在内的综合文艺演出。尤其扭秧歌的内容极为丰富，节目花样繁多，形式也是多样，演员队伍阵容比较庞大。动作表演主要以锣鼓为主，小唱小调则以民族弦乐为主，配以其他伴奏乐器。

出演的社火队，一般都以村为单位，由当地有威望、有组织才能、懂得杜火各种内容及技巧的人员组织排练和演出。但也有以乡的名义由几个村或是邻乡几个村联合起来排练和演出的。社火队一般是由所在村的社火会（古时称“三官元宵会”）组织领导。会长一般由民众推荐村里德高望重且懂社火演出事宜的人来担任。会长以下还设会头和节目负责人，共同负责组织安排社火演出事宜。另外，还有专门负责采购、供应材料、用品的后勤保障组。社火结束后还要负责服装、道具和用品的入库保管工作。

社火队演出前，一般要到当地的庙里举行祭祀庙神仪式，谒庙降香“出身子”。社火演出结束后，还要到庙里去卸“身子”。关于社火中装扮“身子”的来历，民间有许多传说。但流传较多的有这样一个传说：相传，春秋战国时代，有一天，楚庄王在回城途中突遭敌军包围。为了安全脱身，他找了一位“替身”。这位“替身”

社火——跑旱船

身着庄王服，头戴王冠，身骑大马。前有探马报信，武士开道，后有男女歌舞班子随行，俨然一副楚庄王銮驾。此时的楚庄王则乔装打扮成哑巴，脸上抹黑，翻穿皮袄，混在随驾逃难的百姓中。当与敌军相遇时，楚庄王安全脱身，“替身”则被一路追杀。后来楚庄王成了战国七雄之一，为了纪念脱险事件，便留下了“耍社火”的习俗。因而，社火中的“灯官”及随行队伍，都是按当时突围时的真实情景来装扮的。

还有一个传说，说是明太祖朱元璋驾崩后，皇太孙允炆继位，也是在逃难时扮演了社火中的“哑巴”角色，还有“胖婆娘”即为“皇后”，“灯官”为“宰相”，“拉花姐”为皇帝的“眷属”，等等。至今，民间称社火中的“哑巴”是最大“身子”。因此，在社火队伍中，“哑巴”的行动是不受约束的，而且是一个自由活泼、滑稽可笑、引人注目的角色。

社火的其他主要角色，来源于迎春礼俗、蜡祭、逐疫傩仪等礼仪，如龙、狮子、秦琼、敬德（门神的化身）、哑巴、灯官（春官）等。还有更多的角色，霸王鞭、太平鼓、八大光棍、旱船、货郎、高跷、土族舞、藏族舞等等。

社火演出时，还有一种习俗叫“送社火”。给一般先娶进新媳妇的、有老人贺寿的或生育儿女的、新宅落成的以及家有喜事的人家送社火，还有给附近没有出社火的邻村、机关单位、住户“送社火”的。“送社火”是社火演出期间的一项重要工作，也是社火队募集经费的主要来源。“送社火”，一般都要提前下帖子。等对方接了帖子，表示接社火时，再去“送社火”，不强送，讲求自觉自愿。

社火送到门前，主人要在门前置上八仙桌子，铺上红桌布，摆上“香钱”和烟酒糖果，并煨桑化表，燃放鞭炮迎接，叫“接社火”。这时，“送社火”者则在院里敲锣打鼓，舞龙耍狮，扭秧歌，载歌载舞，以示祝福。“接社火”者更是忙碌着敬烟、敬酒、散糖果，表达诚心和谢意。社火队的演出结束后，其收入要张榜公布，结余存起来作为来年社火的演出经费。

民和社火自1958年后停演已达20多年，到20世纪80年代才相继恢复演出。随着改革开放的不断深入和人民群众生活水平的逐步提高，广大农村群众追求先进文化生活的欲望也越来越高。很多乡村不但恢复了过去中断的社火演出，而且发展了不少新的社火队。进入新世纪以后，民和县委、县政府更加重视“社火”这一群众性民间文化娱乐活动，文化部门除有组织、有计划地安排社火调演活动外，不断创新社火内容，加进了滚灯、老年妇女秧歌队、老年民乐队等节目，极大地丰富了社火的内容和人民群众的文化娱乐活动。

如峡门镇孙家庄社火所表演的“五行八卦舞”就很有特点。演出前，社火队打开旌旗、仪仗、罗、鼓、铙、镲等，先要举行祭神集会，由扮演青龙、白虎的二神在前面开道，关公、周仓压阵，演员都画上脸谱，身着各式古代服装，骑马持剑，摆开阵势，刀枪剑戟，锣鼓喧天，规模较大。然后设阵、进阵、破阵，

民和川口社火

把八卦阵演绎得扑朔迷离、高深莫测，演出阵容紧张有序，鼓号齐鸣，围观者喝彩声不断，成为民和社火中的特殊阵营。

正月十五闹元宵。闹元宵的主要活动是观灯、赏灯、猜灯谜。因而民和县的灯会是远近闻名的。1949 年前，川口、官亭地区素有举办元宵灯会的习俗。川口的“牌等”为群众所喜爱。“牌等”呈长方形，长约 1.5 米，两面各有 3 块方格，糊细纱，工笔彩绘历史故事连环画，画工精细，色彩明丽，人物形神兼备。每至正月十三日，各街悬挂，互不相同，东上街挂《封神演义》，旧城（北街）挂《三国演义》，西门街挂《西游记》，新城街挂《岳飞传》。满街灯火辉煌，街街相连，宛如画廊，男女老少络绎不绝，游灯观画，赏心悦目。而且，川口大十字中心还挂“九联灯”，是在一平置高悬的大八角形木架的每个角下和八角中心悬挂用九只红灯连接起来的灯串，下垂挂彩球，供人争抢，据传抢得彩球可得子获福，吉祥如意。青年们成群结队，如叠罗汉，簇拥一人，争先恐后，呼啸而上，各不相让。“九联灯”有升降控制，所以彩球很难抢得。围观者人山人海，每当抢到惊险之时，人声鼎沸，欢呼喝彩，场面热烈。彩球被抢以后重挂再抢，直到熄灯方休。1958 年川口灯会中断 20 多年后，于 1982 年元宵节恢复重挂“九联灯”，并恢复争抢彩球的传统习俗。跨世纪以来，县上多次举办过灯会，但考虑到安全因素，争抢彩球的活动终止，代之以征集悬挂群众自行制作的彩灯予以悬挂观赏，而且，悬挂数量多达几百盏，样式众多，大小各异，内容丰富，色彩艳丽。2009 年，县上在老城区北大街举办了灯会，展出各式彩灯 600 多盏，长达两公里，整个北大街灯火通明，游人如织。举办方还在各式彩灯上书写猜灯谜、对对联的内容，凡有猜到谜底或对上对联的即可兑奖，从而使灯会活动异常热闹，气氛热烈。

官亭地区 1949 年前则以山陕会馆为主，每年农历正月二十九日，举行隆重的“火神节”，期间大放焰火，形成五彩缤纷、辉煌耀眼的焰火花海，并演出火秧歌、戏剧等，土族男女老少尽兴观赏。1949 年后曾中断 20 多年，1979 年恢复火神节灯会活动。2005 年举办的“火神节”规模之大、演出节目之多、参与群众之多，是历史上极为罕见的。

如今，全县民族民间灯会活动如雨后春笋般发展起来。每至此良辰美景，月明如圭，灯火阑珊，歌舞阵阵，人流如潮，让人流连忘返。有道是：“风光无限好，尽在节日中。”

第三辑 聆听长乐

回族宏伟建筑清真寺

金秋送爽的夜晚，地处湟水流域尽头的民和，处处显示着迷人的景色。远远望去，夜幕中的民和县城，霓虹闪烁，灯火辉煌，夜市繁华，瓜果飘香，展示着这个不夜城的繁忙和律动。然而，最醒目的当属霓虹闪耀、绚烂无比的各式清真寺建筑，独傲街市，装点着民族县城的美丽夜景。

坐落在县城中心地带的清真东大寺、南大街居民区的清真南大寺、北大街十字口刚刚重建的川口清真北大寺，在宁静的夜里流光溢彩，金碧辉煌，高耸宏伟，美轮美奂，折射出回族传统的美学思想。凌晨五点半，一声清丽的阿语“邦克”飞出宣礼塔回响在县城上空，飘落于周围穆斯林家中，三三两两虔诚的穆斯林哲玛尔提们响应邦克的召唤，走出家门开始了新的一天五番天命中第一番班达的聚礼。走进传播文明、学习真理的辉煌殿堂……

每当看到这样的情景，我的视线不由地移到县文化中心广场，仿佛看到了川口清真大寺的模糊影子，恍惚间，小时候爬上爬下的宣礼塔还屹立在那里，高耸入云，直刺苍穹。那还是20世纪60年代初期，我在上小学的时候，经常约同伴到大寺去玩，我爬到最高的五层，从拱形的洞窗往下看，整个小县城尽

川口清真东大寺

在眼底，美不胜收。印象中的川口清真大寺大殿完全是中国古典宫殿式起脊瓦房建筑，离地很高，屋檐翘起，雕梁画栋，所有门窗全是木制雕刻花格窗，高高的台阶，檐柱又粗又圆，大殿宽敞亮堂。

川口清真大寺，位于县老城区南街东侧（县文化中心广场），又名“旮旯寺”。清光绪八年（1882 年），由马玉善提议初建，占地不多，规模不大，只修建简陋土房五间，其中三间为礼拜堂。清光绪三十年（1904 年），在白席珍、马克诚等人的主持下，募捐银圆 3000 圆，拆除旧房，改建为五间瓦房，教长为马儿文。民国二十九年（1940 年），马步芳拨款 4000 银圆，开始重建，次年竣工，占地 20 亩，建有五转七间大殿一座，可容纳千人礼拜；五层唤醒楼一座；讲经楼、宿舍楼、沐浴室等共 50 间。是民国后期全县穆民的“海依寺”（总寺）。民国三十年（1941 年）10 月，时任国民政府监察院院长的于右任先生来民和，为川口清真大寺书赠“开天古教”匾额一方。

这是一座清真寺,也是一座完美的建筑之冠。川口清真大寺在当时规模之大、雕刻工艺之精美为民和各类建筑之最，是寓中国清代建筑艺术与伊斯兰文化完美结合的经典建筑。可惜它没能留下来，留下的只是残缺的记忆和惋惜。

追根溯源，民和地区的清真寺最早建造于明洪武年间。明朝末年，马营、米拉沟核桃庄的五方以及塘尔垣、西沟、前河等穆民聚居区，先后修建起一批清真寺。清乾隆五十四年（1783 年），陕甘总督发布告示，禁止回民信奉新教，其寺院一律拆毁，禁止添建清真寺。清同治十一年（1872 年），松树、米拉、巴州各沟的清真寺被烧毁。清末民初，民和伊斯兰教老派各门宦先后建造各种拱北 17 座。民国二十年（1931 年）前后，有大清真寺共计 58 座。历史最早的是核桃庄五方清真寺、西沟凉坪清真寺，规模最大的是川口清真大寺和马营清真大寺。

五方清真寺位于县城西 8 公里的米拉沟核桃庄乡五方村，初建于明洪武

川口清真大寺（旮旯寺）

马营清真大寺礼拜大殿

十五年（1382年）左右，是民和冶土司冶明奉旨敕建西宁东关清真大寺后又在民和地区建的第一座清真寺。五方村也曾是冶土司衙门所在地。冶土司，祖先为维吾尔人薛都尔丁，元朝末年为甘肃行省佥事，明代洪武四年（1371年）归附明朝，被封为小旗，世居民和米拉沟（今核桃庄乡）一带。因与当地回族世代相处，其后裔已融合为回族，世居在米拉沟、巴州沟，并在米拉沟五方建有土司衙门。其子孙也里只、也陕合、也荣、也祥等都为世袭镇抚。也祥以功封指挥佥事，后改"也"为"冶"姓。冶土司初来米拉沟时有兄妹八人，按排行封地分别称大房、二房、三房、四房、五房、六房、七房、八房，妹妹排行老七，故称为七房。以后各房封地不断扩大自成村落，并相继修建清真寺。

马营清真寺位于县城南64公里处马营镇政府所在地，始建于清代初期，康熙三十七年（1698年），虎夫耶派花寺门宦创始人马来迟曾到该寺开学讲经。当时寺院仅有几间土平房。清咸丰年间（1851-1861），该寺进行过一次较大规模的扩建，建有三大开间的起脊两流水式礼拜大殿一座，北面瓦房三间，南面土房七间，设教长、二学阿訇和穆扎嘞各一人，寺坊多斯达尼 40 余户。清同治年间，马营清真大寺被清军焚毁。民国二十一年（1932 年），教坊集资重修。建有中国传统形制宫殿式风格开面五间纵深后续尾殿的礼拜大殿一座；高 18 米三层砖木结构的六角亭式宣礼楼一座；南北廊房式学舍各 5 间，另有其他住房、铺面 11 间，“外格夫”土地 110 亩，树木 2000 多棵，寺坊多斯达尼 300 多户、1800 余人，是马营地区规模、影响较大的一座“格底目”清真寺。20 世纪 60 年代末期，一座大殿、一栋三层木结构宣礼楼及 10 间廊房被毁。1983 年，重建砖木结构前卷后殿式“七转五”礼拜大殿一座，高五层 23 米宣礼楼一栋，廊房 20 余间，飞檐翘角，精刻细雕，比原建筑更为美观壮丽。历史上该寺经堂教

核桃庄五方清真寺

育兴盛。1985 年被列为全国重点清真寺。

走进这些清真寺，呈现在眼前的是重建或返修的寺院以及大殿，再也看不到历史的遗迹和影子，但历史的记忆还在。它们不但是民和回族文化的绚丽风景线，也是研究回族历史文化和宗教文化的资源载体。

大慈法王塔院弘化寺

弘化寺位于民和县城东南 74 公里处的转导乡后坪村下阳台。据藏文典籍《黄琉璃》《安多政教史》和《弘化寺源流录》以及《青海通史》等记载，永乐十二年（1414 年），应明成祖的多次邀请，宗喀巴派其大弟子释迦也失代其入京朝觐。

弘化寺全景

期间，释迦也失取道青海民和县马营转导，一路大举宣扬黄教（格鲁派）教义。永乐十三年四月（1415 年），明成祖敕封释迦也失“妙觉圆通慧慈普应辅国显教灌顶弘善西天佛子大国师”封号，该封号的地位在大法王之下。宣德九年（1434 年），释迦也失第二次进京。这次进京，释迦也失依然取道青海民和县马营转导，一路大举宣扬格鲁派教义，深得河湟地区信奉。途径今转导地区，授记建寺，并加持基地，由其弟子释迦崔臣建一小寺（弘化寺前身），命名为“丹曲塔尔林”，意为“胜法解脱洲”。释迦也失入京后，被明朝加封为“万行妙明真如上胜清净般若弘照普慧辅国显教至善大慈法王”，并赐真容唐卡缂丝织像一张（现存色拉寺大经堂）及封诰。后被宣宗帝“留之京师”[①]。正统四年（1439 年），释迦也失在京圆寂，英宗“敕建渗金铜塔，藏其佛骨”[②]。于是，与他同去的曲结索南喜饶和僧格桑布将其遗骨运回“丹曲塔尔林”，建灵塔供奉。明宣宗帝于正统七

弘化寺古城

①《明史》卷 330《西域三》。
②〔清〕龚景瀚：《循化志》卷 5。

弘化寺古城

年（1442年）“奉敕河州建寺，赐名鸿（弘）化”[①]。

走进如今的弘化寺，古城墙门洞前，赫然屹立着新建的寺之山门。青砖灰瓦、水泥建造的牌楼式山门，在秋阳的照射下泛着蓝莹莹的青光，显得很气派。山门正中三个鎏金大字“弘化寺”闪闪发出金黄色的光芒，山门两侧的方形立柱上镌刻着两行鎏金对联，右面是“弘源黄教佛祖坐禅传道地”，左面是“化凝菩提贝叶经香饶昊天”。琢磨这副对联，弘化寺所处的历史地位和弘扬黄教佛法的宗旨一目了然。门旁竖立着民和县政府的石碑，上书“青海省级文物保护单位 弘化寺古城 青海省人民政府 一九八八年九月十五日公布”的字样。走进山门，通过瓮城通道，高高的城墙园门顶部依然还保留着黄底黑色的三个大字“弘化寺”，显得古老苍劲。再入城堡，豁然开朗，左侧是新辟的纪念塔小广场，矗立

①〔清〕龚景瀚：《循化志》卷5。

弘化寺内院一景

着八座“释迦牟尼八成相道纪念塔”和一座灵塔。一条水泥硬化道路直通弘化寺正门，远远就可看到木质结构的恢宏建筑牌楼式山门，四周红墙砌围。从古城门旁一个豁口爬上去，登临厚厚的古城墙，环视四野，城墙依然完好，只是受风霜雨雪的侵蚀，四壁多处剥落，被青黑色的苔藓包裹着，现出几分肃穆。远观寺之内院，除了原有的大慈法王大殿外，新建了内院山门、几处大殿、转经房和许多耳房，最里面还新建了“大慈法王菩提塔”，纪念宗喀巴大弟子释迦也失的无量功德。

弘化寺主体建筑有四大金刚殿、太子佛大殿（一名“永乐殿”）、国师院、灵塔、城楼、僧舍等，“规模壮丽，金碧辉煌”，好不气派。这就是明代河湟地区齐名于乐都瞿昙寺、西纳演教寺的藏传佛教寺院，“大慈法王塔院——弘化寺”。史名鸿化寺，藏语称“卓摩卡”，意为犏牛城寺。为民和县境内较大的城堡式明朝佛寺之一。住持寺

弘化寺保存较为完整的城墙

院者则是释迦也失之徒张星吉藏卜。由于受到明朝廷的扶持，弘化寺“有僧世袭香火地百余顷”，成为明代河州地区最有影响的寺院，明末清初时其属寺就有10座。

明代，对藏传佛教各派采取推崇扶持的政策，实行“众建多封”，即只要在政治上顺从于朝廷，就对其进行封赐和扶持。故在河湟地区“大建梵宇，特赐专敕”“番僧寺族，星罗棋布”。同时，为了笼络地方僧团为其统治效力，朝廷还极力抬高藏传佛教僧人的社会地位，上层僧侣多得大国师、禅师、都纲及喇嘛名号，并“给其印诰，许其世袭，且令垦一朝贡”[①]，使他们既有社会地位之荣耀，又得经济上朝贡给赐的实际利益，吸引了更多的世俗群众投入佛门。因此，弘化寺由国师管领，实行着很典型的政教合一的统治，其寺院也必然以城堡来巩固。弘化寺初建时，城堡坐北朝南，东西宽150米，南北长260米，城墙高11.7米，底宽14米，顶高3米，包括其他附着物，并“有僧世袭香火地百余顷”[②]。僧侣336名，僧兵55名。还有朝廷所赐的銮驾、金印、珍珠伞、螺钿床等。而且，据史料记

新建的弘化寺大慈法王殿

①《明史》卷330《西域二》。
②〔清〕龚景瀚：《循化志》卷6。

载，在建设弘化寺的过程中，朝廷还从内地征调大量工匠前往应役①，同时也带来了内地先进的建筑工艺，结合藏式建筑，可见弘化寺当时的建筑有多华丽和宏伟。城堡南里许，曾建有贸易市场“铺摊子”，设商店、当铺等，街口曾有油坊水磨，名“街口磨”。明王朝统治者对藏传佛教极其推崇，因而对寺院占有土地及其各类财产都进行严格的保护，颁给“护敕”。如明英宗正统七年（1442 年）颁给弘化寺的“护敕”云：“本寺田地、山场、园林、财产、孳畜之类，所在官军人等不许侵占骚扰侮慢。若非本寺原有田地、山场等项，亦不许因而侵占扰害。军民敢有不遵命者，必论之以法。”清雍正初年，清廷对青海地区的藏传佛教寺院进行整顿，一是限制僧团规模，额定寺院僧侣人数；二是取消寺院的治民特权，属民不再纳赋服役；三是寺院喇嘛由朝廷每年发给衣食之资；四是取缔所授国

20 世纪 80 年代重建后规模很小的永乐殿

① 《明代宗实录》卷 269。

师、禅师等封号，“其印诰缴于礼部，不准世袭”[①]。由此，弘化寺规模大为缩减，治民特权被取消，经济势力、寺院势力受到很大限制。清同治年间又遭焚毁，从此走向衰落。其后虽有重建，但规模远不如昔。现存明帝赐给释迦也失的镶嵌有 23 条飞龙的黑红色檀香木螺钿护法神床架，清乾隆十六年（1751）所赐“都纲之印”及几个朝代的断碑等。院中间靠北处（原国师花园）还有古旃檀树（菩提树）一株。1952 年，该寺有僧人 46 名，占地 427.34 亩。1981 年，修复占地 0.4 亩的藏式“三间转五”经堂一座。1983 年 2 月批准开放，修缮僧舍 19 间，住寺僧 6 名。

①（清）杨应琚：《西宁府新志》卷 15《祠祀志 · 番寺》。

静宁名刹卡地卡哇寺

位于民和县甘沟乡南部静宁山村的卡地卡哇寺，掩映在一片秋阳中，挂满青苔的城墙，显示着这个寺院的年轮。保存完整的城堡里，树木挂满了金色粉红色的叶子，一改往日的森严，整个寺院坐落在和谐宁静的环境之中。

卡地卡哇寺是明代藏传佛教格鲁派在民和所建的三大寺（即弘化、灵藏、卡地卡哇寺）之一。清代汉文献中称之为“静宁寺”。由宗喀巴大师弟子绛喇嘛却吉加布建于明永乐年间。是一处城堡式的寺院，也称“军堡”。

关于“卡地卡哇寺”名的由来，藏文史籍中曾有传奇式的记载：却吉加布从西藏带着一尊释迦牟尼佛像来此地建寺，一日见雪地上有孩童足迹，遂沿迹寻去，发现一株旃檀树，树梢上有只乌鸦鸣唱，口水如一缕金线，在阳光下呈悬彩佛幡状，以为吉兆，遂在此地建寺，取名为“卡地卡哇寺”，意为“乌鸦嘴寺”。该寺原在一座城堡内，城垣现存完整，满城都是丁香和木瓜树，占地60亩。鼎盛时期有大小殿堂13座，寺僧近千名，下辖今民和县境内的静觉卧佛寺、乔家寺、达子庄寺、峨尔哇寺和化隆县境内的塔加寺、白家寺及甘肃凉州地区的六座属寺。寺内藏有明廷敕赐的封诰和石碑。清同治年间毁于兵燹，后由寺

藏传佛教寺院——卡地卡哇寺

主辛家活佛从蒙古族地区募化布施重建，但规模小于前寺。主体建筑有大经堂、护法殿、关帝庙、鼓楼、客房、茶房、僧舍等共计 267 间。寺藏文物甚多。据 1958 年统计，有大小佛像 53 尊，佛经典籍 130 部，宗教用品及法器 2000 余件，另有镏金梵塔、宝瓶、金、银、铜花等物。原法会上晒佛用的堆绣佛像长 86 尺，宽 55 尺，名冠藏地。现存有宗喀巴大师自画像一幅，为该寺主供佛像。此像系布面卷轴，长二尺，宽一尺半，是以宗喀巴诸经师及其弟子为陪衬的宗喀巴全身像。传说名朝永乐年间（1403-1424），当地商人仓环诺日桑布（乔国师）去西藏经商会晤宗喀巴大师时，将其母亲带给的一缕白发和口信交给大师。返回时，大师以自己的鼻血掺和其他颜料绘成此像，让他带给“母亲”香萨阿切，并给母亲捎口信说：见到此像，如见到我本人，它会叫您一声“阿妈”的，会

卡地卡哇寺大经堂

和您说上三天三夜的话。商人觉得此像非凡，另绘一幅交给大师的母亲（现存湟中塔尔寺），而将大师亲手所绘的像带到卡地卡哇寺供奉。以此缘由，卡地卡哇寺蜚声藏地，成为藏传佛教圣地之一，以至西藏僧侣对去西藏朝拜的安多藏族、蒙古族、土族信徒有“不拜卡的卡哇，何来三大寺”之说。故而历史上藏地许多佛教的重要人物凡来安多地区，一般都去卡地卡哇寺巡礼。每年农历正月十三，这里会举办祈愿大法会，进行诵经、跳欠等活动，是当地较大的庙会。如今，宗喀巴大师自画像经当地僧俗群众保护，成为全藏地保护完整的珍稀文物之一。

明清以来，为了稳定青海地区的统治，封建王朝实行着很典型的政教合一统治。沿用元朝僧俗并用、军民通摄的政教合一制度，进一步把僧职官爵纳入地方行政体制，而且尊崇各派藏传佛教。发给各寺番僧金牌，让其主持寺院所在部落的茶马互市，以期进一

卡地卡哇寺鼓楼

卡地卡哇寺保存完好的千僧大饭锅

步巩固政教合一的局面。《明实录》明朝青海地区贡马回赐钱钞记载中，有四处西宁卫静宁寺僧上贡的记载。因此，卡地卡哇寺古城在明清两代兼有防御并管理该地区军政大权的作用。寺内驻有僧兵，属于“军堡”，称为“静宁堡”。古堡内建有寺院的形制在我省非常少见，除我县的弘化寺、灵藏寺和卡地卡哇寺外，其他地区还没有发现。作为“军堡”，它的功能包括屯兵、屯粮、治安、导引交通、传递信息、边境检查与贸易保护等。军堡更重视守望和控制，城门外多有瓮城等，军堡和民堡都是堡与堡相护，但是军堡与寨、烽火台（该城的东北有明代朱家岭烽火台遗址）结合更成为完整的防御系统。因此，卡地卡哇寺于2001年被青海省人民政府列入省级重点文物保护单位，加大了保护力度。如今，这座藏传佛教寺院和古城墙保护得非常完整，不但对明清时期的军事和藏传佛教的传播发展有重要的研究价值，而且已辟为旅游胜地，每年参观凭吊的游人络绎不绝。

卡地卡哇寺护法神殿

藏乡古刹才旦寺

才旦堪布

登临天阔云高行人罕至的佛缘秘境杏儿才旦寺，最使人产生无限的遐思和畅想。

才旦寺,亦称“杏儿沟寺”“杏儿寺”。藏语称“才丹具喜讲修洲”。离县城西南 110 公里，位于杏儿乡东北 6 公里处，初建于明天启三年（1623 年），兴盛于清代。清康熙五年（1666 年）建成释迦佛殿（觉康），嘉庆三年（1798 年）建成五转七大经堂，成为民和西南部和化隆东南部最有影响的藏传佛教寺院之一。

才旦寺是才旦堪布仓和才旦夏茸仓的中心寺院，是他们的根本道场。它作为母寺，下辖五座子寺，即吐哇寺（今

著名藏学家才旦夏茸活佛

青海化隆县金源乡吐哇仓村北）、尕洞寺（今化隆县塔加乡尕洞村）、丹斗寺（今金源乡科巴村北）、工什加寺（塔加乡工什加村）、赵木川寺（民和县官亭镇）以及后来的石大仓寺等。才旦寺所在的杏尔沟及赵木川、丹斗、土哇、尕洞、工什加诸寺香火庄统称为才旦寺六族，藏语叫“噶尔哇克周”，归才旦寺寺主才旦堪布和才旦复茸管辖，曾形成区域性的政教合一统治。

20世纪50年代，该寺主要建筑有大经堂、释迦牟尼佛殿，弥勒殿、四柱佛堂、护法殿等经堂殿147间，活佛府邸和僧舍总计463多间，僧侣70多人。有旱山地184.4亩，马20匹，骡27头，牛58头。信仰者有周围藏族、土族、汉族群众277户。每年正月举行祈愿法会，初五日跳欠，规模盛大。“文革”期间，该寺部分建筑被拆除。1980年批准开放重建，现有殿堂25间，昂欠12间，僧舍18院72间，僧侣20余人。

才旦寺有两个活佛系统，一是堪布仓，二是夏茸仓。他们佛位平等，不分上下，而民间却以他们年岁的高低称堪布仓为大活佛，夏茸仓为小活佛。

才旦堪布从华旦嘉措到晋美柔贝宁布，传有四世，第一世才旦堪布华旦嘉措先后建成土哇寺、尕洞寺等；晋美柔贝宁布（1910—1958），俗名祁进福，互助县人，藏族。才旦夏茸第一世玛热仓加央扎巴，系才旦堪布华旦嘉措弟子，传为德合喇嘛罗桑图登宁布的转世；第二世罗桑热赛，化隆金源人；第三世存布玛晋美图登诺尔布（1804—1862），金源人；第四世晋美图登嘉措（1863 - 1909），俗称“安大人”，清末曾于循化厅供职。第五世晋美柔贝罗哲（1910—1985），是才旦寺常驻并管理寺院的活佛，也是当代最出名的藏传佛教格鲁派高僧、著名藏学家。

现任才旦寺活佛是第十四世才旦堪布·阿旺洛桑丹贝坚赞。活佛于藏历木蛇年（1965 年 4 月 1 日）出生于藏传佛教“后弘期”发祥地丹斗寺南面黄河边。他自小灵异，不同于一般孩童，众人见之无不生喜悦和崇敬之心。自小得以在当地小学、中学入学读书，1982 年毕业于循化县中学，后到县民族歌舞院参加工作，曾多次以非凡的能力救民脱离各种灾难和困境。1984 年到丹斗寺出家当僧，此年 6 月 4 日在互助却桑活佛座下受沙弥戒，取法名为阿旺叁智，1986 年又在却桑活佛座下受比丘戒，取法名为阿旺洛桑丹贝坚赞，1986 年到塔尔寺研习佛法，拜塔尔寺格西嘉木样为经师，在嘉木样格西的督促和栽培下，系统地学习《五部大率》和显密经典。由于善于勤学，广闻博识，成为了一位才华横溢的学者，并在塔尔寺寺管会担任保管、出纳、治

第十四世才旦堪布阿旺洛桑丹贝坚赞

民和杏儿才旦寺全景

安主任、寺管会副主任等职。1991 年被认定为第十三世才旦堪布久美柔贝宁布之转世，1993 年 9 月 1 日在塔尔寺阿嘉活佛、赛尔多活佛、西纳活佛、热贡·囊索扎西旺秀活佛、本巴活佛、夏日尕活佛及塔尔寺寺管会代表等护送下到才旦寺坐床，随后在赵木川寺、丹斗寺、土哇寺、尕洞寺、贡什加寺坐床（这六寺也称噶哇卡周）。这六个寺院都属于历代才旦堪布活佛和才旦夏茸活佛。1995 年到中国藏语系国际高级佛学院进一步修习显密经典和《五部大论》。2000-2002 年又到北京中国人民大学哲学系宗教学系学习。

才旦堪布活佛现任青海省海东地区佛教协会副会长、民和县政协副主席、民和县佛教协会会长等职。如今，才旦活佛的公务活动、宗教活动很多，尽管这样，他还是学习、工作、宗教活动几不误，凭着身为活佛的影响和人格魅力，始终不忘为众生解忧解困。2002 年 5 月，调解恰加和科巴两村发生草山纠纷，使两村村民和好如初。2004年4月,贡什加上村和贡什加下村在饮水问题上发生冲突,他又以利民为任，从中调解，使两村恢复了往日的平静和安宁。多年来，杏儿藏族乡无一起不利于民族团结的事件发生，保持了地方社会稳定、宗教活动有序开展的良好局面，他的这些功绩和成就深受广大信教群众的赞誉和敬仰。

大龙山能仁寺与《目莲宝卷》

我去过云南腾冲，观赏过腾冲的刀山会，曾为他们惊险的上刀山功夫拍手称赞，而我没有见过家乡麻地沟举办刀山会的盛况，也没见过上刀山的惊险刺激，但我能感受到，那是云南人无法炮制和模仿的顶尖技艺。

出民和县城沿川官公路南行，到西沟乡麻地沟地界放眼望去，有一段山脉从老远的小积石山黄草岭向北延伸开来，山形似龙，逶迤蜿蜒，名曰大龙山。山的龙头两侧有两个小山包，恰似龙的眼睛，在龙嘴的部位有一个凹进部分，远看似龙口，流云素裹，雾霭缥缈，犹如祥龙吞云吐雾。据老人们讲，

大龙山能仁寺外景

过去那龙口里还常年流水，曾给当地人带来过无疆之福。就在离龙头不远的龙脊上，有一座山顶寺院，袅袅桑烟，香客不断。这就是民和县有名的汉传佛教寺院——大龙山能仁寺。但见苍松翠柏掩映之下，院内建有大雄宝殿一座，供奉三大古佛，两墙壁画二十四诸天。另有地藏王菩萨殿一座，供奉幽冥教主地藏王菩萨及目莲僧全家，壁画十殿阎君，护身护法韦陀佛像，目莲救母盖出于此。

历史上的麻地沟刀山会，就是在大龙山能仁寺方丈的主持下举行的。麻地沟刀山会是民和县西沟乡麻地沟村一项富有浓郁宗教色彩的活动项目，也是技艺很高的娱乐项目。明万历年间开始盛行，相传已有六七百年的历史。

刀山会出于大型古代戏剧《目莲宝卷》。大龙山能仁寺前身是明初坐落在南京秦淮河畔修竹茂林之间的碧峰寺能仁禅院，这个富丽堂皇的禅院曾是明王朝皇亲国戚参禅拜佛之处。相传，明洪武九年，原先住在南京珠玑巷麻地沟人的

被称为古代戏剧的活化石——《目莲宝卷》

大龙山能仁寺

先民们，因元宵佳节耍“社火”时装扮了一只大脚马猴的形象而被朱元璋以“讽刺诋毁马皇后脚大”的莫须有罪名流放西部，定居于麻地沟。能仁禅院的禅师遂携徒西上，同麻地沟人的先民们一道来到青海，建寺于大龙山上，成为青海地区最早的汉传佛教寺院之一。西迁时，禅师还带来了一部源于唐朝《目莲救母变文》的大型戏剧剧本《目莲宝卷》，成了能仁寺的镇寺之宝。

根据我国近代著名学者、中国文学史研究权威郑振铎先生考证，《目莲宝卷》是在唐朝说唱文学《目莲救母变文》的基础上由民间戏剧作家集体改编、创作而成的大型剧本。起始于元末，兴盛于明清，是我国文学史上的瑰宝，是当今世界残存几部中最为完整的一部。是我国极其罕见的古文化剧种，有非常重要的考古价值和艺术价值，被称为“中国古老戏剧的活化石”。该剧共分十卷三十场，其中前九卷在戏台上演出，第十卷在刀山上演出，主要以目莲救母为主线展开，以佛祖释迦牟尼派遣长徒白云和尚下南瞻部洲度化善人为前因，白云和尚路遇

能仁寺

善女钱达婆将其善女心拔下前往西方阿佛交差，触犯了佛家戒律，贬谪白云和尚下凡投胎偿还了血债为后果。该剧以刘氏夫人犯罪上刀山为结局。剧情错综复杂，曲折艰辛，形象逼真，催人泪下。此剧从正月十五演出至二月初一结束，历时十六天。

由于《目莲宝卷》第十卷是在刀山上演出，是全剧的高潮，所以此剧演出之时，又称“刀山会”。据民国二十一年（1932年）杨希尧著《民和风土调查记》记载：“麻地沟在城西二十里，三年演剧一次，汇聚人民，商贾云集。自正月初一起，至十五、十六日，施行架木为高山，三丈余，两面各缚马刀六十把，俗称刀山会。”上刀山及剧中扮演角色，都是麻地沟官庄和红庄村民。届时，艺人排练节目长达两月之久，并聘请古鄯镇朱家岭村太上法官李氏阴阳前来保刀，因其有《铁山镇》之遗传，刀山阵用铁索锁之。刀山高五丈八尺，两边如梯形，中间搭一横木，是谓天桥，木杆上的120把钢刀，刀刃朝上，磨砺锋利，寒光闪闪。上刀山者自愿报名，于冬至进寺，沐浴斋戒，每日用牛奶洗脚，食核桃、红枣，修行养身，至正月十五，选定时辰，一人化装为剧中角色“黄风鬼”，一人化装为“刘氏夫人”，依戏剧情节，手攀绳索，赤足踩刃，上下刀山。观众目睹如此惊险离奇的情景，无不瞠目结舌。曾在1945年扮演《目莲宝卷》中韦陀天尊一角的当地农民王进林老人有诗云：

巍巍刀山五丈八，
百二钢刀两面扎。
锋芒利刃寒光闪，
黄刘赤足往上踏。
南上北下过天桥，
西出东进铁阵法。
惊心动魄刀山会，
闻名西北第一家。

届时，麻地沟商贾云集，善男信女纷至沓来，香烟冲天，诵经之声此起彼伏，马流人涌络绎不绝，盛况为西北地区所罕见。据记载，清光绪三十四年（1907年）、民国二年（1913年）、民国五年（1916年）、民国三十四年（1945年）先后举办过四次，此后迄今已间断69年未曾举办。

目莲戏曲之所以久演不衰，除了其刀山表演的惊险刺激外，跌宕起伏的戏曲情节和扣人心弦的说唱表演，也是吸引观众的要素之一。至于其文化传承价值，2005年，文化部召开的专家论证会给予了最好的诠释：“我国黄河以北发现目莲戏是第一次，手抄本不但保存完好，戏剧演出时间之长、扮演角色之多也是第一次发现。目莲戏有着重要的民族民间文化传承价值。”

第四辑 赞美故土

天路桃源美如画

我不止一次地穿梭于万亩桃花园林之间，倾慕迷恋过桃花的馨香芬芳，盈眸欣赏过桃花的美艳娇姿温情丽质，低吟浅唱过千载桃梨源远流长之文脉，更为故乡有这般天造物化的人间仙境而深深陶醉。置身其间，我感到心灵的震撼，感到语言的苍白无力……

天路桃源，魅力民和。誉冠之名，何其美哉！正是有了湟水母亲河的孕育，才有了南岸这片肥沃的土地和万亩桃园。每年谷雨之后，民和县下川口古垣桃花竞相开放，满川芳馨四溢，粉红色装扮着十里

桃花美 桃花艳

桃园，远望粉红的桃花、金黄的油菜花、绿茵茵的麦田，锦绣灿烂十分壮观，颇有一番世外桃源的景象。

由于历史上下川口村就有着种植梨树的习惯，加上“果花会”的影响，特别是自20世纪90年代以来，下川口村以及邻村积极调整种植结构，大面积种植桃树，蔚为壮观的万亩桃园已经形成新的经济增长点，同时也成为民和县的一大休闲景观、旅游品牌。为此，县上2001年以来在下川口传统果花会的基础上，依托万亩桃园成功举办了三期“桃花旅游节经贸洽谈会”，以花为媒，以节会友，邀请省内外企业、实体到民和参观考察，洽谈项目，通过旅游搭台，实现经贸唱戏。同时，桃花节的举办，引来四面八方的游客赏花踏青、旅游采风，品尝民和手抓、特色小吃，再品几盅当地

万亩桃园

的酪馏，吼上几声“花儿”，置身桃花园中，极目四望被粉红色桃花浸染的十里古垣，真是赏心悦目，美不胜收，浓香扑鼻，心旷神怡，流连忘返。如果到八九月桃子成熟的季节，置身桃园，各种鲜艳的桃子挂满枝头，一股清香扑鼻而来，口馋垂涎，当您摘一个“大红袍”咬一口，立刻，蜜汁般的桃儿水溢满口中，甜透心扉。说起这“大红袍”，相传原产于山西，是给皇上的贡品，后来被下川口同乡会的山西人带到这里来，不知是哪位皇帝吃了这种贡品的桃子，连声说：“此桃色味俱佳，满身透红，真乃大红袍也！”从此，这种桃子就叫“大红袍”了。如今，种桃赏花已传承为一种桃文化，源远流长。

如今，每年四月，数以万计的省内外游客来民和万亩桃园赏花踏青，品尝农家乐回族特色饮食，领略大自然优雅之风情，商谈投资兴业之大计，其景可赏，其乐何极！

秀美灵山天井峡

盛夏，是人们尽情享受大自然美妙神韵的季节。暖风习习，阳光明媚，约朋携友，直达西沟天井峡天然林区吮吸山野清风，啜饮潭间碧水，沐浴林中阳光，是再惬意不过的事儿了。

驱车从民和县城南行川官公路至西沟桥附近时，大老远就可看到公路旁指示牌上写着“天井峡风景区”的字样，按直行的方向进入西沟地界，就是白家藏。一条沙石路直通沟脑，两旁麦田阡陌纵横，油菜花飘香，西北面的积石山麓灌木丰茂，郁郁葱葱。一进林区峡口，一股从峡脑儿里雪疙瘩上汇流下来的溪水“哗哗”流过，让人一下子感受到投进了大自然的怀抱，兴奋异常。放眼望去，粗壮高大的云杉松、红桦、紫桦、山柏杨等灌木密密层层地占据着整个峡谷。蓝天、白云、石峡、松涛、鸟鸣、溪流、野草、百花是大自然的神来之笔，和谐美妙。走在林中松软的草甸上，一阵清风吹来，顿觉抽走了身上所有的尘世杂念，洗涤心灵，心静如水，静看闲云野鹤，风来徐徐起舞。深入峡谷，您就会看到棒棒山、野花山、石桥儿山、白家坟山、前俊儿峡等自然景观。峡谷长达十余公里，与化隆县马厂沟牙豁通达，峡谷里面还有外东花、里东花、外西峡、里西峡之景观，其主峡为南峡。进入里西峡，穿过尕冰台，登临高冰台，眼前一处景致令您惊叹不已。只见一处宽约七丈、高约十丈的瀑布飞流直下，“哗哗”的水声使整个峡谷活跃起来，水在激情的幽冥中歌唱岁月。当您站在清新的空气中，听那林中百鸟鸣啭，观那雪峰古松的雄风遗骨、百草艳花的交错斗艳，那种源于自然与天籁的美感，在您眼前在您思绪之中就

天井峡林区溪流潺潺

天井峡密林

会渲染得无比美妙、生动、传情。当您登临某处山坡，俯身寻觅，您会采摘到蕨菜、绿花菜、野核桃等食用菜果。而且一些珍贵的中草药如冬虫夏草、黄杞、党参、白木、牡丹根会跳入您的眼帘，如果您留心的话，有一种名叫“七叶一枝花”的珍贵中药俯拾皆是。进入峡谷幽静之处，您会亲眼看到麝香、梅花鹿、野鸡、马鸡、雪鸡、红嘴鸟等野生动物和鸟类的风韵。

西沟自然林区由民和县西沟林场管辖，离县城 23 公里，总面积达 6401 公顷。林区内野生动植物资源非常丰富，高等植物达 290 多种。自 2000 年以来，随着西部大开发的实施，西沟林场采取退耕还林、封山育林、补植补栽等保护措施，致使林区内苍松碧水，奇花异草，曲径通幽，自然天成，风光无限，游人如织。

出西沟天井峡自然林区向南十余里，有一条通往西沟牛圈沟的山谷。峡谷口左边一峰为“马头崖”，形似扬首引颈，势若腾飞之马。右边一峰为“鹦哥嘴”，拔地而起，鸟头深锁云雾之中。远望，一堵石坝将山谷拦腰截断。循坝拾级而上，一潭碧水嵌入谷间，顺势仰望，一条莹白晶亮的瀑布从高耸的岩石山间飘落而下，像山间挂着一条银白色的哈达耀眼夺目，珍珠般的水珠“哗哗”而下，跌入潭中发出“叮叮咚咚”的声响，真是大珠小珠落玉盘，飞珠喷玉，回荡不绝。

高原神泉七里寺

七里寺峡位于县城以南古鄯镇境内的小积石山麓，海拔 3200 米，是一处东西走向的峡谷，谷内群山起伏，树碧花艳。春季林草苍绿，夏季鸟语花香，秋季红叶满山，冬季白雪皑皑。每年的五月至九月，是七里寺峡谷自然生态景观最为壮观的时期。

当您进入峡谷，置身其境，远眺蓝天白云，天地清幽，山林叠翠，如波似涛。近看高峰入云，峭壁凌空，溪流潺潺，鸟语花香。峡谷左面的山称喇嘛林棵，峡谷右面的山叫青石丫壑。峡谷之间有一座圆锥形翠峰，人们以其形象命名为棒槌山。棒槌山山势挺拔，端庄秀丽，宛若“仙女下凡”，簇簇山丹花似她的首饰，薄薄白雾似她的面纱，清清溪流如她的裙带，片片林木如她的遮阳彩伞。一条清澈见底的河流自峡谷深处一路欢歌奔腾而下，常年不竭，名曰七里河。当您环顾四周，南山北壑，重峦叠嶂，绵延起伏。山岩间，桦木、山柏杨及各种灌木林茂密连绵，郁郁葱葱。密林深处盛开着各种药用花草，争奇斗艳，还栖息着各种珍贵鸟类。真是不是仙境，胜似仙境啊！

七里寺峡除了四季清新、环境优美恬静、景色宜人之外，点缀峡谷、吸引游客的主要是因喷涌于峡口之岩下的七里寺药泉，以其奇特的疗效功能闻名于省内外及甘、川、藏、宁等省区，每年来这里饮水治病的人络绎不绝。“药水泉”之所以神奇，是因为泉水像串串灿烂夺目的珍珠，冒着气泡冲出水面，化成水液，淅淅有声，要是用掌猛拍水面，气泡更多，声音更响。药泉水质透明清澈，麻辣爽口清冽，胜似啤酒。据《西宁府续志》载“其味辛温，饮之愈胃疾”“少则三七，多则四九愈之”。该泉水富含40多种为人体所需的微量元素和化学成分，被专家誉为“水之精，泉之首”。据《愿薄》记载，七里寺峡药水泉“流源于隋唐时期,因牛饮泉而发现”。清光绪三十二年,附近的百姓为纪念药王的恩赐，在七里寺峡门北高台修起一座药王庙，庙址依山而建，庙内供有药王全身塑像。在离峡口约一公里处还建起了一座峡门寺，立碑铭记。石碑对联为：“灵山药水闭瘴疠，宝地仙丹塞瘟疫。”横批是：“济世活佛。”另据《甘肃省西宁府碾伯县地理调查表》云：“慈利寺（即今七里寺）内有药王庙一宇，药水泉一眼，每年六月六，民间相沿旧习，约会前往，云饮此水，可保无灾，动辄成群，不下数千。”民国二十二年出版的顾执中所著的《到青海去》一书中写道：“慈利寺建于光绪三十二年，主持者为旦巴高僧，有僧四人，地二十亩，房九间。迎神赛会，时有所闻，如正月十五日，七里寺之跳神，六月六日，药水泉之赛会。”

七里寺药泉

这里所说的“跳神”，是一种宗教仪式；“赛会”，就是赛歌之意，即高原独有的花儿会。但可惜的是，原七里寺的庙宇建筑、石刻碑记，几经岁月沧桑，早已荡然无存，现有的药王庙是后来在原址上复建的。

说起七里寺药水泉、药王庙，还有一段美丽动听的神话传说。据传，在古老的年代，怪石嶙峋的棒槌山上，住着一位神姑，谁家得了病，常常去祈祷她来保佑。有一年，一个穷苦人家的小伙患了不治之症，他的父母含着泪把孩子送到棒槌山下，求救于神姑。神姑把两碗神水赐给了小伙，小伙一饮而尽，多年的陈疾瞬间痊愈了。消息传到了天宫，玉皇大帝气恼神姑凡心不改，把她压在巍峨的棒槌山下。一天傍晚，小伙躺在床上，正在思念神姑，一位鹤发童颜的老翁飘然而至，对他说：“孩子，神姑为了救你，被玉帝压在棒槌山下，现在她那孤寂的心，需要你去慰藉。”这天正是六月初六，小伙急忙跑到七里寺峡，

七里寺药王庙

到处呼喊和寻找神姑，他正在攀登棒槌山时，忽然山脚下一道金光闪过，神姑亭亭玉立地站在那儿。他来不及细想，“忽”地跃下山巅，落脚于离神姑不远的地方，神姑哭着流下一地的泪水，小伙正要问候神姑，神姑一下子不见了。小伙悲痛至极，望着棒槌山热泪纵横。他俩淌下的眼泪汇到一起，变成了流传至今的药泉水……

还有一个传说。相传很早很早以前，七里寺峡谷水美草丰，牛羊满坡，其中一头黑犍牛长得肥壮高大，每到牛群下山饮水时，这头牛经常独自溜走，于是人们跟踪细察，发现这头黑犍牛不喝河水而独自去饮峡滩里的一眼泉水。人们捧尝泉水，始知该泉水非同一般，消暑解渴，治愈胃疾。如此常饮，人人觉得精神焕发，红光满面，食欲日增，百病消散，体健力大。从此，药水泉的美名由此而生,代代相传。尤其每年农历六月初六,方圆四周的男女老少,云集于此,饮用泉水治病，围着泉水歌舞，颂扬泉水的神奇妙效。这样年复一年，逐渐演变成了一年一度的药水泉花儿盛会。尤其近年来，随着七里寺峡成为全县的旅游热点,六月六花儿会更成为四方群众的盛会,每年有五六万人云集七里寺峡谷,盛装举伞，花团锦簇，歌手如云，对唱达旦，人山人海，热闹非凡。

关于药王庙，也有一个动人的传说。相传古时候，有一年盛夏，青山吐绿，药王爷云游七里寺峡谷，被那美丽的景色所迷恋，一不小心，背上的药葫芦失落山坡，药液洒满山坡，不久就长满了药草，诸如羌活、大黄、党参、柴胡、贝母、冬虫夏草等。葫芦一直滚到山腰,洒下的药水渗入石缝,不一会儿,便“咕噜咕噜”冒出一股清泉。药水泉是药王爷的“神药”变来的，能治百病。这一带的老百姓为感激药王爷，修建了药王庙，庙立山腰，雕梁画栋，飞檐起角，庙内供奉药王神像，四壁描绘彩画。喇嘛、道士诵经拜佛。从此，庙里香火鼎盛，四山钟声回荡。

前来饮药泉水的甘、青、川地区的藏族同胞

传说归传说，尽管美丽，却无从考证。但历代文人墨客，游至此地，饱饮泉水，无不为药泉的神奇妙效所吸引。清代一位文人赋诗赞曰："药水清流药水香，效灵真不异仙方；春光无限不须买，泉有灵丹延寿长。"还有一位墨客也写道："古鄯七里一药泉，漱玉吐翠暗香满；欣闻常饮除百病，我欲引壶与人传。"近年来，随着"七里寺"牌优质天然矿泉水的开发饮用，七里寺峡揭开了神秘的面纱，名声大噪，已成为省内外著名的旅游景观。

山顶奇观娘娘天池

登临柴沟李家山，观顾高山之巅的娘娘天池，对于西部的民和而言，犹如登临九寨沟一般，绝地仙境，赏心悦目。

娘娘天池长不过 400 米，宽仅有 50 米，总面积十余亩。之所以叫娘娘天池，是这里有一座娘娘庙的缘由，故称娘娘天池。娘娘庙原称“降母神祠庙”，实为祭祀李巩之妻许氏李儒人（1461—1518）的家庙，后称娘娘庙。初建于明正德十六年（1521 年），主持建造者为土司李巩之子李宁（锦衣都指挥）和各寨耆老白祥、曹文等。原建筑分前后殿，前三间，后三间，东西两厢建有厨、垣、门、宇、冈等，前殿供奉“九天圣母之神”“项氏之神”，后殿“尚宝公（李巩）配享”，神身不塑，只是“绘像俨然”。后“遭乱被焚”，清嘉庆二十年（1820 年）重建。20 世纪 50 年代拆除，其原址为农民建房占用。80 年代村民又自行集资在原址稍西辟地新建殿宇 3 间，塑九天圣母、黑池龙王、盖国大王之像并打轿供奉，又称“三霄殿”，只有一个庙官（农民）看护，至今香火依然。娘娘天池正是有了娘娘庙这样的宗教文化特色，历来成为人们瞻仰、祭祀、兴游的山水胜景。而且，娘娘天池只因在海拔 2500 米的干旱浅山李家山极顶形成，加上民间浓郁的神秘传说，颇有些神奇，远近闻名。

据传，娘娘天池原位于龙支故城（今古鄯镇）北壕。因一少妇不忍婆家虐待而投池自尽，引得池神震怒，为示对封建婚姻的抗争，故于当夜吼出“我要搬家”，并迁至李家山极顶。池北高地，有一娘娘庙，门前碑文曰：“……乡之老者传，自有斯池，乃建寺庙。”俯视娘娘天池如一大浴盆，池水返绿，蓝天白云、远山近树、牛羊游人皆倒映于池中，美妙至极，恍如仙境一般。微风起时，涟漪绵绵，似一面晶亮的宝镜，在阳光的映照下反射出粼粼波光。池面置有铁制船和木船数只，盛夏时节，常有村民游人划船游玩，垂钓取乐，实为民和一大旅游景观。

从娘娘天池下山南行不远，在树影横斜中但见一碧湖水映天泛光，这就是民和县被称为旅游胜地的古鄯水库。远看湖光山色，翠绿掩映，渔舟唱晚，景

娘娘天池

娘娘天池上的娘娘庙

色格外宜人。近看数翁垂钓，钓竿齐密，有其顽童或绕于膝下，怡然自乐。这里既无工业污染，又无城市噪音，空气清新，水质优良，不失为一处理想的旅游、休闲、避暑、疗养胜地。近年来，水库管理所在水库放养了大量的鲤鱼、草鱼、鲢鱼，同时还用网箱养鱼的办法，试养被称为鱼类活化石的大银鱼获得成功，并早已成为餐桌上一道亮丽的美味佳肴，因而古鄯水库更是游人如织，垂钓甚兴。

山水盛景松山游

登临松山，沐浴阳光，吮吸甘泉，静谒古刹，临风听涛，感觉，抽走了万念纷扰，一身轻松，美哉，美哉！

松山，属于一处原始森林风景区。位于民和县李二堡镇松山村。林区总面积为 9663 公顷，有高等植物 506 种，其中木本植物 144 种，草本植物 362 种。针叶乔木树种有青海云杉、青杆、祁连圆柏、刺柏；阔叶乔木树种有山杨、红桦、白桦、柴桦、青杨等。景区海拔低，气候温和，夏季平均温度仅 8℃左右。峡谷突兀，峭壁凌空，苍松挺拔，野花争艳，自然环境得天独厚，可谓避暑休闲之胜地。

沿米拉沟川杨公路西进 30 公里到达塘尔垣，再顺着通村岔道穿过松山村，有一缓坡挡住去路，这就是松山的前山。前山山根至山坡顶全是郁郁葱葱的草甸，山顶全是密密层层浓绿泼墨的高大云杉松，犹如凛然正气的钢铁战士排着整齐的队列向群山致敬。

攀上山顶，前山南面隔一条峡谷，松山可谓是松树之山。除峡谷绿茵茵茂密的灌木蒿草野花之外，峡对面绵延陡峭的群山被密密实实的松树所覆盖，黛青色的山峦，植被的密度很高。近前不远，有一山丘，形似老佛盘腿打坐怀抱

松山秋景

太子，故又称“怀抱太子佛山”，形象逼真，引得人们一番遐思。整个松山峡谷间，布满了许多自然天成的景观，如仙廓儿、平滩、石门漩、天井漩、倒淌沟等，惟妙惟肖，近似传神。兴游至此，真如“徘徊溪上，为之怅然”（唐·元结《右溪记》）。尤其天井漩那一泓绿波清泉，荡漾泛漪，给松山一个山青水美的真实景象。说起这个天井漩，还有一个近似玄乎的传说。相传，龙合寺香火鼎盛时期，寺内奉粮赠物颇丰，其中有一件宝贝是用鲤鱼鳍须做成的马鞭。有一次，老住持骑马兴游来到天井漩，看到清澈幽蓝水波不惊的一泓清泉，随即放马饮水，一不小心，马鞭掉了下去，沉底不见了，老住持无限疼惜。可非常巧的是，没过多久，这条马鞭竟从巴州万泉堡的泉眼里流出来了。于是，从那以后就有了天井漩通万泉堡的传说。

离松山不远的松山村东南有一片肥美之地，那里的土地一层一层犹如梯田，但是平缓富有层次。一到盛夏，成片的油菜花一片灿烂，与远处墨绿色的山峦相映成趣，其间夹杂着村落树木，炊烟袅袅，黄绿相间，渐次明丽，真是远看山有色，近闻菜花香啊！

兴游松山，自然移步前山右下方的名刹——龙合寺。龙合寺，原名“塘让寺”。又名“隆合寺”“隆和寺”“龙合寺”“松山寺”“塘尔垣寺”“滩儿寺”等，清《康熙碾伯所志》作“汤尔源寺”，《青海志》作“龙和寺”，藏语寺名为“塘让噶丹协智林”，意为“塘尔垣见喜讲修院”，简称塘让寺。原址在今峡门镇寺口滩，清同治年间迁至今址。

松山秋景

松山

龙合寺原为民和地区的格鲁派大寺之一，建有显、密二宗学院，采用哲蚌寺郭莽扎仓教程。当时寺院建筑宏伟，规模一度居米拉三沟藏传佛教寺院之首，香火旺盛，寺僧最多时传有 900 人，《安多政教史》载，当时有寺僧 500 余人。其香火地为米拉、松树、巴州三沟，即今民和塘尔垣、新民、芦草、峡门等乡。历史上传有属寺 24 座。清同治甲子年（1864 年）之乱，寺院被毁，喇嘛四散，寺院变成废墟瓦砾。清末修复，规模较小。“文革”中又被拆毁，1980 年 3 月批准开放，修建了大经堂、弥勒佛殿、时轮塔，又焕发出勃勃生气。1998 年被青海省人民政府列为“省级文物保护单位”。

玛尼山远眺

丹霞翠峰玛尼山

丹霞翠峰玛尼山，
草幽林静鸣鸟蝉。
信步仙亭夜观景，
犹擎火把敬九天。

问奇于名山大川，玛尼山在民和众多的景观景点中算不了什么，况且一听

这山名，人们自然会联想到省内藏区的嘛呢山、嘛呢石这些神山、神石。不错，的确与念嘛呢、举行祭祀有关。

玛尼山是官亭镇西一座荒山，很早以前，当地官西、鲍家等村的土族群众每逢农历初一、十五和土族传统节日时，有登山送火把、焚香诵经念嘛呢的习俗。这种习俗还与传说中的大禹治水斩蛟龙的故事有关。相传，大禹治水时在积石峡怒斩阻挡治水的青龙和黄龙，当时有一条白龙帮助大禹治水，后来大禹治水成功，白龙化为山形恩泽整个三川地区，保护当地村民国泰民安。从远处观望，玛尼山刚好就在龙头上，而且两座观景亭恰似两只龙角，宽坪山形似龙身，而龙尾摆到了梧释沟，与之相对应的还有一座凤山，在中川乡与官亭镇相连接的大胡郎山（土语，意为大红山）。因此，当地群众认为三川地区是一块流金溢彩的风水宝地。久而久之，送火把、念嘛呢的习俗变成了每年一度的火把节（如今的火把节也不在玛尼山上举行，而是另选在山下一处峨堡上举行），自然也留下了玛尼山的名称。

过去的玛尼山，是一座褐红色具有典型丹霞地貌的荒山，除了山势峭拔、双峰呼应、鬼斧神工和风光险胜之外，整个山峰几乎是不毛之地，植被稀疏，没什么特别。跨世纪初期，西部大开发的春风吹到官亭镇黄河南岸的这座小山的时候，一个名叫秦国祯的官西村农民，毅然鼓起了“大禹导河于积石”的万分勇气，承包了玛尼山，开始了漫长的荒山绿化惠泽百姓改善生态的艰难创举。

玛尼山有大小三个山头，总面积 5000 亩。自 1999 年承包以来，经过十多年的艰苦努力，开发荒山 3000 多亩，山间修通了机动车简易公路和游客观景人行山道，山顶建起了高扬程提灌水塔，常年有水流入山林草坡，种植山杏、山桃、梨、核桃、花椒等果树 6 万多株，种植榆树、沙枣、柠条、黑刺、泡桐、新疆杨等育林树苗 130 万株。同时，试栽银杏、新疆核桃、油桃成功，面积已达近万株。总投资已达 200 多万元。尤其在前山两山相对的峰顶修建了两个观景亭，犹如日月山上的日月亭，在官亭镇或是甘肃大河家，大老远就可看见玛尼山的两座亭子，在天地之间英姿飒爽，亭亭玉立。整个玛尼山如丹霞翠峰，植被茂密，郁郁葱葱，鸟语花香。置身其间，如临山清水秀、景色迷人的桂林山水，小巧玲珑，势如盆景，观之触景生情，宠辱皆忘。然立于亭下，极目远眺，黄河逶迤，犹如银练，烟雨三川，苍苍茫茫，云锁临津古渡，雾遮参差人家，缥缥缈缈，天上人间!

我喜欢独自一人漫步旅行，登临玛尼山，看山光水色，听黄河咆哮，凭思古之悠悠……

“瓜果之乡”品瓜果

民和是山清水秀、瓜果飘香的地方，气候温和，盛产瓜果蔬菜，在全省享有“瓜果之乡”的美誉，其瓜果品种之繁、数量之多、质量之好、口味之浓，堪称省内外佳品。盛夏时节，民和街道到处都是瓜果，是民和县城一道亮丽的风景线。

民和很久以前就有种植旱沙西瓜、甜瓜、籽瓜的传统。西瓜品种按其皮色分为花皮、黑皮、白皮三种。其中以川口镇享堂村种植的西瓜为最。享堂西瓜近百年来因瓜个大皮薄、瓤沙如雪、汁甜如蜜，有“甜透心”之美誉而闻名于省内外，深受消费者青睐，供不应求。

如今，民和的西瓜，主要以隆治的旱沙西瓜为最。那里大面积种植的隆治旱沙西瓜代替了享堂瓜。尤其以李家村露天的旱沙西瓜最为出名，这里的西瓜含糖量高，瓤色鲜红，质地脆沙，口感好。自 2002 年以来，县上鼓励农户扩大西瓜种植面积，形成了规模化种植，种植面积由原来的 300 亩增加到现在的 5000 余亩。特别是 2011 年以来，县上又实施了旱沙西瓜标准化示范区项目，分别由县农业和质监部门承担建设，县菜篮子办公室负责具体实施。项目实施以来，通过建立标准体系、技术服务体系和监督保障体系，注重品种选择，强

干旱山地种出的神奇西瓜——隆治旱沙西瓜

化技术指导，加大种植环节管理，做到产前、产中、产后各个环节均按标准化要求组织生产，确保了农产品质量安全。同时，注重品牌建设，初步形成了“合作社＋基地＋标准”的标准化、产业化模式，达到了示范区标准化要求。亩均西瓜产量达 2500 公斤，带动科技示范户 200 多户，培养标准化生产技术人员 400 多名。2011-2013 三年累计实现总产量 699.3 万吨，实现年总产值 3335 万元，促进了农业增效、农民增收。2013 年 10 月，该项目通过了国家标准委委托省农业标准化示范区建设项目考核组验收。从此，隆治西瓜不仅在民和地区深受青睐，西宁、兰州、新疆、张掖、乐都、格尔木等地的客商也都慕名前来购买。

除西瓜之外，民和还种植甜瓜，不但甜似哈密瓜，而且种类居多。分厚皮系和薄皮系两种，厚皮系品种有金蛋子、麻瓜、小暑麻瓜、白兰瓜、麻皮甜瓜、光皮甜瓜、白皮甜瓜；薄皮系品种有白香瓜、绿香瓜、金塔寺等。在过去的几十年里，几乎成为走亲访友的最佳礼品。

民和县农业园区核心示范区第四代温棚种植的西甜瓜

籽瓜是民和人尤其老年人非常喜爱的保健瓜果。清末就有种植，自20世纪90年代后逐步退出历史舞台。民和籽瓜按其皮色分为绿皮、黑皮、白绿皮三种，瓤有白瓤和黄瓤。过去以采收瓜籽为主，出籽率高，瓜子大，肉质饱。瓜肉可健脾胃，助消化。民和饮食文化“三大怪”中的“瓜子生吃”习俗与民和传统种植籽瓜不无关系。过去，老人们把籽瓜储藏在粮仓中过冬至，来年二三月鲜味不变。而且过去常常有危重病人弥留之际也不忘吃一口籽瓜，可见人们吃籽瓜到了何种迷恋程度。

果品是民和县夏秋时节的畅销品。西汉金城郡治允吾县（今下川口村）所流传下来的“允吾梨花”，就是那时下川口人民种植梨、桃、杏等高田植物的真实记录。因此，民和种植果品历史悠久。其主要果品品种有梨、桃、杏、李、葡萄、小苹果、红枣等。

尤其梨的品种最多，有苹果梨、鸭梨、莱阳梨、蜜梨、金梨、冬果梨、软儿梨、香水梨、热果梨等。其中，冬果梨果皮光滑，呈嫩黄色，果肉质脆，汁丰味甜，可贮藏到次年四五月。软儿梨性甘热，可以润喉止咳清肺，健胃消食，蜜汁甜润可口。

种桃不但历史悠久，而且以下川口面积最大，被誉为“万亩桃园”。目前已

民和大红袍桃子

成为民和旅游的一大金名片，县上每年举办一次的桃花旅游节，是民和乃至青海省内最亮的“天路桃源”。

杏子是民和县的传统种植果品，历史悠久。其品种有大接杏、瓜杏、唐王杏、东北杏等。主要产于杏园子、马场垣的下川口等地，其特点是果实大、果皮嫩黄、果肉肥厚、味甜可口。

苹果也是民和常种的品种。而且，20 世纪七八十年代县上有苹果基地。民和园艺场种植的三红苹果曾一度成为出口和内销的紧俏品。其主要品种有富士、国光、黄元帅、红元帅、花青、沙果、秋子等。果皮色泽鲜艳，果肉多汁芳香，酸甜适度，耐贮抗运。

核桃种植历史也很悠久。过去因核桃多而命名的地名如核桃庄就是其中一列。如今，种植核桃的新品种有油核桃、花窗核桃、鸡蛋皮核桃、包子核桃等。

三川苹果

最著名的是隆治乡寇家村和川口镇史纳村的薄皮核桃，其特点是个大仁满，皮薄而脆，含油丰富，堪称民和的核桃之最，深受人们的喜爱。

近年来，随着

品尝鲜果

现代农业科学技术的推广，人参果、西甜瓜、红提葡萄、大果樱桃、枇杷等低海拔地区的果品移植到民和县总堡垣万亩优质设施果品基地并获得成功。2015 年，县上又狠抓特色果品基地建设，在松树乡、巴州镇完成大樱桃补植补栽 1.15 万株，新建果品基地 5134 亩，其中在中川乡栽植果品苗 3134 亩（梨树苗 350 亩、枣树苗 495 亩、苹果苗 2289 亩），隆治乡栽植苹果苗 2000 亩。在中川、马场垣建设全钢架拱棚 200 栋，在马场垣金星果蔬基地、总堡垣万亩果品基地完成旧棚改造 320 栋。

休闲赏景乡村游

民和，宛如一座泡在茶杯里的县城。

随着 80 年代末期一波以观光农业为载体的新型生态旅游业浪潮的兴起，继之而来的农家乐和乡村旅游犹如钱塘江潮一浪高过一浪，使民和这个以农业为主的县城，成为了名副其实的休闲、观光、旅游胜地。

我非常赞同和欣赏《京华周刊》记者沈佳音对西宁的赞誉："西宁是一座泡在茶杯里的城市。"其实，准确地说，真正泡在茶杯里的是县城，城市的节奏总比县城快，城里人总在周末才享受茶的诱惑；而在县城，茶是人们打发光阴享受生活的日常习俗。细碎的生活在一壶茶、一盘瓜子、一盘手抓里变得有滋有味惬意舒适魅力无穷。

1700 米的海拔，是民和得天独厚的地理优势，民和因此也成为青海高原最具人类居住和休闲的地区之一。每年 4 月下旬至 10 月底，是民和最好的季节，十里桃园桃花盛开，满川芳香四溢，加之民和桃花旅游节的举办，省内外五湖四海的人们一起相约，赏花踏青，共谋投资兴业发展大计，兴游天路桃源美丽春色，临了，奔向一个去处——休闲茶园，释放久积心中的烦闷，各取所需，泡上一杯浓浓的西湖龙井、铁观音、碧螺春或是普洱、绿茶、红茶，聊天、打牌，品尝特色饮食甚至饮酒娱乐，尽享休闲之惬意。

民和可能是河湟地区休闲茶园最多的县城。盛夏时节，县城周围、自然林区、河湟两岸，草木葱郁、流水潺潺、山花烂漫的地方，都有休闲茶园。农民在自家的果园里开辟几块空地，搭起凉棚，铺上砖道，置上桌凳，一处休闲茶园就算建起来了。在一些山林空地，搭起几顶或数十顶太阳伞，放上塑料桌椅，也是一个曲径通幽的休闲佳境。凉棚、花伞下，南来北往的客人喝着茶，吃着手抓羊肉，说说笑笑，吆五喝六，一丝凉风掠过，生活的浓烈芬芳和着酒香不断向四野飘散。

近年来，随着人们消费观念的转变，越来越多的消费者选择乡村农家田园休闲度假，这给乡村经济的发展带来了前所未有的机遇，也给农民增收开辟了新渠道。于是，民和紧紧抓住这个机遇，加大乡村旅游开发力度，依托独特的地理优势、区位优势和气候条件，把发展旅游业尤其是乡村旅游作为全县旅游业的“重头戏”，有序引导和政策支持，乡村旅游业呈现良好的发展态势。

乡村旅游的兴起，并不仅仅是旅游、餐饮或是饮食文化的发展，而是高原人特有的休闲文明。我的一位电视台江浙籍的朋友曾来民和采访，从湟水流域看到黄河流域，尤其是各种茶园中人们的安逸和闲适，着实使她感到吃惊和羡慕，她曾情不自禁喊道:“好悠闲啊，多羡慕啊！”她说，大城市快节奏的工作和生活，使他们很难享受到这样的户外休闲。

民和的乡村旅游极富民族特色。首屈一指的当属“桃花园”休闲茶园，该园是我县桃花园林的主园，占地 12 亩，年接待游客 10 万多人次，就业人员达 50 多人，年营业纯收入 30 多万元。由于经营规模不断扩大，桃花园在原有 40 个接待亭的基础上又新增 4 个标亭，能同时容纳 600 多名游客就餐、游玩。2004 年被青海省烹饪协会评为“青海省餐饮业十佳休闲茶园名店”，被青海省消费者协会评为“消费者满意单位”。以“桃花园”为主还带动了“东来顺”“川垣红”等18家休闲园。这些“休闲园”虽处同一地域，但各有特色，互不雷同，有的以桃花为主，有的以盆景为衬托，有的以梨花吸引人，还有的以河湟奇石、名人字画、健身等文化氛围来展现特色，以各自独特的风采吸引着游客。置身于这些园林，犹如进入了真实的“世外桃源”，满园飘香，蝶舞蜂飞，使人心旷神怡，流连忘返。

梨花风情园，位于马场垣乡翠泉村，始建于2003年，是集餐饮、娱乐、观光为一体的休闲园。园内以梨树为主，开花时节，满园雪白的梨花，如云似雾，恍如仙境。园内配套有棋牌室、观花园、黄河奇石展览等，其建筑形式、色彩、风格能够充分地与周围环境相协调，并具有较强的民族性和地方性特点。园内主要以梨树为主，春季花开满园，夏季绿树成荫，秋季硕果累累，游人可参与摘果、售果等农事活动。其生态环境优良，景观特色突出，各种农家特色小吃美味无比，具有浓郁的乡野情趣和民族特色。

有了乡村旅游，就有了农家乐。1997年，民和县马场垣乡团结村村民马学德兴办了全县第一家“桃花园”至今，诸如东来顺、川垣红、梨花园、牡丹苑、翠泉农家乐、井尔沟山庄、果园休闲园、民俗风情园、韩国风情园、黄河风情园等集休闲、娱乐、观光、饮食为一体的旅游景点在民和地区多达上百家，每年接待游客多达150万人次，不仅吸引本县的游客，还吸引了兰州、西宁地区的游客慕名而来。中川乡的李老板，借积石峡的开工建设和对岸甘肃积石山县的消费群体，在家乡搞起了乡村旅游，可口的农家饭菜、附近的名胜古迹，还有满园的河湟奇石，使他的茶园客人盈盈，收入可观。乡村旅游业的日益兴盛，也使民和许许多多独特的人文景观撩开了神秘的面纱，诸如西沟、东沟自然景区，塘尔垣松山原始林区，满坪本康滩风景区等，成为中国西部一个个引人注目的旅游热点，由此产生的人流、物流、信息流，给当地的交通运输、邮电通讯、

川垣红餐饮休闲大厅

农林牧及商贸经济的发展带来了可持续发展的大市场。据统计，2013年，民和县共接待游客158.3万人次，实现旅游收入1.62亿元，同比增长40.8%。其中乡村旅游接待游客95.12万人次，实现旅游收入9655.2万元。如今，乡村旅游已成为民和旅游经济新的增长点，在乡村经济结构调整中发挥着重要作用。

民和人只要一有空闲或到周末，有呼朋唤友相约茶园的，有一家老小相聚茶园的，他们提前订好茶园选好凉亭，八九点就来，每人要一碗粉块菜，上一碟热花卷，就是早餐。然后大家一起商量着点好一桌下午三四点以后才享用的主菜，上一盘大板瓜子，泡上各自所需的茶，三两知己、七八朋友围坐一起，聊天的聊天，打麻将的打麻将，打扑克的打扑克。和暖的阳光穿过浓密的树叶洒向人们，一天的幸福日子就此开始。到了中午，大家点来一盘烤洋芋、煮玉米棒子或是要来一盘凉面，一直玩到下午三四点钟，这才伸伸懒腰又都聚到一起吃主菜。

主菜基本上都是农家特色家常菜，首推手抓羊肉，还有当地土鸡、水煮牛排等，菜都是农家自种的油麦菜、小油菜、甘蓝、白菜、水萝卜、辣椒、茄子、蒜薹、菜花、菜瓜等做成的各种炒菜，再上几碟如玉米饼、荞麦饼或是狗浇尿，这才大快朵颐。当然，还少不了几瓶青稞酒，个个喝得满脸出彩了，喝到高兴了，自然就有人扯开嗓子喊起花儿："黄河沿上的牛吃水，鼻圈儿拉不进水里；端起饭碗想起你，尕面片捞不到嘴里。"周围的人用筷子敲瓶敲碟伴奏，最后成了大合唱，把气氛带到高潮，一直玩到晚上八九点，才意犹未尽地打道回府。

过不了几天，又会有人组织一起去茶园聚聚。每个夏天，县城周边农村树多林密的大小茶园和农家乐，使民和宛然成了一个泡在茶杯里的县城。其实，茶园、农家乐、乡村旅游都是近些年才兴起的休闲文化。短暂的夏天，成了人

农家乐

果园中的茶园

们消遣休闲的奢侈品。于是，每至夏日，人们最愿意到户外区活动、游玩，哪怕只有一包瓜子、一瓶啤酒，也要到外边找个地方去，觉得比在屋里有趣。于是，急不可耐的人们穿过桃花林间的芬芳，满心欢喜地奔向茶园。绿荫下、流水边，此起彼伏的划拳声和一首首火辣辣的花儿，将人们领到了生活的天堂："百七百八抹青稞，二百的街上过了；年轻的时节里没欢乐，老了思谋是错了……"

后 记

民和是生我养我、我工作生活的地方，也是我梦萦魂牵思念眷恋的地方。露从今夜白，月是故乡明。行走于故土俊美的山水之间，总有一种挥之不去的眷恋萦绕在我心头，总有一种乡情使我激情澎湃，总有一种天地间的浩然大气在我内心深处昂然升腾，经年愈久，思念愈深。

我曾是一个新闻工作者，走遍了全县的山山水水，每一次行走都有别样的情感，每一次采访都有对故土更深的热爱。当有那么一天，我回眸一瞥，突然发现，我俊美故土的一切已不再是自然的故土山水，而是我心中的人文山水。我已经踏进古人的深浅脚窝里，听那古代文人的低吟浅唱。我爱故乡蓝蓝的天空，洁白的流云，爱故土上的人们传唱着远古的歌谣以及手舞足蹈。每每亲近故土，一种吟唱故土古风古韵的乡愁便油然升腾起来，那是我对故土浓得化不开的独有情结。我多么想做一个守望者，矗立在历史文化的故垒上，试图抛开泥沙绽放其固有的辉煌和灿烂。

然信心十足，能力有限，加之拙劣之笔，难于尽述，只是拾珍撷萃，展现一二罢了。尽管如此，笔者仍以一个文化守望者的姿态尽力做到尽善尽美，其意义不言而喻，一来为读者朋友提供一个历史文化、宗教文化、民俗文化极具多样性、文化旅游资源丰富多彩的文化民和之佐证；二来借此机会进行宣传推介，使文化成为生产力，提高县域文化的软实力，实现今日的文化、明日的经济这一根本目标。此生亦足矣！

编写过程中，本人旨在通俗易懂地反映民和历史发展的轨迹，力求使文章达到通俗性、知识性、趣味性和可读性以及图文并茂。但由于缺乏较高的专业史学水平，错误、纰漏唯恐难免，敬请诸君谅解，不吝赐教。

马晓晨
2017 年 9 月